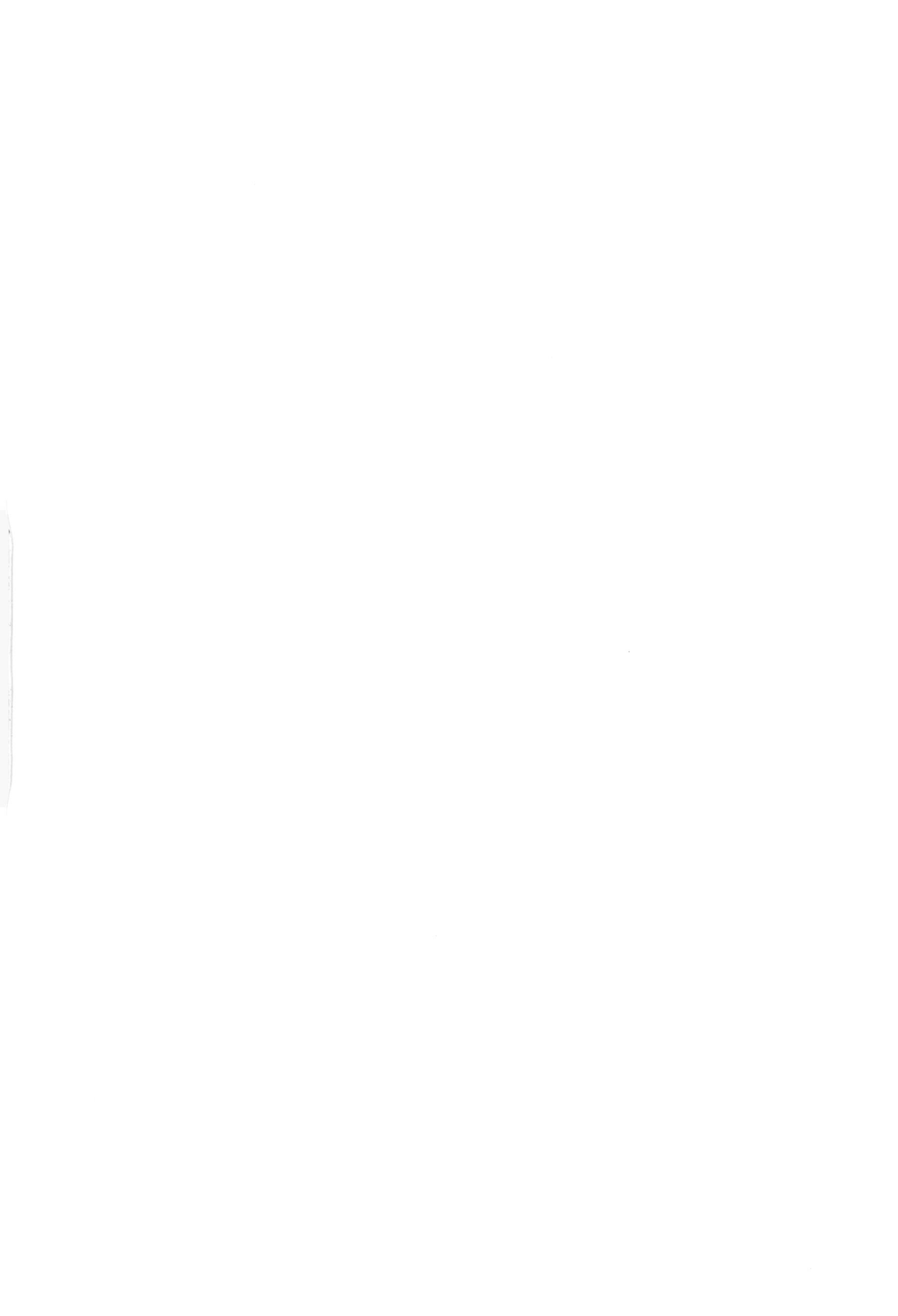

張大可
韓兆琦 等 注譯

新譯

資治通鑑

（四）

漢紀十二—十九

三民書局

國家圖書館出版品預行編目資料

新譯資治通鑑(四)／張大可,韓兆琦等注譯.－－初版二刷.－－臺北市：三民，2024
冊； 公分.－－(古籍今注新譯叢書)

ISBN 978-957-14-6222-6（平裝）
1.資治通鑑 2.注釋

610.23 105022866

古籍今注新譯叢書

新譯資治通鑑（四）

注譯者 張大可 韓兆琦等
創辦人 劉振強
發行人 劉仲傑
出版者 三民書局股份有限公司（成立於 1953 年）

三民網路書店
https://www.sanmin.com.tw

地址 臺北市復興北路 386 號 （復北門市） (02)2500-6600
臺北市重慶南路一段 61 號（重南門市） (02)2361-7511

出版日期 初版一刷 2017 年 1 月
初版二刷 2024 年 4 月
書籍編號 S034060
ISBN 978-957-14-6222-6

著作財產權人©三民書局股份有限公司
法律顧問 北辰著作權事務所 蕭雄淋律師
著作權所有，侵害必究
※ 本書如有缺頁、破損或裝訂錯誤，請寄回敝局更換。

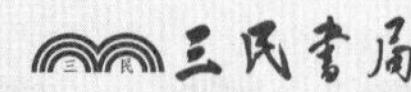

新譯資治通鑑 目次

第四冊

卷第二十

漢紀十二

起昭陽大淵獻（癸亥 西元前一一八年），盡重光協洽（辛未 西元前一一〇年），凡九年。

【題解】本卷寫了武帝元狩五年（西元前一一八年）至元封元年（西元前一一〇年）共九年間的全國大事，主要寫了張騫第二次通西域，至烏孫而還，從此西域路通，與漢為保衛西域交通而驅逐匈奴，增設張掖、酒泉二郡；寫了漢王朝討平南越，設立嶺南九郡；寫了漢王朝討平東越，遷東越人於江淮間；寫了漢王朝平定西南夷，設立西南四郡；寫了漢王朝為搜刮聚斂而推行算緡、告緡，白金、皮幣，鹽鐵官營、平準均輸等政策，以充國用；寫了漢武帝迷信鬼神、希求長生不死而寵神君、寵欒大、寵公孫卿，以及司馬相如慫恿封禪，而漢武帝則祭黃陵、祭太室、祭八神，最後登封泰山，改元「元封」等一系列活動。

世宗孝武皇帝中之下

元狩五年（癸亥 西元前一一八年）

春，三月甲午❶，丞相李蔡坐❷盜孝景園壖地❸，葬其中❹，當下吏❺，自殺❻。

罷三銖錢，更鑄五銖錢[7]。於是民多盜鑄錢，楚地[8]尤甚。

上以為淮陽[9]楚地之郊[10]，乃召拜[11]汲黯為淮陽太守。黯伏謝[12]不受印，詔數彊予[13]，然後奉詔。黯為上泣曰：「臣自以為填溝壑[14]，不復見陛下，不意[15]陛下復收用之。臣常有狗馬病[16]，力不能任[17]郡事。臣願為中郎[18]，出入禁闥[19]，補過拾遺[20]，臣之願也。」上曰：「君薄淮陽[21]邪？吾今召君矣[22]。顧[23]淮陽吏民不相得[24]，吾徒得君之重[25]，臥而治之[26]。」

黯既辭行[27]，過大行李息[28]曰：「黯棄逐居郡[29]，不得與朝廷議[30]矣。御史大夫湯[31]，智足以拒諫，詐足以飾非[32]，務[33]巧佞[34]之語，辯數[35]之辭，非肯正為天下言[36]，專阿主意[37]。主意所不欲，因而毀之；主意所欲，因而譽之[38]。好興事[39]，舞文法[40]；內懷詐以御主心[41]，外挾賊吏[42]以為威重。公列九卿[43]，不早言之[44]，公與之俱受其戮[45]矣。」息畏湯，終不敢言。及湯敗[46]，上抵息罪[47]。

使黯以諸侯相秩居淮陽[48]，十歲而卒[49]。

詔徙[50]姦猾吏民於邊。

夏，四月乙卯[51]，以太子少傅[52]武彊侯莊青翟[53]為丞相。

天子病鼎湖[54]甚，巫醫無所不致[55]，不愈。游水發根[56]言上郡[57]有巫，病而鬼神下之[58]。上召置祠之甘泉[59]。及病，使人問神君[60]，神君言曰：「天子無憂病[61]，病少愈[62]，彊[63]與我會甘泉。」於是病愈[64]，遂起幸甘泉。病良已[65]，置酒壽宮[66]。神君非可得見[67]，聞其言，言與人音等[68]。時去時來[69]，來則風肅然[70]，居室帷中[71]。神君所言，上使人受[72]，書其言[73]，命之曰「畫法[74]」。其所語，世俗之所知也，無絕殊者[75]，而天子心獨喜。其事祕，世莫知也。

時上卒起幸甘泉[76]，過右內史[77]界中，道多不治[78]。上怒曰：「義縱[79]以我為不復行此道[80]乎！」銜[81]之。

冬，十月，雨水，無冰[82]。

六年（甲子　西元前一一七年）

上既下緡錢令[83]而尊卜式[84]。百姓終莫[85]分財佐縣官，於是楊可告緡錢[86]。縱[87]矣。義縱以為此「亂民」[88]，部吏[89]捕其為可使者[90]。天子以縱為廢格沮事[91]，棄縱市[92]。

郎中令李敢[93]怨大將軍青[1]之恨其父[94]，乃擊傷大將軍，大將軍匿諱之[95]。居無何[96]，敢從上雍，至甘泉宮獵[97]，票騎將軍去病射殺敢[98]。去病時方貴幸，上為諱，云鹿觸殺之[99]。

夏，四月乙巳[100]，廟立[101]皇子閎為齊王[102]，旦為燕王[103]，胥為廣陵王[104]。初作誥策[105]。

自造白金、五銖錢[106]後，吏民之坐盜鑄金錢死者數十萬人，其不發覺者不可勝計[107]。天下大抵無慮[108]皆鑄金錢[109]矣，犯者眾，吏不能盡誅。

六月，詔遣博士[110]褚大、徐偃等六人分循郡國[111]，舉兼并之徒及守、相、為吏有罪者[112]。

秋，九月，冠軍景桓侯霍去病[113]薨。天子甚悼之，為冢像祁連山[114]。

初，霍仲孺[115]吏畢[116]歸家，娶婦，生子光[117]。去病既壯大[118]，乃自知父為霍仲孺。會為票騎將軍，擊匈奴，道出河東[119]，遣吏迎仲孺而見之，大為買田宅奴婢而去。及還[120]，因將光[121]西至長安，任以為郎[122]，稍遷[123]至奉車都尉[124]、光祿大夫[125]。

是歲，大農令[126]顏異誅。

初，異以廉直，稍遷至九卿。上與張湯既造白鹿皮幣[127]，問異。異曰：「今王侯朝賀以蒼璧[128]，直數千[129]，而其〔2〕皮薦[130]反四十萬，本末不相稱[131]。」天子不說[132]。張湯又與異有郤[133]，及[134]人有告異以它事，下張湯治異[135]。異與客語初令[136]下有不便者，異不應，微反脣[137]。湯奏當[138]：「異九卿，見令不便，不入言而腹誹(139)，論死(140)。」自是之後，有腹誹之法比(141)，而公卿大夫多諂諛取容(142)矣。

元鼎元年（乙丑 西元前一一六年）

夏，五月，赦天下。

濟東王彭離(143)驕悍，昏暮(144)，與其奴、亡命少年(145)數十人行剽(146)殺人，取財物以為好(147)。所殺發覺者(148)百餘人，坐廢(149)，徙上庸(150)。

【章　旨】以上為第一段，寫元狩五年（西元前一一八年）至元鼎元年（西元前一一六年）共三年間的全國大事，主要寫了漢武帝迷信鬼神、寵愛神君；寫了義縱因反對武帝推行告緡而被殺，寫了顏異因不滿武帝造作白金而以「腹誹」罪名被殺；寫了霍去病為替衛青洩憤而殺了李敢，武帝為之掩蓋罪名；寫了霍去病之死與霍光的初露頭角，為其以後的飛黃騰達作伏筆。

【注　釋】❶三月甲午　三月十一日。❷坐　因……犯罪。❸盜孝景園堧地　盜用漢景帝陵墓園外小牆內的閒散地。孝景園，漢景帝的陵園。為了表示尊儒，漢朝人給去世皇帝的謚前都加一個「孝」字。堧地，漢代已故皇帝的宗廟與陵墓圍牆外、小牆內的空閒地。❹葬其中　意即為自己預營墓地。❺當下吏　被交給司法官吏處治。當，判罪。❻自殺　漢代皇帝為表示尊重大臣，為大臣保留體面，故凡犯法者一律自殺，不再處以宮刑、刖刑、大辟等等。❼更鑄五銖錢　元狩四年廢除半兩錢，改用三銖錢；今又嫌三銖錢分量太輕，改用五銖錢。一銖是一兩的二十四分之一。❽楚地　戰國末期以來的楚國地區，約當今之河南南部、安徽北部等一帶地區。❾淮陽　漢郡名，郡治陳縣，即今河南淮陽。❿楚地之郊　與楚地接近的要害地區。⓫召拜　將汲黯叫來派他擔任。拜，任命。按，在此之前，汲黯因屢屢批評武帝政策，被免職在家休閒。⓬伏謝　拜辭，不肯接受。⓭詔數彊予　皇帝一再堅持要給他。⓮填溝壑　謙指自己之死。⓯不意　沒想到。⓰狗馬病　謙稱自己有病。⓱不能任　幹不了。⓲中郎　皇帝的低級侍從官員，上屬郎中令，在皇帝身邊以充參謀顧問之用。⓳禁闥　宮門。⓴補過拾遺謙指隨時給皇帝提出意見、建議等等。拾遺，幫著把皇帝掉了的東西撿起來，即指提意見。㉑薄淮陽 嫌淮陽太守官小。薄，看不起。㉒吾今召君矣 我馬上就會把你調回來。今，將；很快。㉓顧 問題在於；關鍵的是。㉔吏民不相得 地方官與當地的百姓合不來、鬧矛盾。㉕吾徒得君之重 我就是要借重你的威名。徒，就是。得，靠；憑藉。重，身分；威望。㉖臥而治之 意思是你去了什麼也不用管，你就躺著睡大覺，那裡也會太平無事。㉗黯既辭行 汲黯向皇帝告別之後。㉘過大行李息 轉彎到了大行令李息的家。過，過訪。大行，即大行令，當時的九卿之一，掌少數民族事務。李息，多次隨衛青出征匈奴的將領。事跡見《史記・衛將軍驃騎列傳》。㉙棄逐居郡 被皇帝扔出去當太守，這裡是謙虛的說法。㉚不得與朝廷議 不能再參與朝廷上的討論問題。與，參與。㉛御史大夫湯 張湯，當時任御史大夫，著名的酷吏。事跡見《史記・酷吏列傳》。㉜智足以拒諫二句 《史記》中的套語，〈殷本紀〉中用以說紂王：「知足以拒諫，言足以飾非」；〈五宗世家〉又用以說膠西王劉端：「強足以拒諫，智足以飾非」。㉝務 專門使用。㉞巧佞 巧妙動聽。㉟辯數 雄辯而有條理。㊱正為天下言 公正地為黎民百姓說話。㊲專阿主意 專門順著皇帝的心思說話。主，人主；皇帝。㊳主意所不欲四句 毀，說它不好。譽，誇獎它好。凌稚隆曰：「四句足盡古今奸臣之態。」按，《史記・酷吏列傳》稱張湯云：「所治即（若）上意所欲罪，予（與）監史深禍者（之）；即上意所欲釋，與監史輕平者（之）」，與此意同。㊴興事 生事；沒事找事，藉以逞能、立功，或從中漁利。㊵舞文法 即今所謂「舞文弄法」，玩弄法律條文以陷害人。㊶御主心 揣摩迎合皇帝的心思。方苞曰：「御，迎也。《詩》：『百爾御之。』〈曲禮〉：『大夫士自御之。』」㊷挾賊吏 駕御著一群陰險狠毒的酷吏。㊸公列九卿 你身為九卿之一。㊹不早言之 不及早地對張湯提出彈劾。㊺俱受其戮 將來要跟著他一道倒楣。戮，辱；受刑罰。㊻及湯敗 事在武帝元鼎二年（西元前一一五年）。據《史記・酷吏列傳》，張湯之遭罪自殺，乃被朱買臣等三長史所誣陷。㊼抵息罪 將李息判罪。抵，當；判處。李息究竟抵何罪，史無明文。按，史公此處之感情是非，頗多矛盾。他厭惡張湯，故詳載汲黯之與李息語，且謂李息因不聽汲黯之勸而因張湯「事敗」而「抵罪」。但《史記・酷吏列傳》又謂張湯之遭罪自殺乃因朱買臣等之誣陷，武帝為此又殺了三長史。如此說來，李息之「抵罪」，當還是不當？汲黯之預言張湯敗，該還是不該？㊽使黯以諸侯相秩居淮陽 讓汲黯以諸侯相的級別任淮陽太守。秩，官階。諸侯相與郡太守都是二千石，但諸侯相居於郡守之上。㊾十歲而卒 事在武帝元鼎五年。按，今河南滑縣之南尖莊村東有汲黯墓，冢高六公尺，面積六百四十八平方公尺。㊿徙 懲罰性的強制搬遷。(51)四月乙卯 四月初二。(52)太子少傅 皇太子的輔導官，秩二千石，輔導太子的生活與學習。(53)武彊侯莊青翟 劉邦功臣莊不識之孫，襲其父祖之爵位為武強侯。武彊，即「武強」。封地名，在今河北境內。(54)鼎湖 宮名，和宜春宮相距不遠。

宜春宮在今西安東南部的曲江池南側，秦漢時代有宜春苑。(55)無所不致　該找的人都找遍了。(56)游水發根　姓游水，名發根。(57)上郡　漢郡名，郡治膚施，在今陝西榆林東南。(58)病而鬼神下之　在他患病的時候有鬼神附了他的體。(59)上召置祠之甘泉　皇帝把這個鬼神附體的巫師找來，把他安置、供奉在甘泉宮裡。甘泉宮在今陝西旬邑南的甘泉山上，故秦、漢帝王屢屢前往。以上是追述武帝患病以前的事。(60)神君　即這個鬼神附了體的上郡巫師。(61)無憂病　不必擔心病情，意即很快就會好。(62)病少愈　病情略好一點。少，意思同「稍」。(63)彊　勉強；強打精神。(64)於是病愈　等到病情略好的時候。(65)病良已　等病真的好了之後。已，完；解除。(66)置酒壽宮　在壽宮置酒答謝這個所謂鬼神附體的巫師。(67)神君非可得見　這個「神君」總是躲在屋裡，不叫外人看見。(68)言與人音等　說話時的聲音和平常人一樣。(69)時去時來　謂附在這個巫師身上鬼神時去時來。(70)肅然　颯颯的風聲。(71)居室帷中　坐在屋子裡的帳幔裡，此又指鬼神附了體的巫師。(72)受　意即恭聽。(73)書其言　把他說的話筆錄下來。(74)畫法　王駿圖以為應作「書法」，「謂神君之祕書妙法也」。郭正誼、傅起鳳《魔術與神功》曰：「武帝唯神命是從，命人記錄下這位神君講的話，稱為『畫法』，其實就是魔術中的『腹言術』表演。」(75)無絕殊者　沒有什麼特別不同的東西。鍾惺曰：「說『神君』一段鄙褻，正以笑人主之呆也。」(76)時上卒起幸甘泉　這次武帝的前往甘泉宮是突然動意，事先並無準備。卒，同「猝」。突然。(77)右內史　政區名，是首都長安郊區的西部，相當於郡一級。也是官名，當時設左右二職，能同郡守。從長安城前往甘泉山要經過右內史區域。(78)道多不治　許多路段年久失修。治，修築。(79)義縱　當時著名的酷吏，此時任右內史。事跡見《史記・酷吏列傳》。(80)不復行此道　意即估計武帝此次會因病而死。(81)銜　懷恨。(82)雨水二句　北方的十月應該下雪、結冰，但今年卻仍下雨，不結冰，氣候反常。(83)緡錢令　即算緡令，讓工商業者自己估算、上報資產價值的命令，武帝實行算緡在元狩四年。(84)尊卜式　因其捐家財助國用而被任為齊王相，事在元狩四年。(85)終莫　始終沒有。(86)楊可告緡錢　漢王朝官吏楊可發起讓百姓舉報工商業者自報資產不實的活動。按，「告緡」事行於元鼎三年（西元前一一四年），乃後來事，此提前敘於此。(87)縱　盛行；大規模實行。(88)以為此亂民　謂其皆以「告緡」而謀求私利。(89)部吏　部署、派遣官吏。(90)捕其為可使者　逮捕那些受楊可指使而幹這種壞事的人。按，義縱此舉應在元鼎三年十一月武帝「令民告緡」以後，不應敘於此年。(91)廢格沮事　抗拒皇帝的命令，破壞工作的進行。廢格，廢置抵拒。沮，破壞。(92)棄縱市　將義縱棄市，即問斬於街頭。按，武帝行「告緡」，使天下之工商業者「中產以上大抵皆破」，史公痛恨「告緡」之有害於國計民生，遠甚於義縱之酷苛，今寫義縱為不滿「告緡」而被誅，其中蓋有史公之無限痛惜云。(93)郎中令李敢　李敢是李廣之子，時為郎中令之職。郎中令是九卿之一，統領皇帝侍從，守衛宮廷門戶。(94)怨大將軍青之恨其父　怨恨衛青當時不答應其父李廣的請求。王念孫曰：「『恨』讀為『很』。《說文》：『很，不聽從也。』謂廣欲居前部以當單于，而青不聽也。」按，王說是。95匿諱之　隱而不說。按，以其內心有愧，倘宣露之，引起士論譁然，亦非自己之美事。96居無何　沒過多久。97從上雍二句　謂先從武帝至雍，後又東北折至甘泉宮。《漢書》作「從上幸雍」。雍，漢縣名，在今陝西鳳翔南，其地有祭天之臺，又有離宮，是秦漢時期歷代帝王常去的地方。胡三省曰：「『雍』蓋衍字。」按，照胡氏說，此句應連下文作「從上至甘泉宮獵」，語明義順，疑近是。甘泉宮，漢離宮名，在今陝西淳化之甘泉山上，其地有離宮、獵場、祭壇等，故武帝常去其地。98射殺敢　因李敢擊傷衛青故也。衛青是漢武帝寵妃衛子夫的同母異父弟，霍去病是衛子夫的胞姐衛少兒之子，稱衛青為舅。99上為諱二句　諱，此處意即「掩蓋」。按，李敢時為郎中令，亦皇帝之近臣，位在九卿，而霍去病竟敢將其射死，真可謂無法無天。史公於此處深著自己對名將父子的同情，亦對衛、霍及其後臺深表憎惡。李敢被射死在其父自殺的第三年，在其叔李蔡之被逼自殺的第二年。100四月乙巳　四月二十八日。101廟立　在太廟中封立，極表其鄭重。102皇子閎為齊王　武帝的兒子劉閎是王夫人所生，被封為齊王，都城臨淄。103旦為燕王　劉旦是武帝李姬所生，被封為燕王，都城薊縣，即今北京市。104胥為廣陵王　劉胥也是武帝李姬所生，被封為廣陵王，都城即今江蘇揚州。105初作誥策　第一次以皇帝的口吻下詔書鄭重策命。詔策，以皇帝的口吻下令，並將這種命令刻寫在金製或是玉製的簡策上。關於武帝策封劉閎等三人為王的過程，見《史記．三王世家》。106造白金五銖錢　造白金在元狩四年，造五銖錢在元狩五年。107不可勝計　無法計算。108大抵無慮　二語義同疊用，皆「大概」、「差不多」的意思。瀧川曰：「『大抵無慮』與〈莊周列傳〉『大抵率寓言也』同一字法。」109皆鑄金錢　謂皆盜鑄金錢。110博士　有二義，一為帝王的侍從官名，在帝王身邊以備顧問；一為太學裡的教官，講授儒家經典，其學員則稱「博士弟子」。下面所說的褚大、徐偃，應屬前一類。111分循郡國　分頭到各郡、各諸侯國巡行檢查。112舉兼并之徒及守相為吏有罪者　檢舉兼併農人的不法商賈和非法牟利的郡守、諸侯相以及其他官吏。舉，揭發；舉報。兼并，兼併土地。113冠軍景桓侯霍去病　霍去病生前被封為冠軍侯，景桓二字是他死後的諡號。景是盛大，桓是威武的意思。114為冢像祁連山　給霍去病修建的墳墓形狀像祁連山一樣，以此來紀念他大破匈奴於河西地區的歷史功勳。霍去病墓在今陝西興平東北，是武帝的眾多陪葬墓之一。115霍仲孺　霍去病之父，曾為河東郡平陽縣吏，協助平陽侯管理家事，與平陽侯家的侍女衛少兒私通而生了霍去病。116吏畢　離開平陽縣吏之職。117光　霍光，字子孟，霍去病的同父異母弟，後來成為漢武帝的重臣。事跡詳見《漢書．霍光傳》。118去病既壯大　霍去病幼年隨其母衛少兒生活。119道出河東　行軍路經河東郡。河東郡的郡治安邑，在今山西夏縣西北。120及還　等到伐匈奴回來又經過河東郡時。121將光　帶著其弟霍光。122任以為郎　保任霍光充任了皇帝身邊的侍從人員。任，保舉。漢制，父兄有功者，可以保舉子弟為官職。郎，帝王的低級侍從人員，但職位顯要，上屬郎中令。(123)稍遷　逐漸升遷。(124)奉車都尉　皇帝的侍從官名，為皇帝掌管車馬。(125)光祿大夫　朝官名，上屬郎中令，秩二千石。(126)大農令　朝官名，也稱「大司農」，九卿之一，掌管全國的租稅錢穀鹽鐵諸事。(127)造白鹿皮幣　事在元狩四年，見前文。(128)蒼璧　黑綠色的玉璧。(129)直數千　價值數千銅錢。直，同「值」。(130)皮薦　猶言「皮墊」，墊璧之皮。(131)本末不相稱　蓋即俗之所謂「買櫝還珠」者也。(132)說　同「悅」。(133)有卻　有矛盾；有過節。(134)及　等到。(135)下張湯治異　將顏異交由張湯審理。治，審理定罪。(136)初令　新頒布的法令，指實行白鹿皮幣事。(137)微反脣　嘴脣稍稍動了一下。(138)奏當　將審判定罪的結果上奏皇帝。當，判處。(139)不入言而腹誹　不到朝廷講出自己的觀點，而內心裡誹謗朝政。(140)論死　判罪處死。(141)有腹誹之法比　法比，法例；先例。比，例。即今之可供日後比照施行的「先例」。(142)諂諛取容　諂媚討好，以求保官保命。取容，但求容身。茅坤曰：「此一段摹寫酷吏、興利轉輾相成處，曲盡變化。」(143)濟東王彭離　劉彭離，梁孝王劉武之子，景帝中元六年（西元前一四四年）被封為濟東王，都城無鹽，在今山東東平東。(144)昏暮　天黑以後。(145)亡命少年　不怕死的無賴子弟。(146)行剽　搶奪財物。(147)以為好　以此為樂。好，樂趣。(148)發覺者　被人發現了的。(149)坐廢　因罪被廢。坐，因。(150)徙上庸　被發配上庸縣。徙，流放；發配。上庸，漢縣名，縣治在今湖北竹山縣西南，是秦、漢時期經常發配罪人的地方。

【校　記】[1]青　原無此字。據章鈺校，十四行本、乙十一行本、孔天胤本皆有此字。今從諸本及《史記・李將軍列傳》補。[2]其　原作「以」。據章鈺校，乙十一行本作「其」。今從乙十一行本及《史記・平準書》改。

【語　譯】世宗孝武皇帝中之下

元狩五年（癸亥　西元前一一八年）

春季，三月十一日甲午，丞相李蔡因為盜用漢景帝陵園牆外的空地為自己預營墓地而獲罪，應當被交付司法官吏處治，李蔡自殺。

廢除三銖錢，另行鑄造五銖錢。於是民間有許多人偷偷地私自鑄錢，楚地尤為嚴重。

漢武帝因為淮陽與楚地接近，是一個要害之處，於是重新起用汲黯，任命汲黯為淮陽太守。汲黯跪在地上謝絕武帝對他的委任，不肯接受淮陽太守的印綬，漢武帝一再堅持，強行要他接受，汲黯不得已只好接受了武帝的詔命。汲黯在漢武帝面前痛哭流涕地說：「我以為自己是個就要死的人了，再也見不到陛下，沒有想到陛下會再次的委我以重任。我平時經常犯病，已經沒有能力治理一個郡的事務了。我希望能夠擔任一個中郎，隨時進出皇宮，為朝廷補救過失彌補疏漏，這是我最大的願望。」武帝說：「難道你看不起淮陽太守這個職務嗎？我馬上就會把你調回來。問題是淮陽的官員與當地的百姓矛盾很深，派你去，只是想借重你的威望，你到了那裡什麼也不用幹，只要你躺在那裡睡大覺，那裡就會太平無事。」

汲黯辭別了漢武帝，就去拜訪大行令李息，他對李息說：「我被皇帝貶逐到地方上去擔任郡守，不能再參與朝廷的政務了。現在的御史大夫張湯，他的智慧足以使他有充分的理由拒絕接受別人的忠告和批評，他的狡詐完全可以使他成功地掩飾自己的過失，他專以花言巧語諂媚皇帝，而其言辭卻能雄辯有條理，他絕不肯公正地為天下的百姓說話，專門順著皇帝的心思說話。皇帝心裡所不喜歡的，他就極力地對其加以詆毀；皇帝心裡喜歡的，他又會極力地為其說好話。好生是非，玩弄法律條文陷害人；心懷奸詐卻善於揣摩皇帝的意圖迎合皇帝的心理，在外駕馭著一群陰險狠毒的酷吏樹立自己的權威。你位在九卿之列，如果不及早地彈劾他，恐怕將來會與他一起遭受刑戮了。」然而李息懼怕張湯，始終沒敢開口。等到張湯的事情敗露之後，漢武帝認定李息犯有不檢舉之罪而將李息判罪。

漢武帝讓汲黯擔任淮陽郡守而享受諸侯相的待遇，汲黯在淮陽十年，病死。

漢武帝下詔將那些奸猾狡詐的官吏和平民強行搬遷到邊塞戍邊。

夏季，四月初二日乙卯，將擔任太子少傅的武強侯莊青翟提升為丞相。

漢武帝病倒在鼎湖宮，病情很重，巫師、醫師把各種辦法都用盡了，卻仍然不見好轉。游水發根將上郡的一個巫師舉薦給漢武帝，說那個巫師在患病的時候有鬼神附了他的體。漢武帝於是把那個有鬼神附體的巫師召來，安置在甘泉宮。等到武帝發病的時候，派人去詢問巫師，巫師說：「皇帝不必為此病擔憂，很快就會好起來，等病情稍微好轉，請勉強起來與我在甘泉宮見面。」於是等到漢武帝的病略微好一點時，便起駕前往甘泉宮。等到了甘泉宮的時候，病確實是好了，漢武帝便在壽宮置酒答謝巫師。而那個巫師卻始終躲在屋裡不肯讓人看見，只能聽到他說話的聲音，而聲音與普通人一樣。依附在巫師身上的神君有時來有時去，來的時候只覺得風聲蕭瑟，鬼神附體的巫師坐在屋室的帷幔中。巫師所說的話，漢武帝派人去聽，並用筆將他的話記錄下來，並把這種方式叫做「畫法」。巫師說的話都是世俗之人所共知的，沒有什麼特別不同的地方，而漢武帝心裡卻很喜歡。由於此事是在宮廷中祕密進行，所以詳細情形世人沒有辦法知道。

當時由於漢武帝突然起駕前往甘泉宮，事先沒有通知任何人，所以在經過右內史義縱管轄的區域時，許多路段年久失修。武帝非常憤怒地說：「難道義縱以為我永遠不再走這條道路了嗎！」心裡對義縱懷恨在心。

六年（甲子　西元前一一七年）

冬季，十月，仍然下雨，沒有結冰。

漢武帝已經頒布了關於徵收工商業者財產稅的緡錢令，並將提此建議的卜式任命為齊王相。但百姓卻始終不願意交納財產稅給官府以幫助國家抵禦匈奴，於是楊可發起了大規模揭發和檢舉工商業者自報資產不實的活動。義縱認為這是擾亂民心，就部署官吏將那些受楊可指使而出面告發的人逮捕起來。漢武帝認為義縱故意抵制詔令、破壞緡錢法，就將義縱抓起來在鬧市中斬首示眾。

擔任郎中令的李敢怨恨大將軍衛青當時沒有答應他父親請求居前部以當單于，導致李廣自殺身亡，就動手打傷了大將軍衛青，大將軍衛青將此事隱瞞起來沒有對人聲張。過了沒多久，李敢跟隨漢武帝到雍地巡視，並隨從到甘泉宮打獵，票騎將軍霍去病用箭射死了李敢。霍去病當時正得到漢武帝的寵幸，漢武帝也將此事隱瞞起來，只說李敢是被鹿角牴死的。

夏季，四月二十八日乙巳，在太廟中冊立皇子劉閎為齊王，劉旦為燕王，劉胥為廣陵王。這是第一次以皇帝的口吻下詔書鄭重策封諸侯王。

自從朝廷開始製造白金和五銖錢以後，官吏和百姓之中因為私自鑄造金錢而觸犯法律被處死的多達幾十萬人，沒有被揭發出來的更是不可勝數。約略估算，當時天下人大概都在私自鑄造金錢，因為犯法的人太多，官府也不可能把天下人全部處死。

六月，武帝下詔派遣博士褚大、徐偃等六人分頭到各郡、縣、諸侯國巡查，對那些兼併土地的不法商賈以及敢於違法亂紀的郡守、諸侯相和各級官吏進行檢舉揭發。

秋季，九月，冠軍將軍景桓侯霍去病去世。漢武帝非常悼念他，為他修建的墳墓形狀就像祁連山一樣。當初，霍去病的父親霍仲孺為官任滿後回到家中，娶了媳婦，生了兒子霍光。霍去病一直跟隨母親，長大後才知道自己的父親是霍仲孺。當時霍去病正以票騎將軍的身分率領大軍出征去攻打匈奴，途中經過河東郡，就派人將霍仲孺接到軍中，父子第一次相見，霍去病為父親置買了大量的田產屋室以及奴僕婢女之後才離去。等到他班師回朝再次經過河東郡的時候，就將異母弟弟霍光帶到了京師長安，漢武帝任命霍光做了郎官，後來逐漸升遷到奉車都尉、光祿大夫。

這一年，大農令顏異犯腹誹罪被殺頭。

當初，顏異因為為人廉潔正直，逐漸升遷為大農令，位在九卿之列。武帝與張湯已經決定製造白鹿皮為錢幣，卻又去徵求顏異的意見。顏異毫不客氣地指出：「現在王侯朝見皇帝，參加慶典，都要進獻黑綠色的玉璧，玉璧只值幾千錢，而做襯墊用的白鹿皮幣反倒值四十萬錢，這是本末倒置，與它們的實際價值不相稱。」漢武帝聽了很不高興。張湯本來與顏異有矛盾，等到有人用其他的事情指控顏異的時候，漢武帝將顏異交給張湯處置。在朝廷剛剛頒布發行白鹿皮錢幣詔令的時候，顏異與客人聊天，客人說新頒布的詔令有許多弊端，顏異只是嘴脣動了動沒有說話。張湯據此給顏異定罪說：「顏異位在九卿，看到新令有不便利的地方，不到朝廷上講出自己的觀點，卻在心裡進行誹謗，因此判其死罪。」從此以後，有了判處腹誹罪行的先例，而那些公卿、大夫人人從此大多採取阿諛諂媚的辦法來保官保命。

元鼎元年（乙丑　西元前一一六年）

夏季，五月，大赦天下。

濟東王劉彭離驕縱兇悍，經常在黃昏、夜晚時分，帶領他的家奴和幾十個亡命少年去搶劫殺人，把搶劫財物當做好玩的事情。他所殺死的人，被人發現的就有一百多人，劉彭離因此犯罪，他的濟東王號取消，被流放到上庸。

二年（丙寅　西元前一一五年）

冬，十一月，張湯有罪自殺。

初，御史中丞❶李文與湯有郤，湯所厚吏魯謁居❷陰使人上變告文姦事❸，事下湯治，論殺之❹。湯心知謁居為之，上問：「變事蹤跡安起❺？」湯佯驚曰：「此殆文故人怨之❻。」謁居病，湯親為之摩足❼。趙王❽素怨湯❾，上書告：「湯大臣，乃與吏摩足❿，疑與為大姦⓫。」事下廷尉⓬。

謁居病死，事連其弟。弟繫導官⓭，湯亦治他囚導官⓮，見謁居弟，欲陰為之⓯，而佯不省⓰。謁居弟弗知，怨湯，使人上書，告湯與謁居謀共變告李文⓱。事下減宣⓲，宣嘗與湯有郤，及得此事，窮竟其事⓳，未奏⓴也。

會人有盜發㉑孝文園瘞錢㉒，丞相青翟㉓朝，與湯約俱謝㉔。至前，湯獨不謝㉕。上使御史按丞相㉖，湯欲致其文「丞相見知」㉗，丞相患㉘之。丞相長史㉙朱買臣、王朝、邊通㉚，皆故九卿、二千石㉛，仕宦絕在湯前。湯數行丞相事㉜，知三長史素貴，故陵折㉝，丞相遇之㉞。三長史皆怨恨，欲死之㉟。乃與丞相謀，使吏捕案㊱

賈人田信等，曰：「湯且欲奏請，信輒先知之(37)，居物致富(38)，與湯分之。」事辭頗聞(39)，上問湯曰：「吾所為，賈人輒先知之，益居其物(40)，是類有(41)以吾謀(42)告之者。」湯不謝(43)，又佯驚曰：「固宜有(44)。」減宣亦奏謁居等事(45)。天子以湯懷詐面欺(46)，使趙禹切責湯(47)，湯乃為書謝，因曰：「陷臣者，三長史也。」遂自殺(48)。湯既死，家產直不過五百金(49)。昆弟諸子欲厚葬湯，湯母曰：「湯為天子大臣，被汙惡言(50)而死，何厚葬乎！」載以牛車，有棺無槨(51)。天子聞之，乃盡按誅三長史。十二月壬辰(52)，丞相青翟下獄，自殺(53)。

春，起柏梁臺(54)，作承露盤(55)，高二十丈，大七圍(56)，以銅為之，上有仙人掌(57)，以承露(58)，和玉屑飲之(59)，云可以長生。宮室之脩，自此日盛。

二月，以太子太傅(60)趙周(61)為丞相。

三月辛亥(62)，以太子太傅石慶(63)為御史大夫。

大雨雪(64)。

夏，大水，關東(65)餓死者以千數。

是歲，孔僅(66)為大農令，而桑弘羊(67)為大農中丞(68)，稍置均輸(69)，以通貨物(70)。白金稍賤(71)，民不寶用(72)，竟廢之(73)。於是悉禁郡國無鑄錢(74)，專令上林三官(75)

鑄錢。今天下非三官錢不得行[76]。而民之鑄錢益少，計其費不能相當[77]，惟真工大姦[78]乃盜為之。

渾邪王既降漢[79]，漢兵擊逐匈奴於幕北[80]。自鹽澤以東[81]空無匈奴[82]，西域[83]道可通。於是張騫建言：「烏孫王昆莫[84]本為匈奴臣，後兵稍彊，不肯復朝事匈奴[85]。匈奴攻不勝而遠之[86]。今單于[87]新困於漢[88]，而故渾邪地[89]空無人。蠻夷俗戀故地，又貪漢財物，今誠以此時厚幣[90]賂烏孫，招以益東[91]，居故渾邪之地，與漢結昆弟[92]，其埶宜聽，聽則是斷匈奴右臂[93]也。既連烏孫，自其西大夏之屬[94]皆可招來[95]而為外臣。」天子以為然，拜騫為中郎將[96]，將三百人，馬各二匹[97]，牛羊以萬數，齎金幣帛，直數千巨萬[98]。多持節副使[99]，道可便，遣之他旁國[100]。

騫既至烏孫，昆莫見騫，禮節甚倨[101]。騫諭指[102]曰：「烏孫能東居故地，則漢遣公主[103]為夫人，結為兄弟，共距[104]匈奴，匈奴不足破[105]也。」烏孫自以遠漢[106]，未知其大小；素服屬[107]匈奴日久，且又近之，其大臣皆畏匈奴，不欲移徙[108]。

騫留久之，不能得其要領[109]，因分遣副使使大宛[110]、康居[111]、大月氏[112]、大夏、安息[113]、身毒[114]、于闐[115]及諸旁國。烏孫發譯道送[116]騫還，使數十人，馬數十匹，隨騫報謝，因令窺漢大小[117]。是歲，騫還，到，拜為大行[118]。後歲餘，騫所遣使通大夏之屬者，皆頗與其人俱來(119)，於是西域始通於漢矣。

西域凡三十六國(120)，南北有大山(121)，中央有河(122)，東西六千餘里，南北千餘里，東則接漢玉門(123)、陽關(124)，西則限以蔥嶺(125)。河有兩源(126)，一出蔥嶺，一出于闐(127)[1]，合流東注鹽澤(128)。鹽澤去(129)玉門、陽關三百餘里。自玉門、陽關出西域(130)有兩道：從鄯善(131)傍南山北(132)，循河西行(133)至莎車(134)，為南道。南道西踰蔥嶺(135)，則出(136)大月氏、安息。自車師前王廷(137)，隨北山(138)循河西行至疏勒(139)，為北道。北道西踰蔥嶺，則出大宛、康居、奄蔡(140)焉。故皆役屬(141)匈奴，匈奴西邊日逐王(142)，置僮僕都尉(143)，使領(144)西域，常居焉耆、危須、尉黎間(145)，賦稅(146)諸國，取富給(147)焉。

烏孫王既不肯東還，漢乃於渾邪王故地置酒泉郡(148)，稍發(149)徙民以充實之。後又分置武威郡(150)，以絕(151)匈奴與羌通之道。

天子得宛汗血馬(152)，愛之，名曰「天馬」。使者相望於道(153)以求之。諸使外國，一輩(154)大者數百，少者百餘人。人所齎操(155)，大放博望侯時(156)，其後益習(157)而衰少(158)焉。漢率一歲中使多者十餘(159)，少者五六輩。遠者八九歲(160)，近者數歲而反(161)。

三年（丁卯　西元前一一四年）

冬，徙函谷關於新安(162)。

春，正月戊子(163)，陽陵園火(164)。

夏，四月，雨雹。

關東郡國十餘饑(165)，人相食。

常山憲王舜(166)薨，子勃嗣，坐憲王病不侍疾及居喪無禮(167)廢，徙房陵(168)。後月餘，天子更封憲王子平(169)為真定王(170)，以常山為郡，於是五嶽皆在天子之邦(171)矣。

徙代王義(172)為清河王(173)。

是歲，匈奴伊稚斜單于死(174)，子烏維單于立(175)。

【章旨】以上為第二段，寫元鼎二年（西元前一一五年）、三年共兩年間的全國大事，主要寫了御史大夫張湯被朱買臣等三長史所害，與三長史被武帝所誅，丞相莊青翟自殺；寫了桑弘羊、孔僅實行均輸政策；寫了張騫二次通西域，至烏孫而還，從此西域路通，使臣往來不絕；寫了漢得大宛汗血馬，為日後漢伐大宛埋下伏筆。

【注釋】❶御史中丞　御史大夫的屬官，秩千石。❷魯謁居　張湯寵愛的小吏，據後文張湯為之「摩足」云云，則魯謁居像是張湯的男寵，漢代之君臣多此事。❸姦事　為非作歹之事。❹論殺之　指將李文判罪誅殺。論殺，判罪誅殺。❺變事蹤跡安起　意謂李文的這件事情，告發人是怎麼知道的。蹤跡，來龍去脈。❻此殆文故人怨之　這大概是與李文有怨仇的熟人所告發。殆，大概。❼摩足　按摩腳掌。❽趙王　景帝之子劉彭祖，自景帝四年（西元前一五三年）為趙王，都城邯鄲，即今河北邯鄲。❾素怨湯　平素一向怨恨張湯。事情的由來是元狩四年前，冶鐵鑄器可私營，趙王以冶鑄為事，利歸於己。元狩四年後，鹽鐵皆歸國營，趙王失去冶鑄之利，故心懷不滿，常挑朝廷派往趙國經營冶鑄官員的毛病，尋釁以告發之。當武帝將趙王所告之事交由群臣討論時，張湯常袒護鐵官而否定趙王之言。❿與吏摩足　給屬下小吏揉腳。⓫大姦　重大的不軌行為。⓬事下廷尉　事情交給廷尉審理。廷尉是主管刑法的最高長官，九卿之一。據《漢書・百官公卿表》此時的廷尉名霸，史失其姓。⓭繫導官　被囚禁於導官署。導官，少府的屬官。⓮亦治他囚導官　到導官署去審問別的囚犯。⓯欲陰為之　想暗暗地營救他。⓰佯不省　表面上假裝不認識。不省，不張眼相看。⓱共變告李文　共同商量著上書告發李文。變告，告發某人欲為變亂。⓲事下減宣　案件交由減宣查辦。減宣是當時著名的酷吏，任御史中丞，為張湯之下屬。⓳窮竟其事　將張湯與魯謁居配合默契地陷害李文案徹底查清。⓴未奏　尚未向武帝稟告。㉑盜發　偷偷挖掘。發，挖掘。㉒孝文園瘞錢　漢文帝陵墓，即霸陵四周隨葬埋藏的銅錢。霸陵在今西安灞橋區之毛窯院村，位於灞河西岸白鹿原北坡形似方錐的鳳凰嘴。王先謙引沈欽韓曰：「漢以來喪葬皆有瘞錢，埋墓四隅。傳稱盜發者，即是四隅所瘞，原不在冢藏中也。」陳直曰：「漢人殉葬用錢，貴族用真錢，一般用陶製，孝文園應為真錢，故有人盜之。」㉓丞相青翟　莊青翟，事跡見《史記・張丞相列傳》。莊青翟於元狩五年（西元前一一八年）李蔡自殺後，繼任為丞相，至此元鼎二年為其任丞相的第四年。㉔與湯約俱謝　與張湯商量好，上朝時一起向皇帝道歉，承擔未盡到責任的罪名。謝，道歉；請罪。㉕至前二句　待至到了皇帝跟前，張湯變卦不向皇帝道歉了。㉖上使御史按丞相　武帝讓張湯審查丞相對於此事的責任。按，審查；審理。㉗欲致其文丞相見知　想把丞相弄成「見知故縱」之罪。文，法也。見知，即「見知故縱」，知情不報，故意將罪犯放走。㉘患　擔心；害怕。㉙丞相長史　丞相的屬官，秩千石，以其為諸史之長，故稱「長史」。㉚朱買臣王朝邊通　三人當時皆為丞相長史。朱買臣此前曾任主爵都尉，王朝曾官至右內史，邊通曾任濟南國相，都曾經比張湯地位高。㉛皆故九卿二千石　當時的主爵都尉列於九卿，右內史與濟南相皆為二千石一級的官員。㉜數行丞相事　多次代理丞相職務。行，代行；代理。當時的御史大夫位同副丞相，丞相一旦有空缺，則由御史大夫代行其職。㉝故陵折　故意地使之受屈辱。㉞丞史遇之　像對待丞相府其他小吏一樣地對待他們。丞史，低級文吏的通稱。㉟欲死之　想致張湯於死地。㊱捕案　逮捕審問。㊲湯且欲奏請二句　張湯將向皇帝啟奏某事、請行某令，田信往往都能事先知道。即今之所謂洩漏經濟情報。㊳居物致富　預先屯積貨物，賺錢發財。居物，囤積貨物。㊴事辭頗聞　捕案田信的消息有一些傳到武帝耳朵裡。頗，略有；有一些。㊵益居其物　總是提前囤積貨物。㊶類有　像是有。㊷吾謀　我們的打算。㊸不謝　不認錯；不道歉。㊹固宜有　意謂「看來是確實有」。㊺減宣亦奏謁居等事　正好減宣也將業已查清的魯謁居與張湯的關係奏明於武帝。㊻面欺　當面欺騙皇帝。㊼使趙禹切責湯　時趙禹為太中大夫，皇帝的近侍之臣。切責，嚴厲斥責。㊽遂自殺　張湯墓在今西安長安郭杜一帶，近年在其墓出土了兩枚印章，一枚印文為「張湯臣湯」，一枚為「張君信印」。(49)五百金　漢時的黃金一斤曰「一金」，一金可抵銅錢一萬枚。(50)被汙惡言　被惡言所汙衊。(51)載以牛車二句　極言其殯葬之簡。槨，外棺。王先謙曰：「欲令湯貧狀上聞，冀冤得白也。」(52)十二月壬辰　十二月二十五日。(53)丞相青翟下獄二句　前有人盜發文帝陵園瘞錢，今己之下屬又害張湯，罪無旁貸。(54)起柏梁臺　建造柏梁臺。起，修築。柏梁臺，在當時未央宮北的桂宮內，高數十丈，相傳是用「香柏」為之，也有說其臺用梁百根。(55)承露盤　在高高的銅柱上，立銅人舉盤以接露水。(56)大七圍　指銅柱之粗，有七人合圍之大。(57)仙人掌　即指柱端的銅人兩手高舉盛露水之盤。(58)以承露　以銅盤接露水。(59)和玉屑飲之　謂以高空接來的露水沖著玉屑喝下。玉屑，碾玉為粉末。師古引《三輔故事》云：「建章宮承露盤高二十丈，大七圍，以銅為之，上有仙人掌承露，和玉屑飲之。」(60)太子太傅　太子的輔導官，秩二千石。(61)趙周　趙夷吾之子，趙夷吾因告發楚王劉戊謀反被劉戊所殺，故平定七國之亂後趙周因其父之功被封為高陵侯。一生無事跡可述。(62)三月辛亥　三月十五。(63)石慶　一個以「恭謹」聞名的庸俗官僚。事跡詳見《史記・萬石張叔列傳》。(64)大雨雪　天降大雪。「雨」字用如動詞。陰曆三月而天降大雪，自然現象反常，故書於史。(65)關東　函谷關以東，泛指今河南等廣大的東方地區。(66)孔僅　一個大手工業者出身的官吏，因善於為帝搜刮錢財，故被武帝寵任。(67)桑弘羊　一個商人家庭出身的官吏，因精於計算被武帝寵用。事跡見於《史記・平準書》與《鹽鐵論》。(68)大農中丞　大農令的下屬官員。(69)稍置均輸　漸漸地在各地設立均輸官。均輸，指均輸令，官名，屬大司農，主管調劑全國各地的上貢物資，並負責收購和賣出貨物，以溝通各地的有無，目的是穩定物價，不使商人操縱市場。《集解》引孟康曰：「諸當所輸於官者，皆令輸其土地所饒，平其所在時價，官更於他處賣之。輸者既便，而官有利。」(70)通貨物　由官方統一調度各地區之間的物資交流。(71)稍賤　越來越不值錢。(72)不寶用　不看重；不視以為寶。因為它本來就不是值錢的東西。(73)竟廢之　最後國家也只好宣告廢止使用。竟，終；最後。(74)悉禁郡國無鑄錢　通通禁止各郡、各諸侯國鑄造錢幣。按，漢代建國以來，有時允許民間鑄錢，有時不准民間鑄錢，今則一概禁止民間鑄造。(75)上林三官　主管上林苑的水衡都尉的三個屬官。《集解》引《漢書・百官公卿表》以為這三個屬官是「均輸令」、「鍾官令」、「辨銅令」。陳直以為當是「鍾官」、「辨銅」、「技巧」三令丞，「其分工之推測，當為鍾官主鑄造，技巧掌刻範技術，辨銅掌原料也。」按，陳直的說法明確合理。(76)行　使用；流通。(77)計其費不能相當　指盜鑄錢所花的成本，比鑄成的錢更多，即得不償失。(78)真工大姦　真正有辦法、有技術的大工匠、大滑頭。(79)渾邪王既降漢　事見本書元狩元年。渾邪王，匈奴西部地區的部落頭領名，因被霍去病打敗，失亡多，單于欲誅之，故率部數萬人降漢，過程已見前文，詳見《史記・衛將軍驃騎列傳》與〈匈奴列傳〉。(80)擊逐匈奴於幕北　事見本書元狩四年春，衛青、霍去病各率騎兵五萬，分別出定襄與代郡。衛青大破匈奴於漠北，伊稚斜單于狼狽而逃，自漢擊匈奴以來，戰事描寫之壯闊無過於此者；霍去病則大破匈奴之左方兵，「封狼居胥山，登臨翰海」而還，從此匈奴之患從根本上得以消除。幕北，大漠以北。幕，通「漠」。(81)鹽澤以東　指今新疆羅布泊以東與整個甘肅走廊地區。鹽澤，即羅布泊，在今新疆東部。(82)空無匈奴　自文帝三年（西元前一七七年）匈奴人驅逐月氏佔領河西走廊後，一直斷絕著漢與西域的交通；自元狩二年霍去病大破匈奴於河西，渾邪王於次年降漢後，這一帶遂正式歸入漢王朝版圖，漢王朝在這裡設立了武威、酒泉二郡。(83)西域　古代用以稱今新疆境內與新疆以西的諸小國。(84)烏孫王昆莫　現任的烏孫國王，號曰昆莫。烏孫原是匈奴西部鄰近的小國，在今甘肅境內的祁連山與敦煌之間，與當時的月氏國為鄰。後來被匈奴打敗，西遷到今新疆之西北部、塔吉克共和國的東南部，與吉爾吉斯共和國的東部地區，首都赤谷城。(85)朝事匈奴　意即臣服於匈奴。朝事，朝拜；侍奉。(86)遠之　謂遠離烏孫，不去招惹它。(87)今單于　指伊稚斜，西元前一二六—前一一三年在位。(88)新困於漢　指元狩四年被衛青、霍去病等所重創，被迫率部遠遁。(89)故渾邪地　渾邪王降漢前所居的匈奴西部地區，約當今之內蒙古西部和與之鄰近的甘肅西北部地區。(90)厚幣　用厚禮。幣，古稱禮品，這裡即指財物。(91)招以益東　招引他率部東移一些。益，漸；稍稍。(92)結昆弟　結為兄弟之好。昆弟，兄弟。(93)斷匈奴右臂　斬斷匈奴來自右側的援助。(94)大夏之屬　大夏一類的西域諸國。大夏，西域國名，在當時的月氏以南，今之阿富汗北部，國都藍氏城（今巴里黑）。(95)招來　招納。來，通「倈」。意思同「招」。(96)中郎將　皇帝的侍衛官，統率諸中郎，有五官、左、右三將，秩比二千石，上屬郎中令。(97)馬各二匹　每人都帶兩匹馬，一是備中途替換，同時也是向烏孫炫耀漢朝的馬多。(98)齎金幣帛二句　齎，攜帶。金幣帛，黃金與幣帛。幣帛，禮品，指玉璧、絹帛等。數千巨萬，即「數千億」。「巨萬」也稱「大萬」，即「億」，指銅錢。(99)多持節副使　給張騫配備了許多副使，這些副使也都「持節」，以便臨時派往某個地區。持節，手持旌節，以表明皇帝特派的身分。(100)道可便二句　半道上如果張騫發現四周有新的可派往的地方，便當機立斷地派這些有身分的副使前去。(101)倨　傲慢。(102)諭指　講明此次出使的目的。指，通「旨」。(103)公主　皇帝的女兒。後來漢王朝所派出的江都王劉建之女劉細君也正是以「公主」的身分來嫁烏孫的。(104)距　同「拒」。抵抗。(105)不足破　不難被打敗。(106)遠漢　離漢王朝路途遙遠。(107)素服屬　平素一向臣服。(108)移徙　即今所謂「遷移」，向張騫所說的渾邪王故地遷移。(109)不能得其要領　意即摸不透烏孫人是怎麼想的。師古曰：「要，衣腰也；領，衣領也。凡持衣者，則執要與領。言騫不能得月氏意趣。」(110)大宛　西域國名，其地在今新疆西部境外的哈薩克斯坦境內，首都貴山城（今卡賽散）。(111)康居　西域國名，其地約當今哈薩克斯坦的南部，在當時的大宛西北，大月氏之北，國都卑闐（或說即今塔什干）。(112)大月氏　最早游牧在甘肅境內的祁連山一帶，後被匈奴人打敗，西遷到新疆境內的伊犁河一帶；後又在伊犁河流域被匈奴打敗，其餘部遂越過葱嶺遷到了今阿姆河流域的土谷曼斯坦一帶。(113)安息　西域國名，即世界史上所說的「帕提亞王朝」，在今伊朗境內，國都番兜城（今德黑蘭東部之達姆甘）。(114)身毒　也寫作「天竺」，印度河流域的古國名，在今印度、巴基斯坦境內。(115)于闐　西域小國名，在今新疆南部的和田一帶，國都西城，在今和田西南。(116)發譯道送　派翻譯引導護送。道，通「導」。(117)因令窺漢大小　叫他們趁便看看漢王朝是怎樣大小的一個國家。(118)大行　即大行令，也稱「典客」，九卿之一，主管少數民族事務，秩中二千石。(119)頗與其人俱來　也都多少不等的帶著那些國家的使臣一起到漢王朝來了。頗，有些。(120)西域凡三十六國　凡，總共。據《漢書・西域傳》，西域原三十六國，後分為五十一國：即婼羌、鄯善、且末、小宛、精絕、戎盧、扜彌、渠勒、于闐、皮山、烏秅、西夜、蒲犁、依耐、無雷、難兜、罽賓、烏弋山離、安息、大月氏、康居、大宛、桃槐、休循、捐毒、莎車、疏勒、尉頭、烏孫、姑墨、溫宿、龜茲、烏壘、渠犂、尉犂、危須、焉耆、烏貪訾離、卑陸、卑陸後國、郁立師、單桓、蒲類、蒲類後、西且彌、東且彌、劫、狐胡、山、車師前、車師後。(121)南北有大山　漢時稱其「南山」曰昆侖山，即今之喀喇昆侖山；其「北山」即今之天山。(122)中央有河　漢時稱「葱嶺河」及其下游之入鹽澤之河，即今葉爾羌河及塔里木河。(123)玉門　即玉門關，當時的玉門關在今甘肅敦煌西北。(124)陽關　當時的陽關在今甘肅敦煌西南。(125)限以葱嶺　意即西到葱嶺為止。葱嶺是古時對今帕米爾高原及昆侖山、天山西段的統稱。(126)河有兩源　黃河有兩個源頭。(127)一出葱嶺二句　《漢書・西域傳》曰：「河有二源，一出葱嶺，一出于闐。」(128)合流東注鹽澤　《山海經》云：「河出昆侖東北隅。」郭璞注：「河出昆侖，潛行地下，至葱嶺山于闐國，復分流歧出，合而東注泑澤（即今羅布泊），已而復行積石，為中國河。」按，以上皆古人稱說。依今天科學的說法，黃河乃發源於青海之巴顏喀拉山北麓。(129)去　距離。(130)出西域　前往西域。(131)鄯善　古西域國名，在今新疆的東南部，都城扜泥，即今若羌。(132)傍南山北　沿著南山（即今喀喇昆侖山）的北側。(133)循河西行　沿著今名車爾臣河的古河道西行。(134)莎車　古西域國名，都城即今新疆莎車。(135)南道西踰葱嶺　沿著南道向西越過葱嶺。(136)則出　則可以達到。(137)車師前王廷　車師是古西域國名，分前、後兩部，其車師前國的都城交河，即今新疆吐魯番西側的交河古城遺址；其車師後國的都城在今新疆奇臺西北。(138)隨北山　沿著現今的天山南側。(139)疏勒　古西域國名，都城即今新疆喀什。(140)奄蔡　古西域部族名，也稱「闔蘇」，其活動地區在今俄國境內的鹹海、裏海一帶。(141)役屬　隸屬；受……統治。(142)匈奴西邊日逐王　匈奴西部地區的日逐王。(143)僮僕都尉　匈奴官名，掌管西域諸國事務。胡三省曰：「匈奴蓋以僮僕視西域諸國，故以名官。」(144)領　監督、管理的意思。(145)常居焉耆危須尉黎間　經常駐紮在焉耆、危須、尉黎三個小國之間。焉耆在今新疆焉耆一帶，危須在今新疆焉耆以北，尉黎在今新疆焉耆西南。146賦稅　這裡用如動詞，意即向諸小國徵收賦稅。147富給　吃的用的都很富裕。148酒泉郡　漢郡名，郡治祿福，即今甘肅酒泉。149稍發　逐步徵調。150武威郡　漢郡名，郡治武威，在今甘肅民勤東北。151絕　隔斷。152汗血馬　通常即謂其馬出汗呈鮮紅色。西元二〇〇二年土谷曼斯坦國家領導人曾贈送中國領導人汗血馬，專家劉忠原解釋該馬之所以稱為「汗血馬」是「由於這種馬長得清秀，血管比較暴露，運動後體表血流量大，可能因此會造成汗液如血的視覺效果。」並說此馬「雖不能日行千里，但卻保持著千米一分零七秒的速度紀錄」。據說西元一九四五年五月九日，蘇聯慶祝世界反法西斯勝利大閱兵時，朱可夫元帥就是騎著這種馬。153使者相望於道　謂絡繹不絕地前往大宛求購汗血馬。154一輩　一批；一夥。155人所齎操　每個使者所攜帶的東西。156大放博望侯時　和當初張騫出使所攜帶的東西大致相仿，即「牛羊以萬數，金幣帛直數千巨萬」。大放，大致相仿。放，此處通「仿」。157益習　情況越來越熟悉。158衰少　使團的人數與所攜帶的東西越來越減少。159漢率一歲中使多者十餘　一般說來，派出使團次數多的是一年十多批。率，大概；大致。160遠者八九歲　意謂出使之路途遙遠者一個來回要八九年。161反　通「返」。凌稚隆引茅瓚曰：「使外國者，每一輩不下數百人，而又率一歲使十餘，或五六輩，又必八九歲或數歲而後還焉，張騫之貽禍甚哉。太史公委曲詳敘，意可概見矣。」162徙函谷關於新安　函谷關本來在當時的弘農縣（今河南靈寶東北），現在則向東移至新安縣（今河南新安西）境內。原因是為了擴大關中的地盤，將原處於函谷關以東的宜陽縣擴大到函谷關以內。《漢書・武帝紀》應劭注曰：「時樓船將軍楊僕（宜陽人）數有大功，恥為關外民，上書乞徙東關，以家財給其用度。武帝意亦好廣闊，於是徙關於新安，去弘農（函谷關舊址）三百里。」按，有關楊僕的事跡見《史記・酷吏列傳》、〈東越列傳〉、〈南越列傳〉、〈朝鮮列傳〉。163正月戊子　正月二十七日。164陽陵園火　漢景帝的陵園發生火災。陽陵，漢景帝的陵園，在今陝西咸陽東北。165關東郡國十餘饑　函谷關以東的十多個郡或諸侯國發生饑荒。166常山憲王舜　劉舜，景帝之子，景帝中五年被封為常山王，憲字是謚。常山國的都城在今河北元氏西北。167居喪無禮　指飲酒、博弈、私姦等等。168徙房陵　意即讓其帶著家屬一道發配房陵居住。房陵，今湖北房縣，秦、漢時代是安置流放罪犯的地方。169憲王子平　劉平，劉勃之弟。170真定王　國都真定，在今河北正定南。171五嶽皆在天子之邦　五嶽指東嶽泰山、西嶽華山、南嶽衡山、中嶽嵩山、北嶽恆山。前四者早已在朝廷的郡縣之內，唯有北嶽恆山在常山國的境內。今常山改設為郡，故五嶽都進入了朝廷的直接管區。又，今時稱北嶽恆山在山西渾源境，漢時非如此也，漢時的北嶽恆山在今河北阜平東北，地屬常山郡。172代王義　劉義，文帝的曾孫，劉登之子，原繼其父之位為代王，都城晉陽，在今太原西南。173清河王　都城清陽，在今河北清河縣東南。原清河王劉乘（孝景之子）死後無子，其國被廢，故改封劉義為清河王。174伊稺斜單于死　伊稺斜單于西元前一二六—前一一四年在位。175烏維單于立　烏維單于西元前一一四—前一〇六年在位。

【校　記】①于闐　原作「于窴」。據章鈺校，十四行本、乙十一行本、孔天胤本皆作「于闐」，今據改。

【語　譯】二年（丙寅　西元前一一五年）

冬季，十一月，張湯畏罪自殺。

當初，御史中丞李文與張湯有矛盾，與張湯關係密切的屬吏魯謁居就暗地裡指使人告發李文有違法亂紀的行為，武帝將李文交給張湯處治，張湯判處李文死罪。張湯心裡明白這是魯謁居捏造的，但當武帝問他：「李文被告發這件事是怎麼發生的？」張湯假裝吃驚地說：「這恐怕是與李文有仇恨的人揭發的吧。」魯謁居生了病，張湯親自為他按摩足部。趙王劉彭祖平常一向怨恨張湯，就抓住把柄上書給漢武帝說：「張湯身為朝廷大臣，竟然親自為屬下官吏按摩足部，恐怕是兩個人之間互相勾結、有重大的不軌行為吧。」武帝將此事交給廷尉審理。

此時魯謁居已經病死，事情牽連到他的弟弟。他的弟弟因此被囚繫在導官衙署，在此期間，張湯也到導官衙署審訊別的犯人，他看見了魯謁居的弟弟，想暗中袒護他，表面上卻裝做不認識的樣子。而魯謁居的弟弟不知就裡，因此對張湯懷恨在心，就指使別人上書給漢武帝，揭發張湯與魯謁居合謀陷害李文。武帝將此案交給減宣審理，減宣與張湯也有矛盾，當他接手此案，就深入追究，但還沒有將結果上報漢武帝。

此時又有人盜取孝文帝陵墓中的陪葬品，丞相莊青翟為此事朝見漢武帝，事先與張湯約定好，一同向皇帝請罪。但等到了武帝面前，張湯卻覺得此事與己無關，因此沒有向武帝請罪。漢武帝將丞相莊青翟交付御史審理，張湯想把「丞相知情不報」的罪名強加到莊青翟的頭上，置莊青翟於死地，莊青翟對此很擔憂。丞相的屬官擔任長史的朱買臣、王朝、邊通三人，都曾經位列九卿，享受過二千石的俸祿，在他們三人擔任高官的時候，張湯只不過是一個小吏。張湯多次代理丞相的職務，知道朱買臣等三人雖然目前只是一個長史，但向來尊貴，就故意的陵辱壓制他們，把他們當做丞史一樣的小官吏看待。因此三人都非常怨恨張湯，也想置他於死地。於是就與丞相莊青翟合謀，派人將大商賈田信等人抓起來，然後散布消息說：「張湯每次向皇帝奏報事情，田信等人都能事先知道，總是提前囤積貨物，等發了財就與張湯平均分配。」這些話逐漸的傳到漢武帝的耳朵裡，漢武帝就問張湯說：「我想要做的事情，商人都能事先知曉，於是大量囤積貨物，看起來好像是有人將我的想法告訴了他們。」張湯不趕緊向皇帝請罪，反而又故作吃驚地說：「看來確有此事。」此時減宣也把魯謁居弟弟揭發的供辭奏報給漢武帝。於是漢武帝認為張湯心懷詭詐、當面欺騙，就派趙禹嚴厲責問張湯，張湯這才上書給武帝請罪，並指控說：「陷害我的人是三個長史。」隨後就自殺身亡了。張湯死後，其家產總值不超過五百金。張湯的兄弟子姪想要為張湯厚葬，張湯的母親說：「張湯身為皇帝的大臣，受人惡語中傷而死，為什麼要厚葬呢！」就用牛車將張湯拉到墓地，只有一口棺材，沒有套在棺材外面的槨。漢武帝聽到這個消息，就把三個長史朱買臣、王朝、邊通全部處死。十二月二十五日壬辰，丞相莊青翟被逮捕入獄，莊青翟也自殺而死。

春天，起造柏梁臺。又在銅柱上製作了一個用來承接露水的銅盤，銅柱高二十丈，有七個人合圍之粗，銅柱上有一個銅鑄仙人，仙人用手高舉著銅盤承接露水，用這銅盤所接的露水與玉屑調和後喝下去，據說可以長生不老。大肆修造宮室，就從這時開始。

二月，任命太子太傅趙周為丞相。

三月十五日辛亥，任命太子太傅石慶為御史大夫。

天降大雪。

夏季，大水成災，函谷關以東餓死了好幾千人。

這一年，孔僅擔任大農令，桑弘羊擔任大農中丞，開始推行均輸法，逐漸在各地設置均輸官以促進貨物流通。

白金的價值稍微便宜一些，因此民間不重視，最後國家也只好宣告停止使用。於是下令在各郡、各諸侯國內全面禁止製造錢幣，只讓上林的鍾官、辨銅、技巧三個官署負責鑄錢。又下令全國，不是由三個官署所製造的錢不允許使用。於是民間私自鑄造錢幣的越來越少，因為無利可圖，只有技術高超的大工匠、大滑頭才敢盜鑄錢幣。

渾邪王投降漢朝後，漢朝派軍隊攻打匈奴，將匈奴追逐到了大漠以北。從鹽澤以東再也見不到匈奴人的蹤影，通往西域的道路這才暢通無阻。於是張騫向漢武帝建議說：「烏孫國王昆莫本來臣屬於匈奴，後來兵力逐漸強大起來，便不肯再侍奉匈奴。匈奴率軍攻打他，卻又不能取勝，只好遠離他。現在，匈奴單于被漢朝擊敗，而原來渾邪王的地盤又空虛無人。像蠻夷這些少數民族，他們的習俗是既留戀故土，又貪圖漢朝的財物，如果現在派人用豐厚的財物贈送給烏孫國王昆莫，讓他們向東遷移到渾邪王的故地，與漢朝結成兄弟般的友好關係，他們勢必會聽從，他們聽從了漢朝，就等於是砍斷了匈奴來自右邊側的援助。與烏孫聯盟以後，那麼烏孫西面的大夏等國就都可以用上述的方法使他們成為漢朝的屬國。」漢武帝覺得有道理，就任命張騫為中郎將，率領三百人，每個人兩匹馬，牛羊有一萬頭左右，攜帶的黃金與布帛，總計價值上億的財物。又給張騫配備了許多的副使，這些副使也都持節，路上如果發現有新的可派往的地方，便當機立斷、隨時派這些副使前去。

張騫等人到達烏孫國，烏孫國王昆莫會見張騫的時候，態度極為傲慢無禮。張騫轉達漢朝皇帝的旨意，說：「如果烏孫能夠向東回到故地居住，漢朝願意把公主嫁給大王為夫人，兩國之間結成兄弟般的友好關係，共同抵禦匈奴，匈奴就很容易被打敗。」烏孫王覺得與漢朝相距很遠，又不知道漢朝究竟有多大；而且臣屬匈奴已經很久，離匈奴又很近，烏孫國的大臣又都懼怕匈奴，因此不願意向東方遷移。

張騫在烏孫逗留了很長一段時間，卻得不到滿意的答覆，於是就派遣那些副使分別前往大宛、康居、大月氏、大夏、安息、身毒、于闐以及附近的其他國家。烏孫國派翻譯和嚮導陪同張騫等回漢朝，隨行的有幾十名使臣，以及數十匹馬，他們隨行的目的，一來是對漢朝出使烏孫的答謝，另一方面是讓這些人偷偷地來實地考察漢朝的大小強弱。這一年，張騫回到京師，漢武帝任命他為大行令。一年之後，張騫派往大夏等西域各國的副使，也都陸續回國，不少人也像張騫一樣帶回各國回訪的使節，從此之後，西域各國開始與漢朝友好往來。

西域總計有三十六國，南北都有大山，中間有大河，東西長六千多里，南北寬一千多里，東部連接漢朝的玉門關、陽關，西邊到達葱嶺。黃河有兩個源頭，一個在葱嶺，一個在于闐，會合後向東流入鹽澤。鹽澤距離玉門關、陽關有三百多里。從玉門關、陽關前往西域有兩條路：從鄯善出發沿著南山北麓，順著大河向西到達莎車國，這是南路。順著南路繼續西行，越過葱嶺，就進入大月氏、安息國界。從車師前部王廷，沿著北山南麓順著大河向西到達疏勒，這是北路。從北路西行越過葱嶺，就來到了大宛、康居、奄蔡了。過去，這些國家都隸屬於匈奴，匈奴西部歸日逐王統治，日逐王設置有僮僕都尉，掌管西域事務，經常居住在焉耆、危須、尉黎等國中，負責向西域各國徵收賦稅，吃的用的都很富裕。

烏孫國王既然不願意向東回歸故地，漢朝就在渾邪王故地設置酒泉郡，並逐漸向這裡移民，以充實這裡的人口。後來又將這裡劃分出一部分設置武威郡，用以截斷匈奴與羌部落之間聯繫的通道。

漢武帝得到大宛國出產的汗血馬，非常喜愛，稱之為「天馬」。於是便不斷的派人到大宛購求天馬，使者一批接著一批，不絕於道路。漢朝派往國外的使團，一般來說，大的有幾百人，少的也有一百多人。每個人所攜帶的物品，大致與博望侯張騫通西域時相仿，後來對西域的情況比較熟悉了，使團的人數與所攜帶的物品也就逐漸減少了。漢朝大概每年最多派出十幾個使團，少的也有五六批。路途遙遠的大約要經過八九年，近的也得要幾年的時間才能返回。

三年（丁卯　西元前一一四年）

冬季，將函谷關向東遷移到新安。

春季，正月二十七日戊子，漢景帝的陵園陽陵失火。

夏季，四月，天降冰雹。

函谷關以東地區的十幾個郡和諸侯國發生饑荒，人們飢餓難忍到了人吃人的程度。

常山憲王劉舜去世，他的兒子劉勃繼承王位，有人告發劉勃在他父親生病時不親自侍奉湯藥、在居喪期間又不守居喪之禮而被取消王爵，並放逐到房陵。過了一個多月，漢武帝又封常山憲王劉舜的另一個兒子劉平為真定王，將常山設置為朝廷的一個郡，這樣一來，泰山、華山、嵩山、衡山、恆山就都在朝廷的直接管轄之內了。

將代王劉義改封為清河王。

這一年，匈奴伊穉斜單于去世，他的兒子烏維單于即位。

四年（戊辰　西元前一一三年）

冬，十月，上行幸雍❶，祠五畤❷。詔曰：「今上帝，朕親郊❸，而后土❹無祀，則禮不答❺也，其令有司議！」立后土祠❻於澤中圜丘❼。上遂自夏陽❽東幸汾陰❾。是時，天子始巡郡國❿。河東守⓫不意行至⓬，不辦⓭，自殺。十一月甲子⓮，立后土祠於汾陰脽上⓯。上親望拜⓰，如上帝禮⓱。禮畢，行幸滎陽⓲，還，至洛陽⓳，封周後姬嘉⓴為周子南君㉑。

春，二月，中山靖王勝㉒薨。

樂成侯丁義㉓薦方士㉔欒大，云與文成將軍㉕同師。上方悔㉖誅文成，得欒大，大說。大先事膠東康王㉗，為人長美㉘，言多方略㉙，而敢為大言，處之不疑㉚。大言曰：「臣常往來海中，見安期、羨門之屬㉛。顧以臣為賤㉜，不信臣；又以為康王諸侯耳(33)，不足與方(34)。臣之師曰：『黃金可成(35)，而河決可塞(36)。不死之藥可得，仙人可致(37)也。』然臣恐效文成(38)，則方士皆掩口，惡敢言方哉(39)！」上曰：「文成食馬肝死(40)耳。子誠能脩其方，我何愛乎(41)？」大曰：「臣師非有求人(42)，人者求之(43)。陛下必欲致之，則貴其使者(44)，令為親屬(45)，以客禮待之，乃可使通言(46)於神人。」於是上使驗小方(47)，鬭旗，旗自相觸擊(48)。

是時，上方憂河決而黃金不就，乃拜大為五利將軍，又拜為天士將軍，地士將軍，大通將軍。夏，四月乙巳(49)，封大為樂通侯(50)，食邑二千戶(51)。賜甲第(52)，僮(53)千人，乘輿、斥車馬、帷帳、器物以充其家(54)，又以衛長公主(55)妻之，齎金十萬斤(56)。天子親如(57)五利之第，使者存問(58)共給(59)，相屬於道(60)。自太主(61)、將相以下，皆置酒其家，獻遺之(62)。天子又刻玉印曰「天道將軍」，使使(63)衣羽衣(64)，夜立白茅上(65)。五利將軍亦衣羽衣，立白茅上，受印，以示不臣(66)。大見數月，佩六印(67)，貴震天下。於是海上燕、齊之間(68)，莫不搤腕(69)自言有禁方(70)、能神仙矣。

六月，汾陰巫錦(71)得大鼎於魏脽后土(72)營旁(73)。河東太守(74)以聞(75)，天子使驗問(76)，巫得鼎無姦詐(77)，乃以禮祠(78)，迎鼎至甘泉(79)。從上行(80)，薦(81)之宗廟及上帝，藏於甘泉宮，羣臣皆上壽賀(82)。

秋，立常山憲王子商[83]為泗水王[84]。

初[85]，條侯周亞夫為丞相[86]，趙禹[87]為丞相史[88]，府中皆稱其廉平[89]，然亞夫弗任[90]，曰：「極知禹無害[91]，然文深[92]，不可以居大府[93]。」及禹為少府[94]，比九卿為酷急[95]。至晚節[96]，吏務為嚴峻[97]，而禹更名寬平[98]。

中尉尹齊[99]素以敢斬伐著名，及為中尉，吏民益彫敝[100]。是歲，齊坐不勝任[101]抵罪[102]。上乃復以王溫舒[103]為中尉，趙禹為廷尉[104]。後四年，禹以老貶為燕相[105]。

是時吏治[106]皆以慘刻相尚[107]，獨左內史兒寬[108]勸農業，緩刑罰，理獄訟[109]務在得人心。擇用仁厚士，推情與下[110]，不求名聲，吏民大信愛之。收租稅時，裁闊狹[111]，與民相假貸[112]，以故租多不入[113]。後有軍發[114]，左內史以負租課殿[115]，當免[116]。民聞當免，皆恐失之[117]。大家牛車、小家擔負[118]輸租[119]，繈屬不絕[120]，課更以最[121]。上由此愈奇寬。

初，南越文王[122]遣其子嬰齊[123]入宿衛[124]，在長安取邯鄲樛氏女[125]，生子興。文王薨，嬰齊立，乃藏其先武帝璽[126]，上書請立樛氏女為后、興為嗣[127]。漢數使使者風諭[128]嬰齊入朝。嬰齊尚樂擅殺生自恣[129]，懼入見要[130]。用漢法，比內諸侯[131]，固稱病，遂不入見。嬰齊薨，諡曰明王[132]。太子興代立，其母為太后。

太后自未為嬰齊姬時，嘗與霸陵[133]人安國少季[134]通。是歲，上使安國少季往諭王、王太后以入朝，比內諸侯。令辯士諫大夫終軍[135]等宣其辭[136]，勇士魏臣[137]等輔其決[138]，衛尉路博德[139]將兵屯桂陽[140]待使者。南越王年少，太后中國人，安國少季往，復與私通，國人頗知之，多不附太后。太后恐亂起，亦欲倚漢威，數勸王及羣臣求內屬[141]。即因使者上書[142]，請比內諸侯，三歲一朝，除邊關[143]。於是天子許之，賜其丞相呂嘉銀印[144]及內史[145]、中尉[146]、太傅[147]印，餘得自置[148]。除其故黥、劓刑[149]，用漢法，比內諸侯。使者皆留填撫之[150]。

上行幸雍，且郊[151]，或曰：「五帝，泰一之佐[152]也。宜立泰一[153]，而上親郊[154]。」上疑未定。齊人公孫卿[155]曰：「今年得寶鼎，其冬辛巳朔旦冬至[156]，與黃帝時等[157]。」卿有札書[158]曰：「黃帝得寶鼎，是歲己酉朔旦冬至[159]，凡三百八十年，黃帝仙登于天[160]。」因嬖人奏之[161]。上大悅，召問，卿對曰：「受此書申公，申公曰：『漢興復當黃帝之時[162]。漢之聖者[163]，在高祖之孫且曾孫也[164]。寶鼎出而與神通[165]，黃帝接萬靈明庭[166]。明庭者，甘泉也。黃帝采首山[167]銅，鑄鼎於荊山[168]下。鼎既成，有龍垂胡顊[169]下迎黃帝，黃帝上騎龍，與羣臣、後宮七十餘人俱登天。』」於是天子曰：「嗟乎！誠得如黃帝，吾視去妻子[170]如脫屣[171]耳！」拜卿為郎[172]，使東候神於太室[173]。

【章　旨】以上為第三段，寫元鼎四年（西元前一一三年）一年間的全國大事，主要寫了漢武帝迷信鬼神，希求長生不死，以致被諸多騙子所愚弄的荒唐情景，寫寵信欒大，賜其六將軍印，封樂通侯，妻以公主，待以不臣；寵信公孫卿，醉心於效仿黃帝之乘龍升天，以及祭后土、迎寶鼎云云。寫了南越王與漢王朝的良好關係，而漢王朝則用盡手段必欲使之成為境內諸侯，為下年的伐南越埋下伏筆。寫了漢王朝的吏治酷苛，而趙禹反被稱為「廉平」的今昔之差。

【注　釋】❶雍　漢縣名，在今陝西鳳翔南。其地有皇家的離宮與祭天的壇臺，故秦、漢時代的皇帝屢屢到雍縣去。❷祠五畤　祭祀雍縣的五畤。五畤是建築於雍縣的帝王祭天的五座壇臺，即密畤、鄜畤、吳陽上畤、吳陽下畤、北畤。❸親郊　親自祭祀。郊，帝王在郊外祭天。❹后土　謂后土之神。后土，大地。❺禮不答　與祭祀上帝的禮節不相稱。答，楊樹達曰：「合也。」❻后土祠　祭祀地神的祠廟。❼澤中圜丘　在大澤中建一圓形土丘，上立五個臺子，分別象徵五方的后土之神。❽夏陽　漢縣名，即今陝西韓城。夏陽與下文所說的「汾陰」隔河相對，故武帝前往汾陰要經由夏陽渡河前往。❾汾陰　漢縣名，在今山西萬榮西南的黃河邊上。❿始巡郡國　開始到各郡、各諸侯國視察。⓫河東守　河東郡的郡守。河東郡的郡治安邑，在今山西夏縣西北。汾陰縣即在河東郡內。⓬不意行至　沒想到漢武帝突然降臨。⓭不辦　接待工作來不及準備。⓮十一月甲子　十一月初八。⓯汾陰脽上　汾陰縣城西的土丘之上。脽，土堆；土丘。據《漢書》如淳注，此土丘寬二里，長四、五里，高十餘丈。當時的汾陰縣城也在這個土丘上。武帝所建的「后土祠」在縣城之西。⓰望拜　遠遠地望著行跪拜之禮。⓱如上帝禮　應作「如祭上帝禮」。⓲滎陽　漢縣名，即今河南滎陽東北的古滎鎮。⓳洛陽　在今洛陽之東北部，為漢代河南郡的郡治所在地。⓴姬嘉　姓姬名嘉，周王朝的後代子孫。㉑周子南君　姬嘉的封號名，周指周朝之後，子是爵位，南指其所居之地，即古所謂周南。㉒中山靖王勝　劉勝，景帝之子，景帝中二年被封為中山王，靖字是其死後的諡。中山國的都城即今河北定縣，劉勝的墓在今河北滿城西，曾出土金縷玉衣。㉓樂成侯丁義　劉邦功臣丁禮的曾孫，襲其先人之位為樂成侯。㉔方士　以煉丹服藥、長生不死之說騙人的方術之士。㉕文成將軍　名叫少翁，以長生不死之術騙得武帝寵信，封之為文成將軍。後來騙局暴露，被武帝所殺，已見於本書之元狩四年。㉖方悔　正在後悔。㉗膠東康王　劉寄，景帝之子，被封為膠東王，都城即墨，在今山東平度東南。西元前一四八—前一二一年在位。康字是其死後的謚。㉘長美　身高貌美。㉙言多方略　意即善說，說起話來一套一套地。㉚處之不疑　即今所謂「說大話不猶豫，不臉紅」。㉛安期羨門之屬　安期生、羨門高一類的仙人。㉜顧以臣為賤　問題是由於我的身分太低。顧，轉折語詞，猶今所謂「但」、「問題在於」。㉝康王諸侯耳　膠東康王也才不過是一個諸侯，意思是地位還是低。㉞不足與方　不值得給他仙方。㉟黃金可成　即所謂煉石、煉鐵成金。㊱河決可塞　黃河決口可以通過求仙使之自行堵好。按，自元光三年（西元前一三二年）黃河決口於瓠子，至此時已二十年沒有堵上，這也是漢武帝當時所發愁的一件事，故欒大言亦及之。㊲可致　可以招來。㊳恐效文成　怕也像文成一樣落個被殺的下場。㊴則方士皆掩口二句　語略不順，意謂自文成被殺後，方士們全都嚇得閉上了嘴，誰還敢對您談起長生不死之術呢。掩口，閉口。惡敢，焉敢；豈敢。惡，也可寫作「烏」，豈；怎。㊵食馬肝死　漢時相傳食馬肝可致人於死。《論衡》有所謂「氣熱而毒盛，故食走馬肝殺人」；《史記．儒林列傳》有所謂「食肉無食馬肝」。㊶我何愛乎　我有什麼可吝嗇的呢。意即不吝惜以金錢官位賞人。愛，吝惜。㊷非有求人　不是有求於人的人。㊸人者求之　是人們都有求於他。㊹貴其使者　首先尊寵這個派去尋他的使者，即指自己。㊺令為親屬　讓他成為皇帝的親戚。㊻通言　傳話。㊼使驗小方　讓他演示一些小法術。㊽鬬旗二句　《漢武故事》云：「欒大嘗於殿前樹旌數百枚，令旌自相擊，幡幡竟庭中，去地十餘丈，觀者皆駭。」按，郭正誼、傅起鳳《魔術與神功》稱「這種鬥旗的特異功能實際是利用磁力設計的小戲法」。㊾四月乙巳　四月二十一。㊿樂通侯　取其能溝通天地鬼神，皇帝為此而樂。(51)食邑二千戶　意即封給他有二千戶居民的一塊領地，可坐食此二千戶居民的租稅。(52)甲第　甲等的府第。(53)僮　奴僕。(54)乘輿斥車馬帷帳器物以充其家　意即皇帝將自己身邊不用的車馬、帷帳以及各種器物，撥給欒大使用。乘輿，指稱皇帝。師古曰：「斥，不用者也。」(55)衛長公主　皇后衛子夫所生的大女兒。何焯曰：「以衛公主妻大者，令為親屬，如大所言也。」鍾惺曰：「方士尚公主，奇極，蓋直以蕭史待之矣。」(56)齎金十萬斤　帶著十萬金的陪嫁。齎，攜帶；陪嫁。(57)親如　親自前往。如，往。(58)存問　慰問。存，恤；撫問。(59)共給　同「供給」。送東西。(60)相屬於道　一批接一批，道路上相望不絕。屬，連接。(61)太主　大長公主，名嫖，竇太后之女，武帝之姑。(62)獻遺之　給欒大貢獻財物。(63)使使　派使者。(64)羽衣　師古曰：「以鳥羽為衣，取其神仙飛翔之意也。」(65)立白茅上　《正義佚存》曰：「喻有潔白之德。」(66)不臣　不把欒大視為臣下。(67)佩六印　即「五利」、「天士」、「地士」、「大通」、「天道」五將軍及「樂通侯」之印也。(68)海上燕齊之間　意即燕國、齊國這些靠海的地方。(69)搤腕　內心激動，躍躍欲試的樣子。按，此語又見於《史記・刺客列傳》，《索隱》曰：「勇者奮厲，必先以左手扼右腕也。」(70)禁方　祕方。(71)汾陰巫錦　汾陰縣的巫者名錦。(72)魏脽后土　即前文所說武帝在汾陰所修的后土祠，因此地在戰國時代屬魏，故稱「魏脽后土」。(73)營旁　后土祠的區域之旁。營，同「塋」。祠壇、陵墓所佔的地域。(74)河東太守　其名為「勝」，史失其姓。(75)聞　報告皇帝。(76)驗問　調查、核對。(77)巫得鼎無姦詐　巫錦發現鼎的事情的確屬實。無姦詐，不是瞎說。(78)以禮祠　按禮節對該鼎進行祭祀。(79)迎鼎至甘泉　謂派人從長安到汾陰迎鼎，而後送鼎到甘泉宮。(80)從上行　實際意思是武帝也跟著迎鼎的隊伍一道前行。但為了突出皇帝的至高無上，故說整個隊伍都跟著皇帝一道前行。(81)薦　貢獻給。(82)上壽賀　向皇帝敬酒祝賀。(83)常山憲王子商　劉商，常山憲王劉舜的少子。(84)為泗水王　劉舜死於元鼎三年，太子劉勃繼其父位。因劉勃荒淫無禮，被廢去王爵，流放房陵，常山國遂改為郡。因武帝與劉舜的親緣關係特別近，故分外施恩封其少子劉商為泗水王，都城淩縣，在今江蘇泗陽西北。(85)初　當初，追述往事的前置語。(86)周亞夫為丞相　周亞夫是劉邦功臣周勃之子，被封為條侯，因平定吳楚七國之亂有大功，於景帝七年官居丞相。(87)趙禹　當時著名的酷吏。事跡詳見《史記・酷吏列傳》。(88)丞相史　丞相的屬吏。(89)廉平　清廉公正。(90)弗任　不認可；不賞識。(91)無害　也稱「文無害」，謂通習法令，處理諸事無凝滯。(92)文深　謂執法森嚴酷苛。(93)大府　即丞相府。(94)少府　九卿之一，掌管山林湖海收入及供應皇家需要的手工製造，為皇帝的私家理財。(95)比九卿為酷急　言與當時九卿同列者相比，趙禹為酷急。(96)至晚節　待至趙禹的晚年。(97)吏務為嚴峻　許多官吏都爭相酷苛。(98)更名寬平　反而倒以寬平著稱。言外之意是整個官場都追求嚴刑峻法，法外之法，於是那些只在法律條文之內執行嚴厲的人就顯得寬和公平了。(99)中尉尹齊　中尉是維持首都治安的長官，秩中二千石。尹齊的事跡不多，見於《史記・酷吏列傳》。(100)益彫敝　指生活越來越窮困，精神越來越萎靡。(101)不勝任　《史記》說當時的形勢是「豪惡吏伏匿而善吏不能為治，以故事多廢」。(102)抵罪　被治罪。(103)王溫舒　當時的著名酷吏，前文已經出現。(104)廷尉　全國的司法長官，九卿之一。(105)燕相　燕王劉旦之相。劉旦是武帝之子，元狩六年（西元前一一七年）被封為燕王，都城薊縣，即今北京市。(106)吏治　官場與為官治民的制度、風氣。(107)以慘刻相尚　意即爭相酷苛，越嚴厲越好。相尚，相競爭。(108)左內史兒寬　左內史是都城長安東部地區的行政長官，職位如同郡守。當時長安地區分為左右兩部，由左內史、右內史分別掌管。兒寬是以治《尚書》著名的儒生，在武帝時飛黃騰達，僅次於公孫弘。《漢書》有傳。(109)理獄訟　審理、判處案件。(110)推情與下　設身處地地對待下屬。(111)裁闊狹　能根據百姓的窮富、年成的好壞、催討時間的緩急，而做些調配。裁，審時度勢。闊，指寬裕。狹，指窮迫。(112)與民相假貸　允許百姓們有些討價還價，指緩期、貰欠等等。(113)租多不入　許多租稅收不上來。(114)軍發　軍用調集。(115)負租課殿　欠交租稅名列最下等。

課，考核。殿，最末。⑯免　免官。⑰皆恐失之　都怕失掉這位好長官。⑱擔負　肩挑、背負。⑲輸租　給公家補交欠糧。輸，運送。⑳繈屬不絕　像扯繩子一樣地連續不斷於道。繈，繩索。㉑課更以最　收交的糧食總數反而變成了最上等。㉒南越文王　《史記‧南越列傳》稱之曰「趙胡」，卒諡文王。但據廣州象岡山南越王墓之出土金印，知南越文帝為「趙眜」，應是《史記》誤記。㉓嬰齊　即南越明王。㉔入宿衛　進京充當皇帝的警衛人員，實際是進京充當人質。嬰齊「入宿衛」在建元六年（西元前一三五年）。㉕取邯鄲樛氏女　意即娶樛氏女為姬妾。取，通「娶」。邯鄲，即今河北邯鄲，當時趙國的都城。㉖藏其先武帝璽　將當年其祖父趙佗所用的竊稱皇帝的印信收了起來，即真的取消了帝號。㉗請立樛氏女為后興為嗣　嗣，繼承人，即太子。按，嬰齊之王后為越人，越之諸臣意欲立越女生子為太子；今嬰齊為愛樛氏女而欲立以為后，並立其子興為太子，怕遭群臣反對，故欲借漢朝權勢以行之。㉘風諭　旁敲側擊地示意。風，吹風；示意。㉙尚樂擅殺生自恣　喜歡自己單獨握有生殺隨意之權。尚樂，動詞連用，都是「喜愛」的意思。擅，專有。殺生自恣，生殺大權由自己說了算。㉚懼入見要　害怕入朝後受管轄約束。要，要脅；約束。㉛用漢法二句　接受漢朝的法令，一切行為作派都得和漢朝內部的諸侯王一樣。㉜嬰齊薨二句　據稱，趙嬰齊墓在今廣州西村。其墓先曾被盜，據現存之玉飾諸物可推定為趙嬰齊之墓。㉝霸陵　漢文帝的陵邑名，在今陝西西安東北。漢代皇帝自其繼位開始，即為自己修造陵墓，設立陵邑，並從各地向該邑移民。陵邑的建置相當於縣。㉞安國少季　姓安國，名少季。㉟諫大夫終軍　諫大夫是帝王身邊的侍從官員，秩比八百石，掌議論，上屬郎中令。終軍，姓終名軍，字子雲，以文辭見稱，《漢書》有傳。㊱宣其辭　逞其辭令。終軍出使前即揚言「願受長纓，必羈南越王而致闕下」。㊲魏臣　姓魏名臣。㊳輔其決　幫著他出主意。師古注：「助令決策也。」㊴衛尉路博德　衛尉是武官名，九卿之一，主管防衛宮廷，當時有「未央宮衛尉」、「長樂宮衛尉」。路博德原為霍去病的部將，從霍去病伐匈奴有功，封侯。此時任衛尉之職。㊵將兵屯桂陽　桂陽即今廣東連縣，在當時南越北境的南嶺上。按，漢朝此舉，前有說客以辭令恫嚇，輔之「勇士」以顏色威脅，繼以師旅，震之以兵威，武帝君臣之無理欺弱，可謂甚矣，史家據實描寫，愛惡之情自見。㊶求內屬　請求歸附，成為漢朝的國內之國。㊷因使者上書　通過使者安國少季給皇帝上書。因，憑藉；通過。㊸除邊關　拆掉國境線上的防禦工事。㊹賜其丞相呂嘉銀印　賜印者，等於令其接受漢朝的委任。呂嘉，越族人，南越政權的忠實捍衛者。㊺內史　在諸侯國負責民政的官員。㊻中尉　諸侯國的武官，相當於郡尉，執掌武事。㊼太傅　諸侯王的訓導官。按漢朝規定，各諸侯國的以上數職皆由朝廷委任。㊽餘得自置　其他級別較低的官吏，由越王自行委任。㊾除其故黥劓刑　黥是在犯人臉上刺字，劓是削去犯人的鼻子。這些刑法先秦時期曾有，從文帝起中原地區就已經廢除，現在亦讓南越取消，改用漢朝的法律。150使者皆留填撫之　現來越國的使團都留在越國維持秩序。填撫，通「鎮撫」。151且郊　將要祭祀上帝之前。152泰一之佐　泰一神的股肱大臣。佐，輔佐。153宜立泰一　應該再立一座泰一廟。154而上親郊　騙子們既然說青、紅、黃、白、黑五帝為「泰一之佐」，那麼如果武帝還像過去的帝王親祭這泰一之佐就等於錯了輩分，故而有人建議皇帝只應親祭泰一。155公孫卿　姓公孫，名卿，齊地的方士。156辛巳朔旦冬至　這年十一月初一的早晨交「冬至」節。157與黃帝時等　與當年黃帝時的節令剛好一樣。時，節氣；節令。158札書　用小木片穿成的古書。159己酉朔旦冬至　意謂黃帝得寶鼎的那一年，十一月初一是己酉日，這天的早晨交「冬至」節。160凡三百八十年二句　結果未等四百，在三百八十年的時候，黃帝就成仙升天了。徐中行曰：「觀公孫卿所言，則知汾陰鼎必其所為以欺武帝者。」161因嬖人奏之　公孫卿通過武帝身邊的寵幸將他這冊「札書」進呈給武帝。嬖人，男寵。嬖，親昵；寵幸。162復當黃帝之時　當重新採用黃帝時代的曆法。163漢之聖者　漢代皇帝中的「聖人」。164在高祖之孫且曾孫也　應該是高祖之孫或者是曾孫。且，或。按，此騙子之故弄玄虛的一種說法，較之直接說「在高祖之曾孫」顯得更有迷惑力。165寶鼎出而與神通　寶鼎一出，說明皇帝與上天的思想已經溝通。166接萬靈明庭　在「明庭」迎接萬方鬼神。167首山　在今山西永濟西南。168荊山　也稱「覆釜山」，在今河南靈寶西南，與今上文所謂「首山」隔黃河相望。169胡頾　師古曰：「胡，謂頸下垂肉也；髯，其毛也。」頾，即今所謂鬍鬚。170去妻子　離妻、子而去。171如脫屣　像甩掉兩隻鞋子，極言其不吝惜、不動心之狀。屣，鞋。172郎　帝王的侍從官員，上屬郎中令。173候神於太室　到太室山祭祀以等待神的降臨。太室山在今河南登封。

【語譯】四年（戊辰　西元前一一三年）

冬季，十月，漢武帝到雍縣巡視，並在郊外祭祀雍縣的五畤。漢武帝頒布詔令說：「假如我親自到郊外祭祀上帝，而不祭祀后土神，就與祭祀上帝的禮節上不相稱，該如何祭祀，請有關部門積極商議！」於是在大澤中建一圓形土丘，在圓丘上立五個臺子象徵東、西、南、北、中五方的后土神。漢武帝於是從夏陽往東來到汾陰巡視。當時，是漢武帝第一次出巡郡、國。河東郡的太守沒有料到武帝會突然駕臨，事先毫無準備，因惶恐而自殺。十一月初八日甲子，在汾陰的一個小土丘上修建了后土祠。漢武帝親自叩拜、祭祀，就像祭祀上帝那樣。祭祀完畢，前往滎陽，在返回的途中，前往洛陽巡視，封周王室的後裔姬嘉為周子南君。

春季，二月，中山靖王劉勝去世。

欒成侯丁義向漢武帝舉薦方士欒大，說欒大與文成將軍少翁出自同一個師傅。武帝當時正在為殺死文成將軍少翁而後悔，現在得到欒大，非常高興。欒大此前曾經侍奉過膠東康王劉寄，欒大長得身高貌美，又善於言談，更敢於說大話，而且說起大話來神態自若。欒大對漢武帝吹噓說：「我經常往來於大海之上，看見過安期生、羨門高一類的神仙。但他們認為我地位卑賤，所以不信任我；又因為膠東康王只不過是個諸侯王，不值得把長生不老的藥方送給他。我師傅說：『求神仙能煉成黃金，能堵塞黃河的決口。長生不老之藥可以得到，神仙之體可以修成。』但我害怕像文成將軍那樣落個被殺的下場，那樣的話，所有的方士就都會閉上嘴巴，誰還敢再提長生不老的祕方呢！」漢武帝掩飾說：「少翁是吃了馬肝中毒死的。先生如果能夠研製成長生不老的祕方，我還吝惜什麼呢？」欒大說：「我的師傅於人一無所求，是人有求於他。陛下如果真的希望將我的師傅請來，那麼就必須先尊寵這個派去尋他的使者，讓他成為親屬，還要像對待客人那樣以禮相待，這樣的話才能使他將陛下的想法轉達給神人。」於是漢武帝就讓欒大演示一些小法術，欒大為武帝表演鬥旗，許多旗子果然就互相打鬥起來。

當時，漢武帝正在為黃河決口和煉金無法成功而發愁，於是就封欒大為五利將軍，又封他為天士將軍、地士將軍、大通將軍。夏季，四月二十一日乙巳，又封欒大為樂通侯，封邑二千戶。還把最好的住宅賞賜給他，還賞賜給他一千多名奴婢，武帝還將自己身邊用不著的車馬、幃帳以及各種器物撥給欒大使用，又把衛皇后所生的長公主嫁給欒大為妻，又贈送給他黃金十萬斤。漢武帝還親自到欒大的府第做客，派去慰問、贈送物品的使者不絕於道路。上自武帝的姑姑竇太主，下到將相以下的朝廷官員，都在家中擺設酒席宴請欒大，向他敬獻禮物。漢武帝還刻了一枚玉質印章，上面刻著「天道將軍」的字樣，然後派人身穿羽毛做的衣服，在夜間站在白茅草上。五利將軍欒大也穿著羽毛做的衣服站在白茅草上，接受漢武帝授予的「天道將軍」印，以這種形式表示他不是漢朝天子的臣民。欒大晉見漢武帝以後僅僅幾個月的時間，就佩上了六顆印，他的尊貴程度震驚了全天下。於是沿海一帶的燕國、齊國之間的人無不怦然心動，紛紛站出來說自己擁有長生不老的祕方、能夠請到神仙。

六月，汾陰縣的巫師錦在魏國故地漢武帝所修的后土祠旁邊挖掘出一個大鼎。河東太守將此事報告給漢武帝，漢武帝派人前去查驗，證明巫師錦得到大鼎的事情屬實，於是就先舉行了祭祀典禮，然後派人到汾陰迎接大鼎，把大鼎隆重地護送到甘泉宮。又隨從漢武帝，將鼎供獻給宗廟和上帝，最後收藏在甘泉宮中，群臣全都向漢武帝敬酒祝賀。

秋季，封常山憲王劉舜的兒子劉商為泗水王。

當初，條侯周亞夫為丞相，趙禹為丞相史的時候，丞相府中的人全都稱讚趙禹為政清廉公正，只有周亞夫不賞識他，說：「我非常瞭解趙禹這個人，他通習法令、處理政事無凝滯，但他執法嚴酷峻急，不適合擔任丞相職務。」等到趙禹擔任了主管宮廷供奉的少府，與同等級別的九卿相比，確實顯得嚴酷峻急。不過到了晚年的時候，許多官吏在執法過程中都爭相嚴酷，而趙禹反倒以寬厚平和出名。

負責掌管京師治安的中尉尹齊一向以敢於殺人著稱，等到他擔任中尉的時候，吏民生活越來越窮困、精神越來越萎靡。這一年，尹齊因被指控不能勝任中尉職務而被治罪。武帝於是再次任命王溫舒為中尉，任命趙禹為廷尉。又過了四年，因為趙禹年紀太大了，漢武帝就將他貶到燕國擔任丞相。

當時的為官治民的風氣都以用法殘酷苛刻相競爭，只有擔任左內史的兒寬反其道而行之，他勸勉農民努力從事農業生產，執行法律以寬大為懷，處理刑事案件，務必順從民意。他選用的都是些有仁愛之心、為人忠厚的人士，對待下屬也是推心置腹，不以追求轟動一時的政績為目的，因此深受下級官吏和人民的愛戴。收取租稅的時候，兒寬也總是根據百姓的窮富、年成的好壞而做些調配：比較富裕的就收取租稅，生活確實窘迫的，就允許百姓緩期、賒欠，因此，京畿的租稅總是收不齊。後來因為軍事行動需要徵調糧食，左內史兒寬由於欠交租稅被評為最下等，應當被免職。百姓聽到兒寬可能被免職的消息，都害怕失去兒寬這樣的好官。於是大戶人家用牛車、小戶人家用擔子挑著向府庫補繳租穀，補繳租穀的人一個接一個，就像是扯繩子一樣連續不斷於道路，收繳的糧食總數反而是兒寬名列第一。漢武帝由於這件事，對兒寬另眼相看。

當初，南越文王趙胡派遣他的兒子趙嬰齊到漢朝的皇宮中充當侍衛，趙嬰齊在長安娶了邯鄲樛姓的女子為妻，生了兒子趙興。南越文王去世後，趙嬰齊回國即位做了南越王，他把當年其祖父南越武帝趙佗所用的竊稱「南越武帝」的印信收藏起來，然後上書給漢武帝，請求立樛氏女為皇后，立趙興為太子。漢朝屢次派使者曉諭他到京師長安朝拜大漢皇帝。但趙嬰齊卻喜歡做單獨握有生殺大權的獨立王國的國王，害怕到長安朝見後受到管轄約束。接受漢朝的法令，一切行為都得和漢朝境內的諸侯王一樣，所以就推說有病，堅持不肯入朝。趙嬰齊不久病死，諡號為「明王」。太子趙興即位，他的母親樛氏為皇太后。

樛太后在嫁給趙嬰齊以前，曾經與霸陵人安國少季通姦。這一年，漢武帝派安國少季為使者，前往南越勸說南越王趙興和樛太后入朝，像漢朝的諸侯王那樣。讓能言善辯的諫大夫終軍等人隨從前往，傳達皇帝的有關旨意，又派勇士魏臣等人輔助其決策，派衛尉路博德率領一支軍隊駐紮在桂陽等候使者的消息，也是為了起到震懾作用。南越王趙興年紀很小，樛太后又是中國人，安國少季作為使者來到南越後，又與太后重修舊好，南越國有很多人風聞此事，因此心裡都不服太后。樛太后也擔心國內發生混亂，也想借助漢朝的威勢鞏固自己的地位，於是就極力勸說南越王趙興以及諸位大臣歸附漢朝。於是便通過漢朝使者上書給漢武帝，請求允許南越國比照漢朝的諸侯國，三年到朝廷朝見一次，撤銷兩國之間所設置的邊界關卡。漢武帝答應了南越國的請求，又賞賜給南越國丞相呂嘉銀質的印信以及內史、中尉、太傅印信，其他級別較低的官員則由南越王自行任免。同時廢除南越原來的黥刑、劓刑，改用漢朝的法律，一切比照諸侯國。派去的使者都留在那裡，用以維持秩序、安撫人心。

漢武帝到雍縣巡視，並準備再祭祀上帝，有人提議說：「五帝，是輔佐天神泰一的股肱大臣。應該修建一座泰一廟，由天子親自前往祭祀。」漢武帝猶豫未決。齊國人公孫卿說：「今年得到了寶鼎，而今年冬季十一月初一日辛巳凌晨交冬至節，這情形與當年黃帝軒轅氏在位時的節令剛好一樣。」公孫卿在木簡上寫道：「黃帝得到寶鼎的那一年，冬季十一月初一是己酉日，這天的凌晨也是交冬至節，黃帝活到三百八十歲，修成神仙，升天而去。」公孫卿通過武帝身邊的寵臣將這冊「札書」呈送給漢武帝。漢武帝看後非常高興，就把公孫卿召來問話，公孫卿回答說：「我是從申公手裡得到的這部書，申公說：『漢朝建立後應當重新採用黃帝時期的曆法。漢代皇帝中的聖人，不是漢高祖的孫子就一定是漢高祖的曾孫子。寶鼎一出現，說明皇帝與上天的思想已經溝通，黃帝在天上的明庭迎接萬方鬼神。地上與明庭相對應的，就是甘泉。黃帝採集了首陽山上的銅礦，在荊山之下鑄成寶鼎。當寶鼎鑄造成功的時候，天上有一條龍將龍鬚垂下來迎接黃帝，於是黃帝就騎上龍升天了，同時跟隨上天的還有群臣以及後宮總計七十多人。』」漢武帝聽完後感慨地說：「天啊！如果真能像黃帝那樣成仙升天，我就把拋棄妻子看做像甩掉兩隻鞋子一樣，毫不吝惜！」於是封公孫卿為郎，並派他到東邊的太室山祭祀以等待天神的降臨。

五年（己巳　西元前一一二年）

冬，十月，上祠五時於雍，遂踰隴❶，西登崆峒❷。隴西守❸以行往卒❹，天子從官不得食，惶恐，自殺。於是上北出蕭關❺，從數萬騎獵新秦中❻，以勒邊兵❼而歸。新秦中或千里無亭徼❽，於是誅北地太守以下❾。

上又幸甘泉，立泰一祠壇❿，所用祠具如雍一時而有加焉⓫。五帝壇環居⓬，其下四方地為餟食羣神從者及北斗⓭云。十一月辛巳朔冬至⓮，昧爽⓯，天子始郊拜泰一⓰，朝朝日⓱、夕夕月⓲則揖⓳。其祠⓴列火滿壇㉑，壇旁亨炊具㉒。有司云：「祠上㉓有光。」又云：「晝有黃氣上屬天㉔。」太史令談㉕、祠官寬舒㉖等請三歲天子一郊見㉗，詔從之。

南越王、王太后飭治[28]行裝，重齎[29]為入朝具[30]。其相呂嘉，年長矣，相三王[31]，宗族仕宦為長吏[32]者七十餘人，男盡尚王女[33]，女盡嫁王子弟、宗室，及蒼梧秦王有連[34]。其居國中甚重，得眾心愈於王[35]。王之上書，數諫止王[36]，王弗聽。有畔[37]心，數稱病，不見漢使者。使者皆注意嘉，勢未能誅。王、王太后亦恐嘉等先事發[38]，欲介漢使者權[39]，謀誅嘉等。乃置酒請使者，大臣皆侍坐飲。嘉弟為將，將卒居宮外。酒行[40]，太后謂嘉曰：「南越內屬，國之利也，而相君苦不便[41]者，何也？」以激怒使者。使者狐疑相杖[42]，遂莫敢發。嘉見耳目非是[43]，即起而出。太后怒，欲鏦嘉以矛[44]，王止太后。嘉遂出，介其弟兵就舍，稱病，不肯見王及使者，陰與大臣謀作亂。王素無意誅嘉，嘉知之，以故數月不發。

天子聞嘉不聽命，王、王太后孤弱不能制，使者怯無決[45]。又以為王、王太后已附漢，獨呂嘉為亂，不足[46]以興兵，欲使莊參[47]以二千人往使。參曰：「以好往[48]，數人足矣[49]；以武往，二千人無足以為也[50]。」辭不可，天子罷參。郟壯士[51]故濟北相[52]韓千秋[53]奮曰：「以區區之越，又有王、王太后應[54]，獨相呂嘉為害，願得勇士三百人，必斬嘉以報。」

於是天子遣千秋與王太后弟樛樂將二千人往。入越境，呂嘉等乃遂反。下令國中曰：「王年少，太后，中國人也，又與使者亂[55]，專欲內屬[56]，盡持先王寶器入獻天子以自媚。多從人行，至長安，虜賣以為僮僕[57]，取自脫一時之利[58]，無顧趙氏社稷、為萬世慮計之意[59]。」乃與其弟將卒攻殺王、王太后及漢使者，遣人告蒼梧秦王及其諸郡縣，立明王長男越妻子[60]術陽侯[61]建德為王。而韓千秋兵入，破數小邑。其後越直開道[1]給食[62]，未至番禺四十里[63]，越以兵擊千秋等，遂滅之。使人函封漢使者節[64]置塞上[65]，好為謾辭[66]謝罪，發兵守要害[67]處。

春，三月壬午[68]，天子聞南越反，曰：「韓千秋雖無功，亦軍鋒之冠[69]，封其子延年[70]為成安侯[71]。樛樂姊為王太后，首願屬漢，封其子廣德[72]為龍亢侯[73]。」

夏，四月，赦天下。

丁丑晦[74]，日有食之。

秋，遣伏波將軍[75]路博德出桂陽[76]，下湟水[77]；樓船將軍[78]楊僕[79]出豫章[80]，下湞水[81]；歸義越侯嚴[82]為戈船將軍[83]，出零陵[84]，下離水[85]；甲為下瀨將軍[86]，下蒼梧[87]：皆將罪人[88]，江、淮以南樓船[89]十萬人。越馳義侯遺[90]別將[91]巴、蜀罪人，發夜郎兵[92]，下牂柯江[93]，咸會番禺[94]。

齊相[95]卜式上書，請父子與齊習船者往死南越[96]。天子下詔褒美[97]式，賜爵關內侯[98]，金六十斤，田十頃。布告天下，天下莫應[99]。是時列侯[100]以百數，皆莫求從軍擊越。會九月嘗酎，祭宗廟[101]，列侯以令獻金助祭[102]。少府省金[103]，金有輕及色惡[104]者，上皆令劾以不敬[105]，奪爵者百六人[106]。辛巳[107]，丞相趙周坐[108]知列侯酎金輕[109]下獄，自殺。

丙申[110]，以御史大夫石慶[111]為丞相，封牧丘侯[112]。時國家多事，桑弘羊等致利[113]，王溫舒之屬峻法[114]，而兒寬等推文學[115]：皆為九卿[116]，更進用事[117]。事不關決於丞相[118]，丞相慶醇謹而已[119]。

五利將軍裝治行[120]，東入海求[121]其師。既而不敢入海，之太山祠[122]。上使人隨驗[123]，實無所見[124]。五利妄言見其師，其方盡多不售[125]，坐誣罔[126]，腰斬。樂成侯亦棄市[127]。

西羌[128]眾十萬人反，與匈奴通使，攻故安[129]、圍枹罕[130]。匈奴入五原[131]，殺太守。

六年（庚午　西元前一一一年）

冬，發卒十萬人，遣將軍李息、郎中令徐自為[132]征西羌，平之。

樓船將軍楊僕入越地，先陷尋陿[133]，破石門[134]，挫越鋒[135]。以數萬人待伏波將軍路博德至俱進。樓船[136]居前，至番禺。南越王建德、相呂嘉城守[137]。樓船居東南面，伏波居西北面。會暮，樓船攻敗越人，縱火燒城。伏波為營[138]，遣使者招降者[139]，賜印綬，復縱令相招[140]。樓船力攻燒敵，驅而入伏波營中。黎旦[141]，城中皆降。建德、嘉已夜亡[142]入海，伏波遣人追之。校尉司馬蘇弘[143]得建德，越郎都稽[144]得嘉。戈船、下瀨將軍兵及馳義侯所發夜郎兵未下[145]，南越已平矣。遂以其地為南海、蒼梧、鬱林、合浦、交趾、九真、日南、珠厓、儋耳[146]九郡。師還，上益封伏波[147]。封樓船為將梁侯[148]，蘇弘為海常侯[149]，都稽為臨蔡侯[150]，及越降將蒼梧王趙光等四人皆為侯[151]。

公孫卿候神河南[152]，言見仙人跡[153]緱氏[154]城上。春，天子親幸緱氏城視跡，問卿：「得毋效文成、五利乎[155]？」卿曰：「仙者非有求人主，人主者求之[156]。其道[157]非寬假[158]，神不來。言神事如迂誕[159]，積以歲月[160]，乃可致也。」上信之。於是郡國各除道[161]，繕治宮觀[162]、名山、神祠以望幸焉。

賽南越[163]，祠泰一、后土，始用樂舞。

馳義侯發南夷[164]兵，欲以擊南越[165]。且蘭君[166]恐遠行，旁國虜其老弱[167]，乃與其眾反，殺使者及犍為太守[168]。漢乃發巴、蜀罪人當擊南越者八校尉[169]，遣中郎將[170]郭昌、衛廣將而擊之，誅且蘭及邛君、莋侯[171]，遂平南夷為牂柯郡[172]〔2〕。夜郎侯[173]始倚南越，南越已滅，夜郎遂入朝[174]，上以為夜郎王[175]。冉、駹[176]皆振恐，請臣置吏[177]。乃以邛都為越巂郡[178]，莋都為沈黎郡[179]，冉駹為汶山郡[180]，廣漢西白馬為武都郡[181]。

初，東越王餘善[182]上書，請以卒八千人從樓船[183]擊呂嘉。兵至揭陽[184]，以海風波為解[185]，不行。持兩端[186]，陰使南越[187]。及漢破番禺，不至[188]。楊僕上書願便引兵擊東越。上以士卒勞倦，不許，令諸校[189]屯豫章梅嶺[190]以待命。餘善聞樓船請誅之[191]，漢兵臨境，乃遂反。發兵距漢道[192]，號將軍騶力等為吞漢將軍，入白沙[193]、武林[194]、梅嶺，殺漢三校尉。是時，漢使大農張成[195]、故山州侯齒[196]將屯[197]，弗敢擊，卻就便處[198]，皆坐[199]畏懦誅。餘善自稱武帝[200]。

上欲復使楊僕將，為其伐前勞[201]，以書敕責[202]之曰：「將軍之功獨有先破石門、尋陿，非有斬將搴旗[203]之實也。烏足[204]以驕人哉！前破番禺，捕降者以為虜[205]，掘死人以為獲[206]，是一過也。使建德、呂嘉得以東越為援[207]，是二過也。士卒暴露[208]連歲，將軍不念其勤勞，而請乘傳行塞[209]，因用歸家[210]，懷銀、黃[211]，垂三組[212]，夸鄉里，是三過也。失期內顧[213]，以道惡為解[214]，是四過也。問君蜀刀價[215]而陽[216]

不知，挾偽干君[217]，是五過也。受詔不至蘭池[218]，明日又不對[219]。假令將軍之吏，問之不對，令之不從，其罪何如？推此心在外[220]，江海之間[221]，可得信乎？今東越深入[222]，將軍能率眾[223]以掩過[224]不[225]？」僕惶恐對曰：「願盡死[226]贖罪！」上乃遣橫海將軍韓說[227]出句章[228]，浮海[229]從東方往。樓船將軍楊僕出武林[230]，中尉王溫舒出梅嶺[231]，以越侯[232]為戈船、下瀨將軍，出若邪、白沙[233]，以擊東越。

博望侯既以通西域尊貴，其吏士[234]爭上書言外國奇怪利害[235]求使[236]。天子為其絕遠，非人所樂往，聽其言，予節[237]，募吏民。毋問所從來[238]，為具備人眾[239]遣之，以廣其道[240]。來還[241]，不能毋侵盜幣物[242]及使失指[243]。天子為其習之[244]，輒覆按致重罪[245]，以激怒令贖[246]，復求使。使端[247]無窮，而輕犯法[248]。其吏卒亦輒復盛推[249]外國所有，言大者予節[250]，言小者為副，故妄言無行之徒皆爭效之。

其使皆貧人子，私縣官齎物[251]，欲賤市[252]以私其利[253]。外國亦厭漢使人人有言輕重[254]，度漢兵遠不能至，而禁其食物[255]以苦漢使。漢使乏絕，積怨至相攻擊[256]。而樓蘭[257]、車師[258]，小國當空道[259]，攻劫漢使王恢[260]等尤甚，而匈奴奇兵又時遮擊[261]之。使者爭言西域皆有城邑，兵弱易擊。於是天子遣浮沮將軍公孫賀[262]將萬五千騎出九原[263]二千餘里，至浮沮井[264]而還；匈河將軍趙破奴[265]將萬餘騎出令居[266]數千里，至匈河水[267]而還，以斥逐[268]匈奴，不使遮漢使；皆不見匈奴一人。乃分武威、酒泉[269]地置張掖[270]、敦煌郡[271]，徙民以實[272]之。

是歲，齊相卜式為御史大夫[273]。式既在位，乃言：「郡國多不便[274]縣官作鹽鐵器[275]，苦惡價貴[276]，或彊令民買之。而船有算[277]，商者少，物貴。」上由是不悅卜式。

初，司馬相如病且死[278]，有遺書[279]，頌功德，言符瑞[280]，勸上封泰山[281]。上感其言[282]，會得寶鼎[283]，上乃與公卿諸生[284]議封禪[285]。封禪用希曠絕[286]，莫知其儀[287]。而諸方士[288]又言：「封禪者，合不死之名也[289]。黃帝以上[290]，封禪皆致怪物[291]，與神通。秦皇帝不得上封[292]。陛下必欲上，稍上即無風雨，遂上封矣[293]。」上於是乃令諸儒采尚書、周官、王制[294]之文，草封禪儀[295]，數年不成。

上以問左內史兒寬，寬曰：「封泰山，禪梁父，昭姓考瑞[296]，帝王之盛節[297]也。然享薦之義[298]，不著于經。臣以為封禪告成[299]，合祛於天地神祇[300]，唯聖主所由[301]，制定其當[302]，非羣臣之所能列。今將舉大事，優游數年[303]，使羣臣得人人自盡[304]，終莫能成。唯[305]天子建中和之極[306]，兼總條貫[307]，金聲而玉振之[308]，以順成天慶[309]，垂萬世之基[310]。」上乃自制儀，頗采儒術以文之[311]。上為封禪祠器[312]，以示羣儒，或曰「不與古同」，於是盡罷諸儒不用。上又以古者先振兵釋旅(313)，然後封禪(314)。

【章 旨】以上為第四段，寫元鼎五年（西元前一一二年）、元鼎六年共二年間的全國大事，主要寫了南越國內的矛盾尖銳，漢派韓千秋率軍入討被南越丞相呂嘉消滅；於是漢派路博德、楊僕等率大軍滅掉南越，在嶺南地區設置九郡；寫了南夷且蘭與西夷邛、莋地區反漢，被漢討平，設立四郡；寫了東越王餘善反漢，漢派軍往討；寫了漢繼張騫之後繼續通西域，並為了保衛西域交通而驅逐匈奴南犯，並分武威、酒泉地增建張掖、敦煌二郡；寫漢武帝大搞鬼神迷信，欒大事敗被殺，公孫卿仍繼續鼓吹兜售，司馬相如臨死慫恿武帝封禪，而武帝大力準備封禪的情景。

【注 釋】❶踰隴　向西越過隴山。隴山在今陝西、甘肅交界處，寶雞、隴縣之西側。❷崆峒　山名，在今甘肅平涼西北。❸隴西守　隴西郡的太守，史失其名。隴西郡的郡治狄道，即今甘肅臨洮。❹行往卒　謂皇帝去得太突然。卒，同「猝」。❺蕭關　在今寧夏固原東南，當時屬安定郡。❻新秦中　古地區名，指今內蒙古河套以南和與之臨近的寧夏、甘肅部分地區。❼勒邊兵　檢閱邊防部隊。勒，整飭；校閱。❽無亭徼　《集解》引臣瓚曰：「既無亭候，又不徼循，無衛邊之備也。」亭徼，崗亭塞堡，泛指邊境上的防衛工事。徼，邊境上的藩籬、木柵之類，借以指塞堡。❾誅北地太守以下　將北地太守與其下屬的有關失職人員通通斬首。北地，漢郡名，郡治馬領，在今甘肅慶陽西北。❿立泰一祠壇　應上卷「宜立泰一，而上親郊之」之議。⓫如雍一時而有加焉　和祭祀雍縣某時的祭品大體相同而略多一點。⓬環居　謂五帝神壇環列在泰一神壇的四周。⓭其下四方地為餟食羣神從者及北斗　神壇下面的四周之地，是用來招待群神的從者與北斗之神。餟，酹；以酒沃地。王肇鈞曰：「群神從者其位尚卑，不必設壇，且莫可主名，故但於四方之地酹酒祭之，以申其誠敬耳。」⓮十一月辛巳朔冬至　十一月的初一是辛巳日，這天早晨交「冬至」節。⓯昧爽　即今所謂「天矇矇亮」。⓰始郊拜泰一　第一次拜祭泰一神。⓱朝朝日　太陽始出的時候朝拜日神。⓲夕夕月　晚上月出的時候朝拜月神。按，拜月神曰「夕」。⓳則揖　天子朝拜日神、月神，只用揖禮。《集解》引臣瓚曰：「漢儀郊泰一時，皇帝平旦出竹宮，東向揖日，其夕西向揖月。」⓴其祠　祭祀的時候。㉑列火滿

壇　壇上排滿火炬。㉒壇旁亨炊具　壇邊排列著烹煮的灶具。亨，同「烹」。㉓祠上　太一祠的上空。㉔上屬天　從地面一直上達高空。屬，連。李光縉曰：「天子始郊拜泰一，而有司云『祠上有光』；又云『是夜有美光，及晝，黃氣上屬天』，於是諸方士爭神奇怪，得其似以為真矣。以後凡曰『山下聞若有言萬歲』，曰『其夜若有光』，曰『若有象景光』，曰『蓬萊諸神若將可得』，曰『神人若云欲見天子』，曰『若見有光云』，皆用『若』字描寫。」㉕太史令談　司馬談，司馬遷之父，當時正任太史令。㉖祠官寬舒　掌祭祀的官員名寬舒，史佚其姓。㉗三歲天子一郊見　謂每三年皇帝親自祭拜一回天神。㉘飭治　整治；整理。㉙重齎　多多攜帶值錢之物。㉚為入朝具　為進京朝見皇帝做準備。㉛相三王　言其先為文王趙眜之相，又為明王嬰齊之相，現又相今王趙興。㉜仕宦為長吏　在朝為大官。仕宦，即指做官。㉝尚王女　娶王女為妻。尚，通「上」。上配。㉞及蒼梧秦王有連　和蒼梧秦王關係緊密。蒼梧秦王，趙光，南越王的親屬，有說是趙佗之孫，在蒼梧（今廣西梧州）一帶，稱「秦王」。《南越國史》認為，這是趙佗為了更好地管理「西甌」人，而特別從桂林郡中劃出一塊地盤，封趙光為王。較舊說更合情理。有連，指有婚姻關係。《集解》引《漢書音義》曰：「連，親婚也。」㉟得眾心愈於王　其受眾人擁護的程度比南越王趙興還要強。㊱王之上書二句　對趙興的上書漢朝求內附，屢加勸阻。㊲畔　通「叛」。㊳先事發　在自己尚未動手之前他先動手。發，動；動手。㊴介漢使者權　倚仗漢使的權勢。介，借助；倚仗。㊵酒行　酒會開始以後。㊶苦不便　堅持認為不好。苦，猶今所謂「苦苦地」。㊷狐疑相杖　猶豫；不知如何是好。相杖，相持。鍾惺曰：「若班超、陳湯輩為使，了此易易耳。」㊸耳目非是　人們的臉色異於尋常。㊹欲鏦嘉以矛　欲以矛投刺呂嘉。鏦，撞；投刺。㊺怯無決　怯懦，無決斷。即上注鍾惺所謂「無班超、陳湯之才」。㊻不足　用不著。㊼莊參　其人僅此一見，事跡不詳。㊽以好往　以和平友好的姿態前往。㊾數人足矣　即班超、陳湯等出使西域的採取突發手段。㊿以武往二句　以武往，指出兵討伐。陳子龍曰：「越雖有釁可乘，然口語既泄，去漢又遠，往必有變，參可謂知兵矣。」(51)郟壯士　郟縣的好漢。郟縣的縣治即今河南郟縣。(52)濟北相　濟北國之相。濟北國的國都盧縣，在今山東長清西南。武帝時期的濟北王是劉邦之曾孫，劉長之孫劉胡，西元前一五一－前九八年在位。(53)韓千秋　以前事跡不詳，此次乃以「校尉」的身分率二千人前往。(54)應　做內應。(55)亂　私通。(56)專欲內屬　一門心思地想要成為漢王朝的國內之國。(57)多從人行三句　「多從人行」指多帶越族人。「虜賣以為僮僕」即將他們變賣為奴隸。按，呂嘉前所云「王年少；太后，中國人也，又與使者亂，專欲內屬」云云，可謂義正辭嚴；至所謂「多從人行，至長安，虜賣以為僮僕」云云，則編織誣陷矣。(58)取自脫一時之利　意為求得自己免禍，換取一時之利。(59)無顧趙氏社稷為萬世慮計之意　此句亦語重情長，自賣其國者實太后與趙興，呂嘉實趙氏之忠臣。(60)越妻子　趙嬰齊所娶南越女人生的兒子趙建德，此蓋其本來應立為太子者。61術陽侯　梁玉繩曰：「『術陽』乃『高昌』之誤，建德降後始封『術陽』也。」按，據《史記・建元以來侯者年表》，趙建德原為南越之「高昌侯」，國滅被俘後始被漢王朝封為「術陽侯」。62越直開道給食　越人讓開大道，並為其提供吃的東西。師古曰：「縱之令深入，然後誅滅之。」63未至番禺四十里　距離番禺還有四十里的時候。64函封漢使者節　把安國少季等到越國來所持的旌節用盒子裝好。節，帝王使者出使時所持的信物，以竹竿為之，上以犛牛尾為飾。65置塞上　放在南越國北部的邊界線上，《索隱》以為即大庾嶺。66好為謾辭　故意把話說得很好聽。謾，謊言。67要害　《漢書・西南夷傳》注曰：「於我為要，於敵為害。」瀧川引顧炎武曰：「謂攻守必爭之地，我可以害彼，彼可以害我。」68三月壬午　三月初四。69軍鋒之冠　軍隊前鋒之最勇敢者。70其子延年　韓延年，後來官至太常，隨李陵出擊匈奴戰死。事見《漢書・李廣蘇建傳》。71成安侯　封地成安，在今河南郟縣西北。72其子廣德　樛廣德。73龍亢侯　封地龍亢，在今安徽蒙城東南。74丁丑晦　四月二十九是丁丑日。75伏波將軍　雜號將軍名，以行軍狀態命名。伏波，降伏驚濤惡浪。76桂陽　漢郡名，郡治即今湖南郴州，與南越國相鄰。77湟水　也稱「涯水」，即今連江，由廣東連州東南流，匯入北江，再南流，入珠江。78樓船將軍　雜號將軍名，以行軍工具命名。79楊僕　以為官酷苛聞名。事見《史記・酷吏列傳》。80豫章　漢郡名，郡治即今江西南昌，與南越國相鄰。81湞水　南越北部的河水名，匯入今廣東的北江。82歸義越侯嚴　越人降漢而被封為侯者名嚴，史失其姓。83戈船將軍　以使用戈船為號。《史記集解》曰：「越人於水中負人船，又有蛟龍之害，故置戈於船下。」84零陵　漢郡名，郡治在今湖南全州西南，與南越國相鄰。85離水　應作「灕水」，源於當時零陵附近之靈渠，流經今桂林、梧州，東南匯入西江，流向今廣州。86甲為下瀨將軍　所謂「甲」者非人之真名，乃不知其名姑以「甲」、「乙」為稱。下瀨將軍取其行軍之河道多石為名。87下蒼梧　蓋往攻蒼梧秦王趙光也。88皆將罪人　秦漢時代多用罪人從軍，此兩路則全部用罪人。89江淮以南樓船　江淮以南的各路水軍，即上述路博德、楊僕、歸義侯嚴、某甲等四路。90越馳義侯遺　降漢被封為馳義侯的越人名遺。91別將　另統率一路人馬。92發夜郎兵　徵調已經歸順漢朝的夜郎的軍隊。夜郎是當時的少數民族小國名，在今貴州西南部，都城在今關嶺一帶。93下牂柯江　沿牂柯江東下進入南越。牂柯江即今北盤江，源於貴州，東南流入廣西，經今桂林、梧州，匯入西江，流向今廣州。94咸會番禺　一齊到南越的都城番禺（今廣州）會師。95齊相　齊王劉閎之相，劉閎是武帝之子，王夫人所生。96往死南越　意即前往參加討伐南越的戰爭。97褒美　表彰、讚美。98關內侯　比列侯低一等，沒有一縣一鄉的封地，只在關中地區有一定采邑，故稱「關內侯」。99莫應　沒人效法；沒人響應。100列侯　劉邦建國後，進行分封的爵位有兩等，一類是諸侯王，如齊王、楚王等等，封地少者一個郡，多者幾個郡；另一等是列侯，如留侯、平陽侯等等，封地通常為一個縣，也有多至幾個縣，少至一個鄉者。101嘗酎二句　意即新酒釀成，請祖先品嘗新酒。酎，多次重釀的好酒，用於祭祀。102以令獻金助祭　皇帝祭天祭祖，令諸列侯出錢隨祭，此隨祭之錢名曰「酎金」。103少府省金　少府在收斂酎金依次檢查諸侯們所交「酎金」的分量和成色。少府，九卿之一，主管皇帝的私家理財。省，審查。104輕及色惡　輕指分量不足，色惡即成色不好、質量差。105皆令劾以不敬　讓少府誣衊他們所交的酎金都「輕及色惡」，彈劾他們這是對天地祖宗的不恭敬。106奪爵者百六人　有一百零六人被罷去侯爵。《集解》引如淳曰：「《漢儀注》：『王子為侯，侯歲以戶口酎黃金於漢廟，皇帝親受獻金以助祭。金少不如斤兩，色惡，王削縣，侯免國。』」按，前云「列侯以百數，皆莫求從軍擊越」，下乃云「至酎，少府省金，而列侯坐酎金失侯者百餘人」，可謂登時就給顏色看。107辛巳　九月初六。108坐因；因……犯罪。109知列侯酎金輕　明知列侯們所交的酎金「輕及色惡」而不揭發舉報。當時有「見知不告」之罪，故趙周陷此法。按，諸列侯原無所謂「輕及色惡」之罪，乃武帝強加罪名以陷害之，而趙周之「罪」亦非「見知」，實乃「沮隔」武帝之詔而不與之同謀也。110丙申　九月二十一。111石慶　一個以「醇謹」聞名的滑頭官僚，人格特點見《史記・萬石張叔列傳》。112牧丘侯　武帝時由下級升上來的官僚，一到丞相，照例都封為列侯。此處的「牧丘」是封地名，在今山東平原縣。113桑弘羊等致利　指實行鹽鐵官營，平準均輸等經濟政策。桑弘羊，商人家庭出身，當時國家經濟政策的主要制定者，武帝末年官至御史大夫。致利，為中央政權搜刮財富。114王溫舒之屬峻法　指武帝實行酷吏政治。王溫舒，當時有名的酷吏之一，曾官至廷尉、中尉，與之前後同時的類似人物還有張湯、趙禹、杜周等，皆見於《史記・酷吏列傳》。115兒寬等推文學　指漢武帝尊崇儒術，一夥儒家分子飛黃騰達。事見《史記・儒林列傳》。推文學，以儒術相標榜。116皆為九卿　兒寬以讀儒書，參與訂禮儀，官至御史大夫；更有公孫弘，以讀儒書官至丞相，封平津侯，皆為三公，豈止至九卿而已。117更進用事　指桑弘羊、王溫舒、兒寬等各種受寵人物，相繼掌握實權。118事不關決於丞相　要做什麼事情都不向丞相請示。關決，通過；取決。119丞相慶醇謹而已　意謂身為丞相的石慶，在當時什麼都不過問，只當老好人。醇，通「淳」。謹厚。120裝治行　為出行而收拾行裝。121求　找。因欒大曾吹誇其師與諸神仙相往來。122之太山祠　轉去泰山祭祀。太山，同「泰山」。123使人隨驗　派人跟著暗中觀察。124實無所見　並沒有見到他的師父或其他什麼人。125其方盡多不售　欒大所講的「仙方」大都不能應驗。不售，不能實踐；不成功。126坐誣罔　因犯有說謊欺騙皇帝之罪。《正義》引《漢武故事》云：「東方朔言欒大無狀，上發怒，乃斬之。」127欒成侯亦棄市　因其有推薦妖人，哄騙皇帝之罪。欒成侯，指丁義。128西羌　居住在今青海、甘肅一帶地區的羌族人。129故安　應依胡三省說作「安故」，漢縣名，在今甘肅臨洮南。130枹罕　漢縣名，在今甘肅臨夏東北。131五原　漢郡名，郡治九原，在今內蒙古包頭西。(132)徐自為　武帝後期的將領。事跡雜見於《史記・匈奴列傳》。(133)尋陿　也作「尋峽」，瀧川引丁謙曰：「即湞陽峽，在韶州英德縣南。」《索隱》引姚氏以為「尋峽在始興西三百里，近連口」。「連口」即廣東之連江匯入北江處。(134)石門　在今廣州北三十里，昔呂嘉抗漢，積石鎮江，名曰石門。據《粵會堂記略》稱：「距番禺上流四十里，有山對峙曰『石門』。」(135)挫越鋒　挫敗了越軍的銳氣。(136)樓船　指樓船將軍楊僕。(137)城守　據城堅守。(138)為營　搭好篷帳，以備降者居住。(139)遣使者招降者　繁蕪詞費，前「者」字應削。(140)賜印綬二句　意即授以官爵，放之使去，令更招他人來降。(141)黎旦　待至天亮。黎，也寫作「犁」，比及；等到。(142)亡　逃。(143)校尉司馬蘇弘　據《史記・南越列傳》，此蘇弘乃南越王的部將，以校尉之級而任司馬之官。司馬是軍中的司法官。(144)越郎都稽　南越王身邊的郎官名曰都稽。郎，帝王身邊的侍衛人員，有中郎、侍郎、郎中等，上屬郎中令。據《史記・建元以來侯者年表》，此人名叫「孫都」。(145)未下　未沿河順流而下。(146)南海蒼梧鬱林合浦交趾九真日南珠厓儋耳　皆漢郡名，南海郡的郡治番禺，即今廣州。蒼梧郡的郡治廣信，即今廣西梧州。鬱林郡的郡治布山，即今廣西桂平。合浦郡的郡治在今廣西合浦東北。交趾郡的郡治羸婁，在今越南河內西北。九真郡的郡治胥浦，在今越南境內。日南郡的郡治西捲，在今越南境內。珠厓郡的郡治瞫都，在今海南海口東南。儋耳郡的郡治在今海南儋縣西北。(147)益封伏波　因路博德前已因伐匈奴功被封為符離侯，故此次只增加封地。益，增加。(148)將梁侯　封地將梁，在今河北清苑西南。(149)海常侯　海常是封地名，《集解》以為在東萊郡，今山東煙臺一帶。《索隱》則以為在琅邪郡，今山東諸城一帶。(150)臨蔡侯　封地臨蔡，《索隱》以為在河內郡，今河南武陟一帶。(151)四人皆為侯　據《漢書・南越傳》，趙光為隨桃侯、揭陽令史定為安道侯、越將軍畢取為膫侯、桂林監居翁為湘城侯。又，南越王建德被俘後，被武帝釋放，封以為術陽侯。(152)候神河南　接前「乃拜卿為郎，東使候神於太室」。河南，漢郡名，郡治洛陽（今洛陽東北）。太室（即嵩山）在河南郡境內，今洛陽東南。(153)跡　腳印。(154)緱氏　漢縣名，在今河南偃師東南，嵩山的西北，離嵩山不遠。(155)得毋效文成五利乎　莫非又想學少翁、欒大的弄虛作假嗎。得毋，也作「得無」、「將無」，即今「莫非」、「難道」之意。(156)仙者非有求人主二句　與前文欒大所謂「臣師非有求人，人者求之」，同一套欲擒故縱之法。(157)其道　指求神仙的章程、辦法。(158)寬假　指在時間、做法上不能要求太急。(159)事如迂誕　聽起來像是迂闊、荒誕。(160)積以歲月　多用一些時間。與前文說黃帝「百餘歲，然後得與神通」語相應。(161)除道　開闢、整修道路。(162)宮觀　宮室、樓觀。(163)賽南越　祭神以感謝其在伐越戰爭中對漢軍的福佑。賽，報謝神賜。據《史記・封禪書》漢伐南越時曾告禱太一及其他神靈，乞求神的福佑。(164)南夷　指今貴州境內的夜郎與其周邊的其他少數民族。(165)欲以擊南越　此追敘滅南越以前事。(166)且蘭君　南夷地區且蘭部落的頭領。且蘭，其地說法不一，大體在今貴州中部，有說即今貴陽，有說在遵義南，有說在都勻，有說在福泉附近。譚其驤《歷史地圖集》標且蘭於今黃平西南，在當時夜郎國的東北部。167恐遠行二句　師古曰：「恐發兵與漢行後，其國空虛，而旁國來寇抄，取其老弱也。」168殺使者及犍為太守　所謂「使者」即馳義侯。犍為太守，犍為郡的太守，當時的犍為郡治即今四川宜賓。169當擊南越者八校尉　意謂，漢朝本來有八個校尉率領著巴、蜀諸郡的罪人經過「南夷」地區東下，本來是讓他們會合其他諸路一道去南越平叛的，現在給他們改變任務，讓他們轉頭去打且蘭。八校尉，陳直曰：「漢稱城門、中壘、屯騎、步兵、越騎、長水、射聲、虎賁為八校尉，名為保衛京師，亦可遣派兵士遠征。」170中郎將　皇帝身邊的警衛官員，有騎郎、車郎、五官三將，上屬郎中令。171邛君莋侯　邛族之君與莋族之侯，都是「西夷」少數民族君長。「邛」也叫「邛都」，屬氐羌族群，其地約在今四川西南部的西昌、攀枝花一帶。「莋」也稱「筰都」，屬氐羌族群，其地約當今四川之漢源一帶。此二族與上文之「且蘭」相距甚遠。172遂平南夷為牂柯郡　牂柯郡的郡治在今貴州黃平西南，舊時「且蘭」之首府。按，行文將「且蘭」與「邛」、「莋」敘在一起，又說「遂平南夷為牂柯郡」，似乎「邛」、「莋」都在「牂柯郡」中，實則大非。173夜郎侯　夜郎國的君主，夜郎國的都城即今貴州關嶺市。174入朝　入朝拜見天子，正式確定隸屬關係。175上以為夜郎王　即通常所謂「因其俗以治之」者，夜郎國有如一縣，上屬漢之犍為郡。176冉駹　當時「西夷」的兩個少數民族名，居住在今四川西北部的松潘、茂汶一帶。177請臣置吏　請求歸漢為臣，請朝廷在其地設郡縣，置官吏。178越巂郡　郡治邛都，在今四川西昌東南。179沈黎郡　郡治筰都，在今四川漢源東北。180汶山郡　郡治汶江，在今四川茂縣城北。181廣漢西白馬為武都郡　在廣漢郡西（實應稱「北」）的白馬部落設立武都郡，郡治在今甘肅成縣西北。按，沈黎、汶山二郡後來又分別於武帝天漢四年（西元前九七年）、宣帝地節三年（西元前六七年）撤銷，歸入蜀郡。182東越王餘善　閩越王郢之弟，因閩越王郢反漢，餘善殺其兄自立，被漢封為東越王。當時的東越、閩越分布在今浙江東部及福建北部一帶地區。183從樓船　跟著樓船將軍楊僕，當時楊僕受命從東路「出豫章，下橫浦（在今廣東南雄西北，約當今之小梅關）」，靠近閩越之地，故餘善可率軍從行。184揭陽　漢縣名，縣治在今廣東揭陽西北，離汕頭不遠。按，閩越之兵蓋自海上沿海岸西南行。185為解　為推辭；為藉口。186持兩端　謂觀望成敗。187陰使南越　暗中派人與南越相勾結。188不至　謂餘善所率領的閩越軍隊未到番禺，中途變卦了。189諸校　猶言諸部。當時一個將軍統領幾個「部」的人馬，而該部的長官即為「校尉」。190豫章梅嶺　豫章郡的梅嶺。今譚其驤《歷史地圖集》標之於江西廣昌西，在武夷山側，與閩越隔山相對。191請誅之　請求討伐閩越。192距漢道　堵塞漢兵東下之道；在漢兵東行的通道上設防。193白沙　漢邑名，在今江西南昌東北，波陽西南，其地有白沙水。194武林　漢邑名，在今江西餘干北。195大農張成　據《漢書・百官公卿表》張成於元鼎六年任大農令，其人僅此一見，其他事跡不詳。196故山州侯齒　劉齒，城陽王劉章之孫。因其前已因酎金失侯，故稱「故山州侯」。劉齒於元鼎五年坐酎金失侯，見《史記‧建元已來王子侯者年表》。197將屯　統領在梅嶺一帶駐紮的諸校兵馬。198卻就便處　退卻到了安全之處。199坐　因；因……而犯罪。200自稱武帝　與南越王趙佗的自稱「武帝」相同，此「武」字非諡。201伐前勞　炫耀其討伐南越的「功勞」。伐，炫耀。202敕責　申斥、警告。203斬將搴旗　斬敵之將，拔敵之旗。搴，拔取。204烏足　有什麼值得。烏，何；哪裡。205捕降者以為虜　把投降的敵兵抓起來謊稱是捕獲來的。206獲原指俘獲，這裡指在戰場所斬殺。207以東越為援　意指不及早斬斷南越與東越的聯繫，使其尚有勾結。208暴露　指連年征戰，風餐露宿，日曬雨淋。209乘傳行塞　意即以乘驛車視察邊塞為由。傳，驛車。行，視察。210因用歸家　意即藉機回家。楊僕的家在今河南宜陽。「因」、「用」二字同義，意即「因而」、「藉此」。211懷銀黃　師古曰：「銀，銀印；黃，金印也。」按，楊僕時為主爵都尉，持銀印；又為樓船將軍，持金印。212垂三組　佩帶三種綬帶。組，繫印的絲帶，即所謂「綬帶」。楊僕除任主爵都尉、樓船將軍二職，還是將梁侯，故有三種印綬。213失期內顧　因留戀妻妾而過期不回。失期，超過期限。214以道惡為解　以道路難行為藉口。215問君蜀刀價　皇帝向楊僕問一把蜀刀的價錢。216陽　通「佯」。假裝。217挾偽干君　對君主撒謊，不說老實話。干，觸犯。218受詔不至蘭池　意即皇帝叫楊僕到蘭池宮，而楊僕抗旨不去。蘭池宮在今陝西咸陽東北。219明日又不對　第二天見到皇帝時又不主動說明理由。220推此心在外　按你這個樣子的為人現在出去獨當一面。221江海之間　指跨過長江、遠至南海，極言其遠離朝廷。222東越深入　指東越人進攻內地，一直攻到離今江西南昌不遠。223率眾　指率眾破敵。224掩過　彌補以往的過失。225不　同「否」。226盡死　盡死力，不惜貢獻一切。227韓說　劉邦功臣韓王信的曾孫，與武帝的男寵韓嫣是親兄弟。其家世詳見《史記‧韓信盧綰列傳》。現伐東越被任為橫海將軍。228句章　漢縣名，在今浙江寧波西北。229浮海　從會稽出發從海上乘船南下。230武林　漢邑名，在今江西餘干北。231中尉王溫舒出梅嶺　中尉是朝官名，主管維護首都治安。王溫舒的確是參加了討伐東越，但說他「出梅嶺」，似有誤，方向不合。《漢書‧武帝紀》韓說、王溫舒皆出會稽。232越侯　越人降漢被封為侯者，即前文所稱「故歸義越侯二人」。233若邪白沙　皆溪水名。若邪溪在今浙江紹興南，白沙溪在今南昌東北，蓋戈船、下瀨二將分別率水軍由不同方向進入閩越。王駿圖曰：「白沙為入閩之水道也。」234其吏士　跟從張騫出使過的吏士。235奇怪利害　指外國奇怪的物產與有利可圖的事情。利害，偏義複詞，這裡即指利。236求使　請求充任使者。237予節　授與旄節，指任其為正使。238毋問所從來　不問招募來的人都是什麼背景。239為具備人眾　為其安排一定數量的隨員。240以廣其道　以擴大出使的對象。241來還　這些出使回來的人。242侵盜幣物　指這些出使者貪汙盜竊所攜帶的物資。243使失指　沒能正確地體現出使的宗旨。244習之　指熟悉通西域的事情。245輒覆按致重罪　總是追查、審問，處之以重罪。覆按，審查。246贖　花錢贖罪。247使端　請求出使的人們所編出的理由、說法。248輕犯法　不把犯法當成一回事。輕，不看重；不怕。249盛推　誇說。250言大者予節　誰能誇海口、說大話就讓誰當正使。251私縣官齎物　將所攜帶的國家物資據為私有。縣官，這裡即指國家、公家。252賤市　低價賣給外國人。253以私其利　在交易中為私人獲取利益。254人人有言輕重　即許多事情的輕重利害一人一個說法。255禁其食物　不給他們提供吃的。256至相攻擊　謂漢朝使者與西域諸國發生糾紛，乃至相互攻擊。257樓蘭　西域小國名，故都舊址在今羅布泊西北；東漢時樓蘭改稱鄯善，都城遷至扜泥（今新疆若羌）。258車師　也叫「姑師」，分前後兩國，車師前國的國都交河城，在今新疆吐魯番城西；車師後國在吐魯番北的天山北側。259當空道　正對著東西方往來的通道。空，孔也。260王恢　此與建言伏兵馬邑以誘擊匈奴者為別一人。261遮擊　攔擊。262公孫賀　隨衛青討伐匈奴的將領之一，日後曾位至丞相，此時任浮沮將軍。263九原　漢郡名，郡治在今內蒙古包頭西。264浮沮井　匈奴地名，丁謙以為應在蒙古國之杭愛山以北。265趙破奴　隨霍去病討伐匈奴的將領，此時任匈河將軍。266令居　漢縣名，在今甘肅永登西北。267匈河水　在今甘肅永登北「數千里」。郭嵩燾曰：「疑此當為居延海之下流。」居延海即今內蒙古額濟納旗一帶。268斥逐　驅逐。269武威酒泉　漢之二郡名，武威郡的郡治在今甘肅民勤東北。酒泉郡的郡治祿福，即今甘肅酒泉。270張掖　漢郡名，郡治樂得，在今甘肅張掖西北。271敦煌郡　漢郡名，郡治在今甘肅敦煌城西。272實　充滿；加強。273卜式為御史大夫　由齊相升任御史大夫。274不便　對……感到不方便。275縣官作鹽鐵器　國家對鹽鐵實行壟斷經營。276苦惡價貴　質量既壞，價錢又貴。苦惡，粗劣。苦，通「盬」。粗劣不堅固。277船有筭　按其大小長短納稅，前已云「五丈以上一筭」。278司馬相如病且死　司馬相如死於武帝元狩六年（西元前一一七年）。且死，將死。279有遺書　即通常所說的〈封禪文〉。其文載《史記・司馬相如列傳》。280言符瑞　講漢王朝此時出現的天地間的美好徵兆已經很多。符瑞是漢代儒生鼓吹天人感應的一種說法，說皇帝做了好事上天就降吉祥，如祥雲出、甘霖降、鳳凰至等等；如皇帝做了錯事，上天就出現災異，如日蝕、地震、河決等等。281封泰山　到泰山頂上築壇祭天。282感其言　為其言所動。283得寶鼎　指在汾陰得鼎事，見本書前元鼎四年。284公卿諸生　指三公九卿諸大臣與眾多儒生。285議封禪　議論如何進行封禪的細節。286用希曠絕　夏、商、周一千八百年來的歷代帝王很少有人搞過封禪。希，通「稀」。曠絕，制度失傳多年。287儀　儀式。288方士　以長生不死迷惑皇帝的騙子。289封禪者二句　封禪是不死的另一種說法。合，符合；相當。按，《漢書・郊祀志》作「封禪者，古『不死』之名也。」290黃帝以上　黃帝以前的歷代帝王。291封禪皆致怪物　封禪時都能招致異物降臨。292秦皇帝不得上封　秦始皇就是因為他當年遇雨沒能上去。這是秦漢時代的儒生對秦始皇如此揑造。293稍上即無風雨二句　意謂先向上走一段試試，如果沒有風雨，那就可以一直上去了。即，若。294尚書周官王制　都是儒家的經典之名，《尚書》也稱《書經》，是遠古的一部歷史文獻彙編。《周官》即《周禮》，是記載西周典章制度的一部書。〈王制〉是《禮記》中的一篇。但這裡的「王制」乃是文帝時一群騙子搜羅、摘取《六經》中的句子，拼成的一本書名。王鳴盛曰：「劉向《七錄》云：『文帝所造書有〈本制〉、〈兵制〉、〈服制〉篇』，即〈封禪書〉所謂《王制》也，非今《禮記》所有〈王制〉。」並謂文帝此《王制》「原為封禪作之，武帝亦以議封禪采之也。」295草封禪儀　起草封禪大典的具體儀式。296昭姓考瑞　顯揚歷代帝王實則是大力顯揚本朝皇帝的姓氏，考核漢興以來的祥瑞。297帝王之盛節　是帝王在位期間的一件大事。298享薦之義　即封禪典禮的具體做法。享薦，祭祀。299告成　向天地鬼神報告帝王事業的成功。300合祛於天地神祇　對天地鬼神一齊進行祭祀。合祛，合舉；全部舉行。301唯聖主所由　一切都按您的主意。302制定其當　都聽您制定一套合適的辦法。303優游數年　經過幾年的時間仍定不下來。304人人自盡　讓每個人都盡所欲言。305唯　請求。306建中和之極　提出一種四平八穩、可以成為標準的意見。中和，不偏不倚。極，準則。307兼總條貫　綜合、包攬大家的說法。308金聲而玉振之　從而形成一種金玉和鳴的聲響。309順成天慶　順利地完成這一封禪大禮。310垂萬世之基　給今後留下一種萬世的法則。311頗采儒術以文之　意謂在自己制定的這套封禪典禮中也採用了一些儒家的觀點予以裝飾。頗采，略用。文，裝點。312上為封禪祠器　武帝製作了一些準備用於封禪的祭祀用具。313振兵釋旅　是一場戰爭或一次軍事演習的全過程。振兵，即「治軍」。整理部隊，進行軍事動員，做好戰鬥準備。釋旅，即解除戰備狀態。314然後封禪　此句語氣未完，與下一年的下詔率師巡邊緊密相接。

【校　記】1直開道　原作「開直道」。據章鈺校，乙十一行本作「直開道」。今從乙十一行本及《史記・南越列傳》改。2牂柯郡　據章鈺校，十四行本、乙十一行本皆作「牂柯郡」。

【語　譯】五年（己巳　西元前一一二年）

冬季，十月，漢武帝在雍縣的郊外祭祀上帝，然後向西越過隴山，登上崆峒山。隴西郡太守因為皇帝去得太倉促而來不及準備，所以漢武帝的隨行官員有許多人得不到飲食，隴西太守非常恐懼，就自殺了。漢武帝繼續北上穿過蕭關，然後率領幾萬人馬到新秦中打獵，又到邊境檢閱邊防部隊然後返回。新秦中郡有些地方一千里之內都看不到一個哨所、一個防禦工事，於是將北地郡太守及其屬下的有關官員全部斬首。

漢武帝再次來到甘泉宮，建立泰一祠壇，漢武帝親自祭祀，所用的祭祀物品與在雍地祭祀五時時大體相同而略微多一些。在泰一壇的下邊，五帝壇圍繞在泰一壇的四方，用來祭酎眾神的隨從和北斗。十一月初一日辛巳，這天早晨交冬至日，天剛矇矇亮，漢武帝第一次在郊外祭拜泰一神，太陽剛出來的時候面朝東祭拜太陽神，晚上月亮出來的時候祭拜月神。祭祀的時候，壇上點燃火炬，在壇的旁邊擺放著烹煮用的灶具。有關官員向武帝報告說：「祭壇上出現神光。」又說：「白晝有一股黃氣直衝霄漢。」太史令司馬談、掌管祭祀的官員寬舒等人奏請皇帝每三年親自主持一次祭祀，漢武帝下詔准奏。

南越王趙興和他的母親樛太后下令準備行裝，多多攜帶貴重物品為進京朝見皇帝做準備。南越國丞相呂嘉，年紀已經很大了，他曾經輔佐了三代國王，他的族人當中出來做官，為長為吏的有七十多人，男子全都娶國王的女兒為妻，女兒都嫁給國王或是王室的子弟，並與蒼梧秦王結為姻親。所以呂嘉在南越國中擁有很高的威望，受人民擁戴的程度超過了國王。對於國王趙興給漢朝上書請求內附之事，他雖然多次進行勸阻，但國王都不肯聽從。於是呂嘉就萌生了背叛的念頭，屢次稱說自己有病，不肯出來接待漢朝派來的使者。而漢朝的使者也都對呂嘉的行為深表關注，只是限於形勢，不能一下子把他滅掉。國王趙興和他的母親樛太后也擔心呂嘉等先發制人，就想借助於漢朝使者的權勢，密謀將呂嘉等除掉。於是就擺設酒宴宴請漢朝使者，諸位大臣全都出席作陪。呂嘉的弟弟當時擔任領軍的將領，他率領著士兵在王宮門外擔任警戒。席間，樛太后對丞相呂嘉說：「南越國內附於漢朝，這對國家來說是一件有利的事情。而丞相卻屢次的阻止，認為這樣做不好，請問，這是為什麼呢？」太后的目的是為了激怒漢朝的使者，讓漢使者在宴席上除掉呂嘉。但漢朝的使者畏首畏尾，猶豫不決，始終不敢採取行動。呂嘉看見陪酒的人臉色異樣，就立即站起身離席而去。樛太后大怒，就要用矛投刺呂嘉，南越王趙興趕緊阻止了太后。呂嘉走出王宮，在其弟弟所率軍隊的護衛下回到家中，於是推說有病，再也不肯出來與南越王及漢朝的使者見面，而暗中卻與大臣密謀作亂。南越王趙興從來沒有要誅殺呂嘉的意思，呂嘉深知這一點，所以僵持了幾個月，呂嘉一直沒有採取行動。

漢武帝聽說南越王的丞相呂嘉不肯聽從漢朝要其歸順的命令，而南越王和太后勢孤力單無法控制局面，漢朝派去的使者又膽小怯懦，不能決斷。又覺得南越王和太后已經歸附漢朝，只是呂嘉等人欲謀亂，不值得為此而興師動眾，就想派莊參率領二千人前往。莊參說：「如果是為友好而去，只需要幾個人就夠了；如果是為了出兵討伐，派二千人前去將會毫無作為。」因此拒絕前往南越，漢武帝就將他罷了官。曾經擔任過濟北國丞相的郟縣好漢韓千秋自告奮勇地說：「只不過是一個小小的南越國，又有南越國王和王太后作為內應，只有一個丞相呂嘉謀亂，我只需要帶三百名勇士，一定能將呂嘉斬首，就等我的好消息吧。」

於是漢武帝就派遣韓千秋和樛太后的弟弟樛樂為將，率領二千名士兵前往南越國。二人率軍剛剛進入南越國境，呂嘉等人立即發動政變。他下令國中說：「國王年少；太后是中國人，又與漢朝使者安國少季通姦，一心想要歸附漢朝，成為漢朝的一個諸侯國，準備把先王的珍寶全部帶走進獻給漢朝皇帝，向漢朝皇帝獻媚。還準備帶走許多隨從人員，到長安後，一定會把這些人變賣給漢人充當奴隸，他們只想盡快逃離災禍，換取眼前這點小利益，而置南越國國家和子孫後代的長遠利益於不顧。」於是就和他弟弟一起率領南越軍攻入王宮，殺死了南越王、太后以及漢朝使者，又派人通報蒼梧秦王以及所屬諸郡縣，擁立明王趙嬰齊的長子——即趙嬰齊所娶南越女子所生的兒子術陽侯趙建德為南越王。此時韓千秋率軍進入南越國境，一連攻破了幾個小城鎮。後來南越軍隊讓出大路，並派人沿途供給食物，將韓千秋引誘至距離番禺四十里遠的地方，南越軍才出兵攻打韓千秋的軍隊，將其全部殲滅。呂嘉派人將漢朝使者安國少季等出使南越國時所持的符節用匣子盛起來放置在南越國北部的邊境上，並附上了一封用辭委婉的信，同時部署軍隊，嚴密把守要害之處。

春季，三月四日壬午，漢武帝聽到了南越國叛亂的消息，他說：「韓千秋雖然沒有成功，但他也算是前鋒部隊中最勇敢的人，封他的兒子韓延年為成安侯。樛樂的姐姐樛氏為王太后，因為她最先表示願意歸附漢朝，封樛樂的兒子樛廣德為龍亢侯。」

夏季，四月，大赦天下。

四月最後一天二十九日丁丑，發生日蝕。

秋季，漢武帝派遣伏波將軍路博德率軍從桂陽出發，沿著湟水前進；又派樓船將軍楊僕從豫章出發，沿湞水前進；封歸義越侯名字叫作嚴的為戈船將軍，率軍從零陵出發，走離水；封甲為下瀨將軍，率領一支軍隊直指蒼梧；幾位將軍所率領的軍隊都是由罪人組成，從江、淮以南出發的這四路水軍總計十萬人。又派遣投奔漢朝被封為馳義侯的越人名字叫作遺的另外率領著由巴郡、蜀郡的罪犯組成，以及從夜郎國徵調的兵力組成的一支軍隊，沿著牂柯江南下，約定各路軍隊全部在南越國的都城番禺城下會師。

齊國的丞相卜式給漢武帝上書，請求允許他們父子帶領齊國熟悉水戰的人跟隨各路大軍前往參加討伐南越的戰爭。漢武帝立即下詔對卜式進行嘉獎，並賜封卜式為關內侯，賞賜黃金六十斤，良田十頃。布告天下，但卻沒有人響應。當時，全國被封為列侯的有一百多個，但沒有一個主動請求跟隨部隊前去征討南越。此時正是九月分，新酒釀成，皇帝將要到宗廟祭祀，請歷代先皇品嘗新酒，於是下令列侯出錢隨祭。又令少府的官員在收斂酎金時負責檢查諸侯所交酎金的分量和成色，發現有重量不足或成色不好的，漢武帝就令少府的官員以對天地祖宗不恭敬的罪名彈劾他們，因此事而被奪去爵位的有一百零六人。九月初六日辛巳，丞相趙周因為被指控對列侯所獻酎金重量不足、成色不好之事知情不報而犯罪，被逮捕下獄，自殺。

九月二十一日丙申，漢武帝任命御史大夫石慶為丞相，並封他為牧丘侯。當時國家因為對南越採取軍事行動而政務繁忙，桑弘羊等全力以赴實行鹽鐵官營、平準均輸等經濟政策為國家開闢財源，王溫舒之流主張實行嚴刑峻法，兒寬等人則以儒學相標榜：這些人都位列九卿，相繼掌握政權。要做各種事情都不需要請示丞相，而身為丞相的石慶為人淳樸厚道、處事謹慎，對什麼都不過問，只是備員而已。

五利將軍欒大收拾行裝，準備到東海去尋找他的師傅。然而到了海邊卻不敢入海，反而登上泰山去祭祀。漢武帝暗中派人跟隨驗證，確實是一無所見。五利將軍回京後卻說已經見過他的師傅，而且欒大的仙方也都不靈驗，於是判他為欺騙皇帝罪，被腰斬。樂成侯丁義因向皇帝舉薦欒大而受到牽連，也被綁縛鬧市處死。

西部的羌族有十萬人反叛漢朝，他們與匈奴互通使節，結成反漢聯盟，羌人攻打安故，包圍了枹罕。匈奴人則侵入五原，殺死了五原太守。

六年（庚午　西元前一一一年）

冬季，徵調十萬軍隊，派遣將軍李息、郎中令徐自為討伐西羌，很快就平定了西羌的叛亂。

樓船將軍楊僕率領漢軍率先進入南越國境內，最先攻佔了尋陿，隨後又擊敗了石門的守軍，挫敗南越軍的銳氣。他帶領幾萬人在石門等待伏波將軍路博德到來後兩軍共同進軍，樓船將軍楊僕率軍在前，抵達番禺。南越王趙建德、丞相呂嘉率軍堅守番禺城。此時樓船將軍楊僕在番禺城的東南，伏波將軍路博德在番禺的西北。時值黃昏，樓船將軍楊僕從東南方向攻進番禺城，然後放火燒城。伏波將軍路博德設置好營壘，就派人前去招降越國人，凡是投降的，就賞賜給他們官做，並立即發給印綬，然後再放這些人回去招降其他人。而樓船將軍楊僕率領軍隊奮力攻打、四處放火，把越人全都驅趕到伏波將軍的營壘之中。等到天亮的時候，番禺城內的越人已經全部向漢軍投降。南越王趙建德、丞相呂嘉已經連夜逃入大海之中，伏波將軍路博德派人前去追趕。校尉司馬蘇弘活捉了南越王趙建德，南越王身邊的郎官名叫都稽的活捉了丞相呂嘉。戈船將軍歸義越侯嚴、下瀨將軍甲以及馳義侯遺所率領的夜郎兵還沒有趕到，南越已經被平定了。於是將南越國劃分為南海郡、蒼梧郡、鬱林郡、合浦郡、交趾郡、九真郡、日南郡、珠厓郡、儋耳郡九個郡，全部併入中國版圖。班師之後，漢武帝為伏波將軍路博德增加了封邑。封樓船將軍楊僕為將梁侯，司馬蘇弘為海常侯，都稽為臨蔡侯，以及投降過來的南越將領、蒼梧王趙光等四人也都被封為列侯。

公孫卿在河南郡等候神仙降臨，他向漢武帝報告說，在緱氏城上發現了神仙的腳印。春天，漢武帝親自來到緱氏城察看神仙腳印，武帝問公孫卿說：「你不會效法文成少翁、五利欒大的弄虛作假吧？」公孫卿說：「神仙對皇帝一無所求，是皇帝要尋找神仙。在時間、方法上都不能求之太急，否則是等不來神仙的。談論起神仙的事情好像很荒誕，如果積年累月、多用一些時間，一定可以等到神仙降臨。」漢武帝聽信了公孫卿的話。於是就在各郡、諸侯國整修、清掃道路，修繕廟宇，清掃名山、神祠，希望神仙駕臨。

為了答謝神在討伐南越戰爭中對漢軍的保佑，於是祭祀泰一神、后土神，開始採用音樂伴舞的形式娛樂神仙。

馳義侯遺徵調了西南夜郎等小國的軍隊，想要率領著攻打南越。南夷且蘭部落的首領擔心自己國家的年輕人出國遠征，旁邊的強國會乘虛而入對國內的老弱進行搶掠，於是就率眾起事，殺死了漢朝的使者以及犍為郡太守。漢朝立即下令給準備率領巴、蜀罪人出征南越的八個校尉，讓他們在中郎將郭昌、衛廣的率領下向且蘭部落發起進攻，殺死了且蘭國的君主以及邛國、莋國的君主，南夷平定後，被設置為漢朝的牂柯郡。夜郎侯開始的時候還想投靠南越國，後來南越滅亡，只得前來朝見漢武帝，漢武帝封他為夜郎王。冉國、駹國的國君都感到很恐懼，於是紛紛請求做漢朝的臣屬國，同時請求漢朝為他們派遣官吏。於是將邛都設置為漢朝的越巂郡，把莋都設置為漢朝的沈黎郡，冉駹為汶山郡，廣漢郡西邊的白馬成為漢朝的武都郡。

當初，東越王餘善給漢武帝上書，請求率領八千人跟隨樓船將軍楊僕去攻打南越的呂嘉。當他率軍到達揭陽縣的時候，卻以海上風浪太大為藉口，停止不前。採取坐觀成敗而後動的態度，而暗中卻派人前往南越通報消息。漢朝的軍隊已經攻佔了南越的都城番禺，東越王所率領的軍隊還沒有進入南越的國境。樓船將軍楊僕上書給漢武帝，希望借助剛打了勝仗的餘威去攻打東越國。漢武帝認為大軍遠征，士卒已經很疲憊，沒有批准，只是下令諸將將軍隊駐紮在豫章梅嶺一帶休整待命。東越國王餘善聽說樓船將軍楊僕曾經向朝廷請命要攻打東越，漢朝大軍又在邊界駐紮，於是率軍反漢。他將軍隊部署在漢軍通往東越的交通要道，任命將軍騶力等人為吞漢將軍，率先攻入白沙、武林、梅嶺，殺死了漢朝的三個校尉。當時，漢朝的大農令張成、曾經被封為山州侯的劉齒正率軍屯駐在這一帶，看到東越軍進擊漢軍，不僅不敢進行反擊，反而躲避到了安全的地方，朝廷認為他們犯了怯懦畏敵之罪而將他們處死。東越王餘善自封為「武帝」。

漢武帝本想再派楊僕率軍去攻打東越，但因為楊僕自恃征伐南越有功而驕傲的不得了，所以武帝就下了一道詔書申斥他說：「將軍你的功勞只不過是搶先攻破了石門、尋陿而已，並沒有斬將奪旗的功勞。哪裡就值得在別人面前如此的驕傲呢！上次攻破番禺的時候，你將投降的人冒充俘虜，把死人從墳墓裡挖出來冒充你斬殺敵人的數量，這是你的第一個錯誤。你身為將領，卻沒能有效阻斷東越與南越的聯繫，竟然使南越國王趙建德和丞相呂嘉得到了東越國的援助，這是你的第二個錯誤。出征的士卒連年暴露在蠻荒野地，你不顧念他們的辛苦勞累，自己卻以乘傳車視察為名藉機回家探親，懸掛著銀印、金印，佩帶著三種綬帶向鄉里的人們誇耀，這是你的第三個錯誤。因為你眷戀妻妾誤了歸期，卻以道路險阻為藉口，這是你的第四個錯誤。我向你詢問一把蜀刀的價錢，你卻假裝不知道，竟敢對君主撒謊而冒犯君主，這是你的第五個錯誤。你不到蘭池宮接受詔命，第二天也不做任何解釋。假如是你的部下，你問他他不回答，你給他下命令他又不服從，你該判他何罪？按照你現在的樣子如果出去獨當一面，派你到遠離朝廷的長江、南海一帶，還會有人相信你嗎？現在東越的軍隊已經深入我國境內，將軍你願不願意率領你的軍隊去打敗東越來彌補你的過失？」楊僕誠惶誠恐地說：「我願竭盡全力，就是戰死也要贖回自己的罪過！」於是漢武帝派橫海將軍韓說率軍從句章出發，乘坐艦船從東邊沿海向東越進發。樓船將軍楊僕率軍從武林出發，中尉王溫舒從梅嶺出發，任命越侯嚴為戈船將軍、甲為下瀨將軍率領軍隊從若邪、白沙出發，五路大軍分頭前往攻打東越。

博望侯張騫因為通使西域有功而地位尊貴，那些跟隨張騫出使過的官吏便爭相上書給朝廷陳述外國奇怪的物產與一些有利可圖的事情而請求充任使者。漢武帝認為路途遙遠，一般的人都不願意去，所以就聽取了這些人的意見，凡是有人願意去，就發給他們符節任命他們為正使，讓他們自己招募隨從。朝廷從不審查他們的來歷和身分，人數達到一定規模就給他們配備行裝派遣他們出使，目的就是想開闢通往西域的各種渠道。回來的時候，這些人中難免有侵吞國家財物以及違背出使宗旨的事情。漢武帝因為這些人熟悉西域情況，就對其過失進行追查、審問，處以重罪，以此激怒他們，讓他們花錢贖罪，再次請求出使。這樣一來，出使的人來回往復沒有窮盡，也不把犯法當做一回事。那些出使的官吏也就一味的誇大外國的物產多麼豐富，牛皮吹得大的就發給他符節，讓他擔任正使，不太善於吹牛的就派他們擔任副使，於是那些愛胡說八道、沒有品行的人全都效法他們，紛紛出使西域。

事實上這些出使的人大多是窮人出身，總想把所攜帶的國家財物據為己有，就將這些物品賤賣而從中牟取私利。外國人也很厭煩漢朝的使者，覺得這些使者說話不著邊際、輕重不實，估計距離漢朝路途遙遠，漢軍到不了這裡，於是就以拒絕供給漢朝使者飲食的方法來困苦漢使。漢使斷絕了飲食來源，因怨恨而經常與西域各國發生衝突。樓蘭、車師這兩個小國正處在漢朝通往西域的交通要道，因此對漢朝使者王恢等攻擊劫掠的也就最為厲害，而匈奴也經常派兵突然襲擊漢使。於是那些出使西域的人都爭先恐後地向朝廷報告，說西域各國與游牧的匈奴不同，他們都有城邑，兵力又很弱，容易攻打。漢武帝於是派遣浮沮將軍公孫賀率領一萬五千名騎兵從九原出發，公孫賀向西行進了二千多里，到達浮沮井而回；匈河將軍趙破奴率領一萬多名騎兵從令居出發西行了幾千里，到達匈河而回，目的就是為了驅逐匈奴，使他們不敢再攔截漢朝通往西域的使者：兩路人馬都沒有看見匈奴的一兵一卒，因而撤軍。漢朝將武威、酒泉劃分出一部分，分別設置為張掖郡、敦煌郡，並從內地移民以充實邊郡。

這一年，武帝任命齊國的丞相卜式為御史大夫。卜式當了御史以後，就向漢武帝反映說：「各地郡縣以及諸侯國都覺得由國家對鹽鐵實行專營有許多不便利的地方，主要是產品質量低劣，價格又貴，有的地方甚至強迫人民購買。另外國家對船隻實行徵稅後，經商的人減少，導致物價昂貴。」漢武帝因此不再喜歡卜式。

當初，司馬相如病重將死的時候，寫下一紙遺書，為漢武帝歌功頌德，談論祥瑞，勸說漢武帝祭祀泰山。漢武帝被司馬相如的話所打動，又恰巧得到寶鼎，於是就與公卿大臣以及一些儒生商議如何進行封禪的細節。但封禪是一個曠世奇典歷代帝王很少有人搞過封禪，所以沒有人知道封禪的儀式究竟是什麼樣子。而那些方士又編造說：「封禪之事，與求長生不死是同一回事而名目不同罷了。黃帝以前的帝王在舉行封禪大典的時候，都能招致神怪降臨，與神仙相溝通。秦始皇當年因為中途遇雨而沒有登上泰山封禪。陛下如果決心登泰山的話，可以先向上走一段，如果沒有風雨，就可以登上山頂舉行封禪典禮了。」於是漢武帝就下令諸儒生參考《尚書》、《周官》、《王制》等書，草擬封禪大典的具體儀式，但幾年也沒有草擬出來。

漢武帝就去問左內史兒寬，兒寬說：「到泰山頂上祭天，在梁父山腳下祭地，實際上是藉此大力顯揚本朝皇帝的姓氏、考核漢興以來的祥瑞，這是自古以來帝王在位期間的特大盛典。但封禪典禮的具體做法，經書裡都沒有記載。我以為封禪就是向天地鬼神報告帝王事業的成功，對天地鬼神一齊進行祭祀，如何進行，一切都按照陛下的主意，只有聖明的皇帝陛下才能制定出妥當的禮儀，而不是群臣所能論列得出來的。如今將要去泰山舉行封禪大典，卻在典禮儀式上猶豫不決了好幾年，如果讓那些大臣人人都按照自己的意見，恐怕永遠也確定不下來。只有天子才能提出一種四平八穩、可以成為標準的意見，能夠將各種紛繁的內容進行歸納總結，制定出一套能夠發出金石般聲音、影響深遠的封禪典禮儀式，使這項普天之下最隆重的慶典順利進行，並成為萬世尊奉的法則。」於是漢武帝親自制定封禪典禮的具體儀式，在很多地方採用了儒家的觀點加以修飾。漢武帝還為封禪大典專門製作了祭祀用的器物，並拿給那些儒生看，有人說「這些祭器跟古代的不一樣」，漢武帝很不高興，就把那些儒生全部斥退不用。漢武帝又認為，古代的君主必須先振興軍威，在解除戰備狀態之後才進行封禪。

元封元年（辛未　西元前一一〇年）

冬，十月，下詔曰：「南越、東甌❶，咸伏其辜❷；西蠻❸、北夷❹，頗未輯睦❺。朕將巡邊垂❻，躬秉武節❼，置十二部❽將軍，親帥師焉。」乃行，自雲陽❾北歷上郡、西河、五原❿，出長城，北登單于臺⓫，至朔方⓬，臨北河⓭，勒兵十八萬騎，旌旗徑千餘里，以見武節，威匈奴[1]。遣使者郭吉告單于曰：「南越王頭⓮已縣⓯於漢北闕⓰。今單于能⓱戰，天子自將待邊；不能，即南面而臣於漢⓲。何徒遠走⓳亡匿於幕北⓴寒苦無水草之地，毋為也㉑！」語卒而單于大怒，立斬主客見者㉒，而留郭吉，遷之北海㉓上。然匈奴亦讋㉔，終不敢出。上乃還，祭黃帝冢㉕橋山㉖，釋兵須如㉗。上曰：「吾聞黃帝不死，今有冢，何也？」公孫卿曰：

「黃帝已仙上天，羣臣思慕，葬其衣冠㉘。」上歎曰：「吾後升天，羣臣亦當葬吾衣冠於東陵㉙乎？」乃還甘泉，類祠太一㉚。

上以卜式不習文章㉛，貶秩㉜為太子太傅，以兒寬代為御史大夫。

漢兵入東越境，東越素發兵距險㉝，使徇北將軍㉞守武林㉟。樓船將軍卒[2]錢塘轅終古㊱斬徇北將軍。故越衍侯吳陽㊲以其邑七百人反攻越軍於漢陽㊳。越建成侯敖㊴與繇王居股㊵殺餘善，以其眾降。上封終古為禦兒侯㊶，陽為卯石侯㊷，居股為東成侯㊸，敖為開陵侯㊹。又封橫海將軍說為按道侯㊺，橫海校尉福㊻為繚嫈侯㊼，東越降將多軍㊽為無錫侯㊾。上以閩地險阻㊿，數反覆(51)，終為後世患，乃詔諸將悉其民徙於江、淮之間，遂虛其地(52)。

春，正月，上行幸緱氏(53)，禮祭中嶽太室(54)，從官在山下聞若有言「萬歲」者三(55)。詔祠官(56)加增太室祠(57)，禁無伐其草木，以山下戶三百為之奉邑(58)。

上遂東巡海上(59)，行禮祠八神(60)。齊人之上疏言神怪、奇方者以萬數，乃益發船，令言海中神山者數千人求蓬萊(61)神人。公孫卿持節(62)常先行，候(63)名山，至東萊(64)，言：「夜見大人，長數丈，就之(65)則不見，其迹(66)甚大，類禽獸云。」羣臣有言(67)：「見一老父牽狗，言『吾欲見鉅公(68)』，已忽不見(69)。」上既見大迹，未信。及羣臣又言老父，則大以為仙人也，宿留海上。與方士傳車[70]及間使[71]求神仙，人以千數。

夏，四月，還至奉高[72]，禮祠地主[73]於梁父[74]。乙卯[75]，令侍中儒者[76]皮弁搢紳[77]，射牛行事[78]，封泰山下東方[79]，如郊祠泰一之禮。封[80]廣丈二尺，高九尺，其下則有玉牒書[81]，書祕[82]。禮畢，天子獨與侍中、奉車都尉霍子侯[83]上泰山，亦有封[84]，其事皆禁[85]。明日，下陰道[86]。丙辰[87]，禪泰山下阯東北肅然山[88]，如祭后土禮，天子皆親拜見，衣上[3]黃[89]，而盡用樂[90]焉。江、淮間茅三脊[91]為神藉[92]，五色土益雜封[93]。其封禪祠[94]，夜若有光，晝有白雲出封中[95]。天子從禪還[96]，坐明堂[97]，羣臣更上壽[98]，頌功德。詔曰：「朕以眇身[99]承至尊[100]，兢兢焉惟德菲薄[101]，不明于禮樂，故用事[102]八神。遭天地況施[103]，著見景象[104]，屑然如有聞[105]，震于怪物[106]，欲止不敢[107]，遂登封泰山，至于梁父，然後升襢肅然。自新，嘉與士大夫更始[108]，其以十月為元封元年[109]。行所巡至[110]，博、奉高、蛇丘、歷城、梁父[111]民田租逋賦[112]，皆貸除之[113]，無出今年筭[114]。賜天下民爵一級[115]。」又以五載一巡狩[116]，用事泰山[117]，令諸侯各治邸泰山下[118]。

天子既已封泰山，無風雨，而方士更言蓬萊諸神若將可得。於是上欣然庶幾遇之[119]，復東至海上望焉。上欲自浮海求蓬萊，羣臣諫，莫能止。東方朔[120]曰：「夫仙者，得之自然，不必躁求。若其有道[121]，不憂不得；若其無道，雖至蓬萊見仙人，亦無益也。臣願陛下第[122]還宮靜處以須[123]之，仙人將自至[124]。」上乃止。會[125]奉車霍子侯暴病一日死[126]。子侯，去病子也，上甚悼之。乃遂去，並海上[127]，北至碣石[128]，巡自遼西[129]，歷北邊[130]，至九原[131]。五月，乃至甘泉[132]。凡周行萬八千里云。

先是，桑弘羊為治粟都尉[133]，領大農[134]，盡管天下鹽鐵。弘羊作「平準」之法[135]，令遠方各以其物如異時商賈所轉販者為賦[136]而相灌輸[137]。置平準[138]于京師，都受天下委輸[139]。大農諸官，盡籠[140]天下之貨物。貴即賣之，賤則買之[141]，欲使富商大賈無所牟大利[142]，而萬物不得騰踴[143]。至是，天子巡狩郡縣，所過賞賜，用帛百餘萬匹，錢金以巨萬計，皆取足大農[144]。弘羊又請[145]令[4]吏得入粟補官[146]及罪人贖罪[147]。山東漕粟益歲六百萬石[148]，一歲之中，太倉、甘泉倉[149]滿，邊餘穀[150]，諸物均輸帛[151]五百萬匹，民不益賦而天下用饒[152]。於是弘羊賜爵左庶長[153]，黃金再百斤[154]焉。

是時小旱，上令官求雨。卜式言曰：「縣官[155]當食租衣稅而已，今弘羊令吏坐市列肆(156)，販物求利。亨弘羊，天乃雨(157)。」

秋，有星孛于東井(158)，後十餘日，有星孛于三台(159)。望氣(160)王朔(161)言：「候(162)獨見填星出如瓜(163)，食頃復入(164)。」有司皆曰：「陛下建漢家封禪(165)，天其報德星云(166)。」

齊懷王閎(167)薨，無子，國除。

【章　旨】以上為第五段，寫元封元年（西元前一一〇年）一年間的全國大事，主要寫了漢王朝討平東越，遷其民於江淮；寫了桑弘羊實行「平準」、「均輸」，給朝廷賺錢以足國用；寫了漢武帝為行封禪而帶兵巡邊、示威匈奴；寫了漢武帝祭黃帝陵、祭太室山、東巡海上祭八神，最後登封泰山，改年號為「元封」等一系列活動。

【注　釋】❶東甌　也稱「東越」，漢初居住在今浙江溫州一帶的少數民族小國。武帝初期已遷入今安徽一帶的江淮之間。❷咸伏其辜　都已認罪，指被漢王朝所平定。❸西蠻　指西域地區的某些國家。❹北夷　指匈奴。❺頗未輯睦　還有點不老實。頗，略；有點。輯睦，服貼。❻邊垂　同「邊陲」。邊疆地區。❼躬秉武節　親自手持大將的指揮旗。武節，大將的旌節。❽部　部屬；部分。❾雲陽　漢縣名，在今陝西淳化西北，離甘泉宮很近。❿上郡西河五原　漢代的三個郡名，上郡的郡治在今陝西榆林東南，西河郡的郡治在今內蒙古準噶爾旗西南，五原郡的郡治在今內蒙古包頭西。⓫單于臺　應在今內蒙古巴彥淖爾盟的黃河、長城以北，具體方位不詳。⓬朔方　漢郡名，郡治在今內蒙古烏拉特前旗東南。⓭北河　指今內蒙古呼和浩特、包頭一線的黃河。⓮南越王頭　指南越反漢首領的人頭。南越反漢的首領是其丞相呂嘉，被呂嘉擁立的南越王趙光被漢俘虜後也沒有被殺，而仍封以為侯。此處只能取其意。⓯縣　通「懸」。⓰漢北闕　漢朝未央宮北門的雙闕。漢代未央宮的建制雖坐北朝南，但其群臣出入、上書言事等皆走北門，故漢代即以「北闕」代指宮廷之正前門。此後兩千年之「北闕上書」、

「懸首北闕」云云遂皆出典於此。⑰能　這裡是「敢」的意思。⑱即南面而臣於漢　那就趕緊南來臣服於漢。南面，師古曰：「匈奴在北，故曰南面。」⑲何徒遠走　何必總是逃得遠遠的。徒，空；只顧。⑳幕北　大漠以北。幕，通「漠」。㉑毋為也　沒意思；沒必要。㉒主客見者　帶郭吉前來見單于的那位匈奴的「主客」。主客是負責接待使者的官名。見，引見。㉓北海　即今俄國境內的貝加爾湖。㉔讋　恐懼、喪氣的樣子。㉕黃帝冢　即今所謂黃帝陵。㉖橋山　小山名，在今陝西黃陵城北，黃帝陵即在此山上。㉗釋兵須如　軍隊行至須如時，宣布解除戰備狀態。須如，《漢書・郊祀志》作「涼如」，地名，方位不詳。有說在今陝西隴縣境內，與上下文意不合，似應距黃帝陵不遠。㉘葬其衣冠　黃震曰：「方士之說，惟以黃帝乘龍上天為夸，武帝巡行，親至黃帝陵而祭之，方士尚何辭？而從者復遁其說為『葬衣冠』。主暗臣諛，一至此甚，悲夫。」㉙東陵　指茂陵，武帝為自己預修的陵墓。㉚類祠太一　即祭祀太一神。類，祭祀名。師古曰：「類祠，謂以事類而祭也。」太一，同前文「泰一」。㉛不習文章　意即文化水平不高。漢人所稱的文章，略同於現在所說的「文學」。㉜貶秩　降級。㉝素發兵距險　素，通「夙」。預先。距，通「拒」。㉞徇北將軍　東越軍官名，史失其姓名。㉟守武林　抵禦由武林方向所來之漢兵。㊱錢塘轅終古　錢塘縣人姓轅名終古。錢塘縣治在今杭州西。㊲故越衍侯吳陽　前在閩越為「衍侯」的吳陽，其人曾在漢朝居住。㊳漢陽　古城名，在今福建浦城北。㊴越建成侯敖　越族的建成侯名敖，史失其姓。㊵繇王居股　原閩越王丑之子，閩越王郢之孫。自餘善立為東越王，閩越王丑即與餘善分地而治。㊶禦兒侯　封地禦兒。《正義》曰：「『禦』字今作『語』。語兒鄉在蘇州嘉興縣南七十里。」㊷卯石侯　封地卯石。《索隱》曰：「在濟南。」㊸東成侯　封地東成。《索隱》曰：「在九江。」㊹開陵侯　封地開陵。《索隱》曰：「屬臨淮。」㊺按道侯　封地按道，具體方位不詳，王先謙以為是「齊郡之縣，今地無考」；梁玉繩以為是封號名。㊻橫海校尉福　橫海將軍部下的校尉劉福，城陽景王劉章之孫。㊼繚嫈侯　封地繚嫈，錢穆以為「在琅邪、東萊之間」。㊽多軍　姓多名軍。越族人。㊾無錫侯　封地無錫，即今江蘇無錫。㊿險阻　地形險阨，道路不通。(51)數反覆　屢次出爾反爾，叛降不定。(52)遂虛其地　其地即今浙江南部與福建全省，至此，東越民族遂被全部強制搬遷。(53)緱氏　漢縣名，在今河南偃師東南，嵩山的西北，離嵩山不遠。(54)中嶽太室　嵩山的東峰，在今河南登封境內。(55)若有言萬歲者三　像是有人歡呼「萬歲」，一連喊了三次。(56)祠官　主管祭祀的官員。(57)加增太室祠　提高對太室山祭祀的規格。(58)以山下戶三百為之奉邑　以此山下面三百戶人家的租稅作為祭祀此山的開銷，稱此村鎮曰「崇高邑」。按，崇高邑即今河南登封城址，原城垣外立巨石一方，篆刻「崇高」二字，已佚。(59)東巡海上　謂沿著山東半島的北部海邊東行。(60)行禮祠八神　在行進中沿途祭祀八神。此八神是：天主、地主、兵主、陰主、陽主、月主、日主、四時主。這些應祭祀的神靈大多在今山東半島的東北部海邊。(61)蓬萊　傳說中的海上三神山之一。(62)持節　手持旌節，以皇帝特使的身分出現。節，此指旌節，以竹竿為之，垂有旄飾，皇帝的特使持之，以表明其身分之貴重。(63)候　探看。(64)東萊　漢郡名，郡治即今山東掖縣。其北即有神祕的參山。(65)就之　湊近。(66)迹　腳印。(67)有言　又言。有，同「又」。(68)鉅公　隱指皇帝。張晏曰：「天子曰天下父，故曰『鉅公』也。」(69)已忽不見　轉眼就看不見了。(70)與方士傳車　給方士們提供驛車。(71)間使　密使；不公開身分的使者。(72)奉高　漢縣名，在今山東泰安東，當時為泰山郡的郡治所在地。(73)禮祠地主　恭敬地祭祀地神，即所謂「禪」。(74)梁父　泰山東南側的小山名。(75)乙卯　四月十九。(76)侍中儒者　一個身任侍中的儒生，史失其名姓。侍中，帝王身邊的侍從官員，在漢代品級不高，但受寵信。(77)皮弁搢紳　頭戴皮帽，腰插笏板，是一種參加典禮的裝束。(78)射牛行事　即準備祭祀用的牲畜。據古禮，「射牲」本來是應該帝王親自動手，這裡是武帝讓「侍中儒者」代他去幹。(79)封泰山下東方　在泰山東面的山腳下築臺舉行祭祀。(80)封　這裡指祭臺。(81)其下則有玉牒書　祭臺下埋著用玉牒刻寫的禱文。玉牒書，用玉片聯綴的書冊，上刻皇帝的祈禱之辭。(82)書祕　大概都是些乞求長生不死的昏話。方苞曰：「太乙、明堂贊饗，具載其文，而此書獨祕，蓋以登仙禱也。」(83)霍子侯　西漢名將霍去病之子，名嬗，字子侯，此時為奉車都尉。(84)亦有封　意即山頂上也有祭臺、玉牒書之類。(85)皆禁　猶言「皆祕」，他人不得而知。(86)下陰道　謂從泰山的北路下山。(87)丙辰　四月二十，即上述活動的第二天。(88)禪泰山下阯東北肅然山　又在泰山山腳東北方向的肅然山祭祀地神。下阯，山腳下。(89)衣上黃　意即穿著最莊嚴的黃色衣裳。(90)盡用樂　整個過程都有音樂伴奏。(91)江淮間茅三脊　江淮間出產的三脊茅草。三脊，三稜。(92)為神藉　祭壇上用三脊茅草鋪地。(93)五色土益雜封　把從五方取來的五種顏色的土加蓋在祭壇上。五色土，代表五方顏色的土，東方青色、南方紅色、西方白色、北方黑色、中央黃色。雜封，用各色土混雜築成的祭壇。(94)封禪祠　舉行封禪活動。(95)白雲出封中　有白雲從祭壇中冒出來。(96)從禪還　從祭地的場所回來。(97)坐明堂　此指泰山下東北側的舊明堂。《集解》引《漢書音義》曰：「天子初封泰山，山東北址古時有明堂處，則此所坐者。」(98)更上壽　輪番向武帝敬酒祝賀。(99)眇身　微賤之身，這裡是謙詞。(100)承至尊　猶言「繼皇位」。(101)惟德菲薄　擔心自己的德業淺薄，害怕不能勝任。惟，心想。(102)用事　這裡即指祭祀。(103)況施　賞賜、降福。況，通「貺」。賜。(104)著見景象　明顯地有奇特現象出現，如「夜見大人」、「老人牽狗」等等。(105)屑然如有聞　即前文所謂祭太室山時「聞呼『萬歲』者三」云云。屑然，聲音恍惚的樣子。(106)震于怪物　被這些奇怪的現象所驚嚇。(107)欲止不敢　想停下來，但又不敢。(108)自新二句　我自己想有一個新的開端，也很高興和你們一道重新開始，意即更改年號。(109)以十月為元封元年　從十月開始就改稱為「元封元年」。此時漢朝仍是使用秦曆，以十月為歲首，故新年號也從十月開始。(110)行所巡至　圍繞泰山所經過的地方。(111)博奉高蛇丘歷城梁父　皆漢縣名，博縣在泰山南。奉高縣在泰山東南。蛇丘縣在泰山西南。歷城縣即今濟南，在泰山北。(112)田租逋賦　應交的田租與欠交的賦稅。逋，虧欠。(113)皆貸除之　一律赦免。(114)無出今年筭　今年的人頭稅也予以免除。筭，同「算」。人頭稅，每人一百二十文銅錢。(115)賜天下民爵一級　給每個成年男子賜爵一級。秦漢時代平民百姓也有爵級，此爵級可以通過戰場立功獲得，可以向國家交糧食換得，也可以通過皇帝賞賜而得。爵級可用以減免罪，可用以賣錢花，超過七級的人可以不當兵服役，如此等等。(116)五載一巡狩　皇帝每隔五年巡視天下一回。巡狩，巡視天下以檢查各地諸侯、郡守為朝廷守土任職的情況。(117)用事泰山　在巡狩天下的時候，同時要舉行祭祀泰山的封禪大典。(118)治邸泰山下　各諸侯國都要在泰山腳下建立本國的官邸，因為皇帝封禪時各諸侯王要來陪祭。(119)庶幾遇之　希望能夠遇上。庶幾，或許，希冀之詞。(120)東方朔　武帝時期的文學之臣，以滑稽聞名，但能切中要害地對武帝提出意見，為他人所不及，事已見前文。《漢書》有傳。(121)若其有道　若求者有道。道，有道德；行王道。(122)第　但；只管。(123)須　等待。(124)仙人將自至　東方朔非相信神仙、長生不死者，這是勸武帝回京的一種說話藝術。(125)會　正巧。(126)一日死　得病一日即死，言其快，亦言其怪。《文心雕龍・哀弔》曾言武帝為傷霍子侯之死而作詩。董份曰：「武帝封泰山，求神仙，專從子侯上封處，而子侯則死矣，故特著之，見神仙不足恃也。」吳見思曰：「秦封禪方訖遇風雨，漢封禪方訖死子侯，正高興時即接此敗興語，史公妙處。」(127)並海上　沿海邊北行。並，同「傍」。沿著。(128)碣石　山名，在今河北昌黎西北。(129)遼西　漢郡名，郡治在今遼寧阜新西南。(130)歷北邊　沿北部邊境西行。(131)九原　漢縣名，在今內蒙古包頭西，當時為五原郡的郡治所在地。(132)五月二句　《正義》引姚察曰：「三月幸緱氏，五月乃至甘泉，則八旬中周萬八千里，其不然乎？」按，《漢書・武帝紀》但云「行自泰山，復東巡海上，至碣石，自遼西歷北邊九原，歸於甘泉」，而未言月日，較此可信。(133)治粟都尉　主管軍糧的官，劉邦為漢王時，韓信曾短時任之，後不常設。武帝時戰爭頻繁，故又設此職。(134)領大農　代行大司農的職權。以低級職位代行高級職權曰「領」，以高級職位兼理低級職權曰「攝」。(135)平準之法　使天下各種物品的價格能保持均衡的辦法。平準，如水之平。(136)各以其物如異時商賈所轉販者為賦　令各縣之均輸官要像商人趁本地之某物豐產價賤即行買進的樣子，令百姓即以此價賤之物充當賦稅。(137)而相灌輸　各地之均輸官根據各地物產之缺盈、物價之高低，相互交流，為國家乘機牟利。(138)平準　指平準令，大司農的屬官，主管全國範圍的物資調撥，平衡物價。(139)都受天下委輸　總管天下物資的調撥、平衡工作。他所管的是表報，並不一定要把各地的物資都匯集到京城來。都，總；總匯。委輸，運送；運輸。(140)盡籠　全部掌握；全部控制。(141)貴即賣之二句　國家根據市場行情以吞吐貨物，維持物價平衡。(142)無所牟大利　謀取不到太大的利潤。牟，取也。(143)騰踴　指物價飛升。(144)皆取足大農　一切都由大農令充分供應。(145)請　請求批准。(146)令吏得入粟補官　讓想做官的給國家交糧食就能做官。按，漢之賣「爵」自文帝以鼂錯建議始，而賣「官」則自武帝以桑弘羊建議始。(147)罪人贖罪　犯罪的給國家交糧食就能免於懲罰。(148)山東漕粟益歲六百萬石　東方各地向長安漕運的糧食數量增加到六百萬石。按，未行均輸之法前東方向長安漕運的糧食只有四百萬石。(149)太倉甘泉倉　都是漢王朝國家的大糧倉名，太倉在長安城內，甘泉倉在甘泉宮附近。(150)邊餘穀　各邊防前線都貯有餘糧。(151)諸物均輸帛　各地均輸官由吞吐各種物資所賺得的絹帛。帛在當時起貨幣的作用。(152)民不益賦而天下用饒　此言國家行平準、均輸之實效。益賦，增加賦稅。天下用，指國家的各種開支。(153)左庶長　漢代武功爵的第十級。(154)再百斤　二百金。漢代之「一金」重一斤，約當今〇・五一六五市斤。又，漢代「一金」可以兌換銅錢一萬。(155)縣官　猶今所謂「政府」、「公家」，這裡指皇帝以及整個統治機構的人員。(156)坐市列肆　坐於市肆行列之中，意即充當商人。王念孫以為「肆」字衍文，應削。(157)烹弘羊二句　凌稚隆曰：「一篇結束，藉此以斷興利之臣之罪。」顧炎武曰：「古人作史，有不待論斷，而於序事之中即見其旨者，惟太史公能之。〈平準書〉末載卜式語，〈王翦傳〉末載客語……皆史家於敘事中寓論斷法也。」（《日知錄》）梁玉繩引方苞語云：「事似未終，疑有缺文。」(158)有星孛于東井　彗星出現在井宿的位置。孛，彗星，這裡用作動詞，即火光四射的樣子。東井，即二十八宿中的井宿。古人認為彗星出現是一種將有戰爭、動亂的徵兆。(159)三台　也寫作「三能」，星名，屬於現代天文學的「大熊星座」。(160)望氣　古時觀望雲氣以卜測人事吉凶的方士。(161)王朔　當時著名的望氣者。其事見於《史記・天官書》、〈李將軍列傳〉等篇。(162)候　謂占測天文氣象。(163)獨見填星出如瓜　胡三省以為「填」字同「鎮」，鎮星即土星。而《史記・孝武本紀》作「獨見其星大如瓠」，「其星」即上文「孛于東井」、「孛于三台」之彗星。疑後者為是。(164)食頃復入　過了一頓飯的工夫隱去不見了。(165)建漢家封禪　建立了漢王朝的封禪大典。(166)天其報德星云　上帝為報謝下界的皇帝，而為之出現了「德星」。德星，表示祥瑞的星。云，句末語氣詞，表示一種似信非信、人云亦云的口氣。梁玉繩曰：「以彗孛為『德星』，猶以天旱為『乾封』，阿諛無理，足供千古拊掌之資。」(167)齊懷王閎　劉閎，武帝之子，王夫人所生，元狩六年受封為齊王。懷字是其死後的謚。

【校　記】[1]勒兵十八萬騎旌旗徑千餘里以見武節威匈奴　原無此十九字。據章鈺校，十四行本、乙十一行本皆有此十九字，張敦仁《通鑑刊本識誤》同。今從諸本及《漢書・武帝紀》、〈匈奴傳〉補。[2]卒　據章鈺校，孔天胤本作「率」，張敦仁《通鑑刊本識誤》同。按，《通鑑紀事本末》、《史記・東越列傳》作「率」。[3]上　原作「尚」。據章鈺校，十四行本、乙十一行本皆作「上」。今從諸本及《通鑑紀事本末》、《史記・武帝本紀》改。④令 原無此字。據章鈺校，十四行本、乙十一行本、孔天胤本皆有此字。今從諸本及《史記・平準書》補。

【語 譯】元封元年（辛未 西元前一一〇年）

冬季，十月，漢武帝下詔說：「南越與東甌，都已經向中國服罪；西域地區的某些國家、北部的匈奴還不能與我們和睦相處。我將要到邊疆地區巡視，親自手執大將的指揮旗，設置十二部將軍，由我親自統率指揮。」於是漢武帝從雲陽出發北上，途中經過上郡、西河郡、五原郡，然後越過長城，向北登上單于臺，到達朔方郡，靠近北部的黃河。所帶十八萬騎兵，旌旗招展，綿延千餘里，向匈奴展示軍隊的旌節與雄威。武帝派遣郭吉為使者出使匈奴，郭吉對匈奴單于說：「南越國王的人頭已經懸掛在漢朝都城的北門。現在如果單于能與漢軍作戰，漢朝的皇帝已經親自帶領人馬在邊境等候；如果不敢交戰，就趕緊南來歸附中國。何必要遠遠的逃避到大漠以北這個又寒冷又缺乏水草的地方而無所作為呢！」使者的話音剛落，單于已經大怒，立即下令將帶漢朝使者郭吉來見的那位負責接待賓客的官員斬首，並將郭吉扣留在匈奴，流放到北海。然而匈奴終究是膽怯，始終不敢出戰。漢武帝於是班師回朝，途中在橋山祭祀黃帝陵，到達須如後，宣布解除戰備狀態。漢武帝問：「我聽說黃帝並沒有死，而現在卻有他的陵墓，這是為什麼呢？」公孫卿解釋說：「黃帝本來已經成仙升天，但群臣對黃帝思慕不已，就把黃帝的衣冠埋葬在這裡了。」漢武帝感慨地說：「如果我成仙升天後，群臣也會把我的衣冠埋葬在東陵嗎？」漢武帝回到甘泉，對太一神進行祭祀。

漢武帝以卜式不善於文辭，就貶他為太子太傅，而用兒寬代理御史大夫的職務。

漢朝的軍隊進入東越國境，東越國王早已派兵分頭據守險要，他派徇北將軍據守武林。樓船將軍楊僕手下一個錢塘人名叫轅終古的士兵殺死了東越國據守武林的徇北將軍。以前在閩越國為衍侯的吳陽率領自己的鄉兵總共七百多人在漢陽倒戈攻打越軍。東越王所封的建成侯敖與越繇王居股一起殺死了東越王餘善，率眾向漢軍投降。漢武帝封轅終古為禦兒侯，封吳陽為卯石侯，封居股為東成侯，封敖為開陵侯。又封橫海將軍韓說為按道侯，封橫海將軍部下的校尉劉福為繚嫈侯，封東越降將多軍為無錫侯。漢武帝因為閩越地形險阸，閩越人屢次出爾反爾，降叛不定，終究會成為後世的禍患，於是下令諸將強行將那裡的人全部遷移到長江與淮河之間居住，而閩越就變成了空虛無人之地。

春季，正月，漢武帝到緱氏縣巡視，按照禮儀祭祀中嶽太室山，隨從的官員在山下隱隱約約聽到有人高呼「萬歲」，一連呼喊了三次。於是武帝下詔讓負責祭祀的官員提高對太室山祭祀的規格，並禁止砍伐太室山上的草木，又把此山之下的三百戶人家的租稅作為祭祀此山的開銷，稱此邑為崇高邑。

漢武帝向東來到大海邊，在行進中沿途祭祀了天主、地主、兵主、陰主、陽主、月主、日主、四時主八位神仙。齊國給漢武帝上書講述神仙靈怪以及仙方妙藥的有上萬人，於是武帝增派船隻，讓那些講述海中有神山的幾千人乘船到大海中去尋求蓬萊仙人。公孫卿手持符節，經常提前行動，到名山大川等候仙人，他來到東萊，向漢武帝報告說：「夜間曾經看見一個巨人，身高有好幾丈，走到跟前就不見了，而他的腳印特別大，就像野獸的一樣。」群臣中也有人說：「看見一個老翁牽著一條狗，老翁說『我想見天子』，說完就忽然不見了。」漢武帝親自前去查看了那個大腳印，但不相信是巨人的腳印。等到群臣又說起老翁的事情，便覺得很可能就是仙人，於是就留在海邊過夜等待仙人出現。給方士們提供傳車，又派出許多密使去尋找仙人，尋找仙人的各類人多達上千人。

夏季，四月，漢武帝返回途中路過奉高，便在梁父山下恭敬地祭祀地神。十九日乙卯，漢武帝命令隨從中一個擔任侍中的儒生頭戴鹿皮帽，腰間插著笏板，去獵殺祭祀用的牲畜，在泰山東面的山腳下築起一座祭壇，然後依照祭祀太一神的儀式祭祀天神。這座祭壇一丈二尺見方，高九尺，祭壇下面埋著刻有漢武帝祈禱之辭的玉牒書，書的內容極其祕密。祭祀完畢，漢武帝獨自與侍中、奉車都尉霍子侯登上泰山，在山頂上也有祭壇、玉牒之類，其事也對外保密，他人不得而知。第二天，從泰山的北路下山。二十日丙辰，在泰山腳下東北方向的肅然山祭祀地神，其祭祀儀式與祭祀土神相同，武帝全都親自叩拜行禮，身上穿著最莊嚴的黃色衣服，整個過程都有音樂伴奏。祭壇上全都用長江、淮河之間所生長的三脊茅草鋪墊，把從五方取來的五種顏色的土加蓋在祭壇上。舉行封禪活動的這天，夜間好像有光發出，白天又彷彿有白雲從祭壇中飄出。漢武帝祭祀完畢回到泰山腳下東北側的明堂，群臣輪流給漢武帝敬酒，為漢武帝歌功頌德。漢武帝下詔說：「我以微賤之身繼承皇位坐上了至高無上的皇帝寶座，兢兢業業，擔心自己德行淺薄，不明白禮儀、音樂，所以才恭敬地祭祀八神。承蒙天地神靈賜予祥瑞，顯明跡象，彷彿如有所聞，我震驚於各種奇異的現象，想留下來而又不敢，於是登上泰山之巔祭祀天神，來到泰山腳下的梁父山祭祀地神，然後在肅然山祭祀地神。現在坐在這個明堂裡，我想有一個新的開端，也很高興與你們一道重新開始，因此決定從今年的十月起改元為元封元年。圍繞泰山巡行所經過的地方：博、奉高、蛇丘、歷城、梁父，百姓應交納的田租以及往年所拖欠的賦稅，全部豁免，今年的人頭稅也予以免除。給全天下所有的成年男子賜爵一級。」又規定：皇帝每五年巡視天下一次，同時要舉行祭祀泰山的封禪大典，各諸侯國都要在泰山腳下建立本國的官邸。

漢武帝到泰山圓滿地完成了祭祀天地的封禪大典，整個過程風和日麗，那些方士又對武帝說起有可能請到蓬萊仙山上的諸位神仙。漢武帝非常興奮，對可能遇到神仙滿懷希望，於是就再次向東來到大海邊，向著神仙可能出現的方向眺望。漢武帝想要親自乘船到大海中去尋找蓬萊仙山，群臣極力勸阻，但都無法阻止。東方朔說：「與神仙相遇，完全是一種自然巧合，而不必過於急躁地去四處尋求。如果求神仙的人有道德、行王道，就不用擔心遇不到；如果求仙人的人不講道德，即使到了蓬萊仙境，遇見了神仙也沒有什麼好處。所以我希望陛下只管回到宮中靜靜地等候，神仙自然會降臨。」漢武帝這才打消親自出海尋仙的念頭。又遇上奉車都尉霍子侯突然發病，得病只一天就死了。霍子侯是霍去病的兒子，漢武帝非常悼念他。於是決定返回京師，漢武帝沿著海邊北行，抵達碣石，一路巡視來到遼西郡，又順著北部邊境西行到達九原郡，五月分，才回到甘泉。此次出巡，總計走了一萬八千里路。

早先，桑弘羊擔任治粟都尉，兼任大農令，全國的鹽鐵全部歸他管理。桑弘羊制定了平抑物價的平準法，命令遠方各地的均輸官要像商賈那樣趁本地的物產豐富價格低廉的時候即行買進，讓百姓以此價廉之物充作賦稅，然後由均輸官根據各地物產之缺盈、物價之高低，相互交流，為國家牟利。在京師設置平準令，全面負責天下物資的調撥。大農令屬下的各種官吏全部控制著天下的貨物。然後根據市場行情，物價上漲的時候，就將貨物賣出去，物價低廉的時候，就將貨物收購進來，目的就是要限制富商大賈謀取太大的利潤，控制物價不要有太大的波動。等到漢武帝到各郡縣巡視，凡是經過的地方都要進行賞賜，用作賞賜的物品總計有絲綢一百多萬匹，錢以萬萬來計算，這一切都由大農令供給。桑弘羊又請求允許官吏將粟米捐獻給官府可以使官職升遷、罪人繳納錢糧可以贖罪。這樣一來，只山東各地向長安漕運的糧食每年就增加了六百萬石，一年之中，太倉、甘泉倉的糧食全都裝得滿滿的，就連邊城也都有了餘糧，各地的均輸官通過互相交流物品所賺得的絹帛就積存了五百萬匹，百姓沒有增加賦稅而國家的各項開支都有了保證。於是賜桑弘羊左庶長，賞賜給他黃金兩百斤。

當時發生了小規模的乾旱，漢武帝下令各級官吏求雨。卜式趁機建言：「官府只要正常收取租稅就行了，而現在桑弘羊卻下令官吏坐在商鋪裡，像商人那樣販賣貨物求取利潤。只要把桑弘羊煮殺了，天就會下雨。」

秋季，在東井星旁邊有彗星出現，過了十幾天，又有彗星出現在三台星座。以觀察雲氣來占卜吉凶的方士王朔說：「我在觀看天象的時候，看見彗星出現，形狀就像一個瓜，但只一頓飯的工夫就消失了。」有關部門的官員全來對漢武帝說：「陛下創建了漢朝的封禪大典，上帝為報答下界的皇帝，而出現了『德星』。」

齊懷王劉閎去世，因為沒有兒子，封國被撤銷。

【研　析】本卷寫出了武帝元狩五年（西元前一一八年）至元封元年（西元前一一〇年）共九年間的全國大事，其中值得注意的事情有以下數端：

其一是漢王朝對南越、東越、西南夷三方的用兵，應該說都是出於漢武帝的擴張野心。尤其是南越，他們與漢王朝的關係一向良好，但漢武帝仍不滿意，一定要把它變成自己國內的一部分，於是一系列的活動相繼展開了。勝利當然是屬於漢王朝的，沒有任何懸念；但其做法令人討厭。南越丞相呂嘉為了維護南越王的利益，忠心耿耿，誓死抗爭，是一個令人充滿敬意的人物。漢王朝的官員中則有許多小丑，他們狂妄自大、目中無人，如終軍、韓千秋，就同屬這一類，真正到了時候一籌莫展，落個死無葬身之地，真是活該。不知為何這個以說大話聞名的終軍，居然還被後代用成了敢於「請纓」的英雄，真是百思不得其解。司馬遷當初寫《史記．南越列傳》、〈西南夷列傳〉時，對漢武帝的行為是批判的，表現了歷史家的進步民族思想。

其二，本卷寫了酷吏張湯被三長史所害的過程，又寫了武帝為張湯報仇而殺了三長史，甚至鬧得丞相也跟著自殺。打了一個羅圈仗，究竟誰對誰錯呢？前後矛盾。從司馬遷開始寫這個問題就充滿矛盾。司馬遷是討厭張湯的，他讓以「正直敢言」著稱的汲黯警告身為大行令的李息，說你如不及早彈劾張湯，你日後將會倒楣。李息膽小不敢動。待至張湯被三長史害死後，漢武帝聽說汲黯事先警告過李息而李息不動，於是憤怒地把李息殺頭了。可是司馬遷又寫張湯的清廉，死後載以牛車，漢武帝又為張湯鳴不平，為張湯誅滅了三長史，丞相莊青翟也為此自殺。這司馬遷討厭張湯、汲黯警告李息，對還是不對？漢武帝也跟著變來變去，還有點是非原則麼？

其三，上卷寫到了李廣跟隨衛青伐匈奴，因沒有嚮導、行軍迷路，貽誤戰機而自殺。本卷則接著寫了李廣的兒子李敢因怨恨衛青而將衛青打傷。衛青自己對此事未做聲張，而衛青的外甥霍去病為給衛青報仇，竟在與李敢陪著武帝打獵時，故意將李敢射死了。漢武帝為偏袒、保護霍去病，公然掩蓋事實，說李敢是被鹿撞死的。請注意，李敢這時任郎中令，是朝廷上的九卿之一。這社會難道還有天日麼？李廣的弟弟李蔡身為丞相之職，在李廣自殺的第二年又被強加以「侵孝景堧垣」的罪名自殺了，連續三年每年死一個；再過十八年，李廣的孫子李陵率五千名步兵出討匈奴，遇匈奴單于大部隊，苦戰十餘日，因無法突圍而放下武器，於是武帝遂將李陵全家下獄，而後將其滿門抄斬。世人都知道李廣的一生是悲劇，殊不知李廣的全家都被漢武帝殺光了！

其四，漢武帝所推行的一系列經濟政策，司馬遷幾乎都不贊成，司馬光寫《通鑑》幾乎將這些政策全部移了進來。造「白金」、「皮幣」是明目張膽地掠奪，大司農顏異對此不滿，沒等說出，只見嘴唇動了一下，就被以「腹誹」的罪名殺死了；「算緡」、「告緡」鬧得全國「中產」以上的工商業者「大抵皆破」，這在中國古代「工商業發展史」上該是一種何等野蠻的摧殘，以至於連酷吏義縱都堅決反對，結果義縱也被武帝處死了；漢武帝號召全國的諸侯都學習為了幫著漢武帝討伐南越而自願捐款、報名參軍的卜式，結果全國諸侯沒人響應，於是漢武帝就勃然大怒，他捏造了一個交納「酎金」不合規定的罪名，一下子將一百零六個列侯罷為平民，逼得主管此事的丞相也只好自殺。由於武帝晚年一連串地誅殺丞相，使得在朝的袞袞諸公誰要一聽到讓他當丞相就嚇得放聲大哭，趴在地上求饒。這是什麼日子！

其五，漢武帝的迷信神仙、希求長生不死，其迷信、愚蠢的程度在中國歷代帝王中少有其比，他先後寵信的騙子有：神君、李少君、謬忌、少翁、欒大、巫錦、公孫卿等等，他封他們為「文成將軍」、「五利將軍」、「樂通侯」，乃至把自己的親生女兒嫁給他們當中的一個；他祭祀五畤、祭祀太一、祭祀太室、祭祀八神、祭祀泰山，由於他行蹤不定、突然而往，致使不少郡的太守來不及給他修路、供應不了他大隊人馬的飲食而被處死。其他帝王勢大聲宏、裝模作樣地祭祀天地祖宗，那是一套神化自己、愚弄百姓的「神道設教」；而武帝所進行的那些最痴迷、最花本錢的祭祀則目的只有一條，就是為了求得長生不死。請大家看一看《史記》裡的〈封禪書〉吧，那裡有這位「千古風流人物」的極不風流的一面，而且極有助於幫著我們認識當今社會打著「科學」幌子以表演「特異功能」的種種伎倆。

卷第二十一

漢紀十三

起玄黓涒灘（壬申　西元前一〇九年），盡玄黓敦牂（壬午　西元前九九年），凡十一年。

【題　解】本卷寫了武帝元封二年（西元前一〇九年）至天漢二年（西元前九九年）共十一年間的全國大事，其主要篇幅寫了漢與匈奴之間的時和時戰，特別寫了其中的蘇武出使匈奴被扣留，堅貞不屈；趙破奴伐匈奴被俘投降，全軍覆沒；李廣利與匈奴戰於天山，先勝後敗；李陵率步兵五千人北伐匈奴，兵敗投降諸事。其次是寫了漢王朝討伐朝鮮，在朝鮮地區設立四郡的過程，歷史家深刻揭露了漢王朝使者與將領之間的勾心鬥角與腐朽無能。其三是寫了李廣利的討伐大宛，第一次輕敵無備，慘敗而回；第二次全國動員、大張旗鼓，損失極大而僅僅迫使大宛訂立城下之盟。這是漢王朝征伐四夷中最惹人討厭的對外用兵。此外還寫了漢武帝大搞淫祀、大興土木，造柏梁臺、起建章宮，推行酷吏政治，加強專制獨裁，設立十三刺史部，以致官逼民反，官吏粉飾太平、上下相互蒙混的日益不堪情景。

世宗孝武皇帝下之上

元封二年（壬申　西元前一〇九年）

冬，十月，上行幸雍，祠五畤❶。還，祝祠泰一❷，以拜德星❸。

春，正月，公孫卿言見神人東萊山❹，若云欲見天子。天子於是幸緱氏城❺，拜卿為中大夫❻，遂至東萊❼。宿留之數日，無所見，見大人迹云。復遣方士求神怪、采芝藥以千數。時歲旱，天子既出無名❽，乃禱萬里沙❾。夏，四月，還❿，過祠泰山⓫。

初，河決瓠子⓬，後二十餘歲不復塞⓭，梁、楚之地⓮尤被其害。是歲，上使汲仁、郭昌⓯二卿發卒數萬人塞瓠子河決⓰。天子自泰山還，自臨決河，沈白馬、玉璧于河⓱，令羣臣、從官自將軍以下⓲皆負薪⓳，卒填決河⓴。築宮其上，名曰宣防宮㉑。導河北行二渠㉒，復禹舊迹㉓，而梁、楚之地復寧，無水災。

上還長安。

初令越巫㉔祠上帝、百鬼㉕，而用雞卜㉖。

公孫卿言仙人好樓居，於是上令長安作蜚廉、桂觀㉗，甘泉作益壽、延壽觀㉘，使卿持節設具㉙而候神人。又作通天臺㉚，置祠具其下。更置甘泉前殿，益廣諸宮室。

初，全燕之世[31]，嘗略屬[32]真番[33]、朝鮮[34]，為置吏，築障塞[35]。秦滅燕[36]，屬遼東外徼[37]。漢興[38]，為其遠難守，復修遼東故塞[39]，至浿水[40]為界，屬燕[41]。燕王盧綰反[42]，入匈奴，燕人衛滿亡命[43]，聚黨千餘人，椎髻蠻夷服[44]而東走出塞[45]，渡浿水，居秦故空地上下障[46]，稍役屬[47]真番、朝鮮蠻夷及燕亡命者王之，都王險[48]。會孝惠、高后時[49]，天下初定，遼東太守即約滿為外臣，保[50]塞外蠻夷，無使盜邊。諸蠻夷君[51]欲入見天子，勿得禁止。以故滿得以兵威財物[52]侵降[53]其旁小邑，真番、臨屯[54]皆來服屬，方數千里。

傳子至孫右渠[55]，所誘漢亡人滋多[56]，又未嘗入見[57]。辰國[58]欲上書見天子，又雍閼[59]不通。是歲，漢使涉何[60]誘諭，右渠終不肯奉詔。何去至界上[61]，臨浿水，使御[62]刺殺送何者朝鮮裨王長[63]，即渡，馳入塞[64]，遂歸報天子曰「殺朝鮮將」。上為其名美，即不詰[65]，拜何為遼東東部都尉[66]。朝鮮怨何，發兵襲攻殺何[67]。

六月，甘泉房中[68]產芝九莖，上為之赦天下[69]。○上以旱為憂，公孫卿曰：「黃帝時，封則天旱[70]，乾封三年[71]。」上乃下詔曰：「天旱，意乾封乎[72]？」

秋，作明堂於汶上[73]。

上募[74]天下死罪為兵，遣樓船將軍楊僕從齊浮渤海[75]，左將軍[76]荀彘[77]出遼東[78]，以討朝鮮。

初，上使王然于[79]以越破[80]及誅南夷兵威[81]風喻〔1〕滇王[82]入朝。滇王者，其眾數萬人，其旁東北有勞深[83]、靡莫[84]，皆同姓相杖[85]，未肯聽。勞深、靡莫數[86]侵犯使者吏卒。於是上遣將軍郭昌[87]、中郎將衛廣[88]發巴、蜀兵擊滅勞深、靡莫，以兵臨滇。滇王舉國降，請置吏入朝[89]。於是以為益州郡[90]，賜滇王王印[91]，復長其民[92]。

是時，漢滅兩越[93]，平西南夷，置初郡十七[94]，且以其故俗治[95]，毋賦稅。南陽、漢中以往郡[96]，各以地比給初郡吏卒奉食幣物、傳車馬被具[97]。而初郡時時小反殺吏，漢發南方吏卒[98]往誅之，間歲[99]萬餘人，費皆仰給大農[100]。大農以均輸調鹽鐵助賦[101]，故能贍之[102]。然兵所過，縣為以訾給毋乏而已[103]，不敢言擅賦法矣[104]。

是歲，以御史中丞[105]南陽杜周[106]為廷尉。周外寬，內深次骨[107]，其治大放[108]張湯。時詔獄[109]益多，二千石繫者，新故相因[110]，不減百餘人。廷尉一歲至千餘章[111]，章大者連逮證案[112]數百、小者數十人，遠者數千、近者數百里會獄[113]。廷尉及中都官詔獄[114]逮至六七萬人[115]，吏所增加[116]十萬餘人。

三年（癸酉　西元前一〇八年）

冬，十二月，雷，雨雹大如馬頭。

上遣將軍趙破奴[117]擊車師[118]。破奴與輕騎七百餘先至，虜樓蘭王[119]，遂破車師。因舉兵威以困烏孫[120]、大宛[121]之屬。春，正月甲申[122]，封破奴為浞野侯[123]。王恢[124]佐破奴擊樓蘭，封恢為浩侯[125]。於是酒泉列亭障至玉門[126]矣。

初作角抵戲[127]〔2〕、魚龍曼延[128]之屬。

漢兵入朝鮮境，朝鮮王右渠發兵距險[129]。樓船將軍將齊兵七千人先至王險，右渠城守，窺知樓船軍少，即出城擊樓船。樓船軍敗散，遁山中十餘日，稍求收〔3〕散卒，復聚[130]。左將軍擊朝鮮浿水西軍[131]，未能破。天子為兩將未有利，乃使衛山[132]因兵威[133]往諭右渠。右渠見使者，頓首謝：「願降，恐兩將詐殺臣。今見信節[134]，請復降。」遣太子入謝[135]，獻馬五千匹，及饋軍糧[136]。人眾萬餘，持兵方[137]渡浿水，使者及左將軍疑其為變，謂太子：「已服降，宜令人毋持兵。」太子亦疑使者、左將軍詐殺之[138]，遂不渡浿水，復引歸。山還報天子，天子誅山[139]。

左將軍破浿水上軍[140]，乃前至城下，圍其西北。樓船亦往會，居城南。右渠遂堅守城，數月未能下。左將軍所將燕、代卒[141]多勁悍[142]。樓船將齊卒已嘗敗亡困辱，卒皆恐，將心慚，其圍右渠，常持和節[143]。左將軍急擊之，朝鮮大臣乃陰間使人私約降樓船(144)，往來言尚未肯決(145)。左將軍數與樓船期戰(146)，樓船欲就其約(147)，不會(148)。左將軍亦使人求間隙降下朝鮮(149)，朝鮮不肯，心附樓船(150)。以故兩將不相能(151)。左將軍心意(152)樓船前有失軍罪，今與朝鮮私善，而又不降(153)，疑其有反計，未敢發(154)。

天子以兩將圍城乖異(155)，兵久不決(156)，使濟南太守公孫遂(157)往正之(158)，有便宜得以從事(159)。遂至，左將軍曰：「朝鮮當下，久之不下者，樓船數期不會(160)。」具以素所意(161)告，曰：「今如此不取(162)，恐為大害。」遂亦以為然，乃以節(163)召樓船將軍入左將軍營計事，即命左將軍麾下(164)執(165)樓船將軍，并其軍(166)。以報天子(167)，天子誅遂(168)。

左將軍已并兩軍，即急擊朝鮮。朝鮮相路人(169)、相韓陰、尼谿相參(170)、將軍王唊相與謀曰：「始欲降樓船，樓船今執，獨左將軍并將(171)，戰益急，恐不能與戰。王又不肯降(172)。」陰、唊、路人皆亡降漢(173)，路人道死。夏，尼谿參(174)使人殺朝鮮王右渠來降。王險城未下，故右渠之大臣成己(175)又反，復攻吏(176)。左將軍使右渠子長(177)、降相路人之子最(178)告諭其民，誅成己。以故遂定朝鮮，為樂浪(179)、臨屯(180)、玄菟(181)、真番(182)四郡。封參為澅清侯(183)，陰為萩苴侯(184)，唊為平州侯(185)，長為幾侯[186]，最以父死頗有功，為涅陽侯[187]。

左將軍徵至[188]，坐爭功相嫉乖計[189]，棄市[190]。樓船將軍亦坐兵至列口[191]，當待左將軍，擅先縱[192]，失亡多，當誅[193]，贖為庶人。

班固曰[194]：「玄菟、樂浪，本箕子所封[195]。昔箕子居朝鮮，教其民以禮義、田蠶織作，為民設禁八條：相殺[196]，以當時償殺[197]。相傷，以穀償[198]。相盜[199]者，男沒入為其家奴[200]，女為婢。欲自贖者，人五十萬[201]。雖免為民[202]，俗猶羞之，嫁娶無所售[203]。是以其民終不相盜，無門戶之閉，婦人貞信不淫辟。其田野[204]飲食以籩豆[205]，都邑[206]頗放效吏[207]，往往以杯器食[208]。郡[209]初取吏於遼東[210]，吏見民無閉臧[211]，及賈人往者，夜則為盜，俗稍益薄[212]。今於[213]犯禁寖多[214]，至六十餘條[215]。可貴哉，仁賢之化[216]也！然東夷[217]天性柔順，異於三方之外[218]。故孔子悼道不行[219]，設浮桴於海[220]，欲居九夷[221]，有以也夫[222]！」

秋，七月，膠西于王端[223]薨。

武都氐[224]反，分徙酒泉[225]。

【章旨】以上為第一段，寫元封二年（西元前一〇九年）、三年共兩年間的全國大事，主要篇幅是詳細寫了漢王朝平定朝鮮，在其地設立四郡的過程，寫了漢王朝將領之間的勾心鬥角與漢朝使者的昏聵無能。史文來自《史記》的〈朝鮮列傳〉，作者的批判態度是很明確的。《通鑑》作者又引進了一段班固對箕子古朝鮮風俗的讚美，更突出了這段文字的諷刺性。此外還寫了漢王朝平定滇國附近的反漢者，在滇國一帶設立益州郡；寫了趙破奴擊車師、樓蘭，漢王朝西部地域向西擴展；與武帝寵信公孫卿，繼續大搞荒誕迷信的行為等等。

【注釋】❶五時　分別祭祀五方天帝的五座神壇，即密時、鄜時、吳陽上時、吳陽下時、北時，都在雍縣附近。❷泰一祭祀泰一神的神壇，在當時的長安城東南方。騙子們把泰一說成是天上最高的神靈，五帝是泰一神的輔佐。❸德星　胡三省說是「鎮星」，即今所謂土星。梁玉繩以為騙子們自欺欺人的指彗星，事見本書卷二十。梁說近是。❹東萊山　在今山東黃縣東南。❺緱氏城　在今河南偃師東南，嵩山的西北，離嵩山不遠。❻中大夫　皇帝的侍從官，在皇帝身邊以備參謀議論，上屬郎中令。❼東萊　漢郡名，郡治即今山東煙臺。❽無名　無藉口，說不出一個光明正大「為國為民」的理由。❾乃禱萬里沙　於是便做出了一種為百姓求雨的樣子。萬里沙是地區名，也是這裡的祠廟名，在今山東煙臺東北，濱臨渤海，海邊有神祕的參山。❿還　由東方向西來。⓫過祠泰山　路過時順便祭祀一下，不同於專門舉行的封禪大典。⓬瓠子　地名，在今河南濮陽城西南，處於當時古黃河的南側。⓭二十餘歲不復塞　黃河於武帝元光三年（西元前一三二年）決口於瓠子，至此時已二十三年，而一直沒有把它堵上。⓮梁楚之地　指今河南東部和與之鄰近的安徽、江蘇北部地區。因為今開封一帶戰國時期屬梁，徐州、壽縣一帶戰國時期屬楚，故云。⓯汲仁郭昌　汲仁是武帝時的直臣汲黯之弟，曾官至九卿，不知此時任何職。郭昌是武帝時的名將。事跡參見《史記・衛將軍驃騎列傳》、〈西南夷列傳〉、〈朝鮮列傳〉。⓰塞瓠子河決　正在堵塞地處於瓠子的黃河決口。⓱沈白馬玉璧于河　以此祭祀河神。⓲將軍以下　指「大將軍」以下的所有文武百官。「大將軍」以上只還有「丞相」一人。⓳負薪　背柴草以填於決口。⓴卒填決河　終於把黃河決口堵上了。㉑宣防宮　祠廟名，取其既能導水使通，又能防止河堤決口。宣，通。㉒導河北行二渠　修通兩條渠道，以分黃河之水。二渠，一指故「大河」，自今河南浚縣引河水北行，至河北黃驊入海，為黃河主幹流；一指漯水，自今浚縣引河水經南樂東行，至山東高青入海，為支流。㉓復禹舊迹　梁玉繩以為漢時之黃河已非禹時所行之故道，以為「史不書河徙已屬疏略，乃稱武帝『道二渠，復禹迹』，豈史公明知非禹所穿，而以武帝自多其功姑妄紀之乎？」㉔越巫　越人之為巫者。巫，以裝神弄鬼、溝通人神為事的騙子。㉕百鬼　各式各樣的鬼。㉖用雞卜　以雞骨占卜吉凶。《史記正義》曰：「雞卜法用雞一、狗一，生祝願訖，即殺雞狗煮熟，又祭，獨取雞兩眼，骨上自有孔裂，似人物形則吉，不足則凶。今嶺南猶此法也。」㉗蜚廉桂觀　二臺名。《集解》引應劭曰：「飛廉神禽，能致風氣。」晉灼曰：「身如鹿，頭如雀，有角而蛇尾，文如豹文也。」陳直曰：「西安漢城遺址出土蜚廉畫瓦甚多，其形身如鹿，頭如雀，與晉灼注相合，蓋即蜚廉觀中之物。」㉘益壽延壽觀　二臺觀名。《索隱》引《漢武故事》云：「作延壽觀，高三十丈。」㉙設具　陳列供神靈享用的飲食起居之具。㉚通天臺　《通鑑》原作「通天莖臺」，莖字衍文，今削。師古引《漢舊儀》云：「臺高三十丈，望見長安城。」《正義》引《括地志》云：「通天臺在雲陽西北八十里，武帝以五月避暑，八月乃還。」㉛全燕之世　指戰國時燕國最強盛的時期，即燕昭王（西元前三一一—前二七九年在位）時代。有關燕國的歷史詳見韓兆琦《史記箋證》之〈燕世家〉及有關考證資料。㉜略屬　攻擊之使其臣屬。略，拓地；擴展地盤。㉝真番　古代小國名，約當今朝鮮國之黃海北道與黃海南道的部分地區。㉞朝鮮　古國名，國都王險，在今朝鮮平壤西南。㉟築障塞　指在真番、朝鮮周圍幫助兩國構築防衛工事。障塞，城堡。㊱秦滅燕　事在秦王政二十五年、燕王喜三十三年、西元前二二二年。㊲遼東外徼　遼東郡的界外管區。秦朝的遼東郡治襄平，即今遼陽。徼，邊界上的柵欄，這裡即指燕國所築的長城。此城基本沿著大寧江及其支流昌城江向南逶迤延伸，最後抵達入海處，在今朝鮮半島的清川江入海口之北，名叫滿蕃汗。㊳漢興　劉邦於西元前二〇六年被項羽封為漢王，西元前二〇二年破殺項羽，統一全國，稱皇帝。㊴遼東故塞　遼東郡東部的舊國境。按，秦時遼東郡的東境北起今遼寧鐵嶺，東南行，經今本溪、丹東東，過鴨綠江至今清川江入海處。㊵浿水　即今朝鮮國之清川江。也有說即今鴨綠江者，非。㊶屬燕　意謂遼東郡的邊界以內屬燕，而真番、朝鮮在浿水以南，此時已不屬燕國。燕，此指漢初的諸侯國，國都薊縣（即今北京市）。㊷燕王盧綰反　事在高祖十二年（西元前一九五年）。盧綰原是劉邦的親信，高祖五年被封為燕王，後與陳豨通連謀反，失敗後，逃入匈奴。事見《史記・韓信盧綰列傳》。㊸亡命　有如今之拋棄戶口、證件，匿名外逃。㊹椎髻蠻夷服　改換成一種少數民族的梳妝打扮。椎髻，將頭髮盤在頭頂，上尖如錐，當時少數民族男人的一種髮式。椎，此處同「錐」。㊺出塞　脫出遼東郡東南邊界上的長城。㊻秦故空地上下障　即上文所說最初「全燕之世」在真番、朝鮮周圍所築，漢代建國後嫌其太遠而將其放棄的那些「障塞」。秦故空地，即秦時已將其劃在徼外，漢代更棄而不要的真番、朝鮮等地區。空，指無人管轄，並非指空無人居。上下障，《索隱》引《漢書・地理志》曰：「樂浪郡有雲鄣（障）。」樂浪郡在今平壤之東南部。㊼稍役屬　稍，逐漸。役屬，使之歸屬，受己役使。㊽王險　即今平壤。《後漢書・東夷傳》曰：「昔武王封箕子於朝鮮，其後四十餘世，至朝鮮侯準，自稱王。漢初大亂，燕、齊、趙人往避地者數萬口，而燕人衛滿擊破準而自王朝鮮。」按，有關衛滿擊敗朝鮮王準，奪其位而為朝鮮王事，尚見於《三國志・東夷傳》與注引《魏略》等多處。

(49)孝惠高后時　孝惠，即惠帝劉盈，劉邦之子，西元前一九四—前一八八年在位。高后，即呂后，劉邦之妻，西元前一八七—前一八〇年在位。(50)保　團聚；統領。(51)諸蠻夷君　當時居住在今朝鮮境內的各部族首領。(52)兵威財物　意即以「兵威」震懾，以「財物」利誘，二者兼施。(53)侵降　郭嵩燾曰：「『侵』字承『兵威』言，『降』字承『財物』言。」(54)臨屯　部落名，當時居住在今朝鮮咸鏡南道及江原北道一帶。(55)傳子至孫右渠　師古曰：「滿死傳子，子死傳孫，右渠者，其孫名也。」(56)滋多　越來越多。滋，益也。(57)入見　指入漢朝拜見皇帝。(58)辰國　也稱「辰韓」，約當今韓國的東部地區，在當時朝鮮國的東南部。(59)雍閼　也寫作「擁遏」、「壅厄」。阻塞；阻擋。(60)涉何　姓涉名何。(61)去至界上　離開王險回國，回至國境線上。(62)御　車夫，也可泛指僕從。(63)裨王長　裨王，小王；偏裨之王。師古曰：「長者，裨王名也。」(64)即渡二句　渡過浿水，進了長城。按，當時浿水以北就是古燕之長城，也就是當時遼東郡與朝鮮的邊境。(65)上為其名美二句　《索隱》曰：「有殺將之名。」不詰，不問；不責怪。(66)遼東東部都尉　遼東郡東部駐軍的長官。東部都尉的駐地武次，在今遼寧鳳城東北。(67)發兵襲攻殺何　「襲」、「攻」、「殺」三動詞連用，以見朝鮮反應之強烈、迅速。吳見思曰：「寫使者生事，天子好名，朝鮮倔強報怨，三事合併寫。」(68)甘泉房中　甘泉宮的祭祀齋戒之處。(69)赦天下　因產一芝九莖，以為祥瑞，故赦天下。(70)封則天旱　一進行封禪，天就乾旱不雨。(71)乾封三年　為把皇帝新修祭壇的溼土曬乾，要用三年的時間。(72)意乾封乎　莫非就是為了曬乾祭壇上的溼土麼。按，方士之言，無視民生疾苦，而皇帝也跟著如此說，似乎全無心肝。(73)作明堂於汶上　在汶水邊上修造了一座明堂。漢明堂故址在今泰安東北之東、西謝過城村之間，為一圓形高臺。當時的汶水流經奉高縣城的西北側。(74)募　招募，願去者可免其罪。(75)從齊浮渤海　從齊地（今山東東部）乘船渡海進攻朝鮮。渤海，實即今之黃海，因從齊浮海至朝鮮，不必經由今之渤海。(76)左將軍　武官名，漢代武官最貴者為大將軍，其次為驃騎將軍，再次為衛將軍，再次為前、後、左、右四將軍，再次為諸雜號將軍。(77)荀彘　以善車技先在武帝身邊任侍中，又以校尉隨衛青討匈奴。事跡略見於《史記・衛將軍驃騎列傳》。(78)出遼東　謂荀彘率陸軍經由遼東郡出發進攻朝鮮。(79)王然于　姓王名然于，前在元光六年（西元前一二九年）時曾作為司馬相如的副使出使西夷，在西夷的邛都、筰都一帶設縣、設都尉。見《史記・司馬相如列傳》。(80)越破　指漢平南越、東越事。(81)誅南夷兵威　指破且蘭，夜郎入漢為縣事。(82)滇王　相傳是楚頃襄王之弟莊蹻的後代。詳情見韓兆琦《史記箋證》之〈西南夷列傳〉考證。滇王都城在今雲南滇池之東南側，今昆明之東南方。(83)勞深　《史記》作「勞浸」，少數民族部落名，有說其地在今雲南宜良東。(84)靡莫　少數民族部落名，有說其地在今雲南曲靖一帶。勞深、靡莫都與滇國同族，且親緣關係較近。(85)同姓相杖　同一族姓，相互扶持。(86)數　屢屢。(87)郭昌　曾以伐匈奴功被任為拔胡將軍。事見《史記・匈奴列傳》。(88)衛廣　西漢將領。武帝時任中郎將。元鼎六年（西元前一一一年），率兵平定南夷，設牂柯郡。(89)請置吏入朝　請朝廷為滇國地區派遣官吏，自己入朝拜見皇帝。(90)益州郡　約當今雲南之滇池、洱海等一帶地區，郡治在今晉寧東北，地處滇池之東南側。(91)賜滇王王印　據雲南晉寧石寨山滇王墓之發掘報告稱，在石寨山六號墓發現金印一方，刻有篆書「滇王之印」四字，與此記載相合。此印為方形，每邊寬二・四公分，通紐厚二公分。(92)復長其民　使其仍為滇國臣民之君長，位同一縣，上屬漢之益州郡。按，此與前之平定夜郎，仍使其君為「夜郎王」者相同，皆「因其故俗而治之」。(93)兩越　指南越、東越。(94)置初郡十七　初郡，新設郡。漢武帝平定南越後，在今廣東、廣西、海南與越南設立了南海（治廣州）、蒼梧（治廣西梧州）、鬱林（治所在今廣西桂平西）、合浦（治所在今廣西合浦東北）、交趾（治越南河內）、九真（治所在今越南清化西北）、日南（治所在今越南廣治西北）、珠厓（治所在今海南海口東南）、儋耳（治所在今海南儋縣西北）九郡；平定西南夷後在今貴州、雲南、四川南部與四川北部、甘肅之東南部設立了武都（治所在今甘肅成縣西北）、牂柯（治所在今貴州貴定東北）、越嶲（治所在今四川西昌東南）、沈黎（治所在今四川漢原東北）、汶山（治所在今四川茂縣西北）、犍為（治所在今四川宜賓西南）、零陵（治所在今湖南興安東北）、益州（治所在今雲南晉寧東北）八郡，共十七郡。(95)且以其故俗治　暫且按照其原有的風俗習慣加以治理。且，暫；姑且。(96)南陽漢中以往郡　南陽、漢中以南的各郡，如漢中以南的巴郡、蜀郡；南陽以南的江夏、長沙、武陵等郡。(97)各以地比給初郡吏卒奉食幣物傳車馬被具　因為這些郡和那些新設郡相鄰近，因此就讓它們給新設郡的吏卒供應俸食幣物，為驛站供應車馬用具。比，鄰近。給，供應。傳車馬，驛站上用的車馬。被具，披掛用具。按，若將「給」字移至「初郡」字下，則此句含意較現在顯豁。(98)南方吏卒　即鄰近這些新設郡縣地區的官吏、士兵。(99)間歲　隔年，實則這裡即指每年、連年。(100)仰給大農　都靠國家的大農令供應。(101)以均輸調鹽鐵助賦　使用各郡國均輸官的運輸能力，調集各地鹽鐵事業的收入，來支助南方兵徭的費用。(102)故能贍之　所以才能夠保證供應，未使缺乏。(103)縣為以訾給毋乏而已　語略不順，大意為僅能保證其基本需要。「為以」二字疑有訛誤，《漢志》作「以為」。訾給，供應。訾，通「資」。(104)不敢言擅賦法矣　此句含義不清，《漢志》作「不敢言輕賦法矣」。何焯曰：「擅賦法，謂常法正供外，擅取諸民，以訾給所過軍也。」方苞曰：「軍所過，縣吏擅賦法以多取於民，而眾亦不敢以為言也。」郭嵩燾曰：「言武帝雄心稍戢，不更倚用以求急功也。」諸說皆不滿人意，姑錄之以備考。疑此句應作「不敢擅言賦法矣」。擅言，隨便講；輕易動用。賦法，以軍興法徵集物資。其所以不敢用「軍興法」掠奪百姓，因百姓本來已經不安定，恐激起民變。(105)御史中丞　御史大夫的屬官，執掌糾彈。(106)杜周　當時著名的酷吏。事跡詳見《史記・酷吏列傳》。(107)內深次骨　內心陰沉，殘刻至骨。次，至也。(108)大

放　大大仿效。109詔獄　由皇帝交下來的案件，也指關押皇帝要查辦的罪犯的監獄，這裡是指前面的意思。110新故相因　舊的尚未離去，新的就又來了。因，接續。111廷尉一歲至千餘章　意思欠明，《史記》原文作「郡吏大府舉之廷尉一歲至千餘章」，較此明晰，意思是指各郡及丞相府提交到廷尉衙門來的大案要案一年一千多件。千餘章，即千餘件。112連逮證案　牽連到與案件有關的人。113會獄　即指「過堂」、「開審」。114中都官詔獄　京師諸官府內所設立的臨時詔獄。中都官，京城裡的諸官府。115逮至六七萬人　經常被關押的多達六七萬人。116吏所增加　酷吏們加寬打擊面而逮捕的人。師古曰：「吏又於此外以文致之，更增加也。」117趙破奴　原是匈奴人，降漢後被用為將軍。事跡見《史記・衛將軍驃騎列傳》。118車師　古西域國名，也寫作「姑師」。分前後兩國，車師前國的國都交河城，在今新疆吐魯番城西；車師後國在吐魯番北的天山北側。119樓蘭王　樓蘭國（古西域國名）之王。都城即今新疆羅布泊西北之樓蘭故城。東漢時樓蘭改稱鄯善，都城遷至扜泥（今新疆若羌）。樓蘭在車師前國的東南方。120烏孫　西域國名，其地約當今我國新疆之西北部、塔吉克共和國的東南部，與吉爾吉斯共和國的東部地區，首都赤谷城，在今吉爾吉斯斯坦境內的伊塞克湖之東南，距我國的新疆邊界不遠。121大宛　西域國名，其地在今新疆西部境外的哈薩克斯坦境內，首都貴山城（今卡賽散）。122正月甲申　此處記事有誤，正月丁亥朔，無甲申日。123浞野侯　趙破奴隨霍去病伐匈奴，曾因功封從票侯，後因酎金事失侯，今又封浞野侯。124王恢　與當初慫恿武帝襲擊匈奴，徒勞無功，被武帝所殺者非一人。125封恢為浩侯　據《史記・建元以來侯者年表》，王恢「以故中郎將將兵捕得車師王功侯」，事在元封四年（西元前一〇七年）。此處史文乃云以佐破奴擊樓蘭封侯，事件與時間皆誤。126酒泉列亭障至玉門　從酒泉郡向西建立亭障，一直建立到玉門關。酒泉，漢郡名，郡治祿福，即今甘肅酒泉。亭障，指瞭望臺以及碉堡之類。玉門，指玉門關，即今敦煌西北的小方盤城，因西域人由此向中原輸入玉石而得名。127角抵戲　一種技藝表演，類似今之摔跤。128魚龍曼延　一種雜技與魔術相結合的活動。曼延，極言變化之奇特繁多。129距險　憑險塞以抗漢軍。距，通「拒」。130稍求收散卒二句　漸漸地尋找逃散的部隊，又重新集合起來。稍，漸。求，尋找。131浿水西軍　駐守於浿水之西，亦即抗擊漢朝陸軍的最前沿的軍隊。132衛山　其人事跡不詳。《史記・衛將軍驃騎列傳》有義陽侯衛山，應是別一人。133因兵威　趁有兩將的軍隊臨朝鮮之境。因，憑藉；仗恃。134信節　即指節，皇帝使者的信物。135入謝　入朝謝罪。136饋軍糧　給荀彘、楊僕兩軍供應糧餉。饋，贈；供應。137方　將；正要。138詐殺之　騙其過河而殺之。139天子誅山　以其辦事無能。按，因襲擊匈奴不成誅王恢，因對閩越失利誅張成、劉齒，今又因接待朝鮮投降不成誅衛山，武帝可謂法嚴令具。140浿水上軍　浿水邊上的守軍。水上，水邊；沿岸。141燕代卒　從燕國、代國徵調來的士兵。因為這兩個地區臨近匈奴，故比較勇敢善戰。代，漢朝的郡國名，建國以來有時為諸侯國，有時為郡。此時為郡，郡治即今河北蔚縣東北之代王城。[142]勁悍　強悍。按，荀彘所率之燕代兵不僅強悍，而且人多。楊僕僅七千人，荀彘則有五萬人。[143]常持和節　總希望通過談判解決問題。按，楊僕吸收了在南越作戰時由於自己猛攻，而將欲降者都趕入了伏波帳下的教訓，此次也想學當時伏波之所為。[144]乃陰間使人私約降樓船　「陰」、「間」二字應削其一，意即「暗中」、「私下」，兩字重疊使用者少見。[145]尚未肯決　尚未最後說定。[146]期戰　約定時間與右渠開戰。[147]欲就其約　想等待實現朝鮮向自己投降的約定。[148]不會　不願與荀彘約會、併力。[149]求間隙降下朝鮮　找機會使朝鮮投降自己。間隙，空隙；機會。[150]朝鮮不肯二句　謂朝鮮人不肯投降荀彘，而欲投降楊僕。[151]不相能　不相得；相互不買帳。下文「不能」，與此義同。[152]心意　心中猜疑。意，疑。[153]而又不降　謂朝鮮人不肯答應荀彘的約降。[154]未敢發　還沒敢公開動手解決楊僕。[155]乖異　兩人的意見不合。乖，背；相悖離。[156]兵久不決　圍一座小城而長時間不能攻下。[157]濟南太守公孫遂　姓公孫，名遂。濟南，漢郡名，郡治東平陵（今山東章丘西北）。[158]往正之　前往調停、解決。正，裁決；分辨其是非曲直。[159]有便宜得以從事　看著怎麼辦好就怎麼辦，即授予其臨時處置之權。[160]數期不會　多次與之約定，他都不來。[161]素所意　平時對楊僕的種種懷疑。[162]不取　不拿下楊僕。[163]以節　憑著他所持的皇帝所給與的節信。[164]麾下　部下。麾，大將的指揮旗。[165]執　拘捕。[166]并其軍　謂公孫遂乃使荀彘併楊僕之軍。[167]以報天子　主語為公孫遂。[168]天子誅遂　武帝可謂有識見、有決斷，絕無姑息。[169]朝鮮相路人　姓路名人。[170]尼谿相參　尼谿相名參，「尼谿」的意思不詳，有人說是地名。[171]并將　兩支軍隊都歸他率領。[172]王又不肯降　此處對話未完，意思由下面的敘述補足。[173]亡降漢　背王潛逃降漢。[174]尼谿參　即上文之「尼谿相參」。[175]成己　姓成名己。[176]復攻吏　復攻漢朝之吏荀彘等。[177]右渠子長　右渠的兒子名曰「長」，已降漢，前文漏書。據《史記·建元以來侯者年表》，此人叫「張各」。[178]路人之子最　路人的兒子其名曰「最」。[179]樂浪　樂浪郡，約當今朝鮮的西北部地區。[180]臨屯　臨屯郡，約當今三十八度線兩側的東部地區。[181]玄菟　玄菟郡，約當今朝鮮的東北部地區。[182]真番　真番郡，約當今三十八度線兩側的西部地區。[183]澅清侯　封地澅清，《集解》引韋昭曰：「屬齊。」[184]萩苴侯　封地萩苴，《集解》韋昭曰：「屬勃海。」[185]平州侯　封地平州，《集解》引韋昭曰：「屬梁父。」[186]幾侯　封地幾，《集解》引韋昭曰：「屬河東。」[187]涅陽侯　封地涅，《集解》引韋昭曰：「屬齊。」[188]徵至　被召到朝廷。[189]乖計　使用荒謬的手段。乖，悖謬。[190]棄市　腰斬或殺頭。古者刑人於市，以示與國人共棄之，故云。[191]列口　即今朝鮮殷栗，在平壤西南臨海。[192]擅先縱　專斷地率先發起進攻。[193]當誅　被判為死刑。當，判。[194]班固曰　以下評論文字見《漢書·地理志》。[195]箕子所封　據《史記·宋微子世家》，箕子是殷紂王的親戚，勸諫紂王不聽，自己隱身為奴。周武王滅殷後，封箕子於朝鮮。[196]相殺　此處意即殺人。197償殺　抵命。198以穀償　用糧食賠償受傷者。199相盜　偷盜人家的東西。200沒入為其家奴　將人身歸於其家為奴隸。201五十萬　指銅錢。202雖免為民　即使免去了奴隸身分、恢復了平民資格。203嫁娶無所售　男人娶不了媳婦，女人嫁不出去。無所售，賣不出，以喻無法嫁娶。204田野　指住在農村的人。205飲食以籩豆　用竹器、瓦器盛飯盛湯。206都邑　指住在城鎮的人。207放效吏　生活習慣模仿官吏。放，通「仿」。208以杯器食　用杯碗之類的餐具飲食。209郡　指玄菟、樂浪一帶古朝鮮地區。210取吏於遼東　都是到周王朝所轄的遼東郡一帶物色官吏。211無閉臧　不關門、不收藏好自家的財物。212俗稍益薄　風俗越來越壞。稍益，逐漸。213今於　現在由於。214寖多　越來越多。寖，漸。215至六十餘條　指法令由八條發展到了六十多條。216仁賢之化　指箕子當年教化影響。217東夷　東方的蠻夷，這裡指朝鮮民族。218異於三方之外　和中原地區北方、西方、南方境外之各民族習性不同。219悼道不行　傷心在周王朝的地面上無法推行自己的學說。220設浮桴於海　準備乘船出海，到海上的少數民族中去。設，準備；打算。桴，筏，通常即指船。《論語·公冶長》：「道不行，乘桴浮於海。」221欲居九夷　《論語·子罕》有所謂「子欲居九夷」。九夷，指古代東方的少數民族，古朝鮮在古代史書上被稱作「東夷」。222有以也夫　孔子發那種慨歎是有道理的，指當初古朝鮮的風俗比中原王朝的風俗好。223膠西于王端　劉端，景帝之子，於景帝三年削平七國之亂後受封為膠西王，都城在今山東高密西。224武都氏　居住在今甘肅武都一帶的少數民族。氐，古代少數民族名。225分徙酒泉　將武都氏族的一部分遷到酒泉郡去。

【校　記】1風喻　原無「風」字。據章鈺校，乙十一行本有「風」字，《史記》、《漢書》亦皆有「風」字，今據補。2角抵戲　原作「角牴戲」。據章鈺校，十四行本、乙十一行本、孔天胤本皆作「角抵戲」，《史記》、《漢書》亦皆作「角抵戲」，今據改。3收　原作「退」，今據嚴衍《通鑑補》改作「收」。按，《史記》、《漢書》亦皆作「稍求收散卒」，用「收」字義長。

【語　譯】世宗孝武皇帝下之上

元封二年（壬申　西元前一〇九年）

冬季，十月，漢武帝到雍縣巡視，在五帝畤祭祀五帝。返回途中在泰一祠祭祀泰一神，以答謝上帝顯現德星。

春季，正月，公孫卿對漢武帝說在東萊山見到了神仙，好像是說想會晤皇帝。於是漢武帝親自前往緱氏城，封公孫卿為中大夫，隨後來到東萊郡。停留下來等待神仙出現，等了幾天，卻一無所見，只說看見了神仙的足跡。漢武帝又派方士去訪求神仙靈怪，採集靈芝仙草，派去的有上千人。當時天氣乾旱，漢武帝此次出行沒有冠冕堂皇的理由，於是就以乾旱求雨為藉口，在萬里沙神廟祈禱上蒼普降甘霖。夏季，四月，從東萊郡返回，途經泰山，又祭祀泰山。

當初，黃河洪水氾濫，沖決了瓠子堤，到現在已經過了二十多年，一直沒有把它堵上，梁、楚一帶遭受決口之害最為嚴重。這一年，漢武帝派汲仁、郭昌兩位大臣徵調了幾萬人軍隊堵塞地處瓠子的黃河決口。武帝從泰山返回途中，親臨黃河決口的地方視察，並將白馬、玉璧沉入水中祭祀河神，命令群臣、隨從的官員凡是大將軍以下的所有文武官員都要去背柴草堵決口，終於把黃河決口堵上了。在瓠子堤上面修築了宮室，命名為「宣防宮」。引導黃河水向北從兩條故渠流過，回到大禹治水時的故道，從此梁、楚一帶的黃河重新恢復寧靜，再也沒有水患的危害。

漢武帝回到長安。

漢武帝開始命令來自越地的巫師祭祀上帝以及各式各樣的鬼怪，用雞骨占卜吉凶。

公孫卿對武帝說，神仙喜歡住在樓上，於是武帝命人在長安建造蜚廉觀、桂觀，在甘泉建造益壽觀、延壽觀，派公孫卿手持符節負責操持供具、擺設供品等待神仙的降臨。又在甘泉宮建造通天臺，在臺下擺設著祭祀用的器物和祭品。又在甘泉宮前增修了前殿，其他宮室也進行了擴建。

當初，戰國時燕國最鼎盛的時期，曾經將國土拓展到了真番、朝鮮，並在那裡設置官吏、修築防衛工事。秦國滅掉了燕國之後，那裡就成為了遼東郡的邊界。漢朝建立後，認為那裡路途遙遠難於防守，就將遼東郡原有的邊塞重新修復，東部以浿水為界，歸屬於燕國管轄。燕王盧綰造反，逃入了匈奴，燕人衛滿逃亡途中，聚集黨羽一千多人，他們全都梳著椎形的髮髻、穿著蠻夷的服裝向東逃出關塞，渡過浿水，居住在秦朝時期已將其劃在邊界之外、漢朝更棄之不要的真番、朝鮮等地區，並逐漸使真番人、朝鮮人以及逃亡來到那裡的燕國人歸屬自己、聽從自己的役使，後來衛滿又在那裡自立稱王，將王險作為都城。漢朝的孝惠帝、呂后時期，天下剛剛平定，遼東太守就與衛滿約定，讓衛滿作為漢朝的外臣，保有塞外的蠻夷之地，不騷擾漢朝的邊境。如果其境內的其他蠻夷部落首領想要朝見漢朝皇帝，他不得禁止。因為這個原因，衛滿依仗兵威財力降服了附近的幾個小城邑，真番、臨屯也都歸附於他，國土達到了方圓幾千里。

王位傳給兒子，兒子又傳給孫子，他的孫子名叫右渠，在這期間，引誘過去的漢人越來越多，也從來沒有到漢朝朝見過皇帝。其東南部的辰國人想上書請求朝見漢朝天子，又因為中間有朝鮮阻擋，道路不通而無法實現。這一年，漢朝派使者涉何到王險城來誘導衛右渠，但右渠始終不肯接受漢朝的命令。涉何離開王險城回國，當他到達邊界、鄰近浿水的時候，就指使車夫刺殺了護送自己的朝鮮小王長，然後渡過浿水，飛速地進入中國邊塞，他回到長安向漢武帝報告說「我殺死了朝鮮的將領」。武帝因為涉何有刺殺朝鮮將領的美名，就不再追問，還任命涉何做了遼東郡東部都尉。朝鮮因為怨恨涉何，就發兵襲擊了遼東郡，殺死了涉何。

六月，甘泉宮供祭祀齋戒的屋室中長出了一根九莖的靈芝，漢武帝認為這是天降祥瑞，為此而大赦天下。

○漢武帝因為天氣乾旱而深感憂慮，公孫卿說：「黃帝在位的時候，一進行封禪就出現乾旱，因為要把皇帝新修的祭壇曬乾需要三年的時間。」武帝下詔說：「天氣乾旱，難道就是為了曬乾祭壇的封土嗎？」

秋季，在汶水邊上建造一座明堂。

漢武帝下詔死罪犯人如果願意當兵可以免除其死罪，派遣樓船將軍楊僕率領艦船從齊國渡海，左將軍荀彘從遼東出兵，共同討伐朝鮮。

當初，武帝命令王然于出使滇國，用漢朝攻破南越以及誅殺南夷的兵威勸說滇王，讓滇王到漢朝朝見天子。滇王擁有幾萬人，滇國的東北是勞深國、靡莫國，都與滇王同一族姓，互相扶持，不肯聽命於漢朝。勞深國和靡莫國還屢次侵犯漢朝使者隨行的官吏和士卒。於是漢武帝派遣將軍郭昌、中郎將衛廣率領巴、蜀的軍隊滅掉了勞深國和靡莫國，然後兵臨滇國城下。滇王率領全國投降漢朝，請求漢朝為滇派遣官吏，滇王入朝朝見漢武帝。於是漢朝把滇設置為益州郡，賜給滇王王印，讓他仍然為滇國臣民之長。

當時，漢朝已經消滅了南越、東越，平定了西南少數民族地區，新設置的郡有十七個，而且都是按照當地舊有的習俗進行治理，不用向國家繳納賦稅。南陽、漢中以南各郡，因為與新設的郡相毗連，所以就由他們負責供給新設各郡的官吏、士兵的衣食、貨幣、物品、傳車以及車馬用具。然而新設郡還是經常發生一些小規模的叛亂，殺害官吏，武帝就從南方與這些新設郡相鄰近的地區抽調官吏士兵前去征討，每年都有一萬多人前去平叛，費用全依賴大農令供應。大農令依靠均輸法、鹽鐵官營的利潤補貼賦稅收入的不足，所以才能夠保證供給。而軍隊所經過的各縣，只以資助軍隊的財物不至於匱乏而已，並不敢隨意以軍興法向百姓徵集物資了。

這一年，漢武帝任命御史中丞南陽人杜周為廷尉。杜周表面上寬宏大度，而內心陰險殘酷深入骨髓，他主持司法極力仿效張湯。當時奉詔審理的案件越來越多，二千石以上官員被逮捕關押的，舊的囚犯還沒有離去而新的囚犯就又進來了，監獄中被關押的始終不下百人。經過廷尉審理的案件，一年達一千多件，大的案件受牽連被逮捕以及作證的要有幾百人，小的案件也涉及到幾十人，遠的要長途跋涉幾千里，近的也有幾百里，全都會集到長安過堂審理。廷尉以及京師諸官府內所設立的臨時詔獄中經常關押著六七萬人，酷吏們加大打擊範圍，所增加的犯人更是多達十萬多人。

三年（癸酉　西元前一〇八年）

冬季，十二月，打雷，下冰雹，最大的冰雹有馬頭那麼大。

漢武帝派遣將軍趙破奴攻打車師國。趙破奴與輕銳的騎兵七百多人率先到達，先俘獲了樓蘭王，隨後又打敗了車師。又藉著兵威一舉將烏孫、大宛這些國家逼入困境。春季，正月甲申日，武帝封趙破奴為浞野侯。王恢協助趙破奴打敗樓蘭有功，封王恢為浩侯。於是漢朝所修建的哨所、屏障就從酒泉一直延伸到了玉門關。

開始有人進行角抵、雜技與變幻莫測的魔術表演。

漢朝的軍隊進入朝鮮境內，朝鮮王衛右渠派軍隊佔據險要。樓船將軍楊僕率領齊國的七千人率先到達朝鮮的都城王險城，衛右渠堅守王險城，當他探知樓船將軍楊僕的軍隊很少的時候，立即率軍出城襲擊樓船將軍楊僕。楊僕的軍隊被打敗後四處潰逃，楊僕也逃到山中躲藏了十幾天，才又逐漸的將逃散的士兵召集起來。左將軍荀彘率軍攻打浿水以西的朝鮮軍隊，未能取勝。漢武帝看到兩位將軍出戰不利，就又派衛山為使者，想借助漢軍的兵威勸說朝鮮王衛右渠投降。衛右渠見到漢朝使者，就磕頭認罪說：「我本來願意歸降漢朝，因為害怕兩位將軍以詐謀殺害我。如今見到使者手持的符節，我就放心了，請允許我投降。」於是朝鮮王衛右渠派太子跟隨漢朝使者到漢朝京師向武帝謝罪，又貢獻出五千匹馬，還給漢朝的軍隊饋送了軍糧。又派一萬多人護送，這些人手持兵器正要渡過浿水，使者衛山以及左將軍荀彘擔心這些人作亂，就對朝鮮太子說：「你們已經臣服於漢朝，就不應當讓你的隨從攜帶兵器。」朝鮮王太子也懷疑使者衛山、左將軍荀彘是想將自己騙過河去而後殺害自己，於是不肯渡過浿水，竟然帶兵而回。衛山回來報告漢武帝，漢武帝誅殺了衛山。

左將軍荀彘打敗了浿水岸邊的朝鮮軍隊，前進到朝鮮的都城之下，包圍了城西北。樓船將軍楊僕也來會合，駐紮在王險城的南邊。衛右渠堅守城池，漢軍一連攻打了幾個月都不能攻下。左將軍荀彘所率領的燕、代士兵大多身強體壯、作戰勇敢。而樓船將軍楊僕所率領的齊兵曾經被朝鮮軍隊打敗，飽嘗了失敗逃亡的困苦和羞辱，因而士卒心有餘悸，將領心中懷愧，他們雖然參與了圍困右渠，卻經常希望通過談判解決問題。左將軍荀彘攻城甚急，朝鮮大臣卻偷偷地派人和樓船將軍楊僕聯繫，暗中約定向樓船將軍投降，只是由於雙方往來協商投降的條件，還沒有最後確定下來。在這期間，左將軍荀彘幾次與樓船將軍楊僕約定日期共同攻打右渠，樓船將軍楊僕一心想實現接受右渠投降的願望，因此，不肯前去參與會戰。左將軍荀彘也暗中派人尋找時機促使朝鮮投降自己，但朝鮮不肯投降左將軍荀彘，而是想投降樓船將軍楊僕。因此，左將軍荀彘與樓船將軍楊僕之間產生了矛盾。左將軍荀彘因為樓船將軍楊僕先前曾經有被朝鮮打敗逃散的罪過，如今又與朝鮮王私下裡交往，朝鮮王又不肯投降，所以疑心楊僕有反叛之心，只是一時還不敢對楊僕採取行動。

漢武帝因為左將軍荀彘與樓船將軍楊僕雖然圍困了朝鮮都城卻不能協調作戰，戰爭很久不能結束，便派濟南太守公孫遂前去調解他們的矛盾，並授權公孫遂，如果對國家有好處，就有自行決定處理的權力。公孫遂到了朝鮮，左將軍荀彘向公孫遂訴說：「朝鮮本來早就應當攻下了，久久沒有攻下的原因，是因為樓船將軍楊僕屢次違背約定不參與會戰。」便把平時自己對樓船將軍楊僕的懷疑詳細地報告給公孫遂，並說：「現在如果不趁機捉拿楊僕，恐怕將來會造成更大的危害。」公孫遂也認為荀彘分析的有道理，於是就用天子符節召請樓船將軍楊僕到左將軍荀彘營中商議事情；樓船將軍楊僕來到左將軍荀彘營中，公孫遂立即下令左將軍荀彘的部下拿下樓船將軍楊僕，並讓荀彘合併了楊僕的軍隊。公孫遂將處理的結果報告了漢武帝，漢武帝將公孫遂處死。

左將軍荀彘合併了樓船將軍楊僕的軍隊之後，立即加緊攻打朝鮮。朝鮮國相路人、韓陰、尼谿國相參、將軍王唊互相商議說：「開始的時候是想投降樓船將軍楊僕，而楊僕如今被抓，只有左將軍荀彘統率兩軍，攻打很急，恐怕我們戰勝不了他們。而國王又不願意投降。」於是韓陰、王唊、路人都逃出城來投降漢軍，路人死在逃亡的路上。夏季，尼谿相參派人刺殺了朝鮮王衛右渠來向漢軍投降。王險城還沒有被攻克，而已故朝鮮王衛右渠的大臣成已又謀反，率人攻打漢朝的官吏荀彘等。左將軍荀彘就派衛右渠的兒子衛長、投降過來的朝鮮相路人的兒子路最曉諭那裡的朝鮮人，號召他們誅殺成已。於是平定了朝鮮，漢朝將朝鮮設置為樂浪郡、臨屯郡、玄菟郡、真番郡四個郡。封參為澅清侯，封韓陰為萩苴侯，封王唊為平州侯，衛長為幾侯，路最因為父親路人首謀降漢而又死在路上，也算有功於漢，因此，封路最為涅陽侯。

左將軍荀彘被召到京師，因為爭搶戰功、互相嫉妒而使出荒謬的手段獲罪，被拉到鬧市處決。樓船將軍楊僕也因為軍到列口，本應等待左將軍荀彘到來共同出擊，卻擅自搶先進兵，導致戰敗、士兵逃散、傷亡慘重的嚴重後果，以此也被判處死刑，出錢贖罪，貶為平民。

班固說：「玄菟、樂浪，本來是周武王給箕子的封地。過去箕子統治朝鮮的時候，用禮義教化那裡的人民，教他們種田、養蠶、織布等技能，還為那裡的人民制定了八條禁令：殺了人，當時償命。傷了人，用穀物賠償。偷盜的，男的就處罰他到被偷盜的人家裡做奴隸，女的做婢女。想要贖身的，每人出五十萬錢。即使被赦免罪過成為平民，當時的風俗仍然認為這是恥辱，這樣的人家，男的娶不到媳婦，女的嫁不出去。所以那時的人民終生不偷盜，也無關門閉戶之說，婦人講究貞節信用，從不淫亂。鄉村裡的人進餐都用竹器瓦器盛飯盛湯，住在城鎮裡的人大都效仿官吏，往往用杯碗等餐具進食。自從成為漢朝的郡縣以來，官吏大都從遼東派去，這些官吏以及往來經商的人，看見那裡的人家夜不閉戶，也不收藏好自家的東西，便經常在夜間前去偷盜，於是風俗逐漸變壞。現在由於違犯禁令的人越來越多，制定的法律條文也由原來的八條增加到六十多條。多麼可貴呀，當年箕子以禮義教化影響！然而朝鮮民族天性柔順，和中原地區的北方、西方、南方境外各民族的習性不一樣。所以孔子在哀歎自己的理想不能實現的時候，就準備乘坐一隻小木筏出海，前往居住在海上的民族中去，看來是有道理的呀！」

秋季，七月，膠西于王劉端去世。

武都郡的氐族部落發動叛亂，漢朝將氐人中的一部分遷到了酒泉郡。

四年（甲戌　西元前一〇七年）

冬，十月，上行幸雍，祠五畤。通回中道❶，遂北出蕭關❷，歷獨鹿❸、鳴澤❹，自代而還，幸河東❺。春，三月，祠后土❻，赦汾陰、夏陽❼、中都❽死罪以下❾。

夏，大旱。

匈奴自衛、霍度幕❿以來，希⓫復為寇，遠徙北方，休養士馬，習射獵，數⓬使使於漢，好辭甘言⓭求請和親。漢使北地人王烏等窺⓮匈奴，烏從其俗⓯，去節入穹廬⓰，單于愛之，佯許甘言⓱，為遣其太子入漢為質⓲。漢使楊信於匈奴⓳，信不肯從其俗，單于曰：「故約⓴漢嘗遣翁主㉑，給繒絮食物有品㉒，以和親㉓，而匈奴亦不擾邊。今乃欲反古㉔，令吾太子為質，無幾㉕矣。」信既歸，漢又使王烏往。而單于復讇以甘言[26]，欲多得漢財物，紿[27]謂王烏曰：「吾欲入漢見天子面，相約為兄弟。」王烏歸報漢，漢為單于築邸[28]于長安。匈奴曰：「非得漢貴人使，吾不與誠語[29]。」匈奴使其貴人至漢，病，漢予藥，欲愈之[30]，不幸而死。漢使路充國佩二千石印綬[31]往使，因送其喪，厚葬[32]，直數千金[33]，曰：「此漢貴人也[34]。」單于以為漢殺吾貴使者，乃留路充國不歸[35]。諸所言者[36]，單于特空紿[37]王烏，殊無意入漢及遣太子。於是匈奴數使奇兵侵犯漢邊。乃拜郭昌為拔胡將軍[38]，及浞野侯[39]屯朔方[40]以東，備胡。

五年（乙亥　西元前一〇六年）

冬，上南巡狩至于盛唐[41]，望祀[42]虞舜于九疑[43]。登灊天柱山[44]，自尋陽[45]浮江[46]，親射蛟江中，獲之。舳艫千里[47]，薄樅陽而出[48]，遂北至琅邪[49]，並海[50]，所過禮祠其名山大川。春，三月，還至太山，增封[51]。甲子[52]，始祀上帝於明堂[53]，配以高祖[54]。因朝[55]諸侯王、列侯，受郡、國計[56]。夏，四月，赦天下，所幸縣毋出[57]今年租賦。還幸甘泉，郊泰畤[58]。

長平烈侯[59]衛青薨。起冢象廬山[60]。

上既攘卻[61]胡、越，開地斥境[62]，乃置交趾、朔方之州[63]，及冀、幽、并、兗、徐、青、揚、荊、豫、益、涼[64]等州，凡十三部[65]，皆置刺史[66]焉。

上以名臣文武欲盡[67]，乃下詔曰：「蓋有[68]非常之功，必待非常之人。故馬或奔踶[69]而致千里[70]，士或有負俗之累[71]而立功名[72]。夫泛駕[73]之馬，跅弛[74]之士，亦在御[75]之而已。其令州郡察吏民有茂材〔1〕異等[76]可為將相及使絕國[77]者。」

六年（丙子　西元前一〇五年）

冬，上行幸回中[78]。

春，作首山宮[79]。

三月，行幸河東，祠后土，赦汾陰殊死[80]以下。

漢既通西南夷，開五郡[81]，欲地接以前[82]通大夏[83]，歲遣使十餘輩出此初郡[84]，皆閉昆明[85]，為所殺，奪幣物。於是天子赦京師亡命[86]令從軍，遣拔胡將軍郭昌將以擊之，斬首數十萬。後復遣使，竟不得通[87]。

秋，大旱，蝗。

烏孫使者見漢廣大，歸報其國，其國乃益重漢。匈奴聞烏孫與漢通，怒，欲擊之。又其旁[88]大宛、月氏之屬皆事漢[89]，烏孫於是恐，使使願得尚漢公主[90]，為昆弟[91]。天子與羣臣議，許之。烏孫以千匹馬聘〔2〕漢女。漢以江都王建女細君[92]為公主[93]，往妻烏孫，贈送甚盛。烏孫王昆莫以為右夫人。匈奴亦遣女妻昆莫，以為左夫人[94]。公主自治宮室居，歲時一再與昆莫會[95]，置酒飲食。昆莫年老，言語不通，公主悲愁思歸[96]，天子聞而憐之，間歲[97]遣使者以帷帳錦繡給遺[98]焉。昆莫曰「我老」，欲使其孫岑娶尚公主。公主不聽，上書言狀。天子報曰：「從其國俗，欲與烏孫共滅胡。」岑娶遂妻公主。昆莫死，岑娶代立，為昆彌[99]。

是時，漢使西踰蔥嶺[100]，抵安息[101]。安息發使，以大鳥卵[102]及黎軒善眩人[103]獻于漢，及諸小國驩潛[104]、大益[105]、姑師[106]、扜罙[107]、蘇薤[108]之屬皆隨漢使獻見[109]天子，天子大悅。西國使更來更去[110]，天子每巡狩海上[111]，悉從[112]外國客，大都多人則過之[113]，散財帛以賞賜，厚具[114]以饒給[115]之，以覽示[116]漢富厚焉。大角抵[117]，出奇戲[118]、諸怪物[119]，多聚觀者。行賞賜，酒池肉林。今外國客徧觀名倉庫府藏[120]之積，見[121]漢之廣大，傾駭之[122]。大宛左右多蒲萄，可以為酒，多苜蓿，天馬嗜[123]之。漢使采其實[124]以來，天子種之於離宮別觀旁，極望[125]。然西域以近匈奴，常畏匈奴使，待之過於漢使焉。

是歲，匈奴烏維單于[126]死，子烏師廬[127]立，年少，號「兒單于」。自此之後，單于益西北徙，左方兵直雲中[128]，右方兵[129]直酒泉、敦煌郡。

太初元年（丁丑　西元前一〇四年）

冬，十月，上行幸泰山。十一月甲子朔，旦，冬至[130]，祠上帝于明堂。東至海上，考入海[131]及方士求神者莫驗[132]。然益遣[133]，冀遇之[134]。乙酉[135]，柏梁臺災[136]。十二月甲午朔[137]，上親禪高里，祠后土[138]，臨勃海[139]，將以望祀[140]蓬萊[141]之屬，冀至殊廷[142]焉。春，上還，以柏梁災，故朝諸侯，受計于甘泉[143]。甘泉作諸侯邸[144]。越人勇之[145]曰：「越俗，有火災，復起屋必以大[146]，用勝服之[147]。」於是作建章宮[148]，度[149]為千門萬戶。其東則鳳闕[150]，高二十餘丈。其西則唐中[151]，數十里虎圈。其北治大池，漸臺[152]高二十餘丈，命曰太液池[153]，中有蓬萊、方丈、瀛洲[154]、壺梁[155]，象海中神山、龜魚之屬[156]。其南有玉堂、璧門[157]、大鳥[158]之屬。立神明臺[159]、井幹樓[160]，度五十丈，輦道相屬[161]焉。

太中大夫[162]公孫卿[163]、壺遂[164]、太史令司馬遷等言：「曆紀[165]壞廢，宜改正朔[166]。」上詔兒寬[167]與博士賜[168]等共議，以為宜用夏正[169]。夏，五月，詔卿、遂、遷等共造漢太初曆[170]，以正月為歲首[171]，色上黃[172]，數用五[173]，定官名，協音律，定宗廟百官之儀，以為典常[174]，垂之後世[175]云。

匈奴兒單于好殺伐，國人不安。又有天災，畜多死。左大都尉[176]使人間告[177]

漢曰：「我欲殺單于降漢。漢遠，即(178)兵來迎我，我即發(179)。」上乃遣因杅將軍公孫敖(180)築塞外受降城(181)以應之。

秋，八月，上行幸安定(182)。

漢使入西域者言：「宛有善馬，在貳師城(183)，匿(184)不肯與漢使。」天子使壯士車令(185)等持千金及金馬以請之。宛王與其羣臣謀曰：「漢去我遠，而鹽水(186)中數敗(187)，出其北(188)有胡寇，出其南(189)乏水草，又且往往而絕邑(190)，乏食者多。漢使數百人為輩(191)來，而常(192)乏食，死者過半。是安能致大軍乎(193)！無柰我何。貳師馬，宛寶馬也。」遂不肯予漢使。漢使怒，妄言(194)，椎金馬(195)而去。宛貴人怒曰：「漢使至輕我(196)！」遣漢使去，令其東邊郁成王(197)遮攻(198)，殺漢使，取其財物。

於是天子大怒。諸嘗使宛(199)姚定漢等言：「宛兵弱，誠以漢兵不過三千人，彊弩射之，可盡虜(200)矣。」天子嘗使浞野侯以七百騎虜樓蘭王(201)，以定漢等言為然。而欲侯寵姬李氏(202)，乃拜李夫人兄廣利(203)為貳師將軍(204)，發屬國(205)六千騎及郡國惡少年(206)數萬人，以往伐宛。期(207)至貳師城取善馬，故號貳師將軍。趙始成為軍正(208)，故浩侯王恢(209)使導軍，而李哆為校尉(210)，制軍事(211)。

臣光曰(212)：「武帝欲侯寵姬李氏，而使廣利將兵伐宛，其意以為『非有功不侯[213]』，不欲負[214]高帝之約也。夫軍旅大事，國之安危、民之死生繫焉[215]。苟為[216]不擇賢愚而授之[217]，欲徼幸咫尺之功[218]，藉以為名[219]而私其所愛[220]，不若無功而侯之為愈[221]也。然則武帝有見於封國[222]，無見於置將[223]，謂之能守先帝之約[224]，臣曰過矣[225]。」

中尉[226]王溫舒坐為姦利[227]，罪當族，自殺。時兩弟及兩婚家[228]亦各自坐佗罪而族。光祿勳[229]徐自為[230]曰：「悲夫！古有三族[231]，而王溫舒罪至同時而五族[232]乎！」

關東[233]蝗大起，飛西至敦煌。

【章　旨】以上為第二段，寫元封四年（西元前一〇七年）至太初元年（西元前一〇四年）共四年間的全國大事。主要寫了漢王朝與烏孫和親，與西域諸國的來往頻繁，漢向西域人誇富擺闊；寫了漢向大宛求善馬，大宛不給，因而引起糾紛，漢武帝為佞寵妃之家而起兵伐宛；寫了漢與匈奴的時而通使，時有摩擦；寫了漢在郡國之上設立十三刺史部，目的在於加強中央集權，強化漢武帝個人的獨裁專制；寫了漢王朝的「改正朔」，施行《太初曆》；寫了漢武帝繼續巡幸、求仙，大搞淫祀、大興土木、大造建章宮等勞民傷財的勾當。

【注　釋】❶通回中道　通，修通。回中道，關中平原與隴東高原間的咽喉通道，東起今陝西隴縣，西北至今甘肅的華亭。❷蕭關　關塞名，在今寧夏固原東南。❸獨鹿　山名，方位不詳，應在今寧夏、內蒙古一帶。❹鳴澤　沼澤名，方位不詳，約在今內蒙古西部或陝西北部。有人以今河北涿州的鳴澤當之，恐非。❺河東　漢郡名，郡治安邑，在今山西夏縣西北。❻祠后土　祭祀地神。后土祠在今山西萬榮西南的古汾陰縣城西。❼夏陽　漢縣名，縣治在今陝西韓城西南。❽中都　漢縣名，縣治在今山西平遙西南。❾死罪以下　指死罪以下的罪犯。❿衛霍度幕　指元狩四年（西元前一一九年）之衛青、霍去病度漢北大破匈奴。⓫希　通「稀」。少。⓬數　屢；屢次。⓭好辭甘言　甜言蜜語。⓮窺　以通使的名義窺測其動靜虛實。⓯從其俗　按照匈奴人的習俗，實即依照匈奴人規定。⓰去節入穹廬　把漢王朝的旌節放在帳外，空身進帳。穹廬，匈奴單于的篷帳。⓱佯許甘言　以好話哄弄王烏。⓲為遣其太子入漢為質　假說他要派其太子去漢朝拜見皇帝。⓳漢使楊信於匈奴　後來漢王朝又派楊信到匈奴去。⓴故約　根據過去的規定。㉑嘗遣翁主　經常不斷地派公主到匈奴和親。嘗，通「常」。翁主，據劉邦時的規定，漢朝要派公主和親匈奴。此處作「翁」字與事實不合。「翁主」是諸侯的女兒。㉒給繒絮食物有品　每年都要把相當份額的絲織品與食品送給匈奴。有品，有一定的數量、規格。㉓以和親　謂結好和親以後。以，通「已」。㉔反古　改變故約。古，意思同「故」。㉕無幾　沒門兒；別指望。幾，冀；希望。㉖讇以甘言　以好話討人喜歡。讇，通「啖」。餵。㉗給　哄騙。㉘邸　官邸，諸侯建於京城的府舍，以備入朝天子時住宿。㉙誠語　說心裡話。㉚欲愈之　想給他治好病。㉛使路充國佩二千石印綬　路充國本來的官爵原不至二千石，現特命其以二千石的身分充任使者。二千石，郡太守與諸侯相之級別。㉜厚葬　此指裝殮豐厚。㉝直數千金　直，通「值」。數千金，漢代稱黃金一斤曰「一金」，「一金」約值銅錢一萬。㉞此漢貴人也　這在漢朝，是貴人殯葬的規格。㉟不歸　不令其歸漢。㊱諸所言者　過去單于對王烏所說的那些話。㊲特空給　就是為了欺騙。特，只；就是。空給，以空話欺騙。㊳郭昌為拔胡將軍　拔胡將軍是雜號將軍名，蓋取其任務以名之。郭昌事跡又見於前文平西南夷事。㊴浞野侯　趙破奴，先從霍去病破匈奴有功，封從驃侯。後兵敗失侯，至再破樓蘭王，乃又被封為浞野侯。事跡詳見《史記・衛將軍驃騎列傳》。㊵朔方　漢郡名，郡治在今內蒙古烏拉特前旗東南。㊶盛唐　漢縣名，即今安徽六安。㊷望祀　遙祭。㊸九疑　山名，在今湖南零陵西南，山上有舜墓。㊹灊天柱山　灊縣境內的天柱山。灊，漢縣名，縣治在今安徽霍山縣東北。天柱山，安徽境內的名山，在今潛山縣西北，舊時的灊縣西南。㊺尋陽　漢縣名，在今湖北黃梅西南。㊻浮江　謂乘船順長江而下。㊼舳艫千里　極言船隻之多，首尾不斷。舳，指船尾。艫，指船頭。㊽薄樅陽而出　在樅陽縣離開長江。樅陽縣在今安徽境內的長江北岸。薄，靠近。㊾琅邪　此指琅邪臺，在今山東膠南市西南的黃海之濱，在當時的琅邪縣東南。㊿並海　沿海邊北行。並，傍著。(51)增封　給泰山加土，即舉行祭天活動。(52)甲子　三月二十一。(53)明堂　皇帝的祭天與講禮之建築，在泰山東北側的奉高境內。(54)配以高祖　把高祖劉邦的靈牌也放在天神、地神的旁邊接受祭祀。(55)朝　接受……的朝拜。(56)受郡國計　接受各郡各諸侯國的財務結算報告。計，財務結算。(57)毋出　免繳。(58)泰時　即泰一時。(59)長平烈侯　衛青被封為長平侯，烈字是諡。(60)起冢象廬山　墳墓修築得像是匈奴境內的廬山。衛青墓在今陝西興平東北，是漢武帝的陪葬墓。盧山，也寫作「盧山」，在匈奴境內，具體方位不詳。61攘卻　打退；打敗。62開地斥境　擴大了領土地盤。63置交趾朔方之州　意即在新開拓的今福建、廣東、廣西一帶建立交趾刺史部，在新開拓的內蒙古與陝西北部一帶建立朔方刺史部。交趾刺史部轄南海、鬱林、蒼梧、交趾、合浦、九真、日南七郡；朔方刺史部轄朔方、五原、西河、上郡、北地五郡。64冀幽并兗徐青揚荊豫益涼　在漢王朝原來管轄的地面上設立冀、幽、并、兗、徐、青、揚、荊、豫、益、涼十一個刺史部，冀州刺史部轄趙、廣平、真定、中山、河間、信都諸王國和魏郡、常山、鉅鹿、清河四郡，幽州刺史部轄上谷、漁陽、右北平、遼西、遼東、玄菟、樂浪、渤海、涿郡、廣陽國，并州刺史部轄太原、上黨、雲中、定襄、雁門、代郡六郡，兗州刺史部轄陳留、山陽、濟陰、泰山、東郡及城陽、淮陽、東平國，徐州刺史部轄琅邪、東海、臨淮郡及泗水、廣陵、楚國，青州刺史部轄齊郡、濟南、千乘、平原、北海、東萊郡及淄川、膠東國，揚州刺史部轄九江、盧江、丹陽、會稽、豫章郡及六安國，荊州刺史部轄南陽、江夏、南郡、武陵、零陵、桂陽郡及長沙國，豫州刺史部轄潁川、汝南、沛郡及梁國、魯國，益州刺史部轄漢中、巴、蜀、武都、廣漢、犍為、牂柯、越巂、益州九郡，涼州刺史部轄安定、天水、隴西、金城、武威、張掖、酒泉、敦煌八郡。65十三部　十三個管轄區。66刺史　官名，漢王朝中央的派出官員，猶如後代的「特派員」，級別很低，秩六百石，只管瞭解該地區的情況，向中央報告。開始時沒有固定的辦公地點，只是奉詔巡行諸郡，以省察治政、官吏能否、有無冤獄等等。67欲盡　快要死光了。68有　要；想要建立。69奔踶　撒歡、尥蹶子，指其野性難改。踶，同「踢」。70致千里　指善跑，一日千里。71負俗之累　被世俗非議的缺點。72立功名　有立功揚名的才幹。73泛駕　翻車。74跅弛　放縱不羈。75御　駕馭；管理。76茂材異等　才華出眾。茂材，意即「秀才」，東漢人為避劉秀諱，改秀曰「茂」。77絕國　出使遠方之國。絕，交通阻隔。78回中　地區名，也是道路名，指關中平原與隴東高原間的咽喉通道，東起今陝西隴縣，西北至今甘肅的華亭。79首山宮　在當時的河東蒲阪縣境內，今山西永濟西。80殊死　意即死罪。81五郡　指犍為郡、越巂郡、沈黎郡、汶山郡、益州郡。82地接以前　意即不斷地向前擴大地盤。83通大夏　一直與大夏連接起來。《集解》曰：「欲地界相接至大夏。」大夏，西域國名。在當時的月氏以南，今之阿富汗北部，國都藍氏城（今巴里黑）。84初郡　新設立之郡。85皆閉昆明　都被昆明部落所阻擋。閉，阻路。昆明，西南地區的少數民族部落名，其地在今雲南西部的洱海以南。86亡命　亡命徒；黑戶口。87竟不得通　最後還是沒能打通。88其旁　烏孫國的旁邊。89事漢　聽命、服從漢王朝。90尚漢公主　娶漢王朝的皇帝之女為妻。91昆弟　兄弟。昆，兄也。92江都王建女細君　江都王劉建之女名叫細君。劉建是景帝之孫，繼其父位為江都王，都城在今揚州東南。93為公主　以公主的名義。因為雙方協議是以公主和親。94以為左夫人當時匈奴尚左，烏孫也尚左。烏孫畏匈奴，故以匈奴女為左夫人。95歲時一再與昆莫會　一年裡頭與昆莫見一兩次面。歲指一年，時指一個季度。在這裡「歲時」即指一年。一再，一兩次。96悲愁思歸　《漢書．西域傳》載細君之作歌曰：「吾家嫁我兮天一方，遠託異國兮烏孫王。穹廬為室兮旃為牆，以肉為食兮酪為漿。居常土思兮心內傷，願為黃鵠兮歸故鄉。」97間歲　每隔一年。98給遺　贈送。99昆彌　烏孫王的稱號。100蔥嶺　山名，古時對今帕米爾高原及昆侖山、天山西段的統名。101安息　伊朗地區的古國名。102大鳥卵　鴕鳥蛋。103黎軒善眩人　黎軒國的魔術師。黎軒，又作「犁軒」、「犂靬」等。敦煌懸泉漢簡中作「驪軒」，在今甘肅永昌以南。104驩潛　西域國名，其地約在今阿姆河下游，接近鹹海一帶，今屬烏茲別克斯坦。105大益　西域國名，丁謙以為即阿拉伯人。106姑師　即「車師」。分前後兩國，車師前國的國都交河城，在今新疆吐魯番城西；車師後國在吐魯番北的天山北側。107扜罙　也作「扜彌」，西域國名，國都在今于田西北。108蘇薤　西域國名，岑仲勉以為在今烏茲別克的撒馬爾罕一帶。109獻見　獻禮朝見。110更來更去　更加頻繁地來來往往。111每巡狩海上　每次到東部沿海邊巡遊。巡狩，指皇帝的出遊，美其名曰「巡狩」，意思是巡行視察各地諸侯為國家守護疆土的情況。狩，通「守」。漢武帝的屢屢外出到東方海上巡遊是從元封元年開始，目的是尋求神仙與不死之藥。112悉從　全部帶上。113大都多人則過之　專門找那種城市大、人口多的地方走。114厚具　多多地準備東西。115饒給　多給；出手大方。按，以上「散財帛以賞賜，厚具以饒給之」，指賞賜當地臣民。116覽示　誇示，指擺闊給外國人看。117大角抵　指大規模地舉行摔跤、相撲一類的表演。118奇戲　指各種雜技表演。119諸怪物　各種稀奇古怪的動物。120倉庫府藏　都是倉庫的不同名稱。121見　同「現」。誇耀。122傾駭之　令其驚訝怪駭。123嗜　愛吃。124實　果實；種子。125極望　一眼看不到邊。126烏維單于　西元前一一四—前一〇五年在位。127烏師廬　西元前一〇五—前一〇二年在位。128左方兵直雲中　東部左賢王的人馬對著漢王朝的雲中郡，今內蒙古呼和浩特西南。129右方兵　西部右賢王的人馬。130十一月甲子朔三句　十一月初一是甲子日，這天的早晨交冬至節。131入海　指入海尋找三仙山的人。132莫驗　沒有一個人得到應驗。133益遣　更多地派遣。134冀遇之　希望能夠遇上。135乙酉　十一月二十二。136柏梁臺災　柏梁臺失火燒掉。柏梁臺在當時未央宮北的桂宮內，高數十丈，相傳是用「香柏」為之，也有說其臺用樑百根。137十二月甲午朔　十二月初一是甲午日。138禪高里二句　在高里山拓地祭祀地神。高里，也寫作「蒿里」，泰山下的小山名，在今泰安西南。139勃海　即今渤海。140望祀　遙望而祭祀。141蓬萊　方士們傳說的大海中的仙人名。142殊廷　另一種境界。143受計于甘泉　在甘泉宮接受各郡、各諸侯國的財政問題彙報。144甘泉作諸侯邸　讓諸侯們各自在甘泉宮附近建造官邸，意思是今後將常在甘泉宮接受諸侯朝拜。145越人勇之　越族的騙子名勇之。146有火災二句　如果房子因火災燒掉了，那就在原地蓋一所更大的。[147]用勝服之　以此來壓倒火神。勝，也稱「壓勝」，用巫術制服魔鬼。[148]建章宮　《正義》引《括地志》云：「建章宮在長安縣西二十里，長安故城西。」按，建章宮在當時長安城的西牆外，與城牆內的未央宮隔城牆相對。[149]度計　劃；設計。[150]鳳闕　《索隱》引《三輔故事》云：「上有銅鳳凰，故曰『鳳闕』也。」[151]唐中　宮殿名，班固〈西都賦〉有「前唐中而後太液」；張衡〈西京賦〉有「前開唐中，彌望廣象」之句。[152]漸臺　大池中築有高臺。師古曰：「漸，浸也。臺在池中，為水所浸，故曰『漸臺』。」[153]命曰太液池　稱此建章宮北的大池曰「太液池」。《正義》引臣瓚曰：「『太液』言象陰陽津液以作池也。」[154]蓬萊方丈瀛洲　即方士們所編造的海中三仙山。[155]壺梁　與蓬萊、方丈等同為傳說中的海中仙山名。[156]龜魚之屬　《索隱》引《三輔故事》云：「海池北岸有石魚長二丈，廣五尺，西岸有石龜二枚，各長六尺。」按，杜甫〈秋興八首〉有所謂「織女機絲虛夜月，石鯨鱗甲動秋風」，蓋謂此。[157]玉堂璧門　《索隱》曰：「其南則玉堂，《漢武故事》：『玉堂基與未央前殿等，去地十二丈。』」《正義佚文》引《漢武故事》曰：「玉壁內殿十二門，陛階咸以玉為之，門高構三層，臺高十餘丈，椽首構以璧為之，名曰『璧門』。」[158]大鳥　師古曰：「立大鳥也。」[159]神明臺　師古引《漢宮閣疏》云：「神明臺高五十丈，上有九室，恆置九天道士百人。」[160]井幹樓　師古曰：「積木而高，為樓若井幹之形也。井幹者，井上木欄也，其形或四角，或八角。張衡〈西京賦〉云『井幹疊而百層』，即謂此樓也。」[161]輦道相屬　各樓臺之間有空中閣道供皇帝的車子往來。相屬，相連。[162]大中大夫　皇帝的侍從官員，在皇帝身邊以備顧問。[163]公孫卿　以鬼神邪說蠱惑漢武帝的騙子。[164]壺遂　曾與司馬遷等共同制定曆法的天文學家。事跡還見於《史記》的〈太史公自序〉與〈韓長孺列傳〉。[165]曆紀　即指曆法。[166]改正朔　改用新的月分為一年的第一個月。如夏朝一年開頭的月分是正月，商朝是十二月，周朝是十一月，秦朝是十月。漢代建國以來一直沒改，故自賈誼開始屢屢有人提出動議。[167]兒寬　一個讀儒書以柔媚取悅於漢武帝的官僚，此時任御史大夫。[168]博士賜　身為博士之職，其名曰賜，史失其姓。[169]夏正　夏朝的曆法。[170]太初曆　以正月為歲首的一種新曆法，並首次規定以沒有中氣的月分為閏月。[171]以正月為歲首　從下年開始以正月為歲首，故本年就有了十五個月。[172]色上黃　帝王的冠冕、禮服、車馬、旌旗等等的顏色都用黃色。[173]數用五　如一步等於五尺、車的寬度五尺、印文用五個字等等。[174]典常　常法；常規。[175]垂之後世　後世永遠遵行。[176]左大都尉　匈奴的高級軍官名，地位在左右大將之下。[177]間告　密告。[178]即　若；若有。[179]發　舉事；動手。[180]公孫敖　曾多次隨衛青北伐匈奴，現任因杅將軍之職。事跡見《史記・衛將軍驃騎列傳》。[181]築塞外受降城　修築關塞，名叫「受降城」，也稱「宿虜城」，譚其驤《歷史地圖集》標在今內蒙古烏拉特中後聯合旗東。[182]安定　漢郡名，郡治高平，在今寧夏固原。[183]貳師城　在大宛首都貴山城之東南，今吉爾吉斯斯坦安集延之正南。184匿 藏。185壯士車令 壯士姓車名令。186鹽水 即羅布泊。187數敗 指凡欲通過羅布泊者，往往被惡劣的自然氣候所摧垮。188出其北 向北繞開羅布泊，意即經由所謂「北路」西行。189出其南 意即沿所謂「南路」西行。190絕邑 沒有城鎮，沒有人煙。191數百人為輩 結夥數百人。192常 此處通「尚」，尚且。193是安能致大軍乎 這樣的道路，大部隊怎麼能通過呢。是，此。致，使之前來。194妄言 指罵人。195椎金馬 砸碎了帶來的禮品金馬。196至輕我 竟然敢輕視我們。至，竟。或曰，漢使輕視我們達到了極點。至，極。197東邊郁成王 東部邊境地區的郁成王。郁成，大宛的城鎮名，在大宛國都貴山城的東南，貳師城的東北，今安集延的正東。徐孚遠曰：「欲諱殺使之跡，故縱之去，而令郁成遮要之。」198遮攻 截擊。199諸嘗使宛 幾個曾經出使過大宛的人。200盡虜 全部俘獲他們。201以七百騎虜樓蘭王 事在前元封三年。202欲侯寵姬李氏 欲使其寵姬李夫人之親屬李氏家族為侯。有關李夫人的簡略事跡見《史記・外戚世家》。203廣利 李廣利。事跡除見於本文外，尚見於《史記・匈奴列傳》與《漢書・李廣利傳》。204貳師將軍 以行動之目的地為將軍之稱號，亦如趙破奴之為「匈河將軍」、「浚稽將軍」。205屬國 少數民族歸順漢王朝，而集體居住在邊境地區的部落。當初匈奴渾邪王率部降漢，漢王朝將其安置在今內蒙古與陝西、甘肅北部的一帶地區，即稱「屬國」。206惡少年 師古曰：「無行義者。」按，雖「無行義」，但亦尚非「罪人」者。207期 期望；計劃。208軍正 軍中的司法官。209故浩侯王恢 王恢於元封四年被封浩侯，不久因「出使酒泉，矯制」，被廢，故此稱「故浩侯」。210校尉 將軍屬下的部隊長。一個將軍下設若干部，部的長官即校尉。211制軍事 主管全軍的軍事。陳子龍曰：「貳師於將略未必長也，故以李哆制軍事。」中井曰：「詳具三人職事，而校尉更稱『制軍事』，可見將軍無所掌也。唯與具往還，取封侯而已矣。」212臣光曰 以下文字是司馬光對上述史實所發的評論。由於《資治通鑑》一書是進呈給皇帝看的，所以他自稱「臣光」。213非有功不侯 當年劉邦建國後第一次分封功臣為侯時，曾有規定：「非劉氏而王者，若無功上所不置為侯者，天下共誅之」。見《史記・漢興以來諸侯王年表》。214負 違背。215繫焉 決定於此。216苟為 一旦要是。217授之 將兵權交給他。218徼幸咫尺之功 抱著僥倖的心理去博取一點小功名。徼幸，同「僥倖」。古代八寸為咫，咫尺，以喻極小。219藉以為名 以此為藉口。220私其所愛 把利益給予受寵者。私，偏袒。221不若無功而侯之為愈 還不如不發動這場戰爭而白白地賞給他這個侯爵。愈，更好。222有見於封國 光注意到了要封侯必須有功。223無見於置將 沒有看到命將不當的嚴重危害。224謂之能守先帝之約 還說這是武帝能遵守劉邦的規定。225臣曰過矣 我以為這是錯誤的。226中尉 國家首都的治安長官，秩中二千石。227為姦利 非法謀利。具體情節不詳。據《史記・酷吏列傳》，王溫舒被殺的原因是朝廷下令讓一些不法的惡吏參軍，跟著李廣利去伐大宛，王溫舒掩護了他的一個親信，沒讓前去，結果被強加其他名義，治以重罪。㉘婚家　即今所謂親家。㉙光祿勳　原稱「郎中令」，九卿之一，統領皇帝的侍從人員，為宮廷守衛門戶。㉚徐自為　武帝時將領，曾參與對匈奴、對羌人的作戰，並受命在北方邊境築城。事跡參見《史記・衛將軍驃騎列傳》。㉛古有三族　意即古有滅三族之律。關於「三族」的說法歷來不一，有曰指父族、母族、妻族；有曰指父輩、己輩、子輩。㉜五族　指五族同時被滅。五族指溫舒與兩弟為三族，再加兩妻家，故為五族。㉝關東　指函谷關以東的廣大地區。

【校　記】①茂材　原作「茂才」。據章鈺校，十四行本、乙十一行本、孔天胤本皆作「茂材」，《漢書・武帝紀》亦作「茂材」，今據改。②聘　原作「往聘」。據章鈺校，十四行本、乙十一行本、孔天胤本皆無「往」字，《史記・大宛列傳》同，今據刪。

【語　譯】四年（甲戌　西元前一〇七年）

冬季，十月，漢武帝到雍地巡視，在五帝畤祭祀五帝。由於修通了回中道，於是漢武帝便向北走出蕭關，經歷獨鹿山、鳴澤，到達代郡，然後返回，歸途中又巡視了河東郡。春季，三月，祭祀地神，赦免了汾陰、夏陽、中都三地除去死罪犯以外的所有罪犯。

夏季，大旱。

自從衛青、霍去病向北度過沙漠大破匈奴以來，匈奴很少再到邊境侵擾，而是遠遠地遷徙到了北方，他們休養人馬，練習射箭打獵，屢次派遣使者來到漢朝，用甜言蜜語請求和親。武帝派遣北地人王烏等人到北地去窺探匈奴的虛實，王烏到了匈奴之後就改從匈奴的習俗，把所持的漢朝符節放在帳外而隻身進入匈奴人用氈子製成的大帳篷裡，匈奴單于很喜歡他，用好聽的言辭哄騙王烏，還答應送太子到漢朝充當人質。漢武帝又派楊信為使者出使匈奴，楊信不肯像王烏那樣遵從匈奴的習俗，匈奴單于說：「過去約定和親，都是漢朝派遣公主到匈奴來和親，每年送給匈奴相當數量的綢緞絲絮以及食品，所以匈奴也不侵擾漢朝的邊境。如今漢朝卻想違反過去的約定，讓我派太子到漢朝充當人質，你們別指望。」楊信回來後，漢武帝又派王烏前往匈奴。匈奴單于又用花言巧語哄騙王烏，目的就是想要得到漢朝更多的財物，匈奴單于欺騙王烏說：「我想要到漢朝去拜見天子，與漢朝建立兄弟般的友好關係。」王烏回來報告給漢武帝，漢武帝專門為單于在長安建造了官邸。匈奴單于卻說：「漢朝必須派遣地位尊貴的人前來，否則我不會說心裡話。」匈奴單于派遣了一位貴人來到漢朝，不幸病倒了，漢朝派醫生給他看病吃藥，本想治癒他的病，不幸的是貴人卻死了。漢武帝於是派遣路充國佩戴二千石的印綬作為使者前往匈奴，同時護送匈奴貴人的靈柩回國，並為他厚葬，前後花費有幾千金，路充國對匈奴單于說：「這是按照漢朝貴人殯葬的規格。」匈奴單于認為是漢朝殺死了他的貴人使者，便扣留了路充國，不許他歸漢。匈奴單于以前所說的話，其實都是故意哄騙王烏，根本就沒有到漢朝朝見皇帝和派遣太子入漢當人質的打算。此後匈奴屢次派遣騎兵侵擾漢朝的邊境。漢武帝於是任命郭昌為拔胡將軍，與浞野侯趙破奴一起率軍駐紮在朔方郡防備匈奴。

五年（乙亥　西元前一〇六年）

冬季，漢武帝南巡來到盛唐山，在這裡向著九疑山方向遙祭虞舜。然後登上灊縣境內的天柱山，然後從尋陽乘船順長江而下，漢武帝親自射中江中的蛟龍，將蛟龍擒獲。武帝的船隊首尾相接在江中排列有一千里，在靠近樅陽的地方登岸後，又向北到達琅邪臺，沿著海岸線北行，沿途所經過的名山大川，漢武帝都要進行祭祀。春季，三月，武帝回到泰山，整修了封禪的祭壇、舉行了祭天活動。二十一日甲子，武帝第一次在明堂祭祀上帝，並把高祖的靈位也放入明堂陪同天神、地神享受祭祀。又在這裡接受諸侯王、列侯的朝拜，並批閱各郡、國所呈送的財務結算報告。夏季，四月，大赦天下，下詔凡是此次巡行所經過的郡縣全部免交當年的租賦。返回途中，巡幸甘泉宮，在郊外祭祀泰一神。

長平烈侯衛青去世。為他修築的墳墓，形狀就像是匈奴境內的廬山。

漢武帝已經打敗了匈奴，平定了南越國和東越國，開拓了疆域擴大了版圖，於是在新設置的郡之上又設置了交趾、朔方州，以及冀、幽、并、兗、徐、青、揚、荊、豫、益、涼等州，總共十三部，每州設置一位最高行政長官——刺史。

漢武帝覺得當時有名的文臣武將凋零殆盡，就下詔說：「要想建立不同尋常的功業，必須要有不同尋常的人才。所以良馬即使撒歡尥蹶子，卻能一日奔跑一千里；有才能的人士雖然有被世俗非議的缺點，但卻有建功揚名的才幹。對於不遵循軌跡的千里馬、放縱不羈的人才，關鍵在於如何駕馭、管理而已。命令各州刺史、各郡郡守認真考察屬下的官吏、轄區內的人士，如果有異常優秀、才能出眾，可以擔任將、相以及可以擔當到絕遠國家出使重任的人才，要及時舉薦。」

六年（丙子　西元前一〇五年）

冬季，漢武帝巡視回中。

春季，興建首山宮。

三月，漢武帝巡視河東郡，在汾陰祭祀地神，赦免汾陰死罪以下的所有囚犯。

漢朝已經征服了西南夷，並設置了犍為、越巂、沈黎、汶山、益州五個郡，想藉此尋找一條通往大夏國的道路，每年都要派遣十多批使者從這些新設置的郡中經過，然而都被昆明部落所阻擋，使者被殺，財物被搶。於是漢武帝將京師的一些亡命之徒赦免，命令他們從軍，派遣拔胡將軍郭昌率領著南下征討昆明，殺死了幾十萬人。後來再派使者，但始終沒有打通通往大夏國的道路。

秋季，大旱，蝗蟲成災。

烏孫使者看到漢朝地域廣大，回去向他的國君作了彙報，烏孫國於是更加重視與漢朝的關係。匈奴聽說烏孫國與漢朝互通往來，非常惱怒，就想發兵攻打烏孫國。而此時烏孫國近旁的大宛國、月氏國等都已聽命於漢朝，烏孫國王聽到匈奴要來攻打的消息感到非常恐懼，就派遣使者入漢希望能娶漢朝的公主為妻，與漢朝建立兄弟般的友好關係。漢武帝與群臣商議後，答應了烏孫王的請求。烏孫國王將一千匹馬作為聘禮前來聘娶漢朝公主。漢武帝封江都王劉建的女兒劉細君為公主，將她嫁給烏孫王，作為陪嫁而贈送的禮品非常豐厚。烏孫王昆莫封漢朝公主劉細君為右夫人。匈奴也將一位美女嫁給烏孫王為妻，烏孫王封匈奴女為左夫人。公主自己建造了宮室居住，一年之中與烏孫王昆莫只能見上一、二次，每次見面時又僅限於設置酒宴招待。昆莫年老，又言語不通，因此細君公主十分悲傷憂愁，日夜思念故鄉，盼望能夠回到漢朝，武帝知道後非常同情公主，便每隔一年就派遣使者將帷帳、絲織品等給細君公主送去。昆莫說「我老了」，想要讓公主嫁給他的孫子岑娶。公主不同意，並將此事上奏給漢武帝。武帝回覆說：「遵守他們國家的風俗習慣，因為我們的目的是要聯合烏孫共同消滅匈奴。」於是烏孫國王昆莫的孫子岑娶娶了細君公主為妻。昆莫去世，岑娶繼承了王位，稱為昆彌。

當時，漢朝的使者向西越過葱嶺，到達安息國。安息也派遣使者到漢朝回訪，並將他們那裡出產的鴕鳥蛋以及黎軒國的魔術師獻給漢武帝，其他諸多小國如驩潛、大益、車師、扜罙、蘇䪥等國也都派遣使者跟隨漢朝使者來朝見漢朝皇帝，漢武帝非常高興。西域國家派來的使者更加頻繁地來來往往，武帝每次到東部沿海巡視，就將這些外國使節全部帶上，沿途的大城市或人多的地方就成為必經之路，還將財物賞賜給他們，並為他們準備足夠的用具，以此向外國人顯示漢朝的廣大和富有。每逢進行摔跤表演、各種雜技表演以及奇異的魔術表演，都會招引很多人圍觀。武帝不僅將物品賞賜給他們，還大擺宴席，酒肉豐盛得簡直就是肉林酒池一般。還讓這些外國客人觀看各地倉庫裡堆積如山的物品，以顯示漢朝地域的廣大，使這些客人無不為中國地域的廣闊和富有而感到驚駭。大宛國附近盛產葡萄，可以釀酒，生長著很多的苜蓿，是汗血馬非常喜歡吃的一種植物。漢朝使者將採集的苜蓿種子帶回漢朝，武帝就將這些苜蓿種子種在離宮別館的旁邊，苜蓿長得一眼望不到邊。然而西域各國因為挨近匈奴，對匈奴的使者非常畏懼，所以他們對待匈奴的使者與對待漢朝的使者比起來更加優待。

這一年，匈奴烏維單于死，他的兒子烏師廬繼位，因為年齡太小，所以稱他為「兒單于」。從此之後，單于更加向西北方向遷徙，匈奴的東部左賢王的人馬對著漢朝的雲中郡，西部右賢王的兵力對著漢朝的酒泉、敦煌郡。

太初元年（丁丑　西元前一〇四年）

冬季，十月，漢武帝巡遊泰山。十一月初一日甲子，這天的早晨交冬至節，漢武帝在明堂祭祀上帝。武帝向東來到大海邊，考察方士入海求仙的情況，沒有一個得到應驗。然而漢武帝還是加派人員入海尋求神仙，希望能夠遇到。二十二日乙酉，柏梁臺發生火災。

十二月初一日甲午，漢武帝來到泰山腳下的高里山拓地祭祀地神，然後來到渤海邊，遙望著傳說中蓬萊仙島的方向祭祀，希望能到達仙人居住的地方。春季，漢武帝回京，因為柏梁臺失火，所以改在甘泉宮接受諸侯的朝拜以及聽取各郡、國的財政問題彙報。讓諸侯們各自在甘泉建造府邸。

有一個越國人叫做勇之的說：「按照越人的習俗，凡是發生火災的地方，如果在原地重新蓋房子，新房子一定要比被燒的房子大，才能制服火神。」於是在柏梁臺原址建造建章宮，計劃將建章宮建造得千門萬戶。在建章宮的東邊建造鳳闕，鳳闕高二十多丈。在建章宮的西邊建設唐中苑和一個方圓幾十里的虎圈。在建章宮的北邊用人工挖掘一個大水池，水池中建造的漸臺高二十多丈，這個水池被命名為太液池，太液池中還建有蓬萊、方丈、瀛洲、壺梁四座假山，象徵著海上的四座神山，還雕刻有龜、魚之類。在建章宮的南邊建有玉堂、璧門，立有大鳥之類。還建有神明臺、井幹樓，高約五十丈，各建築之間有空中閣道供皇帝的車子往來。

大中大夫公孫卿、壺遂、太史令司馬遷等向漢武帝建議說：「曆法混亂得已經無法使用，應當改用新的曆法。」武帝下令兒寬與博士賜等共同商議，大家都認為應該採用夏朝的曆法，以正月作為歲首。夏季，五月，武帝命令公孫卿、壺遂、司馬遷等共同修訂漢朝的《太初曆》，以正月為一歲之首，顏色崇尚黃色，數字採用五進制，制定官名，協調音律，制定百官以及宗廟祭祀的各種禮儀，並將其定為典章，永垂後世。

匈奴兒單于性情兇暴，動不動就殺人，匈奴國人因此而驚恐不安。又發生天災，牲畜死亡很多。匈奴左大都尉派密使到漢朝，說：「我想殺掉兒單于投降漢朝。但漢朝離我們路途遙遠，如果漢朝能派兵前來接應，我立即動手。」武帝於是派遣因杅將軍公孫敖在邊境上修築關塞，名叫「受降城」以接應匈奴左大都尉投降。

秋季，八月，漢武帝巡視安定郡。

漢朝派往西域的使者回來說：「大宛國有一種寶馬，在貳師城，藏匿起來不讓漢朝使者看見。」漢武帝於是派遣壯士車令等人攜帶著一千斤黃金以及金馬前往大宛國要求交換寶馬。大宛王與群臣商議說：「漢朝距離我們這裡路途遙遠，中間需要通過鹽澤，過往的人經常因路途險惡而死亡，如果繞道而行，北邊有匈奴，南邊既缺乏水草，又沒有城邑，人煙稀少，缺乏食品供應。漢朝幾百人結夥而來，經常因為缺乏食物而死亡過半。這種情況下漢朝哪裡有能力調動大軍前來討伐我們呢！他們不能把我們怎麼樣。貳師城的馬，是我們大宛國的寶馬。」於是，拒絕與漢使交易寶馬。漢使車令氣憤已極，就對大宛王說了許多不該說的話，然後擊碎金馬而離開大宛國。大宛國的顯貴們也發怒說：「漢使竟敢如此輕視我們！」漢使離開後，大宛國的顯貴便讓他們東邊的郁成王在途中阻擊漢朝使者，將漢朝使者殺死，奪取了漢朝使者所攜帶的財物。

漢武帝得知大宛國殺死了漢朝使者後，不禁勃然大怒。那些曾經出使過大宛國的姚定漢等人對武帝說：「大宛國兵力很弱，如果出兵攻打大宛，連三千人的兵力也用不了，只要用強弩射擊，就可以把他們全部俘虜了。」漢武帝曾經派浞野侯趙破奴率領七百名騎兵俘虜了樓蘭王，所以認為姚定漢等人說得有道理。另一方面，也想藉機讓寵姬李夫人的哥哥李廣利建立戰功而封侯，於是任命李夫人的哥哥李廣利為貳師將軍，調撥附屬國的六千名騎兵以及郡國之中品行惡劣的少年幾萬人組成一支遠征軍前去討伐大宛。希望到達貳師城就能得到大宛國的寶馬，所以稱李廣利為貳師將軍。趙始成擔任軍中的司法官，曾經被封為浩侯的王恢作為軍事嚮導，李哆擔任校尉，掌管行軍打仗。

司馬光說：「武帝想封寵姬李夫人的哥哥李廣利為侯，所以才派李廣利帶兵討伐大宛，武帝以為『非有戰功者不能封侯』，是不想違背高祖的約定。然而行軍打仗的事情，關係到國家安危、人民的生死。如果不管其是賢能還是愚蠢，就將軍事指揮大權授予他，希望他憑藉僥倖而獲取小小的功勞，並以此為藉口而把利益授予受寵者，與其這樣做還不如不發動這場戰爭而白白地賞給他這個侯爵呢。然而武帝只知道要封侯就需要建立功勞，而沒有看到如果用將不當，不僅難以建功，反而會導致失敗的嚴重後果，如果僅憑這一點就說武帝能夠遵守高祖的約定，我認為這是錯誤的。」

中尉王溫舒因為非法牟利，而被判處滅族之罪，王溫舒自殺。當時王溫舒的兩個弟弟以及兩個兒女親家也因為受到他罪牽連而被滅族。光祿勳徐自為感慨地說：「可悲啊！古代有滅三族的法律，而王溫舒的罪過竟至於被誅滅五族了！」

函谷關以東地區發生蝗災，蝗蟲向西飛到了敦煌郡。

二年（戊寅 西元前一〇三年）

春，正月戊申❶，牧丘恬侯石慶❷薨。

閏月丁丑❸，以太僕公孫賀❹為丞相，封葛繹侯❺。時朝廷多事，督責❻大臣，自公孫弘❼後，丞相比坐事死❽。石慶雖以謹得終❾，然數被譴❿。賀引拜為丞相，不受印綬⓫，頓首涕泣不肯起。上乃起去⓬，賀不得已拜⓭，出曰：「我從是殆⓮矣！」

三月，上行幸河東，祠后土。

夏，五月，籍吏民馬⓯補車騎馬⓰。

秋，蝗。

貳師將軍之西⓱也，既過鹽水⓲，當道小國⓳各城守，不肯給食，攻之不能下。下者得食，不下者數日則去⓴。比至郁成㉑，士至者不過數千，皆飢罷㉒。攻郁成，郁成大破之，所殺傷甚眾。貳師將軍與李哆、趙始成等計：「至郁成尚不能舉㉓，況至其王都乎！」引兵而還。至敦煌，士不過什一二㉔。使使上書言：「道遠，多①乏食，且士卒不患戰而患飢，人少，不足以拔宛㉕。願且罷兵，益發而復往㉖。」天子聞之，大怒，使使遮玉門㉗曰：「軍有敢入者輒㉘斬之！」貳師恐，因留敦煌㉙。

上猶以受降城㉚去匈奴遠㉛，遣浚稽將軍趙破奴將二萬餘騎出朔方西北二千餘里，期㉜至浚稽山㉝而還。浞野侯既至期㉞，左大都尉欲發而覺㉟，單于誅之，發左方兵擊浞野侯。浞野侯行捕首虜㊱，得數千人。還未至㊲受降城四百里，匈奴兵八萬騎圍之。浞野侯夜自出求水㊳，匈奴間捕㊴生得浞野侯，因㊵急擊其軍，軍吏畏亡將㊶而誅，莫相勸歸㊷者，軍遂沒㊸於匈奴。兒單于大喜，因遣奇兵攻受降城，不能下，乃寇入邊㊹而去。

冬，十二月，兒寬㊺卒。

三年（己卯　西元前一〇二年）

春，正月，膠東太守延廣㊻為御史大夫。

上東巡海上，考神仙之屬皆無驗，令祠官禮東泰山㊼。夏，四月，還，脩封㊽泰山，禪石閭㊾。

匈奴兒單于死㊿，子年少，匈奴立其季父右賢王呴犁湖為單于(51)。

上遣光祿勳徐自為出五原塞[52]數百里，遠者千餘里，築城障列亭[53]，西北至盧朐[54]，而使游擊將軍韓說[55]、長平侯衛伉[56]屯其旁，使彊弩都尉路博德[57]築居延澤上[58]。秋，匈奴大入定襄、雲中[59]，殺略[60]數千人，敗數二千石[61]而去，行破壞[62]光祿所築城列亭障[63]。又使右賢王入酒泉、張掖，略數千人。會軍正任文[64]擊救[65]，盡復失所得而去。

是歲，睢陽侯張昌[66]坐為太常乏祠[67]，國除[68]。

初，高祖封功臣為列侯百四十有三[69]人。時兵革之餘[70]，大城名都民人散亡[71]，戶口可得而數裁什二三[72]。大侯不過萬家[73]，小者五六百戶。其封爵之誓[74]曰：「使黃河如帶，泰山若厲[75]，國以永存，爰及苗裔[76]。」申以丹書之信[77]，重以白馬之盟[78]。及高后時，盡差第列侯位次[79]，藏諸宗廟[80]，副在有司[81]。逮[82]文、景四五世[83]間，流民既歸，戶口亦息[84]，列侯大者至三四萬戶，小國自倍[85]，富厚如之[86]。子孫驕逸[87]，多抵法禁[88]，隕身失國[89]，至是見侯[90]纔〔2〕四人[91]，罔亦少密焉[92]。

漢既亡浞野之兵[93]，公卿議者皆願罷宛軍，專力攻胡。天子業[94]出兵誅宛，宛小國而不能下，則大夏之屬漸輕漢，而宛善馬絕不來，烏孫、輪臺[95]易苦漢使[96]，為外國笑，乃案[97]言伐宛尤不便者鄧光等。赦囚徒、發惡少年及邊騎，歲餘[98]而出敦煌者六萬人，負私從者[99]不與[100]，牛十萬，馬三萬匹，驢橐駝[101]以萬數，齎糧、兵弩甚設[102]。天下騷動，轉相奉伐宛[103]五十餘校尉[104]。宛城中無井，汲[105]城外流水，於是遣水工徙其城下水空[106]，以空其城[107]。益發戍甲卒[108]十八萬酒泉、張掖北，置居延、休屠屯兵[109]以衛酒泉[110]。而發天下吏有罪者、亡命者及贅壻、賈人、故有市籍[111]、父母大父母[112]有市籍者凡七科適[113]為兵，載糒給貳師[114]，轉車人徒[115]相連屬[116]。而拜習馬者二人為執、驅馬校尉[117]，備破宛擇取其善馬云。

於是貳師後復行[118]，兵多，所至小國莫不迎，出食給軍。至輪臺，輪臺不下[119]，攻數日，屠之[120]。自此而西，平行[121]至宛城[122]，兵到者三萬。宛兵迎擊漢兵，漢兵射敗之，宛兵走入保其城[123]。貳師欲攻郁成城[124]，恐留行[125]而令宛益生詐，乃先至宛，決其水原移之[126]，則宛固已憂困，圍其城，攻之四十餘日。宛貴人謀曰：「王毋寡[127]匿善馬、殺漢使，今殺王而出善馬[128]，漢兵宜解。即不解[129]，乃力戰而死[130]，未晚也。」宛貴人皆以為然，共殺王。其外城壞，虜宛貴人勇將煎靡[131]。宛大恐，走入城中，持王毋寡頭，遣人使貳師約曰：「漢無攻我，我盡出善馬，恣所取[132]，而給漢軍食[133]。即不聽我，我[3]盡殺善馬，康居[134]之救又且至。至，我居內，康居居外，與漢軍戰。孰計之，何從？」是時，康居候視漢兵尚盛，不敢進。貳師聞宛城中新得漢人，知穿井[135]，而其內食尚多，計以為[136]「來誅首惡者毋寡，毋寡頭已至，如此不許[137]則堅守，而康居候漢兵罷[138]來救宛，破漢軍[4]必矣。」乃許宛之約。宛乃出其馬，令漢自擇之，而多出食食漢軍。漢軍取其善馬數十匹，中馬以下牝牡[139]三千餘匹，而立宛貴人之故時遇漢善者[140]名昧蔡為宛王，與盟而罷兵。

初，貳師起敦煌西[141]，分為數軍，從南、北道[142]。校尉王申生將千餘人別至郁成[143]，郁成王擊滅之，數人脫，亡走貳師[144]。貳師令搜粟都尉上官桀[145]往攻破[5]郁成，郁成王亡走康居，桀追至康居。康居聞漢已破宛，出郁成王與桀。桀令四騎士縛守詣貳師[146]。上邽騎士趙弟[147]恐失[148]郁成王，拔劍擊斬其首，追及貳師[149]。

四年（庚辰　西元前一〇一年）

春，貳師將軍來至京師。貳師所過小國聞宛破，皆使其子弟從入貢獻[150]，見天子，因為質焉[151]。軍還，入馬千餘匹[152]。後行[153]，軍非乏食，戰死不甚多，而將吏貪，不愛卒，侵牟[154]之，以此物故[155]者眾。天子為萬里而伐，不錄其過[156]，乃下詔封李廣利為海西侯[157]，封趙弟為新畤[158]侯，以上官桀為少府[159]，軍官吏[160]為九卿者三人[161]，諸侯相、郡守、二千石[162]百餘人，千石[163]以下千餘人，奮行者[164]官過其望[165]，以適過行皆黜其勞[166]，士卒賜[167]直四萬錢[168]。

匈奴聞貳師征大宛，欲遮169之，貳師兵盛，不敢當170，即遣騎因樓蘭171候漢使後過者172，欲絕勿通173。時漢軍正任文174將兵屯玉門關，捕得生口175，知狀以聞176。上詔文便道177引兵捕樓蘭王，將詣闕簿責178。王對曰：「小國在大國間，不兩屬179無以自安，願徙國180入居漢地。」上直其言，遣歸國，亦因使候司匈奴181，匈奴自是不甚親信樓蘭。

自大宛破後，西域震懼，漢使入西域者益得職182。於是自敦煌西至鹽澤往往起亭183，而輪臺、渠犁184皆有田卒185數百人，置使者、校尉領護186，以給使外國者187。

後歲餘，宛貴人以為昧蔡善諛188，使我國遇屠189，乃相與殺昧蔡，立毋寡昆弟蟬封為宛王，而遣其子入質[6]於漢190。漢因使使賂賜以鎮撫之191。蟬封與漢約，歲獻天馬192二匹。

秋，起明光宮193。

冬，上行幸回中。

匈奴呴犁湖單于194死，匈奴立其弟左大都尉且鞮侯195為單于。天子欲因伐宛之威遂困胡196，乃下詔曰：「高皇帝遺朕平城之憂197。高后時198，單于書絕悖逆199。昔齊襄公復九世之讎200，春秋大之201。」且鞮侯單于初立，恐漢襲之，乃曰：「我兒子[202]，安敢望[203]漢天子。漢天子，我丈人行[204]也。」因盡歸漢使之不降者路充國[205]等，使使來獻。

【章　旨】以上為第三段，寫太初二年（西元前一〇三年）至太初四年共三年間的全國大事，主要篇幅寫了李廣利的兩次伐大宛。第一次李廣利無備而往，慘敗而回；一年後又第二次大張旗鼓、興師動眾，這次雖以大宛告敗而結束，但勞民傷財莫此為甚，史官皆深有感慨。其次是寫了漢與匈奴的屢有摩擦、互有勝敗，其中以趙破奴的全軍覆沒最為引人注目。此外還寫了武帝晚年的性情暴戾，屢殺丞相，以致殺得大臣怕當丞相；寫了武帝的打擊、消滅列侯，使高祖功臣受封者幾乎蕩然無存的狀況。

【注　釋】❶正月戊申　疑記載有誤，正月丁巳朔，無戊申日。❷牧丘恬侯石慶　石慶是一個以「淳謹」著名的滑頭人物，以丞相的資格被封為牧丘侯，恬字是謚。石慶是萬石君石奮之子。事跡見《史記・萬石張叔列傳》。❸閏月丁丑　太初二年無閏月。所謂「丁丑」，可能是正月二十一。❹太僕公孫賀　隨衛青伐匈奴的將領，是武帝衛皇后的姐夫，《漢書》有傳。❺葛繹侯　據《史記・衛將軍驃騎列傳》公孫賀乃封南窌侯。❻督責　嚴厲地監察要求。❼公孫弘　一個因念儒書而飛黃騰達的官僚。事跡見《史記・平津侯主父列傳》。公孫弘於西元前一二四－前一二一年為丞相，封平津侯。❽比坐事死　連續地因犯事被殺。自公孫弘元狩二年（西元前一二一年）善終之後，元狩五年丞相李蔡有罪自殺，元鼎二年丞相莊青翟自殺，元鼎五年丞相趙周下獄死，至太初二年（西元前一〇三年）公孫賀為相，近二十年間，坐事死了三個丞相。❾以謹得終　以謹慎圓滑得以善終。❿然數被譴　也是多次受到過譴責。⓫不受印綬　不接受丞相的印綬。⓬起去　起身離開金殿。⓭不得已拜　不得已接受了相印。拜，封任。⓮殆　危險。⓯籍吏民馬　登記徵集吏民私人的馬匹。籍，登記，這裡即指按冊徵收。⓰補車騎馬　以補軍用馬匹之不足。車騎馬，軍隊上拉車的馬與騎兵乘坐的馬。⓱西　西行，往討大宛。⓲鹽水　即今羅布泊，在新疆東部。⓳當道小國　如危須、焉耆、龜茲、姑墨等等。⓴數日則去　謂攻之不下則繞行西進。㉑比至郁成　等前進到大宛東北部的郁成。比，及；等到。郁成，大宛的城邑名，在貳師城的東北方，今安集延之正東。㉒飢罷　飢餓疲乏。罷，通「疲」。㉓舉　拔；攻下。㉔士不過什一二　謂剩回來的士兵不到原數的十分之一二。㉕不足以拔宛　不可能攻克大宛都城。(26)益發而復往　更多地調集好大兵之後再去。(27)遮玉門　堵著玉門關。遮，堵；攔截。玉門關在今甘肅敦煌西北。(28)輒　立即。(29)留敦煌　駐紮在敦煌郡。郡治在今敦煌城西。(30)受降城　也稱「宿虜城」，譚其驤《歷史地圖集》標在今內蒙古烏拉特中後聯合旗東。(31)去匈奴遠　離著準備殺單于降漢的匈奴左大都尉遠。去，距離。(32)期　預定。(33)浚稽山　在今蒙古國的達蘭札達加德西北。(34)至期　約定的期限。(35)欲發而覺　正要舉事而被單于發覺了。(36)行捕首虜　一邊撤退，一邊捕捉敵人或斬敵之首。(37)還未至　意即距離某地還差……。(38)求水　尋找水源。(39)間捕　暗中襲捕。(40)因　隨即；趁勢。(41)亡將　損失了主將。(42)莫相勸歸　沒有一個人主張返回漢朝。(43)沒　覆沒。(44)寇入邊　攻入漢王朝的邊境騷擾掠奪了一回。(45)兒寬　一個以念儒書、以圓滑著稱而飛黃騰達的官僚，此時任御史大夫。(46)膠東太守延廣　名延廣，史失其姓。膠東郡的郡治即墨，在今山東平度東南。(47)東泰山　即今之「沂山」，在山東臨朐南。(48)脩封　修補封禪臺而祭天。(49)禪石閭　在石閭小山祭祀地神。石閭，小山名，在今泰安南。(50)兒單于死　兒單于烏師盧元封六年（西元前一〇五年）繼其父位為單于，至太初三年死，在位剛三年。(51)呴犁湖為單于　呴犁湖乃烏師盧單于之叔，西元前一〇二—前九七年在位。(52)五原塞　《正義》以為即「五原郡的榆林塞」，在今內蒙古東勝一帶。(53)築城障列亭　《正義》引顧胤曰：「障，山中小城。亭，候望所居也。」(54)盧朐　瀧川引丁謙曰：「徐光祿所築亭障，當從陰山北麓迤邐而西，直至盧朐山止。盧朐山必陽山北麓之名。」按，陽山，即今內蒙古黃河後套以北的狼山。(55)游擊將軍韓說　劉邦功臣韓王信的曾孫，韓王信叛漢逃入匈奴後，生子穨當。穨當後又歸漢，在平定吳楚七國之亂中有功，封弓高侯。韓說即韓穨當之孫。(56)長平侯衛伉　衛青之子，襲其父爵為長平侯。(57)路博德　武帝時將領，先從霍去病伐匈奴有功，封符離侯；又以伏波將軍之名伐南越有功益封，後犯罪失侯，現以強弩都尉之職率軍守邊。事跡參見《史記·衛將軍驃騎列傳》。(58)築居延澤上　在居延澤上築城防守。居延塞遺址在今內蒙古西部的額濟納旗。(59)定襄雲中　皆漢郡名，定襄郡的郡治成樂，在今內蒙古和林格樂西北。雲中郡的郡治在今呼和浩特西南。(60)殺略　殺戮與擄掠。略，意思同「掠」。(61)敗數二千石　打敗了好幾個郡的郡守。郡守是二千石一級的長官。(62)行破壞　一邊撤退一邊破壞。(63)城列亭障　中井曰：「宜言『城障列亭』。」(64)軍正任文　任文是漢將名，任軍正之職。軍正是軍中的司法官。按，軍正任文當時正率軍駐紮在玉門關，故得援酒泉、張掖。事見下文。(65)擊救　擊匈奴而救漢人。(66)睢陽侯張昌　劉邦女婿張敖的後裔，張廣之子。張廣被武帝封為睢陽侯，張昌繼其父爵為侯。(67)為太常乏祠　身為太常之職，而使祭祀宗廟的供品不夠使用。太常是九卿之一，掌管朝廷禮儀與宗廟祭祀。(68)國除　睢陽侯的建制被取消。(69)百四十有三　即一百四十三。有，意思同「又」。(70)兵革之餘　戰爭剛剛結束。(71)散亡　逃散離鄉。(72)裁什二三　只有原來戶口的十分之二三。(73)大侯不過萬家　梁玉繩曰：

「表載，曹參封一萬六千戶，劉澤封一萬二千戶，蕭何封一萬五千戶，則『不過萬家』之說不可信。」瀧川曰：「表曰『萬五千』、『萬六千』，依籍言之；此曰『不過萬家』，以實言之。」(74)封爵之誓　分封諸功臣為列侯時的誓辭。沈欽韓曰：「今俗語有『丹書鐵券』，然則此約誓之詞刻在鐵券也。」(75)使黃河如帶二句　即使有朝一日黃河變得像一條帶子那樣窄，泰山變得像一塊磨刀石那樣小。使，即使。厲，磨，這裡指磨刀石。(76)國以永存二句　你的封國也仍是平安的，一直給你的後代子孫傳下去。以，通「亦」。爰，因；於是。苗裔，以稱後代子孫。按，漢代民歌〈上邪〉云：「上邪，我欲與君相知，長命無絕衰。山無陵，江河為竭，冬雷震震夏雨雪，天地合，乃敢與君絕。」此誓辭襲用其意。(77)申以丹書之信　用丹書表明君臣之間的信義。(78)重以白馬之盟　又殺白馬喋血盟誓。重，又。(79)差第列侯位次　將諸列侯排出高低次序。差第，排出等級。按，此順序見《史記・高祖功臣侯者年表》。(80)藏諸宗廟　指將「差第」一百四十三個列侯位次的正式文本藏之於宗廟。(81)副在有司　其副本保存在主管列侯事務的官員那裡。(82)逮　到。(83)四五世　四五代。古稱三十年為「一世」。(84)息　生；繁衍。(85)自倍　比受封時多了一倍。(86)富厚如之　財富的收入大體也和這種人口的發展成比例。(87)驕逸　驕奢淫逸。(88)抵法禁　觸犯法律。(89)隕身失國　喪失生命、亡掉封國。(90)至是見侯　高祖時所封的一百四十三個列侯能傳宗接代到今天的。見，通「現」。現存。(91)纔四人　胡三省以為指蕭何的後代酇侯蕭壽成、酈商的後代繆侯酈世宗、靳歙的後代汾陽侯靳石封、張敖的後代睢陵侯張昌。按，《史記》作「見侯五」。《正義》曰：「謂平陽侯曹宗、曲周侯酈終根、陽阿侯齊仁、戴侯祕蒙、谷陵侯馮偃也。」此外還有別的說法，總之是此處的統計不準確。(92)罔亦少密焉　國家的法網，也就是皇帝對列侯們的制裁，也的確是稍微嚴厲了點。這句話是對皇帝強加罪名，蓄意消滅諸王、消滅列侯的含蓄指責，如元鼎五年的「坐酎金國除」就是最明顯的一例。罔，通「網」。法網。少，通「稍」。(93)漢既亡浞野之兵　指去年趙破奴伐匈奴被俘、全軍投降匈奴事。(94)業　已；已經。(95)輪臺　西域小國名，也稱「輪頭」，其地在今新疆輪臺東南，當時的烏孫以東。(96)易苦漢使　輕視漢朝使者，給漢朝使者苦頭吃。易，瞧不起。按，此處似應作「益苦漢使」，因為漢使在此之前已經在吃他們的苦頭。(97)案　懲辦，通常指處死。(98)歲餘　在此後一年多的時間裡。(99)負私從者　自己備辦鞍馬衣糧隨軍前去的志願者。《史記・匈奴列傳》有「私負從馬十四萬匹」，意思與此相同。(100)不與　不計在內。(101)橐駝　駱駝。(102)齎糧兵弩甚設　多帶糧食，兵器弩弓都很充足。設，齊備；盛多。《史記・范雎蔡澤列傳》有所謂「食飲甚設」；〈刺客列傳〉有所謂「居處兵衛甚設」，「設」的用法可資參照。(103)轉相奉伐宛　指全國由遠及近地輾轉將物資運送到伐宛前線。(104)五十餘校尉　總共有五十多個校尉為李廣利部隊做後勤運輸工作。古代一個將軍統領若干「部」，「部」的長官稱作「校尉」。(105)汲　打水；從下往上提水。(106)徙其城下水空　使流向貴山城的河水改道。

水空，水道。「空」的意思同「孔」。[107]以空其城 使其城內無水喝。《通鑑》原文作「以穴其城」，今依《史記》改。[108]戍甲卒 戍守邊疆的披甲士兵。[109]置居延休屠屯兵 （在酒泉、張掖二郡的北面）設置居延、休屠二都尉，居延都尉的駐地在今內蒙古額濟納旗東南，休屠都尉的駐地在今武威北。都尉的級別相當於郡尉，在一些新開拓的地區統兵防守。[110]以衛酒泉 據《漢書・武帝紀》，太初三年秋，匈奴曾侵襲張掖、酒泉，殺都尉，現在又設立兩個都尉並派如此之多的兵馬，一方面是為了防守張掖、酒泉，另一方面更是為了防止匈奴從側翼攻擊漢王朝的伐宛大軍。[111]故有市籍 曾被登入工商業者的名冊，意即本人曾從事過工商業活動。[112]大父母 祖父祖母。[113]七科適 七種應受懲罰的人，即上列吏有罪、亡命、贅婿、賈人、有市籍、父母有市籍、大父母有市籍。適，通「謫」。[114]載糒給貳師 用車拉著乾糧以供應李廣利的伐宛大軍。糒，原指乾飯，這裡即指乾糧。按，《通鑑》原文「載糒」前有「及」字。詳此處文意，當時所以調發七科謫，就是讓他們給李廣利的西征大軍運送糧草，而不是除七科謫外還有一批專門運送糧草的人役。故此處「及」字應削。[115]轉車人徒 即指「載糒給貳師」者。[116]相連屬 意即沿路絡繹不絕。[117]執驅馬校尉 一人為執馬校尉，一人為驅馬校尉。[118]於是貳師後復行 於是貳師將軍又第二次出發了。[119]輪臺不下 輪臺人不投降。下，降服。[120]屠之 將其全城殺光。[121]平行 順利通行。師古曰：「無寇難。」[122]宛城 即大宛國都貴山城（今烏茲別克斯坦境內的塔什干之東）。[123]宛兵走入保其城 大宛人逃入城內防守之。走、入、保、乘四動詞並行連用。[124]欲攻郁成城 原想在行進中首先攻下郁成城。郁成城在大宛東部邊境。[125]留行 耽誤行程。按，此二句乃補敘貳師之所以圍大宛都城之迅疾。[126]決其水原移之 在河水源頭掘堤，令河水改道。[127]王毋寡 大宛國王名曰「毋寡」。[128]出善馬 給漢人交出善馬。[129]即不解 如果漢兵仍不停止攻擊。即，若；如果。[130]乃力戰而死 再與之拼個你死我活。[131]宛貴人勇將煎靡 既是大宛的貴族，又是大宛的勇將，名叫煎靡。[132]恣所取 任憑你們挑選。[133]給漢軍食 供給你們軍隊食糧。[134]康居 西域國名，其地約當今哈薩克斯坦的南部，在當時的大宛西北，大月氏之北，國都卑闐（或說即今塔什干）。[135]知穿井 懂得打井技術。[136]計以為 他們的計畫是。[137]如此不許 如此向漢人求和，漢人若還不答應。[138]候漢兵罷 等候漢兵疲憊。罷，通「疲」。疲憊。[139]牝牡 以稱獸類之雌、雄。[140]故時遇漢善者 過去就對待漢使友善者。[141]起敦煌西 由敦煌出兵西下。[142]從南北道 從南北兩路齊頭並進。[143]別至郁成 另統一支部隊，離開大隊來攻郁成。[144]亡走貳師 逃歸李廣利的大部隊。[145]搜粟都尉上官桀 搜粟都尉是主管籌集糧秣的軍官名。上官桀，姓上官名桀。[146]縛守詣貳師 指捆綁起來押送到李廣利處。詣，到，此處指押解到。[147]上邽騎士趙弟 上邽縣籍的騎士姓趙名弟。上邽是漢縣名，即今甘肅天水市。[148]恐失 怕在途中跑掉。[149]追及貳師 追上了李廣利的大部隊。[150]從入貢獻 跟著李廣利的軍隊入漢朝向皇帝獻禮。[151]因為質焉 就勢留在漢朝京城當人質。152入馬千餘匹　去時是「牛十萬，馬三萬匹，驢橐駝以萬數」。史公載此與前寫出師之盛相比較，對武帝之伐大宛深致批判之意。153後行　後來的這次伐大宛。154侵牟　侵吞、剋扣。牟，取。「牟」是一種食苗蟲，故用為「牟取」意。155物故　指死，此謂犧牲、減員。156不錄其過　不計較李廣利前次的過失。157海西侯　以其立「功」之地為封號。158新畤　地名，《漢書・功臣表》以為在齊地。按，趙弟以殺了一個俘虜而得以為侯，滑稽到了極點。159少府　九卿之一，秩中二千石，主管為皇帝的私家理財。160軍官吏　軍中的大小官吏。161為九卿者三人　依上文所述，僅有上官桀一人，餘趙始成、李哆皆未及，不知尚有何人。162諸侯相郡守二千石　漢代的諸侯王國例由朝廷所派的「相」主持政事，故諸侯國相的權力與中央各郡的太守相同，級別都是二千石。此外朝廷和軍隊裡還有一批二千石級的官員，如典屬國、內史、主爵都尉等。163千石　如丞相長史、太中大夫、御史中丞等皆秩千石。164奮行者　志願前往者，即前文之所謂「負私從者」。165官過其望　所獲官位之高超出其意料。166以適過行皆黜其勞　師古曰：「以罪謫而行者，免其所犯，不敘功勞。」意即將功折罪，赦為庶人。167士卒賜　對士兵的賞賜。168直四萬錢　直，通「值」。按，討大宛出發時共六萬多人，返回時一萬多人，賞四萬錢，每人平均四文銅錢，似乎太少；《史記・大宛列傳》作「四萬金」，又似乎過多，疑記事皆有誤。169遮　半道伏擊。170當　碰。171因樓蘭　借助於樓蘭。172候漢使後過者　等候截捕後面再來的使者。173欲絕勿通　想斷絕李廣利與朝廷的聯繫。勿通，相互不通消息。174漢軍正任文　應作「漢軍軍正任文」，上年已馳援張掖、酒泉，擊匈奴兵。175生口　猶言「活口」，活的俘虜，可向以問事者。176知狀以聞　知道了匈奴人的動向而飛速上報。177便道　就近。178詣闕簿責　送到朝廷接受審問。簿責，書面譴責。179兩屬　對兩方面都得應付、聽話。180國　這裡指全部樓蘭人。181亦因使候司匈奴　也通過樓蘭打探匈奴人的消息。182益得職　越來越容易完成任務。得職，得行其職責。183起亭　建立亭驛，以傳送消息、接待過往官員，可充驛站之用。184渠犂　西域小國名，在今新疆庫爾勒與尉犁之間。185田卒　屯田的士兵，一方面農墾，一方面擔任守衛。186領護　統領關照。187以給使外國者　以便為出使外國的人員提供服務。給，供應。188善諛　指喜歡討好漢人。189使我國遇屠　使大宛遭受屠殺。190入質於漢　意即到漢王朝為人質。191賂賜以鎮撫之　賂賜，賞賜、收買。實際是無可奈何，只好承認其所立之新王，無法更行干涉。所謂「鎮撫」，亦不過勉強求得其大體承認而已。192天馬　即汗血馬。193明光宮　在長樂宮之北、桂宮之南。194呴犂湖單于　兒單于之叔，西元前一〇二—前一〇一年在位。195且鞮侯　呴犂湖單于之弟，西元前一〇一—前九七年在位。196欲因伐宛之威遂困胡　想一鼓作氣整垮匈奴。197遺朕平城之憂　給我留下了要雪平城之辱的任務。劉邦被匈奴困於平城事在高祖七年（西元前二〇〇年）。198高后時　呂后在位的時間是西元前一八七—前一八〇年。199絕悖逆　大逆不道到了極點。絕，極。冒頓單于曾致書呂后稱：「陛下獨立，孤僨獨居，兩主不樂，無以自娛，願以所有，易其所無。」200齊襄公復九世之讎　指滅掉紀國。齊襄公（西元前六九七—前六八六年在位），名諸兒，春秋前期齊國的國君。其九世祖曾因紀國諸侯的挑動，被周天子所殺，至襄公時遂以「復仇」為名，滅掉了紀國。事見《公羊傳》莊公四年。201春秋大之　大，讚美。《公羊傳》對齊襄公的此舉評論說：「九世猶可以復讎乎？曰：雖百世可也。」按，《史記》中對《春秋》、《公羊傳》、《左傳》之文，常常都以「春秋」稱之。張照曰：「此下疑有闕文，然《漢書》亦仍之，則當時所傳亦如此。」瀧川引中井曰：「武帝欲逞其欲，自占好題目，故史載此語，不須終語。」202我兒子　我是小孩子，晚輩。203望　怨恨。204我丈人行　我的上一輩，長輩。205路充國　元封四年（西元前一〇七年）送匈奴使者喪車回匈奴，被匈奴扣留至今。

【校　記】1多　原無此字。據章鈺校，乙十一行本有此字，《史記》、《漢書》亦皆有此字，今據補。2纔　原作「裁」。據章鈺校，十四行本、乙十一行本、孔天胤本皆作「纔」，今據改。3我　此字原無重。據章鈺校，十四行本、乙十一行本、孔天胤本此字皆重，今據補。按，《漢書・李廣利傳》亦重「我」字。4軍　原作「兵」。據章鈺校，十四行本、乙十一行本皆作「軍」，《史記》、《漢書》亦皆作「軍」，今據改。5破　原無此字。據章鈺校，十四行本、乙十一行本、孔天胤本皆有此字，張敦仁《通鑑刊本識誤》同，今據補。按，《史記》、《漢書》亦皆有此字。6入質　原作「入侍」。據章鈺校，十四行本、乙十一行本、孔天胤本皆作「入質」，張瑛《通鑑校勘記》同，今據改。按，《史記・大宛列傳》作「入質」。

【語　譯】二年（戊寅　西元前一〇三年）

春季，正月戊申日，牧丘恬侯石慶去世。

閏月丁丑日，任命太僕公孫賀為丞相，同時封他為葛繹侯。當時，國家政務繁多，武帝對大臣嚴厲地督察要求，從公孫弘以後，丞相接連被指控犯罪而不得好死。石慶雖然因為行事謹慎得以善終，然而也屢次受到譴責。公孫賀雖然被任命為丞相，而他竟然不敢接受丞相印綬，他跪在地上不肯起來，哭泣著向武帝磕頭請求。漢武帝起身退朝，公孫賀不得已只好接受丞相印綬出任丞相，退朝之後，他長歎一聲說：「我從此危險了！」

三月，漢武帝巡視河東郡，祭祀地神。

夏季，五月，登記徵集吏民的私人馬匹，以補充軍馬的不足。

秋季，鬧蝗災。

貳師將軍李廣利率軍西征大宛國，他們雖然度過了鹽澤，然而沿途的各個小國全都堅守城邑，不肯供給漢軍飲食，攻又攻不下。攻下的，軍隊就能得到補給，攻不下的攻了幾天之後也只好繞城而過。等到達郁成的時候，將士剩下的不過幾千人，也都因飢餓疲憊而失去了戰鬥力。攻打郁成，被郁成打得大敗，士兵損失了很多。貳師將軍李廣利與李哆、趙始成等商議說：「現在我們連郁成都攻不下，更何況是去攻打他們的都城呢！」於是便率領軍隊退回。他們回到敦煌的時候，清點士兵，已經不足去時的十分之一二。李廣利派使者向武帝報告說：「漢朝距離大宛道路遙遠，沿途食物經常缺乏，士兵們所懼怕的不是打仗而是飢餓，所帶的人馬又少，攻打大宛兵力不足。請求暫且罷兵，等增派大批軍隊之後再去攻打大宛。」武帝聽了大怒，派遣使者在玉門關攔住貳師將軍李廣利說：「軍中有人膽敢進入關內的，格殺勿論！」貳師將軍李廣利感到非常恐懼，於是將軍隊停留在敦煌。

漢武帝認為受降城距離匈奴還是太遠，就又派浚稽將軍趙破奴率領二萬多名騎兵從朔方郡出發向西北走了二千多里，約定到達浚稽山與匈奴左大都尉會師後撤回。浞野侯趙破奴按期到達浚稽山接應匈奴左大都尉，左大都尉正準備舉事而機密洩露，左大都尉被匈奴兒單于殺死，兒單于又調動東部左賢王的軍隊襲擊浞野侯。浞野侯趙破奴一邊撤退一邊與匈奴交戰，殺死、俘虜了匈奴幾千人。當撤退到距離受降城四百里遠的時候，被匈奴的八萬名騎兵包圍。浞野侯趙破奴趁著黑夜親自出去尋找水源，被前來偷襲的匈奴人活捉，匈奴趁機加緊攻打趙破奴所率領的漢軍，漢軍中的官吏害怕丟失主將回去被殺，所以沒有一個人敢主張撤回漢朝，這支軍隊便在與匈奴的戰鬥中全軍覆沒了。兒單于看見漢軍被消滅非常歡喜，就又派遣騎兵攻打受降城，未能攻下，於是就在漢朝邊塞劫掠了一番而後退去。

冬季，十二月，兒寬去世。

三年（己卯　西元前一〇二年）

春季，正月，任命膠東太守延廣為御史大夫。

漢武帝到東部沿海巡視，考察尋找神仙的事情都沒有結果，就命令主管祭祀的官員在東泰山祭祀。夏季，四月，武帝返回，在經過泰山的時候，整修了封禪臺祭祀天帝，又在石閭山下祭祀地神。

匈奴兒單于去世，他的兒子年紀還小，匈奴人就擁立他的叔父右賢王呴犂湖為單于。

漢武帝派遣光祿勳徐自為到距離五原塞幾百里，遠處一千多里的地方修築城池、在山上建造堡壘、設立哨所，向西北方向一直到達盧朐山，又派游擊將軍韓說、長平侯衛伉率軍屯紮在附近擔任警戒，派遣強弩都尉路博德在居延澤建城防守。秋季，匈奴大舉侵入定襄郡、雲中郡，殺死、掠走了幾千人，打敗了幾個俸祿在二千石以上的漢朝官員而後離去，一面撤退一面破壞了光祿勳徐自為所修建的城邑、屏障、哨所。匈奴還派右賢王侵入酒泉、張掖，掠走了幾千人。碰巧軍正任文趕來救援，打敗了匈奴右賢王，奪回了被匈奴劫掠的人口及全部財物。

這一年，睢陽侯張昌身為祭祀官太常，卻使祭祀宗廟的供品不夠用而獲罪，武帝取消了他的睢陽侯爵位，廢掉了睢陽侯的建制。

當初，漢高祖劉邦分封了一百四十三個有功之臣為列侯。當時因為戰爭結束不久，大的城市和一些有名的城邑由於百姓為躲避戰亂而四處逃亡，可以統計的戶口，只相當於戰亂前人口的十分之二三。大的諸侯國不超過一萬家、小的諸侯國只有五六百戶。當時分封諸功臣為列侯時的誓言說：「即使黃河水流狹窄得像一條帶子，泰山被侵蝕風化得變成了一塊小石頭，你的封國也是永世長存的，你的子孫後代將會永遠繼承它。」並用朱砂把它書寫下來作為憑信，又舉行了殺白馬歃血盟誓的儀式。等到呂后當政的時期，就將列侯的等級次序重新進行了釐定，並把排定的一百四十三個列侯位次的正式文本藏到宗廟裡，副本由有關部門掌管。到了文帝、景帝時期，經過了四五十年的時間，流亡的人逐漸返回故里，人口繁衍也很快，此時大的諸侯國已有三四萬戶，小的諸侯國的戶數也比受封時增加了一倍，財富的收入也和戶口的增長成正比。這些侯王的子孫驕縱淫逸，許多人因為觸犯法律，身死國亡，高祖時所封的一百四十三個列侯能傳宗接代到現在的只剩下四個人，而皇帝對列侯的制裁也確實是稍微嚴厲了一些。

漢朝已經損失了浞野侯趙破奴的軍隊，公卿大臣商議的結果都是希望放棄討伐大宛國，集中力量專門攻打匈奴。漢武帝已經派兵去討伐大宛，況且大宛只是一個小國，如果攻不下來，那麼像大夏這樣的西域國家就會輕視漢朝，大宛的寶馬肯定也得不到，烏孫、輪臺會更加變本加厲地給漢朝使者苦頭吃，而遭到外國的恥笑，於是就將主張停止討伐大宛的鄧光等人進行嚴厲查辦。然後赦免囚徒，將這些被赦免的囚犯以及那些品行不端的少年一律強迫從軍，加上所徵調的邊防騎兵去攻打大宛，一年多的時間裡先後從敦煌出去前往征討大宛的就有六七萬人，攜帶糧食自備鞍馬志願從軍的還不包括在內，就已經是牛十萬頭，馬三萬匹，驢、駱駝也都在一萬頭以上，此次攜帶的糧食、兵器、弓弩等武器裝備也都十分齊備。全國上下全都因為討伐大宛而騷動不安，僅奉命負責輾轉運送糧草供給討伐大宛軍隊的校尉就有五十多名。軍隊到達大宛，發現大宛城中沒有水井，飲用水全部依靠汲取流過城邊的河水，漢軍於是派遣水工將河流改道，使其城內沒有水喝。漢武帝又增派十八萬名戍守邊疆的披甲士兵駐紮在酒泉、張掖以北，又在居延縣、休屠縣設置二都尉，屯兵守衛酒泉，防範匈奴從側翼攻擊漢朝的征宛大軍。又徵調天下有罪的官吏、亡命之徒以及入贅到別人家裡做上門女婿的、正在經商的和原來登記為商人的，以及父母、祖父母曾經是商人的總共是七種應該受懲罰的人，全都被發配到軍隊中充當士兵，從國內裝載糧餉供給貳師將軍的運輸車輛和人夫絡繹不絕於路。同時還任命熟悉戰馬習性的二人一個為執馬校尉、一個為驅馬校尉，準備攻破大宛後負責挑選寶馬。

於是，貳師將軍李廣利又第二次出發去攻打大宛，因為此次兵多，所經過的小國沒有敢不出來迎接的，他們紛紛拿出糧食犒軍。李廣利所率大軍到達輪臺，輪臺雖然是個小國，卻不肯投降，漢軍攻打了幾天，終於攻下輪臺，一怒之下就將城裡所有的軍民全部殺光了。從輪臺往西，一路暢通無阻，順利到達大宛城，到達大宛的軍隊有三萬人。大宛兵出城迎擊漢軍，漢軍用強弓勁弩將大宛兵擊敗，大宛兵退入城內，堅守不出。貳師將軍李廣利原想在行進途中攻打郁成城，恐怕耽誤行程而給大宛國製造機會發生其他變故，於是就越過郁成城，直接奔向大宛的都城，在河水源頭掘毀堤壩，使河流改道而斷了城中的水源，大宛都城之內沒有了水源，本來就已經人心惶惶，漢軍又將都城圍困起來，一連攻打了四十多天。大宛國的親貴大臣相互商議說：「國王毋寡不應該把寶馬藏匿起來，又殺死了漢朝使者，現在如果我們殺死國王毋寡向漢朝獻出寶馬，應該能夠化解漢人對我們的仇恨，使他們停止進攻。如果到時漢軍仍然不停止進攻，我們再拼死一戰，也不為晚。」大宛的親貴大臣都認為說得有道理，就一起殺死了國王毋寡。而此時外城已經被漢軍攻破，大宛的貴人、素以驍勇著稱的將軍煎靡也被漢軍俘虜。大宛人非常恐懼，紛紛逃入內城，然後派遣使者提著大宛王毋寡的人頭到貳師將軍李廣利的軍前與貳師將軍李廣利相約說：「請漢軍不要再攻城了，我們把寶馬全部獻出來，任憑你們挑選，我們還供給你們軍隊糧食吃。如果不接受我們的條件，我們就把寶馬全部殺死，康居的救援部隊就要到了。援軍到達之後，我們與康居裡應外合與漢軍拼死一戰。後果將會如何，你們仔細考慮吧，是要做何決定呢？」而此時，康居觀察到漢兵士氣旺盛，不敢前進。貳師將軍李廣利聽說大宛城中最近已經得到漢人的幫助，不僅掌握了打井的技術，而且城內食物儲備還很多，他們的計畫是，「漢軍此來的目的就是要誅殺首惡國王毋寡，現在毋寡的人頭已經送去，如此向漢軍求和，漢軍如果還不同意講和，我們就拼死堅守，而康居派來的援軍等到漢軍疲憊的時候，與我們裡外夾擊，一定會將漢軍打敗。」於是，就答應了大宛的要求。大宛將他們藏匿的寶馬全部獻出，讓漢人自己挑選，又拿出很多食物招待漢軍。漢軍挑選了幾十匹上等寶馬，又挑選中等以下的公馬、母馬共三千多匹，又從大宛國的親貴當中挑選出一位過去就對漢朝使者友善、名字叫做昧蔡的人為大宛王，然後與他訂立了和平條約後撤軍回國。

當初，貳師將軍李廣利從敦煌出兵西下的時候，將軍隊分為幾路，分別從西域的南道和北道向西推進。校尉王申生帶領一千多人離開大部隊來攻打郁成，被郁成王消滅，只有幾個人得以逃回貳師將軍李廣利的軍中。貳師將軍李廣利命令搜粟都尉上官桀率軍去攻破郁成，郁成王逃亡到了康居，上官桀隨後也追到了康居。康居國王聽說漢軍已經攻破了大宛，於是就把郁成王送出來交給了上官桀。上官桀命令四個騎兵把郁成王捆綁起來送給貳師將軍李廣利處置。上邽縣的騎兵趙弟恐怕郁成王途中逃跑，便拔劍斬下了郁成王的人頭，追上了貳師將軍。

四年（庚辰　西元前一〇一年）

春季，貳師將軍李廣利回到京師。貳師將軍李廣利所經過的各小國聽說大宛已被攻破，就都派遣他們的子弟跟隨貳師將軍李廣利入漢貢獻物品，朝見漢朝天子，就勢留在漢朝京師作人質。貳師將軍李廣利第一次率軍回來的時候，進入玉門關的戰馬只有一千多匹。後來的這次出兵討伐大宛，軍隊並非缺乏食品，戰死的不是很多，但將吏貪婪，不愛惜士兵，只知道一味地牟取財物，因此，軍士死去的依然很多。武帝認為李廣利率軍遠行萬里征伐大宛很不容易，所以就沒有計較他前次的過失，於是下詔封李廣利為海西侯，封趙弟為新時侯，任命上官桀為少府，軍中的大小官吏位至九卿的有三個人，被提升為諸侯相、郡守、二千石的官吏有一百多人，俸祿在一千石以下的官吏多達一千多人，那些自告奮勇參軍，最後被授予的官職之高竟然出乎他們的預料之外，因犯罪而被罰去參軍的，將功折罪，赦為平民，賞賜給每個士卒的錢物價值四萬。

匈奴聽說貳師將軍李廣利率軍征討大宛，就想在半路上設伏阻擊，後來看到貳師將軍所率領的軍隊兵勢強盛，雖然沒敢採取行動，卻派出騎兵趕往樓蘭，想借助樓蘭的軍隊攔截後面再來的漢朝使者，想斷絕李廣利與漢朝廷的聯繫。當時漢朝的軍正官任文正率軍屯紮在玉門關，活捉了匈奴的奸細，瞭解到匈奴的動向後奏報給了漢武帝。武帝命令任文就近率軍去逮捕樓蘭王，將他送到京師接受朝廷審問。樓蘭王說：「小國處在兩個大國之間，對雙方都得服從、應付，否則的話就無法保證自己的安全，我願意把我的國民全部遷徙到漢朝的土地上居住。」武帝認為他說得有理，便遣送他回國，也趁機通過樓蘭探聽匈奴人的動靜，匈奴從此對樓蘭不再親近和信任。

自從大宛國被漢朝攻破後，西域各國都很震驚和恐懼，漢朝派往西域各國的使者也因此而更加不辱使命。於是從敦煌往西一直到西邊的鹽澤都建立起亭驛，而在輪臺、渠犁等地都安置有幾百名士卒在那裡屯田，派遣使者、校尉負責統領和關照屯墾事務，以便為出使外國的漢朝使節提供各種需要。

過了一年多之後，大宛國的親貴大臣認為昧蔡善於阿諛奉承漢人，致使大宛國的人民遭受屠殺，於是互相商量後殺死了昧蔡，而擁立原國王毋寡的兄弟蟬封為大宛王，而派遣蟬封的兒子到漢朝充作人質。漢朝通過使者厚賞大宛新王蟬封，對他進行安撫。蟬封向漢朝承諾，每年向漢朝貢獻兩匹天馬。

秋季，起造明光宮。

冬季，漢武帝巡視回中。

匈奴呴犁湖單于去世，匈奴擁立他的弟弟左大都尉且鞮侯為單于。漢武帝想借助討伐大宛的餘威一鼓作氣打垮匈奴，於是下詔說：「高皇帝給我留下了洗雪平城之辱的任務。高皇后在位的時候，匈奴單于的來信大逆不道到了極點。春秋時期的齊襄公能報九世祖被誣陷而遇害的仇恨，孔子在《春秋》一書中對齊襄公的行為大加讚美。」且鞮侯單于剛剛即位，擔心漢朝攻擊他，就說：「我是兒子輩，怎麼敢怨恨漢朝的天子呢。漢朝天子，是我的長輩啊。」於是把不肯投降匈奴的漢朝使者路充國等人全部釋放回國，又派遣使者向漢朝貢獻財物。

天漢元年（辛巳　西元前一〇〇年）

春，正月，上行幸甘泉，郊泰畤❶。三月，行幸河東，祠后土❷。

上嘉匈奴單于之義❸，遣中郎將蘇武❹送匈奴使留在漢者，因厚賂單于，答其善意。武與副中郎將張勝及假吏❺常惠等俱❻，既至匈奴，置幣❼遺❽單于。單于益驕，非漢所望❾也。

會❿緱王⓫與長水虞常⓬等，及衛律所將降者，陰相與謀劫單于母閼氏⓭歸漢。衛律者，父故長水胡人⓮。律善⓯協律都尉李延年⓰，延年薦言律⓱使於匈奴。使還，聞延年家收⑱，遂亡降匈奴。單于愛之，與謀國事，立為丁靈王⑲。虞常在漢時素與副⑳張勝相知，私候㉑勝曰：「聞漢天子甚怨衛律，常能為漢伏弩㉒射殺之。吾母、弟在漢，幸蒙其賞賜㉓。」張勝許之，以貨物與常。後月餘，單于出獵，獨閼氏、子弟在，虞常等七十餘人欲發，其一人夜亡告之㉔。單于子弟發兵與戰，緱王等皆死，虞常生得㉕。

單于使衛律治㉖其事。張勝聞之，恐前語發㉗，以狀語武㉘。武曰：「事如此，此必及我㉙。見犯乃死㉚，重負國㉛。」欲自殺，勝、惠共止之。虞常果引㉜張勝。單于怒，召諸貴人議，欲殺漢使者。左伊秩訾㉝曰：「即㉞謀單于，何以復加㉟？宜皆降之㊱。」單于使衛律召武受辭㊲。武謂惠等：「屈節辱命㊳，雖生，何面目以歸漢！」引佩刀自刺。衛律驚，自抱持武，馳召醫，鑿地為坎㊴，置熅火㊵，覆武其上㊶，蹈㊷其背以出血。武氣絕，半日復息㊸。惠等哭，輿歸㊹營。單于壯其節，朝夕遣人候問武，而收繫㊺張勝。

武益愈㊻，單于使使曉武㊼，欲降之。會論㊽虞常，欲因此時降武。劍斬虞常已㊾，律曰：「漢使張勝謀殺單于近臣㊿，當死，單于募降者赦罪。」舉劍欲擊之，勝請降。律謂武曰：「副有罪，當相坐(51)。」武曰：「本無謀(52)，又非親屬，何謂(53)相坐？」復舉劍擬(54)之，武不動。律曰：「蘇君，律前負漢歸匈奴，幸蒙大恩，賜號稱王，擁眾數萬，馬畜彌山(55)，富貴如此！蘇君今日降，明日復然(56)。空以身膏(57)草野，誰復知之？」武不應。律曰：「君因我降，與君為兄弟。今不聽吾計，後雖欲復見我，尚可得乎？」武罵律曰：「汝為人臣子，不顧恩義，畔主背親，為降虜於蠻夷，何以汝為見(58)！且單于信汝，使決人死生(59)，不平心持正，反欲鬬兩主(60)，觀禍敗(61)。南越殺漢使者，屠為九郡(62)；宛王殺漢使者，頭縣北闕(63)；朝鮮殺漢使者，即時誅滅(64)，獨匈奴未耳。若(65)知我不降明，欲令兩國相攻，匈奴之禍從我始矣。」律知武終不可脅，白單于，單于愈益欲降之。乃幽武置大窖中，絕(66)不飲食。天雨雪，武臥齧雪與旃(67)毛并咽之，數日不死。匈奴以為神，乃徙武北海(68)上無人處，使牧羝(69)，曰：「羝乳(70)乃得歸。」別(71)其官屬常惠等各置他所(72)。

天雨白氂(73)。

夏，大旱。

五月，赦天下。

發謫戍(74)屯五原(75)。

浞野侯趙破奴自匈奴亡歸[76]。

是歲，濟南太守王卿為御史大夫。

二年（壬午　西元前九九年）

春，上行幸東海[77]。還〔1〕幸回中。

夏，五月，遣貳師將軍廣利以三萬騎出酒泉，擊右賢王於天山[78]，得胡首虜萬餘級[79]而還。匈奴大圍貳師將軍，漢軍乏食數日，死傷者多。假司馬[80]隴西趙充國[81]與壯士百餘人潰圍陷陳[82]，貳師引兵隨之，遂得解。漢兵物故[83]什六七，充國身被二十餘創[84]。貳師奏狀[85]，詔徵充國詣行在所[86]，帝親見，視其創，嗟嘆之，拜為中郎[87]。

漢復使因杅將軍敖[88]出西河[89]，與〔2〕彊弩都尉路博德[90]會涿涂山[91]，無所得。

初，李廣有孫陵[92]為侍中[93]，善騎射，愛人下士[94]。帝以為有廣之風[95]，拜騎都尉[96]，使將丹陽楚人[97]五千人，教射酒泉、張掖以備胡。及貳師擊匈奴[98]，上詔陵，欲使為貳師將輜重[99]。陵叩頭自請曰：「臣所將屯邊者，皆荊楚[100]勇士奇材劍客也，力扼虎[101]，射命中[102]。願得自當一隊[103]，到蘭干山[104]〔3〕南以分[105]單于兵，毋令專鄉[106]貳師軍。」上曰：「將惡相屬邪[107]？吾發軍多，無騎予女[108]。」陵對：「無所事騎[109]，臣願以少擊眾，步兵五千人涉[110]單于庭[111]。」上壯而許之，因詔路博德將兵半道[112]迎陵軍。博德亦羞為陵後距[113]，奏言：「方秋[114]，匈奴馬肥，未可與戰。願留陵[115]至春俱出[116]。」上怒，疑陵悔不欲出而教博德上書，乃詔博德引兵擊匈奴於西河[117]。詔陵以九月發，出遮虜障[118]，至東浚稽山[119]南龍勒水上，徘徊觀虜。即無所見[120]，還抵受降城[121]休士。陵於是將其步卒五千人，出居延[122]，北行三十日，至浚稽山止營，舉圖[123]所過山川地形，使麾下騎[124]陳步樂還以聞[125]。步樂召見[126]，道陵將率[127]得士死力，上甚悅，拜步樂為郎。

陵至浚稽山，與單于相值[128]，騎可[129]三萬圍陵軍。軍居兩山間[130]，以大車為營，陵引士出營外為陳[131]，前行持戟、盾，後行持弓、弩[132]。虜見漢軍少，直前就營[133]。陵搏戰[134]攻之，千弩俱發，應弦而倒。虜還走上山，漢軍追擊殺數千人。單于大驚，召左、右地兵[135]八萬餘騎攻陵。陵且戰且引南行[136]，數日，抵山谷中，連戰，士卒中矢傷，三創[137]者載輦[138]，兩創者將車[139]，一創者持兵戰[140]，復斬首三千餘級。引兵東南，循[141]故龍城道[142]行，四五日，抵大澤葭葦[143]中，虜從上風縱火，陵亦令軍中縱火以自救[144]。南行至山下，單于在南山上[145]，使其子將騎擊陵。陵軍步鬭樹木間，復殺數千人，因發連弩射單于，單于下走[146]。是日捕得虜，言「單于曰：

『此漢精兵，擊之不能下，日夜引吾南近塞[147]，得無[148]有伏兵乎？』諸當戶[149]君長皆言：『單于自將數萬騎擊漢數千人不能滅，後無以復使邊臣[150]，令漢益輕[151]匈奴。復力戰山谷間，尚四五十里[152]，得平地[153]，不能破，乃還[154]。』

是時陵軍益急，匈奴騎多，戰一日數十合[155]，復傷殺虜二千餘人。虜不利，欲去。會陵軍候管敢[156]為校尉所辱[157]，亡[158]降匈奴，具言[159]：「陵軍無後救，射矢且盡，獨將軍麾下[160]及校尉成安侯韓延年[161]各八百人為前行[162]，以黃與白為幟，當使精騎[163]射之，即破矣。」單于得敢大喜，使騎並攻漢軍，疾呼曰：「李陵、韓延年趣降[164]！」遂遮道[165]急攻陵。陵居谷中，虜在山上，四面射，矢如雨下。漢軍南行，未至鞮汗山[166]，一日五十萬矢皆盡，即棄車去。士尚三千餘人，徒[167]斬車輻[168]而持之，軍吏持尺刀[169]，抵山[4]，入陿[170]谷。單于遮其後，乘隅下壘石[171]，士卒多死，不得行。昏後，陵便衣獨步出營，止左右：「毋隨我，丈夫一取單于[172]耳！」良久[173]，陵還，太息曰：「兵敗，死矣！」於是盡斬旌旗，及珍寶埋地中。陵歎曰：「復得數十矢，足以脫矣。今無兵[174]復戰，天明，坐受縛[175]矣。各鳥獸散[176]，猶有得脫歸[177]報天子者。」令軍士人持二升糒[178]，一片冰，期[179]至遮虜障者相待[180]。夜半時，擊鼓起士[181]，鼓不鳴[182]。陵與韓延年俱上馬，壯士從者十餘人，虜騎數千追之，韓延年戰死。陵曰：「無面目報陛下！」遂降。軍人分散，脫至塞(183)者四百餘人。

陵敗處去塞百餘里，邊塞以聞(184)。上欲陵死戰，後聞陵降，上怒甚，責問陳步樂，步樂自殺。羣臣皆罪陵(185)，上以問(186)太史令司馬遷，遷盛言(187)：「陵事親孝，與士信，常奮不顧身以徇國家之急(188)，其素所畜積(189)也，有國士(190)之風。今舉事一不幸，全軀保妻子(191)之臣隨而媒蘖其短(192)，誠可痛也！且陵提步卒不滿五千，深蹂(193)戎馬之地，抑(194)數萬之師，虜救死扶傷不暇(195)，悉舉引弓之民(196)共攻圍之，轉鬬千里，矢盡道窮，士張空拳(197)，冒白刃，北首(198)爭死敵(199)，得人之死力，雖古名將不過也。身雖陷敗，然其所摧敗亦足暴(200)於天下。彼之不死，宜欲得當(201)以報漢也。」上以遷為誣罔(202)，欲沮貳師(203)，為陵游說，下遷腐刑(204)。

久之，上悔(205)陵無救(206)，曰：「陵當發出塞(207)，乃詔彊弩都尉令迎軍(208)。坐預詔之(209)，得令老將生姦詐(210)。」乃遣使勞賜(211)陵餘軍得脫者。

上以法制御下(212)，好尊用酷吏，而郡國二千石(213)為治(214)者大抵多酷暴，吏民益輕犯法(215)。東方盜賊滋起(216)，大羣至數千人，攻城邑，取庫兵(217)，釋死罪(218)，縛辱郡太守、都尉(219)，殺二千石。小羣以百數(220)，掠鹵(221)鄉里者不可勝數，道路不通。上始使御史中丞、丞相長史督之[222]，弗能禁，乃使光祿大夫[223]范昆及故九卿張德[224]等衣繡衣[225]，持節、虎符[226]，發兵以興擊[227]。斬首大郡或至萬餘級，及以法[228]誅通行、飲食[229]當連坐者，諸郡甚者數千人。數歲，乃頗得其渠率[230]，散卒失亡復聚黨[231]阻山川[232]者，往往[233]而羣居，無可柰何。於是作沈命法[234]，曰：「羣盜起不發覺[235]，發覺而捕弗滿品[236]者，二千石以下至小吏，主者[237]皆死。」其後小吏畏誅，雖有盜不敢發[238]，恐不能得，坐課累府[239]，府亦使其不言。故盜賊寖多[240]，上下相為匿[241]，以文辭避法[242]焉。

是時，暴勝之[243]為直指使者[244]，所誅殺二千石以下尤多，威震州郡[245]。至勃海[246]，聞郡人雋不疑[247]賢，請與相見。不疑容貌尊嚴[248]，衣冠甚偉，勝之躧履[249]起迎，登堂坐定，不疑據地[250]曰：「竊伏海瀕[251]，聞暴公子舊矣[252]，今乃承顏接辭[253]。凡為吏，太剛則折[254]，太柔則廢[255]。威行，施之以恩[256]，然後樹功揚名，永終天祿[257]。」勝之深納其戒[258]。及還，表薦[259]不疑，上召拜不疑為青州刺史[260]。濟南王賀[261]亦為繡衣御史[262]，逐捕魏郡[263]羣盜，多所縱捨[264]，以奉使不稱[265]免，歎曰：「吾聞活千人，子孫有封[266]。吾所活者萬餘人，後世其興乎[267]！」

是歲，以匈奴降者介和王成娩[268]為開陵侯[269]，將樓蘭國兵擊車師，匈奴遣右賢王將數萬騎救之，漢兵不利，引去。

【章　旨】以上為第四段，寫天漢元年（西元前一〇〇年）、二年兩年間的全國大事，主要寫了蘇武出使匈奴，被匈奴押留，蘇武堅貞不降；寫了李廣利伐匈奴，與匈奴戰於天山，先勝後敗，趙充國以英勇善戰，使大軍突出重圍；寫了李陵率步兵五千人遠征匈奴，與匈奴單于艱苦作戰，最後兵敗降敵，司馬遷為李陵說好話遭受宮刑；寫了漢武帝重用酷吏，為加強專制獨裁而設十三刺史部，結果盜賊愈多，吏風愈壞，上下相蒙，國事不堪的情形。

【注　釋】❶泰畤　祭祀泰一神的神壇，在當時長安城的東南方。❷祠后土　祭祀地神的神壇，在今山西萬榮西南的古汾陰縣城西。❸匈奴單于之義　指欲與漢王朝通好，放回了被扣留的路充國等人。❹中郎將蘇武　字子卿，討伐匈奴的將領蘇建之子。中郎將是皇帝的侍從武官，上屬郎中令，統領諸中郎。❺假吏　臨時借調來的官吏。❻俱　一道同行。❼置幣　給匈奴單于送上禮品。置，通「致」。送。幣，禮品。❽遺　給。❾望　希望；意料。❿會　適逢；正趕上。⓫緱王　匈奴中的某小王。⓬長水虞常　長水縣（在今陝西戶縣東）的虞常，原漢人，後降匈奴。⓭單于母閼氏　今單于的母親，老單于的閼氏。閼氏，猶如漢朝皇帝的妃嬪。⓮長水胡人　居於長水地區的匈奴人。⓯善　與……友好。⓰協律都尉李延年　武帝寵妃李夫人之兄，也得漢武帝的寵幸，因擅長音律被封為協律都尉。事跡見《史記・佞幸列傳》。⓱薦言律　向武帝推薦衛律。⓲延年家收　李延年全家逮捕下獄。⓳丁靈王　匈奴中的小王。丁靈，也寫作「丁零」，居住在貝加爾湖一帶的少數民族名。⓴副　副使。㉑私候　私自拜訪。㉒伏弩　埋伏弓箭手。㉓幸蒙其賞賜　我希望能讓他們得到漢王朝這份應該給我的賞賜。㉔夜亡告之　夜間逃去告知單于之母與單于之子弟。㉕生得　活捉。㉖治　審理。㉗恐前語發　害怕他與虞常通謀的事情被揭發。㉘以狀語武　遂將事情的過程告訴蘇武。㉙及我　牽連到我。㉚見犯乃死　等到被匈奴人審問時再自殺。㉛重負國　那就太對不起朝廷了。重，嚴重。㉜引　牽連；供出。㉝左伊秩訾　匈奴的官號名。㉞即　如果。㉟何以復加　其完整的意思是，謀害單于親屬就判死罪，如果謀害單于還能判什麼罪呢。㊱宜皆降之　應該都逼著他們投降。㊲受辭　接受審訊。㊳屈節辱命　喪失氣節，有辱使命。㊴坎　土坑。㊵熅火　沒有火苗的火堆。㊶覆武其上　將蘇武搭放在火堆上。㊷蹈　用腳踹。也有人說「蹈」字應作「掐」。㊸息　呼吸。㊹輿歸　用車拉回。㊺收繫　拘捕關押。㊻益愈　稍稍好了一點。㊼曉武　猶勸蘇武。㊽會論　商議定罪，這裡實指處決。㊾已　完畢；之後。㊿單于近臣　衛律指自己。51當相坐　正使當受牽連獲罪。52無謀　沒有參與該項謀劃。53何謂　為何。54擬　對著。55彌山　滿山。56復然　也會如此。57膏　油；肥。這裡的意思是給……作肥料。58何以汝為見　何必再見你。59決人死生　指審理、處置這次叛亂事件。60鬭兩主　挑起漢朝皇帝與匈奴單于之間的鬥爭。61觀禍敗　意即你在一邊看笑話。62屠為九郡　漢滅南越事見本書元鼎五年。63頭縣北闕　漢平大宛事見本書太初三年，但文內未言宛王毋寡頭懸北闕。64即時誅滅　漢滅朝鮮事見本書元封二年。65若　你。66絕　斷絕。67旃即身上所穿與坐臥所用之物。旃，通「氈」。68北海　即今俄國境內的貝加爾湖，在匈奴地盤的北方。69羝　公羊。70羝乳公羊產子。乳，餵奶。「羝乳乃得歸」是「永遠不許回來」的調侃說法。71別　分開。72各置他所　意即分別關押。73天雨白氂　天空紛紛落下白色犛牛的毛。因事奇特，故史官著於史。74讁戍　有罪而派往守邊。75五原　漢郡名，郡治九原，在今內蒙古包頭西。76自匈奴亡歸　趙破奴於太初二年初為匈奴所俘獲，投降匈奴，今又從匈奴逃了回來。77東海　漢郡名，郡治郯縣，在今山東郯城西北。78天山　即今新疆境內之天山山脈。79首虜萬餘級　首級與俘虜共萬餘。80假司馬　代理司馬之職。司馬是軍中的執法官。81趙充國　隴西郡（郡治狄道，即今甘肅臨洮）人，《漢書》有傳。82潰圍陷陳　衝破敵陣，突出重圍。陳，同「陣」。83物故　死亡。84創　傷口。85奏狀　向皇帝稟明情況。86詣行在所　到皇帝出行的所在之處。87中郎　皇帝的侍從官名，秩六百石，上屬郎中令。88因杅將軍敖　公孫敖。89西河　似應作「河西」，指今甘肅之敦煌、酒泉一帶，與前文說驃騎平定隴右後，「河西益少寇」之「河西」同。有人以山西、陝西北部交界之「西河郡」當之，兩者相隔遙遠，極不合理。90彊弩都尉路博德　此時正駐兵於居延塞。91涿涂山　也作「涿邪山」，在今內蒙古額濟納旗西北的蒙古國境內，在前文趙破奴北伐所至的浚稽山之西。92陵　李陵，字少卿。事跡見《漢書．李廣蘇建傳》。93侍中　皇帝的侍從官員，上屬郎中令。94下士　尊重士人。95有廣之風　有李廣的風範。96騎都尉　統領騎兵的軍官名，比將軍低一級，秩比二千石。97丹陽楚人　丹陽一帶的舊時楚人。丹陽郡的郡治宛陵，在今安徽宣城，戰國時期屬楚。98及貳師擊匈奴　即上文所說的李廣利與匈奴戰於天山事。99將輜重　押送物資的後勤部隊。100荊楚　這裡即指楚，春秋、戰國時代的楚國也稱荊國。101扼虎　制服老虎。102射命中　要射什麼就一定能射中。103自當一隊　獨當一面，不願受別人控制。104蘭干山　在今甘肅蘭州南。105分　吸引；分散。106專鄉　集中力量攻擊。鄉，通「向」。107將惡相屬邪　是不是討厭受李廣利統轄。將，莫非；是不是。惡，不願意。相屬，受別人統轄。108無騎予女　沒有馬匹補充給你。按，此句重要，說明武帝已經考慮到五千名步兵北出的危險。(109)無所事騎　沒有必要補充戰馬。(110)涉　踏上；到達。(111)單于庭　匈奴單于的集會辦公之地。(112)半道　到半路上。(113)後距　猶今所謂「後衛」。背後的救援部隊。(114)方秋　現在正當秋天。(115)留陵　讓李陵停止出發。(116)至春俱出　到明年春天我再和他一道出兵。(117)西河　似應作「河西」，即今甘肅走廊以北地區。(118)遮虜障　在今內蒙古額濟納旗境內。(119)東浚稽山　在今蒙古國杭愛山脈東南。(120)即無所見　如果看不到敵人。(121)受降城　也稱「宿虜城」，譚其驤《歷史地圖集》標在今內蒙古烏拉特中後聯合旗東。(122)居延　水澤名，在今內蒙古額濟納旗境內，其地有眾多的防禦工事，路博德就駐兵在此。(123)舉圖　全部畫下。(124)麾下騎　屬下的騎兵。(125)還以聞　回京向皇帝報告情況。(126)召見　被武帝召見。(127)將率　即指將軍李陵。(128)相值　相遇。(129)可　大約有。(130)軍居兩山間　指李陵軍。(131)陳　通「陣」。(132)弩　有機械裝置的弓。(133)直前就營　一直向前逼近李陵的軍營。(134)搏戰　開戰；對戰。(135)左右地兵　左、右賢王兩部的士兵。(136)引南行　向南方撤退。(137)三創　三處受傷。創，兵器所致的傷口。(138)載輦　用車拉著。(139)將車　給拉傷兵的車子趕車。(140)持兵戰　拿著兵器作戰。(141)循　沿著。(142)故龍城道　舊時由龍城通往漢朝邊境的道路。元狩四年衛、霍大破匈奴於漠北前，匈奴的龍城在今蒙古國烏蘭巴托西南之鄂爾渾河西側的和碩柴達木湖附近，在居延澤的東北方。龍城是單于居住、朝會、祭天的地方。(143)葭葦　蘆葦。(144)縱火以自救　預先燒掉自己跟前的蘆葦，則上風來火便不能延及己之所在。(145)單于在南山上　意即截住了李陵的南退之路。(146)下走　下南山退走。(147)南近塞　向南靠近漢王朝邊境。(148)得無　會不會。(149)當戶　匈奴中的下級軍官名。(150)無以復使邊臣　無法再管理、命令守邊之臣。(151)益輕　越發地輕視。(152)尚四五十里　意即再向南追擊四五十里。(153)得平地　意思是一旦到了平地，李陵的步兵就無法再與匈奴的騎兵對抗了。(154)不能破二句　如果到那時我們還不能打敗他，我們再撤回。(155)一日數十合　一天要打退匈奴的幾十次衝鋒。(156)軍候管敢　一個軍候名叫管敢。當時將軍屬下有若干「部」，其長官叫校尉；校尉屬下有若干「曲」，其長官叫軍候。(157)為校尉所辱　被他的頂頭上司所侮辱。(158)亡　潛逃。(159)具言　詳細地告訴。(160)將軍麾下　指李陵的直屬部隊。麾下，部下。(161)韓延年　韓千秋之子，因其父死於伐南越的戰事而受封為成安侯，此時任校尉之職。韓千秋事見本書元鼎五年。(162)前行　最靠前、最能衝鋒陷陣的部隊。(163)精騎　精銳的騎兵。(164)趣降　趕快投降。趣，意思同「促」，速。(165)遮道　攔住李陵的退路。(166)鞮汗山　在今內蒙古額濟納旗北。(167)徒　沒有兵器的人。(168)車輻　車輪上的輻條，用以作為武器。(169)尺刀　短刀。(170)陿　同「狹」。(171)乘隅下壘石　利用一個山石拐角的地方向下推滾石塊。隅，拐角。壘石，石塊。(172)一取單于　隻身往取單于。(173)良久　過了好久。(174)無兵　沒有武器。(175)坐受縛　只有被人俘虜。(176)各鳥獸散　意即各自利用一切條件，四散逃走。(177)猶有得脫歸　或許還能有人逃回去。(178)糒　乾糧。(179)期　約定。(180)相待　互相等待，意即在那裡會合。(181)起士 號令大家起身行動。(182)鼓不鳴 戰鼓不出聲音。神祕現象，對李陵表示同情。與《漢書》寫法不同。(183)脫至塞 逃回到漢朝邊境。(184)以聞 將情況報告朝廷。(185)罪陵 譴責李陵。(186)以問 拿李陵的事情相問。(187)盛言 用讚美的口吻大談。(188)徇國家之急 為解國家之急而貢獻一切。徇，順。(189)素所畜積 平時的積累與表現。(190)國士 一國之中的稀有之士，極言其卓絕。(191)全軀保妻子 只管保全自己、保全妻子兒女。(192)媒孽其短 誇大人家的短處。媒孽，猶今之所謂「添油加醋」，使一點壞事由小變大，由少變多。孽，酵母。(193)深踩 遠涉；深入。踩，踐；達到。(194)抑 壓倒；摧折。(195)不暇 來不及；顧不上。(196)悉舉引弓之民 凡能拉開弓的人全部調來。(197)張空拳 手執沒有箭的空弓。張，奮也。(198)北首 向著北方衝殺。(199)爭死敵 爭相與敵人拼死。(200)暴 露；顯揚。(201)宜欲得當 大概是想取得一份與其罪過相當的功效。師古曰：「欲於匈奴立功而歸，以當其破敗之罪。」(202)誣罔 瞎說。〈報任安書〉作「誣上」，意即誣衊、誣賴皇帝，說皇上對此負有責任。(203)沮貳師 說貳師將軍李廣利的壞話。沮，這裡通「詛」。詛咒。(204)腐刑 又稱「宮刑」，割掉男性的生殖器。(205)悔 後悔；遺憾。(206)無救 無人救援。(207)當發出塞 意即開始出發。(208)乃詔彊弩都尉令迎軍 曾經下令叫路博德出兵迎接李陵。彊弩都尉，指路博德，當時就率軍活動在居延塞一帶。(209)坐預詔之 由於我過早地給他下詔令。(210)令老將生姦詐 意思是讓他有機會向我做了推託的回話。(211)勞賜 慰勞、賞賜。(212)御下 管理臣民。御，駕馭；管理。(213)郡國二千石 指各郡郡守與各諸侯國的相。(214)為治 為官治民。(215)益輕犯法 越來越不把犯法當做一回事。輕，不在意。(216)滋起 越鬧越多。(217)取庫兵 劫取國家倉庫裡的武器。(218)釋死罪 把監獄裡的死刑犯釋放出來。(219)都尉 郡裡的武官，主管徵討租稅、緝捕盜賊。(220)小羣以百數 小股的武裝起義也有幾百人。(221)掠鹵 搶東西、搶人。鹵，通「虜」。(222)使御史中丞丞相長史督之 御史中丞屬御史大夫，丞相長史是丞相手下的大吏，二府聯合派大員督促各地政府清剿，足見當時事態之急。(223)光祿大夫 郎中令的屬官，掌議論，原名中大夫，太初元年改稱光祿大夫。(224)故九卿張德 曾官居九卿的張德。九卿指太常、光祿勳（郎中令）、衛尉、太僕、廷尉、鴻臚、宗正、大司農、少府，不知張德具體曾任何職。(225)衣繡衣 身穿繡有特殊圖案的衣服。(226)持節虎符 有的持節，有的手握虎符。節，旌節，皇帝派使者外出下達命令所持的信物。虎符，皇帝派人調動軍隊所持的信物，以金屬製成虎形，分成兩半，朝廷與統兵者各執其一。(227)以興擊 師古曰：「以軍興之法而討擊也。」按，「軍興」即今之所謂「軍事動員」，以戰爭需要為名徵調人力、物力。(228)以法 按法律。(229)通行飲食 指允許「盜匪」通行與給「盜匪」提供飲食者。(230)頗得其渠率 捉到了某些首領。渠率，大頭目。渠，大。(231)復聚黨 舊同夥又重新會聚起來。(232)阻山川 以險要的山川形勢為依托。阻，憑藉。(233)往往 到處都有。(234)沈命法 懲治隱瞞匪情不報的法律。王先謙引應劭曰：「沈，沒也，敢蔽匿盜賊者，沒其命也。」

又引沈欽韓曰：「與之相連俱死也。」(235)不發覺　指沒有及時發現，或雖已發現但不報告。(236)捕弗滿品　捕獲的人數達不到規定標準。師古曰：「品，率也，以人數為率也。」即所謂「概率」、「百分比」。(237)主者　主管此事的人。(238)不敢發　不敢上報。發，張揚。(239)坐課累府　因自己受查究而連累郡府。課，審查；查究。府，師古曰：「府，郡府也。」(240)寖多　漸多；越來越多。寖，漸。(241)上下相為匿　彼此互為隱瞞。(242)以文辭避法　各地各級都隱瞞不報、粉飾太平，以免惹麻煩。《集解》引徐廣曰：「詐為虛文，言無盜賊也。」(243)暴勝之　姓暴，名勝之，字公子。(244)直指使者　也稱「繡衣直指」，皇帝派往各地處理問題的「特派員」，這是漢武帝為加強專制獨裁所採取的措施之一。(245)威震州郡　「直指使者」的級別很低，秩六百石，在皇帝跟前其卑如奴；但手執符節，口稱皇命，出京後又權力極大，可以殺戮守、相二千石，至東漢遂致尾大不掉，亦可悲哉！(246)勃海　漢郡名，郡治浮陽，在今河北滄州東南。(247)雋不疑　姓雋，名不疑，勃海郡人，以讀儒書為郡小吏。(248)尊嚴　莊重嚴肅。(249)躧履　趿拉著鞋子，以言其慌忙出迎的樣子。(250)據地　雙腿跪下以手撐地。(251)竊伏海瀕　猶言隱居海邊的草野之民。竊，謙詞。(252)聞暴公子舊矣　猶言「早就聽說您的大名啦」。古時當面往往不呼人之名，而呼其字，以表示尊敬。舊，久；早已。(253)承顏接辭　見您之面，和您說話。(254)太剛則折　太硬的東西容易折斷。(255)太柔則廢　太軟弱了就不起作用。(256)威行二句　威嚴已經有了，那就要對人廣施恩惠。(257)永終天祿　以保持您天賜的福祿永遠享受不完。(258)深納其戒　認真地接受了他的告誡。(259)表薦　向皇帝上表推薦。(260)青州刺史　巡視、刺探青州所管諸郡的特派員。青州是十三個刺史部之一，轄地為齊郡、濟南、千乘、平原、北海、東萊郡及淄川、膠東國。(261)濟南王賀　濟南國的王賀。(262)繡衣御史　與「繡衣直指」、「某州刺史」為一職多稱。(263)魏郡　郡治鄴縣，在今河北臨漳西南。(264)縱捨　放其逃命。(265)不稱　不稱職。(266)活千人二句　能救活上千的人，其子孫就會蒙受封賞。(267)後世其興乎　後代將會興旺起來吧。按，王姓的後代有王鳳、王根、王莽等，最後一度篡奪西漢政權。(268)介和王成娩　匈奴介和王名叫成娩。(269)開陵侯　封地開陵，胡三省以為在臨淮郡。

【校記】[1]還　原作空格。據章鈺校，十四行本、乙十一行本、孔天胤本皆作「還」字，張瑛《通鑑校勘記》同，今據補。

[2]與　原無此字。據章鈺校，十四行本、乙十一行本皆有此字，張敦仁《通鑑刊本識誤》、張瑛《通鑑校勘記》同，今據補。

[3]蘭干山　原作「蘭于山」。據章鈺校，十四行本、乙十一行本皆作「蘭干山」，張瑛《通鑑校勘記》同，今據改。按，《漢書·李陵傳》作「蘭干山」。[4]抵山　原無此二字。據章鈺校，十四行本、乙十一行本、孔天胤本皆有此二字，張敦仁《通鑑刊本識誤》同，今據補。

【語譯】天漢元年（辛巳　西元前一〇〇年）

春季，正月，武帝前往甘泉巡視，在泰畤祭祀泰一神。三月，漢武帝又巡視河東郡，祭祀地神。

漢武帝對匈奴且鞮侯單于意欲與漢朝通好以及放回被扣留的漢朝使者路充國等行為很有好感，於是就派遣中郎將蘇武護送被扣留在漢朝的匈奴使者回歸匈奴，趁便厚贈禮物給且鞮侯單于，報答他的善意。蘇武與副中郎將張勝和臨時借調來的官吏常惠等一同前往匈奴，到了匈奴之後，把財物贈送給且鞮侯單于。匈奴且鞮侯單于對待漢朝使者態度傲慢，這與漢朝所期望於且鞮侯單于的大相逕庭。

碰巧此時匈奴的緱王與長水人虞常等人，以及衛律所率領的投降匈奴的漢人，暗地裡密謀想要劫持且鞮侯單于的母親回漢朝。衛律，他的父親原本是居住在長水的匈奴人。衛律與協律都尉李延年友好，李延年推薦衛律出使匈奴。衛律出使回國的時候，聽說李延年全家被逮捕下獄，懼怕受到牽連，於是逃亡投降了匈奴。匈奴單于非常器重他，讓他參與謀劃國家大事，封他為丁靈王。虞常在漢朝的時候一向與張勝友好，他私下裡拜訪張勝說：「聽說漢天子非常怨恨衛律，我虞常能暗地裡埋伏下人用弩箭射死他，替漢朝天子出氣。我的母親、弟弟都在漢朝，我希望我的家人能得到皇帝的賞賜。」張勝答應了虞常，還把一些錢物交給虞常。過了一個多月，且鞮侯單于出去打獵，只有單于閼氏、單于的兒子及兄弟在家留守，虞常等七十多人想要趁機劫持閼氏，不料其中有一個人連夜跑出去告密。單于子弟率領軍隊攻擊虞常等人，緱王等全部戰死，虞常被活捉。

匈奴且鞮侯單于命令衛律審理此事。張勝知道消息後，擔心自己和虞常通謀的事情被揭發出來，便將事情的經過告訴了蘇武。蘇武說：「事已如此，這個案子一定會牽連到我。如果等到被匈奴人審問的時候再自殺，那就更加對不起國家了。」拔出劍來就要自殺，被張勝、常惠阻止。虞常果然供出了張勝。且鞮侯單于大怒，立即召集匈奴的親貴大臣商議，準備殺死漢朝使者。左伊秩訾說：「謀害單于親屬就將漢朝使者殺死，如果是謀害單于，還怎麼再加重處罰呢？應當逼著他們全部投降。」且鞮侯單于就派衛律召蘇武接受審訊。蘇武對常惠等人說：「如果喪失了氣節、有辱使命，雖然活著，還有什麼臉面再回漢朝！」拔出身上的佩刀就向自己的身上刺去。衛律大吃一驚，趕緊上前抱住蘇武，一面吩咐趕緊傳喚醫生，醫生命人在地上挖了一個坑，坑裡放上炭火，把蘇武搭放在火堆上，拍打他的背部讓瘀血流出。蘇武當時已經斷了氣，在醫生的救助下，半天才恢復呼吸。常惠等急得直哭，用車把蘇武拉回了營地。且鞮侯單于佩服蘇武的氣節，就早晚派人來探視和慰問蘇武，而把張勝逮捕起來。

蘇武的傷勢逐漸好起來，且鞮侯單于派遣使者來勸說蘇武，想讓他投降匈奴。匈奴要處決虞常，就想趁這個機會迫使蘇武投降。當虞常被劍刺死後，衛律宣布說：「漢朝使者張勝參與謀殺單于的近臣，按罪應當處死，單于說只要投降就可以赦免。」說完，舉起劍就要刺殺張勝，張勝被嚇得趕緊請求投降。衛律又對蘇武說：「副使有罪，正使也擺脫不了罪責。」蘇武駁斥他說：「我本來沒有參與他們的陰謀，副使又不是我的親屬，憑什麼牽連到我的頭上？」衛律又舉起劍對準了蘇武，蘇武絲毫不為所動。衛律說：「蘇武先生，我以前背叛漢朝投降了匈奴，有幸蒙受了匈奴的大恩大德，匈奴單于封我為丁靈王，手下擁有幾萬人馬，我所擁有的馬、牛、羊等牲畜漫山遍野，我從來沒有想到我會如此的富有和尊貴！蘇武你今天投降，明天就會像我一樣富貴。白白的死去作了野草的肥料，又有誰知道你的忠心呢？」蘇武不回答。衛律又說：「如果你因為我的規勸而投降，我願意和你結拜為兄弟。如果你現在不肯聽從我的勸告，以後即使再想見到我，那還可能嗎？」蘇武大罵衛律說：「你作為臣子，不顧念漢朝皇帝對你的恩義禮遇，背叛主人背叛父母，向匈奴投降做了一個蠻夷之人，我何必再見到你！再說，既然單于信任你，讓你負責審理此案、裁決人的生死，你不公平執法，反而想要挑起兩國君主之間互相爭鬥，你好在一旁坐觀成敗。南越國殺死了漢朝的使者，現在已經被滅掉變成了漢朝的九個郡；大宛王殺害漢朝的使者，大宛王的人頭被懸掛在長安的北城門；朝鮮殺害漢朝的使者，立即讓它滅亡，現在只剩匈奴還沒有被消滅。你明明知道我絕不會向匈奴投降，卻非要逼迫我，好讓兩國互相攻打起來，匈奴被消滅的災禍就要因我而開始了。」衛律深知蘇武終究不會因為威逼利誘而投降，就報告了且鞮侯單于，且鞮侯單于就越加想要蘇武投降。於是就把蘇武幽禁在一個大地窖中，並斷絕了他的飲食。天降大雪，蘇武躺在地窖中，靠吞吃雪和氈毛維持生命，幾天下來竟然沒有被凍死餓死。匈奴以為蘇武有上天神靈保佑，於是又把蘇武流放到北海上沒有人煙的地方，讓他放牧公羊，並對他說：「等到公羊產下小羊的時候就放你回去。」單于把他的官屬常惠等人分別關押。

天空紛紛落下白色的犛牛毛。

夏季，大旱。

五月，漢武帝下詔大赦天下。

將罪犯發配到五原郡去戍邊屯墾。

浞野侯趙破奴從匈奴逃回漢朝。

這一年，任命濟南太守王卿為御史大夫。

二年（壬午　西元前九九年）

春季，漢武帝前往東海郡巡視，返回途中巡視回中。

夏季，五月，派遣貳師將軍李廣利率領三萬名騎兵從酒泉出發，前往天山攻打匈奴右賢王，此次出擊，共殺死和俘虜了匈奴一萬多人。回師途中，貳師將軍李廣利被匈奴援軍所包圍，漢軍幾天得不到食物，死傷了很多。代理司馬隴西人趙充國率領一百多名強壯的敢死隊衝破匈奴的重重包圍，貳師將軍李廣利帶領著大隊兵馬緊隨其後，這才衝破匈奴的包圍回到中國。此次漢軍死亡的有十分之六七，趙充國身受二十多處創傷。李廣利向武帝奏明情況，武帝下詔讓趙充國前往皇帝的行宮，漢武帝親自接見，他察看了趙充國身上的傷勢，十分感歎，任命趙充國為中郎將。

漢武帝又派因杅將軍公孫敖從西河出發，和強弩都尉路博德到涿涂山會合，但此次出征沒有任何收穫。

當初，李廣有個孫子叫李陵，擔任漢武帝身邊的侍從官——侍中，李陵也和他的祖父一樣善於騎射，愛惜人才，尊重士人。漢武帝認為李陵大有其祖父李廣的風範，任命李陵為統領騎兵的騎都尉，讓他率領丹陽楚國的五千人，在酒泉、張掖一帶教習騎馬射箭，防備匈奴人的入侵。等到貳師將軍李廣利率軍攻打匈奴的時候，武帝下詔給李陵，想讓李陵負責為貳師將軍運輸糧草。李陵磕頭向漢武帝請求說：「我所率領的屯墾成邊之人，都是從荊、楚一帶選拔出來的勇士、有奇異才能的劍客，他們力量大得能制服老虎，箭法精良，百發百中。我希望率領這支部隊獨當一面，到蘭干山以南地區去分散匈奴單于的兵力，不讓他們集中兵力專門對付貳師將軍。」武帝說：「是不是你不願意接受貳師將軍李廣利的統領？我這次調動的軍隊很多，沒有馬匹補充給你。」李陵說：「沒有必要再給我增加戰馬，我希望能夠以少量兵力去攻擊眾多的敵人，只率領手下的這五千名步兵去踏平單于的王庭。」武帝很讚賞李陵的勇敢，就答應了他的請求，並命令路博德率兵在半道接應李陵的軍隊。路博德認為做李陵軍隊的接應很不光彩，就向武帝建議說：「現在正是秋季，匈奴的戰馬肥壯，不利於與匈奴作戰。希望留下李陵，等到春季我再和他一起出兵。」漢武帝很生氣，懷疑是李陵後悔出戰而教路博德出面給皇帝上書，於是下詔命令路博德率軍出西河襲擊匈奴。又下詔令李陵於九月出兵，讓他從遮虜障出兵，到東浚稽山南麓龍勒水一帶，以武力搜索敵情。假如遇不到敵人，就回到受降城休整待命。李陵於是帶領手下的五千名步兵，從居延出發，向北走了三十天，到達浚稽山安下營寨，將沿途所經過的山川地形全部繪製成地圖，派手下的騎士陳步樂帶著地圖回去向武帝報告。漢武帝召見陳步樂，陳步樂向武帝講述李陵為將，深得士兵的擁護，全都願意拼死為他效力，武帝聽了以後很高興，任命陳步樂為郎。

李陵率領五千名步卒到達浚稽山，突然與匈奴單于遭遇，匈奴單于率領大約三萬名騎兵，將李陵的軍隊團團圍住。李陵的軍隊原本駐紮在兩山之間，用大車排成營寨，李陵率領士兵出營布陣，前排的士兵手持戟和盾牌，後排的士兵手持弓、弩。匈奴看見漢軍人少，逕直向前逼近李陵的營寨。李陵親自率領前排的戰士衝上前去與敵人交戰，後面千弩俱發射向匈奴的軍隊，匈奴人應弦而倒。其他匈奴士兵趕緊逃回山上，漢軍勇敢追殺，殺死了匈奴幾千人。匈奴單于大驚，趕緊召集左右兩翼的八萬多名騎兵向李陵發起進攻。李陵一邊戰鬥一邊指揮軍隊向南撤退，經過幾天的邊打邊撤，到達一個山谷中，由於連日作戰，士兵中箭受傷的很多，受三處傷的，就用車拉著，受兩處傷的負責趕車，受一處傷的拿著兵器繼續作戰，就這樣又殺死了三千多名敵人。李陵率軍向東南方向撤退，沿著舊時由龍城通往漢朝的道路行進，走了四五天，來到一個大澤的蘆葦蕩中，匈奴從上風放火企圖將李陵所率領的這支漢軍燒死在蘆葦蕩中，李陵也讓士兵放火預先燒掉自己跟前的蘆葦，使上風燒過來的火燒不到自己。李陵繼續率軍南行，來到一座山下，匈奴單于率軍在南山之上擋住了李陵的南退之路，匈奴單于派他的兒子率領騎兵向李陵發起進攻。李陵率領步兵在樹林間與匈奴騎兵展開激戰，又殺死了匈奴幾千人，李陵用連弩向南山之上的匈奴單于射擊，單于趕緊下山退走。這天李陵抓住一個俘虜，俘虜交代說「單于說：『這肯定是漢朝的精兵，所以我們無法消滅他們，他們日夜引誘我們向南靠近漢朝的邊塞，會不會是漢朝已經在邊塞埋下伏兵了？』各部落的首領都說：『單于親自帶領幾萬名騎兵攻擊漢朝這幾千個步兵，都不能把他們消滅掉，今後就沒有辦法再管理、命令守邊之臣了，也會使漢朝更加輕視匈奴。再組織兵力與漢軍在山谷間拼死一戰，再向南追擊四五十里，就到了平地，到那時如果還不能消滅這股漢軍，我們再撤軍。』」

當時李陵的軍隊所面臨的形勢更加危急，匈奴騎兵人數眾多，一日之內就向李陵的軍隊發起幾十次進攻，在這種敵強我弱的情況下，李陵的軍隊又殺死殺傷匈奴二千多人。匈奴作戰失利，就準備撤退。碰巧李陵部下的一個軍候名叫管敢，因為受了校尉的侮辱，就逃跑投降了匈奴，管敢對單于說：「李陵沒有後續的救援軍隊，箭也快要射完了，現在李陵只有他的直屬部隊和校尉成安侯韓延年各有八百人在前擔任先鋒，分別用黃色與白色的旗幟作為標識，如果用精銳騎兵向他們射擊，立即就能將漢軍擊敗。」單于得到管敢非常高興，就讓管敢也騎上戰馬與匈奴一起進攻李陵的軍隊，管敢大聲呼喊：「李陵、韓延年趕快投降吧！」於是派騎兵擋住漢軍的退路，向李陵發起更猛烈的進攻。李陵的軍隊在山谷中，而匈奴的軍隊在山上，居高臨下，四面射擊，箭如雨下。李陵的軍隊繼續艱難地向南撤退，還沒有到達鞮汗山，一天之內就把僅剩的五十萬支箭射光了，於是拋棄了輜重車輛輕裝前進。此時李陵的手下還有三千多名士兵，但是手中的兵刃已經全部損壞，士兵只好砍下車輻拿在手裡當做武器，軍吏手中也只剩有尺把長的短刀，到了鞮汗山，軍隊退入一個峽谷。單于率軍堵住退路，又利用山石拐角處從山上往下推滾石塊，漢軍中許多人被砸死，軍隊沒法行進。黃昏之後，李陵穿上便衣獨自一人走出軍營，他阻止左右跟隨的人說：「不要跟著我，讓我一個人去捉拿匈奴單于！」過了好久，李陵返回，他歎息著說：「兵敗至此，看來只有死在此地了！」於是把旌旗全部砍倒，又將軍中值錢的東西埋藏到地下。李陵十分惋惜地說：「如果再有幾十支箭，就完全可以脫身了。如今手中已經沒有了繼續戰鬥的武器，等到天明，將坐以待斃。不如咱們趁著黑夜各自逃散，還可能有人逃回去做個向皇帝報信的人。」命令軍士每人攜帶二升乾糧，一片冰稜，約定到遮虜障會合。半夜時分想要敲擊戰鼓讓士兵起身，而戰鼓敲不響。李陵與韓延年全都騎上馬，有十多個壯士跟隨，匈奴調集了幾千名騎兵在後面緊緊追趕，韓延年戰死。李陵說：「我已經沒有臉面回報陛下了！」於是投降了匈奴。李陵部下的士兵分散逃亡，逃回漢朝邊塞的有四百多人。

李陵失敗的地方距離漢朝的邊塞只有一百多里，守邊人員把情況奏報朝廷。漢武帝希望李陵戰鬥到死，後來聽說李陵投降了匈奴，漢武帝憤怒到了極點，他去責問陳步樂，陳步樂畏懼自殺。群臣都怪罪李陵不該投降匈奴，武帝又去詢問太史令司馬遷，司馬遷用讚美的口氣為李陵開脫說：「李陵對待父母很孝順，以誠信對待士兵，經常為了國家的急難而奮不顧身，這是他平素的志向所決定的，他的風範在全國之中都是少有的。如今不幸失敗而投降，那些只知道保全身家性命的人就馬上誇大人家的短處，真是讓人感到痛心啊！況且李陵只帶領著不足五千名的步兵，深入敵人腹地，摧折了幾萬名強大的敵軍，奮勇拼殺，給敵人造成很大傷亡，使敵人救死扶傷都來不及，匈奴單于把所有善於射箭的騎兵全部調來圍攻李陵，李陵與匈奴輾轉戰鬥上千里，箭矢用盡生還無望，而士兵們赤手空拳，冒著敵人的屠刀，向北與敵人拼死作戰，李陵能夠使士兵為他不顧生死，即使是古代有名的將領也不過如此。李陵雖然身陷敵軍，然而他所殺傷的敵人數量也足以使他揚名於天下。他所以沒有選擇戰死，大概是想尋找機會立功而回以補償其破敗之罪吧。」漢武帝認為司馬遷是有意誣衊皇帝，暗中譏諷貳師將軍李廣利，為李陵說情，於是將司馬遷處以宮刑。

過了很久，武帝對沒有派人去援救李陵而感到後悔，他說：「當初派李陵出征的時候，曾經下詔命令強弩都尉路博德接應李陵。是我預先命令他做接應，使老將路博德產生羞恥之心而向我做了推託的回話，致使李陵無人救援。」於是派遣使者慰勞、賞賜李陵部下那些僥倖逃脫回來的人。

漢武帝用嚴厲的刑法來駕馭臣民，喜歡重用酷吏，因而郡、國二千石以上的官員大多數都屬於那種殘酷暴烈之人，然而下級小吏及百姓卻越發不把犯法當做一回事。東方各郡縣的盜賊蜂起，大的盜賊團夥有數千人，他們攻打城邑，搶奪武庫中的兵器，釋放死刑罪犯，綁架、侮辱郡太守、都尉，殺死俸祿在二千石以上的官員。小的盜賊團夥也有幾百人，他們擄掠鄉里百姓，團夥多得數不清，甚至阻斷了交通。武帝開始派御史中丞、丞相長史前去督促各地政府進行清剿，然而卻無法禁止，於是又派光祿大夫范昆以及原來曾經位列九卿的張德等人身穿繡有特殊花紋圖案的衣服，手持符節、帶著象徵兵權的虎符，以戰爭需要為名徵集軍隊去剿滅盜賊。有些大郡中被斬首的盜賊多達一萬多人，再加上按照法律應該誅殺的那些允許盜賊通行以及為盜賊提供飲食的人，各郡都有，多的有幾千人。用了幾年的時間，才稍微捉到了一些盜賊頭領，然而那些逃脫的人又重新聚集起來結成團夥佔據山林的，到處都有，朝廷對他們也是無可奈何。於是開始制定懲治隱瞞匪情不報的《沈命法》，法律規定：「盜賊出現，沒有及時發現，以及雖然發現卻沒有報告，以及捕獲的人數達不到規定的標準的，上自俸祿在二千石以上，下到一般小吏，主管此事的人一律處死。」此後小吏畏懼被殺，即使發現盜賊也不敢向上級報告，害怕不能將盜賊抓獲自己要受審查而且連累郡府，而郡府的高級官員也不希望下級官吏將盜賊的情況聲張出去。所以盜賊日益增多，而上下互相遮蓋、隱瞞，都知情不報，只以虛假的文辭粉飾太平，以免惹出麻煩。

當時，暴勝之擔任直指使者，被他處死的二千石以下的官員尤其多，因而他的威名震動了州郡。暴勝之來到勃海郡之後，聽說郡裡有一個叫做雋不疑的人，很賢德有才能，就請他出來相見。暴勝之見雋不疑相貌高貴威嚴，衣帽華麗整齊，就趕緊站起來迎接，連鞋子都沒顧上穿好，到客廳坐下之後，雋不疑雙腿跪下兩手撐地，俯身向前，說：「我這個隱居海邊的草野之民，早就聽說暴先生的大名了，今天有幸見到您並與您當面交談。我認為凡是做官的，過分剛強就容易折斷，過分軟弱就發揮不了作用，威嚴已經展露，還要對人廣施恩惠，恩威並行才能建功揚名，享受福祿到永遠。」暴勝之認真接受了雋不疑的告誡。等他回到朝中，立即上表向漢武帝推薦雋不疑，漢武帝召見雋不疑並任命他為青州刺史。濟南國的王賀也被武帝任命為繡衣御史，負責追捕魏郡的盜賊，然而大部分盜賊被他從輕發落而得以活命，朝廷卻認為他不稱職而免去了他的職務，他感慨地說：「我聽說救活一千人，子孫就會得到封爵。而我救活了的有一萬多人，我的後代大概會興旺起來吧！」

這一年，封投降過來的匈奴介和王成娩為開陵侯，讓他率領樓蘭國的軍隊去襲擊車師國，匈奴派右賢王帶領幾萬名騎兵去援救車師，開陵侯成娩被右賢王擊敗，無功而返。

【研　析】本卷寫了武帝元封二年（西元前一〇九年）至天漢二年（西元前九九年）共十一年間的全國大事，其中值得注意、值得討論的問題有以下幾個：

一、伐大宛在漢武帝討伐四夷的戰爭中是最勞民傷財、最得不償失的戰爭，據《史記·大宛列傳》，第一次是「發屬國六千騎，及郡國惡少年數萬人」，結果輕敵無備，被打得慘敗而回，剩下的人不到「什一二」。漢武帝不甘心失敗，於是二次再來。第二次是在一年之後，「赦囚徒材官，益發惡少年及邊騎，歲餘而出敦煌者六萬人，負私從者不與。牛十萬，馬三萬餘匹，驢騾橐它以萬數。多齎糧，兵弩甚設，天下騷動，傳相奉伐宛，凡五十餘校尉。」為了給李廣利押送糧草，又「發天下七科謫載糒給貳師，轉車人徒相連屬至敦煌。」為了保障征西大軍側翼的安全，又「益發戍甲卒十八萬，酒泉、張掖北置居延、休屠以衛酒泉」。轟轟烈烈、沸沸揚揚，前後共用了近四年的時間，終於迫使大宛接受了城下之盟。李廣利「取其善馬數十匹，中馬以下牡牝三千餘匹」而回。凱旋歸來的人馬是多少呢？「軍入玉門者萬餘人，軍馬千餘匹」。至少損失了五萬多人、牛馬四萬九千多頭匹。漢武帝為勝利大賞諸軍，李廣利封了海西侯，甚至連一個鼓起勇氣、仗著膽子殺了一個俘虜的騎兵趙弟也被封了新畤侯，簡直令人無法理解。

二、李陵率步卒五千人北討匈奴的問題，最早見於司馬遷的〈報任安書〉，其次是見於班固《漢書·李廣傳》的李陵部分，第三次是見於司馬光的《資治通鑑》本卷。《資治通鑑》本卷中的文字幾乎全部移自《漢書·李廣傳》。將《資治通鑑》本卷所敘述的李陵故事與司馬遷的〈報任安書〉相比較有哪些差異呢？其一，本卷引用《漢書》文字寫了李陵請戰時武帝對李陵說：「吾發軍多，無騎予女」，表明武帝看到了李陵這支小部隊出征的危險性；倒是李陵口出狂言：「臣願以少擊眾，步兵五千人涉單于庭」。而且武帝又安排「路博德將兵半道迎陵軍」，思考問題不算不細。遺憾的是當路博德提出推託時，而武帝沒有下強制性的命令，結果造成李陵後來無人救援。其二是〈報任安書〉對李陵以少勝眾的描寫過分誇張，如說「仰億萬之師，與單于連戰十有餘日，所殺過半當。虜救死扶傷不給，旃裘之君長咸震怖，乃悉徵其左、右賢王，舉引弓之人，一國共攻而圍之」。這是五千人能做到的事麼？誇張得太不著邊際了。本卷則引《漢書》文字說「陵至浚稽山，與單于相值，騎可三萬圍陵軍」；後又「單于大驚，召左、右地兵八萬餘騎攻陵」。雖然仍有許多誇張的色彩，但比起〈報任安書〉是冷靜可信得多了。其三，本卷也有修改《漢書》的地方，如《漢書》寫李陵激勵士兵作戰時有所謂：「『吾士氣少衰而鼓不起者何也？軍中豈有女子乎？』陵搜得，皆劍斬之。」這段文字與整個上下文的氣氛不合，是敗筆。本卷則刪去此數句，而將擊鼓事移到了最後的分散突圍前，「夜半時，擊鼓起士，鼓不鳴」，這是一種奇特而又神祕的現象，不知為何如此，文筆掩抑，充滿無限悲涼。

三、漢武帝為保證其戰爭機器的不停運轉，為滿足其日益膨脹的物質與精神欲望，於是任用了大批聚斂之臣；又為了鎮壓國內百姓的反抗與朝廷官員的不滿情緒，而任用了大批酷吏，於是惡性循環，愈演愈烈。於是「吏民益輕犯法。東方盜賊滋起，大羣至數千人，攻城邑，取庫兵，釋死罪，縛辱郡太守、都尉，殺二千石；小羣以百數掠鹵鄉里者不可勝數」。也正是在這種背景下，漢武帝為了加強其專制獨裁，而建立了「十三刺史部」，即派出許多只對皇帝負責的特派員到全國各地明察暗訪，向皇帝打小報告。這些人級別甚低，而權力甚大；他們手執符節，口含天憲，很多高級地方官輕易地死於這些人之手。於是這時有了所謂「沈命法」，即「羣盜起不發覺，發覺而捕弗滿品者，二千石以下至小吏，主者皆死。」法令施行之後，「小吏畏誅，雖有盜不敢發，恐不能得，坐課累府，府亦使其不言。故盜賊寖多，上下相為匿，以文辭避法焉。」這就和秦朝末年的情況差不甚多了。「風流人物」而使國家「風流」至此，不亦哀哉！

卷第二十二

漢紀十四

起昭陽協洽（癸未　西元前九八年），盡閼逢敦牂（甲午　西元前八七年），凡十二年。

【題　解】本卷寫了天漢三年（西元前九八年）至後元二年（西元前八七年）共十二年間的全國大事：其一，寫武帝晚年既迷信神仙、又疑神疑鬼，奸人遂乘機掀起巫蠱大案，以致丞相公孫賀被殺，衛皇后之二女被殺。其二，寫武帝因寵愛鉤弋夫人而欲廢太子、立幼子，遂使奸人江充等趁機陷害太子與衛皇后；在太子、皇后怒斬江充，起兵與來加害者對抗時，武帝派丞相劉屈氂統兵討伐，致使皇后自殺，太子兵敗亦自殺而死，前後死者多達數萬。其三，寫漢武帝逐漸查知太子之冤，處死奸人蘇文以及江充之餘黨，而統兵與太子作戰之劉屈氂與因鎮壓太子而獲升遷的商丘成、馬通等人又遭清洗；而田千秋則因為太子辨冤而被超升為大鴻臚，又進而為丞相，封富民侯。其四，寫李廣利率軍北伐，而朝中因處死劉屈氂，連帶李廣利家族繫獄，李廣利於思想矛盾中被匈奴打敗，投降匈奴；又在匈奴受衛律忌恨，被衛律進讒殺害。其五，寫漢武帝接受建議，不再迷信方士、企求長生；寫漢武帝深悔當年窮兵黷武，因否定桑弘羊等屯田輪臺之議而下詔息兵養民。其六，寫漢武帝因決心立幼子而預先殺了幼子之母鉤弋夫人；寫武帝臨終前向霍光、金日磾等託孤，與歷史家班固、司馬光對武帝政治的評價。整卷前半寫武帝的老年昏聵、喜怒無常、兇殘好殺，令人深惡痛絕；後半寫其悔過自責，大膽坦露，亦頗令人感動。

世宗孝武皇帝下之下

天漢三年（癸未　西元前九八年）

春，二月，王卿❶有罪自殺，以執金吾❷杜周❸為御史大夫。

初榷酒酤❹。

三月，上行幸泰山，脩封❺，祀明堂❻，因受計❼。還祠常山❽，瘞玄玉❾。

方士之候祠❿神人、入海求蓬萊者終無有驗，而公孫卿猶以大人跡為解⓫，天子益怠厭⓬方士之怪迂語⓭矣。然猶羈縻不絕⓮，冀⓯遇其真。自此之後，方士言神祠⓰者彌眾，然其效可睹⓱矣。

夏，四月，大旱，赦天下。

秋，匈奴入鴈門⓲，太守坐畏愞⓳棄市。

四年（甲申　西元前九七年）

春，正月，朝諸侯王于甘泉宮⓴。

發天下七科讁㉑及勇敢士，遣貳師將軍李廣利將騎六萬、步兵七萬出朔方㉒，彊弩都尉路博德將萬餘人與貳師會㉓，游擊將軍韓說㉔將步兵三萬人出五原㉕，因杅將軍公孫敖㉖將騎萬、步兵三萬人出鴈門。匈奴聞之，悉遠其累重㉗於余吾水㉘北，而單于以兵十萬待水南，與貳師接戰。貳師解而引歸㉙，與單于連鬭十餘日。游擊無所得㉚。因杅與左賢王㉛戰，不利，引歸。

時上遣敖深入匈奴迎李陵㉜，敖軍無功還，因曰：「捕得生口㉝，言李陵教單于為兵㉞以備漢軍，故臣無所得㉟。」上於是族陵家㊱。既而聞之，乃漢將降匈奴者李緒，非陵也。陵使人刺殺緒㊲。大閼氏㊳欲殺陵㊴，單于匿之北方。大閼氏死，乃還。單于以女妻陵，立為右校王㊵，與衛律㊶皆貴用事。衛律常在單于左右，陵居外，有大事乃入議。

夏，四月，立皇子髆㊷為昌邑王㊸。

太始元年（乙酉　西元前九六年）

春，正月，公孫敖坐妻㊹為巫蠱㊺要斬㊻。

徙郡國豪桀㊼于茂陵㊽。

夏，六月，赦天下。

是歲，匈奴且鞮侯單于㊾死，有兩子，長為左賢王，次為左大將㊿。左賢王未至51，貴人以為有病，更立左大將為單于。左賢王聞之，不敢進52，左大將使人召左賢王而讓位焉。左賢王辭以病，左大將不聽，謂曰：「即53不幸死，傳之於我。」左賢王許之，遂立，為狐鹿姑單于，以左大將為左賢王。數年，病死54，其子先賢撣55不得代56，更以為日逐王57。單于自以其子為左賢王。

二年（丙戌　西元前九五年）

春，正月，上行幸回中58。

杜周59卒，光祿大夫暴勝之60為御史大夫61。

秋，旱。

趙中大夫白公62奏穿渠引涇水63，首起谷口64，尾入櫟陽65，注渭中66袤二百里67，溉田四千五百餘頃，因名曰白渠，民得其饒。

三年（丁亥　西元前九四年）

春，正月，上行幸甘泉宮。二月，幸東海68，獲赤鴈。幸琅邪69，禮日成山70，登之罘71，浮大海72而還。

是歲，皇子弗陵73生。弗陵母曰河間趙倢伃74，居鉤弋宮75，任身76十四月而生。上曰：「聞昔堯77十四月而生，今鉤弋78亦然。」乃命其所生門79曰堯母門。

臣光曰[80]：「為人君者，動靜舉措[81]不可不慎，發於中必形於外[82]，天下無不知之。當是時也，皇后、太子皆無恙[83]，而命鉤弋之門曰堯母，非名[84]也。是以姦臣[1]逆探上意[85]，知其奇愛[86]少子，欲以為嗣[87]。遂有危[88]皇后、太子之心，卒成巫蠱之禍[89]，悲夫！」

趙人江充為水衡都尉[90]。初，充為趙敬肅王[91]客，得罪於太子丹[92]，亡逃，詣闕[93]告趙太子陰事[94]，太子坐廢[95]。上召充入見。充容貌魁岸[96]，被服輕靡[97]，上奇之。與語政事，大悅，由是有寵，拜為直指繡衣使者[98]，使督察貴戚近臣踰侈[99]者。充舉劾[100]無所避[101]，上以為忠直，所言皆中意[102]。嘗從上甘泉[103]，逢太子家使[104]乘車馬行馳道[105]中，充以屬吏[106]。太子聞之，使人謝充[107]曰：「非愛[108]車馬，誠不欲令上聞之，以教敕亡素[109]者。唯[110]江君寬之！」充不聽，遂白奏[111]。上曰：「人臣當如是[112]矣！」大見信用，威震京師。

四年（戊子　西元前九三年）

春，三月，上行幸泰山。壬午[113]，祀高祖于明堂[114]以配上帝[115]，因受計[116]。癸未[117]，祀孝景皇帝于明堂[118]。甲申[119]，修封[120]。丙戌[121]，禪石閭[122]。夏，四月，幸不其[123]。五月，還，幸建章宮[124]，赦天下。

冬，十月甲寅晦[125]，日有食之。

十二月，上行幸雍，祠五時[126]。西至安定、北地[127]。

征和元年（己丑　西元前九二年）

春，正月，上還，幸建章宮。

三月，趙敬肅王彭祖薨[128]。彭祖取江都易王[129]所幸淖姬[130]，生男，號淖子。時淖姬兄為漢宦者[131]，上召問：「淖子何如？」對曰：「為人多欲。」上曰：「多欲不宜君國子民[132]。」問武始侯昌[133]，曰：「無咎無譽[134]。」上曰：「如是可矣[135]。」遣使者立昌為趙王。

夏，大旱。

上居建章宮，見一男子帶劍入中龍華門[136]，疑其異人[137]，命收[138]之。男子捐劍走[139]，逐之弗獲[140]。上怒，斬門候[141]。冬，十一月，發三輔騎士[142]大搜上林[143]，閉長安城門索[144]，十一日乃解[145]。巫蠱始起。

丞相公孫賀[146]夫人君孺，衛皇后姊也，賀由是有寵。賀子敬聲代父為太僕[147]，驕奢不奉法，擅用北軍[148]錢千九百萬，發覺，下獄。是時詔捕陽陵[149]大俠朱安世[150]甚急，賀自請逐捕安世以贖敬聲罪，上許之。後果得安世。安世笑曰：「丞相禍及宗矣[151]！」遂從獄中上書，告「敬聲與陽石公主[152]私通。上且上[153]甘泉，使巫當馳道[154]埋偶人[155]，祝詛[156]上，有惡言。」

【章　旨】以上為第一段，寫天漢三年（西元前九八年）至征和元年（西元前九二年）共七年間的全國大事，主要寫了李廣利伐匈奴無功而還；寫了公孫敖誤傳李陵為匈奴訓練軍隊，致使李陵全家被族滅，而李陵遂憤而長留匈奴，受匈奴單于寵信；寫了武帝因寵鉤弋夫人而欲廢太子、立幼子，遂為奸人陷害太子與皇后提供了條件；寫了奸人江充為揭發趙國太子陰事、又因舉報皇太子家人出使行馳道事而大受武帝寵信，為其日後掀起巫蠱大案做了伏筆；寫了武帝晚年既迷信神仙、又疑神疑鬼，為一幻覺而調集軍隊、大肆搜捕；公孫賀為救子而開罪了朱安世，朱安世反咬公孫賀，巫蠱案件之巨網遂一舉張開，不可收拾。

【注　釋】❶王卿　自元狩元年由濟南太守升御史大夫。❷執金吾　原稱「中尉」，國家首都的治安長官。❸杜周　當時有名的酷吏之一。事跡詳見《史記・酷吏列傳》。❹榷酒酤　實行酒類由國家專賣。榷，專利；獨佔專賣。❺脩封　繼續在泰山頂進行祭天活動。脩，繼續做某事。❻祀明堂　祭祀泰山東北山腳下的明堂。❼因受計　順便在明堂接受各郡國送上的財務報表。計，財務收支報表。❽還祠常山　在西返的途中祭祀常山。常山即恆山，在今河北曲陽西北。❾瘞玄玉　埋黑色玉於地下，以祭恆山之神。因恆山是北方的大山，北方按五行屬黑，故以黑玉祭之。❿候祠　探訪、祭祀。⓫以大人跡為解　用他見到的大腳印來向皇帝搪塞。解，藉口；搪塞。⓬益怠厭　越來越心灰意懶、越來越討厭。⓭怪迂語　奇談怪論。⓮羈縻不絕　不完全撒手，總還藕斷絲連。⓯冀　希望。⓰言神祠　講說神仙、講說祭祀。⓱其效可睹　真正的效果是可想而知的，意即根本不會有。⓲鴈門　漢郡名，郡治善無，在今山西右玉東南。⓳畏愞　畏懼、怯懦。⓴朝諸侯王于甘泉宮　在甘泉宮接受諸侯王們的朝拜。甘泉宮在今陝西淳化西北的甘泉山上。㉑七科讁　七種有罪名應該派往從軍的人，即吏有罪、亡命、贅婿、賈人、故有市籍、父母有市籍、祖父母有市籍。秦漢時代常派罪人從軍，而商人、贅婿，甚至不是商人而其父母或祖父母曾當過商人的人都在「罪犯」之列。㉒朔方　漢郡名，郡治在今內蒙古烏拉特前旗東南。㉓會　合軍一起，一路同行。㉔韓說　劉邦功臣韓王信的曾孫，武帝的幸臣韓嫣之弟。㉕五原　漢郡名，郡治九原，在今內蒙古包頭西。㉖公孫敖　跟隨衛青伐匈奴的將領。事見《史記・衛將軍驃騎列傳》。㉗遠其累重　將一些笨重的物資都向後方運得遠遠地。累重，輜重，指財物與老弱傷殘之類。㉘余吾水　即今蒙古國境內的土拉河。㉙解而引歸　退出戰鬥引軍南撤。㉚游擊無所得　將軍韓說沒有找到匈奴人。㉛左賢王　匈奴東部地區的最高長官，地位僅低於單于，通常是由單于的兒子或兄弟充任。㉜迎李陵　當時李陵已兵敗被匈奴所俘獲。事見本書卷二十一武帝天漢二年。㉝生口　活的俘虜。㉞教單于為兵　意即幫著匈奴訓練軍隊。㉟無所得　沒有迎到。㊱族陵家　全部殺光了李陵的家屬。族，滅族。㊲刺殺緒　因李緒幫匈奴練兵而導致自己家族被誅滅。㊳大閼氏　匈奴單于之母。閼氏是匈奴單于的姬妾之號。㊴欲殺陵　因李緒是大閼氏的女婿。㊵右校王　匈奴西部地區的王號。㊶衛律　早先投降匈奴的漢人，被匈奴封為丁靈王。蘇武所以被匈奴扣留，就是因為蘇武的副使參與謀殺衛律的活動。㊷皇子髆　劉髆，武帝之子，寵姬李夫人所生。㊸昌邑王　國都昌邑，今山東巨野城南。㊹坐妻　由於妻子犯罪而受牽連。坐，因。㊺巫蠱　巫師使用妖術害人的一種手段，如《紅樓夢》中馬道婆之害鳳姐、寶玉所使用的方法即是其一。其實都是瞎掰。這裡的「巫蠱」是指有人以此加害漢武帝，實際是有人以此為口實挑起武帝懷疑朝臣，對朝臣大肆誅戮。公孫敖是被誣陷的第一個。㊻要斬　即腰斬。要，通「腰」。㊼郡國豪桀　各郡各諸侯國地方上的有影響力、有號召力的人物。㊽茂陵　漢武帝為自己預修的陵墓，在今陝西興平東北。漢武帝所以要向茂陵地區移「郡國豪桀」，一是想把這些不安定分子集中到京城附近加強管理，同時也可以讓這個地區迅速繁榮起來，以便他日後埋在這裡也不寂寞。㊾且鞮侯單于　呴犁湖單于之弟，西元前一〇一—前九六年在位。㊿左大將　匈奴官名，比左賢王低兩等。(51)未至　未及時趕到單于庭，接受單于之位。(52)不敢進　不敢進單于庭，怕被新單于所殺。(53)即　若。(54)病死　謂左賢王病死。(55)先賢撣　左賢王的兒子名先賢撣。(56)不得代　未能繼其父位為左賢王。(57)日逐王　匈奴西部地區的王號。這裡的意思是先賢撣不僅未能繼其父位，而且被調離東部，換到了西部地區。(58)回中　地區名，也是道路名，東起今陝西隴縣，西北至今甘肅的華亭，是關中平原與隴東高原間的咽喉通道。(59)杜周　當時有名的酷吏，任御史大夫。(60)光祿大夫暴勝之　姓暴，名勝之，字公子，先曾為「直指使者」，即後來的所謂「刺史」；以能幹被用為光祿大夫。光祿大夫原稱中大夫，皇帝的侍從官，秩千石。(61)為御史大夫　暴勝之由光祿大夫一躍為御史大夫，超升許多級，由此見武帝之寵用酷吏。(62)趙中大夫白公　趙國的中大夫姓白，史失其名。趙國的都城即今河北邯鄲。此「中大夫」是趙王的侍從官。(63)涇水　河水名，西自甘肅流來，至長安城北匯入渭水。(64)谷口　漢縣名，縣治在今陝西禮泉東北。65櫟陽　漢縣名，縣治在今西安的閻良區，曾為秦國的都城，楚漢戰爭時期為劉邦的大本營。66注渭中　流入渭水。67袤二百里　謂此渠長二百里。袤，長。68東海　漢郡名，郡治在今山東郯城北。69琅邪　漢縣名，在今山東膠南市西南，其地有古琅邪臺，是當年秦始皇曾經登臨、祭祀過的地方。70禮日成山　在成山島祭祀日神。成山島在今山東榮成東北，陡峭插入東海，形勢雄偉而神祕。71之罘　海邊山島名，在今山東煙臺北的大海邊，從秦朝起這裡就成了尋仙者的神祕之地。72浮大海　由海上乘船。73弗陵　劉弗陵，武帝之子，即日後的漢昭帝。74河間趙倢伃　河間是當時的諸侯國名，國都名成，在今河北獻縣東南。倢伃是皇帝嬪妃的稱號名，僅低於皇后。趙倢伃即通常所說的鉤弋夫人。75鉤弋宮　在當時長安城外的直門南。76任身　懷孕。任，通「妊」。77堯　遠古傳說中的帝王，號陶唐氏。事跡見《史記・五帝本紀》。78鉤弋　指鉤弋夫人的懷孕。79所生門　生昭帝的那所房子的門。80臣光曰　以下文字是《通鑑》作者司馬光對上述歷史事件所發表的評論。81舉措　做什麼與不做什麼。舉，興作。措，停止。82發於中必形於外　心裡邊一有想法，外表上必定會有流露。中，內心；思想。83無恙　沒有任何毛病、過錯。84非名　不合道理的稱呼。85逆探上意　推測皇上的意圖。86奇愛　因奇而生愛。87欲以為嗣　想改立他為接班人。88危　陷害。89巫蠱之禍　指誣說皇后、太子為巫蠱，造成皇后、太子慘死事，見後文。90水衡都尉　官名，掌管上林苑，兼管鑄錢等事。91趙敬肅王　劉彭祖，景帝之子，封為趙王，敬肅是謚。趙國都城即今河北邯鄲。92太子丹　劉丹，劉彭祖之子。93詣闕　到朝廷。闕，宮殿的正門，通常即用以代指朝廷。94趙太子陰事　指與其同胞姐及其女通姦。95坐廢　因而被剝奪太子位。96魁岸　魁梧。97被服輕靡　衣著華麗。98直指繡衣使者　朝廷派往各郡國的刺探、調查人員。前文已出現「直指」、「繡衣使者」，此則二者兼稱，職務相同。99踰侈　驕奢越分。100舉劾　檢舉、彈劾。101無所避　不怕得罪任何人。102中意　符合皇帝的心意。103從上甘泉　跟著皇帝到甘泉宮去。甘泉宮在今陝西淳化西北，是秦漢皇帝的避暑、祭祀與遊覽之地。104太子家使　太子劉據派出的辦事人員。105馳道　御道，專門供皇帝車駕行走的大道。106以屬吏　將其交由法吏處置，這裡是將其車馬沒收。漢律：騎乘車馬行馳道中，已論者沒入車馬被具。107謝充　向江充道歉求情。108愛　吝惜。109教敕亡素　平素對身邊的人缺乏管教。敕，管教。素，平時。110唯　表示祈請的發語詞。111白奏　報告皇帝。112當如是　應當如此。113壬午　三月二十五。114祀高祖于明堂　將劉邦的靈牌供奉在泰山東北側明堂的上帝靈位旁邊。115以配上帝　在祭祀上帝時，讓劉邦也隨著一同受祭。116受計　聽取各郡、國的財務報告，接受各郡國交納的錢糧。117癸未　三月二十六。118祀孝景皇帝于明堂　又將漢景帝的靈牌供奉在明堂內的上帝靈牌的旁邊。119甲申　三月二十七。120修封　在泰山頂祭祀天神，再次給泰山加土。121丙戌　三月二十九。122禪石閭　在石閭山祭祀地神。石閭小山在今山東泰安南。

(123)不其　山名，也是縣名，在今山東即墨西南。(124)幸建章宮　到建章宮遊覽居住。建章宮在當時長安城的城外西南側，與城內西南角的未央宮隔城相對。(125)十月甲寅晦　十月的最後一天是甲寅。但「甲寅」為十一月初一，非十月。(126)五時　祭祀上帝的五座神壇，即密時、鄜時、吳陽上時、吳陽下時、北時。(127)安定北地　漢之二郡名，安定郡的郡治高平，即今寧夏固原。北地郡的郡治馬領，在今甘肅慶陽西北。(128)趙敬肅王彭祖薨　劉彭祖先為廣川王，後為趙王，共在位六十四年。(129)江都易王劉非，景帝之子，先為汝南王，後改江都王，共在位二十八年，元朔元年（西元前一二八年）死。諡曰易。(130)淖姬　姓淖，原為江都王劉非的寵姬，劉非死後，劉非的太子劉建將其姦佔。劉建犯法自殺後，淖姬又被劉彭祖娶來。(131)為漢宦者　為武帝身邊的宦者。(132)君國子民　意即為一國之王。君、子二字皆用為動詞。(133)武始侯昌　劉昌，趙敬肅王劉彭祖之子，受封為武始侯，武始是縣名。(134)無咎無譽　沒有過錯，也沒有好名聲。(135)如是可矣　這樣就可以了。(136)中龍華門　建章宮的宮門名。(137)異人　不是宮裡的正常人，即刺客之流。(138)收　拘捕。(139)捐劍走　扔下劍跑了。(140)逐之弗獲　追捕沒有追到。按，武帝晚年疑神疑鬼，心神恍惚，總覺得有人想害他，為日後之查巫蠱、大肆誅殺做伏筆。(141)門候　守衛宮門的人。(142)三輔騎士　駐紮在首都附近的騎兵。三輔即京兆尹、左馮翊、右扶風，是首都長安及其四周郊區的三個行政長官，級別都同於郡守。(143)上林　上林苑，秦漢時代的皇家獵場，在今陝西西安西南，區域廣達數縣。(144)閉長安城門索　索，搜查。為一個可疑的幻影而大規模搜捕，武帝可謂已經昏了頭。(145)解　解除禁令。(146)公孫賀　原為隨衛青討伐匈奴的將領，後任太僕，太初二年（西元前一〇三年）被迫無奈地接受了丞相之職。(147)代父為太僕　也在太初二年。太僕是九卿之一，為皇帝趕車。掌乘輿車馬。(148)北軍　駐紮在長安城的最強大的一支部隊，其主要任務就是守衛宮廷。因其駐紮在未央宮北故稱北軍。(149)陽陵　漢景帝的陵墓名，也是該陵墓所在地的縣（陵邑）名，在今西安北，當時長安城東北的渭水之北。(150)朱安世　被強制搬遷到陽陵邑居住的豪強。(151)禍及宗矣　意思是他要把公孫賀搞得滿門誅滅。(152)陽石公主　武帝之女。(153)且上　將去。(154)當馳道　在皇帝將要通過的馳道中央。(155)偶人　古時以妖術害人所用的小偶像，上寫被害人的生辰八字等等。(156)祝詛　禱告鬼神降禍於他要加害的人。

【校　記】[1]臣　原作「人」。據章鈺校，十四行本、乙十一行本、孔天胤本皆作「臣」，《通鑑紀事本末》亦作「臣」，今據改。

【語　譯】世宗孝武皇帝下之下

天漢三年（癸未　西元前九八年）

春季，二月，御史大夫王卿因罪自殺，漢武帝任命執金吾杜周為御史大夫。

開始實行酒類由國家專賣。

三月，漢武帝巡行泰山，再次在泰山頂舉行祭天活動，又祭祀泰山東北山腳下的明堂，乘便在明堂接受各郡、國呈送的財務報表。在返回京師的途中，祭祀常山，把黑色的玉埋在地下，以祭祀常山之神。武帝所派往各地等候神仙降臨的方士，以及到大海之中去尋找蓬萊仙山的都始終沒有結果，然而公孫卿仍然用大人的足跡來證明確實有神仙存在，漢武帝越來越厭惡方士的那些怪誕迂腐的言論。然而對神仙之事還是時常牽掛，希望能夠真的遇見神仙。從此之後，方士講說自己遇到了神仙、講述如何祭祀的越來越多，然而他們所說的全都毫無效驗也就可想而知了。

夏季，四月，天氣大旱。大赦天下。

秋季，匈奴入侵雁門關，雁門太守被指控對匈奴心存畏懼而被處死。

四年（甲申　西元前九七年）

春季，正月，漢武帝在甘泉宮接受各諸侯王的朝拜。

將全國七種有罪名的人以及那些勇於爭鬥的人徵召入伍，派貳師將軍李廣利率領六萬名騎兵、七萬名步兵從朔方郡出塞，派強弩都尉路博德率領一萬多人與貳師將軍會合，派游擊將軍韓說率領三萬名步兵從五原郡出塞，因杅將軍公孫敖率領一萬名騎兵、三萬名步兵從雁門關出塞，各路大軍分成幾路前往攻打匈奴。匈奴聽到漢朝大軍前來征討的消息後，立即把所有家口、財物以及笨重的東西全部運到了余吾水以北，而鞮侯單于親自率領十萬名騎兵駐紮在余吾水以南，準備迎戰貳師將軍李廣利。貳師將軍李廣利率軍和匈奴且鞮侯單于連續戰鬥了十多天，最後退出戰鬥率軍撤回。游擊將軍韓說因為沒有找到匈奴人，只好無功而返。因杅將軍公孫敖率軍與左賢王交戰，失敗而回。

當時漢武帝派遣公孫敖深入匈奴準備迎回李陵，公孫敖無功而返，他對漢武帝說：「我俘獲了一個匈奴人，這個匈奴人說李陵正在幫助匈奴訓練軍隊以抵禦漢軍的進攻，所以我沒能完成接回李陵的任務。」漢武帝於是誅殺了李陵全族。不久聽說幫助匈奴訓練軍隊的是投降匈奴的漢將李緒，而不是李陵。李陵派人刺殺了李緒。匈奴大閼氏想要殺死李陵，且鞮侯單于把李陵隱藏在北方。一直等到大閼氏死了之後，李陵才回到匈奴王庭。且鞮侯單于把自己的女兒嫁給李陵為妻，又封李陵為右校王，與衛律一樣地位尊貴，手中握有重權。衛律經常跟隨在且鞮侯單于身邊，而李陵經常在王庭之外，只在遇有軍國大事，才到王庭參與決策。

夏季，四月，漢武帝封皇子劉髆為昌邑王。

太始元年（乙酉　西元前九六年）

春季，正月，公孫敖由於妻子被指控使用巫術害人受牽連而被腰斬。

將各郡、各諸侯國中那些有影響力、有號召力的人物強行搬遷到茂陵。

夏季，六月，大赦天下。

這一年，匈奴且鞮侯單于去世，且鞮侯單于有兩個兒子，長子為左賢王，次子為左大將。左賢王領兵在外沒有及時趕到王庭，王庭中的權貴認為長子左賢王有病，於是就擁立左大將為匈奴單于。左賢王聽到左大將已經被立為匈奴單于的消息後，就不敢進入王庭，左大將派人召請左賢王，準備把王位讓給左賢王。左賢王藉口身體有病而謝絕，左大將不答應，他對左賢王說：「如果你真的不幸病死，再把王位傳給我。」左賢王這才答應做了單于，就是狐鹿姑單于，他任命左大將為左賢王。過了幾年，左賢王因病死去，他的兒子先賢撣沒能繼承左賢王的職位，狐鹿姑單于將先賢撣改封為日逐王。單于把自己的兒子封為左賢王。

二年（丙戌　西元前九五年）

春季，正月，漢武帝巡視回中地區。

杜周去世，漢武帝任命光祿大夫暴勝之為御史大夫。

秋季，天氣乾旱。

趙國的中大夫白公向武帝建議開挖水渠引涇河水灌溉農田，這條水渠從谷口縣開始，到櫟陽縣以後，就注入渭水，全長兩百里，灌溉農田四千五百多頃，因為是白公建議開挖，所以命名為白渠，白渠灌溉區的人民深得其利，生活富裕。

三年（丁亥　西元前九四年）

春季，正月，漢武帝到甘泉宮巡視。二月，又前往東海郡巡視，途中捕獲了一隻紅色的大雁。漢武帝來到琅邪，在成山島祭祀日神，然後登上之罘山，乘船由海上返回。

這一年，皇子劉弗陵降生。劉弗陵的母親是河間人，姓趙，封倢伃，住在鉤弋宮，懷孕十四個月生下劉弗陵。漢武帝說：「聽說古代的聖王堯是十四個月出生，如今鉤弋宮趙倢伃的這個孩子也是懷孕十四個月出生。」於是將趙倢伃所住的鉤弋宮宮門命名為堯母門。

司馬光說：「身為皇帝，一舉一動都不能不謹慎，內心所想的一定會在行動上表現出來，天下就會無人不知無人不曉。在那個時候，皇后衛子夫、太子劉據都安然無恙，而漢武帝竟然給鉤弋宮門命名為堯母門，這是不合道理的稱呼。所以，那些奸猾之臣就開始揣摩皇帝的意圖，知道武帝對劉弗陵孕育了十四個月才出生感到奇怪因而特別溺愛這個小兒子，想改立小兒子為繼承人。於是便生出危害皇后、太子的陰謀，終於釀成巫蠱的禍亂，實在是可悲啊！」

趙國人江充擔任水衡都尉。當初，江充在趙敬肅王劉彭祖的王府充當門客，因為得罪了劉彭祖的太子劉丹，所以逃離了趙國，跑到京城向漢武帝告發趙國太子劉丹的隱私，太子劉丹因此而被廢。武帝召見江充。見江充身材魁梧，衣服輕細華麗，武帝暗自稱奇。又與江充談論國家大事，聽了江充的議論漢武帝心裡非常高興，因此江充深受武帝的寵愛和信任，武帝任命江充為直指繡衣使者，讓他督察皇親國戚以及天子近臣中過分驕奢淫逸等不法行為。江充在檢舉、彈劾時無所顧忌，不怕得罪任何人，武帝就認為江充為人忠誠正直，而江充所提的建議武帝又覺得都很符合自己的心意。江充曾經跟隨漢武帝到甘泉宮去，碰巧遇見太子劉據派出的使者乘車在專供皇帝車駕通行的御道上行駛，江充就把太子的使者送交法吏處置。太子劉據得知後，派人向江充求情說：「我並不是愛惜車馬，實在是不想讓皇帝知道，認為我平常對手下人約束管教不嚴。希望江先生寬容這一次！」江充拒絕了太子的請求，而把此事報告了漢武帝。漢武帝說：「做臣下的就應該這樣！」於是對江充就越加的信任，江充的聲威震動了整個京城。

四年（戊子　西元前九三年）

春季，三月，漢武帝巡視泰山。二十五日壬午，將高祖劉邦的靈牌供奉在明堂中上帝的靈位旁邊，在祭祀上帝時，使高祖隨著一同受祭，順便在此聽取各郡、諸侯國的財政彙報。二十六日癸未，在明堂祭祀孝景皇帝。二十七日甲申，在泰山頂上整修祭壇、祭祀天神。二十九日丙戌，在石閭山下祭祀地神。夏季，四月，遊覽不其山。五月，返回京師，住在建章宮中，赦免天下罪犯。

冬季，十月最後一天甲寅日，發生日蝕。

十二月，漢武帝巡視雍縣，在五畤祭祀五帝。繼續西行巡遊，到達安定郡和北地郡。

征和元年（己丑　西元前九二年）

春季，正月，漢武帝返回京師，仍舊住在建章宮。

三月，趙敬肅王劉彭祖去世。劉彭祖娶了江都易王劉非的寵姬淖姬，生了一個男孩，取名劉淖子。當時，淖姬的哥哥是漢武帝身邊的宦官，漢武帝將他找來詢問說：「淖子這孩子怎麼樣？」淖姬的哥哥回答說：「他的欲望特別多。」武帝說：「欲望太多的人不適宜做國君治理人民。」武帝又問趙敬肅王劉彭祖的另一個兒子武始侯劉昌的情況，宦官回答說：「武始侯劉昌沒有犯過什麼過錯，也沒有什麼太好的名聲。」武帝說：「這樣就可以了。」於是武帝派使者封武始侯劉昌為趙王。

夏季，天氣大旱。

漢武帝居住在建章宮，一天，漢武帝看見一個男子帶著劍進入中龍華門，於是就懷疑這個人有什麼陰謀，趕緊命人去逮捕。那個男子扔下劍逃跑了，追捕的人沒有將其抓住。武帝大怒，就殺死了看守宮門的人。冬季，十一月，命令駐守在京城附近的騎兵到上林苑中進行搜捕，又關閉了長安城門，在城內挨家挨戶搜查可疑之人，搜索了十一日才解除禁令。巫蠱事件開始興起。

丞相公孫賀的夫人衛君孺，是皇后衛子夫的姐姐，由於這層關係，公孫賀很受漢武帝的寵信。公孫賀的兒子公孫敬聲接替父親為太僕，驕橫奢侈，不遵守法紀，私自動用北軍的公款一千九百萬，被查出後逮捕入獄。當時，漢武帝下詔正在加緊搜捕陽陵大俠朱安世，公孫賀就向漢武帝請求親自去逮捕朱安世，以此替公孫敬聲贖罪，武帝答應了他的請求。後來，公孫賀果然將朱安世抓捕歸案。朱安世獰笑著對公孫賀說：「丞相把我抓住，恐怕你要滿門滅絕了！」於是，朱安世在監獄中給武帝上書揭發，說「公孫敬聲與陽石公主通姦。公孫敬聲還在皇帝準備去甘泉宮的時候，派女巫在通往甘泉宮的御道上埋下偶人，詛咒皇上，口出惡言。」

二年（庚寅　西元前九一年）

春，正月，下賀獄，案驗❶，父子死獄中，家族❷。以涿郡❸太守劉屈氂為左[1]丞相，封澎侯❹。屈氂，中山靖王❺子也。

夏，四月，大風，發屋❻折木。

閏月❼，諸邑公主、陽石公主❽及皇后弟❾子長平侯伉❿皆坐巫蠱誅⓫。

上行幸甘泉。

初，上年二十九乃生戾太子⓬，甚愛之。及長，性仁恕溫謹，上嫌其材能少，不類己⓭。而所幸王夫人生子閎⓮，李姬生子旦、胥⓯，李夫人生子髆⓰，皇后、太子寵浸衰⓱，常有不自安⓲之意。上覺之，謂大將軍青⓳曰：「漢家庶事草創⓴，加四夷㉑侵陵中國，朕不變更制度㉒，後世無法㉓，不出師征伐，天下不安，為此㉔者不得不勞民。若後世又如朕所為，是襲亡秦之跡㉕也。太子㉖敦重好靜，必能安天下，不使朕憂。欲求守文㉗之主，安有賢於太子者乎！聞皇后與太子有不安之意，豈有之邪㉘？可以意曉之㉙。」大將軍頓首謝。皇后聞之，脫簪㉚請罪。太子每諫征伐四夷，上笑曰：「吾當其勞㉛，以逸遺汝㉜，不亦可乎？」

上每行幸㉝，常以後事㉞付太子，宮內付皇后。有所平決㉟，還，白其最㊱，上亦無異㊲，有時不省㊳也。上用法嚴，多任深刻吏㊴，太子寬厚，多所平反，雖得百姓心，而用法大臣皆不悅。皇后恐久獲罪，每戒太子，宜留取上意㊵，不應擅有所縱捨㊶。上聞之，是太子㊷而非皇后。羣臣寬厚長者皆附太子，而深酷用法者皆毀㊸之。邪臣多黨與㊹，故太子譽少而毀多。衛青薨㊺後[2]，臣下無復外家為據㊻，競欲構㊼太子。

上與諸子疏㊽，皇后希㊾得見。太子嘗謁㊿皇后，移日(51)乃出。黃門(52)蘇文告上曰：「太子與宮人戲(53)。」上益(54)太子宮人滿二百人。太子後知之，心銜(55)文。文與小黃門常融、王弼等常微伺太子過(56)，輒增加白之(57)。皇后切齒，使太子白(58)誅文等。太子曰：「第勿為過(59)，何畏文等！上聰明，不信邪佞，不足憂也(60)。」

上嘗小不平(61)，使常融召太子，融言：「太子有喜色。」上嘿然(62)。及太子至，上察其貌，有涕泣處(63)，而佯語笑(64)，上怪之。更微問(65)，知其情(66)，乃誅融。皇后亦善自防閑(67)，避嫌疑，雖久無寵，尚被禮遇(68)。

是時，方士(69)及諸神巫多聚京師，率皆左道(70)惑眾，變幻(71)無所不為。女巫往來宮中，教美人度厄(72)，每屋輒埋木人祭祀之。因妒忌恚詈(73)，更相告訐(74)，以為祝詛上(75)，無道(76)。上怒，所殺後宮(77)延及大臣，死者數百人。上心既以為疑(78)，嘗晝寢，夢木人數千持杖欲擊上，上驚寤，因是體不平，遂苦忽忽善忘(79)。江充自以與太子及衛氏(80)有隙，見上年老，恐晏駕(81)後為太子所誅，因是為姦(82)，言上疾祟在巫蠱(83)。於是上以充為使者(84)，治巫蠱獄(85)。充將胡巫(86)掘地求偶人(87)，捕蠱及夜祠、視鬼(88)，染汙令有處(89)，輒收捕驗治(90)，燒鐵鉗灼(91)，強服(92)之。民轉相誣以巫蠱(93)，吏輒劾(94)以[3]大逆無道。自京師、三輔(95)連及郡、國，坐而死(96)者前後數萬人。

是時，上春秋高(97)，疑左右皆為蠱祝詛，有與無，莫敢訟其冤(98)者。充既知上意(99)，因(100)胡巫檀何言：「宮中有蠱氣，不除之，上終不差(101)。」上乃使充入宮，至省中(102)，壞御座，掘地求蠱。又使按道侯韓說(103)、御史(104)章贛、黃門蘇文等助充。

充先治後宮希幸夫人(105)，以次及皇后、太子宮，掘地縱橫，太子、皇后無復施床處(106)。充云：「於太子宮得木人尤多，又有帛書，所言不道，當奏聞。」太子懼，問少傅(107)石德。德懼為師傅并誅，因謂太子曰：「前丞相父子(108)、兩公主(109)及衛氏(110)皆坐此，今巫與使者掘地得徵驗(111)，不知巫置之邪，將(112)實有也，無以自明(113)。可矯以節(114)收捕充等繫獄(115)，窮治其姦詐(116)。且上疾在甘泉(117)，皇后及家吏(118)請問(119)皆不報(120)。上存亡未可知，而姦臣如此，太子將(121)不念秦扶蘇事(122)邪！」太子曰：「吾人子(123)，安得擅誅？不如歸謝(124)，幸得無罪。」太子將往之甘泉，而江充持(125)太子甚急，太子計不知所出，遂從石德計。秋，七月壬午(126)，太子使客詐為使者，收捕充等。按道侯說疑使者有詐，不肯受詔，客格殺說。太子自臨斬充，罵曰：「趙虜(127)！前亂乃國王父子不足邪(128)！乃復亂吾父子也(129)！」又炙(130)胡巫上林(131)中。

太子使舍人無且(132)持節夜入未央宮殿長秋門，因長御倚華(133)具白(134)皇后，發中廄車(135)載射士，出武庫(136)兵，發長樂宮衛卒(137)。長安擾亂，言太子反。蘇文迸走(138)，得亡歸(139)甘泉，說太子無狀(140)。上曰：「太子必懼(141)，又忿充等，故有此變。」乃使使召太子。使者不敢進，歸報云：「太子反已成，欲斬臣，臣逃歸。」上大怒。丞相屈氂聞變，挺身逃，亡其印綬(142)，使長史(143)乘疾置(144)以聞。上問：「丞相何為[145]？」對曰：「丞相祕之[146]，未敢發兵。」上怒曰：「事籍籍[147]如此，何謂祕也[148]！丞相無周公之風矣，周公不誅管、蔡乎[149]！」乃賜丞相璽書[150]曰：「捕斬反者，自有賞罰。以牛車為櫓[151]，毋接短兵[152]，多殺傷士眾！堅閉城門，毋令反者得出！」太子宣言告令百官云：「帝在甘泉病困，疑有變，姦臣欲作亂。」上於是從甘泉來，幸城西建章宮[153]，詔發三輔近縣兵，部中二千石以下[154]，丞相兼將之[155]。太子亦遣使者矯制[156]赦長安中都官囚徒[157]，命少傅石德及賓客[158]張光等分將[159]，使長安囚如侯[160]持節發長水及宣曲胡騎[161]，皆以裝會[162]。侍郎馬通[163]使長安[164]，因[165]追捕如侯，告胡人曰：「節有詐，勿聽也。」遂斬如侯，引騎[166]入長安，又發楫棹士[167]以予大鴻臚商丘成[168]。初，漢節純赤[169]，以太子持赤節[170]，故更為黃旄加上[171]以相別。

太子立車[172]北軍[173]南門外，召護北軍使者任安[174]，與節，令發兵。安拜受節[175]，入，閉門不出。太子引兵去[176]，敺四市人[177]凡數萬眾，至長樂西闕[178]下，逢丞相軍，合戰五日，死者數萬人，血流入溝中。民間皆云「太子反」，以故眾不附太子，丞相附兵寖多[179]。

庚寅[180]，太子兵敗，南奔覆盎城門[181]。司直田仁[182]部閉城門[183]，以為太子父子之親184，不欲急之185，太子由是得出亡186。丞相欲斬仁，御史大夫187暴勝之謂丞相曰：「司直，吏二千石，當先請188，柰何189擅斬之！」丞相釋仁。上聞而大怒，下吏責問御史大夫曰：「司直縱反者190，丞相斬之，法也191，大夫何以擅止之192？」勝之惶恐，自殺。詔遣宗正劉長193、執金吾194劉敢奉策195收皇后196璽綬，后自殺。上以為任安老吏，見兵事起，欲坐觀成敗，見勝者合從197之，有兩心198，與田仁皆要斬199。上以馬通獲如侯，長安男子景建從通200獲石德，商丘成力戰獲張光，封通為重合侯201，建為德侯202，成為秺侯203。諸太子賓客嘗出入宮門，皆坐誅；其隨太子發兵，以反法族204；吏士劫略205者，皆徙敦煌郡206。以太子在外207，始置屯兵長安諸城門。

上怒甚，羣下憂懼，不知所出208。壺關三老茂209上書曰：「臣聞父者猶天，母者猶地，子猶萬物也。故天平地安，物乃茂成，父慈母愛，子乃孝順。今皇太子為漢適嗣210，承萬世之業，體祖宗之重211，親則皇帝之宗子212也。江充，布衣之人，閭閻213之隸臣214耳，陛下顯而用之，銜至尊之命215以迫蹴216皇太子，造飾姦詐217，羣邪錯繆218，是以親戚之路219鬲塞220而不通。太子進則不得見上，退則困於亂臣，獨冤結而無告，不忍忿忿之心221，起而殺充，恐懼逋逃222，子盜父兵223，以救難自免耳[224]。臣竊以為[225]無邪心。詩曰[226]：『營營[227]青蠅，止于藩[228]。愷悌君子[229]，無信讒言[230]。讒言罔極[231]，交亂四國[232]。』往者江充讒殺[233]趙太子，天下莫不聞。陛下不省察[234]，深過太子[235]，發盛怒，舉大兵而求[236]之。三公自將[237]，智者不敢言，辯士不敢說，臣竊痛之！唯[238]陛下寬心慰意，少察所親[239]，毋患太子之非[240]，亟罷甲兵[241]，無令太子久亡[242]！臣不勝惓惓[243]，出一日之命[244]，待罪建章宮下[245]。」書奏，天子感寤，然尚未[4]顯言赦之[246]也。

太子亡[247]，東至湖[248]，藏匿泉鳩里[249]。主人家貧，常賣屨[250]以給[251]太子。太子有故人在湖，聞其富贍[252]，使人呼之[253]而發覺[254]。八月辛亥[255]，吏圍捕太子。太子自度[256]不得脫，即入室距戶自經[257]。山陽[258]男子張富昌為卒，足蹋開戶[259]，新安令史[260]李壽趨抱解太子，主人公遂格鬪死，皇孫二人皆并[5]遇害。上既傷太子，乃封李壽為邘侯[261]，張富昌為題侯[262]。

初，上為太子立博望苑[263]，使通賓客[264]，從其所好，故賓客多以異端進[265]者。

臣光曰[266]：「古之明王教養太子，為之擇方正敦良之士以為保傅師友[267]，使朝夕與之遊處。左右前後無非正人[268]，出入起居無非正道，然猶有淫放邪僻[269]而陷於禍敗者焉。今乃使太子自通賓客，從其所好。夫正直難親[270]，諂諛易合[271]，此固中人[272]之常情，宜太子之不終也[273]！」

癸亥[274]，地震。

九月，商丘成為御史大夫。

立趙敬肅王小子偃[275]為平干王[276]。

匈奴入上谷、五原[277]，殺掠吏民。

【章旨】以上為第二段，寫征和二年（西元前九一年）一年間的全國大事，主要寫了武帝晚年疑神疑鬼，奸人乘機而進，挑動武帝與太子劉據的矛盾，進而以巫蠱加害於太子、皇后；在太子、皇后無法忍受、告訴無門的情況下怒斬奸人江充，起兵與來加害者對抗；武帝聽信謠言以為太子反，派丞相統兵討伐；皇后自殺，太子兵敗逃出，最後亦自殺而死，前後死者多達數萬。整段文字表現了武帝晚年的昏庸荒謬、輕信好殺；對太子與皇后的悲慘結局表現了同情。文章開頭先寫了丞相公孫賀與諸邑、陽石兩公主的被害，為太子慘劇做了前導。

【注釋】❶案驗　審問、查證。❷家族　滿門被殺。族，滅門；滅族。❸涿郡　漢郡名，郡治即今河北涿州。❹澎侯　封地澎邑，有說在東海郡，今山東之東南部。❺中山靖王　劉勝，景帝之子，被封為中山王，都城即今河北定州。靖字是諡。劉靖墓在今河北滿城西。❻發屋　揭掉屋頂。❼閏月　閏四月。❽諸邑公主陽石公主　皆武帝之女，皇后衛子夫所生。❾皇后弟　指衛青。❿長平侯伉　衛伉，衛青之子，襲其父爵為長平侯。⓫皆坐巫蠱誅　都以「巫蠱」陷害皇帝的罪名被殺。⓬戾太子　劉據，武帝之子，皇后衛子夫所生，元狩元年（西元前一二二年）被立為皇太子。被害後諡曰戾。⓭不類己　不像自己。⓮生子閎　劉閎，元狩六年被封為齊王。⓯旦胥　劉旦、劉胥。劉旦於元狩六年被封為燕王，劉胥於元狩六年被封為廣陵王。⓰生子髆　劉髆，天漢四年被封為昌邑王。⓱浸衰　越來越不行。⓲不自安　擔心被廢。⓳大將軍青　衛青，皇后衛子夫之弟。大將軍是國家的最高武官名，實權在丞相之上。⑳庶事草創　興辦各種事情都是頭一次，沒有舊的章程可循。庶事，諸事。㉑四夷　指周邊各族，如匈奴、東越、朝鮮等。㉒變更制度　指改用新曆法、色尚黃、數用五等等，已見前文。㉓無法　沒有章程可遵循。㉔為此　指改制度、伐四夷。㉕襲亡秦之跡　重蹈秦王朝滅亡的覆轍，指秦始皇在位時大動干戈，大興土木；秦始皇死後，秦二世仍照秦始皇的做法不加改變。㉖太子　指衛子夫所生的兒子劉據。㉗守文　不搞武力擴張、變更制度等新花樣，僅依過去章程辦事。㉘豈有之邪　莫非真是這樣嗎。㉙以意曉之　把我的意思告訴他。㉚脫簪　摘掉頭上的簪環，這是古代婦女向人請罪的一種姿態。㉛吾當其勞　凡是要花力氣的事，我都替你辦了。㉜以逸遺汝　留給你一種安閒的日子過。逸，安閒。㉝行幸　指出外巡遊。㉞後事　皇帝離京後朝廷需要及時處理的事務。㉟有所平決　皇帝不在朝廷時太子與皇后處理了什麼事情。平決，裁斷；處理。㊱還二句　皇帝回京城時，挑最重要的向皇帝報告。㊲無異　不表示別的意見。㊳不省　不管；不過問。㊴深刻吏　即司馬遷所說的「酷吏」。㊵留取上意　留著聽取皇帝的意見。㊶縱捨　將酷吏定案的「罪犯」釋放。㊷是太子　肯定太子的所作所為。㊸毀　說他的壞話。㊹黨與　同「黨羽」。與，交結。㊺衛青薨　衛青卒於元封五年（西元前一〇六年）。㊻無復外家為據　文字略不順，大意謂太子沒有強大的外戚為依靠。㊼構　編織罪名以陷害之。㊽疏　關係疏遠。㊾希　通「稀」。㊿謁　進見。(51)移日　太陽變了地方，以言其見面的時間之長。(52)黃門　宦者的泛稱，因其出入宮廷，故云。(53)與宮人戲　與宮中的侍應女子打打鬧鬧，以言其有失身分。(54)益　增加。(55)銜　怨恨。(56)微伺太子過　暗中偵察太子的過失。微伺，暗中窺測。(57)增加白之　添油加醋地向武帝報告。(58)白　稟告皇帝。(59)第勿為過　只要自己不犯錯誤。第，但；只要。(60)不足憂也　於此可見太子之善良，內心坦蕩。(61)小不平　身體微有不適。(62)嘿然　沒有說話。嘿，同「默」。(63)有涕泣處　還有沒全擦乾的眼淚。(64)佯語笑　勉強做出笑臉。(65)微問　暗中瞭解。(66)情　真情；真實情況。(67)善自防閑　處處謹慎小心，不讓人抓住把柄。(68)尚被禮遇　還能受到武帝的以禮相待。(69)方士　以煉丹吃藥、長生不死哄人的騙子。(70)左道　邪門歪道。(71)變幻　指使出一切騙人的手段。(72)度戹　躲避災難。(73)妬忌恚詈　為了爭風吃醋而怨憤咒罵。(74)更相告訐　互相攻擊告狀。訐，告狀。(75)以為祝詛上　說對方是祈禱鬼神降禍皇上。(76)無道　說對方是大逆不道。(77)後宮　此指後宮的女人。(78)疑　指疑心真的有人在祝詛自己。(79)苦忽忽善忘　為精神恍惚、記憶力減退而苦惱。(80)衛氏　衛氏家族，此處主要指衛皇后。(81)晏駕　宮車晚出，婉稱帝王之死。晏，晚。(82)為姦　進行陰謀活動。(83)祟在巫蠱　是由於巫蠱活動之所致。祟，鬼神之活動害人。(84)為使者　為皇帝的特派人員。(85)治巫蠱獄　查辦進行巫蠱活動的人。(86)將胡巫　率領一批來自匈奴的巫師。(87)偶人　指木偶、泥偶、布偶之類。(88)捕蠱及夜祠視鬼　凡是進行巫蠱活動的、夜晚進行祭祀的、請巫祝觀察何處有鬼的，通通逮捕。89染汙令有處　指江充等人故意染汙某處的一塊地面，便說這是有人祭祀的痕跡。90輒收捕驗治　隨即將這塊地方的人逮捕審問。91燒鐵鉗灼　用燒紅的鐵鉗或夾或燙。92強服　逼迫招供認罪。93民轉相誣以巫蠱　於是人們遂彼此誣告對方是進行巫蠱。民，指被逮捕逼問的人們。94劾　彈劾，這裡即定罪上報。95三輔　指京兆尹、左馮翊、右扶風，這是首都長安周圍的三個相當於郡的政區。因其環護、拱衛京城，故稱「三輔」。96坐而死　因受牽連被殺。97春秋高　指年老。98莫敢訟其冤　沒有一個敢為別人申訴冤情。99知上意　知道武帝已經在懷疑身邊的人。100因　讓；支使。101上終不差　您的病永遠好不了。差，減；減輕。102省中　宮殿之中。103按道侯韓說　韓說是劉邦功臣韓王信的後代，以軍功封按道侯。104御史　御史大夫的屬官，掌管監察彈劾。105希幸夫人　很少受皇帝寵幸的女人。希，通「稀」。106無復施床處　連個安放床的地方都沒有。107少傅　太子的輔導官，秩二千石。108前丞相父子　指公孫賀父子。109兩公主　指諸邑公主、陽石公主，皆太子的親姐妹。110衛氏　指衛伉，大將軍衛青之子。111徵驗　證據。112將　還是，轉折語詞。113無以自明　無法給自己說清楚。114矯以節　利用你手中的旌節假傳皇帝的命令。節，旌節，以竹為之，皇帝派使者外出辦事所持的信物。115繫獄　關進監獄。116窮治其姦詐　徹底查清他的一切陰謀活動。117甘泉　甘泉宮，武帝新修的離宮名，在今陝西淳化西北的甘泉山上。118家吏　太子家的管家。119請問　請安問候。120皆不報　都得不到答覆。121將　意同「將無」，難道。122秦扶蘇事　秦始皇死後，趙高等封鎖消息，並假造遺詔殺死始皇長子扶蘇事，見本書前文秦始皇三十七年。123人子　猶今所謂「我這個做兒子的」。124歸謝　親自去向天子說明情況。125持　控制。126七月壬午　七月初九。127趙虜　趙國來的奴才。虜，罵人語。128前亂乃國王父子不足邪　你已經給你們趙國的國王父子製造了災難，難道還不夠嗎。乃，你；你們的。江充「亂」趙國事見本書太始三年。129乃復亂吾父子也　現在又來挑動我們父子之間的動亂嗎。也，同「耶」。反問語氣詞。130炙　烤，這裡即用火燒死。131上林　上林苑，秦漢時代的皇家獵場，在今西安城西南。132舍人無且　太子舍人名叫無且，史失其姓。太子舍人是太子少傅的屬官。133長御倚華　身為長御的倚華。長御是宮中的女官名。134具白　詳細稟告。135中廄車　未央宮馬棚裡的車馬。136武庫　國家的武器倉庫。在當時長安城內的長樂宮與未央宮之間。137長樂宮衛卒　即長樂宮衛尉所掌管的軍隊。138迸走　僥倖逃出。139亡歸　逃向。140無狀　不像樣子。141必懼　必然是因為害怕。142亡其印綬　書此以見劉屈氂的怯懦庸劣。143長史　丞相、大將軍屬下的諸史之長，秩千石。144疾置　驛站使用的快速驛傳。145丞相何為　丞相他現在在幹什麼。146祕之　還未將太子的行動向全國公開宣揚。147籍籍　猶「紛紛」、「攘攘」，喧譁紛亂的樣子。148何謂祕也　怎說什麼保密呀。149周公不誅管蔡乎　周公當年不也討滅了管叔、蔡叔嗎。周公，指周武王的弟弟姬旦，武王死後輔佐年幼的成王，這時他的兄弟管叔、蔡叔勾結殷紂之子武庚發動叛亂，周公率兵將其討平，現在劉屈氂與太子劉據也是兄弟輩。150璽書 加蓋皇帝印的文書，極言其鄭重。151櫓 盾牌，這裡指做掩體。152毋接短兵 不要短兵相接。153建章宮 武帝新建的宮殿，在長安城外的西南側，與城裡的未央宮隔牆相對。154部中二千石以下 命令朝廷直屬各官府的官員都要率領本部的大小官吏。部，部署，這裡也是發動、調動的意思。中二千石一級有九卿加中尉，二千石有典屬國、將作少府、詹事、水衡都尉等等。155丞相兼將之 通通由丞相統領。156矯制 假傳皇帝的命令。157長安中都官囚徒 在長安城裡的中央與地方所屬的各官府裡服役的苦役犯。158賓客 太子身邊的幕僚。159分將 分別統領。160長安囚如侯 長安城裡的囚犯姓如名侯。按，此必是俠客一流，有一定的知名度與號召力。161長水及宣曲胡騎 駐紮在長水與宣曲的兩支由歸順的匈奴人組成的騎兵。長水，漢縣名，即今陝西戶縣。宣曲，宮殿名，舊址在今西安西南，當時的昆明池西。162皆以裝會 都要全副武裝地前來。163侍郎馬通 武帝身邊侍從人員名叫馬通。164使長安 正好受武帝之命到長安辦事。165因 於是。166引騎 帶領著由如侯那裡接管過來的胡騎。167楫棹士 昆明池上划船的船工。楫、棹，都是划船的工具。武帝曾在昆明池上訓練水軍，故而這種楫棹工人數不少。168大鴻臚商丘成 大鴻臚也稱「典客」，是九卿之一，掌管民族事務。其人姓商丘名成，正在奉命組織部眾參加平叛。169漢節純赤 漢王朝使用的旌節連竹竿與上面的犛牛尾裝飾都是紅色的。170太子持赤節 皇帝不在京城，朝廷的事務都由太子監管，故而朝廷的符節太子可以隨意使用。171更為黃旄加上 意即在舊有純赤的旌節上再加上一縷黃色的犛牛毛。172立車 停車等候。173北軍 國家駐紮在京城的一支國防軍，因屯於未央宮北而得名。此軍在西漢初期由朝廷的重臣、皇帝的親信所掌管；至武帝時改由皇帝直接控制，而平時只安插一個低級別的「使者」在那裡聽候命令。174護北軍使者任安 受皇帝派遣監控北軍的使者名叫任安。任安字少卿，是司馬遷的朋友。175拜受節 磕頭接過了太子的旌節之後。176引兵去 指帶著他原來已經跟隨的士兵而去，並非指率領北軍士兵。177四市人 指長安城中四個市場上的商人與顧客。四市指東市、西市、直市、柳市。178長樂西闕 長樂宮的西門。長樂宮是皇太后居住的地方，在當時的未央宮東，故也稱「東宮」。179寖多 越來越多。180庚寅 七月十七。181覆盎城門 即覆盎門，長安城南面的東數第一門，也稱「杜門」。182司直田仁 田仁是田叔之子，此時任丞相司直，協助丞相處理司法工作，秩比二千石。關於田仁父子的事跡見《史記·田叔列傳》。183部閉城門 臨時分管長安城的城門管制。部，分管。184太子父子之親 太子與皇帝是父子的關係。185不欲急之 不想給太子製造困難，意即放他出了城。186出亡 出城逃走。187御史大夫 與丞相皆在三公之位，職同副丞相。188當先請 應先向皇帝請示，蓋暴勝之亦同情太子之遭遇故也。189柰何 怎麼能。190縱反者 放走了造反的人。191法也 這是符合法律的事。192擅止

之　獨出心裁地阻止他。193宗正劉長　宗正是掌管劉姓宗族事務的官，九卿之一。劉長，人名。194執金吾　原稱「中尉」，掌京師治安。195奉策　手捧皇帝的詔書。策，寫在竹簡上的皇帝詔令。196皇后　指衛子夫，太子劉據之生母，大將軍衛青之姐。197合從　這裡即指「聯合」。198兩心　意即腳踩兩隻船，誰勝了歸向誰。199要斬　同「腰斬」。200從通　跟隨馬通。201重合侯　封地重合，在今河南湯陰境內。202德侯　封地德邑，在今山東德州或平原縣安德附近。203秺侯　封地秺邑，在今山東成武西北。204以反法族　按造反的條文滅族。205劫略　被裹脅；被強迫。206徙敦煌郡　發配到敦煌郡，漢時的敦煌郡治在今甘肅敦煌西。207在外　時太子正逃亡在外。208不知所出　不知如何是好。209壺關三老茂　壺關縣的三老令狐茂。漢時的壺關縣在今山西屯留東。三老是鄉官名，主管一鄉的教化工作。210適嗣　正統的繼承人。適，通「嫡」。正根；正支。211體祖宗之重　是祖宗正根的體現者。212宗子　嫡長子。213閭閻　猶今所謂「里巷」，平民居住的地方。214隸臣　奴僕。215銜至尊之命　猶今所謂打著皇帝的旗號。至尊，指皇帝。216迫蹴　逼迫踐踏。217造飾姦詐　編造罪名，奸邪詭詐。218羣邪錯繆　小人拉幫結派，盤根錯節。219親戚之路　指太子與皇帝之間、皇帝與皇后之間。220鬲塞　隔絕、堵塞。鬲，同「隔」。221不忍忿忿之心　按捺不住內心的憤怒。222恐懼逋逃　因害怕皇帝責罰而逃跑在外。逋，也是「逃」的意思。223子盜父兵　兒子偷了父親的兵器。224以救難自免耳　只不過是解自己的燃眉之急，求得苟活而已。225竊以為　意即「我認為」，竊字是謙詞。226詩曰　以下詩句見《詩經・青蠅》。227營營　蒼蠅往返群飛的樣子。228止于藩　落在籬笆上。藩，籬笆。以上二句是以蒼蠅比喻江充等一批邪臣小人。229愷悌君子　平和可親的君子，這裡用來指稱漢武帝。230無信讒言　不要聽信那些壞人的挑撥。231罔極　沒邊兒；沒有準頭、法則。232交亂四國　可以把整個天下攪得一片混亂。四國，四方，即指整個國家。233讒殺　因其進讒言使……遭殺害。234不省察　對事情沒看清楚。省，看。235深過太子　把太子的罪過想得過於嚴重。236求　捉拿。237三公自將　派三公統兵討伐。三公指丞相、太尉、御史大夫。這裡即指武帝所派出的丞相劉屈氂、御史大夫暴勝之。將，統兵。238唯　表示請求的發語詞。239少察所親　對你所信任的那些也稍稍考察一下。少，稍。240毋患太子之非　對太子的那點過錯不用太掛心。241亟罷甲兵　趕緊停止戰爭。亟，趕緊。242久亡　長期逃命在外。243惓惓　猶「拳拳」，心情懇切的樣子。244出一旦之命　意即不顧自己的生死。出，豁出。245待罪建章宮下　跪在建章宮門聽候您的處置。246尚未顯言赦之　還沒有明確地說出要赦免太子。247亡　潛逃。248湖　漢縣名，縣治在今河南靈寶西。249泉鳩里　湖縣城內一條里巷的名字。250屨　用麻、葛等材料織成的鞋子。251給　供應。252聞其富贍　聽說友人過得還比較富裕。253呼之　指呼友人。254發覺　被別人發覺。255八月辛亥　八月初八。256自度　自己估量。257距戶自經　關住房門上吊而死。距，通「拒」。關住。258山陽　漢縣名，縣治在今河南焦作東。259蹋開戶　踢開房門，欲止太子勿死。260新安令史　新安縣的小吏。令史，書辦一類的小吏。新安縣在今河南澠池縣東。261封李壽為邘侯　為其有救太子之意。邘侯，封地邘邑，在今河南沁陽境內，當時屬野王縣。262題侯　封地題邑，在今河北平鄉西南，當時屬鉅鹿郡。263博望苑　園林獵場名，在故長安杜門外五里。264通賓客　結交賓客。265以異端進　以邪門歪道受太子接納。異端，儒家以外的其他各派學說。266臣光曰　以下文字是本書作者司馬光對武帝為太子立博望苑一事所發的議論。267保傅師友　都是太子身邊的輔導官名，如太子太傅、太子少保等等。268無非正人　沒有一個不是正派的人。269淫放邪僻　淫放指任意而行，僻也是邪的意思。270正直難親　正直的人難於使人親近。271諂諛易合　阿諛奉承的人容易討人喜歡。272中人　中等人、一般人，非惡非善者。273宜太子之不終也　看來太子之不得好死不是偶然的。274癸亥　八月二十。275小子偃　趙敬肅王劉彭祖的小兒子劉偃。276平干王　封地平干，原名「廣平」，在今河北雞澤東南。277上谷五原　皆漢郡名，上谷郡治沮陽，在今河北懷來東南。五原郡治九原，在今內蒙古包頭西。

【校　記】1左　原無此字。據章鈺校，十四行本、乙十一行本皆有此字，今據補。2後　原無此字。據章鈺校，乙十一行本、孔天胤本皆有此字，今據補。3以　原作「以為」。據章鈺校，乙十一行本無「為」字，《漢書》亦無，今據改。4未　原作「未敢」。胡三省注云：「以文理觀之，不必有『敢』字。」據章鈺校，十四行本、乙十一行本、孔天胤本皆無「敢」字，張敦仁《通鑑刊本識誤》、張瑛《通鑑校勘記》同，今據刪。5皆并　原作「并皆」。據章鈺校，十四行本、乙十一行本、孔天胤本二字皆互乙，今據改。按，《漢書》亦作「皆并」。

【語　譯】二年（庚寅　西元前九一年）

春季，正月，將丞相公孫賀逮捕入獄，查驗屬實，公孫賀父子都在獄中被處死，滿門被殺。漢武帝任命涿郡太守劉屈氂為左丞相，封劉屈氂為澎侯。劉屈氂，是中山靖王劉勝的兒子。

夏季，四月，颳起的大風，吹倒了房屋，折斷了樹木。

閏四月，諸邑公主、陽石公主，以及皇后的弟弟衛青的兒子長平侯衛伉都以巫蠱陷害皇帝的罪名被殺。

漢武帝前往甘泉宮。

當初，漢武帝二十九歲的時候才生下戾太子劉據，因此對劉據非常疼愛。劉據長大之後，性情仁恕敦厚、溫順恭謹，漢武帝嫌他缺乏才能，不像自己。而漢武帝所寵幸的王夫人生了兒子劉閎，李姬生了兒子劉旦、劉胥，李夫人生了兒子劉髆，衛皇后以及太子劉據便逐漸失去武帝的寵愛，因此有一種不安全的感覺，常常擔心被廢。武帝覺察到後，就對大將軍衛青說：「漢朝建立時間不久，興辦各種事情都是一個開頭，沒有舊的章程可循，加上四邊各族不斷侵陵中國，我如果不根據實際需要變更制度，後代就沒有法則可以遵守，如果不出動軍隊征討，天下就得不到安寧，為此而不得不勞苦百姓。如果後代也像我一樣勞苦百姓，那就是在重走秦朝滅亡的老路。太子劉據敦厚、穩重、安詳，一定能夠治理好國家，不讓朕感到憂慮。想要找一個不搞武力擴張、變更制度等新花樣，謹慎地按照過去的章程辦事的君主，哪裡還有比太子更合適的呢！聽說皇后和太子心裡不安，難道真有這回事嗎？你可以把我的意思轉告他們。」大將軍衛青趕緊向漢武帝磕頭謝恩。衛皇后知道後，也摘去頭上的釵環向武帝請罪。太子劉據每次勸諫武帝不要征討四方，武帝總是笑著說：「我把這些需要花費力氣的事情都替你辦了，而把安逸留給你，不是很好嗎？」

武帝每次出去巡視，經常把朝廷的政事交給太子處理，宮內的事情則交給衛皇后掌管。太子與皇后如果有什麼裁決，等到武帝回來後，便選擇最主要的向武帝彙報，武帝也沒有什麼異議，有時候武帝也不過問。武帝用法苛刻，任用的官吏大多數是深文苛法的酷吏，而太子寬宏厚道，對好多案件重新審理，糾正了不少冤假錯案，雖然得到百姓的擁護，但執法的大臣都很不高興。衛皇后擔心時間久了會因此而獲罪，經常告誡太子，應該留著聽取皇帝的意見，不要擅自主張。武帝知道後，贊同太子的做法，而否定衛皇后的做法。大臣當中那些寬厚的長者都依附於太子，而那些深文苛法的酷吏們卻經常在武帝面前詆毀太子。那些深文苛法的官吏又有許多黨羽，所以在輿論上反而是稱讚太子的人少而誹謗太子的人多。衛青去世以後，大臣們認為太子已經沒有強大的外戚作靠山，爭相編織罪名陷害太子。

漢武帝與兒子的關係都很疏遠，衛皇后也很少見到皇帝。太子曾經到後宮拜見自己的母親衛皇后，過了很久才出來。黃門蘇文就向武帝報告說：「太子與宮女打打鬧鬧。」武帝就把太子宮中的宮女增加到二百人。太子後來知道事情的原委之後，心裡怨恨蘇文。蘇文與小黃門常融、王弼等經常窺視探察太子的過失，動不動就添油加醋地向武帝告發太子。衛皇后對他們恨得咬牙切齒，讓太子向武帝請求誅殺蘇文等。太子說：「只要我自己不犯錯誤，怕蘇文這些人幹什麼！父皇很英明，不會相信邪佞之臣的讒言，用不著為此擔心！」武帝曾經身體有點不舒服，派常融去叫太子，常融回來對武帝說：「太子知道陛下生病，面帶喜色。」武帝默不作聲。等到太子到了跟前，武帝細心觀察太子的表情，發現臉上有哭泣的淚痕，卻又在面前假裝有說有笑，武帝感到很奇怪。便暗中仔細查問，當瞭解到事情的真相之後，便將常融殺死了。衛皇后也是處處小心謹慎，不讓人抓住把柄，雖然很久得不到武帝的寵幸，但漢武帝對衛皇后仍然以禮相待。

當時，那些方士以及神巫有很多都聚集在京師，他們中的大多數都用旁門左道蠱惑人心，耍弄各種花招而無所不為。那些女巫輕易就能進出後宮，她們教美人如何躲避災難，後宮之中幾乎每個屋子裡都埋有木偶人，祭祀鬼神，祈求免災降福。又往往因為爭風吃醋而怨恨咒罵，互相攻擊告發，說對方是在祈求鬼神降禍皇帝，犯了大逆不道之罪。武帝非常憤怒，所處死的後宮美人和受牽連而被殺的大臣就有幾百人。武帝心裡也真的疑心有人在詛咒自己，有一次白天睡覺，夢中看見幾千個木頭人手裡拿著木棍想要攻擊自己，武帝驚醒之後，就感到身體不舒適，於是苦於精神恍惚，容易忘事。江充覺得自己與太子和衛皇后之間已經結下怨恨，看到武帝年紀已大，害怕武帝去世後自己被太子誅殺，於是心生奸計，說皇帝的病是因為巫蠱作祟。於是武帝就派江充為使者，全權處理巫蠱案。江充於是率領著一批來自匈奴的巫師到處挖地尋找埋藏的木偶人，把那些涉嫌進行巫蠱活動的、在夜間進行祭祀的，以及請巫祝觀察什麼地方有鬼的人全部抓捕起來，還派胡巫故意去汙染某一塊地面，偽造祭祀過的痕跡，然後將這一塊地方的人抓捕起來進行審訊逼供，他們或是用燒紅了的鐵鉗鉗人的皮膚，或是用燒紅的烙鐵燒灼人的身體，強迫他們招供認罪。在嚴刑逼供之下，這些人便彼此誣告對方參與了巫蠱活動，官吏就將他們定罪為「大逆不道」上奏給朝廷。從京城、京城周圍的三個郡，進而涉及到全國各地的郡、諸侯國，受到巫蠱案牽連而被處死的前後有幾萬人。

當時，漢武帝年紀已經很大，身體總有些不舒服，於是就懷疑自己身邊的人都在用巫蠱詛咒自己，被殺的人中有其事還是沒有其事，沒有人敢站出來為他們伸冤。江充也看準了漢武帝的心思，就指使胡巫檀何對武帝說：「皇宮之內有蠱氣，如果不清除掉，皇帝的病就永遠好不了。」漢武帝於是派江充率人入宮清除「蠱」氣，江充等人到了宮殿之中，為了搜尋蠱氣，拆牆掘地，把皇帝的寶座都給弄壞了。武帝又派按道侯韓說、御史章贛、黃門蘇文等人協助江充。江充先從後宮中很少得到皇帝寵幸的夫人那裡開始挖掘尋找，然後依次尋到皇后、太子的宮中，把地面挖掘得破敗不堪，太子、皇后就連安置床鋪的地方都沒有。江充說：「從太子宮中挖掘出來的木偶人特別多，還挖出了寫有文字的絲綢，上面的文辭實屬大逆不道，不能不奏報給皇帝知道。」太子劉據害怕得沒有了主意，就向少傅石德求教。石德也懼怕自己因為是太子的老師而受到牽連被誅殺，就給太子出主意說：「前丞相公孫賀父子，諸邑、陽石兩位公主以及衛伉等都因為『巫蠱』事而被殺，現在巫師和使者從太子宮中挖出了木偶人，不知是巫師故意栽贓預先埋在那裡的，還是真有其事，根本就無法向皇帝解釋清楚。現在唯一能解救的辦法就是利用手中的旌節假傳皇帝的詔命，派人將江充等人抓捕入獄，嚴厲追究，一定要將他們的陰謀查個水落石出。再說皇帝有病住在甘泉宮，皇后以及太子所派的家吏前去探問，連皇帝的面都見不到。目前皇帝是死是活，我們根本不知道，而那些奸賊卻囂張到如此的地步，太子難道沒有想到秦朝扶蘇的事情嗎！」太子說：「我這個當兒子的，怎麼可以擅自誅殺朝廷大臣呢？不如親自到甘泉宮去見皇帝說明情況，希望得到皇帝的寬恕。」太子劉據準備前往甘泉宮，而江充對太子控制得特別厲害，太子根本就沒有辦法出去，於是決定採納石德的建議。秋季，七月初九日壬午，太子派自己的賓客冒充皇帝的使者，率人將江充等人抓了起來。按道侯韓說懷疑使者有假，不肯接受詔令，賓客當即將按道侯韓說殺死。太子親自到刑場監斬江充，怒罵江充說：「你這個趙國的流氓！早先你已經給你們趙國的國王父子製造了災難，難道還不夠嗎！現在竟然又來挑撥我們的父子關係了！」太子殺死江充之後，又在上林苑中將那些胡巫用火燒死。

太子派舍人名叫無且的手持符節連夜進入未央宮長秋殿殿門，並通過在宮中擔任長御官的倚華將情況詳細稟報給衛皇后，然後調動了未央宮馬廄裡的車馬，滿載著善射的軍士，又打開武器庫取出兵器，分發給長樂宮中的衛士。整個長安城立即陷入一片混亂，人們紛紛傳說太子謀反。蘇文趁混亂僥倖逃走，他逃往甘泉，向漢武帝述說太子殺死江充、發兵謀反等情況。漢武帝說：「一定是太子心懷恐懼，又怨恨江充等人，所以才會採取這種行動。」於是派遣使者到長安召喚太子。使者到了長安，卻沒敢進城，就返回甘泉向武帝彙報說：「太子謀反已是事實，還想把我殺掉，我是逃回來的。」漢武帝勃然大怒。長安城中，丞相劉屈氂聽到城中發生變亂的消息，起身就逃，由於走得慌張，連丞相印綬都跑丟了，他派丞相府中的長史乘坐驛站的快車，跑到甘泉將情況報告給漢武帝。漢武帝問丞相長史：「丞相在幹什麼呢？」長史回答說：「丞相只是封鎖消息，沒敢採取行動。」漢武帝聽了非常惱火，說：「事情已經混亂到了這種地步，還有什麼祕密可保！丞相太缺乏周公的風範了，難道周公當年沒有誅殺管叔、蔡叔嗎！」於是將蓋有皇帝御印的詔書頒發給丞相劉屈氂，詔書上說：「奮勇斬殺叛軍有重賞。用牛車當做盾牌，不要與叛軍短兵相接，以免造成士兵的重大傷亡！堅閉城門，不要讓一個叛軍逃出城外！」此時太子也正號令長安城中的文武百官：「皇帝在甘泉養病，恐怕病情發生變化，奸臣要趁機謀亂。」漢武帝從甘泉回到長安，住進城西的建章宮，他下詔徵調京城周邊三個郡中與長安鄰近縣的軍隊，部署二千石以下的官員都由丞相統領。太子劉據也派使者假傳皇帝的詔命赦免長安城中關押在各官署中的囚徒，命令師傅石德和賓客張光等人分別率領，又派長安城中的囚徒名叫如侯的手持符節徵調駐紮在長水和宣曲的兩支由匈奴人組成的騎兵部隊，命令他們要全副武裝前來長安會合。正巧遇見武帝派往長安的使者侍郎馬通，馬通派人抓住了如侯，並告訴匈奴人說：「如侯所持的符節是假的，不要聽從他。」於是將如侯斬首，然後率領兩處匈奴騎兵進入長安，又徵調了附近的船工交給大鴻臚商丘成。當初，漢朝的符節是純紅色的，因為太子用的也是純紅色，於是就在原來的符節上又添加一縷黃色的犛牛尾以示區別。

太子劉據親自乘車來到北軍的南門外，喚出北軍使者任安，並將符節交與任安，讓他發兵助戰。任安接受了太子的符節，回到北軍之後，卻緊閉營門不肯出兵。太子只好引兵回到長安城中，驅趕著長安城中東、西、直、柳四個市場的商人與顧客，總計幾萬人，來到長樂宮的西門，正遇上丞相劉屈氂率領的軍隊，雙方激戰了五天，死了有幾萬人，鮮血流入了水溝。當時民間都傳說「太子謀反」，所以民眾大多不歸附太子，而歸順丞相的人卻越來越多。

七月十七日庚寅，太子劉據兵敗，他向南逃跑來到了覆盎城門。擔任丞相司直的田仁臨時分管長安城門的管制，他認為太子劉據與皇帝乃是親父子，就不想逼迫太子太急，太子因此得以逃出長安城。丞相劉屈氂想殺死田仁，御史大夫暴勝之對丞相說：「司直的級別是二千石，應當先請示皇帝，怎麼能擅自將他斬首呢！」於是丞相劉屈氂便將田仁釋放了。漢武帝聽說御史大夫主張放了田仁，不禁大怒，便將御史大夫暴勝之交與司法部門審理，責問他說：「司直田仁放走了謀反的太子，丞相要將他斬首，這是執行法律，你為什麼擅自阻止他？」暴勝之知道案情重大，惶恐不安，便自殺了。漢武帝又詔令宗正劉長、擔任執金吾的劉敢手捧皇帝廢黜皇后的詔書到長樂宮收走衛皇后的璽綬，衛皇后自殺。漢武帝認為任安是一個老奸巨猾的官吏，看見太子發動兵變，就想坐觀成敗，看見誰能取勝就與誰聯合，腳踩兩隻船，於是將任安和田仁全都腰斬。漢武帝因為馬通抓獲了如侯，長安男子景建跟隨馬通抓獲了石德，商丘成奮勇作戰抓獲了張光，於是封馬通為重合侯，封景建為德侯，封商丘成為秺侯。太子的賓客凡是在這段時間裡出入過宮門的全部誅殺；那些跟隨太子出兵作戰的，按照反叛的法律條文，全部滅族；即使是那些被太子脅迫而捲入進去的官吏和士人，也都被流放到敦煌郡。因為太子還逃亡在外，所以開始在長安各城門設置重兵把守。

漢武帝憤怒到了極點，朝廷上下都很憂愁恐懼，不知該怎麼辦才好。壺關縣的三老令狐茂上書給漢武帝說：「我聽說，父親就像是遼闊的上天，母親就像是寬厚的大地，而孩子就如同是天地間的萬物，所以蒼天平安，大地平安，萬物就能生長茂盛，父親仁慈，母親疼愛，孩子就孝順。如今皇太子乃是皇帝的嫡子，是皇位的合法繼承人，將要繼承漢家的萬世基業，承擔起祖宗的託付之重，從血緣關係看是皇帝的嫡長子。而江充原本是個平民百姓，是閭里間的一個賤民，陛下重用他，使他顯貴，他奉皇帝之命徹查巫蠱之事，卻藉機欺陵迫害皇太子，栽贓陷害，一群邪惡糾結在一起形成團夥，以至於親情之間反倒被阻隔而不能溝通。太子進不能見到皇上，退則被亂臣所困，獨自含冤受屈而無處求告，其憤恨之情忍無可忍，這才奮起殺死江充，又因心懷恐懼、害怕皇帝責罰，所以逃亡，兒子盜用父親的軍隊，只不過是為了解救自己脫離災難。我覺得太子沒有謀反之心。《詩經》上說：『嗡嗡叫著的蒼蠅停留在籬笆上，平和可親的君子不要聽信讒言。讒言變化無常沒有準則，讒言可以把整個天下攪得一片混亂。』過去江充進讒言害死趙國太子的事情，天下沒有人不知道。陛下沒有體察到江充的讒言，而把太子的罪過想得過於嚴重，因此大發雷霆，徵調大軍追捕太子。並派三公統兵征討，在那個時候，智慧的人不敢進言，能言善辯的人不敢開口，我真為此而感到痛心！希望陛下放寬胸懷，平穩情緒，稍微體察一下所親近的人當時的處境，不要擔心太子會真的謀反，趕緊停止戰爭，不要讓太子長久地流亡在外！這完全是我對陛下的一片拳拳忠心，所以才不顧生死前來上書，我在建章宮門外等待接受陛下的處罰。」漢武帝看了令狐茂的奏疏之後，也稍微有所醒悟，然而還一時難以明白說出赦免太子的話。

太子劉據逃出長安城後，向東逃到了湖縣，藏匿在泉鳩里。主人家裡很窮，經常靠賣草鞋供給太子。太子有一舊友也住在湖縣，聽說他家裡很富有，就派人去找他而被人發覺。八月初八日辛亥，官吏率人圍捕太子劉據。太子劉據估計自己已經無法脫身，就進入室內，關閉了房門上吊自殺了。山陽男子張富昌當時充當一名士卒，他用腳踢開房門，新安令史李壽趕緊奔上前去解救太子，主人公為保護太子與圍捕的官兵格鬥而死，漢武帝的兩個孫子也同時遇害。漢武帝對太子之死感到很傷心，於是封李壽為邘侯，封張富昌為題侯。

當初，漢武帝為太子修建了博望苑，教他按照自己的喜好招攬賓客，所以儒家學派以外的許多歪門邪道之人也被太子接納。

司馬光說：「古代聖明的君主教育培養太子，都是挑選那些規矩誠實的人，做太子的師傅、朋友，讓這些人與太子朝夕相處。在太子的前後左右沒有一個不是正派的人，太子的出入起居，沒有一點不符合正道，即使這樣，還仍然有因為任意而行、品行不端而招致災禍、導致敗亡的人。如今漢武帝卻讓太子劉據根據個人所好，隨意交接賓客。與行為正直的人相處，關係很難親密無間，而阿諛奉承之徒因為善於阿諛奉承，往往容易關係融洽，這本來是一般人之常情，太子不得善終也就不是偶然的了！」

八月二十日癸亥，發生地震。

九月，任命商丘成為御史大夫。

封趙敬肅王劉彭祖的小兒子劉偃為平干王。

匈奴侵入上谷郡、五原郡，殺死、擄掠了不少吏民。

三年（辛卯　西元前九〇年）

春，正月，上行幸雍，至安定、北地❶。

匈奴入五原、酒泉❷，殺兩都尉❸。三月，遣李廣利❹將七萬人出五原，商丘成❺將二萬人出西河❻，馬通❼將四萬騎出酒泉，擊匈奴❽。

夏，五月，赦天下。

匈奴單于❾聞漢兵大出，悉徙其輜重❿北邸⓫郅居水⓬。左賢王⓭驅其人民度余吾水⓮六七百里，居兜銜山⓯，單于自將精兵度姑且水⓰。商丘成軍至，追邪徑⓱，無所見，還。匈奴使大將⓲與李陵將三萬餘騎追漢軍，轉戰九日，至蒲奴水⓳，虜不利，還去。馬通軍至天山⓴，匈奴使大將偃渠㉑將二萬餘騎要㉒漢兵，見漢兵彊，引去，通無所得失。是時，漢恐車師㉓兵[1]遮㉔馬通軍，遣開陵侯成娩㉕將樓蘭、尉犂、危須㉖等六國兵共圍車師，盡得其王民眾而還。貳師將軍出塞，匈奴使右大都尉㉗與衛律㉘將五千騎要擊漢軍於夫羊句山陿㉙，貳師擊破之，乘勝追北㉚至范夫人城㉛。匈奴奔走，莫敢距敵㉜。

初，貳師之出也，丞相劉屈氂為祖道㉝，送至渭橋㉞。廣利曰：「願君侯㉟早請昌邑王㊱為太子，如立為帝，君侯長何憂乎！」屈氂許諾。昌邑王者，貳師將軍女弟李夫人子也，貳師女為屈氂子妻，故共欲立焉。會內者令㊲郭穰告㊳「丞相夫人祝詛上，及與貳師共禱祠㊴，欲令昌邑王為帝」，按驗㊵，罪至大逆不道。六月，詔載屈氂廚車以徇㊶，要斬東市㊷，妻子梟首㊸華陽街㊹。貳師妻子亦收㊺。貳師聞之，憂懼，其掾㊻胡亞夫亦避罪從軍，說貳師曰：「夫人、室家皆在吏㊼，若還，不稱意適與獄會㊽，郅居以北，可復得見乎㊾！」貳師由是狐疑㊿，深入要功(51)，遂北至郅居水上。虜已去，貳師遣護軍(52)將二萬騎度郅居之水，逢左賢王、左大將將二萬騎，與漢軍[2]合戰一日，漢軍殺左大將，虜死傷甚眾。軍長史(53)與決眭都尉煇渠侯(54)謀曰：「將軍懷異心(55)，欲危眾求功，恐必敗。」謀共執(56)貳師。貳師聞之，斬長史，引兵還至燕然山(57)。單于知漢軍勞倦，自將五萬騎遮擊貳師，相殺傷甚眾。夜，塹漢軍前(58)，深數尺，從後急擊之，軍大亂敗[3]，貳師遂降。單于素知其漢大將，以女妻之，尊寵在衛律上。宗族遂滅。

秋，蝗。

九月，故城父令公孫勇[59]與客胡倩等謀反，倩詐稱光祿大夫[60]，言使督盜賊[61]。淮陽[62]太守田廣明覺知[63]，發兵捕斬焉。公孫勇衣繡衣[64]、乘駟馬車至圉[65]，圉守尉[66]魏不害等誅之。封不害等四人為侯[67]。

吏民以巫蠱相告言[68]者，案驗多不實。上頗知[69]太子惶恐無他意，會高寢郎[70]田千秋上急變[71]，訟[72]太子冤曰：「子弄父兵[73]，罪當笞[74]。天子之子過誤殺人[75]，當何罪哉？臣嘗夢見[4]一白頭翁教臣言[76]。」上乃大感寤，召見千秋，謂曰：「父子之間，人所難言也，公獨明其不然[77]。此高廟神靈使公教我，公當遂為吾輔佐[78]。」立拜千秋為大鴻臚[79]，而族滅江充家，焚蘇文於橫橋[80]上，及泉鳩里加兵刃於太子者，初為北地[81]太守，後族。上憐太子無辜，乃作思子宮，為歸來望思之臺於湖[82]，天下聞而悲之。

四年（壬辰　西元前八九年）

春，正月，上行幸東萊[83]，臨大海，欲浮海求神山[84]。群臣諫，上弗聽。而大風晦冥[85]，海水沸湧。上留十餘日，不得御[86]樓船，乃還。

二月丁酉[87]，雍縣無雲如雷[88]者三，隕石二，黑如黳[89]。

三月，上耕于鉅定[90]。還，幸泰山，脩封[91]。庚寅[92]，祀于明堂[93]。癸巳[94]，禪石閭[95]，見羣臣，上乃言曰：「朕即位以來，所為狂悖[96]，使天下愁苦，不可追悔。自今事有傷害百姓，糜費天下者，悉罷之！」田千秋曰：「方士言神仙者甚眾，而無顯功[97]，臣請皆罷斥遣之！」上曰：「大鴻臚言是也。」於是悉罷諸方士候神人[98]者。是後上每對羣臣自歎：「嚮時[99]愚惑，為方士所欺。天下豈有仙人，盡妖妄[100]耳！節食服藥，差可少病而已[101]。」夏，六月，還，幸甘泉[102]。

丁巳[103]，以大鴻臚田千秋為丞相，封富民侯[104]。千秋無它材能術學[5]，又無伐閱功勞[105]，特以一言寤意[106]，數月取宰相、封侯，世未嘗有也。然為人敦厚有智，居位自稱[107]，踰[108]於前後數公[109]。

先是[110]，搜粟都尉桑弘羊[111]與丞相、御史[112]奏言：「輪臺[113]東有溉田[114]五千頃以上，可遣屯田卒，置校尉三人分護[115]，益種[116]五穀。張掖、酒泉[117]遣騎假司馬[118]為斥候[119]。募民壯健敢徙者詣田所[120]，益墾溉田[121]。稍築列亭[122]，連城而西[123]，以威西國[124]，輔烏孫[125]。」上乃下詔，深陳既往之悔[126]曰：「前有司奏[127]欲益民賦三十[128]助邊用，是重困[129]老弱孤獨也。而今又請遣卒田輪臺[130]。輪臺西於車師千餘里，前開陵侯擊車師[131]時，雖勝，降其王，以遼遠乏食，道死者尚數千人，況益西[132]乎！曩者[133]朕之不明，以軍候弘[134]上書，言『匈奴縛馬前後足[135]置城下，馳言[136]：

「秦人[137]！我匄若馬[138]。」』又，漢使者久留不還[139]，故興遣[140]貳師將軍，欲以為使者威重[141]也。古者[142]卿、大夫與謀[143]，參以蓍龜[144]，不吉不行。乃者[145]以縛馬書徧視[146]丞相、御史、二千石[147]、諸大夫[148]、郎、為文學者[149]，乃至郡、屬國都尉[150]等，皆以[151]『虜自縛其馬，不祥甚哉[152]！』或以為『欲以見彊[153]，夫不足者視人有餘[154]。』公車方士[155]、太史、治星、望氣[156]及太卜龜蓍[157]皆以為『吉，匈奴必破，時不可再得也。』又曰『北伐行將[158]，於鬴山必克[159]。卦[160]，諸將貳師最吉。』故朕親發貳師下鬴山，詔之必毋深入[161]。今計謀[162]、卦兆[163]皆反繆[164]。重合侯得虜候者[165]，乃言『縛馬者匈奴詛軍事[166]也。』匈奴常言『漢極大，然不耐飢渴[167]，失一狼，走千羊[168]。』乃者貳師敗，軍士死略離散[169]，悲痛常在朕心。今又請遠田輪臺，欲起亭隧[170]，是擾勞天下，非所以優民[171]也，朕不忍聞。大鴻臚[172]等又議欲募囚徒送匈奴使者[173]，明封侯之賞以報忿[174]，此五伯所弗為[175]也。且匈奴得漢降者常提掖搜索[176]，問以所聞[177]，豈得行其計乎？當今務在禁苛暴，止擅賦[178]，力本農[179]，脩馬復令[180]，以補缺[181]、毋乏武備[182]而已。郡國二千石[183]各上進[184]畜馬方略補邊狀[185]，與計對[186]。」

由是[187]不復出軍，而封田千秋為富民侯，以明[188]休息，思富養民也。又以趙過為搜粟都尉(189)。過能為代田(190)，其耕耘田器皆有便巧(191)，以教民，用力少而得穀多，民皆便之。

臣光曰：「天下信未嘗無士(192)也！武帝好四夷之功，而勇銳輕死之士充滿朝廷，闢土廣地，無不如意。及後息民重農，而趙過之儔(193)教民耕耘，民亦被(194)其利。此一君之身趣好殊別(195)，而士輒應之(196)。誠使武帝兼三王之量(197)以興商、周之治(198)，其無三代之臣乎(199)！」

秋，八月辛酉晦(200)，日有食之。

衛律害(201)貳師之寵，會匈奴單于母閼氏(202)病，律飭胡巫言(203)：「先單于怒曰(204)：『胡故時祠兵(205)，常言得貳師以社(206)，何故不用(207)？』」於是收(208)貳師。貳師罵曰：「我死必滅匈奴！」遂屠貳師以祠(209)。

【章旨】以上為第三段，寫征和三年（西元前九〇年）、四年兩年間的全國大事，其一是寫了李廣利、商丘成、馬通三道北出伐匈奴，皆無功。時朝內劉屈氂以巫蠱罪名被殺，牽出李廣利家族繫獄；李廣利欲深入邀功以求皇帝寬赦，部下則勸李廣利北逃以避難匈奴，李廣利猶豫不決，匈奴乘機攻之；李廣利兵敗投降匈奴，深受單于之寵任，衛律忌恨李廣利，乃進讒以殺之。其二是寫漢武帝逐漸查知太子之冤，遂處死奸人蘇文以及江充之餘黨；田千秋因乘機為太子辨冤而被超升為大鴻臚，又進而為丞相，封富民侯；武帝又接受田千秋建議，從此不再迷信方士、企求長生。其三是桑弘羊等建議派兵屯田輪臺，並向西域擴大地盤，武帝下詔不許；並追述了派遣李廣利北伐匈奴之失誤，決心息兵養民，發展農業，任用趙過以提高農業技術等等。

【注釋】❶安定北地　漢代二郡名，安定郡治高平，即今寧夏固原。北地郡治馬領，在今甘肅慶陽西北。❷酒泉　漢郡名，郡治祿福，即今甘肅酒泉。❸兩都尉　當時酒泉郡設有北部都尉與東部都尉，北部都尉駐軍於偃泉障，東部都尉駐軍於東泉障，是防止匈奴南犯、保衛河西走廊的兩支軍隊。❹李廣利　武帝寵妃李夫人之兄，因伐大宛被封為海西侯。❺商丘成　姓商丘名成，此時任御史大夫。❻西河　漢郡名，郡治平定，在今內蒙古東勝境內。❼馬通　因與太子劉據作戰被封重合侯。❽擊匈奴　此次李廣利、商丘成等之北伐匈奴為衛青、霍去病於元狩四年（西元前一一九年）北伐匈奴後又一次最大規模的北伐。❾匈奴單于　此時的匈奴單于名狐鹿姑，太始元年即位。❿輜重　由後勤部隊保管、運送的各種儲備物資。⓫邸　通「抵」。到。⓬郅居水　即源於今杭愛山北麓，流入貝加爾湖的色楞格河。⓭左賢王　匈奴東部地區的最高君長，地位僅低於單于，通常由單于的兒子或兄弟充任。⓮余吾水　即今蒙古國烏蘭巴托附近的土拉河。⓯兜銜山　方位不詳。⓰姑且水　源於今杭愛山之東南麓，南流。⓱追邪徑　沿小路追擊匈奴北撤之兵。邪徑，曲折窄細之路。⓲大將　匈奴官名，有左、右二大將，位在左右賢王、左右谷蠡王之下。此處與李陵協作的應是匈奴左大將，左賢王的部下。⓳蒲奴水　源於今杭愛山脈東麓，東南流。⓴天山　即今新疆境內的天山山脈。㉑大將偃渠　此處的大將應是右大將，名叫偃渠，是右賢王的部下。㉒要　意思同「邀」。襲擊；截擊。㉓車師　西域國名，分前、後兩國。前國即今新疆吐魯番西北的交河城；後國在今新疆奇臺西北。㉔遮　攔擊。㉕開陵侯成娩　開陵侯名成娩，本匈奴人，因降漢被封開陵侯。㉖樓蘭尉犂危須　皆西域國名，樓蘭的都城在今新疆羅布泊西北部，尉犂的都城即今新疆庫爾勒，危須的都城在今新疆焉耆東北。㉗右大都尉　匈奴官名，地位在右大將之下，是右賢王的部屬。㉘衛律　原漢人，降匈奴後被封為丁零王。㉙夫羊句山陿　匈奴境內的峽谷名，在今蒙古國達蘭托達加德城西。㉚追北　追擊敗逃之敵。㉛范夫人城　在夫羊句山峽東北，今蒙古國達蘭托達加德城東北。㉜距敵　意即「抵抗」。距，通「拒」。敵，當。㉝祖道　設宴送行並祭祀道路之神，祈求保佑出行順利。祖，祭祀。通常稱送別宴會為「祖宴」。㉞渭橋　出長安城北行所必經之渭水大橋。㉟君侯　當時對丞相的敬稱。丞相照例封侯，故稱「君侯」。㊱昌邑王　劉髆，武帝之子，李夫人所生，李廣利的外甥。㊲內者令　也作「內謁者令」，皇帝的內侍，掌管宮內臥具，上屬少府。㊳告　告發。㊴禱祠　祭祀禱告，以求願望實現。㊵按驗　查證。㊶徇　即今所謂「遊街」。㊷要斬東市　在東市處死。要，通「腰」。東市，當時長安城內的大市場之一，在長安城的西北部。㊸梟首　將人頭懸掛高竿。㊹華陽街　長安街道之一，應是劉屈氂等貴族居住的地方名。㊺收　拘捕關押。㊻掾　屬吏。㊼在吏　被法吏關押。㊽不稱意適與獄會　句子不順，大意是皇帝不會對我們滿意，而正好把我們投入監獄。適，恰好。㊾郅居以北二句　意思是到那時再想北渡郅居水到匈奴避難還來得及嗎。郅居以北，隱指匈奴。㊿狐疑　心存疑慮。(51)深入要功　想深入敵區以立大功，博得皇帝歡心，從而饒過自己。要，求。(52)護軍　在軍中掌管監察、協調等事的官吏。(53)軍長史　貳師將軍屬下的諸史之長，史失其名。當時在丞相、大將軍屬下都有長史，總領諸事，地位相當崇重。(54)決眭都尉煇渠侯　任決眭都尉之職的煇渠侯，名叫雷電。雷電之父名叫僕朋，原是匈奴人，降漢後被封為煇渠侯。僕朋死後，其子雷電襲其父爵為侯，今隨李廣利出征，任決眭都尉。(55)異心　其實李廣利此時只是動搖未定。(56)執　拘捕；抓起來。(57)燕然山　即今蒙古國境內的杭愛山。(58)塹漢軍前　在漢軍的軍營前面挖下壕溝。(59)城父令公孫勇　城父縣的縣令姓公孫名勇。城父縣在今安徽亳州東南。(60)光祿大夫　光祿勳的屬官。光祿勳原稱「郎中令」，九卿之一，統領皇帝侍從，並主管宮殿門戶。(61)言使督盜賊　謊稱自己是奉命外出監督地方官緝拿盜賊的。(62)淮陽　漢郡名，郡治即今河南淮陽。(63)覺知　發覺了他是假的。(64)衣繡衣　穿著繡衣使者的服裝，即冒充繡衣使者。繡衣使者也稱「繡衣直指」，是皇帝的特派員，奉命到各郡視察，回京向皇帝報告。後來演變成十三個分區的「刺史」。(65)圉　漢縣名，在今河南太康西北。(66)圉守尉　圉縣的代理縣尉。守，代理。縣尉是縣令的副職，主管縣裡的捕盜、徵糧等事。(67)四人為侯　魏不害為當塗侯、江德為轑陽侯、蘇昌為蒲侯、另一失名者為關內侯。(68)告言　意即「告發」。(69)頗知　稍稍知曉。(70)高寢郎　劉邦廟的看守人員。寢，即指廟。凡廟之前殿供奉靈位以接受祭祀之處曰廟，後殿儲藏受祭者生前遺物，以象徵其生前起居之處曰寢。郎，帝王的侍從、侍奉人員。(71)急變　緊急文書。變，也稱「變事」，告發謀反大案的密信。這裡乃緊急為太子申冤的上書。(72)訟申訴；辨白。(73)子弄父兵　兒子拿著父親的兵器玩耍，這裡隱指調動某些軍隊。(74)笞　用竹板打一頓。(75)過誤殺人　過錯性的殺了人。(76)一白頭翁教臣言　這是一個白頭髮老人教給我這麼說的。(77)不然　不是人們所說的那種樣子。(78)為吾輔佐　成為我的左膀右臂。(79)大鴻臚　也稱「典客」，九卿之一，掌管民族事務。(80)橫橋　長安橫門外的渭河大橋。(81)北地　漢郡名，郡治馬領，在今甘肅慶陽西北。(82)湖　漢縣名，太子躲藏與最後被迫自殺之地，在今河南靈寶西。(83)東萊　漢郡名，郡治即今山東掖縣。(84)神山　即所謂蓬萊、方丈、瀛洲三山。(85)晦冥　白天昏暗如夜。(86)御　用，這裡即指乘坐。(87)二月丁酉　二月初三。(88)無雲如雷　晴天打雷。如，意思同「而」。(89)黑如黶　意謂天空降落的兩塊隕石其黑如人面之痣。黶，黑痣的顏色。(90)鉅定　漢縣名，在今山東廣饒北。(91)脩封　修整封禪臺，意即又在泰山頂進行祭天活動。(92)庚寅　三月二十六。(93)祀于明

堂　祭祀泰山東北側的明堂。祀，祭祀。明堂是帝王宣明政教之處，此處的明堂在泰山腳下的東北側。94癸巳　三月二十九。95禪石閭　在石閭小山祭祀地神。禪，拓地而祭地神。石閭山在今山東泰安。96狂悖　狂妄而不合情理。悖，背於常理。97顯功　明顯的功效。98候神人　探尋、等候神仙降臨。99曏時　昔日；前些時候。100妖妄　瞎說。101差可少病而已　爭取少得點病也就不錯了。差可，或許可以。102甘泉　甘泉宮，在今陝西淳化西北，漢武帝所建的離宮。103丁巳　六月二十五。104富民侯　表示休養生息，使民富足之意。105伐閱功勞　四字都是「功勳」、「功勞」的意思。《史記・高祖功臣侯者年表》：「以德立宗廟、定社稷曰勳，以言曰勞，用力曰功，明其等曰伐，積日曰閱。」106寤意　使武帝感悟、合其心意。107自稱　意即稱職。108踰　同「逾」。超過；勝過。109前後數公　前後的幾位丞相，在其前者有石慶、趙周、公孫賀、劉屈氂；在其後者有王訢、楊敞、蔡義等。110先是　在此之前，追述往事的前置語。111搜粟都尉桑弘羊　搜粟都尉是大司農的屬官，掌農耕及屯田等事。桑弘羊是武帝時期的經濟名臣，出身商人之家，善於計算，十三歲為武帝侍中，又為搜粟都尉，最後至御史大夫。112丞相御史　丞相指田千秋，御史大夫為商丘成。113輪臺　西域城名，在今新疆輪臺東南，當時屬於龜茲國。114溉田　水澆田。115分護　分別監管、保護。116益種　更多地種植。117張掖酒泉　漢代二郡名，張掖郡的郡治在今甘肅張掖西北，酒泉郡的郡治即今甘肅酒泉。118遣騎假司馬　詞語不順，大意為派出一部分騎兵，並派人任代理司馬之職以統領之。119斥候　偵察兵，使之探察匈奴人的動靜。120田所　即輪臺以東的屯田地區。121益墾溉田　更多地開墾水澆田。122稍築列亭　逐漸地向西建立崗棚哨所。列亭，一路排列出去的崗亭哨卡。123連城而西　把一個個孤立的城堡連接起來，一直向西排列而去。124以威西國　以震懾西域諸國。125輔烏孫　給烏孫以聲勢上的援助。烏孫是西域國名，大體在今新疆西北部和與之臨近的俄國地區，是最早與漢王朝通好結親的西域國家。126既往之悔　對過去進行一系列擴張戰爭的後悔之意。127有司奏　有關主管部門的官員提出請求。128益民賦三十　將第二個人人頭稅增加三十文銅錢。129重困　給……增加嚴重困難。130田輪臺　到輪臺屯田。131開陵侯擊車師　開陵侯名敖，原為東越臣，降漢後被封為開陵侯。其擊車師事在征和三年（西元前九〇年）。132益西　更加向西的輪臺。133曩者　同前「曏時」，昔日。134軍候弘　軍候名弘，史失其姓。軍候是軍中的哨探人員。135縛馬前後足　為了讓馬留在城下，不致跑走。136馳言　圍著城下奔馳吆喝。137秦人　指中原人，這裡是呼喚城上的漢軍。漢時外族稱中國為「秦」，至唐、宋乃呼中國為「漢」。138我匄若馬　我把這馬送給你們用。匄，討要，這裡指「送給」、「借給」。若，你；你們。兩句的意思是：你們不是說因為缺少馬匹才不能來和我們作戰麼，現在我給你們馬，你們敢來和我們作戰麼。狷狂挑戰語。139久留不還　長期扣留，不使歸漢，如蘇武等。140興遣　興兵派遣。興，指軍事動員。141為使者威重　為了在外族面前提高漢朝使者的身分地位。(142)古者　指古代聖帝明王的決定國家大事。(143)卿大夫與謀　要讓卿、大夫全都發表意見。與謀，參加謀劃。(144)參以蓍龜　還要通過占卜看其是否吉利。蓍，蓍草，古代占卦所用的物品。龜，龜甲，古代占卦所用的首要物品。(145)乃者　前者，指匈奴人縛馬猖狂挑戰時。(146)以縛馬書徧視　我把匈奴人留在城下的縛馬與挑戰書信讓所有官員觀看。(147)二千石　這裡包括「中二千石」的九卿，「二千石」與「比二千石」的其他朝廷高官。(148)諸大夫　指朝廷上的各中級官員。(149)郎為文學者　朝廷與皇帝身邊的低級官員。郎是皇帝的侍從人員，文學是中央各部、各官僚機構裡的文祕人員，一般是讀儒書出身。(150)郡屬國都尉　指郡都尉、屬國都尉。郡都尉是地方各郡裡的武官。屬國都尉是在歸降於漢王朝的少數民族聚居之地所設的武官。(151)皆以　以上各中央與地方官僚全都認為。(152)不祥甚哉　對匈奴不祥，正好我們出擊。(153)欲以見彊　匈奴人的這種做法是為了表現他們的強大。見，通「現」。(154)不足者視人有餘　只有衰弱的人才向人誇耀自己強大。視，通「示」。意思是匈奴人現在已經衰弱了。(155)公車方士　在公車門等候召見的方術之士。(156)太史治星望氣　都是從事占卜觀測等活動的官員。太史即太史令，主管文書與祭祀活動的官員。治星是觀測天文星象的官員。望氣是觀測雲氣以占卜吉凶的官員。(157)太卜龜蓍　專門主管占測的官員，上屬太常。(158)北伐行將　率軍北行的將領。(159)於鬴山必克　必將破敵於鬴山。鬴山是匈奴境內的山名，應在當時五原郡之正北。(160)卦　意即占卜的結果。(161)必毋深入　一定不要深入敵區。(162)計謀　指群臣的主意謀略。(163)卦兆　龜紋、蓍草所呈現的卦象，即指占卜所得的結果。(164)反繆　與事實相反、悖謬。(165)得虜候者　俘虜了匈奴的哨探人員。(166)詛軍事　破壞我們的軍事計畫。詛，瓦解。有人解為「詛咒」，情同「巫蠱」所為，似非。(167)不耐飢渴　忍受不了飢渴。(168)失一狼二句　以喻傷亡一將，軍眾即刻離散。(169)死略離散　或身死，或被虜，其餘一哄而散。略，意同「掠」、「虜」。(170)起亭隧　建造崗亭與烽火臺。隧，通「燧」。此處之「起亭隧」即前文之「稍築列亭，連城而西」。(171)優民　「優」字理應作「憂」。(172)大鴻臚　據《漢書・百官公卿表》繼田千秋為大鴻臚者為戴仁。(173)募囚徒送匈奴使者　意思是讓這些囚徒到匈奴去當刺客，尋機刺殺匈奴君長。(174)明封侯之賞以報忿　許願給這些囚徒如能刺殺成功就封以為侯，以此發洩對匈奴人的忿恨。(175)五伯所弗為　這是連春秋五霸也不屑於做的勾當。五霸指齊桓公、晉文公、楚莊王、吳王闔閭、越王句踐。(176)提掖搜索　指反覆搜身檢查的樣子。(177)問以所聞　向他們打聽各種情報。(178)止擅賦　禁止向百姓隨意攤派。(179)力本農　努力從事農業。本，即指農業。(180)脩馬復令　重新實行募人為公家養馬而免除其自身傜役的法令。(181)補缺　補充軍用馬匹之不足。(182)毋乏武備　使國家的戰備物資不致缺乏。(183)郡國二千石　各郡、各諸侯國的行政長官，即郡太守、王國之相等等。(184)上進　上書進言。(185)畜馬方略補邊狀　有關養馬與補充邊用物資不足的辦法。(186)與計對　與上計者一同進京師應對。計，代表各郡、各諸侯國進京向朝廷結算、交納錢糧的官員。(187)由是　從此。(188)明　表示。(189)搜粟都尉　大司農的屬官，主管農業生產，徵集糧食等事。(190)代田　即輪作法。(191)便巧　有技術含量，用起來能事半功倍。(192)信未嘗無士　的確不是沒有人才。信，的確。(193)儔　輩；同一類的人。(194)被　蒙受。(195)一君之身趣好殊別　同一個君主不同時期的趨向愛好不同。趣好，趨向、愛好。(196)士輒應之　總是有人來投合他的需要。(197)三王之量　像夏禹、商湯及周文王、周武王一樣的氣量。(198)興商周之治　重新實行一種商朝、周朝的王道政治。(199)其無三代之臣乎　難道就沒有夏、商、周時代那樣的賢臣圍攏過來嗎。(200)八月辛酉晦　八月的最末一天是三十。晦，陰曆的每月最後一天。(201)害　妒忌；忌恨。(202)母閼氏　猶漢代之所謂「太后」、「太妃」。閼氏是匈奴貴族夫人的稱號名，兼指正妻與姬妾。(203)飭胡巫言　讓匈奴的巫師對現任的單于說。飭，告誡；命令。(204)先單于怒曰　去世的單于曾生氣地說過。先單于即患病的「單于毋閼氏」之夫。(205)胡故時祠兵　我們過去在戰前祭祀戰爭之神。(206)得貳師以社　如果捉到李廣利，一定殺他祭神。社，這裡即指祭祀。(207)何故不用　現在母閼氏患病，為什麼不殺李廣利祭神。(208)收　拘捕。(209)祠　祭祀，這裡指用作祭神的供品。

【校　記】[1]兵　原無此字。據章鈺校，十四行本、乙十一行本、孔天胤本皆有此字，今據補。[2]軍　原作「兵」。據章鈺校，十四行本、乙十一行本、孔天胤本皆作「軍」，今據改。按，《漢書》亦作「軍」字。[3]敗　原無此字。據章鈺校，十四行本、乙十一行本、孔天胤本皆有此字，張敦仁《通鑑刊本識誤》同，今據補。按，《漢書》亦有「敗」字。[4]見　原無此字。據章鈺校，乙十一行本有此字，《漢書》亦有此字，今據補。[5]術學　原無此二字。據章鈺校，十四行本、乙十一行本、孔天胤本皆有此二字，張敦仁《通鑑刊本識誤》、張瑛《通鑑校勘記》同，今據補。

【語　譯】三年（辛卯　西元前九〇年）

春季，正月，漢武帝巡視雍縣，然後從雍縣前往安定郡、北地郡巡視。

匈奴入侵五原郡、酒泉郡，殺死了兩名都尉。三月，漢武帝派遣李廣利率領七萬人軍隊從五原郡出塞，派商丘成率領二萬人從西河郡出發，派馬通率領四萬名騎兵從酒泉郡出發，幾路大軍同時出擊匈奴。

夏季，五月，大赦天下。

匈奴狐鹿姑單于聽到漢朝派大軍前來征討的消息，就命人將所有儲備物資向北轉移到郅居水岸邊。匈奴左賢王驅趕著匈奴百姓渡過余吾水，又跋涉六七百里，來到兜銜山駐紮下來，匈奴狐鹿姑單于親自率領精兵渡過姑且水。商丘成率領二萬名漢軍進入匈奴境內，沿著小路追擊匈奴北撤之兵，連匈奴的影子也沒有看到，只得撤軍而回。匈奴派大將與李陵一起率領三萬多名騎兵追趕漢軍，轉戰九天，來到蒲奴水，匈奴由於沒有獲勝的機會，也撤軍而回。馬通率領四萬名漢軍進抵天山，匈奴派大將偃渠率領二萬多名騎兵準備截擊漢軍，後來看見漢軍勢力強盛，沒敢動手，也率軍而回，馬通一路既無所得，也沒有什麼損失。當時，漢朝擔心車師國出兵攔截馬通的軍隊，就派遣開陵侯成娩率領樓蘭、尉犂、危須等六國聯軍共同包圍了車師，將車師國的國王以及所有民眾全部劫掠回中國。貳師將軍李廣利率領七萬人馬出塞後，匈奴派遣右大都尉與衛律率領五千名騎兵在夫羊句山峽攔截漢軍，被貳師將軍李廣利的軍隊打敗，貳師將軍乘勝追擊敗逃的匈奴軍，一直追到范夫人城。匈奴的軍隊慌忙逃走，沒有人敢抵抗。

當初，貳師將軍李廣利出塞的時候，丞相劉屈氂為他設宴餞行，一直將李廣利送到渭橋。李廣利對劉屈氂說：「希望您早點請求皇上立昌邑王劉髆為太子，如果昌邑王劉髆將來做了皇帝，您還有什麼可值得憂慮的呢！」身為丞相的劉屈氂答應了貳師將軍李廣利的請求。昌邑王劉髆，是貳師將軍李廣利的妹妹李夫人的兒子，而貳師將軍李廣利的女兒又嫁給丞相劉屈氂的兒子為妻，所以兩個人都想立昌邑王劉髆為太子。恰巧此時負責掌管宮內臥具的內者令郭穰向漢武帝告發「丞相劉屈氂的夫人詛咒皇帝早死，還與貳師將軍李廣利共同祭祀祈禱，想擁立昌邑王劉髆為皇帝」，經查證屬實，被判犯了大逆不道之罪。六月，漢武帝下詔將丞相劉屈氂綁縛在裝載食物的廚車上遊街示眾，然後在東市將其腰斬，劉屈氂的妻、子也在華陽街被砍下了腦袋。貳師將軍李廣利的妻、子也被收監入獄。貳師將軍李廣利得知消息後，非常憂愁恐懼，他手下的小吏胡亞夫也是為避罪而從軍，於是勸說貳師將軍李廣利說：「您的夫人與家小都被關押在官府，您如果現在回去，肯定不符合皇帝的心意，那正好把我們投入到監獄去了，到那時，要想再向北渡過郅居水到匈奴避難，還可能有機會嗎！」貳師將軍李廣利因此而猶豫不決，他想深入匈奴建立大功來博得漢武帝的歡心，從而饒過自己，於是率軍繼續北上，抵達郅居水邊。而此時匈奴的軍隊已經遠去，貳師將軍於是派護軍率領二萬名騎兵渡過郅居水，與匈奴的左賢王與左大將相遇，匈奴的左賢王與左大將也率領著二萬名騎兵，他們與漢軍激戰了一天，漢軍殺死了匈奴左大將，匈奴死傷慘重。漢軍中的長史與擔任決眭都尉的煇渠侯商議說：「貳師將軍已經對朝廷懷有二心，想要危害眾人向朝廷邀功，恐怕註定要失敗。」於是密謀把貳師將軍李廣利抓捕起來。不想陰謀洩露，李廣利殺死了長史，便率軍返回到燕然山。匈奴狐鹿姑單于得知漢軍已經相當疲勞倦怠，就親自率領五萬名騎兵攔住貳師將軍李廣利的軍隊猛力攻打，兩軍都有很大傷亡。夜間，匈奴又在漢軍的軍營前面挖掘壕溝，壕溝深好幾尺，然後率軍從漢軍背後發動猛攻，漢軍一下子亂了陣腳而潰敗，貳師將軍李廣利絕望之下投降了匈奴。匈奴狐鹿姑單于早就知道貳師將軍李廣利是漢朝一位有名的大將，便將自己的女兒下嫁給他為妻，對李廣利的尊寵程度遠在衛律之上。他的家屬及族人因此全部被武帝殺死。

秋季，蝗蟲成災。

九月，曾經擔任過城父縣令的公孫勇與其門客胡倩等人謀反，胡倩冒充光祿大夫，聲稱自己是奉皇帝之命出來監督地方官吏緝拿盜賊的。淮陽太守田廣明識破了他的詭計，就發兵將胡倩抓捕起來處決了。公孫勇冒充繡衣使者，身穿繡衣使者的服裝、乘坐著四匹馬拉的車子來到圉縣，被圉縣代理縣尉魏不害等人殺死。漢武帝接到奏報後，封魏不害等四人為侯爵。

吏民因為巫蠱之事而互相告發的，經過查驗，情況多不屬實。漢武帝稍稍知曉到太子確實因為惶恐才發兵誅殺江充等人，而沒有謀反的意圖，而此時負責看守高祖廟的郎官田千秋向漢武帝遞交了一封緊急奏章，他在奏章中為太子申訴冤情說：「兒子玩弄父親的兵器，其罪過頂多用竹板打一頓。天子的兒子因過錯而誤傷人命，按照法律應當判什麼罪呢？這是我夢見一位白髮老翁教我這樣說給陛下的。」漢武帝此時已經完全醒悟，於是召見田千秋，漢武帝對田千秋說：「父子之間的事情，外人很難評論誰是誰非，而先生您卻能分析清楚其中的道理。這一定是高廟的神靈讓您來如此的指教我，您應當作為我的輔弼大臣。」當即任命田千秋為大鴻臚，並下令將江充滅族，把蘇文抓起來綁在橫橋上活活燒死，就是在泉鳩里將兵刃加到太子身上的那個人，當初雖然被封為北地太守，後來也被滅族。漢武帝痛惜太子無罪而自殺，於是修建了思子宮，又在湖縣修建了歸來望思臺，天下人聽到這個消息都為太子感到悲傷。

四年（壬辰　西元前八九年）

春季，正月，漢武帝到東萊郡巡視，面對波濤洶湧的大海，武帝就想要親自乘船去大海中尋找神山。群臣極力勸阻，武帝卻執意要去。但當時風浪很大，天地之間一片昏暗，海水就像沸騰起來一樣洶湧咆哮。武帝在海邊等待了十多天，都無法登上樓船，只好返回。

二月初三日丁酉，雍縣上空晴天少雲，但卻像雷聲一樣轟隆隆地響了三聲，隨即落下了兩塊隕石，隕石的顏色很像人們臉上黑痣的顏色。

三月，漢武帝在山東鉅定縣親自扶犁耕作。返回途中，經過泰山，於是修整封禪臺，舉行祭天活動。二十六日庚寅，祭祀泰山東北側的明堂。二十九日癸巳，在石閭小山祭祀地神，接見群臣，漢武帝對群臣說：「我自從即位以來，做了許多狂妄而不合情理的事情，給天下的百姓造成很大痛苦，現在已經是追悔莫及。從今以後，如果還有傷害百姓、糜費天下財富的項目，一律停止！」田千秋進諫說：「現在有很多的方士談論神仙，卻又沒有效驗，我請求陛下將那些方士們全部斥退、遣散！」漢武帝說：「大鴻臚說得很對。」於是把那些在全國各地等候神仙降臨的方士全部遣散。此後，武帝經常對群臣感慨地說：「過去真是太愚昧了，竟然被方士所矇騙。天下哪有什麼神仙，都是胡說八道。節制飲食，經常服用一些藥品，只不過少得點病也就罷了。」夏季，六月，漢武帝返回，前往甘泉宮。

六月二十五日丁巳，漢武帝任命大鴻臚田千秋為丞相，封為富民侯。田千秋沒有別的才能學問，也沒有什麼可以值得誇耀的功勞和資歷，只因為一句話使漢武帝感悟、合了武帝的心意，所以幾個月的時間就當上了丞相、封了侯，這是從來未曾有過的事情。然而田千秋這個人為人寬宏厚道、有智謀，擔任丞相也很稱職，勝過其他的幾位前後任丞相。

在此之前，擔任搜粟都尉的桑弘羊與丞相、御史聯名向漢武帝奏請說：「輪臺以東有可以灌溉的農田五千頃以上，可以派遣軍隊到那裡屯田，在那裡設置三個校尉分別負責監管、保護，多種五穀。另外在張掖、酒泉等地派遣一部分騎兵，由代理司馬統領，負責偵察匈奴的動靜、為屯墾部隊擔任警戒。再招募民間那些身強體壯、有膽量、願意到屯田之所去的人，到那裡更多地開墾水澆田。逐漸向西修築起哨所、崗亭，把這些孤立的哨所、崗亭連接起來，以威懾西域諸國，給烏孫國以聲勢上的援助。」漢武帝就此事頒布詔書，深刻檢討以往的過失，他說：「以前有關人員曾經奏請將百姓的人頭稅增加三十文用於加強邊防建設，是在加重老弱孤獨的負擔，會使他們生活更加困難。現在又有人奏請派軍隊到輪臺去屯墾。輪臺在車師國以西一千多里的地方，以前開陵侯成娩率軍攻打車師的時候，雖然取得了勝利，迫使車師國王投降，但終因路途遙遠，大軍食物缺乏，路上就死了幾千人，何況是比車師還要遠一千多里的輪臺呢！過去我不明實際情況，因為軍候弘上書說『匈奴將馬捆住四足放在城下，並圍著城奔馳呼喊說：「秦人，我把馬送給你們。」』我聽信了軍候弘的話。再說，匈奴將漢朝的使者長期扣留，不讓他們歸漢，所以才派遣貳師將軍李廣利出兵，目的是為了在外族面前提高漢朝使者的身分地位。古代的聖帝明王在決定國家大事的時候，都要讓卿、大夫參與謀劃，還要用蓍草、龜甲進行占卜，如果占卜的結果顯示出不吉祥，就立即停止行動。過去我曾經把匈奴捆綁在馬身上的挑戰書拿給丞相、御史大夫和所有二千石以上的官員、諸位大夫、郎官以及文祕人員，甚至郡、屬國的都尉等人看，所有的人都認為『匈奴自己把馬綁縛起來，這對匈奴來說是最大的不吉祥！』也有人認為『匈奴人這樣做是為了顯示他們的強大，實際上只有衰弱的人才向人誇耀自己的強大。』而那些在公車門等候召見的方術之士、掌管天文的太史令、研究星相的專家，以及以望氣來預測吉凶，用蓍草、龜甲進行占卜的官員都認為是『大吉大利，匈奴一定被打敗，機會難得易失。』還說『率軍北征的將領，必將破敵於鬴山。』根據占卜的結果，諸將當中只有派貳師將軍李廣利最為吉祥。』所以我親自派遣李廣利出兵鬴山，並告誡他一定不要貪功深入。而諸位的謀略、占卜的結果卻與事實相反。重合侯馬通捕獲的匈奴哨探人員說『匈奴人將馬捆起來放在城下是為了破壞我們的軍事計畫。』匈奴人常說『漢朝國土雖然極其廣大，但漢人卻不能忍耐飢渴，損失了一隻狼，就會逃散一群羊。』過去貳師將軍李廣利失敗之後，手下的軍士除去死了的、被俘的，其餘的一哄而散，我經常為此事而感到痛心。現在又建議派軍隊到遙遠的輪臺屯墾，還想在那裡修建哨所、修建烽火臺，這是在騷擾、辛勞天下的百姓，而不是體恤百姓的本意，我不忍心聽到這樣的話。大鴻臚等又建議招募罪犯藉護送滯留在中國的匈奴使者之機到匈奴去當刺客，尋找機會刺殺匈奴君長，並許諾這些囚徒如果刺殺成功就封他們為侯，以此發洩我們對匈奴人的怨憤，這是春秋五霸都不屑於去做的事情。況且，匈奴對於投降過去的漢朝人總是連拉帶拽，進行嚴格的搜身，並進行嚴厲的審查盤問，你的計謀又怎麼能夠實現呢？現在的當務之急應該是禁止苛政暴行，禁止向百姓進行橫徵暴斂，鼓勵人民努力耕作，恢復實行招募人為公家養馬而免除他們自身服勞役納賦稅的法令，用以補充戰馬數量的不足，使國家的戰備物資不致缺乏而已。各郡、各諸侯國二千石以上的高級官員就如何畜養馬匹，以及補充邊用物資不足的方法向朝廷獻計獻策，與各地的報表人員一同晉京應對。」

此後漢朝不再對外用兵，而封田千秋為富民侯，以此表明武帝要與民休養生息，以使國家富強人民生活安定。又任命趙過為搜粟都尉。因為趙過總結出了輪作法，又對農具進行了改造，經他改造過的農具既輕便又靈巧，所以讓他向農民進行推廣，農民花費的力氣少而收穫的糧食卻增加了很多，很受百姓的歡迎。

司馬光說：「天下確實是各種人才都有啊！武帝喜歡對四邊蠻族發動戰爭的時候，那些勇敢不怕死的人士就充滿了朝廷，他們開疆拓土，沒有一次不使武帝稱心如意。到了後期，武帝轉變為休息民眾、重視農業生產的時候，就又湧現出了趙過這類的人物，他們教育人民如何耕作，人民也因此而得到很大的利益。前後都是一個君主，只因為所好發生了變化，而各種人才也就隨之而產生。如果能夠讓漢武帝兼有三王的度量，重新實行商代、周代的王道政治，難道會缺乏像三代那樣的輔弼大臣嗎！」

秋季，八月最後一天三十日辛酉，發生日蝕。

衛律對貳師將軍李廣利受到狐鹿姑單于的尊寵感到無比妒忌，恰巧狐鹿姑單于的母親閼氏有病，衛律就教唆胡巫對匈奴單于狐鹿姑說：「先單于曾經生氣地說：『我們過去在戰前總要舉行祭祀戰神的活動，每次都發誓要殺死貳師將軍李廣利來祭祀社神，現在母閼氏患病，你們為什麼不殺掉李廣利祭神呢？』」於是狐鹿姑單于下令將李廣利抓起來。李廣利大罵匈奴人說：「我死了之後，一定會變做厲鬼滅掉匈奴！」匈奴單于於是將李廣利殺死用作祭神的祭品。

後元元年（癸巳　西元前八八年）

春，正月，上行幸甘泉，郊泰畤❶，遂幸安定❷。

昌邑哀王髆❸薨。

二月，赦天下。

夏，六月，商丘成坐祝詛自殺❹。

初，侍中僕射❺馬何羅❻與江充相善。及衛太子起兵，何羅弟通❼以力戰❽封重合侯。後上夷滅充宗族黨與❾，何羅兄弟懼及❿，遂謀為逆。侍中駙馬都尉⓫金日磾⓬視其志意有非常⓭，心疑之，陰獨察⓮其動靜，與俱上下⓯。何羅亦覺日磾意，以故久不得發⓰。是時上行幸林光宮⓱，日磾小疾臥廬⓲，何羅與通及小弟安成⓳矯制⓴夜出，共殺使者㉑，發兵。明旦，上未起，何羅無何從外入㉒。日磾奏廁㉓，心動，立入㉔，坐內戶下㉕。須臾㉖，何羅袖白刃從東廂㉗上，見日磾，色變，走趨臥內㉘，欲入，行觸寶瑟㉙，僵㉚。日磾得抱何羅㉛，因傳㉜曰：「馬何羅反！」上驚起。左右拔刃欲格㉝之，上恐并中日磾，止勿格。日磾投何羅殿下，得禽縛之。窮治㉞，皆伏辜㉟。

秋，七月，地震。

燕王旦㊱自以次第㊲當為太子，上書求入宿衛㊳。上怒，斬其使於北闕㊴。又坐㊵藏匿亡命㊶，削良鄉、安次、文安㊷三縣。上由是㊸惡㊹旦。旦辯慧博學，其弟廣陵王胥㊺，有勇力，而皆動作無法度，多過失，故上皆不立。

時鉤弋夫人㊻之子弗陵㊼，年數歲，形體壯大，多知㊽，上奇愛之，心欲立焉。以其年稺母少，猶與㊾久之。欲以大臣輔之，察羣臣，唯奉車都尉、光祿大夫霍光㊿，忠厚可任大事，上乃使黃門(51)畫周公負成王(52)朝諸侯(53)以賜光(54)。後數日，帝譴責鉤弋夫人，夫人脫簪珥(55)叩頭。帝曰：「引持去(56)，送掖庭獄(57)！」夫人還顧，帝曰：「趣行(58)，汝不得活！」卒賜死。頃之，帝閒居，問左右曰：「外人言云何(59)？」左右對曰：「人言：『且立其子(60)，何去其母乎(61)？』」帝曰：「然，是非兒曹愚人之所知(62)也。往古國家所以亂，由主少母壯也。女主獨居驕蹇(63)，淫亂自恣(64)，莫能禁也(65)。汝不聞呂后(66)邪！故不得不先去之也。」

二年（甲午　西元前八七年）

春，正月，上朝諸侯王于甘泉宮。二月，行幸盩厔五柞宮(67)。

上病篤(68)，霍光涕泣問曰：「如有不諱(69)，誰當嗣(70)者？」上曰：「君未諭(71)前畫(72)意邪？立少子(73)，君行周公之事(74)。」光頓首讓曰：「臣不如金日磾。」日磾亦曰：「臣，外國人，不如光，且使匈奴輕漢(75)矣！」乙丑(76)，詔立弗陵為皇太子，時年八歲。丙寅(77)，以光為大司馬大將軍(78)，日磾為車騎將軍(79)，太僕上官桀(80)為左將軍(81)，受遺詔輔少主，又以搜粟都尉桑弘羊為御史大夫，皆拜臥內牀下。光出入禁闥(82)二十餘年，出則奉車(83)，入侍左右，小心謹慎，未嘗有過。為人沈靜詳審，每出入、下殿門，止進有常處(84)，郎、僕射(85)竊識視(86)之，不失尺寸(87)。日磾在上左右，目不忤視(88)者數十年，賜出宮女(89)，不敢近(90)，上欲內其女後宮(91)，不肯。其篤慎(92)如此，上尤奇異之。日磾長子為帝弄兒(93)，帝甚愛之。其後弄兒壯大(94)，不謹，自殿下與宮人戲(95)。日磾適(96)見之，惡其淫亂，遂殺弄兒。上聞之，大怒。日磾頓首謝，具言所以殺弄兒狀(97)。上甚哀，為之泣，已而心敬日磾。上官桀始以材力(98)得幸，為未央廄令(99)。上嘗體不安，及愈，見馬，馬多瘦，上大怒曰：「令(100)以我不復見馬邪(101)？」欲下吏(102)。桀頓首曰：「臣聞聖體不安，日夜憂懼，意誠不在馬(103)。」言未卒，泣數行下。上以為愛己，由是親近，為侍中(104)，稍遷(105)至太僕(106)。三人皆上素所愛信者，故特舉(107)之，授以後事(108)。丁卯(109)，帝崩于五柞宮[110]，入殯未央宮前殿[111]。

帝聰明能斷[112]，善用人，行法無所假貸[113]。隆慮公主[114]子昭平君[115]尚帝女夷安公主[116]。隆慮主病困[117]，以金千斤、錢千萬為昭平君豫贖死罪[118]，上許之。隆慮主卒，昭平君日驕，醉殺主傅[119]，繫獄[120]。廷尉[121]以公主子上請[122]，左右人人為言：「前又入贖[123]，陛下許之。」上曰：「吾弟[124]老有是一子，死以屬我[125]。」於是為之垂涕，歎息良久，曰：「法令者，先帝所造也，用弟故[126]而誣[127]先帝之法，吾何面目入高廟[128]乎？又下負[129]萬民。」乃可其奏[130]，哀不能自止，左右盡悲。待詔東方朔[131]前上壽[132]，曰：「臣聞聖王為政，賞不避[133]仇讎，誅不擇[134]骨肉。書曰：『不偏不黨，王道蕩蕩[135]。』此二者[136]，五帝[137]所重，三王[138]所難也，陛下行之[139]，天下幸甚！臣朔奉觴昧死再拜[140]上萬歲〔1〕壽[141]！」上初怒朔，既而善之，以朔為中郎[142]。

班固贊[143]曰：「漢承百王之弊[144]，高祖撥亂反正[145]，文、景務在養民[146]，至于稽古禮文[147]之事，猶多闕焉[148]。孝武[149]初立，卓然罷黜百家[150]，表章六經[151]，遂疇咨海內[152]，舉其俊茂[153]，與之立功[154]。興太學[155]，修郊祀[156]，改正朔，定曆數[157]，協音律[158]，作詩樂[159]，建封禪[160]，禮百神[161]，紹周後[162]，號令文章，煥焉〔2〕可述[163]。後嗣[164]得遵洪業[165]，而有三代之風[166]。如武帝之雄材大略，不改文、景之恭儉以濟斯民[167]，雖詩、書所稱[168]何有加焉[169]？」

臣光曰：「孝武窮奢極欲，繁刑重斂，內修宮室[170]，外事四夷[171]，信惑神怪[172]，巡遊無度[173]，使百姓疲敝[174]，起為盜賊[175]，其所以異於秦始皇者無幾[176]矣。然秦以之亡，漢以之興者，孝武能尊先王之道[177]，知所統守[178]，受忠直之言，惡人欺蔽[179]，好賢不倦，誅賞嚴明，晚而改過[180]，顧託得人[181]，此其所以有亡秦之失[182]而免亡秦之禍[183]乎！」

戊辰[184]，太子[185]即皇帝位。帝姊鄂邑公主[186]共養省中[187]，霍光、金日磾、上官桀共領尚書事[188]。光輔幼主，政自己出[189]，天下想聞其風采[190]。殿中嘗有怪，一夜羣臣相驚，光召尚符璽郎[191]，欲收取璽[192]。郎不肯授，光欲奪之。郎按劍曰：「臣頭可得，璽不可得也！」光甚誼之[193]。明日，詔增此郎秩二等[194]。眾庶[195]莫不多[196]光。

三月甲辰[197]，葬孝武皇帝于茂陵[198]。

夏，六月，赦天下。

秋，七月，有星孛于東方[199]。

濟北王寬(200)坐禽獸行自殺(201)。

冬，匈奴入朔方(202)，殺略吏民。發軍屯西河(203)，左將軍桀行北邊(204)。

【章　旨】以上為第四段，寫後元元年（西元前八八年）、二年共兩年間的全國大事，主要寫了隨著太子劉據的冤情得申，和太子作戰獲升的商丘成、馬通、馬何羅等又自殺或被殺；寫了武帝欲立幼子劉弗陵為太子，預先殺了劉弗陵之母鉤弋夫人；寫了武帝臨終向霍光、金日磾等託孤，與歷史家介紹霍光、金日磾其人；寫了武帝之死與班固、司馬光對武帝政治的評價。

【注　釋】❶郊泰畤　祭祀泰畤。郊，在郊外祭天，這裡即指祭祀。泰畤，祭祀泰一神的神壇，在當時的雲陽縣境內，今陝西淳化西北。❷安定　漢郡名，郡治高平，即今寧夏固原。❸昌邑哀王髆　劉髆，武帝之子，寵姬李夫人所生。❹坐祝詛自殺　祝詛是在祭祀鬼神時，說皇帝的壞話。按，商丘成是在與太子作戰時有功獲超升，今太子之冤獲申，故商丘成死。與丞相劉屈氂之死略同。❺侍中僕射　皇帝的侍從官員，為諸侍中之長。❻馬何羅　《漢書》作「莽何羅」。❼弟通　馬何羅之弟馬通。❽力戰　馬通原為武帝之侍郎，受命由甘泉到長安辦事時，殺了太子派出的使者如侯，又調發楫棹士隨商丘成討伐太子。❾黨與　同「黨羽」。❿懼及　害怕大禍牽連自己。⓫侍中駙馬都尉　以駙馬都尉之職為皇帝之侍從人員。駙馬都尉之職務是為皇帝掌管副車。⓬金日磾　字翁叔，本匈奴人，隨渾邪王降漢後，以小心謹慎又善養馬受武帝賞識，封駙馬都尉。《漢書》中有傳。⓭志意有非常　即神態異常。⓮陰獨察　獨自暗中觀察。⓯與俱上下　與之一道出入上下。⓰發　發動；動手。⓱林光宮　漢代的離宮名，在甘泉宮附近。⓲臥廬　在屋裡躺著。⓳小弟安成　馬何羅的小弟馬安成。⓴矯制　假託皇帝命令。㉑使者　此使者為何人，來自或使往何處，皆交代欠明。㉒無何從外入　出去不久又回來了。㉓奏廁　剛要入廁。奏，向。㉔立入　不去廁所，轉身進入宮殿。㉕坐內戶下　坐在皇帝所居的內殿門下。㉖須臾　一會兒。㉗東廂　東廂房。㉘走趨臥內　小步急急地奔向皇帝的臥室。㉙行觸寶瑟　走路不小心撞到了樂器。㉚僵　仰面摔倒。㉛得抱何羅　因馬何羅摔倒，金日磾才能趕上將其抱住。㉜傳　向著屋裡呼喊。㉝格　殺。㉞窮治　徹底審查。㉟伏辜　認罪；服罪。按，馬通、馬何羅皆因奉命與太子為敵獲封賞，現太子之冤獲申，故馬氏反而成為叛逆，與劉屈氂、商丘成之下場相同。㊱燕王旦　劉旦，武帝之子。元狩六年受封燕王，都城即今北京市。事跡詳見《漢書・武五子傳》。(37)以次第　按年齡次序。(38)求入宿衛　請求進京進宮為皇帝充當保衛人員，實際意思是請求做皇帝的接班人。(39)北闕　未央宮的北門。因宮門外有雙闕，故稱宮門曰闕。(40)坐　因……而獲罪。(41)藏匿亡命　窩藏逃亡的犯人。亡命，亡命徒；不怕死的暴亂分子。也可以解釋為隱姓埋名的逃亡者。(42)良鄉安次文安　當時屬於燕國的三個縣，良鄉縣治在今北京市房山區東南，安次縣治在今河北廊坊西北，文安縣治在今河北文安城東北。(43)由是　從此。(44)惡　討厭。(45)廣陵王胥　劉胥，武帝之子，元狩六年被封廣陵王，都城即今江蘇揚州。事跡詳見《漢書・武五子傳》。(46)鉤弋夫人　武帝晚年的寵姬。據《漢書・外戚傳》，此女生來雙手皆拳，武帝為之掰開後，雙手遂癒，從此得幸。因居於鉤弋宮，遂號鉤弋夫人。(47)弗陵　劉弗陵，即日後的漢昭帝。(48)多知　很有智慧。知，同「智」。(49)猶與　同「猶豫」。(50)霍光　漢代名將霍去病之小弟，此時任奉車都尉與光祿大夫之職，《漢書》有傳。(51)黃門　這裡用以指稱皇宮裡的宦者。(52)周公負成王　周公背著成王，隱指輔佐幼主的意思。周公是周武王之弟，武王死後，成王年幼，當時的一切事情都是靠周公輔助處理。(53)朝諸侯　接受諸侯大臣的朝拜。(54)以賜光　將這張圖畫賜給霍光，意即日後由他充當周公的角色。(55)脫簪珥　摘去首飾，這是古人認罪請罪的一種姿態。(56)引持去　猶今所謂「拉出去」。(57)掖庭獄　宮廷裡的監獄。掖庭，宮掖；宮廷。此處即指甘泉宮。《通鑑注》：「掖庭屬少府，有祕獄，凡宮人有罪者下之。」(58)趣行　趕緊走。趣，通「促」。疾速。(59)外人言云何　外頭的人們對此怎麼說。(60)且立其子　馬上就要立其子為太子了。且，將。(61)何去其母乎　為什麼要殺掉他的母親呢。去，殺掉。(62)是非兒曹愚人之所知　這不是你們這些蠢材所能理解的。兒曹，猶言「汝輩」、「後生之輩」。(63)驕蹇　驕奢傲慢。(64)自恣　為所欲為。(65)莫能禁也　史珥《四史剿說》曰：「說弊甚透，致諸死地則因噎廢食矣。」(66)呂后　劉邦的皇后，劉邦死後掌權，大封呂氏為王，殘酷殺害劉邦諸子，險些篡奪劉氏的社稷。詳情見《史記・呂太后本紀》。(67)盩厔五柞宮　位於盩厔縣境內的五柞宮。盩厔是漢縣名，縣治在今陝西周至城東。五柞宮是漢王朝的離宮之一，在長楊宮東北八里。(68)病篤　病情沉重。(69)不諱　婉指死。(70)嗣　繼承；接班。(71)諭　理解；明白。(72)前畫　指「周公負成王朝諸侯」的圖畫。(73)少子　指鉤弋夫人所生的劉弗陵。(74)周公之事　即輔佐幼主，總理朝政。(75)使匈奴輕漢　似乎大漢王朝無人，才找一個匈奴人來做顧命大臣。(76)乙丑　二月十二。(77)丙寅　二月十三。(78)大司馬大將軍　元狩四年為加封衛青始置此官，為內朝之首領，實權在丞相之上。(79)車騎將軍　地位僅在大將軍、驃騎將軍之下。(80)太僕上官桀　姓上官名桀，時任太僕之職。太僕是九卿之一，為皇帝掌管御用車馬，出門為皇帝趕車。(81)左將軍　與前、後、右將軍地位相同，高於雜號將軍。(82)禁闥　禁門；宮門。闥，小門，這裡即指門。「出入禁闥」指受皇帝親幸，掌握朝廷大權。(83)奉車　在車上侍奉皇帝，意同「參乘」。(84)止進有常處　靠近皇帝近到什麼地方，從皇帝跟前出來退到什麼地方，都有一定的地點。(85)郎僕射　皇帝的侍從、侍衛人員。郎包括郎中、中郎、侍郎、騎郎等門類，是皇帝的低級侍從、侍衛。僕射是諸郎的小頭目，地位在中郎將之下。(86)竊識視　暗中觀察記憶。識，記。(87)不失尺寸　差不了幾寸。(88)忤視　對著對方的眼光。忤，對著。(89)賜出宮女　皇帝賜給他宮女。(90)不敢近　尊敬之，不敢視同自己的姬妾，因其來自皇帝身邊故也。(91)欲內其女後宮　想把金日磾的女兒召進宮內，策之為嬪妃。內，通「納」。(92)篤慎　誠實、謹慎。(93)弄兒　男寵。(94)壯大　成為成年人、壯年人。(95)與宮人戲　與宮女打打鬧鬧。(96)適　剛好。(97)狀　原因；緣由。(98)材力　身材力氣。(99)未央廄令　在未央宮掌管馬棚，上屬太僕。(100)令　指未央廄令上官桀。(101)邪　通「耶」。反問語氣詞。(102)下吏　意即下獄，交由法吏查辦。(103)意誠不在馬　心思實在沒有放在馬上，言外之意是全都放到皇帝的健康上去了。誠，實在。按，上官桀真可謂能隨機應變。(104)侍中　在宮中侍候皇帝。中，指宮禁。後來侍中也成為官名。(105)稍遷　逐漸升遷。(106)太僕　九卿之一，為皇帝掌管御用車馬，出門為皇帝趕車。(107)舉　這裡指提拔。(108)授以後事　把老皇帝死後的一切事情都託付給他們。(109)丁卯　二月十四。(110)帝崩于五柞宮　武帝死時年七十一歲。(111)入殯未央宮前殿　將武帝遺體抬進未央宮，停靈於未央宮前殿，以供群臣弔唁。殯，停靈。(112)能斷　敢於決斷。(113)無所假貸　意即絕不寬饒。(114)隆慮公主　景帝之女，王皇后所生，武帝之同胞小妹。(115)昭平君　姓字不詳，「昭平君」是其封號名。(116)尚帝女夷安公主　意即娶武帝女夷安公主為妻。尚，上配；高攀。意思即「娶」。(117)病困　病重；臨死前。(118)豫贖死罪　知其子非善類，故預先為之贖其免死。(119)主傅　隆慮公主的師傅或保姆。(120)繫獄　關在獄中。(121)廷尉　九卿之一，掌管全國刑獄。(122)上請　向皇帝請示。(123)前又入贖　此前又預先交了贖金。(124)吾弟　猶言吾妹。(125)死以屬我　臨死前將此子託付於我。屬，託付。(126)用弟故　由於妹妹的請託。(127)誣　破壞；不執行。(128)入高廟　到高祖廟去拜見先帝。(129)負　對不起。(130)可其奏　批准了將其處死的請示報告。(131)待詔東方朔　東方朔是武帝時期正直敢言的文學之士，《漢書》有傳，此時正在宦者署等待皇帝的招呼錄用。待詔，聽宣。(132)前上壽　上前祝酒，給皇帝說寬心話。(133)不避　不漏掉。(134)不擇　不區分；不挑選。(135)不偏不黨二句　兩句見《尚書・洪範》。不偏，不偏向某人。不黨，不與某人拉幫結派。蕩蕩，公正公平的樣子。(136)二者　指「賞不避仇讎，誅不釋骨肉」。(137)五帝　傳說中的五個帝王，即黃帝、顓頊、帝嚳、堯、舜。(138)三王　夏、商、周三朝的開國帝王，即夏禹、商湯、周文王與周武王。(139)行之　意即做到了。(140)昧死再拜　漢朝人習慣使用的恭敬語。昧死，冒死；不顧死的危險。(141)上萬歲壽　意即敬祝我皇萬壽無疆。(142)中郎　皇帝的侍從人員，秩六百石，上屬光祿勳。(143)班固贊　班固《漢書・武帝紀》的贊語。(144)漢承百王之弊　漢王朝是接續周、秦之亂世建立起國家的。(145)高祖撥亂反正　劉邦的貢獻主要在於改變舊秩序、建立新秩序。146文景務在養民　文帝、景帝的貢獻主要在於休養生息，提高國民的生活。147稽古禮文　考察古代的治國經驗，建立新的制度章程。稽，考查。148猶多闕焉　還有很多不齊備。闕，同「缺」。149孝武　即漢武帝，漢代尊儒，講究孝道，故在每個皇帝的謚號前都加一個「孝」字。150罷黜百家　凡與儒家思想不合的各派學說，通通予以禁止。董仲舒對策有所謂「諸不在六藝之科、孔子之術者，皆絕其道，勿使并進」。151表章六經　大力提倡、尊崇儒家的經典。《六經》指《詩》、《書》、《易》、《禮》、《樂》、《春秋》六種儒家當年使用的教材，被漢人視為經典。按，漢武帝罷黜百家、獨尊儒術《通鑑》繫之於建元元年（西元前一四〇年），而今學術界則多以為在元光五年（西元前一三〇年）。152疇咨海內　向國內賢哲徵求意見。「疇咨」是《尚書》中古帝王向群臣說話的呼喚語，後人斷章取義的用作典故，遂成為徵求意見的意思。153俊茂　俊才；秀才。154與之立功　搜求賢才，委以重任，與之一道建立功勳。按，武帝〈求賢詔〉有所謂「蓋有非常之功，必待非常之人。故馬或奔踶而致千里，士或有負俗之累而立功名。夫泛駕之馬，跅弛之士，亦在御之而已，其令州郡察吏民有茂才異等可為將相及使絕國者。」其氣魄可見。155興太學　開辦國家大學，講授儒家經典，其教師稱為博士，其生員稱博士弟子。事在元朔五年（西元前一二四年），漢代的太學在當時長安城的南郊。156修郊祀　制定祭祀天地的典禮。郊祀，指冬至日皇帝在京城的南郊祭天，夏至日在北郊祭地。157改正朔二句　指停止使用秦曆，改用《太初曆》。改正朔，秦朝以十月為歲首，漢初相沿未變，自武帝太初元年，改用正月為歲首。正朔，一年開頭的第一月第一天。158協音律　即任命李延年為協律都尉，使之為樂府詩歌譜曲。159作詩樂　指派人創作祭祀所用的詩歌，也從民間採集歌詩。即擴大樂府機關，開展作詩採詩活動。司馬相如作有〈郊祀歌〉。160建封禪　即到泰山山頂祭天，在泰山腳下的某小山祭地。武帝封禪從元封元年開始。161禮百神　祭祀各種神靈，如在雍縣、甘泉山、汾陰縣、山東半島等地建立各種祭壇、祠廟，所進行的各種祭祀活動。162紹周後　指在洛陽找出一個周王朝後裔封之為「子南君」。163煥焉可述　美好得可以供後代學習。煥焉，文采照人。述，闡釋；仿效。164後嗣　後代，指昭帝、宣帝等人。165遵洪業　繼續遵循武帝開創的事業。166有三代之風　不比夏、商、周的隆盛時期差。167以濟斯民　以文帝、景帝的溫和儉樸來治理黎民百姓。濟，成全；治理。168詩書所稱　《詩經》、《尚書》所稱道的那些聖帝明王，如堯、舜、禹、湯、文王、武王等等。169何有加焉　有誰能超過他呢。這兩句的意思是一方面肯定漢武帝有雄材大略的一面，同時又委婉地批評他窮兵黷武、好大喜功，缺少恭儉愛民的一面。170內侈宮室　在國內驕奢淫逸、大造宮殿。171外事四夷　在國外對四周少數民族大舉興兵。172信惑神怪　追求長生不死，迷信各種奇談怪論。173巡遊無度　沒有節制地到處巡遊。174疲敝　意思同「疲憊」。敝，衰敗。175起為盜賊　據《史記・酷吏列傳》：「南陽有梅免、白政，楚有殷中、杜少，齊有徐勃，燕趙之間有堅盧、范生之屬。大群至數千人，擅自號，攻城邑，取庫兵，釋死罪，縛辱郡太守、都尉，殺二千石，為檄告縣趣具食；小群以百數，掠鹵鄉里者，不可勝數也。」(176)無幾　沒有多少，意思是和秦始皇的暴政差不多。(177)能尊先王之道　指實行尊儒。(178)知所統守　知道應該怎樣統治黎民、怎樣守住基業。(179)惡人欺蔽　憎恨那些矇騙自己的人。惡，憎恨。(180)晚而改過　指悔恨過去的用兵太過，下輪臺詔書，不用桑弘羊的建議等等。(181)顧託得人　臨終任命的霍光、金日磾等人，都很得當。(182)有亡秦之失　指漢武帝也實行過秦始皇當年實行過的錯誤政策。(183)免亡秦之禍　沒有重蹈秦王朝滅亡的覆轍。(184)戊辰　二月十五。(185)太子　即鉤弋夫人所生的劉弗陵，歷史上的漢昭帝，時年八歲。(186)鄂邑公主　即蓋長公主，武帝之女。(187)共養省中　在宮中撫養年幼的劉弗陵。共，通「供」。省中，即宮中。(188)領尚書事　兼管皇帝的文祕工作。領，兼任。尚書，主管皇帝文祕工作。(189)政自己出　一切大政方針都是霍光一人說了算。(190)想聞其風采　希望聽到、看到霍光的儀容風度。(191)尚符璽郎　為皇帝掌管符節信印的小官。(192)欲收取璽　想把皇帝的信印要過來自己保管。(193)誼之　認為他的行動作為合乎身分。誼，通「義」。宜。(194)增此郎秩二等　給這個符璽郎提高兩級。秩，級別。(195)眾庶　眾人，包括官員與民眾。(196)多稱讚。(197)甲辰　三月二十二。(198)茂陵　漢武帝為自己預先修建的陵墓，在今陝西興平東北。(199)有星孛于東方　有流星出現在東方的天空。孛，火光四射的樣子。(200)濟北王寬　劉寬，淮南王劉長的後代，濟北王劉胡之子。劉寬自天漢四年繼其父位為王。濟北王的都城盧縣，在今山東長清西南。(201)坐禽獸行自殺　因在家族內部有淫亂行為事敗自殺。按，據《漢書．諸侯王表》，劉寬乃因謀反自殺。(202)朔方　漢郡名，郡治在今內蒙古烏拉特前旗東南。(203)西河　漢郡名，郡治平定，在今內蒙古東勝境。(204)行北邊　巡視北部邊境。

【校　記】[1]歲　原無此字。據章鈺校，十四行本、乙十一行本、孔天胤本皆有此字，張瑛《通鑑校勘記》同，今據補。按，《漢書》亦有「歲」字。[2]煥焉　原作「煥然」。據章鈺校，十四行本、乙十一行本、孔天胤本皆作「煥焉」，今據改。按，《漢書》亦作「煥焉」。

【語　譯】後元元年（癸巳　西元前八八年）

春季，正月，漢武帝巡視甘泉，祭祀泰一神，順便從這裡前往安定郡。

昌邑哀王劉髆去世。

二月，大赦天下。

夏季，六月，商丘成被指控在祭祀鬼神時說皇帝的壞話，商丘成自殺。

當初，擔任侍中僕射的馬何羅與江充關係密切。等到衛太子劉據為殺江充而起兵的時候，馬何羅的弟弟馬通因為拼命追殺太子有功而被封為重合侯。後來漢武帝屠滅江充的宗族和黨羽，馬何羅兄弟二人懼怕受到株連，於是密謀造反。擔任侍中駙馬都尉的金日磾發現二人神態異常，心裡產生了懷疑，就暗中觀察他們的一舉一動，總是跟他們一起進出朝廷。馬何羅也發現了金日磾在監視自己，所以很長一段時間沒敢採取行動。當時漢武帝前往林光宮，金日磾因為有病而在宮中的一個小房間裡臥床休息，馬何羅與他的弟弟馬通以及最小的弟弟馬安成假託皇帝的命令乘夜出宮，他們殺死了使者，調動了軍隊。天亮的時候，武帝還沒有起床，馬何羅出去不久又回到宮中。金日磾剛好要去廁所，忽然感到心裡怦然一動，於是馬上返回，坐在漢武帝所居住林光宮的內殿門下。不一會兒，馬何羅袖子裡藏著利刃從東廂房進宮，他一眼看見金日磾，臉色馬上就變了，但還是堅持向武帝的寢室奔去，快要進門的時候，撞到了旁邊擺放的樂器，仰面摔倒。金日磾馬上衝上去將馬何羅抱住，一邊向室內大喊：「馬何羅謀反！」漢武帝一下子被驚醒，趕緊起來。武帝身邊的侍衛拔出劍來就要刺向馬何羅，武帝擔心誤傷金日磾，趕緊制止不要動手殺死馬何羅。金日磾把馬何羅扔到殿下，被人抓住捆綁起來。經過嚴厲審查，馬何羅等人都認罪、伏法。

秋季，七月，地震。

燕王劉旦自以為按照長幼次序應該輪到自己做太子，於是給武帝上書請求到宮中充當侍衛。漢武帝很生氣，就把燕王的使者殺死在北宮門。偏巧此時燕王又被人指控窩藏逃匿的罪犯，漢武帝於是削去了他良鄉、安次、文安三個縣的封地。武帝因此對燕王劉旦心生厭惡。其實燕王劉旦很有口才，也很聰明，又知識廣博，他的弟弟廣陵王劉胥生性勇武強壯，但兄弟二人都不太遵紀守法，經常幹一些違法亂紀的事，所以漢武帝不願意立他們為太子。

當時鉤弋夫人所生的兒子劉弗陵，雖然才幾歲，卻長得很高大，又很有智慧，漢武帝對這位幼子很是欣賞和疼愛，心裡早就想立他為繼承人。但因劉弗陵年紀還小，他的母親鉤弋夫人也很年輕，所以猶豫了很久也下不了決心。就想物色大臣來輔佐劉弗陵，他遍察群臣，只有擔任奉車都尉、光祿大夫的霍光，為人忠厚，可以擔當這個重任，漢武帝於是讓黃門畫了一幅周公背負周成王接受諸侯朝拜的圖畫賞賜給霍光。過了幾天，漢武帝藉故對鉤弋夫人大加譴責，鉤弋夫人被嚇得摘掉首飾，向武帝磕頭認錯。武帝卻吩咐左右的人說：「把她拉出去，送到掖庭的監獄去！」鉤弋夫人回過頭來可憐巴巴的向武帝求饒，武帝絕情地說：「快走，你不能活下去！」後來漢武帝命鉤弋夫人在獄中自殺了。過了一段時間，武帝閒暇無事，就問他身邊的人：「外面的人都說了些什麼？」左右的人回答說：「人們都說：『就要立她生的兒子為太子了，為什麼要除掉他的母親呢？』」漢武帝說：「確實，這不是你們這些蠢人所能理解的。自古以來，國家所以發生變亂，大多是因為君主年紀幼小，而君主的母親卻在青春鼎盛造成的。母后大權獨攬、驕奢傲慢，生活淫亂放縱，為所欲為，卻又沒人能制止她。你沒有聽說呂后的事情嗎！所以我現在不能不為幼主預先掃除障礙而殺掉鉤弋夫人。」

二年（甲午　西元前八七年）

春季，正月，漢武帝在甘泉宮接受各諸侯王的朝拜。二月，武帝前往盩厔縣境內的五柞宮。

漢武帝病勢沉重，霍光淚流滿面地問：「陛下萬一離開人世，應該立誰為繼承人？」武帝說：「難道先生不明白以前我賞賜給你那幅畫的寓意嗎？立最小的兒子，就由先生擔任周公輔佐周成王的角色。」霍光一邊磕頭一邊推辭說：「我的才能不如金日磾。」金日磾也說：「我，原本是個匈奴人，才能不如霍光，如果讓我擔任輔佐大臣，會讓匈奴人看不起中國！」二月十二日乙丑，漢武帝下詔立劉弗陵為皇太子，劉弗陵當時年僅八歲。十三日丙寅，任命霍光為大司馬大將軍，任命金日磾為車騎將軍，擔任太僕的上官桀被任命為左將軍，三人接受了漢武帝的遺詔，共同輔佐年幼的君主劉弗陵，又任命搜粟都尉桑弘羊為御史大夫，幾個人都在武帝的病榻前接受了武帝的詔命。霍光出入宮廷長達二十多年，武帝外出時就在車上侍奉武帝，回朝之後則隨侍在武帝的左右，一向小心謹慎，從未出過差錯。為人沉著冷靜，慮事詳細周密，每次出入、上下殿門，不論是站立還是走路都有固定的地方，那些郎官、僕射曾經從旁邊偷偷地觀察過，發現差不了幾寸。金日磾在漢武帝身邊隨侍了幾十年，從來都是目不斜視，漢武帝賞賜給他的宮女，金日磾對她們非常尊重，不敢把她們視同自己的姬妾，漢武帝想把他的女兒收入後宮做嬪妃，他也不答應。其為人就是這樣的誠篤謹慎，所以漢武帝對他特別另眼相看。金日磾的長子小時候是武帝的男寵，武帝非常喜歡他。長大成人之後，行為不謹慎，在宮殿之下與宮女打打鬧鬧。恰巧被金日磾遇見，金日磾覺得兒子行為近似淫亂，心裡感到非常厭惡，於是就把長子殺死了。武帝聽說後，非常生氣。金日磾向武帝磕頭請罪，詳細地向武帝述說了殺死兒子的緣故。武帝很傷心，竟然為他流下了眼淚。過後，心裡對金日磾越加敬重。上官桀最初是以有身材力氣而得到武帝的寵幸，讓他在未央宮掌管馬棚。武帝曾經有一段時間身體不舒服，等到痊癒之後，去馬廄看馬，發現馬瘦了許多，於是大發雷霆說：「難道你這個馬廄令認為我再也見不到馬了嗎？」就想把他交給司法部門處理。上官桀向武帝磕頭說：「我聽說陛下身體不適，日夜擔驚受怕，心思根本就沒有放在養馬上。」話沒說完，已經是淚流滿面了。武帝認為他愛戴自己，所以不僅沒有處罰他，反而對他越來越親近，提升他做了侍中，又逐漸的升遷至太僕。霍光、金日磾、上官桀三個人都是漢武帝平素最喜歡最信任的人，所以在臨終的時候特別指定他們三人，將身後的大事託付給他們。十四日丁卯，漢武帝在五柞宮駕崩，遺體被抬進未央宮，停靈於未央宮前殿。

漢武帝為人聰明，敢於決斷，善於用人，執行法令，對任何人都不寬恕。武帝的妹妹隆慮公主的兒子昭平君娶武帝的女兒夷安公主為妻。隆慮公主臨終時，拿出黃金一千斤、銅錢一千萬預先為兒子贖死，武帝當時表示答應。隆慮公主去世之後，昭平君越來越驕橫不法，在酒醉的時候殺死了隆慮公主的師傅，被捕入獄。主管此案的廷尉因為昭平君是隆慮公主的兒子，便將判處的意見向漢武帝請示，武帝身邊的人都為昭平君求情說：「先前，公主已經預先出錢為他贖罪，陛下已經應允的。」武帝說：「我妹妹年紀很大才有這麼一個兒子，臨終之時將他託付給我。」說到這裡不禁難過得流下了眼淚，歎息了好久，最後還是說：「法令，是先帝制定的，如果因為我妹妹的請託就不予處罰，就是破壞了先帝的法律，我還有什麼臉面進高祖廟拜見先帝呢？又怎麼對得起天下的百姓。」於是批准廷尉將其處死的請示報告，武帝為此悲傷得無法控制，武帝身邊的人也因此都傷心落淚。擔任待詔的東方朔上前為武帝敬酒，說：「我聽說聖明的君主治理國家，該獎賞的就一定獎賞，即使是自己所仇恨的人也不漏掉，該誅殺的就誅殺，而不論他是不是自己的至親骨肉。《書經》上說：『不偏向某人，不與某人拉幫結派，聖明的君主執法公正公平。』這兩個方面是古代的五個帝王最重視的，就連夏、商、周三朝的開國帝王也很難做到，而陛下卻做到了，這是天下人的福分！我東方朔冒死為您敬上一杯酒，祝福皇帝陛下萬壽無疆！」起初漢武帝對東方朔的話感到生氣，後來又認為他說得好，任命他為中郎。

班固在《漢書．武帝紀》評論說：「漢朝是在周、秦亂世之後所建立起的國家，漢高祖劉邦的主要貢獻是撥亂反正，恢復了社會的正常秩序，漢文帝、漢景帝的主要貢獻是使人民休養生息，增強國力，提高人民生活水平，至於考察古代的治國經驗、制定新的規章制度方面，仍然有許多缺失。漢武帝剛一即位，就果斷地採取措施，禁止諸子百家的學說，大力提倡、尊崇儒家的經典——《六經》，於是徵求國內賢哲的意見，要求全國各地向朝廷舉薦優秀人才，經過朝廷選拔而加以重用，讓他們為國家建功立業。興辦高等學府，修訂祭祀天地的典禮，停止使用秦朝曆法，改用《太初曆》，任命李延年為協律都尉，讓他為樂府詩歌譜曲，派人創作祭祀所用的詩歌，建立了到泰山祭祀天、在泰山腳下的小山祭祀地的封禪制度，祭祀各種神靈，分封周王朝的後裔，提倡文章辭賦，功業煥然，歷歷可述。後世子孫遵循武帝所開創的事業，遂使漢朝不比夏、商、周三朝的隆盛時期差。像漢武帝這樣具有雄才大略的君主，如果能夠不改變文帝、景帝時的溫和儉樸來治理黎民百姓，縱然是《詩》、《書》中所稱道的那些古代聖王，又有誰能超過他呢？」

司馬光說：「漢孝武帝窮奢極欲，刑法嚴酷，賦稅繁重，在國內驕奢淫逸、大肆興建宮室，在國外實行武力擴張、對四周各族征戰不休，追求長生不死，迷信神仙鬼怪，四處巡遊沒有節制，使得百姓身心疲敝，群起而為盜賊，跟秦始皇比起來已經沒有多少差別了。然而秦朝因此而滅亡，漢朝依然能夠興盛，是因為漢孝武帝能夠尊奉古代聖王的治國之道，知道應該怎樣統治黎民、怎樣守住基業，他能接受忠臣的良言規勸，憎惡那些蒙蔽欺騙自己的人，招引賢才不知道疲倦，賞罰嚴明，到了晚年能夠幡然改正自己的過錯，又為幼主選擇了合適的輔佐大臣，這大概是漢武帝雖然也實行過秦始皇當年實行過的錯誤政策卻沒有重蹈秦朝滅亡的覆轍的原因吧！」

二月十五日戊辰，八歲的太子劉弗陵即皇帝位，就是漢孝昭皇帝。漢昭帝的姐姐鄂邑公主在宮中撫養年幼的漢昭帝，霍光、金日磾、上官桀共同兼管皇帝的文祕工作。霍光輔佐年幼的君主，一切大政方針都是霍光一人說了算，天下人全都想看見、聽到他為政的風采。一天夜間，宮殿之中發生了令人奇怪的事情，群臣全都驚恐不安，霍光趕緊將掌管皇帝璽印的郎官找來，想把皇帝的璽印要過來自己掌管。尚符璽郎不給，霍光就想強行奪取。尚符璽郎手按寶劍說：「我就是掉腦袋，皇帝的璽印也不能給您！」霍光認為尚符璽郎非常忠於職守。第二天，以皇帝的名義將尚符璽郎的俸祿提升兩級。天下人對霍光無不大加稱讚。

三月二十二日甲辰，將漢孝武皇帝劉徹葬於茂陵。

夏季，六月，大赦天下。

秋季，七月，有流星出現在東方天際。

濟北王劉寬被指控在家族內部有淫亂行為而畏罪自殺。

冬季，匈奴入侵朔方郡，殺死、擄掠了許多邊民。漢朝派兵屯戍西河郡，左將軍上官桀到北部邊境巡視。

【研　析】本卷寫了天漢三年（西元前九八年）至後元二年（西元前八七年）共十二年間的全國大事，令人深有感觸的有以下數點：

一、一個獨裁專制的統治者如果活得年齡很大，而且又是終身制，這對於國家民族而言實在是一種災難。一個長期把持最高權力的統治者，其自大自信，自以為是，目中無人，聽不得不同意見是可以想見的。如果再有特殊的癖好、荒謬的指向，那麼奸人便會因緣而進，投合其趣味者便會聞風而至，於是想不受蒙蔽、想不被別有用心者牽著鼻子走也就不可能了。漢武帝好神仙，一群騙子便圍攏在他的周圍，與其五十多年的統治相終始；漢武帝老年疑神疑鬼，總怕有人加害於他；又寵愛小姬，意存更儲，於是一群惡人便聞風而入，直到加禍於丞相、加禍於大將、加禍於公主，最後公然將罪惡的矛頭指向太子、皇后，一場窩裡殘殺、父子對打的惡戲演出了。這在幾千年的封建歷史上雖然不是絕無僅有，但其惡劣程度還得說是獨一無二。漢武帝於此可以說是昏庸荒謬到了極點。

二、統治者家裡的矛盾，本與外人不相干，但由於他們是「統治者」，他們可以指揮人，所以許多人不能不跟著他們的指揮棒轉；又因為他們是「統治者」，他們可以作威作福，於是一些貪圖權力之徒便會不由地積極貼上去。漢武帝聽信江充等人的搬弄，直至派江充到太子、皇后的宮裡抄家。當太子怒斬江充，收捕奸黨時，他派丞相統兵鎮壓。當太子兵敗外逃時，丞相司直田仁開城門放走了太子，於是田仁被殺；御史大夫暴勝之由於曾勸阻丞相莫殺田仁，於是暴勝之又被迫自殺。而在鎮壓太子過程中有「功」的馬通被封侯，商丘成被任為御史大夫。待至漢武帝逐漸醒悟，逐漸體察到太子的冤屈時，於是又翻過來殺了鎮壓太子的丞相劉屈氂、御史大夫商丘成，以及重合侯馬通等等。於是同情太子的一方先被殺了，鎮壓太子的一方也跟著被殺了。站在中間立場，既不支持太子、也不支持丞相的北軍護軍使者任安也被殺了。支持、反對、中立，都不行，給喜怒無常的獨裁者做事可真夠難哪！

三、《通鑑》本卷寫武帝對太子劉據本來很信任，江充、蘇文等誣衊太子，武帝也有許多不相信；太子起兵殺奸黨，武帝還派人出去調查，由於派出的人回來謊報太子造反，武帝才信以為真。這些曲折，不僅《史記》的有關片斷隻字未及，即使在《漢書》有關諸篇也沒有說得如此詳悉。結合武帝早有廢太子之心，此處又如此多情，似乎有些不能令人信服，恐此中多有司馬光的迴護之筆。

四、本卷寫了漢武帝聽取田千秋之勸諫，取消了長期追求神仙的念頭，又在否定桑弘羊建議屯田輪臺的時候，下長篇詔書表達了對派李廣利率軍北伐、致使兵敗的後悔之意，並下令息兵養民。這段文字應該說很是感人。是否真有愧悔，姑且不說，作為一個獨裁專制長達五十多年的老統治者臨終能有這種表現，頗令人感動、令人感到難得。從古到今能夠做到這一步的真也不多。

五、李廣利以武帝寵姬之兄率兵伐大宛，前後四年勞民傷財，封了海西侯，是令人厭惡的。其後又統兵伐匈奴，沒有取得什麼成效。在最後一次北伐中，家族被以巫蠱罪名下獄，李廣利得知消息，部下又極力勸說，仍未決心降敵，可謂不易；後來兵敗降匈奴，受到單于寵信，結果又遭衛律讒毀，以致被匈奴所殺，其際遇也夠悲哀的了。由此再說到大破匈奴的名將衛青，前後十多年間，多次率軍北出，最後一次大破匈奴單于於漠北，英風豪氣，可謂壯哉！不料晚年即遭冷落，先是兒子以巫蠱之名被殺，接著是姐姐衛子夫以年長失寵。幸虧衛青不久去世，接著來的就是姐姐自殺，姐姐的兒子、女兒通通被殺盡，凡是姓衛的被族滅得一個不剩。可憐的名將啊，即使茂陵還有他狀似廬山的陪葬墳墓，可參觀的遊人誰又知道一代名將的冤屈與悲涼呢？

卷第二十三

漢紀十五

起旃蒙協洽（乙未 西元前八六年），盡柔兆敦牂（丙午 西元前七五年），凡十二年。

【題解】本卷寫了昭帝始元元年（西元前八六年）至元鳳六年（西元前七五年）共十二年間的全國大事。其一是寫了武帝子燕王劉旦因不服其弟劉弗陵為帝，遂勾結不逞之徒在齊地作亂，被青州刺史雋不疑捕滅，昭帝釋劉旦不問。其二是寫了上官桀、上官安父子與蓋長公主、燕王劉旦、桑弘羊等結黨，企圖誣陷、殺害霍光，廢昭帝、立燕王；上官安則欲並殺燕王，立其父上官桀為帝，結果因被人告密，上官桀父子與桑弘羊等被誅，蓋主、燕王自殺，大亂平息。其三寫了霍光執政初期吸納張安世、杜延年等共同輔佐昭帝，儉約寬和，召問民間疾苦，革除了武帝時期的某些弊政；而霍光則大權獨攬，丞相虛設，以及法令嚴酷，誣殺大臣，開始形成了權臣執政的局面。其四寫了匈奴因內部分裂而勢力衰落，向西北遠避；寫了蘇武被拘匈奴十九年，因堅守操節而最後得以榮歸；寫了霍光支使傅介子在樓蘭王已經「謝罪」的情況下假裝出使，哄騙、刺殺了樓蘭王的詭詐行徑等等；還寫了「大石自立」、「枯樹復生」等怪異，為宣帝入承帝位做了伏筆。

孝昭皇帝[1]上

始元元年（乙未　西元前八六年）

夏，益州夷❷二十四邑❸、三萬餘人皆反。遣水衡都尉呂破胡❹募吏民❺及發犍為、蜀郡❻奔命往擊❼，大破之。

秋，七月，赦天下。

大雨，至于十月，渭橋絕❽。

初，武帝[1]崩，賜諸侯王璽書❾。燕王旦❿得書不肯哭，曰：「璽書封⓫小，京師疑有變⓬。」遣幸臣壽西長⓭、孫縱之、王孺等之長安，以問禮儀⓮為名，陰刺候⓯朝廷事。及⓰有詔褒賜旦⓱錢三十萬，益封⓲萬三千戶，旦怒曰：「我當為帝，何賜⓳也？」遂與宗室中山哀王子長⓴、齊孝王孫澤㉑等結謀，詐言以武帝時受詔，得職吏事㉒，脩武備，備非常㉓。郎中成軫㉔謂旦曰：「大王失職㉕，獨可起而索㉖，不可坐而得㉗也。大王壹起㉘，國中雖女子皆奮臂㉙隨大王。」旦即與澤謀，為姦書㉚，言：「少帝㉛非武帝子，大臣所共立㉜，天下宜共伐之！」使人傳行郡國㉝以搖動百姓。澤謀歸發兵臨菑㉞，殺青州刺史雋不疑㉟。旦招來㊱郡國姦人㊲，賦斂銅鐵作甲兵㊳，數閱㊴其車騎材官㊵卒，發民大獵㊶以講㊷士馬，須期日㊸。郎中韓義等數諫旦，旦殺義等凡㊹十五人。會㊺缾侯成㊻知澤等謀，以告雋不疑。八月，不疑收捕澤等以聞(47)。天子遣大鴻臚丞治(48)，連引(49)燕王。有詔，以燕王至親(50)，勿治(51)，而澤等皆伏誅。遷雋不疑為京兆尹(52)。

不疑為京兆尹，吏民敬其威信。每行縣錄囚徒(53)還，其母輒問(54)不疑：「有所平反(55)？活幾何人(56)？」即(57)不疑多有所平反，母喜笑異於他時；或無所出(58)，母怒，為不食(59)。故不疑為吏，嚴而不殘(60)。

九月丙子(61)，秺敬侯金日磾(62)薨。初，武帝病，有遺詔，封金日磾為秺侯，上官桀(63)為安陽侯，霍光(64)為博陸侯；皆以前捕反者馬何羅(65)等功封。日磾以帝少，不受封，光等亦不敢受。及日磾病困(66)，光白封(67)，日磾臥受印綬(68)，一日薨。日磾兩子賞、建(69)俱侍中(70)，與帝略同年(71)，共臥起(72)。賞為奉車(73)、建駙馬都尉(74)。及賞嗣侯(75)，佩兩綬(76)，上謂霍將軍(77)曰：「金氏兄弟兩人，不可使俱兩綬(78)邪？」對曰：「賞自嗣父為侯耳。」上笑曰：「侯不在我與將軍乎？」對曰：「先帝之約(79)，有功乃得封侯(80)。」遂止。

閏月(81)，遣故廷尉(82)王平等五人持節(83)行郡國(84)，舉賢良(85)，問民疾苦、冤、失職(86)者。

冬，無冰。

二年（丙申　西元前八五年）

春，正月，封大將軍光為博陸侯，左將軍桀為安陽侯。

或說霍光曰：「將軍不見諸呂之事[87]乎？處伊尹[88]、周公[89]之位，攝政擅權，而背宗室[90]，不與共職[91]，是以天下不信，卒至於滅亡[92]。今將軍當盛位[93]，帝春秋富[94]，宜納宗室[95]，又多與大臣共事[96]，反諸呂道[97]。如是，則可以免患。」光然之[98]，乃擇宗室可用者，遂拜楚元王孫辟彊[99]及宗室劉長樂皆為光祿大夫[100]，辟彊守長樂衛尉[101]。

三月，遣使者振貸[102]貧民無種、食者。

秋，八月，詔曰：「往年災害多，今年蠶、麥傷，所振貸種、食勿收責[103]，毋令民出今年田租。」

初，武帝征伐匈奴，深入窮追，二十餘年，匈奴馬畜孕重墮殰[104]，罷極[105]，苦之，常有欲和親意，未能得。狐鹿孤單于[106]有異母弟為左大都尉[107]，賢，國人鄉之[108]。母閼氏[109]恐單于不立子而立左大都尉也，乃私使殺之。左大都尉同母兄[110]怨，遂不肯復會單于庭[111]。是歲，單于病且死，謂諸貴人：「我子少，不能治國，立弟右谷蠡王[112]。」及單于死，衛律[113]等與顓渠閼氏[114]謀，匿其喪，矯單于令[115]，更立子左谷蠡王[116]為壺衍鞮單于。左賢王、右谷蠡王怨望[117]，率其眾欲南歸漢，恐不能自致[118]，即脅盧屠王[119]，欲與西降烏孫[120]。盧屠王告之單于，使人驗問[121]，右谷蠡王不服，反以其罪罪[122]盧屠王，國人皆冤之。於是二王[123]去居其所[124]，不復肯會龍城[125]，匈奴始衰。

三年（丁酉　西元前八四年）

春，二月，有星孛于西北[126]。

冬，十一月壬辰朔[127]，日有食之。

初，霍光與上官桀相親善，光每休沐出[128]，桀常代光入決事[129]。光女為桀子安[130]妻，生女，年甫五歲[131]，安欲因光[132]內之宮中[133]，光以為尚幼，不聽。蓋長公主[134]私近子客[135]河間丁外人[136]，安素與外人善，說外人曰：「安子[137]容貌端正，誠因長主時[138]得入為后，以臣父子在朝[139]而有椒房之重[140]，成之在於足下[141]。漢家故事[142]，常以列侯尚主[143]，足下何憂不封侯[144]乎？」外人喜，言於長主[145]。長主以為然，詔[146]召安女入[2]為倢伃[147]，安為騎都尉[148]。

四年（戊戌　西元前八三年）

春，三月甲寅[149]，立皇后上官氏[150]，赦天下[151]。

西南夷[152]姑繒、葉榆[153]復反[154]，遣水衡都尉呂辟胡[155]將益州兵擊之。辟胡不進[156]，蠻夷遂殺益州太守[157]，乘勝與辟胡戰，士戰及溺死者四千餘人。冬，遣大鴻臚[158]田廣明[159]擊之。

廷尉李种坐故縱死[160]罪棄市。

是歲，上官安為車騎將軍[161]。

【章　旨】以上為第一段，寫昭帝始元元年（西元前八六年）至始元四年共四年間的全國大事，主要寫了武帝子燕王劉旦因不服劉弗陵為帝而勾結不逞之徒在齊地作亂，被青州刺史雋不疑捕滅，昭帝釋劉旦不問；寫了霍光、金日磾、上官桀三人封侯，金日磾早死，霍光為官守正，上官桀則勾結丁外人送孫女入宮為皇后，為其日後作亂張本；寫了匈奴上層因內部分裂而勢力衰落等等。

【注　釋】❶孝昭皇帝　名弗陵，武帝少子，鉤弋夫人所生。西元前九六—前七四年在位。❷益州夷　益州郡內的少數民族。當時的益州郡約當今之雲南中部，郡治滇池縣，在今昆明南。❸二十四邑　二十四座城鎮。❹水衡都尉呂破胡　姓呂名破胡，任水衡都尉之職。水衡都尉的職責是主管上林苑以及鹽鐵、鑄錢諸事，秩二千石。❺募吏民　招募吏民自願參加（討伐叛亂）。❻犍為蜀郡　漢之二郡名，犍為郡的郡治僰道，在今四川宜賓西南。蜀郡的郡治即今四川成都。❼奔命往擊　火速前往征討。❽渭橋絕　長安城北渭水河上的大橋被暴漲的河水沖斷。❾璽書　加蓋了皇帝玉璽的詔令。❿燕王旦　劉旦，武帝子，元狩六年（西元前一一七年）被封為燕王，都城即今北京市。⓫封　裝璽書的封套。⓬有變　指權臣篡位。⓭壽西長　姓壽，名西長。⓮問禮儀　詢問有關武帝喪葬的禮儀。⓯陰刺候　暗中刺探。⓰及　等到。⓱褒賜旦　褒獎賜予劉旦。⓲益封　增加封地。⓳何賜　豈止是賞賜。⓴中山哀王子長　中山靖王劉勝之孫，中山哀王劉昌之諸子，中山康王劉昆侈之弟劉長。中山國的都城即今河北定州。㉑齊孝王孫澤　齊孝王劉將閭之孫，齊懿王劉壽之諸子，齊孝王劉次昌之弟劉澤。齊國的都城即今山東淄博之臨淄。(22)得職吏事　可以任職管理政事，意即在本國握有實權。按，這是漢代朝廷所不允許的，尤其是在景帝討平七國之亂以後。諸侯國的一切大權均由朝廷派往的官員把持。(23)脩武備二句　意即抓取兵權。(24)郎中成軫　燕國的郎中姓成名軫。郎中是帝王的侍從人員。(25)失職　謂當為武帝的接班人而未當上。(26)獨可起而索　只能自己起來要，意即鼓動劉旦造反。(27)不可坐而得　坐著等是永遠得不到的。(28)壹起　一旦起兵。(29)奮臂　踴躍的樣子。(30)姦書　騙人的信。(31)少帝　年輕的小皇帝，指昭帝。(32)大臣所共立　連上句讀，意思是說，這個小皇帝也不是滿朝文武所一致擁立的，只是某幾個人之所為。(33)傳行郡國　散布到各郡、各諸侯國。(34)歸發兵臨菑　回齊郡臨淄發兵。(35)青州刺史雋不疑　姓雋名不疑，現任青州刺史之職。青州是漢代的十三個刺史部之一，所包括的地區有齊郡、濟南、千乘、平原、北海、東萊六郡及菑川、膠東二國。刺史是該地區的特派長官，級別不高，任務是刺察各郡、各諸侯國的問題、動向及時上報朝廷。(36)招來　招納；招募。來，通「徠」。(37)郡國姦人　各郡、各諸侯國的奸邪之人。(38)甲兵　鎧甲兵器。(39)數閱　屢屢檢閱。(40)材官　力大善射的特種兵。(41)大獵　大規模的遊獵。(42)講　操練；演習。(43)須期日　等候約定好的時機到來。須，等待。期日，約定的日期。(44)凡　共。(45)會　恰好。(46)缾侯成　劉成，菑川靖王之子，封為缾侯。菑川國的都城劇縣，在今山東昌樂西北。(47)以聞　將情況報告朝廷。(48)遣大鴻臚丞治　派遣大鴻臚的屬官前往查辦。大鴻臚丞是大鴻臚的屬官。治，查辦。(49)連引　被牽連出來。(50)燕王至親　燕王劉旦與皇帝劉弗陵是親兄弟。(51)勿治　不再追究。(52)京兆尹　首都及其郊區的行政長官，秩二千石，相當於各郡的郡守與各諸侯國的相。(53)行縣錄囚徒　到所管各縣去核察在押囚犯有無冤情。行，視察。錄，核查；瞭解。(54)輒問　總是要詢問。(55)有所平反　有沒有對負屈含冤的囚犯進行過平反。(56)活幾何人　使多少個冤屈的死刑犯得以平反活命。(57)即　假若；如果。(58)無所出　沒能對誰平反釋放。(59)為不食　為此而不吃飯。按，雋母此舉未免過於片面，如該縣的長官能秉公執法，量刑恰當，自然也可以無所平反，何必一定將「無所出」視為壞事？老太太見識未必可取。(60)嚴而不殘　嚴格而不酷苛。(61)九月丙子　九月初二。(62)秺敬侯金日磾　金日磾原為匈奴人，降漢後受武帝信用，賜姓金，以捉反者護駕有功大受寵任，為顧命大臣，後封秺侯，敬字是諡。《漢書》有傳。(63)上官桀　姓上官名桀，以左將軍為武帝顧命大臣，《漢書》有傳。(64)霍光　字子孟，霍去病的同父異母弟，以大司馬大將軍為武帝顧命大臣，《漢書》有傳。(65)馬何羅　也稱「莽何羅」，其謀反欲刺武帝事，見本書〈漢紀〉第十四卷。(66)病困　病情危急。(67)白封　稟告昭帝，迅即加封金日磾為秺侯。(68)臥受印綬　在病床上躺著接受了秺侯印。(69)賞建　金賞、金建。(70)俱侍中　都在宮中侍候皇帝。「侍中」也是官名，皇帝身邊的侍從官員。(71)略同年　年齡不相上下。(72)共臥起　陪著皇帝一起睡覺、一同起床。(73)賞為奉車　金賞為奉車都尉，為皇帝掌管車馬。(74)建駙

馬都尉　金建為駙馬都尉，為皇帝掌管副車。(75)嗣侯　繼承其父之位為秺侯。(76)佩兩綬　意即同時佩帶兩顆印，一是奉車都尉印，一是秺侯之印。綬，繫在印上的絲帶。(77)霍將軍　即大將軍霍光。(78)俱兩綬　意思是也將金建封為列侯，和他的兄長一樣。(79)先帝之約　高祖劉邦定下的規矩。(80)有功乃得封侯　劉邦當時規定：非劉氏者不得王，非有功者不得侯。(81)閏月　閏十月。(82)故廷尉　已經卸任的廷尉。廷尉是九卿之一，是全國最高的司法官。(83)持節　手執旌節。節是皇帝派出使者所持的信物。(84)行郡國　到各郡、各諸侯國視察。行，巡行視察。(85)舉賢良　向朝廷推薦人才。賢良，漢代選拔人才的科目之一，通常指讀儒書的賢良方正之士。(86)失職　失業。這裡主要指讀儒書、有才幹的人，而不涉農、工、商諸行業。(87)諸呂之事　指劉邦死後，呂后專權，大封呂產、呂祿等，幾危劉氏社稷事。詳見本書〈漢紀〉呂后元年至八年。(88)伊尹　商湯時的大臣，湯死後又輔佐少主治理國家。事跡詳見《史記・殷本紀》。(89)周公　姬旦，周文王之子，武王之弟，先輔佐武王滅殷建立周王朝，武王死後又輔佐年幼的成王治理國家。事跡詳見《史記・周本紀》與〈魯周公世家〉。(90)背宗室　指不倚靠、不任用劉氏家族的人。(91)不與共職　不與他們共同管理國家。(92)卒至於滅亡　指諸呂最後被劉章、周勃等所誅滅事。卒，最後；終於。(93)盛位　大位，指為首輔而言。(94)春秋富　指年輕，未來的時日方長。(95)納宗室　任用劉氏家族的人。(96)共事　緊密合作、共同議事。(97)反諸呂道　反諸呂拉幫結派之道而行之。(98)然之　以其話為有理。(99)楚元王孫辟彊　楚元王劉交的孫子劉辟彊。楚元王是劉邦之弟，被封於楚國，國都彭城（即今江蘇徐州），元字是其死後的諡號。(100)光祿大夫　光祿勳的屬官。光祿勳原稱「郎中令」，九卿之一，統領帝王的侍從官員，掌管宮廷門戶。(101)守長樂衛尉　代理長樂衛尉之職。守，代理。長樂衛尉，九卿之一，守衛長樂宮的部隊長。長樂宮是太后所居之地。(102)振貸　振指救濟，貸指借錢借糧與人。(103)勿收責　不要再向百姓討要。責，討要。或曰責，通「債」。亦可。(104)孕重墮殰　即指懷胎流產。師古曰：「孕重，懷妊。墮，落。殰，敗也。」(105)罷極　意即疲倦、困乏。罷，通「疲」。極，也是疲倦的意思。(106)狐鹿孤單于　且鞮侯單于之子，西元前九七年即位為單于。(107)左大都尉　匈奴左賢王屬下的高級君長。(108)鄉之　擁護他。鄉，意思同「向」。(109)母閼氏　狐鹿孤單于之母。閼氏是匈奴單于夫人、姬妾的通稱。(110)同母兄　既同父又同母，極言其關係之近。(111)不肯復會單于庭　不來單于庭會見單于。單于庭，單于會見匈奴諸官長之大帳。(112)右谷蠡王　匈奴右賢王屬下的高級官長。(113)衛律　一個投降匈奴的漢人，被匈奴封為丁零王，甚受單于寵信，前曾害死投降匈奴的李廣利。(114)顓渠閼氏　一個姓顓渠的單于寵妃。單于的正妻。(115)矯單于令　假說是單于的命令。矯，改變；偽託。(116)左谷蠡王　左賢王屬下的高級君長。(117)怨望　怨恨。(118)自致　自己到達漢朝邊境。(119)脅盧屠王　脅迫西部地區的盧屠王。(120)烏孫　當時的西域國名，約當今之新疆西北部和與之鄰近的哈薩克斯坦、俄羅斯一帶地區。(121)驗

問　核查；調查。(122)罪　加罪；誣陷。這裡指被誣陷致死。(123)二王　指左賢王與右谷蠡王。(124)去居其所　遠離單于，回到自己原來的地區居住。(125)不復肯會龍城　再也不參加單于在龍城舉行的祭天祭祖大會。龍城，在今蒙古國鄂爾渾河上游地區。(126)有星孛于西北　有流星出現於天空的西北方。孛，火光四射的樣子。(127)十一月壬辰朔　十一月初一是壬辰日。朔，陰曆的每月初一。(128)休沐出　因休假而離開宮廷。休沐，休息、沐浴，即今所謂公休日。(129)入決事　入宮處理政事。(130)桀子安　上官安。(131)年甫五歲　年剛五歲。甫，始；剛剛。(132)因光　通過霍光的關係。因，通過；靠著。(133)內之宮中　意即使之入宮為皇后。內，通「納」。(134)蓋長公主　武帝的長女，昭帝之姐。原稱鄂邑公主，因嫁與蓋侯王充為妻，故又稱「蓋長公主」。(135)私近子客　暗中與其兒子的賓客私通。近，親近，隱指兩性關係。(136)河間丁外人　河間國的姓丁名外人。(137)安子　上官安的女兒。(138)因長主時　趁蓋長公主健在之時。(139)父子在朝　上官桀與其子上官安均在朝為大官。(140)而有椒房之重　再加一個孫女為皇后。椒房，古稱皇后所居之室，這裡即指皇后。皇后所居稱椒房，取其多子之意。(141)成之在於足下　要辦成這件事情就全靠你了。足下，對受話人的敬稱。(142)漢家故事　依照漢王朝的先例。(143)常以列侯尚主　多使列侯娶公主為妻。尚，高攀，隱指娶。(144)何憂不封侯　意謂如丁外人能通過蓋長公主的活動使上官安女為皇后，則上官桀父子定能讓丁外人娶蓋長公主，於是丁外人可得封侯。(145)長主　即蓋長公主。(146)詔　令小皇帝下詔。(147)倢伃　皇帝嬪妃的封號名，其地位僅低於皇后。(148)騎都尉　騎兵軍官，級別略同於校尉，在將軍之下。(149)三月甲寅　三月二十五。(150)立皇后上官氏　即立上官安之女為皇后。(151)赦天下　漢時皇帝有喜慶事常赦天下，以示與萬民同喜。(152)西南夷　此指當時益州郡（今雲南中部地區）的少數民族。(153)姑繒葉榆　皆古代益州郡內的少數民族名，姑繒所處的方位不詳，應距滇池不遠。葉榆在今雲南大理西北。(154)復反　始元元年曾有「益州夷二十四邑皆反」事，前被討平，故稱今姑繒、葉榆之反曰「復反」。(155)呂辟胡　即始元元年之「呂破胡」，史文前後欠統一。(156)不進　畏縮不前。(157)益州太守　益州郡的行政長官，史失其名。(158)大鴻臚　原稱「典客」，九卿之一，主管少數民族事務。(159)田廣明　當時有作為的地方官員，官至御史大夫。事跡見《漢書・酷吏傳》。(160)故縱死　故意地將死刑犯人釋放。(161)車騎將軍　將軍中的地位崇高者，在大將軍、驃騎將軍、衛將軍之下。

【校　記】①初武帝　原作「武帝初」。據章鈺校，甲十五行本、乙十一行本、孔天胤本皆作「初武帝」，張瑛《通鑑校勘記》同，今據改。②入　原無此字。據章鈺校，甲十五行本、乙十一行本、孔天胤本皆有此字，今據補。按，《漢書・外戚・孝昭皇帝上官皇后傳》有此字。

【語 譯】孝昭皇帝上

始元元年（乙未 西元前八六年）

夏季，益州境內二十四座城鎮的少數民族、總計大約三萬多人發動叛亂。朝廷派遣水衡都尉呂破胡招募吏民應徵入伍，又徵調犍為郡、蜀郡的駐守部隊火速前去圍剿，很快平息了叛亂。

秋季，七月，大赦天下。

連降大雨，一直持續到十月，大水沖斷了位於長安城北渭水河上的大橋。

當初，漢武帝剛去世的時候，朝廷向各諸侯王發布了鈐有皇帝璽印的訃告。燕王劉旦看到訃告後不但沒有傷心、哭泣，反而說：「裝載訃告的封套太小，不符合以往皇家的規矩，恐怕京師發生了什麼變故。」於是立即派自己的親信壽西長、孫縱之、王孺等人前往長安，以詢問有關武帝喪葬的禮儀為藉口，暗中刺探朝廷的動靜。等到新皇帝頒布詔書，賞賜燕王劉旦錢三十萬，為他的封國增加一萬三千戶的時候，劉旦怒氣沖沖地說：「我應當做皇帝，何止是賞賜呢？」於是便與宗室中的中山哀王劉昌的兒子劉長、齊孝王劉將閭的孫子劉澤等人暗中聯絡，結成聯盟，謊稱漢武帝在世的時候曾經授予詔書，讓他可以任職管理政事，掌握兵權，以防備意外之事發生。燕國的郎中成軫慫恿燕王劉旦說：「本來應該由大王繼承皇位，而今卻是劉弗陵做了皇帝，現在只能靠採取行動去奪取，而不能坐等。只要大王一起事，全國之內，即使是女人也會振臂而起，追隨大王。」劉旦立即與劉澤謀劃，寫了一封騙人的密信，信上說：「年幼的小皇帝劉弗陵不是漢武帝的親兒子，是那幾位大臣要立他為皇帝，天下所有的人都應該站出來討伐他！」然後派人將此信散發到全國各郡、各諸侯國，藉此煽動百姓，動搖民心。劉澤打算回齊國臨淄發兵，先殺掉朝廷任命的青州刺史雋不疑。劉旦將各郡、各諸侯國中那些不法之徒招集起來，又向民間徵斂銅鐵、打造兵器，還多次地檢閱他的戰車、騎兵和力大善射的特種兵，他發動全國百姓進行大規模的遊獵活動，以訓練他們的軍事技能，等待約定好的謀反日期的到來。在燕國擔任郎中的韓義等人屢次勸諫燕王劉旦，劉旦不僅不聽，反而將韓義等十五人全部殺死。而此時缾侯劉成得知了劉澤等人謀反的消息，立即通知了青州刺史雋不疑。八月，雋不疑將劉澤等人抓捕起來，然後將情況奏報朝廷。漢昭帝派遣大鴻臚的屬官前去查辦此事，燕王劉旦被牽連出來。漢昭帝頒布詔書，以燕王劉旦是皇帝的至親骨肉，免予追究，而劉澤等人全部被誅殺。提升雋不疑為京兆尹。

雋不疑擔任京兆尹，京畿的百姓對他的威嚴和誠信極其敬畏。雋不疑每次到所屬各縣巡視、或是審理囚犯回來，他的母親總要詢問：「有沒有為冤獄平反？給多少個冤屈的死刑犯平反使他們得以活命？」如果雋不疑平反的人比較多，他的母親就比平時高興得多；如果沒有發現冤獄、沒能解救什麼人，他的母親就要發怒，並因此而不吃飯。所以雋不疑擔任法官，雖然嚴厲，卻不殘酷。

九月初二日丙子，秺侯金日磾逝世。當初，漢武帝病重之時寫下遺詔，封金日磾為秺侯，封上官桀為安陽侯，封霍光為博陸侯：都是因為捕獲刺殺漢武帝的馬何羅有功而被封為侯爵。金日磾因為昭帝年紀太小，因此堅決不肯接受封賞。霍光等看見金日磾如此，也就沒敢接受。等到金日磾病情危重，霍光向漢昭帝奏報，於是立即加封，金日磾躺在病榻上接受了秺侯印，只過了一天就去世了。金日磾的兩個兒子金賞、金建全都被任命為侍中，他們與昭帝劉弗陵的年齡相仿，總是陪著昭帝一起睡覺、一起起床。後來金賞被任命為奉車都尉，金建被任命為駙馬都尉。等到金賞繼承其父之位為秺侯，身上就佩帶著兩顆印綬了，昭帝對霍光將軍說：「金氏兄弟二人，難道不能讓他們都佩帶兩顆印綬嗎？」霍光回答說：「金賞佩帶兩顆印綬，是因為他繼承了父親的侯爵啊。」昭帝笑著說：「封侯的權力難道不是掌握在我和將軍的手裡嗎？」霍光回答說：「這是漢高帝定下的規矩，只有建立功勞的人才能夠封侯。」昭帝這才打消了封金建為侯的念頭。

閏十月，派遣曾經擔任過廷尉的王平等五個人手持符節到全國各郡、國巡行視察，向朝廷舉薦人才、調查民間疾苦、平反冤假錯案以及檢舉失職官員。

冬季，天氣和暖，沒有結冰。

二年（丙申　西元前八五年）

春季，正月，封大將軍霍光為博陸侯，封左將軍上官桀為安陽侯。

有人對霍光說：「將軍難道忘記呂氏集團被誅殺的事情嗎？他們處在伊尹、周公的位置，掌管朝政大權，卻不依靠、任用劉氏家族的人，不與他們共同管理國家，所以引起天下人的不信任，終於招致了滅族之禍。如今將軍處於顯赫的地位，皇帝年紀幼小，您現在應該多任用一些劉氏宗室的人，遇到事情，多與大臣們共同商議決定，與諸呂所行之道相反。只有這樣才能免除災禍。」霍光認為他們分析得有道理，於是在劉氏宗室中遴選可以勝任的人才，於是任命楚元王劉交的孫子劉辟彊以及宗室劉長樂兩人為光祿大夫，劉辟彊還兼任守衛長樂宮的部隊長。

三月，昭帝派遣使者前去賑濟、借貸給沒有種子和食物的貧民。

秋季，八月，漢昭帝下詔說：「往年災害很多，今年蠶桑、小麥又遭受了災害，朝廷所賑濟借貸給百姓的種子、食物不要再向百姓討要，不要讓百姓再繳納今年的田租。」

當初，漢武帝派軍隊征討匈奴，深入匈奴腹地，窮追猛打，歷時二十多年，匈奴的馬、牛、羊等牲畜因為四處躲避戰亂，疲憊不堪，就連懷孕的牲畜都流了產，人民生活更是困苦不堪，因此經常想與漢朝恢復和親，但戰敗國已經失去了和親的資格。狐鹿孤單于的異母弟弟擔任左大都尉，很賢德，匈奴人都擁護他。狐鹿孤單于的母親閼氏擔心狐鹿孤單于不立兒子而立左大都尉為繼承人，於是就暗中派人殺死了左大都尉。左大都尉同母的哥哥因為怨恨狐鹿孤單于，於是不肯再去狐鹿孤單于的王庭參加朝會。這一年，狐鹿孤單于病危，臨終的時候，狐鹿孤單于對諸位親貴說：「我的兒子年紀幼小，還沒有能力治理國家，就讓我的弟弟右谷蠡王繼承王位吧。」狐鹿孤單于死後，衛律等人就與顓渠閼氏祕密商議，對外隱瞞了狐鹿孤單于已死的消息，假傳狐鹿孤單于的遺命，改立狐鹿孤單于的兒子左谷蠡王為壺衍鞮單于。左賢王、右谷蠡王對此心懷怨恨，就想帶領自己的部眾往南歸降漢朝，擔心路途遙遠，不能安全到達，於是就脅迫西部地區的盧屠王，要他一同向西投奔烏孫王。盧屠王向壺衍鞮單于揭發了右谷蠡王的陰謀，壺衍鞮單于派人追查此事，右谷蠡王不僅不承認，反而將盧屠王誣陷致死，匈奴人都認為盧屠王冤枉。於是左賢王、右谷蠡王遠離壺衍鞮單于的王庭，回到他們自己的領地，再也不到龍城參與單于舉行的祭天、祭祖大會，匈奴從此更加衰落。

三年（丁酉　西元前八四年）

春季，二月，西北方向的夜空有流星劃過。

冬季，十一月初一日壬辰，發生日蝕。

當初，霍光與上官桀關係親密，霍光每次休假離開宮廷，上官桀都代替霍光入朝處理政事。霍光還把女兒嫁給了上官桀的兒子上官安為妻，並為上官安生了一個女兒，剛剛五歲，上官安想借助霍光的勢力把女兒送入宮中，霍光認為外孫女年紀還小，因此沒有同意。昭帝的姐姐蓋長公主暗中與她兒子的賓客河間人丁外人私通，而上官安一向與丁外人關係密切，於是上官安就遊說丁外人說：「我的女兒容貌端莊，如果趁長公主健在之時把我的女兒納入宮中為皇后，有我父子在朝中掌管朝政，又有外孫女為皇后，就什麼事情都好辦了，要辦成這件事情就全靠你了。按照漢家的先例，多是列侯迎娶公主為妻，你還擔憂不被封侯嗎？」丁外人非常高興，便把這件事情告訴了蓋長公主，請求她從中幫忙。蓋長公主很贊同，於是勸說昭帝劉弗陵下詔把上官安的女兒召進宮中，封為倢伃，同時提拔上官安為騎都尉。

四年（戊戌　西元前八三年）

春季，三月二十五日甲寅，立上官安的女兒為皇后，大赦天下。

西南地區的少數民族姑繒、葉榆部落再次發動叛亂，朝廷派水衡都尉呂辟胡帶領益州兵馬前去平定叛亂。呂辟胡遲遲不肯進兵，蠻夷於是殺了益州太守，乘勝與呂辟胡的軍隊作戰，呂辟胡所率領的軍隊戰死的以及被水淹死的多達四千多人。冬季，朝廷又派大鴻臚田廣明前去征討叛軍。

廷尉李种被指控故意釋放死囚而獲罪，被綁縛鬧市處死。

這一年，上官安被提升為車騎將軍。

五年（己亥　西元前八二年）

春，正月，追尊帝外祖趙父❶為順成侯。順成侯有姊君姁❷，賜錢二百萬、奴婢、第宅❸以充實焉。諸昆弟❹各以親疏受賞賜，無在位者❺。

有男子乘黃犢車❻詣北闕❼，自謂衛太子❽，公車以聞❾。詔使公、卿、將軍、中二千石❿雜識視⓫。長安中吏民聚觀者數萬人。右將軍⓬勒兵闕下⓭以備非常。丞相、御史⓮、中二千石至者並莫敢發言。京兆尹不疑⓯後到，叱⓰從吏收縛⓱。或曰：「是非未可知，且安之⓲。」不疑曰：「諸君何患於衛太子⓳？昔蒯聵違命出奔⓴，輒距而不納㉑，春秋是之㉒。衛太子得罪先帝㉓，亡不即死㉔，今來自詣㉕，此罪人也！」遂送詔獄㉖。天子與大將軍霍光聞而嘉之，曰：「公卿大臣當用有經術㉗、明於大誼㉘者。」繇是㉙不疑名聲重於朝廷，在位者皆自以不及也。廷尉驗治何人㉚，竟得姦詐㉛，本夏陽㉜人，姓成名方遂，居湖㉝，以卜筮為事。有故太子舍人㉞嘗從方遂卜㉟，謂曰㊱：「子狀貌甚似衛太子。」方遂心利其言㊲，冀㊳得以富貴。坐誣罔不道㊴，要斬㊵。

夏，六月，封上官安為桑樂侯。安日以驕淫，受賜殿中㊶，對賓客言：「與我壻飲㊷，大樂㊸！」見其服飾㊹，使人歸，欲自燒物㊺。子病死，仰而罵天，其頑悖㊻如此。

罷儋耳、真番郡㊼。

秋，大鴻臚廣明、軍正[48]王平擊益州，斬首、捕虜三萬餘人，獲畜產五萬餘頭。

諫大夫[49]杜延年[50]見國家承[51]武帝奢侈、師旅之後，數為大將軍光言：「年歲比不登[52]，流民未盡還，宜脩孝文[53]時政，示以儉約、寬和，順天心，說民意，年歲宜應[54]。」光納其言。延年，故御史大夫周之子也。

六年（庚子　西元前八一年）

春，二月，詔有司[55]問郡國所舉賢良文學[56]民所疾苦、教化之要[57]，皆對[58]：「願罷鹽、鐵、酒榷、均輸官[59]，毋與天下爭利[60]，示以儉節[61]，然後教化可興。」桑弘羊難[62]，以為：「此國家大業，所以制四夷，安邊足用之本，不可廢也[63]。」於是鹽鐵之議起焉。

初，蘇武既徙北海上[64]，廩食不至[65]，掘野鼠去草實[66]而食之。杖漢節[67]牧羊，臥起操持[68]，節旄[69]盡落。武在漢，與李陵[70]俱為侍中[71]。陵降匈奴，不敢求[72]武。久之，單于使陵至海上[73]，為武置酒設樂，因謂武曰：「單于聞陵與子卿[74]素厚，故使來說[75]足下[76]，虛心欲相待[77]。終不得歸漢，空[78]自苦亡人之地[79]，信義安所見[80]乎？足下兄弟二人，前皆坐事自殺[81]；來時，太夫人[82]已不幸[83]；子卿婦年少，聞已更嫁矣；獨有女弟二人[84]、兩女一男[85]，今復[86]十餘年，存亡不可知。人生如朝露，何久自苦如此？陵始降時，忽忽如狂，自痛負漢[87]，加以老母繫保宮[88]。子卿不欲降，何以過陵？且陛下春秋高[89]，法令無常，大臣無罪夷滅[90]者數十家。安危不可知，子卿尚復誰為[91]乎？」武曰：「武父子無功德，皆為陛下所成就，位列將[92]，爵通侯[93]，兄弟親近[94]，常願肝腦塗地[95]。今得殺身自效，雖斧鉞湯鑊[96]，誠甘樂之！臣事君，猶子事父也，子為父死，無所恨[97]。願勿復再言！」陵與武飲數日，復曰：「子卿壹聽陵言[98]！」武曰：「自分[99]已死久矣，王[100]必欲降武，請畢今日之驩[101]，效死[102]於前！」陵見其至誠，喟然[103]嘆曰：「嗟乎，義士！陵與衛律[104]之罪上通於天！」因泣下霑衿，與武決[105]去。賜武牛羊數十頭。

後陵復至北海上，語武以武帝崩[106]。武南鄉[107]號哭歐血[108]，旦夕臨數月[109]。及壺衍鞮[110]單于立，母閼氏不正[111]，國內乖離[112]，常恐漢兵襲之，於是衛律為單于謀，與漢和親。漢使至，求[113]蘇武等，匈奴詭言[114]武死。後漢使復至匈奴，常惠[115]私見漢使，教使者謂單于，言：「天子射上林[116]中，得鴈，足有係帛書[117]，言武等在某澤[118]中。」使者大喜，如惠語以讓[119]單于。單于視左右而驚，謝漢使[120]曰：「武等實在。」乃歸武及馬宏等。馬宏者，前副光祿大夫王忠[121]使西國[122]，為匈奴所遮[123]。忠戰死，馬宏生得[124]，亦不肯降。故匈奴歸[125]此二人，欲以通善意。於是李陵置酒賀武曰：「今足下還歸，揚名於匈奴，功顯於漢室，雖古竹帛[126]所載，丹青[127]所畫，何以過子卿[128]？陵雖駑怯[129]，令漢貰陵罪[130]，全[131]其老母，使得奮大辱之積志[132]，庶幾乎曹柯之盟[133]，此陵宿昔[134]之所不忘也。收族[135]陵家，為世大戮[136]，陵尚復何顧[137]乎？已矣[138]，令子卿知吾心耳！」陵泣下數行，因與武決。

單于召會[139]武官屬，前已降及物故[140]，凡隨武還者九人。既至京師[141]，詔武奉一太牢[142]謁武帝園廟[143]，拜為典屬國[144]，秩中二千石[145]，賜錢二百萬，公田二頃，宅一區[146]。武留匈奴凡十九歲，始以彊壯出，及還，須髮盡白。霍光、上官桀與李陵素善，遣陵故人隴西任立政[147]等三人俱至匈奴招之。陵曰：「歸易耳[148]，丈夫不能再辱[149]！」遂死於匈奴。

夏，旱。

秋，七月，罷榷酤官[150]，從[151]賢良文學之議也。武帝之末，海內虛耗，戶口減半。霍光知時務之要[152]，輕傜薄賦[153]，與民休息[154]。至是匈奴和親，百姓充實，稍復[155]文、景之業[156]焉。

詔以鉤町侯毋波[157]率其邑君長[158]、人民擊反者有功，立以為鉤町王，賜田廣明爵關內侯⑲。

【章　旨】以上為第二段，寫始元五年（西元前八二年）、六年共兩年間的全國大事，主要寫了夏陽成方遂冒充衛太子入朝求見，事敗被殺；寫了上官安封侯，驕淫狂妄，為其謀反伏筆；寫了杜延年勸霍光儉約寬和，行文帝時政；寫了朝廷召問賢良文學民間疾苦，賢良文學請求廢止鹽鐵官營、平準均輸諸政，桑弘羊出場答辯，朝廷廢止榷酒事；寫了匈奴因內亂而衰弱，向漢求和；蘇武被拘匈奴十九年，堅守操節而最後得以榮歸等等。

【注　釋】❶外祖趙父　外祖父趙氏某人，史失其名，故統稱曰「父」。鉤弋夫人之父。❷君姁　順成侯趙父之姐，鉤弋夫人之大姑。❸第宅　豪華住宅。第，等；可以數得上。❹諸昆弟　鉤弋夫人的眾兄弟。❺無在位者　指光賞與錢財而不任其為官吏。❻乘黃犢車　乘坐著黃牛犢拉的車，以言其家境不富，尚無錢買馬。❼北闕　未央宮的北門。漢時給皇帝上書或求見皇帝等等皆在未央宮北門。❽衛太子　衛皇后所生的太子劉據。因受巫蠱之誣被逼造反自殺，故又稱為「戾太子」。事跡詳見《漢書・武五子傳》。❾公車以聞　公車令將事體報告皇帝。公車令是公車司馬門的主管長官，負責受理上書。❿中二千石　九卿一級的在朝高官，除正九卿以外還有中尉。⓫雜識視　共同辨認。雜，共同。識，記憶。⓬右將軍　眾將軍的名號之一，與前、後、左將軍同級。⓭勒兵闕下　在宮門外列隊維持秩序。勒兵，統兵布陣。⓮御史　此指御史大夫，三公之一，職同副丞相。⓯不疑　雋不疑，前因識別奸人，捉拿反者被升任京兆尹。⓰叱　喝令。⓱收縛　將假充衛太子者捆起。收，拿下。⓲且安之　暫時先不要動手。⓳何患於衛太子　對衛太子有什麼可怕的。患，顧慮。⓴蒯聵違命出奔　蒯聵是春秋時衛靈公的太子，衛靈公的寵妃行為不正，蒯聵謀欲殺之，衛靈公見了大怒，蒯聵遂逃奔國外。㉑輒距而不納　事過不久，衛靈公病死，因蒯聵不在國內，於是國人遂立蒯聵之子名輒者為衛君。蒯聵不甘心，又欲回國與其子爭奪君位，其子起兵抵抗。距，通「拒」。抵抗。㉒春秋是之　《春秋公羊傳》肯定其子輒的抵抗行為。其文曰：「曼姑受命於靈公而立輒，曼姑之義固可以距蒯聵也。輒之義可以立乎？曰：可。奈何？不以父命辭王父（祖父）命也。」㉓得罪先帝　違背武帝的旨意，又起兵作亂。㉔亡不即死　不前來受死反而逃跑。即，就；前來。㉕今來自詣　現在自己冒了出來。詣，來到。㉖詔獄　關押皇帝欽定罪犯的牢獄。㉗有經術　指熟悉儒家教條，且能活學活用的人。㉘大誼　同「大義」。指儒家所倡導的一套行為法則。㉙繇是　從此。繇，通「由」。㉚驗治何人　審查這個冒充衛太子的究竟是什麼人。㉛竟得姦詐　最後弄清了他的真實面目。竟，最後；終於。㉜夏陽　漢縣名，縣治在今陝西韓城西南。㉝居湖　家住湖縣。湖縣的縣治在今河南靈寶西。㉞故太子舍人　當年衛太子屬下的親信用人、太子的幕僚。㉟嘗從方遂卜　在衛太子被打敗逃匿在湖縣的時候，曾找成方遂為太子算卦。㊱謂曰　對成方遂說。㊲心利其言　覺得他的話可以為自己所用。利，用。㊳冀　希望。㊴坐誣罔不道　犯了招搖撞騙的大逆不道之罪。㊵要斬　攔腰斬為兩截。要，同「腰」。㊶受賜殿中　在宮殿中接受了皇帝的賞賜。㊷與我壻飲　今天和我的女婿一道喝酒了。我壻，上官安的女兒是漢昭帝的皇后，故上官安向其賓客吹誇。㊸大樂　喝得極其高興。㊹見其服飾　見到皇帝的服飾之華貴。㊺欲自燒物　想把自己家的服飾器物通通燒掉。㊻頑悖　狂妄、悖謬。㊼罷儋耳真番郡　撤銷了儋耳、真番兩個郡。罷，撤銷。儋耳，漢郡名，元鼎六年滅南越之後所設立，郡治在今海南儋縣西北。真番，漢郡名，元封三年滅掉朝鮮之後所設立，郡治在今朝鮮提奚南。㊽軍正　軍隊中的司法官。㊾諫大夫　朝官名，即所謂「言官」，上屬光祿勳。職務是給皇帝與大臣的行為、言論與朝廷決策提出意見。㊿杜延年　武帝時的著名酷史杜周之子，因明習法律，昭帝時官至御史大夫，《漢書》有傳。51承　接續。52年歲比不登　年成連年不好。歲，年成。比，接連。不登，不豐收。53孝文　漢文帝，劉邦之子，西元前一七九—前一五七年在位，為政以寬和、儉樸著名。54年歲宜應　意即只要皇帝實行寬和儉樸之政，上天就會相應地給我們回報以豐年。55有司　主管該項事務的官吏。56賢良文學　漢代選拔官吏的科目名，主要是選拔那些念儒書、品行方正的士子，以備朝廷任用。57教化之要　國家教育臣民百姓所應抓住的主要問題。58對　回答朝廷所問。59願罷鹽鐵酒榷均輸官　希望朝廷停止實行鹽鐵官營、酒類專賣以及平準均輸等經濟政策。鹽鐵，即鹽鐵國營。酒榷，酒類專賣制度。均輸官，朝廷為控制、壟斷物價而在全國各地設立的調節物資流通的官員。以上制度都是桑弘羊等人在武帝時期建議實行的經濟政策。60與天下爭利　武帝實行以上政策的目的就是為了不使私人工商業者操縱市場，而將利益收歸朝廷，故當時的私人工商業者與受此官工官商之苦的臣民都稱朝廷這種政策是「與民爭利」。61儉節　猶言「節儉」。62桑弘羊難　桑弘羊出面駁斥他們。桑弘羊是武帝時期的經濟名臣，此時在朝任御史大夫。難，駁斥。63不可廢也　以上賢良文學所提出的問題以及桑弘羊對此的駁斥，即所謂「鹽鐵論」，其詳情見桓寬所著《鹽鐵論》其書。64蘇武既徙北海上　蘇武出使匈奴被匈奴扣留，因堅持不降而被匈奴送往北海（今俄國境內的貝加爾湖）事，詳見本書武帝天漢元年。65稟食不至　供應的食物斷絕了。稟，《漢書》作「廩」，意即供給。66野鼠去草實　野鼠所屯積的草籽。去，通「弆」。集；藏。67杖漢節　秉持著出使時朝廷所給予的符節。此節即所謂「旄節」，以竹竿為之，以犛牛尾為之飾，三重。(68)臥起操持　意即黑夜白天不離手，以見其對國家使命的晝夜不忘。(69)節旄　竹竿上的犛牛尾裝飾。旄，通「犛」。(70)李陵　李廣之孫，此前率五千名步兵伐匈奴，兵敗被俘投降匈奴。事見本書武帝天漢二年。(71)侍中　皇帝的侍從人員。侍中也是官名，級別雖低，但地位清顯。(72)求　尋訪；往見。(73)海上　北海邊。(74)子卿　蘇武的字。對人說話稱對方之字，表示尊敬。(75)說　勸告。(76)足下　與「陛下」、「殿下」、「閣下」的用法相同，都是不直稱對方曰「你」，故謙指對方所處的身前之地。(77)虛心欲相待　意謂單于是真的想對你以禮相待。(78)空白白地。(79)自苦亡人之地　在這沒有人煙的地方獨自受苦。亡，通「無」。(80)安所見　誰看得見。(81)坐事自殺　坐，因為犯罪。其兄蘇嘉為奉車都尉，因「扶輦下除，觸柱折轅」而自殺；其弟蘇賢受命捉拿逃犯，因未捉到而自殺。(82)太夫人　敬稱蘇武之母。(83)不幸　指死，病故。(84)女弟二人　你的兩個妹妹。(85)兩女一男　你的兩個女兒、一個兒子。(86)復　又；又過去。(87)自痛負漢　自己傷心對不起漢王朝。負，虧；愧對。(88)繫保宮　被關押在監獄裡。保宮，監獄的一種。李陵一打敗仗被俘，漢王朝即將其全家下獄。(89)春秋高　謂年高、年老。(90)夷滅　誅滅。(91)尚復誰為　還為誰而如此受苦。(92)位列將　身在將軍之列，指其父蘇建，曾為游擊將軍，又為右將軍。(93)爵通侯　位在通侯之爵。通侯，也稱「列侯」，蘇建曾因軍功封平陵侯。(94)兄弟親近　指兄弟三人皆為郎官、侍中之職。(95)常願肝腦塗地　意即不惜犧牲生命。(96)斧鉞湯鑊　指被匈奴砍頭、腰斬，或被用開水煮死。湯鑊，開水鍋。(97)無所恨　沒有任何遺憾。恨，憾。(98)壹聽陵言　猶今所謂「你就聽我一句話吧」。(99)自分　自料；本來估計。(100)王　以稱李陵，李陵當時被匈奴封為右校王。(101)請畢今日之驩　讓我在今天的愉快飲酒之後。(102)効死　意即自殺，把命交給你。(103)喟然　傷心的樣子。(104)陵與衛律　我們這兩個投降派。(105)決　通「訣」。告別。(106)語武以武帝崩　據《漢書．蘇武傳》謂「區脫捕得雲中生口，言太守以下吏民皆白服，曰『上崩』」。(107)南鄉　向著南方。鄉，通「向」。(108)歐血　吐血。歐，通「嘔」。(109)旦夕臨數月　每天早晨、晚上哭喪，一直哭了好幾個月。臨，哭喪。(110)壺衍鞮　狐鹿孤單于之子，西元前八五年即位為單于。(111)不正　指兩性關係不正。(112)乖離　指各部落對壺衍鞮單于離心離德。乖，背離。(113)求　這裡意即討要。(114)詭言　假說。(115)常惠　蘇武使團中的成員，與蘇武分別被匈奴人扣留十九年。(116)上林　上林苑，秦、漢時代的皇家獵場，在當時長安城的西南方，有數縣之廣。(117)帛書　寫在絲帛上的信。(118)某澤　當時蘇武所處的實際地點，寫史者失其名。(119)讓　責備。(120)謝漢使　向漢使道歉。(121)副光祿大夫王忠　為光祿大夫王忠的副手。副，為……之副手。(122)使西國　出使到西域諸國去。(123)遮　攔截；截擊。(124)生得　活捉。(125)歸　放回。(126)古竹帛　指前代史書。竹、帛都是古代書寫的工具，用竹寫的稱「簡」，用絲帛寫的稱「帛書」。(127)丹青　繪畫所用的顏料，通常也用以指繪畫。(128)何以過子卿　意謂還有哪輩古人能夠超過你。129駑怯　笨拙、怯懦。駑，劣馬，以喻才能低下，這裡是自謙之詞。130令漢貰陵罪　假如漢王朝當時能寬恕一下我的罪過。令，假使。貰，寬恕。131全　保全；不殺。132奮大辱之積志　在長期忍辱之後突然藉機迸發，向匈奴人反戈一擊。133庶幾乎曹柯之盟　讓我也能像春秋時的曹沫在兩國首腦盟會上劫持齊桓公一樣。曹沫是春秋時的魯國將軍，曾在作戰時敗給齊國，喪失國土。後來齊桓公與魯莊公在柯邑（今山東東阿西南）盟會時，曹沫突然執匕首劫持齊桓公，迫使齊桓公退還了所侵魯國的土地。事見《史記・刺客列傳》。134宿昔　猶言「晝夜」。宿，通「夙」。早。昔，通「夕」。晚。135收族　逮捕、殺光。李陵全族被誅滅事，見本書天漢三年。136戮　恥辱。137尚復何顧　還有什麼可留戀的。顧，回望；留戀。138已矣　猶今所謂「算了吧」、「不再說啦」。139召會　召集；集合。140前已降及物故　意謂除去已經投降了匈奴和已經死掉的。物故，即指死。141京師　指長安。142一太牢　具有一牛、一豕、一羊的供品。143謁武帝園廟　意即前往祭祀當初派他出使的老皇帝的陵園，向老皇帝彙報此次出使的過程。園廟，陵墓前面的祭廟。武帝的陵墓曰「茂陵」，在今陝西興平城東北。144典屬國　朝官名，掌管歸附的少數民族事務。145秩中二千石　官階為中二千石，與九卿同一級，在太守、諸侯相（二千石）之上。146宅一區　住宅一所。147隴西任立政　隴西郡的任立政。隴西郡的郡治為狄道，即今甘肅臨洮。148歸易耳　回去是容易的。149再辱　再蒙受一次恥辱。150罷榷酤官　撤銷酒類專賣的官員。151從　聽取；採納。152時務之要　當時應該採取的緊急工作。153輕傜薄賦　減少傜役，放寬賦稅。154與民休息　朝廷與黎民百姓全都實行一種休養生息的政策。155稍復　漸漸地恢復。156文景之業　漢文帝、漢景帝所實行的輕傜薄賦、與民休息的政策。157鉤町侯毋波　當時居住在今雲南東南部的少數民族頭領、被漢王朝封為鉤町侯的毋波。當時的鉤町即今雲南廣南縣。158其邑君長　毋波所在地區的各少數民族頭目。159關內侯　比列侯低一級，只有食邑而沒有正式封地的侯爵。

【語　譯】五年（己亥　西元前八二年）

春季，正月，漢昭帝劉弗陵追認他的外祖父趙父為順成侯。又賞賜給順成侯的姐姐趙君姁錢二百萬，以及奴婢、高級住宅等以充實她的財富。鉤弋夫人的眾弟兄也都按照親疏關係分別給予賞賜，但都沒有被封官。

有一個男子乘坐著小黃牛犢拉的車子來到未央宮的北門，自稱是衛太子劉據，公車令將此事報告了漢昭帝。漢昭帝下詔，讓公、卿、將軍、中二千石等大小官吏共同去辨認。長安城中的百姓聞訊前來觀看的有幾萬人。右將軍在宮門外列隊維持秩序，以防發生意外事故。丞相、御史、中二千石看了之後，沒有人敢發表意見。京兆尹雋不疑最後趕到，他喝令隨從的官吏將那個男子捆起來。有人說：「是不是太子劉據還不清楚，先不要急著把人抓起來。」雋不疑說：「你們為什麼要害怕衛太子？從前衛靈公的太子蒯聵違反王命出逃，他的兒子蒯輒後來即位，就起兵抵抗他的父親蒯聵回國，《春秋》就肯定了蒯輒的抵抗行為。衛太子劉據因為得罪了先帝，不能前來就死反而逃跑，如今又自己回來，他是朝廷的罪人！」於是將那男子送入監獄。昭帝與大將軍霍光聽說後稱讚，說：「公卿大臣就應當任用懂得儒家經典、深明大義的人。」從此雋不疑的聲望在朝中越來越高，朝中大小官員都認為自己的才能趕不上雋不疑。廷尉負責審問那個自稱是衛太子的人，最終弄清了他的真實面目，此人原本是夏陽縣人，姓成，名叫方遂，居住在湖縣，以占卜為生。有一個原來跟隨過衛太子的幕僚曾經請成方遂占卜，這個幕僚對成方遂說：「你長得特別像衛太子。」成方遂認為這個幕僚的話可以利用，希望以此謀取富貴，於是便來冒充太子。被判處犯了招搖撞騙的大逆不道罪而被腰斬於市。

夏季，六月，封上官安為桑樂侯。上官安便一天天地驕奢淫逸起來，每次在宮中接受了皇帝的賞賜，就對他的賓客們誇耀說：「與我的皇帝女婿在一塊兒飲酒，喝得極其高興！」看到皇帝身上所穿的華貴衣服，就覺得自己的東西簡直要不得，就想派人回府，把自家的東西全部燒掉。後來他的兒子因病而死，他就仰頭辱罵蒼天，其狂妄悖謬竟然達到如此的程度。

撤銷了儋耳、真番兩個郡。

秋季，大鴻臚田廣明、軍正王平攻打益州的姑繒、葉榆部落，殺死、俘虜了三萬多人，繳獲牲畜五萬多頭。

諫大夫杜延年看到昭帝即位以來，武帝時期那種奢侈、窮兵黷武的風氣依然存在，就屢次對大將軍霍光說：「糧食連年歉收，流離失所的人民還沒有全部回歸故里，應該採用孝文帝時期的治國之策，提倡勤儉節約，實行寬和的政治，如此，則上順天意，下悅民心，年景一定會逐漸好轉。」霍光採納了他的意見。杜延年，是前御史大夫杜周的兒子。

六年（庚子　西元前八一年）

春季，二月，朝廷下詔給有關部門，讓他們向各郡國所舉薦的賢良、文學之士詢問民間疾苦以及教育感化臣民所應抓的主要問題，這些人都回答說：「希望朝廷廢除鹽鐵官營、酒類專賣以及平準均輸等經濟政策，不要與民爭利，各級官府都應厲行節儉，然後才能教化百姓。」桑弘羊出面駁斥他們說：「實行鹽鐵官營、酒類專賣以及平準均輸政策，這是朝廷財政的重要來源，朝廷依靠它才得以保障軍隊供應、抵禦四周各族的入侵、保衛邊境的安寧，因此絕對不能廢除。」於是，引起了有關鹽鐵是否官營的一場大辯論。

當初，蘇武被匈奴單于流放到北海上牧羊，供應的食物已經斷絕，蘇武就靠挖掘野鼠藏在洞中的草籽充飢。但他無論是牧羊的時候，還是睡覺的時候，隨時隨地都手持著漢朝的符節，符節上用做裝飾的犛牛尾已經全部脫落。蘇武在漢朝時與李陵都是侍中。李陵投降了匈奴，雖然都身在匈奴，但李陵心懷愧疚不敢求見蘇武。過了很久，單于派遣李陵到北海上去勸降蘇武，李陵為蘇武擺設了酒宴、安排了歌舞，李陵趁機對蘇武說：「單于聽說我與你一向關係密切，所以讓我來勸說你，單于誠心誠意的希望你留下來。你肯定回不了漢朝，何必白白地困苦自己，居住在這荒無人煙的地方，又有誰知道你的忠信節義呢？你的兩個兄弟，以前都因犯罪而自殺；你來匈奴的時候，你的母親已經不幸去世；你的妻子很年輕，聽說已經改嫁了；家中只有兩個妹妹、兩個女兒、一個兒子，如今又十多年過去了，是死是活還不知道。人生如同早晨的露水一樣，何必這樣長久的苦害自己呢？我剛投降匈奴的時候，精神恍惚得就像要發瘋一樣，痛心自己不該一念之差背叛了漢朝，再加上老母親因我而被關押在監獄中。你不願意投降的心情，哪裡能超過我呢？而且現在武帝年事已高，法令變化無常，就是那些沒有犯罪的大臣被滅族的也有幾十家了。生死存亡都不可預知，你還為誰而如此受苦呢？」蘇武說：「我父子原本沒有建立什麼功勞，也沒有什麼高尚的品德，都是陛下提拔重用，才使我們父子身在將軍之列，爵受通侯之封，我們兄弟三人都是武帝身邊的近臣，經常希望為武帝貢獻忠心，哪怕是肝腦塗地也在所不辭。現在得到一個能犧牲性命報效國家的機會，即使被匈奴用斧鉞砍死、或是被扔到開水鍋中煮死我也心甘情願！臣子侍奉君主，就好比兒子侍奉父親一樣，兒子為父親而死，沒有什麼可以遺憾的。希望你不要再說下去了！」李陵與蘇武一連飲了幾天酒，李陵又對蘇武說：「子卿就聽我一句話吧！」

蘇武說：「我估計自己早就該死了，如果大王一定要我投降，就讓我在今天的歡樂飲酒之後，死在你的面前吧！」李陵被蘇武的赤誠所感動，非常傷感地長歎了一聲說：「唉！真是個忠臣！我與衛律這兩個投降匈奴的人真是罪惡滔天啊！」於是痛哭流涕，淚水打溼了衣襟，然後與蘇武訣別而去。李陵臨走時送給蘇武幾十頭牛羊。

後來李陵又來到北海上，他告訴蘇武漢武帝已經駕崩。蘇武面向南方痛哭得口吐鮮血，他每天的早晨、晚上哭喪，一連哭了好幾個月。等到壺衍鞮單于繼位為匈奴大單于後，因為其母閼氏作風不正派，導致內部離心離德，所以經常擔心漢朝趁機派兵前來襲擊，這時衛律為壺衍鞮單于出謀劃策，於是向漢朝提出和親。漢朝使者應邀來到匈奴，向匈奴詢問蘇武等人的下落，匈奴謊稱蘇武已死。後來漢朝的使者再次來到匈奴，常惠私下會見漢朝的使者，他教使者對壺衍鞮單于說：「漢天子在上林苑中打獵，射下一隻大雁，大雁腿上綁有一封寫在絲帛上的信，說蘇武等人在某澤中。」使者非常高興，就按照常惠所教的責問壺衍鞮單于。壺衍鞮單于環視左右，表情顯得非常驚訝，連忙向漢使者道歉說：「蘇武等人確實還活著。」於是讓蘇武和馬宏等人與漢朝使者一同歸漢。馬宏先前作為副手跟隨光祿大夫王忠出使西域各國，途中遭到匈奴攔擊。王忠戰死，馬宏被活捉，也是堅決不肯投降。所以匈奴放這兩個人歸漢，以此表示希望與漢朝和好的誠意。於是李陵又擺下酒宴向蘇武祝賀，李陵對蘇武說：「如今你回歸漢朝，你的名聲已經傳遍了匈奴，你的功勞也將顯揚於漢朝，即使古代史書上所記載的，用丹青所描畫的歷代聖賢，又有誰能超過你呢？我雖然才能低下，假如當初漢朝能夠寬恕我的罪過，保全我的母親，使我能夠在長期受辱後突然藉機迸發，向匈奴反戈一擊，也能像春秋時期的曹沫在兩國首腦的盟會上劫持齊桓公那樣為國立功贖罪，這是我李陵夙夜所不能忘懷的。然而武帝卻將我的族人收捕、殺光，成為世上最大的恥辱，我還眷顧什麼呢？算了吧，說這些又有什麼用呢，只是讓你瞭解我的心跡罷了！」李陵泣不成聲、淚流滿面，於是與蘇武訣別。

壺衍鞮單于將蘇武出使匈奴時的隨從人員召集起來，除去已經投降的以及死亡的，總共只有九個人跟隨蘇武回歸漢朝。蘇武等人到達京師的時候，漢昭帝讓蘇武用太牢到武帝陵園中的祭廟向漢武帝致祭、彙報出使的經過，任命蘇武為典屬國，俸祿為中二千石，賞賜給蘇武二百萬錢，公田二頃，住宅一處。蘇武在匈奴總共被拘留了十九年，蘇武出使匈奴時還是壯盛的年紀，等到回來的時候，已經是一個鬚髮皆白的老翁。霍光、上官桀原來都與李陵關係很好，於是派遣李陵的老朋友隴西人任立政等三人一起到匈奴召請李陵回國。李陵說：「回去容易，只是大丈夫不能再遭受一次恥辱！」李陵最終死在了匈奴。

夏季，天氣乾旱。

秋季，七月，昭帝聽從了賢良、文學們的建議，撤銷了酒類專賣的官員。武帝末年，國家的財力物力消耗很大，國庫空虛，人口減少了一半。霍光深知當務之急是什麼，於是減輕人民的傜役負擔、放寬賦稅政策，使人民得到休養生息。此時又與匈奴和親，於是和平再現，百姓逐漸富裕，文帝、景帝時期的社會景象漸漸得到恢復。

因為鉤町侯毋波率領他所在地區的部落首領剿滅姑繒、葉榆的叛亂有功，漢昭帝下詔封鉤町侯毋波為鉤町王，封田廣明為關內侯。

元鳳元年（辛丑　西元前八〇年）

春，武都氐人❶反，遣執金吾❷馬適建、龍領侯韓增❸、大鴻臚田廣明將三輔、太常徒❹，皆免刑，擊之❺。

夏，六月，赦天下。

秋，七月乙亥晦❻，日有食之，既❼。

八月，改元❽。

上官桀父子既尊⑨，盛德長公主⑩，欲為丁外人求封侯⑪，霍光不許。又為外人求光祿大夫⑫，欲令得召見⑬，又不許。長主⑭大以是⑮怨光，而桀、安數⑯為外人求官爵弗能得，亦慚⑰。又桀妻父所幸充國⑱為太醫監⑲，闌入殿中⑳，下獄當死㉑。冬月且盡㉒，蓋主為充國入馬㉓二十匹贖罪，乃得減死論㉔。於是桀、安父子深怨光而重德㉕蓋主。自先帝時，桀已為九卿㉖，位在光右㉗。及㉘父子並為將軍㉙，皇后親安女㉚，光乃其外祖，而顧㉛專制朝事，由是與光爭權。燕王旦㉜自以帝兄㉝不得立，常懷怨望㉞。及㉟御史大夫桑弘羊建造酒榷、鹽鐵，為國興利，伐其功㊱，欲為子弟得官，亦怨恨光。於是蓋主、桀、安、弘羊皆與旦通謀㊲。旦遣孫縱之等前後十餘輩㊳，多齎㊴金寶、走馬㊵賂遺蓋主、桀、弘羊等。桀等又詐令人為㊶燕王上書言：「光出都肄郎、羽林㊷，道上稱蹕㊸，太官先置㊹。」又引「蘇武使匈奴二十年不降㊺，乃㊻為典屬國。大將軍長史敞㊼無功，為搜粟都尉㊽。又擅調㊾益莫府校尉㊿。光專權自恣(51)，疑有非常(52)。臣旦願歸符璽(53)，入宿衛(54)，察姦臣變(55)。」候司(56)光出沐日(57)奏之(58)。桀欲從中下其事(59)，弘羊當與諸大臣共執退光(60)。書奏，帝不肯下(61)。明旦，光聞之，止畫室(62)中，不入(63)。上問：「大將軍安在？」左將軍桀對曰：「以燕王告其罪，故不敢入。」有詔：「召大將軍。」光入，免冠(64)頓首謝(65)。上曰：「將軍冠(66)！朕知是書(67)詐也，將軍無罪。」光曰：「陛下何以知之？」上曰：「將軍之廣明都郎(68)，近耳(69)。調校尉(70)以來，未能十日(71)，燕王何以得知之？且將軍為非(72)，不須校尉(73)。」是時帝年十四，尚書(74)、左右皆驚。而上書者果亡(75)，捕之甚急。桀等懼(76)，白上(77)：「小事不足遂(78)。」上不聽。後桀黨與有譖光(79)者，上輒怒曰：「大將軍忠臣，先帝所屬(80)以輔朕身，敢有毀(81)者，坐之(82)！」自是桀等不敢復言。

李德裕(83)論曰(84)：「人君之德，莫大於至明(85)，明以照姦(86)，則百邪不能蔽(87)矣！漢昭帝是也。周成王有慚德(88)矣！高祖、文、景俱不如也。成王聞管、蔡流言(89)，遂使周公狼跋而東(90)。漢高聞陳平去魏背楚(91)，欲捨腹心臣(92)。漢文惑季布使酒難近(93)，罷歸股肱郡(94)；疑賈生擅權紛亂(95)，復疏賢士(96)。景帝信誅晁錯兵解(97)，遂戮三公(98)。所謂『執狐疑之心，來讒賊之口(99)』。使昭帝得伊、呂(100)之佐，則成、康不足侔(101)矣！」

桀等謀令長公主置酒請光，伏兵格殺之，因廢帝，迎立燕王為天子。旦(102)置驛書(103)往來相報，許立桀為王，外連郡國豪桀(104)以千數。旦以語相平(105)，平曰：「大王前與劉澤結謀(106)，事未成而發覺者，以劉澤素夸(107)，好侵陵(108)也。平聞左將軍(109)

素輕易[110]，車騎將軍[111]少而驕，臣恐其如劉澤時不能成[112]，又恐既成反大王[113]也。」旦曰：「前日一男子詣闕[114]，自謂故太子，長安中民趣鄉之[115]，正讙不可止[116]。大將軍[117]恐，出兵陳之[118]，以自備耳。我，帝長子[119]，天下所信，何憂見反[120]？」後謂羣臣[121]：「蓋主報言[122]，獨患大將軍與右將軍王莽[123]。今右將軍物故[124]，丞相[125]病，幸事[126]必成，徵不久[127]。」令羣臣皆裝[128]。

安又謀誘燕王至而誅之，因廢帝而立桀。或曰[129]：「當如皇后何[130]？」安曰：「逐麋之狗，當顧菟邪[131]？且用皇后為尊[132]，一旦人主意有所移[133]，雖欲為家人[134]，亦不可得。此百世之一時也！」會[135]蓋主舍人父[136]稻田使者燕倉[137]知其謀，以告大司農楊敞。敞素謹，畏事，不敢言，乃移病臥[138]，以告諫大夫杜延年，延年以聞[139]。九月，詔丞相部中二千石[140]逐捕孫縱之及桀、安、弘羊、外人等，并宗族悉誅之，蓋主自殺。燕王旦聞之，召相平曰：「事敗[141]，遂發兵乎[142]？」平曰：「左將軍已死，百姓皆知之，不可發也。」王憂懣，置酒與羣臣、妃妾別。會天子以璽書讓旦[143]，旦以綬[144]自絞死，后、夫人[145]隨旦自殺者二十餘人。天子加恩，赦王太子建為庶人[146]，賜旦謚曰「剌王[147]」。皇后以年少[148]，不與謀[149]，亦霍光外孫[150]，故得不廢[151]。

庚午[152]，右扶風王訢[153]為御史大夫。

冬，十月，封杜延年為建平侯，燕倉為宜城侯，故丞相徵事任宮[154]捕得桀，為弋陽侯，丞相少史[155]王山壽誘安入府[156]，為商利侯。久之，文學濟陰魏相[157]對策[158]，以為：「日者[159]燕王為無道，韓義[160]出身[161]彊諫，為王所殺。義無比干之親[162]而蹈比干之節[163]，宜顯賞其子[164]以示天下[165]，明為人臣之義[166]。」乃擢[167]義子延壽為諫大夫。

大將軍光以朝無舊臣[168]，光祿勳張安世自先帝時為尚書令[169]，志行純篤[170]，乃白用[171]安世為右將軍兼光祿勳[172]，以自副[173]焉。安世，故御史大夫湯[174]之子也。光又以杜延年有忠節[175]，擢為太僕、右曹、給事中[176]。光持[177]刑罰嚴，延年常輔之以寬。吏民上書言便宜[178]，輒下[179]延年平處復奏[180]。言[1]可官試者至為縣令[181]，或丞相、御史除用[182]，滿歲以狀聞[183]，或抵其罪法[184]。

是歲匈奴發左、右部[185]二萬騎為四隊，並入邊[186]為寇。漢兵追之，斬首獲虜[187]九千人，生得甌脫王[188]，漢無所失亡。匈奴見甌脫王在漢，恐以為道擊之[189]，即西北遠去[190]，不敢南逐水草[191]。發人民屯甌脫[192]。

二年（壬寅　西元前七九年）

夏，四月，上自建章宮[193]徙未央宮[194]。

六月，赦天下。

是歲，匈奴復遣九千騎屯受降城[195]以備漢，北橋余吾水[196]，令可度[197]，以備奔走。欲求和親，而恐漢不聽，故不肯先言，常使左右風漢使者[198]。然其侵盜益希[199]，遇[200]漢使愈厚，欲以漸致和親[201]。漢亦羈縻之[202]。

【章　旨】以上為第三段，寫元鳳元年（西元前八〇年）、二年共兩年間的全國大事，主要寫了上官桀父子與蓋主、燕王、桑弘羊等結黨，誣陷霍光，賴昭帝明察，上官桀等陰謀未成；寫上官桀與蓋主勾結謀殺霍光，並欲廢昭帝、立燕王；上官安則欲並殺燕王，立其父上官桀為帝，結果因被人告密，上官桀父子與桑弘羊等被誅，蓋主、燕王自殺；寫了霍光親用張安世、杜延年，數人合作，共同輔佐昭帝治國；寫了匈奴進一步削弱，向西北方遠撤，並欲向漢王朝請求和親。

【注　釋】❶武都氐人　住在武都地區的氐族人。武都是漢郡名，郡治武都，在今甘肅武都東北。氐是古代少數民族名，漢時居住在今之甘肅東南部和與之鄰近的四川東北部、陝西西南部一帶地區。❷執金吾　原稱「中尉」，掌管首都治安的軍事長官。❸龍頟侯韓增　劉邦功臣韓王信的後代，按道侯韓說之子。韓說查抄巫蠱被衛太子所殺後，其子韓增被續封為龍頟侯。❹三輔太常徒　在三輔與太常衙門從事勞動的苦役犯。三輔指京兆尹、左馮翊、右扶風三個首都與其郊區所在的郡級行政單位，其衙門都在長安。太常也稱「奉常」，掌管朝廷與宗廟禮儀。徒，苦役犯。❺皆免刑二句　給這些苦役犯免除刑罰，讓他們去當兵平叛。❻七月乙亥晦　七月的最後一天是乙亥日。按，此說有誤，應是「己亥」之誤。❼既　盡，意思是由日半蝕變成了日全蝕。❽改元　改用一個新的年號，即改「始元七年」為「元鳳元年」。❾既尊　官位越來越高，又都被封了侯。❿盛德長公主　深深感激蓋長公主。盛德，深深感謝。德字用如動詞。⓫為丁外人求封侯　丁外人是蓋長公主的情夫，上官桀在求丁外人為自己的孫女謀取皇后之位時，曾答應日後設法為丁外人求封侯。⑫光祿大夫　朝官名，光祿動的下屬官員。光祿動原稱「郎中令」，九卿之一，統領皇帝的侍從，掌管宮廷門戶，是皇帝的親信職位。⑬得召見　可以得到皇帝的召見。⑭長主　即蓋長公主。⑮大以是　很是為此……。⑯數　屢次。⑰亦慚　自己既沒面子，又無法向丁外人交代。⑱桀妻父所幸充國　上官桀的岳父所親幸的一個名叫「充國」的人，史佚其姓。⑲太醫監　管理宮廷醫生、醫務的官員，上屬少府。⑳闌入殿中　沒有理由地闖入宮殿。漢制，凡入宮殿都要有特別許可證，要在宮門受檢查。㉑當死　判為死罪。當，判罪。㉒冬月且盡　眼看就到臘月月底。漢代規定秋後處決罪犯，到臘月底告一段落，因此「冬月且盡」正是突擊處決犯人的時刻。㉓入馬　向國家交納馬匹，為罪犯贖罪。㉔減死論　免去死罪，減一級處置。㉕重德　越發感戴蓋長公主。重，又；更加。㉖已為九卿　上官桀在武帝時為太僕，太僕為九卿之一，秩中二千石，為皇帝掌管車馬。㉗位在光右　職位比霍光高。霍光在武帝時為奉車都尉、光祿大夫，秩比二千石。比上官桀低兩等。㉘及　等到。㉙父子並為將軍　上官桀為左將軍，上官安為車騎將軍。㉚親安女　上官安的親生之女。㉛顧　反而。㉜燕王旦　劉旦，武帝之子，元狩六年被封為燕王，都城即今北京市。㉝帝兄　昭帝之兄。㉞怨望　怨恨。望，也是怨恨的意思。㉟及　與；還有。㊱伐其功　誇耀其功勞巨大。伐，自己誇耀。㊲通謀　共謀推翻昭帝，另立燕王劉旦為帝。㊳十餘輩　十多批；十多夥。㊴齎　攜帶。㊵走馬　善於奔馳的馬。㊶詐令人為　令人假裝是。㊷光出都肄郎羽林　霍光每次出來集合郎官與皇帝衛隊進行檢閱的時候。都肄，集中演習。㊸稱蹕　清道戒嚴，禁止通行。㊹太官先置　給皇帝管理膳食的官員總是先期到達準備。太官，管理皇帝膳食的官員。㊺二十年不降　實際是十九年，誇說「二十年」以加大霍光壓抑人才之罪。㊻乃　才；僅。㊼長史敞　楊敞，司馬遷的女婿，楊惲之父。長史為諸史之長，如今之「祕書長」，是丞相與大將軍屬下的重要僚屬，秩千石。㊽搜粟都尉　大司農的屬官，掌管農耕及屯田等事。㊾擅調　擅自調動。㊿益莫府校尉　補充到大將軍的帳下充當校尉。莫府，通「幕府」。大將軍的辦公機構。(51)自恣　自己想幹什麼就幹什麼。恣，任意而行。(52)非常　非同小可的行動，指叛亂、篡權等大逆不道之事。(53)歸符璽　將燕王的符節、印璽交還朝廷，意即不再當燕王。(54)入宿衛　進京進朝給皇帝當個警衛人員。宿衛，夜間值勤。(55)察姦臣變　觀察奸臣霍光的變化。(56)候司　窺測、等候。司，通「伺」。(57)出沐日　出宮休假之日。沐，洗浴，這裡即指公休日。(58)奏之　（將誣衊信）進呈上去。奏，進呈。(59)從中下其事　從宮中以皇帝的名義將誣衊信批交有關部門進行查辦。(60)共執退光　共同堅持罷免、斥退霍光。(61)不肯下　不肯將他們的誣告信批給有關部門。(62)畫室　畫有周公負成王朝諸侯之室。(63)不入　不入昭帝臨朝之殿堂。(64)免冠　古人請罪的一種姿態。(65)謝　謝罪；告罪。(66)冠　用作動詞，意即請戴上帽子。(67)是書　此信，指上官桀等所造的誣告信。(68)之廣明都郎　到廣明亭檢閱郎官。廣明亭在漢長安城的東都門外。都，即上文所謂「都肄」。(69)近耳　是最近幾天的事。(70)調校尉　即上文所謂「擅調（楊敞）益莫府校尉」。(71)未能十日　連十天還不到。(72)且將軍為非　如果將軍你要幹壞事，指政變篡權。(73)不須校尉　用不著調動校尉官。(74)尚書　在皇帝身邊主管隨時記事的官吏。(75)果亡　真的害怕逃跑了。(76)桀等懼　怕把他們牽連出來。(77)白上　對皇帝說。(78)不足遂　沒有必要查個究竟。遂，一直（查下去）。(79)譖光　說霍光的壞話。(80)所屬　所委託。屬，通「囑」。託付。(81)毀　說人壞話。(82)坐之　意即將其判罪。(83)李德裕　中唐時期的宰相。事跡見《唐書》本傳。(84)論曰　李德裕論漢昭帝的這段文字，見《會昌一品集・外集・論昭帝》。(85)至明　英明到極點。(86)照姦　看清一切壞人。(87)蔽　蒙蔽；欺騙。(88)周成王有慚德　意即周成王也比不上。周成王是周武王之子，幼年即位，周公姬旦忠心耿耿地輔佐他。事情詳見《史記・周本紀》。慚德，德行對比有愧。(89)管蔡流言　管叔是周公之兄，蔡叔是周公之弟，二人散布流言蜚語以誣衊周公，勾結殷紂王的兒子共同作亂，後被周公討平。事見《史記・周本紀》。(90)狼跋而東　管、蔡的流言一度使成王懷疑周公，故周公在進退兩難的壓力下，率兵東討叛亂。〈狼跋〉是《詩經》中的篇目名，以狼的進退兩難比喻周公當時所處的困境。(91)聞陳平去魏背楚　陳平是劉邦的開國功臣，在他剛投歸劉邦時，有人說陳平是反覆無常的小人，先是跟著魏豹，中途離開了，改去投靠項羽；現在又背叛項羽前來投奔你。(92)欲捨腹心臣　劉邦聽說陳平的經歷後很生氣，曾一度想把陳平這樣的謀臣趕走。事見《史記・陳丞相世家》。(93)惑季布使酒難近　季布原是項羽的部下，項羽失敗後在漢王朝任河東郡守。漢文帝聽說季布有才，將其召至京城，準備提拔，這時有人對漢文帝說季布好喝酒難以接近，於是漢文帝遂改變了主意。(94)罷歸股肱郡　季布在京城白等了好長時間，文帝打發他仍回原郡任太守，說法是：河東郡對於朝廷來說如同股肱一樣重要，我太想你了，所以叫你進京來見一面。詳情見《史記・季布欒布列傳》。(95)疑賈生擅權紛亂　賈誼在文帝時多次上書，提出重要建議，文帝準備提拔他任卿相之職，這時周勃、灌嬰等說賈誼好攬權，而且喜歡改變禮法，給朝廷添亂。(96)復疏賢士　文帝聽到周勃、灌嬰的這些壞話後，於是疏遠賈誼，改派他離開朝廷到長沙國去任太傅了。詳情見《史記・屈原賈生列傳》。(97)信誅晁錯兵解　鼂錯是漢景帝的謀臣，因協助景帝削弱諸侯國的勢力而引起吳、楚等七國的痛恨。當這些諸侯國起兵造反時，他們的口號是「誅鼂錯以清君側」，威脅漢景帝說，只要您殺掉鼂錯，七國就乖乖退兵。漢景帝在七國的欺騙下背信棄義地殺了鼂錯，但七國仍不退兵，最後還是靠著周亞夫等人的力量，出兵討平了七國叛軍。(98)遂戮三公　鼂錯被漢景帝所殺時任御史大夫，御史大夫與丞相、太尉合稱三公。(99)執狐疑之心二句　意思是當你正對某人心存懷疑的時候，你就更容易聽到別人給他編排的壞話。執，心存。狐疑，懷疑。來，招引。讒賊，挑撥是非、說人壞話的人。以上二句引自劉向的〈條災異封事〉。100伊呂　伊尹、呂尚。伊尹是商湯的開國功臣。事跡見《史記・殷本紀》。呂尚即姜太公，是周武王的開國功臣。事跡見《史記・周本紀》與〈齊太公世家〉。101成康不足侔　古代所謂「成康之治」在漢昭帝這裡不值得一提。不足侔，不值得拿來相比。侔，相等；相比。102旦　此指燕王劉旦。103置驛書　通過驛站傳送書信。置、驛，都是驛站、郵傳的意思。104外連郡國豪桀　對外勾結各郡、各諸侯國的敢死之徒。105旦以語相平　燕王劉旦將此事告訴燕國的丞相平。相平，丞相名平，史失其姓。106與劉澤結謀　劉旦與劉澤勾結企圖謀反失敗事，見本書始元元年。劉澤是齊孝王劉將閭之孫。107素夸　一貫急躁浮誇。108侵陵　欺侮人。109左將軍　指上官桀。110輕易　輕率；不穩重。111車騎將軍　指上官安。112不能成　不能成功。113既成反大王　如果推翻皇帝的事情一旦成功，就又回過頭來反對大王您。114詣闕　到宮門下。詣，到。115趣鄉之　都趕過去圍著他。「趣」的意思同「趨」。「鄉」字意思同「向」。116正讙不可止　以言其群情激動之狀。正，已經；尚且。讙，喧譁。117大將軍　指霍光。118陳之　指列隊在宮門外，以警戒非常。陳，通「陣」。119帝長子　在武帝現有的兒子中年齡最長。120何憂見反　怎麼會害怕別人反對。見反，被人反對。121謂羣臣　對燕國的諸臣說。122報言　給我傳過來的消息說。123王莽　字稚叔，與八十年後篡奪西漢政權的王莽不是同一個人。此人未見有何出類拔萃的舉動，亦未見專門描寫，不知劉旦何以稱之。124物故　謂死。125丞相　指田千秋，因開導武帝，為衛太子申冤，於征和四年被封為丞相。126幸事　我們所希望、所追求的事情，指推翻昭帝，自立為帝。127徵不久　不久就可以得到證明。徵，徵兆；驗證。128皆裝　都收拾行裝，做好準備。129或曰　有人問。130當如皇后何　如果廢了皇帝，那麼對皇后該怎麼辦。因為皇后是上官安的女兒。131逐麋之狗二句　一隻追捕大鹿的狗，牠能顧及身邊的兔子嗎。意即為了成大事其他一切不顧。麋，大鹿。132用皇后為尊　今天皇帝讓這個女人做皇后，我們就有眼前的富貴。133意有所移　謂移情別戀，又喜歡上別的女人。134雖欲為家人　即使你想當個平民。家人，平民；普通人。135會　這時；剛好。136蓋主舍人父　蓋長公主的親信用人的父親。137稻田使者燕倉　身為稻田使者的官員姓燕名倉。138移病臥　寫信請假，臥床不出。139以聞　將此事報告朝廷，實即霍光。140部中二千石　統領中二千石的九卿一級高官。部，率領。中二千石的官僚只有九卿與中尉。141敗　暴露。142遂發兵乎　是不是乾脆起兵造反呢。遂，就；乾脆。143以璽書讓旦　用蓋著皇帝印璽的詔書譴責劉旦。讓，譴責。144綬　繫印的絲帶。145后夫人　燕王的王后與姬妾。夫人，漢代帝王姬妾的統稱。146赦王太子建為庶人　免其死罪，赦之為平民百姓。147剌王　剌字是諡，「剌」字的意思是行為悖謬。148皇后以年少　是時上官皇后年方九歲。149不與謀　沒有參加造反的陰謀。與，參與。150外孫　外孫女。151不廢　仍繼續為皇后。152庚午　九月初二。153右扶風王訢　任右扶風的王訢。右扶風是長安城西郊區的行政長官，相當於郡太守。154丞相徵事任宮　身任丞相徵事的低級官吏姓任名宮。徵事秩比六百石。155丞相少史　丞相府的文職小吏。少史，秩四百石。156誘安入府　將上官安誘進大將軍府，而後將其捕殺。157文學濟陰魏相　來自濟陰國的賢良文學姓魏名相。文學，也稱「賢良文學」，是漢代選拔官吏的科目名。魏相，字弱翁，《漢書》有傳。158對策　回答皇帝提出的問題。因為皇帝所提的問題是寫在竹簡上，故謂之「對策」。159日者　當初；前些時候。160韓義　燕國的大臣。161出身　挺身而出。162義無比干之親　韓義與被諫的燕王沒有像比干與殷紂王那樣的親屬關係。163蹈比干之節　但韓義卻表現了比干的氣節。蹈，實踐；表現。殷紂王的父輩比干因諫殷紂王而被剖心的故事見《史記・殷本紀》。164顯賞其子　提升、獎賞韓義的兒子。165以示天下　讓天下人都知道。166明為人臣之義　以表明做臣子的對待自己的君長應該是怎麼一種樣子。義，宜；應有的姿態。167擢　提拔。168舊臣　上一個皇帝時代的老臣。169尚書令　猶今所謂「祕書長」，為朝廷掌管文書檔案的官，上屬少府，秩千石。170純篤　純正厚道。171白用　稟告皇帝加以任用。172光祿勳　舊稱「郎中令」，九卿之一，統領皇帝侍從，管理宮廷門戶。173以自副　使之作為自己的助手。174故御史大夫湯　張湯，武帝時的司法長官，任御史大夫。事跡詳見《史記・酷吏列傳》。175杜延年有忠節　杜延年是武帝時酷吏杜周之子，此前任諫大夫，因揭發燕王旦等人的陰謀造反，故被霍光認為有忠節。176太僕右曹給事中　太僕，九卿之一，為皇帝掌管車馬。右曹，尚書令的屬官。給事中，在宮中為皇帝侍從，以備參謀顧問。杜延年的正式官職是太僕，右曹、給事中都是加官，以表現霍光對他的信任。177持　掌握；施行。178言便宜　建議國家當前應辦某事、應行某政。179下　交由。180平處復奏　分析研究並提出處理意見。復奏，幫決策人提出處理意見。181可官試者至為縣令　視其所言，估計可任以為官者，最高可任之為縣令。182或丞相御史除用　或讓丞相、御史大夫聘去使用。御史，此處即指御史大夫。除用，任用。183滿歲以狀聞　試用一年後將其任職情況上報朝廷。184或抵其罪法　凡事實證明其所言荒謬者，則依法治罪。185左右部　即左右賢王所統領的部眾。186入邊　侵入漢王朝的邊境。187斬首獲虜　斬敵之首與所捉俘虜。188甌脫王　活動在漢匈邊界一帶的匈奴王號。甌脫，漢匈兩國之間的中間隔離地帶。189恐以為道擊之　害怕甌脫王為漢軍當嚮導襲擊匈奴。道，通「導」。嚮導。190西北遠去　向著大西北方遠遠逃去。191南逐水草　向南找有水草的地方生活放牧。192發人民屯甌脫　於是漢王朝便發動一些黎民百姓住進原是兩國邊境的緩衝地帶中去。193建章宮　漢宮名，武帝時代所築，在漢代長安城外的西南角，與城內的未央宮隔城牆相對。194未央宮　漢宮名，楚漢戰爭時期蕭何所建造，在當時長安城內的西南方，是西漢歷代皇帝經常居住的地方。195受降城　在今內蒙古烏拉特中後聯合旗城東，是武帝元封六年（西元前一〇五年）派因杅將軍公孫敖所築，因當時匈奴的左大都尉欲殺單于以降漢，故朝廷派公孫敖築此城以接納降者。196橋余吾水　在余吾水上架橋。橋，作動詞用。余吾水，即今蒙古國烏蘭巴托附近的土拉河。197可度　可以渡過余吾水。度，通「渡」。198風漢使者　向漢朝派去匈奴的使者吹風示意。風，不好直接說，曲折地吹風示意。199侵盜益希　對漢王朝邊境的攻擊越來越少。益，漸。希，通「稀」。200遇　對待。201漸致和親　漸漸地達到和親狀態。致，達到。202羈縻之　不嚴格要求，像放牧牛羊一樣地大體籠絡著。

【校記】1言　原無此字。據章鈺校，甲十五行本、乙十一行本、孔天胤本皆有此字，今據補。按，《漢書·杜周傳附杜延年傳》、《通鑑綱目》卷五下皆有此字。

【語譯】元鳳元年（辛丑　西元前八〇年）

春季，住在武都地區的氐族人造反，朝廷派遣執金吾馬適建、龍額侯韓增、大鴻臚田廣明率領在三輔地區以及太常衙門從事勞動的苦役犯，給這些苦役犯免除刑罰，讓他們當兵，跟隨去平定叛亂。

夏季，六月，大赦天下。

秋季，七月乙亥晦，發生日全蝕。

八月，改年號為元鳳元年。

上官桀父子已經官高祿厚，因此非常感激蓋長公主，於是請求為長公主的情人丁外人封侯，被霍光拒絕。他們又請求任命丁外人為光祿大夫，使他有機會得到天子的召見，霍光還是不同意。蓋長公主因此非常怨恨霍光，而上官桀、上官安屢次為丁外人請求官爵都碰了壁，也覺得臉上無光。加上上官桀的岳父所親信的一個名字叫充國的人在擔任太醫監的時候，擅自闖入宮殿，被逮捕入獄，判處死刑。處死罪犯的冬季就要過去，蓋長公主向國家捐獻出二十匹馬為充國贖罪，充國才被免去死罪，減一級處理。於是上官桀、上官安父子對霍光懷恨在心而對蓋長公主更加感恩戴德。在武帝執政時期，上官桀就已經位列九卿，地位在霍光之上。等到上官桀父子並列為將軍，皇后又是上官安的親生女兒，而霍光只是皇后的外祖父，反而在朝中大權獨攬，於是上官桀父子開始與霍光爭權。燕王劉旦自以為是昭帝的哥哥卻不得繼承皇位，心中常懷怨恨。還有御史大夫桑弘羊，因為向朝廷建議酒、鹽、鐵由國家專營，為國家籌集了資金，也經常誇耀自己的功勞，想為自己的子弟謀取官職而沒有得到，因此也怨恨霍光。於是蓋長公主、上官桀、上官安、桑弘羊都與燕王劉旦串通一氣，想要搞垮霍光。

燕王劉旦派遣孫縱之等前後十幾批人攜帶著大量的金銀珠寶和良馬到京師賄賂蓋長公主、上官桀、桑弘羊等人。上官桀等人又派人假裝為燕王劉旦上書，檢舉揭發霍光說：「霍光每次出來檢閱郎官、御林軍的時候，都要清道戒嚴，禁止百姓通行，還派皇帝的膳食官先期到達安排飲食。」又引用蘇武等人的事情指控霍光說「蘇武出使匈奴二十年不肯投降匈奴，回國後卻只任命他為典屬國。而擔任大將軍長史的楊敞並沒有建立什麼功勞，反而任命他為搜粟都尉。又擅自調動、增加大將軍幕府的校尉。霍光獨攬大權、為所欲為，恐怕要有非同小可的行動。我劉旦願意將燕王的符璽交還朝廷，親自到皇宮中為皇帝擔任侍衛，藉此觀察奸臣霍光的動靜。」他們趁著霍光出宮休假的機會把這封假奏章呈報給漢昭帝。上官桀想從宮中以昭帝的名義將誣告信批交給有關部門進行查辦，到那時桑弘羊將與諸大臣共同彈劾霍光，將霍光罷免、斥退。不料，昭帝卻將這份奏章扣留並不下發。第二天上朝的時候，霍光知道了這件事，就停留在畫有周公負成王朝諸侯的房間裡，不肯上朝。昭帝問：「大將軍在哪裡？」左將軍上官桀上前回答說：「因為燕王告發大將軍有罪，所以大將軍不敢上朝。」昭帝下詔說：「召請大將軍上朝。」霍光進殿後，摘掉官帽、趴在地上向昭帝磕頭謝罪。昭帝說：「大將軍戴好帽子！我知道這封奏章是偽造的，大將軍無罪。」霍光問：「陛下怎麼知道這信是偽造的？」昭帝說：「將軍到廣明亭檢閱郎官，是最近幾天的事。調遣校尉的事情，也不到十天的工夫，燕王遠在千里之外，怎麼可能這麼快就知道？而且將軍如果想做壞事，也用不著校尉。」當時漢昭帝才十四歲，尚書以及昭帝身邊的人都為他如此的英明睿智感到驚訝。而給昭帝上奏章的人果然逃跑了，昭帝下令立即將此人追捕歸案。上官桀等做賊心虛，害怕把自己牽扯出來，就勸阻說：「這麼一件小事情，不值得去追究。」昭帝不聽他的勸告。以後上官桀的黨羽又有人詆毀霍光，昭帝發怒說：「大將軍是忠臣，先帝託付他輔佐我執掌朝政，今後有誰膽敢再詆毀大將軍，就以誣陷罪論處！」從這以後，上官桀等才不敢再在昭帝面前說霍光的壞話。

李德裕評論說：「皇帝的道德才能，沒有比英明到極點更大的了，英明才能夠識別奸佞，能夠識別奸佞，那麼各種奸謀就蒙蔽不了他！漢昭帝就是這樣的皇帝。周成王的德行與漢昭帝比起來也有感到慚愧的地方啊！漢高祖、漢文帝、漢景帝都比不上漢昭帝。周成王聽信管叔、蔡叔誹謗周公的流言蜚語，致使周公陷入進退兩難的境地，不得已而東征。漢高祖聽說陳平曾經離開魏國又背叛楚國，就想捨棄這位得力的心腹大臣。漢文帝聽信別人議論季布酗酒任性，就不敢任用季布為御史大夫，讓季布仍舊回去做他的河東郡守；又懷疑賈誼專權、擾亂朝政，於是疏遠了賈誼這樣的賢能之士。漢景帝聽信袁盎的奸謀，以為誅殺了鼂錯，吳楚七國就會退兵，於是就將位在三公的鼂錯腰斬於東市。俗話說『預先對某人心存懷疑，就容易聽信別人給他編排的壞話』。假設昭帝得到伊尹、呂尚那樣的賢臣輔佐，那麼『成康之治』就不值得拿來相比了！」

上官桀等人密謀讓蓋長公主擺酒邀請霍光前來赴宴，預先埋伏下士兵襲殺了霍光，然後廢掉昭帝，迎接燕王劉旦回朝為天子。劉旦也通過驛站往來傳遞消息，許諾事成之後封上官桀為王，又在外面聯絡勾結各郡國中的敢死之徒上千人。劉旦把這事情告訴了丞相平，丞相平說：「大王以前曾經與劉澤結盟謀反，事情還沒有成功就走漏了消息，是因為劉澤一向急躁浮誇，好欺陵人。我聽說左將軍上官桀一向處事輕率，車騎將軍上官安既年輕又驕橫，我擔心他們會像劉澤時那樣不能成功，我更擔心即使成功了，他們也會反過來背叛大王。」燕王劉旦說：「前些日子有一個男子到宮門，自稱是原來的衛太子劉據，長安城中的百姓都趕過來圍著他，群情激動，止都止不住。大將軍霍光擔心有變而出兵布陣，以防發生意外對自己不利。我是武帝的長子，天下人都知道，何必擔心他們會反對我？」後來燕王劉旦又對群臣說：「蓋長公主來信說，唯獨擔心大將軍霍光與右將軍王莽。如今右將軍王莽已死，丞相田千秋又在病中，所希望的事情必然成功，不久就會得到證實。」於是燕王劉旦命令群臣全都去收拾行裝，做好進京的準備。

上官安又密謀引誘燕王劉旦來京城，然後將他除掉，再廢掉昭帝而立其父上官桀為皇帝。有人問：「到時候上官皇后怎麼辦？」上官安說：「一隻追逐麋鹿的狗，還能顧及身邊的兔子嗎？今天皇帝讓這個女人為皇后，我們就有眼前的富貴，一旦皇帝移情別戀，即使我們想做一個普通百姓，恐怕也不能夠了。這是百年不遇的好時機啊！」恰好蓋長公主一個侍從官的父親、身為稻田使者的官員姓燕名倉的知道了他們的陰謀，遂將此事報告了大司農楊敞。楊敞素來謹慎，膽小怕事，不敢奏報，於是便請了病假在家臥床不起，但卻把這件事告訴了諫議大夫杜延年，杜延年趕緊報告了皇帝。九月，昭帝命令丞相統領中二千石的高官逐個追捕孫縱之以及上官桀、上官安、桑弘羊、丁外人等人，就連他們的族人也都殺光了，蓋長公主自殺。燕王劉旦聽到消息，立即召見丞相平說：「事情已經敗露，立即發兵嗎？」丞相平說：「左將軍上官桀已經被殺，百姓都知道了這件事，不能再發兵了。」燕王劉旦心煩意亂，於是設酒與群臣、王后和眾姬妾訣別。恰好昭帝用蓋有皇帝璽印的詔書譴責劉旦，劉旦就用繫印的絲帶自己勒死了，王后、夫人等跟隨劉旦自殺的有二十多人。昭帝格外施恩，赦免燕太子劉建的死罪，將他貶為平民，昭帝賜給劉旦的謚號為「剌王」。上官皇后因為年紀幼小，沒有參與陰謀，又是霍光的外孫女，所以沒有將她廢掉。

九月初二日庚午，任命右扶風王訢為御史大夫。

冬季，十月，封杜延年為建平侯，燕倉為宜城侯，曾經擔任過丞相徵事的任宮捕獲上官桀有功，被封為弋陽侯，擔任丞相少史的王山壽將上官安引誘到丞相府，從而順利地逮捕了上官安，有功，封為商利侯。過了很久，來自濟陰的賢良文學姓魏名相的回答昭帝的詢問說：「前些時候燕王劉旦大逆不道之時，韓義挺身而出，極力規勸，被燕王殺害。韓義和燕王之間雖然沒有比干和商紂王那樣的親屬關係，但韓義卻表現了比干那樣的節操，應該大張旗鼓地獎賞他的兒子，讓天下人都知道人臣應該遵守的大義。」於是提拔韓義的兒子韓延壽為諫大夫。

大將軍霍光因為朝中老臣已經凋零殆盡，只有光祿勳張安世是從先帝時就擔任尚書令，心智、操守純正厚道，於是奏請昭帝，任用張安世為右將軍兼光祿勳，讓他作自己的助手。張安世是原來御史大夫張湯的兒子。霍光又認為杜延年有忠臣的氣節，就提拔他做了太僕、右曹、給事中。霍光主持刑法力主從嚴，而杜延年卻經常以寬大來提醒他。吏民給昭帝上奏章，提出一些對國家有益的建議，昭帝往往交給杜延年，讓他分析研究後先拿出初步的處理意見上奏皇帝。指示根據其人所提的建議，認為可以為官的，最高可以讓他去做個縣令，有的讓丞相、御史聘去使用，試用滿一年後，將其任職情況上報朝廷，如果事實證明其所言荒謬者，則依法治罪。

這一年，匈奴動員左賢王和右賢王所統領的二萬多名騎兵分為四路，同時侵入漢朝的邊境地區進行搶掠。漢朝派兵追殺，斬首、俘虜了九千人，還活捉了甌脫王，匈奴此次入侵沒有給漢朝造成多少損失。匈奴看到甌脫王被漢朝活捉，很恐懼，擔心甌脫王為漢人當嚮導襲擊匈奴，於是立即向著大西北方向遠遠地逃去，不敢再向南來尋找有水草的地方生活放牧。漢朝又發動百姓遷移到甌脫王過去經常活動的地帶去戍邊、屯墾。

二年（壬寅　西元前七九年）

夏季，四月，漢昭帝由建章宮遷到未央宮居住。

六月，大赦天下。

這一年，匈奴又派遣九千名騎兵駐紮在受降城防備漢軍，又在受降城北邊的余吾水上架設橋樑，以方便渡河，預先為逃跑準備好退路。匈奴單于希望與漢朝和親，又擔心遭到漢朝拒絕，所以不敢先於漢朝提出和親的請求，於是就經常讓他身邊的人向漢朝使者透露他們希望和親的意願。所以他們對漢朝邊境侵略搶奪的次數也越來越少，對漢朝使者也更加優待，想以此逐漸達到和親的目的。漢朝也藉機有意地籠絡他們。

三年（癸卯　西元前七八年）

春，正月，泰山有大石自起立，上林❶有柳樹枯僵❷自起生❸，有蟲食其葉成文❹，曰「公孫病已立❺」。符節令魯國眭弘❻上書言：「大石自立，僵柳復起，當有匹庶❼為天子者。枯樹復生，故廢之家公孫氏❽當復興乎？漢家承堯之後❾，有傳國之運⑩，當求賢人禪帝位⑪，退自封百里⑫，以順天命。」弘坐設⑬妖言惑眾伏誅。

匈奴單于使犂汙王⑭窺邊⑮，言酒泉、張掖⑯兵益弱，出兵試擊，冀⑰可復得其地。時漢先得降者，聞其計，天子詔邊警備。後無幾⑱，右賢王⑲、犂汙王四千騎分三隊，入日勒、屋蘭、番和⑳。張掖太守、屬國都尉㉑發兵擊，大破之，得脫者數百人。屬國義渠王㉒射殺犂汙王，賜黃金二百斤，馬二百匹，因封為犂汙王。自是後，匈奴不敢入張掖。

燕、蓋㉓之亂，桑弘羊子遷亡㉔，過父故吏侯史吳㉕。後遷捕得㉖，伏法。會赦，侯史吳自出繫獄㉗。廷尉王平與[1]少府徐仁雜治反事㉘，皆以為桑遷坐父謀反㉙而侯史吳臧㉚之，非匿反者㉛，乃匿為隨者㉜也，即以赦令除吳罪㉝。後侍御史㉞治實㉟，以桑遷通經術㊱，知父謀反而不諫爭㊲，與反者身㊳無異。侯史吳故三百石吏㊴，首匿遷㊵，不與庶人匿隨從者等㊶，吳不得赦㊷。奏請覆治㊸，劾廷尉、少府縱反者㊹。少府徐仁，即丞相車千秋㊺女壻也，故千秋數為侯史吳言㊻。恐大將軍光不聽㊼，千秋即召中二千石、博士會公車門㊽，議問吳法㊾。議者知大將軍指㊿，皆執吳為不道(51)。明日，千秋封上眾議(52)。光於是以千秋擅召(53)中二千石以下，外內異言[54]，遂下廷尉平、少府仁獄。朝廷皆恐丞相坐之[55]。太僕杜延年奏記光[56]曰：「吏縱罪人[57]，有常法[58]。今更詆吳為不道[59]，恐於法深[60]。又，丞相素無所守持[61]而為好言於下[62]，盡其素行[63]也。至擅召中二千石，甚無狀[64]。延年愚以為丞相久故[65]及先帝用事[66]，非有大故[67]，不可棄[68]也。間者[69]民頗言獄深[70]，吏為峻詆[71]。今丞相所議[72]，又獄事也。如是以及丞相[73]，恐不合眾心。羣下讙譁，庶人私議，流言四布，延年竊重[74]將軍失此名[75]於天下也。」光以廷尉、少府弄法輕重[76]，卒下之獄[77]。夏，四月，仁自殺，平與左馮翊賈勝胡[78]皆要斬。而不以及丞相，終與相竟[79]。延年論議持平，合和朝廷[80]，皆此類[81]也。

冬，遼東烏桓[82]反。初，冒頓破東胡[83]，東胡餘眾散保[84]烏桓[85]及鮮卑山[86]為二族，世役屬匈奴[87]。武帝擊破匈奴左地[88]，因徙[89]烏桓於上谷、漁陽、右北平、遼東塞外[90]，為漢偵察匈奴動靜。置護烏桓校尉[91]監領[92]之，使不得與匈奴交通[93]。至是[94]部眾漸彊，遂反。

先是[95]，匈奴三千餘騎入五原[96]，殺略數千人。後數萬騎南旁塞獵[97]，行攻[98]塞外亭障[99]，略取[100]吏民去。是時漢邊郡烽火候望[101]精明，匈奴為邊寇者少利，希復犯塞[102]。漢復得匈奴降者，言烏桓嘗發先單于冢[103]，匈奴怨之，方發[104]二萬騎擊烏桓。霍光欲發兵邀擊[105]之，以問護軍都尉[106]趙充國[107]，充國以為：「烏桓間[108]數犯塞，今匈奴擊之，於漢便[109]。又匈奴希寇盜，北邊幸無事，蠻夷自相攻擊而發兵要[110]之，招寇生事，非計[111]也。」光更問中郎將[112]范明友[113]，明友言可擊，於是拜明友為度遼將軍[114]，將二萬騎出遼東。匈奴聞漢兵至，引去。初，光誡明友：「兵不空出，即後匈奴[115]，遂擊烏桓。」烏桓時新中[116]匈奴兵，明友既後匈奴，因乘烏桓敝[117]，擊之，斬首六千餘級，獲三王首[118]。匈奴由是恐，不能復出兵。

四年（甲辰　西元前七七年）

春，正月丁亥[119]，帝加元服[120]。

甲戌[121]，富民定侯[122]田千秋薨。時政事壹決[123]大將軍光，千秋居丞相位，謹厚自守[124]而已。

夏，五月丁丑[125]，孝文廟[126]正殿火。上及羣臣皆素服，發中二千石[127]將五校作治[128]，六日，成。太常[129]及廟令、丞、郎吏[130]，皆劾大不敬[131]。會赦，太常轑陽侯德[132]免為庶人。

六月，赦天下。

初，杅罙[133]遣太子賴丹為質於龜茲[134]，貳師擊大宛還[135]，將賴丹入至京師[136]。

霍光用桑弘羊前議[137]，以賴丹為校尉[138]，將軍[139]田輪臺[140]。龜茲貴人姑翼謂其王曰：「賴丹本臣屬吾國，今佩漢印綬[141]來，迫[142]吾國而田，必為害。」王即殺賴丹而上書謝漢[143]。

樓蘭[144]王死，匈奴先聞之，遣其質子安歸[145]歸，得立為王。漢遣使詔新王令入朝[146]，王辭，不至。樓蘭國最在東垂[147]，近漢，當白龍堆[148]，乏水草，常主發導[149]，負水擔糧，送迎漢使。又數為吏卒所寇[150]，懲艾[151]，不便與漢通[152]。後復為匈奴反間[153]，數遮殺[154]漢使。其弟尉屠耆[155]降漢，具言狀[156]。駿馬監北地傅介子[157]使大宛，詔因令責樓蘭、龜茲[158]。介子至樓蘭、龜茲，責其王，皆謝服[159]。介子從大宛還，到龜茲，會[160]匈奴使從烏孫[161]還，在龜茲，介子因率其吏士共誅斬匈奴使者。還，奏事，詔拜[162]介子為中郎[163]，遷平樂監[164]。

介子謂大將軍霍光曰：「樓蘭、龜茲數反覆[165]，而不誅[166]，無所懲艾[167]。介子過龜茲時，其王近就人[168]，易得[169]也。願往刺之，以威示諸國[170]。」大將軍曰：「龜茲道遠，且驗之於樓蘭[171]。」於是白遣之[172]。介子與士卒俱齎金幣[173]，揚言以賜外國為名，至樓蘭。樓蘭王意[174]不親介子，介子陽引去[175]，至其西界，使譯謂曰[176]：「漢使者持黃金、錦繡行賜[177]諸國。王不來受[178]，我去之西國[179]矣。」即出金、幣以示譯[180]。譯還報王，王貪漢物，來見使者。介子與坐飲，陳物示之[181]，飲酒皆醉。介子謂王曰：「天子使我私報王[182]。」王起，隨介子入帳中屏語[183]，壯士二人從後刺之，刃交匈[184]，立死，其貴人[2]、左右皆散走。介子告諭以王負漢罪[185]，「天子遣我誅王，當更立王弟尉屠耆在漢者。漢兵方至[186]，毋敢動[187]，自令滅國矣[188]！」介子遂斬王安歸首，馳傳詣闕[189]，縣首北闕下[190]。

乃立尉屠耆為王，更名其國為鄯善，為刻印章，賜以宮女為夫人，備車騎、輜重[191]，丞相[192]率百官送至橫門[193]外，祖[194]而遣之。王[195]自請天子曰：「身在漢久，今歸單弱[196]，而前王有子在，恐為所殺。國中有伊循城[197]，其城[3]肥美[198]，願漢遣一將屯田積穀，令臣得依[199]其威重。」於是漢遣司馬[200]一人、吏士四十人田伊循[201]以填撫之[202]。

秋，七月乙巳[203]，封范明友為平陵侯[204]，傅介子為義陽侯[205]。

臣光曰[206]：「王者之於戎狄，叛則討之，服則舍[207]之。今樓蘭王既服其罪[208]，又從而誅之，後有叛者，不可得而懷[209]矣。必以為有罪而討之，則宜陳師鞠旅[210]，明致其罰[211]。今乃遣使者誘以金幣而殺之，後有奉使諸國[212]者，復可信乎[213]？且以大漢之彊而為盜賊之謀於蠻夷[214]，不亦可羞哉[215]？論者[216]或美[217]介子以為奇功，過矣。」

五年（乙巳　西元前七六年）

夏，大旱。

秋，罷象郡[218]，分屬鬱林、牂柯[219]。

冬，十一月，大雷。

十二月庚戌[220]，宜春敬侯王訢[221]薨。

六年（丙午　西元前七五年）

春，正月，募[222]郡國徒[223]築遼東[224]、玄菟城[225]。

夏，赦天下。

烏桓復犯塞[226]，遣度遼將軍范明友擊之。

冬，十一月乙丑[227]，以楊敞為丞相[228]，少府河內蔡義[229]為御史大夫[230]。

【章旨】以上為第四段，寫昭帝元鳳三年（西元前七八年）至元鳳六年共四年間的全國大事，寫了大石自立、枯樹復生等怪異，為宣帝入承帝位做伏筆；寫了霍光執政時的大權獨攬、丞相虛設，以及濫行酷法，以「故縱」罪名誣殺二卿，杜延年力諫，僅保住了丞相的恐怖環境；寫了烏桓勢力復起，范明友襲破之，匈奴犯邊失敗，此時漢朝邊方無憂的情景；寫了傅介子在樓蘭王「請罪、服罪」的情況下出使樓蘭，因哄騙、刺殺樓蘭王而獲封侯，令寫史者深深感慨的漢代外交。

【注釋】❶上林　即上林苑，秦漢時代的皇家獵場，在當時的長安城西南，有數縣之廣。❷枯僵　乾枯、躺倒。僵，倒下。❸自起生　忽然又自己立起來，活了。❹食其葉成文　在樹葉上吃成一串文字。文，文字。❺公孫病已立　衛太子的孫子名「病已」者當立為皇帝。公孫，諸侯之孫，此指衛太子之孫，武帝的皇曾孫，其名曰「病已」。「病已」的意思即病情痊癒。按，以上怪現象即漢代的所謂「讖」，也就是一種神祕的政治性預言，預示社會上即將出現的事情。這種現象的出現，一種是出於動亂分子的編造，為其即將舉行的活動做輿論準備，如陳涉、黃巾起義前都用過這一套；另一種則是事後附會，倒說在事前有何表現云云，以神化某人的成事在天，如《史記・高祖本紀》說劉邦未起事前就頭上有龍等等。❻符節令魯國眭弘　為皇帝掌管符節的魯國人姓眭名弘。符、節都是皇帝的信物，派人出使時持之以證明其身分。符節令，掌管符節的小官，秩六百石，上屬少府。魯國，漢代諸侯國名，都城即今山東曲阜。❼匹庶　匹夫、庶民，即平民百姓。❽故廢之家公孫氏　過去被廢的某家王公貴族。❾漢家承堯之後　意即劉邦是唐堯的後代。按，把劉邦的家譜續到唐堯，是武帝尊儒以後的現象，《史記》中還沒有這樣的說法，眭弘此說應該算是比較早的，到班固寫《漢書》，就直接說是「漢承堯運」了。❿有傳國之運　意謂堯的家族有實行禪讓的傳統，現在又到了應該禪讓的時刻。運，時機；時刻。⓫禪帝位　將帝位讓給賢人。⓬退自封百里　自己出去找塊小地盤待起來。百里，一個縣的小地盤。⓭設　立；編造。⓮犁汙王　匈奴的一個部落王號，胡三省以為其地當離漢境不遠。⓯窺邊　窺探漢朝邊境的狀態。⓰酒泉張掖　漢之二郡名，酒泉郡的郡治祿福，即今甘肅酒泉。張掖郡的郡治觻得，在今甘肅張掖西北。⓱冀　希望，這裡是「或許」的意思。⓲後無幾　時過不久。⓳右賢王　匈奴西部地區的最高君長，是匈奴單于的左膀右臂。⓴日勒屋蘭番和　河西走廊上的三個縣名，都屬張掖郡。日勒縣治在今甘肅永昌西北，屋蘭縣治在今甘肅張掖東南，番和縣治即今甘肅永昌。㉑屬國都尉　率軍駐紮在歸降漢朝而集中居住在漢朝邊境的少數民族地區的軍事長官。其駐地在居延縣，今內蒙古額濟納旗東南。㉒屬國義渠王　在屬國區域中居住的歸附漢王朝的義渠族頭領。㉓燕蓋　指燕王劉旦與蓋長公主。㉔亡　逃跑。㉕過父故吏侯史吳　到其父桑弘羊的僚屬侯史吳家躲藏。過，到……處。侯史吳，姓侯史名吳。㉖捕得　被捕獲。㉗自出繫獄　自首後被拘於獄。遇赦而始出首，蓋估計不致下獄也。㉘雜治反事　共同審理侯史吳與燕蓋謀反有關的事。雜，共同；協同。㉙坐父謀反　因父親謀反而牽連獲罪。㉚臧　通「藏」。窩藏。㉛非匿反者　不是窩藏謀反者。㉜乃匿為隨者　乃是窩藏了受連坐的人。㉝以赦令除吳罪　按照赦令的規定免除了侯史吳的窩藏謀反者之罪。(34)侍御史　御史大夫的屬官，主管監察等事。(35)治實　重新核查其事。(36)通經術　熟讀儒家經典。(37)諫爭　勸阻。(38)反者身　謀反者本人。(39)故三百石吏　他是一個秩祿三百石的官吏。三百石相當於一個小縣的縣長。(40)首匿遷　帶頭窩藏桑遷。(41)不與庶人匿隨從者等　意謂侯史吳既不是普通平民，而他所窩藏的也不是一般受牽連犯罪的人。(42)吳不得赦　不能赦免侯史吳。(43)奏請覆治　請求朝廷重新給侯史吳定罪。治，定罪。(44)劾廷尉少府縱反者　而且舉報審理侯史吳的廷尉與少府兩位高官是故意地放走謀反者。劾，彈劾；舉報。縱，釋放。(45)車千秋　原名田千秋，因其年老，皇帝准其乘車入朝，故時人亦謂「車丞相」、「車千秋」。(46)數為侯史吳言　數，屢次。言，說情。因為侯史吳的問題定性，牽連到徐仁等是否有罪。(47)不聽　不聽田千秋的說情意見。(48)會公車門　在未央宮北門附近的公車門召集會議。(49)議問吳法　議論侯史吳依法律當得何罪。(50)指　心思；意旨。(51)皆執吳為不道　都堅持說侯史吳犯的是大逆無道。(52)封上眾議　將眾臣之議論封呈皇帝。(53)擅召　擅自召集。(54)外內異言　外朝與內朝的看法不同，意即公然反對內朝的決議。外朝指丞相召集九卿等官所開的會議。內朝指大將軍召集諸將所開的會議。(55)恐丞相坐之　擔心丞相田千秋也因此獲罪。按，據以上數行，可知丞相到此時已完全成為傀儡，只有俯首奉行內朝的決定而已。這是武帝以來的現象，高祖與文、景時代皆不如此。(56)奏記光　給霍光上書。記，文體名，群臣給朝廷首輔所上的書信。(57)吏縱罪人　什麼樣的情況算是官員故意放走罪犯。(58)有常法　法律上是有明文規定的。(59)今更詆吳為不道　現在（不僅把桑遷說成大逆無道，）又把侯史吳說成大逆無道。(60)恐於法深　恐怕在掌握法律條文上是過於酷苛了。深，酷苛。(61)素無所守持　向來不堅持什麼意見。按，一句話又可為田千秋之「沒嘴葫蘆」定性。(62)為好言於下　常為下屬說好話。(63)盡其素行　這是他一貫的表現。(64)無狀　不像樣子；沒有道理。(65)久故　意即老臣，在位已久。(66)及先帝用事　早在先帝時就已經在朝主事了。(67)非有大故　沒有特別的原因。(68)不可棄　應該讓其繼續任職。(69)間者　前者；近些時候以來。(70)獄深　刑法酷苛。(71)吏為峻詆　做法官的成了惡毒誣陷。(72)丞相所議　田千秋召集議論的問題。(73)如是以及丞相　如果用這種問題搞倒了丞相。(74)竊重　擔心；惋惜。竊，謙詞。(75)失此名　由此失掉名望。(76)弄法輕重　定罪失平，意即過於寬鬆。(77)卒下之獄　最終還是把兩個九卿下了獄。按，由此可見霍光的獨斷專行。(78)左馮翊賈勝胡　身任左馮翊之職的賈勝胡。左馮翊是長安城東北部郊區的行政長官，與右扶風、京兆尹合稱「三輔」，級別相當於郡守。(79)終與相竟　勉強留下了一個「和事佬」的田千秋與霍光一直共事至終。(80)合和朝廷　調和朝廷大臣之間的矛盾。(81)皆此類　情形大都如此。(82)遼東烏桓　遼東郡裡的烏桓民族。遼東郡的郡治襄平，即今遼寧遼陽。烏桓，當時活動在今遼寧和與之臨近的內蒙古、河北一帶的少數民族名。(83)冒頓破東胡　事情大約在楚漢戰爭時期。冒頓是統一匈奴諸部落，使匈奴強大到頂點的關鍵人物，西元前二一〇—前一七五年在單于位。東胡，戰國後期在今遼寧一帶興起的少數民族名，活動在今遼寧和與之鄰近的內蒙古、河北一帶地區。先敗於戰國末期趙國的李牧，後又敗於匈奴的冒頓，從此遂一蹶不振。(84)散保　分散逃依。(85)烏桓　原是山名，約在今內蒙古東部的錫拉木倫河一帶，東胡人之逃居此地者遂改稱烏桓族。(86)鮮卑山　原是山名，即今大興安嶺的北段，東胡人逃居此地者遂改稱鮮卑族。(87)役屬匈奴　聽從匈奴人的奴役、統屬。(88)擊破匈奴左地　打敗了匈奴東部的左賢王統治區。(89)徙　強制搬遷。(90)上谷漁陽右北平遼東塞外　漢王朝的沿邊四個郡的邊境之外。上谷郡的郡治沮陽，在今河北懷來東南。漁陽郡的郡治漁陽，在今北京市密雲西南。右北平郡的郡治平剛，在今遼寧凌源西南。(91)護烏桓校尉　專門管理烏桓事務的軍官名。(92)監領　監督、管理。(93)交通　互相往來。(94)至是　到現在。(95)先是　在此之前。(96)五原　漢郡名，郡名九原，在今內蒙古包頭西。(97)南旁塞獵　向南來沿著漢王朝的邊境遊獵，意即示威、挑戰。旁，通「傍」。沿著。(98)行攻　一面前進一面攻擊。(99)塞外亭障　漢王朝在長城外修築的崗棚哨所。亭，供瞭望用的崗棚。障，用以防敵的碉堡。(100)略取　俘獲；捕捉。(101)烽火候望　烽火，以通消息。候望，觀測、瞭望。(102)希復犯塞　侵擾漢朝邊塞的情況很少。希，通「稀」。(103)嘗發先單于冢　曾經把老輩的單于墓給刨了。(104)方發　正在派出。(105)邀擊　從側翼襲擊。邀，攔截。(106)護軍都尉　負責協調、監督軍中諸部關係的軍官。(107)趙充國　字翁叔，西漢後期的著名將領，熟習匈奴和西羌的事務，多有戰功。事跡詳見《漢書》本傳。(108)間　間者；前不久。(109)於漢便　對漢王朝有利。(110)要　同「邀」。攔截襲擊。(111)非計　不是良策。(112)中郎將　皇帝的侍衛長官，統領諸郎中、中郎，上屬光祿勳。(113)范明友　西漢後期的著名將領。事跡詳見《漢書》本傳。(114)度遼將軍　雜號將軍名，以到遼水襲擊匈奴而命名。(115)即後匈奴　如果沒有趕上襲擊匈奴人。即，如果。後，沒趕上。(116)新中　剛受到……的打擊。(117)敝　疲憊、殘破。(118)三王首　三個烏桓君長的人頭。(119)正月丁亥　正月初二。(120)加元服　行加冠禮，這年昭帝年滿十八歲。元服，即指帽子。(121)甲戌　此年正月丙戌朔，無甲戌日，史文有誤。(122)富民定侯　田千秋以丞相的資格被封為富民侯，定字是其死後的諡。(123)壹決　一概決定於……。(124)謹厚自守　謹慎厚道，只求自己無過。(125)丁丑　五月甲申朔，無丁丑日，史文有誤。(126)孝文廟　供奉漢文帝靈位的廟宇，漢時在京師與各郡國的都城都立有文帝廟。(127)發中二千石　調集中二千石一級的官員。(128)將五校作治　帶領著五校尉部下的士眾動手重建。將，帶領。五校，五校尉，指中壘校尉、屯騎校尉、越騎校尉、射聲校尉、虎賁校尉。作治，修建。(129)太常　也稱「奉常」，九卿之一，掌朝廷及宗廟禮儀。(130)廟令丞郎吏　廟令、廟丞，以及管理該廟的各種下級人員。(131)皆劾大不敬　都被彈劾為犯了「大不敬」的罪。「大不敬」是死罪。(132)太常轑陽侯德　身任太常之職的轑陽侯名德。據《漢書‧百官公卿表》此人為江德。(133)杅罙　西域古國名，其都城在今新疆于田東北。(134)龜

茲　西域古國名，其都城即今新疆庫車。135貳師擊大宛還　事在武帝太初四年（西元前一〇一年）。貳師，指貳師將軍李廣利。李廣利於太初元年開始擊大宛，至太初四年始勝大宛而還。大宛，西域古國名，其地在今新疆西部境外的哈薩克斯坦境內，首都貴山城（今卡賽散）。136將賴丹入至京師　回師途經龜茲時，將賴丹帶來長安。將，攜帶。137桑弘羊前議　當時桑弘羊曾提出過派兵到輪臺屯田的建議。事見本書武帝征和四年。138校尉　略同於今之校官。當時一位將軍統領若干「部」，「部」的長官即校尉。139將軍　帶領士兵。140田輪臺　在輪臺縣屯田。漢時的輪臺縣治在今新疆輪臺東。141佩漢印綬　意即接受漢王朝的任命。142迫　靠近；逼近。143謝漢　向漢王朝請罪。144樓蘭　西域古國名，其都城在今新疆羅布泊之西北側。145質子安歸　樓蘭國派到匈奴做人質的樓蘭王的兒子名叫安歸。146詔新王令入朝　讓新即位的樓蘭王到長安朝見皇帝。147最在東垂　在西域諸國的最東邊。垂，通「陲」。邊方。148當白龍堆　正對著白龍堆沙漠。白龍堆是沙漠名，在今新疆羅布泊東北。149主發導　管著給過往使臣派出嚮導。150數為吏卒所寇　屢屢受到漢王朝過往吏卒的搶奪。151懲艾　吃過漢王朝過往吏卒的苦頭，有過教訓。152不便與漢通　不願意與漢王朝相往來。不便，不利；不願意。153為匈奴反間　受到匈奴人的挑撥。反間，用手段使敵方內部或敵方的盟國之間鬧矛盾。154數遮殺　屢屢地攔截殺害。155尉屠耆　樓蘭王安歸之弟。156具言狀　詳細地說出了這些情況。157駿馬監北地傅介子　來自北地郡的為皇帝掌管駿馬棚的官員姓傅名介子。駿馬監，掌管御馬棚的官員，上屬太僕。北地郡的郡治馬領，在今甘肅慶陽西北。傅介子，事跡詳見《漢書》本傳。158詔因令責樓蘭龜茲　皇帝讓傅介子中途經過樓蘭與龜茲時譴責這兩個國王的對漢朝的無禮與挑釁。159謝服　認罪服罪。160會　適值；正好碰上。161烏孫　西域古國名，國都赤谷城，在今吉爾吉斯斯坦境內的伊塞克湖之東南，距我國的新疆邊界不遠。162拜　任命。163中郎　皇帝的侍從官員，秩六百石，上屬光祿勳。164遷平樂監　升任管理平樂觀的官員。遷，升任。平樂監，《漢書・功臣表》作「平樂廄監」，意即平樂觀的養馬的所在。165反覆　反覆無常，時降時叛。166而不誅　若不對之進行打擊。誅，討；打擊。167無所懲艾　沒法警告其他西域國家。168近就人　與過往的人們坐得很近。169易得　容易襲虜或刺殺他。170以威示諸國　以便給其他國家一點顏色看。171且驗之於樓蘭　先在離著近的樓蘭國試驗一下。172白遣之　向漢昭帝報告後打發傅介子去了。173齎金幣　攜帶著許多金銀與其他禮品。齎，攜帶。幣，禮物；禮品。174意　表現了一種……的態度。175陽引去　假裝自動離去。陽，通「佯」。假裝。176使譯謂曰　讓從行的樓蘭譯者回去對樓蘭王說。177行賜　巡行賞賜；遍行遍賜。178王不來受　你們國王如果再不來接受。179去之西國　我就將到樓蘭以西的其他國家去了。之，往。180示譯　讓樓蘭的譯者看。181陳物示之　把金銀、禮品擺出來給樓蘭王看。陳，列；擺出。182私報王　單獨對您個人講。183屏語　避開他人而密談。屏，支開，這裡即指避開。184刃

交匈　利刃從背後刺入，從前胸出來。匈，通「胸」。185告諭以王負漢罪　把樓蘭王背叛漢王朝的事實向眾人講了一遍。186方至　馬上就要到來。187毋敢動　誰也不要動。188自令滅國矣　意謂誰要是敢動，那就是自找著讓你們的國家滅亡。189馳傳詣闕　乘坐著沿途驛站的車子，飛快地回到宮門。詣，到；到達。190縣首北闕下　意即懸首未央宮北門。縣，通「懸」。北闕，未央宮的北門。西漢群臣見皇帝，照例都是從北門進宮。191備車騎輜重　為之安排了車馬騎兵，賜給他許多日用物資。輜重，用大車裝載的各種生活物資。192丞相　此時的丞相為王訢。193橫門　漢長安城北出西頭的第一門。194祖　祖道，出行前的祭祀路神，引申作為出行者設宴送別，即所謂「餞行」。195王　漢王朝所立的親漢派樓蘭王尉屠耆。196單弱　孤單力弱，因在其國內無任何基礎。197伊循城　在樓蘭舊都的西南方，今新疆若羌東北。198其城肥美　因其城北不遠即由西向東流入羅布泊的車爾臣河。199依　依靠；借重。200司馬　原是武官名，在軍中主管司法。這裡專門派出，其級別大約相當於副校尉。201田伊循　在伊循屯田。202填撫之　為之維持秩序、穩定局面。填，同「鎮」。203七月乙巳　七月二十三。204封范明友為平陵侯　獎其襲擊烏桓之功，平陵是封地名。205義陽侯　獎其刺樓蘭王之功，義陽是封地名。206臣光曰　以下文字是司馬光對傅介子因刺樓蘭王而得封侯的評論。207舍　通「捨」。放過不究。208既服其罪　即前文所謂「介子至樓蘭、龜茲，責其王，皆謝服。」209懷　指施恩義招之歸順。210陳師鞠旅　擺開軍隊，講明道理。陳，列隊。鞠，告。211明致其罰　名正言順地對其進行討伐。212後有奉使諸國　再有使臣到這些國家去。213復可信乎　還能讓人家相信你的話嗎。214為盜賊之謀於蠻夷　對少數民族小國使用這種匪盜一般的手段。215不亦可羞哉　不是很可恥的行徑嗎。216論者　有些發表評論的人。217美　稱讚。218罷象郡　撤銷象郡。象郡的郡治臨塵，即今廣西崇左。219分屬鬱林牂柯　將原象郡之地分別劃歸於鬱林、牂柯兩郡。鬱林郡的郡治布山，在今廣西桂平西南。牂柯郡的郡治且蘭，在今貴州貴定東北。220十二月庚戌　臘月初六。221宜春敬侯王訢　王訢因任丞相被封為宜春侯，敬字是其死後的諡號。222募　招募。223郡國徒　各郡、各諸侯國的苦役犯。224遼東　漢郡名，這裡是指其郡治襄平，即今遼寧遼陽。225玄菟城　玄菟郡治高句麗城，在今遼寧新賓西南。226犯塞　侵擾遼東、遼西等郡的邊塞。227十一月乙丑　十一月二十七。228楊敞為丞相　楊敞原任大司農，因受霍光寵任，又膽小怕事，故被用為丞相。229少府河內蔡義　身任少府之職的河內郡人蔡義。河內郡的郡治懷縣，在今河南武陟西南。230御史大夫　與丞相、大將軍合稱三公，職同副丞相。

【校　記】1與　原無此字。據章鈺校，甲十五行本、乙十一行本、孔天胤本皆有此字，今據補。按，《漢書・杜周傳附杜延年傳》、《通鑑綱目》卷五下皆有此字。2人　原作「臣」。據章鈺校，甲十五行本、乙十一行本、孔天胤本皆作「人」，今據改。按，《通鑑紀事本末》卷三、《漢書・傅介子傳》、《漢書・西域上・鄯善國傳》皆作「人」。③城 原作「地」。據章鈺校，甲十五行本、乙十一行本、孔天胤本皆作「城」，今據改。按，《通鑑紀事本末》卷三作「城」。

【語 譯】三年（癸卯 西元前七八年）

春季，正月，泰山有塊大石頭自己立了起來，上林苑中一棵枯死的柳樹又長出了新芽，有蟲子在樹葉上咬出了「公孫病已立」的字樣。擔任符節令的魯國人眭弘上書給漢昭帝說：「大石頭自己站立起來，枯死的柳樹忽然又活了過來，預示應當有平民百姓做皇帝。枯樹復活，難道是過去被廢黜的王公貴族要復興嗎？漢朝劉氏是堯的後代，有實行禪讓的傳統，陛下應當訪求賢人，把皇位禪讓給他，自己找一處百里大小的地盤去待著，以順應天命。」眭弘以妖言惑眾之罪被殺頭。

匈奴單于派遣犂汙王前來窺探漢朝邊境的虛實，犂汙王回報單于說：漢朝的酒泉郡、張掖郡兵力薄弱，可以出兵攻打那裡，或許可以收復故土。當時漢朝已經先從投降過來的匈奴人那裡知道了匈奴的動向，於是昭帝下令酒泉、張掖一帶要加強警戒，做好防範匈奴入侵的準備。沒過多久，匈奴右賢王、犂汙王率領四千名騎兵分為三隊，分別侵入日勒、屋蘭、番和。張掖太守、屬國都尉發兵迎擊，大敗匈奴，匈奴損失慘重，只有幾百人得以逃脫。附屬國中義渠族的首領射死了匈奴的犂汙王，朝廷賞賜義渠王二百斤黃金、二百匹馬，並改封他為犂汙王。從此以後匈奴再也不敢入侵張掖。

燕王劉旦、蓋長公主等人謀亂被殺的時候，只有桑弘羊的兒子桑遷逃了出去，他逃到其父桑弘羊的僚屬侯史吳家裡躲避起來。後來桑遷還是被搜出逮捕，最終伏法。正巧遇到大赦，侯史吳投案自首而被關進監獄。當時的廷尉王平與少府徐仁共同審理侯史吳與燕王謀反有關之事，他們都認為桑遷是因為他父親謀反而獲罪，侯史吳窩藏他，不是窩藏謀反的人，而是窩藏了受謀反牽連的人，隨即根據大赦令中的規定赦免了侯史吳窩藏謀反者的罪過。後來侍御史複審這個案件，認為桑遷熟讀儒家經典，知道父親謀反而不勸阻，與直接參與謀反的沒有什麼區別。侯史吳曾經擔任俸祿三百石的官吏，卻帶頭窩藏謀逆犯桑遷，這與普通人藏匿受牽連罪犯不同，侯史吳的罪過不應當赦免。於是請求朝廷重新審理侯史吳窩藏罪犯一案，並彈劾廷尉王平、少府徐仁故意放走謀反者。少府徐仁，是丞相車千秋的女婿，所以千秋屢次為侯史吳說情。他擔心大將軍霍光不准情，千秋就召集中二千石的官員以及博士等在未央宮北門附近的公車門召開會議，議論侯史吳依法應當定什麼罪。參加議論的人都知道大將軍霍光的心思，便都說侯史吳犯的是大逆不道罪。第二天，田千秋把眾人的意見函封起來上奏給漢昭帝。霍光便以田千秋擅自召集中二千石以下官員開會議論，造成朝內朝外眾說紛紜，而把廷尉王平、少府徐仁逮捕入獄。朝中大臣都擔心丞相田千秋因此獲罪。太僕杜延年上書給霍光說：「什麼樣的情況算作官吏故意放走罪犯，法律上有明文規定。如今又把侯史吳說成大逆不道，恐怕量刑太嚴苛了。再說，丞相一向就沒有什麼主見，又常為下屬說好話，他向來就是如此。至於擅自召集二千石的官吏議論，確實是沒道理。我這人很愚笨，認為丞相在位已久，早在先帝時就已經在朝中主事了，如果沒有特別重大的事故，就不要拋棄他。近來人民都說刑法苛酷，法官惡毒誣陷。如今丞相所議論的，又是關於訴訟之事。如果因此而搞垮了丞相，恐怕不符合眾人的心意。致使下屬喧譁，百姓私下議論，流言傳布四方，我很擔心因為此案而使將軍的一世英名受損。」霍光堅持認為廷尉王平、少府徐仁定罪有失公平，最終還是把他們逮捕入獄。夏季，四月，徐仁自殺，王平與擔任左馮翊之職的賈勝胡都被腰斬於市。事情沒有牽連到丞相田千秋，勉強留下了和事佬田千秋與霍光一直共事至終。杜延年對事情能夠做出公正的評論，調和大臣之間的矛盾，大都類似於此。

冬季，遼東郡中的烏桓部落起兵造反。當初，匈奴冒頓單于擊敗了東胡，逃散的東胡人有一部分逃到了烏桓山，遂改稱烏桓族，一部分逃到了鮮卑山，遂稱為鮮卑族，他們世代隸屬於匈奴。武帝時期派兵打敗了匈奴東部的左賢王，佔領了匈奴的東部地區，於是把烏桓人遷到上谷、漁陽、右北平、遼東郡的塞外地區居住，讓他們負責為漢朝刺探匈奴的動向。又在那裡設置護烏桓校尉負責監管他們，禁止他們與匈奴交往。到現在，烏桓部眾逐漸強大起來，於是起兵反叛。

先前，匈奴派三千多名騎兵侵入五原郡，殺傷擄掠了幾千名漢人。後來匈奴又有幾萬名騎兵向南沿著漢朝的邊境遊獵，一面前進一面攻打漢朝的防衛崗亭和哨所，搶劫和擄掠漢朝的邊民。當時漢朝邊境各郡的烽火臺嚴密監視敵人，消息靈通，因此，匈奴到邊境搶掠已經得不到多少好處，所以很少再來侵擾邊塞。漢朝又得到投降過來的匈奴人，說烏桓人曾經發掘了匈奴單于的墳墓，匈奴非常怨恨烏桓人，剛剛派出二萬名騎兵攻打烏桓。霍光想要派兵攔擊匈奴的軍隊，便去徵求護軍都尉趙充國的意見，趙充國認為：「烏桓近來屢次在邊塞為非作歹，如今匈奴派兵攻打他們，對漢朝有利。而且匈奴很少侵擾漢朝邊境，北部邊境僥倖沒有多少戰事，匈奴與烏桓互相攻擊而我們發兵攔截，招惹是非，不是良策。」霍光又去徵求中郎將范明友的意見，范明友認為應當截擊匈奴的軍隊，於是任命范明友為度遼將軍，率領兩萬名騎兵從遼東出塞攔擊匈奴。匈奴聽說漢朝出兵，急忙撤退。當初，霍光告誡范明友：「出兵不能一無所獲，假如不能追上匈奴的騎兵，就趁機攻打烏桓。」當時烏桓剛剛受到匈奴的打擊，范明友的騎兵既然沒有追上匈奴的騎兵，就趁烏桓正處於戰後疲憊之機，出其不意向烏桓發起猛攻，殺死了烏桓六千多人，其中有三顆烏桓君長的人頭。匈奴從此也害怕了，不敢再出兵。

四年（甲辰　西元前七七年）

春季，正月初二日丁亥，昭帝舉行加冕典禮。

正月甲戌日，富民定侯田千秋去世。當時，國家大事都由霍光一人處理決定，田千秋雖然位居丞相，卻一向謹慎小心，只是佔著職位自保平安罷了。

夏季，五月丁丑日，孝文帝祭廟的正殿起火。昭帝以及群臣都穿上白色的衣服，調集中二千石一級的官員帶領五校尉部下的士眾動手重建文廟正殿，只用了六天時間就修建完畢。掌管朝中及宗廟禮儀的太常以及廟令、廟丞以及各級下屬郎、吏，都以大不敬的罪名遭到彈劾。因為遇上大赦，太常轑陽侯江德被貶為平民。

六月，大赦天下。

當初，杅罙王派自己的太子賴丹到龜茲去充當人質，貳師將軍李廣利攻打大宛班師回國的時候，將賴丹帶回漢朝的京師長安。霍光採用桑弘羊以前所提出的派兵到輪臺屯田的建議，任命賴丹為校尉，率領一支部隊到輪臺墾田戍邊。龜茲國的一個貴人名叫姑翼的對龜茲王說：「賴丹本來是我國的臣屬，如今佩戴著漢朝的印綬來到輪臺，在靠近我國疆界的地方屯田，一定會危害我國。」龜茲王立即殺死了賴丹而後上書向漢朝認罪。

關於樓蘭王的去世，匈奴最先得到消息，他們立即遣送樓蘭王在匈奴做人質的兒子安歸回到樓蘭國，使安歸得以被立為樓蘭王。漢朝派遣使者前往樓蘭詔令新樓蘭王安歸到漢朝長安來朝見漢朝皇帝，樓蘭王安歸拒絕，不肯到長安。樓蘭在西域諸國的最東邊，距離漢朝最近，正對著白龍堆沙漠，那裡缺乏水草，樓蘭人主管給過往使臣派出嚮導，替使臣背水擔糧，送往迎來。又屢次遭受漢朝過往吏卒的搶奪，樓蘭人因為吃過漢朝過往使臣的苦頭，有過教訓，所以不願意與漢朝往來。後來又受到匈奴的挑撥，於是屢次攔截殺害漢朝派往西域的使者。樓蘭王安歸的弟弟尉屠耆投降了漢朝，詳細介紹了那裡的情況。擔任駿馬監的北地郡人傅介子出使大宛，昭帝命他中途經過樓蘭與龜茲時責問樓蘭與龜茲對漢朝的無禮與挑釁。傅介子遵照漢昭帝的旨意譴責樓蘭王和龜茲王，他們都認錯服罪。傅介子從大宛返回經過龜茲的時候，恰逢匈奴的使者從烏孫回來，也在龜茲，傅介子趁機率領他的吏士一同誅殺了匈奴的使者。回京後，他將出使情況以及在龜茲誅殺匈奴使者的情況奏報給漢昭帝，昭帝下詔任命傅介子為中郎，升任為平樂監。

傅介子對大將軍霍光說：「樓蘭、龜茲反覆無常，時常背叛，如果不對他們進行打擊，就沒有辦法使他們敬畏中國。我在經過龜茲的時候，看見龜茲王與過往的使者坐得很近，很容易對他下手。我願意去刺殺他，以便給其他國家一點顏色看看。」大將軍霍光說：「龜茲距離我們路途遙遠，不如先在距離較近的樓蘭試試。」於是向昭帝奏報後，就派遣傅介子去行刺樓蘭王。傅介子與士卒都攜帶著金幣，揚言要賞賜給外國的君主，他們首先到達樓蘭。樓蘭王對傅介子的到來表現出一種不友好的態度，傅介子於是假裝要離開的樣子，當他們走到樓蘭西部邊界的時候，傅介子讓樓蘭國的翻譯回去對樓蘭王說：「漢朝使者攜帶著大量的黃金、錦繡等物品來賞賜西域各國的國王。如果大王不來接受，我們就要離開樓蘭到西域各國去了。」並將黃金、綢緞等展示出來讓樓蘭國的翻譯看。翻譯回去以後立即報告了樓蘭王，樓蘭王貪圖漢朝的財物，就來會見漢朝的使者。傅介子和樓蘭王在一塊兒坐著飲酒，將所攜帶的各種物品陳列出來讓樓蘭王看，當時都喝醉了酒。傅介子對樓蘭王說：「大漢皇帝有重要的事情讓我祕密轉告大王。」樓蘭王起身隨傅介子進入帳中，並支開其他人準備與他密談，於是漢朝的兩個壯士就將劍刺向了樓蘭王，利刃從背後刺入，從前胸出來，樓蘭王當即被刺死，跟隨樓蘭王的貴臣大員、侍從全都四散逃走。傅介子向樓蘭國的臣民宣布樓蘭王背叛漢朝的罪行，說：「大漢天子派我來誅殺樓蘭王，另立在漢朝的樓蘭王的弟弟尉屠耆為樓蘭王。漢朝的大軍就要來到，你們不要輕舉妄動，自取滅亡！」傅介子於是割下樓蘭王安歸的人頭，利用驛站的車馬飛馬地傳送到漢朝的京師，懸掛在未央宮的北宮門。

漢朝立尉屠耆為樓蘭國國王，將其國名改為鄯善國，並為鄯善國王尉屠耆刻製了印章，將漢朝的宮女賞賜給鄯善王尉屠耆做夫人，為他準備了車馬、輜重。丞相親自率領文武百官將鄯善王尉屠耆送到橫門以外，為他擺酒餞行。鄯善王尉屠耆親自向昭帝請示說：「我在漢朝已經很久，如今回去勢孤力單，而前王安歸的兒子還活著，恐怕被他們殺害。鄯善國內有伊循城，那裡土地肥沃，希望漢朝派遣一位將軍到那裡屯墾田地積存糧草，使我能夠依靠漢朝的威望，以保平安。」於是漢朝派遣了一位司馬、四十個吏士到伊循城屯田，以保護鄯善王尉屠耆的安全，維持那裡的秩序，穩定局面。

秋季，七月二十三日乙巳，封范明友為平陵侯，傅介子為義陽侯。

司馬光說：「聖明的君主對待四周的少數民族，如果他們背叛就討伐他們，如果順從就放過而不予追究。如今樓蘭王已經認錯服罪，卻又誅殺了他，以後再有背叛的人，中國就無法再用懷柔政策取得他們的信任。如果認為他們確實有罪必須加以討伐，就應該擺開軍隊講明道理，名正言順地討伐他們。如今竟然派遣使者用財物為誘餌將其誘至而殺之，以後再有使者奉命出使到這些國家去，還能讓人家相信你嗎？而且以強大的漢朝對待如此弱小的小國卻採用盜賊一般的兇殺手段，不是很可恥的行徑嗎？評論的人還稱讚傅介子立了奇功，實在是錯誤的。」

五年（乙巳　西元前七六年）

夏季，天氣大旱。

秋季，撤銷了象郡，將原來象郡之地分別劃歸於鬱林郡、牂柯郡。

冬季，十一月，氣象反常，天上打雷。

十二月初六日庚戌，宜春敬侯王訢去世。

六年（丙午　西元前七五年）

春季，正月，招募各郡國的服刑人員去修築遼東城、玄菟城。

夏季，大赦天下。

烏桓人再次侵犯邊塞，漢朝派遣度遼將軍范明友去攻打烏桓。

冬季，十一月二十七日乙丑，任命楊敞為丞相，任命擔任少府的河內人蔡義為御史大夫。

【研　析】本卷寫了昭帝始元元年（西元前八六年）至元鳳六年（西元前七五年）共十二年間的全國大事，其中值得議論的事情有以下數項：

其一，關於燕王、蓋主與權臣勾結作亂的問題。昭帝即位的時候年方八歲，幼主臨朝容易產生的問題首先是同姓親屬不服，起而爭奪皇位；其次是異姓輔政者挾天子以令諸侯，最終演變成篡奪皇位。對漢昭帝來說，這兩種危險實際都存在。在對付同姓奪權者的時候，異姓輔政者與小皇帝的命運是繫在一起的，故而臣子的「忠」心與幼主的親「賢」彼此一致。漢昭帝因此受後人尊敬，說他的遇事不惑勝過周成王，魏文帝曹丕與其身邊的丁儀，以及唐代的李德裕都發表過這樣的評論。不過李德裕的評論帶有更多的藉以抒發個人憤悶之意，這是很明顯的。上官桀父子輕舉躁動，無其權而想成其事，結果被霍光所殺是理所當然的。霍光受漢武帝眷寵，其實也未必是多麼純樸的善良之輩，觀其後來對待其妻大逆不道之罪行的態度即可得知。只不過劉氏正統在當時尚深入人心，霍光當時還沒有篡位的客觀氣候而已。

其二，關於昭帝在霍光等人輔佐下革除武帝弊政、撥亂反正的問題。武帝在位期間對外連年發動戰爭，對內實行嚴刑峻法，以保證其對於不同政見者的鎮壓，和對全國黎民百姓的不遺餘力的搜刮。司馬遷在《史記·酷吏列傳》中寫到當時國內的緊張情況時說：「吏民益輕犯法，盜賊滋起。南陽有梅免、白政，楚有殷中、杜少，齊有徐勃，燕趙之間有堅盧、范生之屬。大群至數千人，擅自號，攻城邑，取庫兵，釋死罪，縛辱郡太守、都尉，殺二千石，為檄告縣趣具食；小群以百數，掠鹵鄉里者，不可勝數也。」但西漢王朝所以沒有像秦朝那樣被農民起義推翻的原因，宋代秦觀說：「二世不變始皇之事，孝昭能改武帝之故也。」

其三，關於霍光大權獨攬，權臣專政局面形成的問題。從劉邦建國一直到漢景帝，都是大權在皇帝之手，而丞相是皇帝的左膀右臂，有很高的榮譽和相當大的權力，甚至皇帝也有時拗不過丞相，而不得不依著丞相的意思辦。從武帝開始，他在丞相的權力上又建立了一個以他個人為中心，外加幾位大將的「內朝」，從此丞相變成了徒有其名，只能照「內朝」的章程簽押照辦的傀儡。輪到昭帝繼位，受遺命輔幼主的幾個人都是「內朝」武將，丞相就更加成為被扔在一邊、無任何事情可管的可憐蟲了。從此以後的丞相，一部分是萬事不問的尸位素餐者；另一部分不甘寂寞，乾脆就成為「內朝」首輔陰謀野心家的鷹犬了，如後來的韋玄成、韋賢、匡衡、張禹、孔光等等都是這樣的兩種人，一直到把野心家王莽送上皇帝寶座而後已。

其四，關於傅介子刺樓蘭王的評價問題。司馬光對此是深惡痛絕的，他說：「樓蘭王既服其罪，又從而誅之，後有叛者，不可得而懷矣。必以為有罪而討之，則宜陳師鞠旅，明致其罰。今乃遣使者誘以金幣而殺之，後有奉使諸國者，復可信乎？且以大漢之彊而為盜賊之謀於蠻夷，不亦可羞哉？」但在唐代詩人的筆下卻對之讚不絕口，如大詩人李白有所謂「游獵向樓蘭」、「揮刃斬樓蘭」、「願將腰下劍，直為斬樓蘭」；張仲素有所謂「直斬樓蘭報國恩」；曹唐有所謂「不斬樓蘭不擬歸」；翁綬有所謂「誰斬樓蘭獻未央」等等。直到清朝趙翼的《廿二史劄記》中有「漢使立功絕域」一條，在引用了傅介子等人的做法後，說是「可見漢之威力行於絕域，奉使者亦皆非常之才，故萬里折衝，無不如志」，似乎都沒有像司馬光那樣進行應有的分析。

其五，關於蘇武勝利歸國的問題。《通鑑》所載的蘇武出使匈奴始末，全部依據班固的《漢書》，而且在《蘇武傳》的最後還加有精彩的一段說：「甘露三年，單于始入朝，上思股肱之美，乃圖畫其人於麒麟閣，法其形貌，署其官爵姓名。」這十一個人是：霍光、張安世、韓增、趙充國、魏相、丙吉、杜延年、劉德、梁丘賀、蕭望之、蘇武。清代李慈銘《越縵堂讀書記》對此評論說：「如以後世史法論圖畫麒麟閣功臣事，必當屬之霍光傳後矣。此知班氏猶得《春秋》『微而顯、志而晦』之旨者也。」又說：「蘇武唯麒麟閣一事足以伸眉身後，故班氏特以此事繫之傳後，以慰千載讀史者之心，良史用心之苦，非晉宋以後史家所知。」蘇武的志節操守當然是可歌可泣的，前人之述備矣，但漢代出使若蘇武之處歷年所者實不止蘇氏一人，蘇武之同行者有常惠，在其前者有張騫等等。趙翼曾具列其姓氏，深慨人之遭遇「有幸有不幸」。「張騫先使月氏，道半為匈奴所得。留十年，持漢節不失。後乃逃出，由大宛、康居至月氏、大夏，從羌中歸；又為匈奴所得。歲餘，乘其國亂，乃脫歸。是騫之崎嶇更甚於武也。」有關張騫的事跡詳見《史記・大宛列傳》。蘇武的貢獻，主要在道德層面，並沒有其他實際的功效；而張騫則是既謹守了民族節操，又完成了出使西域、從官方的角度打開了西域交通，即後代所謂「絲綢之路」的前所未有歷史貢獻。張騫作為具有世界貢獻的傑出人物將彪炳於世界文化的歷史上，是蘇武所無法與之相比的。但蘇武兩千年來家喻戶曉，而張騫則不僅無此殊榮，相反以「生事」、「興利」之名，長期受到歷史的批判。究其所始，蘇武乃受惠於班固《漢書》之表彰，而張騫則受司馬遷《史記》之批判也。人之「有幸有不幸」，無過於此者。

卷第二十四

漢紀十六

起強圉協洽（丁未 西元前七四年），盡昭陽赤奮若（癸丑 西元前六八年），凡七年。

【題 解】本卷寫了昭帝元平元年（西元前七四年）至宣帝地節二年（西元前六八年）共七年間的全國大事，主要寫了昭帝去世，因昭帝無子而朝廷選立昌邑王劉賀；又因為昌邑王劉賀荒唐悖謬，不成體統，最後被霍光等人所廢；寫了宣帝幼年因祖父衛太子在巫蠱之亂中含冤而死、全家被滅，宣帝在廷尉監王吉的護持下得以全活，養於掖庭與衛太子妃之母家，後因昌邑王被廢，宣帝遂被迎立為帝的過程；寫了霍光的權勢之大與其家族親戚盤根錯節、壟斷朝廷，甚至霍光妻為了讓其小女進宮掌權而毒死了宣帝的髮妻許皇后，霍光為之掩蓋、包庇的情形；寫了霍光之死，張安世繼續秉政，魏相上書要求裁抑霍氏之權；寫了趙廣漢以峻法治京兆，于定國為廷尉，「哀鰥寡，罪疑從輕」，均獲朝野稱頌；寫了夏侯勝平易敢言，受皇帝、太后尊敬，儒者引以為榮；寫了漢軍五道伐匈奴皆無功，獨常惠護烏孫兵多所克獲而封侯；寫了匈奴屢屢受挫、勢力益弱而欲和親；寫了宣帝因生長民間而知官場利弊，親政後加強法制、綜覈名實，發揮郡國二千石的作用，史稱中興。

孝昭皇帝下

元平元年（丁未　西元前七四年）

春，二月，詔減口賦❶錢什三❷。

夏，四月癸未❸，帝崩于未央宮❹，無嗣❺。時武帝子獨有廣陵王胥❻，大將軍光與羣臣議所立❼，咸持❽廣陵王。王❾本以行失道❿，先帝所不用⓫，光內不自安⓬。郎⓭有上書言：「周太王⓮廢太伯立王季⓯，文王⓰舍伯邑考立武王⓱，唯在所宜⓲，雖廢長立少可也。廣陵王不可以承宗廟⓳。」言合光意。光以其書示丞相敞⓴等，擢㉑郎為九江太守㉒。即日承皇后詔㉓，遣行大鴻臚事少府樂成㉔、宗正德㉕、光祿大夫吉㉖、中郎將利漢㉗，迎昌邑王賀㉘，乘七乘傳㉙詣㉚長安邸㉛。光又白㉜皇后，徙㉝右將軍安世㉞為車騎將軍㉟。

賀，昌邑哀王㊱之子也，在國素狂縱㊲，動作無節㊳。武帝之喪㊴，賀游獵不止。嘗游方與㊵，不半日㊶馳二百里。中尉琅邪王吉㊷上疏㊸諫曰：「大王不好書術㊹而樂逸游㊺，馮式撙銜㊻，馳騁不止，口倦虖叱咤㊼，手苦於箠轡㊽，身勞虖車輿㊾，朝則冒霧露㊿，晝則被塵埃(51)，夏則為大暑之所暴炙(52)，冬則為風寒之所匽薄(53)，數以耎脆之玉體(54)犯勤勞之煩毒(55)，非所以全壽命之宗(56)也，又非所以進仁義之隆[57]也。夫廣廈[58]之下，細旃[59]之上，明師居前，勸誦[60]在後，上論唐、虞之際[61]，下及殷、周之盛[62]，考[63]仁聖之風，習治國之道，訢訢[64]焉發憤忘食，日新厥德[65]，其樂豈銜橛之間哉[66]？休則俛仰屈伸[67]以利形[68]，進退步趨[69]以實下[70]，吸新吐故[71]以練臧[72]，專意積精[73]以適神[74]，於以養生豈不長哉[75]？大王誠留意如此，則心有堯、舜之志，體有喬、松[76]之壽，美聲廣譽[77]登而上聞[78]，則福祿其臻[79]而社稷[80]安矣。皇帝[81]仁聖，至今思慕[82]未怠，於宮館、囿池、弋獵[83]之樂未有所幸[84]，大王宜夙夜念此[85]以承聖意[86]。諸侯骨肉[87]，莫親大王[88]，大王於屬則子[89]也，於位則臣[90]也，一身而二任之責加焉[91]。恩愛行義[92]，孅介有不具[93]者，於以上聞[94]，非饗國之福[95]也。」王乃下令曰：「寡人造行[96]不能無惰[97]，中尉甚忠，數輔[98]吾過。」使謁者千秋[99]賜中尉牛肉五百斤，酒五石，脯[100]五束。其後復放縱自若[101]。

郎中令山陽龔遂[102]，忠厚剛毅，有大節，內諫爭於王[103]，外責傅相[104]，引經義，陳禍福，至於涕泣，蹇蹇亡已[105]。面刺[106]王過，王至掩耳起走，曰：「郎中令善媿人[107]！」王嘗久與騶奴[108]、宰人[109]游戲飲食，賞賜無度，遂入見王，涕泣膝行，左右侍御[110]皆出涕。王曰：「郎中令何為哭？」遂曰：「臣痛[111]社稷危也！願賜清閒(112)竭愚(113)。」王辟(114)左右，遂曰：「大王知膠西王(115)所以為無道亡乎(116)？」王曰：「不知也。」曰：「臣聞膠西王有諛臣侯得(117)，王所為擬於桀、紂(118)也，得以為堯、舜(119)也。王說(120)其諂諛，常與寢處(121)，唯得所言(122)，以至於是(123)。今大王親近群小(124)，漸漬邪惡所習(125)，存亡之機(126)，不可不慎也！臣請選郎通經有行義者(127)與王起居(128)，坐則誦詩、書(129)，立則習禮容(130)，宜有益。」王許之。遂乃選郎中(131)張安等十人侍王。居數日，王皆逐去(132)安等。

王嘗見大白犬，頸以下似人，冠方山冠(133)而無尾(134)。以問龔遂，遂曰：「此天戒(135)，言在側者盡冠狗(136)也，去之則存(137)，不去則亡矣。」後又聞人聲曰「熊」，視而見大熊，左右莫見，以問遂。遂曰：「熊，山野之獸，而來入宮室，王獨見之，此天戒大王，恐宮室將空，危亡象(138)也。」王仰天嘆[1]曰：「不祥何為數來(139)？」遂叩頭曰：「臣不敢隱忠(140)，數言危亡之戒(141)，大王不說(142)。夫國之存亡，豈在臣言哉？願王內自揆度(143)。大王誦詩三百五篇(144)，人事浹(145)，王道備(146)。王之所行，中詩一篇何等也(147)？大王位為諸侯王，行汙於庶人(148)，以存難(149)，以亡易(150)，宜深察之！」後又血汙王坐席(151)，王問遂，遂叫然號曰(152)：「宮空不久，妖祥數至(153)。血者，陰憂象(154)也，宜畏慎自省(155)！」王終不改節(156)。

及徵書[157]至，夜漏[158]未盡一刻[159]，以火發書[160]。其日中，王發[161]。晡時[162]，至定陶[163]，行百三十五里，侍從者馬死相望於道[164]。王吉奏書[165]戒王曰：「臣聞高宗諒闇[166]，三年不言。今大王以喪事徵[167]，宜日夜哭泣悲哀而已，慎毋有所發[168]。大將軍仁愛、勇智、忠信之德，天下莫不聞，事孝武皇帝二十餘年，未嘗有過。先帝棄羣臣[169]，屬以天下[170]，寄幼孤[171]焉。大將軍抱持幼君襁緥之中[172]，布政施教，海內晏然[173]，雖周公[174]、伊尹[175]無以加也。今帝崩無嗣[176]，大將軍惟思[177]可以奉宗廟[178]者，攀援[179]而立大王，其仁厚豈有量哉[180]？臣願大王事之[181]、敬之，政事壹聽之[182]，大王垂拱南面[183]而已。願留意[184]，常以為念[185]。」

王至濟陽[186]，求長鳴雞[187]，道買積竹杖[188]。過弘農[189]，使大奴善[190]以衣車載女子[191]。至湖[192]，使者[193]以讓相安樂[194]。安樂告龔遂，遂入問王，王曰：「無有。」遂曰：「即無有[195]，何愛一善以毀行義[196]？請收屬吏[197]，以湔洒[198]大王。」即捽[199]善屬[200]衛士長行法。

王到霸上[201]，大鴻臚[202]郊迎[203]，騶[204]奉乘輿車[205]。王使壽成[206]御[207]，郎中令遂參乘[208]。且至廣明[209]、東都門[210]，遂曰：「禮，奔喪望見國都哭[211]，此長安東郭門也[212]。」王曰：「我嗌[213]痛，不能哭。」至城門[214]，遂復言[215]，王曰：「城門與郭門等[216]耳。」

且至未央宮東闕[217]，遂曰：「昌邑帳[218]在是闕外馳道[219]北，未至帳所[220]，有南北行道[221]，馬足未至數步[222]，大王宜下車，鄉闕西面伏哭[223]，盡哀止[224]。」王曰：「諾[225]。」到，哭如儀[226]。六月丙寅[227]，王受皇帝璽綬[228]，襲尊號[229]，尊皇后[230]曰皇太后。

壬申[231]，葬孝昭皇帝于平陵[232]。

昌邑王既立，淫戲[233]無度。昌邑官屬[234]皆徵至長安，往往超擢拜官[235]。相安樂遷長樂衛尉[236]。龔遂見安樂，流涕謂曰：「王立為天子，日益驕溢[237]，諫之不復聽。今哀痛未盡[238]，日與近臣飲食[2]作樂，鬭虎豹，召皮軒車[239]九旒[240]，驅馳東西，所為誖道[241]。古制寬，大臣有隱退[242]，今去不得，陽狂恐知[243]，身死為世戮[244]，柰何[245]？君，陛下故相[246]，宜極諫爭[247]。」

王夢青蠅之矢[248]積西階東[249]，可五六石[250]，以屋版瓦覆之[251]，以問遂，遂曰：「陛下之詩[252]不云乎[253]：『營營[254]青蠅，止于藩[255]。愷悌君子[256]，毋信讒言[257]。』陛下左側[258]讒人眾多，如是青蠅惡[259]矣。宜進先帝[260]大臣子孫，親近以為左右。如不忍[261]昌邑故人，信用讒諛[262]，必有凶咎[263]。願詭禍為福[264]，皆放逐之，臣當先逐矣。」王不聽。

太僕丞河東張敞[265]上書諫曰：「孝昭皇帝蚤崩無嗣，大臣憂懼，選賢聖承宗廟，東迎[266]之日，唯恐屬車[267]之行遲。今天子[268]以盛年[269]初即位，天下莫不拭目傾耳[270]，觀化聽風[271]。國輔大臣[272]未褒[273]，而昌邑小輦[274]先遷[275]，此過之大者也。」王不聽。

大將軍光憂懣[276]，獨以問所親故吏大司農田延年[277]。延年曰：「將軍為國柱石[278]，審此人不可[279]，何不建白太后[280]，更選賢而立之？」光曰：「今欲如是[281]，於古嘗有此不[282]？」延年曰：「伊尹相殷[283]，廢太甲以安宗廟[284]，後世稱其忠。將軍若能行此，亦漢之伊尹也！」光乃引[285]延年給事中[286]，陰與車騎將軍張安世圖計[287]。

王出遊，光祿大夫魯國夏侯勝[288]當乘輿[289]前諫曰：「天久陰而不雨，臣下有謀上[290]者。陛下出，欲何之[291]？」王怒，謂勝為祅言[292]，縛以屬吏[293]。吏白霍光，光不舉法[294]。光讓[295]安世，以為泄語[296]。安世實不言[297]。乃召問勝，勝對言：「在鴻範傳曰[298]：『皇之不極[299]，厥罰常陰[300]，時則下人有[3]伐上者[301]。』惡察察言[302]，故云『臣下有謀』。」光、安世大驚，以此益重經術士[303]。侍中[304]傅嘉數進諫，王亦縛嘉繫獄[305]。

光、安世既定議[306]，乃使田延年報[307]丞相楊敞。敞驚懼，不知所言，汗出洽背[308]，徒唯唯而已[309]。延年起，至更衣[310]。敞夫人[311]遽[312]從東廂謂敞曰：「此國大事，今大將軍議已定，使九卿[313]來報君侯[314]，君侯不疾應[315]，與大將軍同心，猶與無決[316]，先事誅[317]矣！」延年從更衣還，敞夫人與延年參語[318]，許諾：「請奉[319]大將軍教令！」

癸巳[320]，光召丞相、御史[321]、將軍、列侯、中二千石、大夫、博士會議[322]未央宮。光曰：「昌邑王行昏亂[323]，恐危社稷，如何？」羣臣皆驚鄂[324]失色，莫敢發言，但唯唯而已。田延年前[325]，離席按劍曰：「先帝屬將軍以幼孤，寄將軍以天下，以將軍忠賢，能安劉氏也。今羣下鼎沸[326]，社稷將傾。且漢之傳謚常為『孝』者[327]，以長有天下[328]，令宗廟血食[329]也。如漢家絕祀[330]，將軍雖死，何面目見先帝於地下乎？今日之議，不得旋踵[331]，羣臣後應者[332]，臣請劍斬之！」光謝[333]曰：「九卿責光是也[334]！天下匈匈[335]不安，光當受難[336]。」於是議者皆叩頭曰：「萬姓之命，在於將軍，唯大將軍令[337]！」

光即與羣臣俱見，白太后，具陳[338]昌邑王不可以承宗廟狀。皇太后乃車駕幸未央承明殿[339]，詔諸禁門[340]毋內昌邑羣臣[341]。王入朝太后還[342]，乘輦欲歸溫室[343]，中黃門宦者[344]各持門扇[345]，王入，門閉，昌邑羣臣不得入。王曰：「何為[346]？」大將軍跪曰：「有皇太后詔，毋內昌邑羣臣。」王曰：「徐之[347]，何乃驚人如是[348]？」光使盡驅出昌邑羣臣，置金馬門[349]外。車騎將軍安世將羽林騎[350]收縛二百餘人，皆送廷尉詔獄[351]。令故昭帝侍中中臣[352]侍守王[353]。光敕[354]左右：「謹宿衛[355]！卒有物故自裁[356]，令我負天下[357]，有殺主名。」王尚未自知[4]當廢，謂左右：「我故羣臣從官安得罪[358]，而大將軍盡繫之[359]乎？」

頃之[360]，有太后詔召王。王聞召，意恐，乃曰：「我安得罪[361]而召我哉？」太后被珠襦[362]，盛服[363]坐武帳[364]中，侍御[365]數百人皆持兵[366]，期門武士[367]陛戟[368]陳列殿下，羣臣以次上殿，召昌邑王伏前[369]聽詔。光與羣臣連名奏王[370]，尚書令[371]讀奏[372]曰：「丞相臣敞等[373]昧死言[374]皇太后陛下：孝昭皇帝早棄天下[375]，遣使徵昌邑王典喪[376]，服斬衰[377]，無悲哀之心。廢禮誼，居道上不素食，使從官略[378]女子載衣車，內所居傳舍[379]。始至謁見[380]，立為皇太子，常私買雞豚以食[381]。受皇帝信璽、行璽大行前[382]，就次[383]，發璽不封[384]。從官更持節[385]引內[386]昌邑從官、騶宰[387]、官奴[388]二百餘人，常與居禁闥內[389]敖戲[390]。為書曰[391]：『皇帝問侍中君卿[392]：使中御府令[393]高昌奉黃金千斤，賜君卿取十妻[394]。』大行在前殿[395]，發樂府樂器[396]，引內昌邑樂人[397]擊鼓，歌吹，作俳倡[398]，召內泰壹、宗廟樂人[399]，悉奏眾樂。駕法駕[400]驅馳北宮、桂宮[401]，弄彘鬬虎[402]。召皇太后御小馬車[403]，使官奴騎乘，遊戲掖庭[404]中。與孝昭皇帝宮人蒙[405]等淫亂，詔掖庭令[406]：『敢泄言，要斬[407]！』」太后曰：「止[408]！為人臣子，當悖亂如是邪[409]？」王離席伏[410]。尚書令復讀[411]曰：「——取諸侯王、列侯、二千石綬[412]及墨綬、黃綬[413]以并佩昌邑郎官者免奴[414]。發御府[415]金錢、刀劍、玉器、采繒[416]，賞賜所與遊戲者。與從官、官奴夜飲，湛沔[417]於酒。獨夜設九賓溫室[418]，延見[419]姊夫昌邑關內侯[420]。祖宗廟祠未舉[421]，為璽書[422]，使使者持節以三太牢[423]祠[424]昌邑哀王園廟[425]，稱『嗣子皇帝』[426]。受璽以來二十七日，使者旁午[427]，持節詔諸官署徵發[428]凡一千一百二十七事。荒淫迷惑，失帝王禮誼，亂漢制度。臣敞等數進諫，不變更，日以益甚，恐危社稷，天下不安。臣敞等謹與博士議，皆曰：『今陛下嗣孝昭皇帝後，行淫辟不軌[429]。「五辟之屬，莫大不孝[430]」。周襄王[431]不能事母[432]，春秋曰「天王出居于鄭」[433]。由不孝出之[434]，絕之於天下[435]也。宗廟重於君[436]，陛下[437]不可以承天序[438]、奉祖宗廟、子萬姓[439]，當廢。』臣請有司[440]以一太牢具[441]告祠高廟[442]。」皇太后詔曰：「可。」光令王起，拜受詔。王曰：「聞『天子有爭臣七人，雖亡道不失天下[443]。』」光曰：「皇太后詔廢[444]，安得稱天子[445]？」乃即持其手，解脫其璽組[446]，奉上太后，扶王下殿，出金馬門，羣臣隨送。王西面拜曰：「愚戇[447]，不任漢事[448]。」起，就乘輿副車[449]，大將軍光送至昌邑邸。光謝曰：「王行自絕於天，臣寧負王[450]，不敢負社稷。願王自愛，臣長不復左右[451]。」光涕泣而去。

羣臣奏言：「古者廢放[452]之人，屏[453]於遠方，不及以政[454]。請徙王賀漢中房陵縣[455]。」太后詔歸賀昌邑[456]，賜湯沐邑二千戶[457]，故王家財物皆與賀。及哀王女[458]四人，各賜湯沐邑千戶。國除[459]，為山陽郡[460]。

昌邑羣臣坐在國時[461]不舉奏[462]王罪過，令漢朝不聞知，又不能輔道[463]，陷王大惡，皆下獄，誅殺二百餘人。唯中尉吉[464]、郎中令遂[465]以忠直數諫正[466]，得減死[467]，髡為城旦[468]。師王式[469]繫獄當死[470]，治事使者[471]責問曰：「師何以無諫書[472]？」式對曰：「臣以詩三百五篇朝夕授王，至於忠臣、孝子之篇，未嘗不為王反復誦之也。至於危亡失道之君，未嘗不流涕為王深陳[473]之也。臣以三百五篇諫，是以無諫書。」使者以聞[474]，亦得減死論[475]。

霍光以羣臣奏事東宮[476]，太后省政[477]，宜知經術[478]，白令[479]夏侯勝用尚書[480]授太后。遷勝長信少府[481]，賜爵關內侯。

【章　旨】以上為第一段，寫昭帝元平元年（西元前七四年）一月至六月共半年間的全國大事，主要寫了昭帝去世，因昭帝無子，朝廷選立昌邑王劉賀；又因為昌邑王劉賀荒唐悖謬，不成體統，最後又被霍光等人所廢，由皇太后暫理朝政的局面。

【注　釋】❶口賦　人頭稅。據《漢舊儀》：百姓年齡七至十四，每人出口賦錢二十三，其中二十錢供皇帝用，三錢是武帝所加，用以補車騎馬。❷什三　十分之三。❸四月癸未　四月十七。❹帝崩于未央宮　是年昭帝二十三歲。未央宮，西漢歷代皇帝居住與處理政事的地方，在當時長安城的西南角。❺無嗣　沒有繼承人。嗣，兒子；繼承。❻獨有廣陵王胥　只有廣陵王劉胥在世。劉胥是武帝之子，元狩六年被封為廣陵王，都城即今江蘇揚州。❼議所立　商議立誰為皇帝。❽咸持　都主張。持，提議。❾王　指廣陵王劉胥。❿以行失道　由於行為不夠端正。失道，脫離正軌。⓫不用　指沒有立為接班人。⓬不自安　不知如何是好。立之則非其人，不立又無別子可立。⓭郎　昭帝身邊的侍從，有郎中、中郎之別，上屬光祿勳，史失其姓名。⓮周太王　即古公亶父，周文王的祖父，周武王的曾祖父。⓯廢太伯立王季　捨棄長子太伯不立，而立了三兒子季歷。據《史記・周本紀》，周太王有三子，其少子季歷生子曰昌，有聖相，太王喜之。其長兄太伯與次兄仲雍見此光景，便自動離開周國出走，以便讓太王能自然地傳位於季歷，再過渡到姬昌。姬昌即日後的周文王。王季，即季歷，也稱「公季」。武王滅殷後，追封之曰「王季」。太王捨太伯而立王季的故事，詳見《史記・吳太伯世家》。⓰文王　季歷之子，武王之父，是為周武王滅商奠定基礎的重要人物。⓱舍伯邑考立武王　伯邑考是文王之長子，文王何以不立伯邑考為繼承人，《史記・周本紀》無明文，於〈管蔡世家〉中說伯邑考「早死」。而《禮記・檀弓》中有「文王舍伯邑考而立武王」之說，詳情亦不得而知。其後也有說「伯邑考為紂所殺」者。武王，名發，文王的第二子，在周公姬旦、太公姜尚的協助下滅掉商朝，建立了周王朝。過程詳見《史記・周本紀》。⓲唯在所宜　只要能對要辦的事情更合適、更有利。⓳承宗廟　繼續主持對宗廟的祭祀。是「統治國家」的變換說法，因為只有國家的帝王才有資格主持宗廟的祭祀。⓴丞相敞　楊敞，司馬遷的女婿，由大司農升任丞相。事跡見《漢書》本傳。㉑擢　提升。㉒九江太守　九江郡的行政長官。九江郡的郡治壽春，即今安徽壽縣。㉓承皇后詔　稟承昭帝上官皇后的旨意。㉔行大鴻臚事少府樂成　以少府的資格代理大鴻臚職務的樂成，史失其姓。行，代理。大鴻臚，原稱「典客」，九卿之一，管理少數民族事務，也主管朝廷禮儀。少府，九卿之一，主管為皇帝的私家理財、主管山林湖海的收入以及為皇家服務的手工業製造等。㉕宗正德　身任宗正之職的劉德。宗正是九卿之一，掌管劉氏皇族的有關事務，由皇族中的年高有德者充任。㉖光祿大夫吉　身任光祿大夫的丙吉。光祿大夫是光祿勳的屬官，在皇帝身邊以備參謀顧問。㉗中郎將利漢　身任中郎將的利漢，史失其姓。中郎將是皇帝的侍衛長官，上屬光祿勳。㉘昌邑王賀　劉賀。劉賀是漢武帝之孫，繼其父昌邑哀王劉髆之位為昌邑王。昌邑國的都城在今山東巨野城南。㉙七乘傳　七匹馬拉的驛車。傳，也稱「驛」。傳車，即驛車。驛車依據乘坐者之身分地位有一乘傳、二乘傳，直至六乘傳、七乘傳等。當年文帝進京即乘「六乘傳」。㉚詣　到。㉛長安邸　各諸侯王、各列侯、各郡地方官在京城長安設立的住宿之所。㉜白　稟告。㉝徙　調任。㉞右將軍安世　張安世，當時的著名酷吏張湯之子。事跡詳見《漢書》本傳。右將軍，與前、後、左三將軍同一等級。㉟車騎將軍　漢代高級將軍的名號，在大將軍、驃騎將軍、衛將軍之下。㊱昌邑哀王　劉髆，武帝之子，被封為昌邑王，哀字是謚。㊲素狂縱　向來狂妄放縱。㊳動作無節　行為放蕩。㊴武帝之喪　在劉賀為其祖父武帝守喪的日子裡。喪，守喪。㊵方與　昌邑國內的屬縣名，縣治在今山東魚臺西。㊶不半日　不到半天的時間，極言其奔馳之快。㊷中尉琅邪王吉　在昌邑國任中尉的琅邪人王吉。諸侯國的中尉掌該國軍事，由朝廷委派，對朝廷負責。王吉，字子陽。事跡詳見《漢書》本傳。㊸疏　文體名，專指臣民給帝王所上的章表，因其分條陳說，故稱疏。㊹書術　書本與學術，皆指儒家學派的內容而言。㊺逸游　奔馳遊獵。㊻馮式撙銜　馮式，同「憑軾」。雙手放在車前的橫木上。式，通「軾」。車前橫木，可以憑扶休息。撙銜，勒著馬的嚼子。整句的意思即指駕車、乘車。㊼口倦虖叱咤　極言其整天不斷地吆喝之狀。叱咤，趕馬的吆喝之聲。㊽箠轡　趕馬的鞭子與牽馬轡繩。箠，趕馬的竹片或鞭子。轡，拴馬的籠頭與韁繩。㊾輿　即指車。㊿冒霧露　冒著霧氣、露水出去打獵。(51)被塵埃　在塵埃迷漫中奔跑出沒。被，披，也是「頂著」、「冒著」的意思。(52)暴炙　意即曝曬。暴，通「曝」。炙，烤。(53)匽薄　猶今所謂「侵襲」。匽，吹倒。薄，迫；侵陵。(54)耎脆之玉體　不健壯的金枝玉葉。耎脆，意即單薄。耎，柔軟。脆，脆弱。(55)犯勤勞之煩毒　意即去找那種吃苦耐勞的罪受。(56)非所以全壽命之宗　這不是延年益壽的好辦法。全，保全。宗，宗旨；辦法。(57)進仁義之隆　使人的仁義美德有所提高。進，促進；提高。隆，盛；美。(58)廣廈　高房大屋，權勢者之所居，此指昌邑王的宮殿。(59)細旃　細柔的氈毯，權勢者室內的鋪陳，此指昌邑王的鋪陳。旃，同「氈」。(60)勸誦　勸導學生讀書的人，此指「伴讀」或「助教」之類。(61)唐虞之際　唐堯、虞舜時代的事情。(62)殷周之盛　商、周兩朝興盛時期政治景象。(63)考　考查。(64)訢訢　高興學習的樣子。(65)日新厥德　讓自己的品德每天都有新的提高。新，這裡用如動詞，更新。厥，猶「其」。(66)其樂豈銜橛之間哉　那種樂趣哪是打獵所能比擬的呢。銜橛之間，指騎馬。銜、橛，馬口所銜的嚼子或橫木。(67)俛仰屈伸　自由自在地躺躺或是站站坐坐。(68)利形　有利於身體健康。(69)步趨　有時慢步，有時急趨。趨，小步快走。(70)實下　增強腿力。(71)吸新吐故　吸進新鮮之氣，呼出胸中的濁氣。72練臧　洗練自己的內臟。臧，通「臟」。73專意積精　排除邪門歪道的一切思慮，保護自己的真精不做無益的消耗。74適神　調節好自己的精神。75於以養生豈不長哉　這對於養生不是更好嗎。長，更好。76喬松　王子喬、赤松子，都是傳說中的仙人的名字。77美聲廣譽　修養您的名聲，推廣您的美譽。78登而上聞　這種情況如能上傳到皇帝那裡。79福祿其臻　福祿臨門。臻，至；降臨。80社稷　此指昌邑國的社稷壇，祭祀天地與農業之神的壇臺。通常用以代指國家政權。81皇帝　當時指在位的漢昭帝。82思慕　指思念去世的武帝，當時武帝已去世數年。83弋獵　遊獵。弋指射鳥。獵指捕獸。84未有所幸　謂從未光顧。幸，皇帝光顧。85宜夙夜念此　應該晝夜不停地想著昭帝的這種樣子。86以承聖意　按著皇帝的意思做。87諸侯骨肉　所有劉姓諸侯在與皇帝的血緣關係上。88莫親大王　沒有誰比大王與皇帝的血緣關係更親近了。劉賀是漢昭帝的親姪子。89於屬則子　在親屬關係上屬於兒子一輩。90於位則臣　從地位職分說您是臣子。91一身而二任之責加焉　您的一身負有兩重任務、兩重責任。92恩愛行義　由血緣關係決定的應有恩情，與由君臣關係所決定的應盡義務。行義，應該執行的義務。義，宜也。93孅介有不具　稍微有一點做得不好。孅介，極言其細小。具，全面；周到。94於以上聞　上傳到皇帝那裡。95非饗國之福　這都不是作為一國之王的福，意即您離著倒楣的日子不遠了。饗國，享國者，即國王。饗，通「享」。96造行　一舉一動；所作所為。97惰　怠慢；疏忽。98數輔　多次提出補救。輔，輔助；補救。99謁者千秋　昌邑國的謁者名叫千秋，史失其姓。謁者是帝王的侍從官員，掌管收發傳達以及贊禮等等。100脯　熟肉乾。101復放縱自若　又放縱自己，與從前一樣。自若，如前。102郎中令山陽龔遂　任昌邑國郎中令的山陽人龔遂。郎中令的職責是為帝王統領侍衛並掌管宮殿門戶。龔遂，字少卿。事跡詳見《漢書》本傳。103內諫爭於王　在宮內對昌邑王直接進諫。諫爭，下級對上級直言規勸。爭，通「諍」。104外責傅相　在外面對昌邑王太傅、昌邑國相嚴格要求（，要求他們對昌邑王盡到責任）。責，要求。105蹇蹇亡已　忠實誠懇地一直說個沒完。蹇蹇，通「謇謇」。誠懇勸說的樣子。亡，通「無」。106面刺　當面批評。107善媿人　愛把人弄得下不了臺。媿，同「愧」。羞辱。108騶奴　管理車馬的奴僕。109宰人　廚師。110左右侍御　陪伴、侍候在昌邑王身邊的人。御，用；聽候支使。111痛　傷心。112願賜清閒　希望能給我一點空隙，請求個別談話的婉轉語。清閒，應作「清間」，「清」字是謙詞，「間」指間隙。113竭愚　讓我把內心的話說完。愚，謙指自己的意見。114辟　通「避」。用如動詞，使……避開。115膠西王　劉卬，齊悼惠王劉肥之子，文帝時被封為膠西王，都城即今山東高密。景帝前三年（西元前一五四年）參與吳楚之亂，被誅。116所以為無道亡乎　為什麼被稱為「無道」，被滅亡嗎。無道，這裡指逆亂。117諛臣侯得　一個專門順風說好話的臣子名叫侯得。118王所為儗於桀紂　膠西王的行為實際上與桀、紂差不多。儗，通「擬」。相比。桀，夏代末年的暴君。紂，商代末年的暴君。桀、紂被後代說成殘暴帝王的代表。119得以為堯舜　侯得就說膠西王的行為可以比得上堯、舜。堯、舜是傳說中最聖明的君主，被說成是古代賢明君主的代表。120說　通「悅」。121與寢處　與其一道睡臥。122唯得所言　只聽侯得一個人的話。123以至於是　以招致國滅身亡的結果。是，此，指滅亡。124羣小　一幫小人。125漸漬邪惡所習　逐漸受那些邪惡習慣的浸染。漸，逐漸。漬，浸染。126存亡之機　這可是生死存亡的關鍵。機，關鍵。127郎通經有行義者　通習儒家經典、行為作派合宜的郎官。郎，帝王的侍從人員，有郎中、中郎等名目，上屬郎中令，皇帝與諸侯王的宮中都有此職。128與王起居　陪伴大王一道生活。129詩書　儒家經典中的兩部，即今所謂《詩經》、《尚書》。這裡代指儒家經典。130禮容　符合禮節的行為作派。131郎中　帝王侍從中的級別最低者，掌管車、騎、門戶，並充侍衛之職。132逐去　趕走不要。133冠方山冠　戴著山形的帽子，以帛所製。134無尾　沒有尾巴。寓意是絕後嗣。135天戒　老天爺在警告您。136盡冠狗　全都是一群戴著帽子的狗。137去之則存　能夠趕走牠們您就能活。138危亡象　即將滅亡的徵兆。139何為數來　為何總是接二連三地到來。數，屢屢。140隱忠　隱瞞忠心而不言。141數言危亡之戒　我總說這種警戒災難的話。142大王不說　大王您是不高興的。143內自揆度　自己內心掂量。144誦詩三百五篇　即讀了整本《詩經》。《詩經》共三百零五篇。145人事浹　對有關人際關係、人的行為準則等方面，都講得非常透徹。浹，深入；透徹。146王道備　對有關治國平天下的道理也講得很完備。147中詩一篇何等也　符合了《詩經》中的哪一篇呢。中，符合。148行汙於庶人　您的行為比一個平民還不如。149以存難　用您的行動謀生存是很難的。150以亡易　想要找死倒是不難。151血汙王坐席　不知哪裡來的一些血，弄髒了昌邑王的坐席。152叫然號曰　驚得大叫一聲哭著說。號，號哭。153宮空不久二句　二句的意思是：凶險的徵兆連續出現，那就離人去樓空不遠了。154陰憂象　陰沉憂患的象徵。155畏慎自省　應該畏懼謹慎、自己反省。省，內視；反省。156節　操守，這裡指一貫的行為作派。157徵書　徵召進京的文書。158夜漏　古代計時的用具，又稱「漏壺」，壺上刻有表示時間的符號。159未盡一刻　距天亮還差一刻的時辰。160以火發書　點火照明，打開書信。161王發　昌邑王出發。162晡時　申時，即下午的三點至五點。163定陶　漢縣名，縣治在今山東定陶西北。164相望於道　路上前後相望，極言其多。按，以上數句皆言昌邑王進京的急不可待。165奏書　呈上書信。166高宗諒闇　殷王武丁繼任王位，在為上代帝王居喪的時刻。高宗，殷朝武丁的廟號。諒闇，指繼位帝王或諸侯為其上代守喪，只居廬哀戚而無他言。167以喪事徵　因臨朝的皇帝過世而被徵召進朝。168慎毋有所發　千萬記著不要有任何舉動。發，舉動。169棄羣臣　婉指帝王的死，這裡指臨死前。170屬以天下　將整個國家的事情託付給他代管。屬，通「囑」。委託。171寄幼孤　將年幼的小國君託付給他。172抱持幼君襁緥之中　抱持著襁褓中的小皇帝。襁緥，以誇張孩子的幼小，時昭帝年八歲。襁，用以背小孩的布帶。緥，用以裹小孩的被子。173晏然　安然；平安無事。174周公　周武王之弟，協助武王滅殷建周，又輔助年幼的成王治理天下。175伊尹　商代的賢臣，協助商湯滅夏建商，又輔佐太甲治理國家。176帝崩無嗣　昭帝死後沒有繼承人。嗣，繼位者。177惟思　思考。惟，也是「思」的意思。178奉宗廟　意即治理國家。只有管理國家的帝王才有主持祭祀宗廟的資格。179攀援　牽引；依照親緣關係加以選拔。180豈有量哉　難道還有辦法衡量嗎。181事之　侍奉他。182政事壹聽之　一切國家大事都按他說的辦。183垂拱南面　坐在皇帝的位子上，垂衣拱手，什麼事情都不要管。184留意　留心、注意。185常以為念　永遠記著這一條。186濟陽　漢縣名，縣治在今河南蘭考東北。187求長鳴雞　尋找一種鳴聲很長的雞。相傳長鳴雞產於西南夷，鳴聲圓長，一鳴半刻。188積竹杖　細竹多根纏成的手杖。189弘農　漢縣名，縣治在今河南靈寶東北。190大奴善　眾奴的頭領其名曰善。191以衣車載女子　用一輛有帷帳的車裝著一個弘農縣的女人。192至湖　到達湖縣時。湖縣的縣治在今河南靈寶西。193使者　朝廷來迎昌邑王的使者。194讓相安樂　責備昌邑王劉賀的丞相名安樂，史失其姓。195即無有　如果真的沒有這種事。即，如果。196何愛一善以毀行義　為什麼捨不得殺掉大奴善而眼看著自己的名譽受損。愛，捨不得。行義，行為、名譽。197請收屬吏　請逮捕善交付法吏處治。198湔洒　洗濯；洗刷。199捽　捉住；抓起。200屬　交給。201霸上　地名，在當時的長安城東南。202大鴻臚　原稱「典客」，九卿之一，掌管少數民族事務，後漸變為贊襄禮儀之官。203郊迎　到郊外迎接。204騶　為皇帝管理車馬的官吏。205奉乘輿車　給劉賀獻上皇帝乘坐的車駕。206壽成　昌邑王劉賀原來的太僕，史失其姓。207御　趕車。208參乘　陪乘，兼充警衛之職。209廣明　廣明苑，皇家的宮苑名，在當時長安城的樂都門外。210東都門　長安城東出北頭的第一門。211望見國都哭　凡給皇帝奔喪，從一望見都城就要開始號哭。212此長安東郭門也　這裡已經是長安城外城的東門啦。古代的內城曰城，外城曰郭。東郭門即指東都門的外郭之門。213嗌　咽喉。214城門　此指東都門的內城之門。215遂復言　龔遂又提醒昌邑王應當號哭。216城門與郭門等　意思是他要同等對待，仍是不想哭。217未央宮東闕　未央宮的東門。未央宮是西漢歷代皇帝居住和處理政事、朝會群臣的地方。218昌邑帳　昌邑王哭喪的棚帳。219馳道　皇帝車駕通行的大道。220未至帳所　離昌邑帳不遠的地方。未至，快到；臨近。所，地點。221有南北行道　有一條橫過馳道的南北通道。222馬足未至數步　乘馬車沒有幾步遠，意即到了馳道的北側之後。223鄉闕西面伏哭　對著未央宮的東門伏地痛哭。鄉，通「向」。224盡哀止　直到哭出全部的悲哀為止。225諾　答應的聲音。226哭如儀　按照禮儀規定進行了哭喪。227六月丙寅　六月初一。228璽綬　玉璽與綬帶。229襲尊號　接續使用了皇帝的稱號。230皇后　指昭帝的皇后，上官安之女，霍光的外孫女。231壬申　六月初七。232平陵　漢昭帝為自己預修的陵墓，在今陝西咸陽西北。233淫戲　荒淫、嬉戲。234昌邑官屬　舊日昌邑國的大小官員。(235)超擢拜官　越級地提升官職。(236)長樂衛尉　九卿之一，掌管長樂宮的護衛事宜。按，昌邑相安樂原屬二千石，現為正九卿，秩中二千石。(237)驕溢　驕傲、自滿。(238)哀痛未盡　指尚在為昭帝服喪期間。(239)皮軒車　用紅色皮革為篷頂的車子，通常用於武事場合。(240)九旒　也稱「九斿」，九條飄帶的大旗，是皇帝車駕前的一種儀仗。(241)誖道　違背人臣與子姪之道。誖，通「悖」。背逆。(242)有隱退　如為官不得意可以隱退。(243)陽狂恐知　想像商朝的箕子一樣通過裝瘋達到辭官目的，又怕被人發覺。陽，通「佯」。假裝。(244)身死為世戮　這樣下去，恐怕不僅自己的生命不保，還要落得被世人所嘲笑。(245)柰何　這可如何是好。(246)君二句　您，是皇帝過去的老宰相。君，對對方的尊稱，這裡指安樂。(247)宜極諫爭　應該極力勸阻。爭，堅持、堅守正道。(248)矢　通「屎」。(249)積西階東　堆積在大殿西階的東側。(250)可五六石　大約有五六石之多。可，大約。石，容量單位，一石等於十斗。(251)以屋版瓦覆之　用修房子的大瓦蓋著。版瓦，大瓦。覆，蓋。(252)陛下之詩　陛下您讀過的《詩經》。(253)不云乎　不是說過嗎。(254)營營　往來盤旋的樣子。(255)止于藩　停落在籬笆上。止，落。藩，籬笆。(256)愷悌君子　平易近人的君子。(257)毋信讒言　不要聽信那些讒佞小人的話。以上四句見《詩經・青蠅》，中心是以骯髒可惡的蒼蠅比喻讒佞小人，因為這些人顛倒黑白，像蒼蠅一樣可惡。(258)左側　猶言「左近」，意即旁邊。(259)如是青蠅惡　就和這些蒼蠅屎一樣。惡，屎。《吳越春秋》有所謂「越王句踐為吳王嘗惡」，即此「惡」字之義。(260)先帝　指昭帝。(261)不忍　捨不得放走。(262)讒諛　讒是說人壞話，挑撥是非；諛是用甜言蜜語討好於人。(263)凶咎　意即災難。(264)詭禍為福　轉禍為福。詭，轉；變。(265)太僕丞河東張敞　河東郡的張敞現任太僕丞之職。太僕丞是太僕的屬官。河東郡的郡治安邑，在今山西夏縣西北。張敞的事跡詳見《漢書》本傳。(266)東迎　到東方的昌邑迎取劉賀進京為帝。(267)屬車　跟從的車子，這裡實即婉指昌邑王的車駕。(268)今天子　以稱劉賀。(269)盛年　壯年。(270)拭目傾耳　積極等候、滿懷期待的樣子。(271)觀化聽風　希望看到新氣象、聽到新消息的神情。(272)國輔大臣　輔佐皇帝處理國家要務的大臣，如霍光、張安世等。(273)未褒　尚未受到褒獎。(274)昌邑小輦　當年給昌邑王挽車的小臣。(275)先遷　首先獲得升遷。(276)憂懣　憂愁、煩悶。(277)大司農田延年　大司農是九卿之一，掌管稅收、錢穀、鹽鐵和國家財政諸事。田延年的事跡詳見《漢書・酷吏傳》。(278)柱石　支撐屋宇所以不倒的立柱和立柱下面的石礎，通常用以比喻國家的骨幹大臣。(279)審此人不可　如果這個人（指劉賀）確實不行。審，確實。(280)建白太后　向太后稟告清楚、提出建議。(281)今欲如是　如果我們今天真想這麼辦。(282)於古嘗有此不　在古代曾有過這樣的先例嗎。(283)伊尹相殷　伊尹給商朝做宰相。(284)廢太甲以安宗廟　太甲是商湯的孫子，繼任為王後，行為不正，於是宰相伊尹將其放之於桐宮思過。三年後，太甲變好，伊尹才將他迎了回來，重新授之以政權。詳情見《史記・殷本紀》。安宗廟，意即為了國家的長治久安。(285)引　調進宮來。(286)給事中在宮中侍候皇帝。田延年的主官是大司農，同時也進宮侍候皇帝。287圖計　謂霍光暗中與張安世、田延年謀劃廢立的大事。288光祿大夫魯國夏侯勝　任光祿大夫之職的魯國人姓夏侯名勝。光祿大夫是光祿勳的屬官。夏侯勝字長公，西漢後期的著名儒生。事跡詳見《漢書》本傳。289乘輿　皇帝所乘的車駕。290謀上　算計皇帝、想推翻皇帝。291欲何之　想到哪裡去。292祅言　蠱惑人心的話。293縛以屬吏　捆起來交給法官處理。294不舉法　不對之用法。295讓　責備。296泄語　洩露了他們圖謀廢立的消息。297不言　沒對外人說過他們暗中商量的事。298鴻範傳曰　《鴻範傳》裡有這樣的話。《鴻範傳》是漢代儒生解釋《尚書・洪範》的穿鑿附會之作，他們大量引用陰陽災異以附會朝政與人事禍福。類似本段夏侯勝所言，顯然是後人所附會。299皇之不極　皇帝的行為倘若不端正。極，正。300厥罰常陰　上天對他的懲罰就是連續陰天。厥，其。301下人有伐上者　臣民造皇帝的反。302惡察察言　不能說得太具體、太明白。惡，不；不能。察察，清楚；明白。303經術士　精通儒家學術之士。304侍中　皇帝的侍從人員。305繫獄　下獄；囚禁於牢獄。306定議　做出了實行廢立的決定。307報　通知。308洽背　背後沾溼。309唯唯而已　連聲稱是，更無他語。按，楊敞為大司農，接到燕倉告蓋主之陰謀作亂時，表現亦如此。見本書〈漢紀〉卷十五。310更衣　此指廁所。311敞夫人　楊敞的夫人。施丁曰：「這是後妻，不是原妻司馬遷之女，參《漢書》卷六十六〈楊敞附惲傳〉中『後母無子』之文，可以印證。」312遽　急速地。313九卿　指大司農田延年，大司農是九卿之一。314君侯　對丞相的敬稱，因自武帝以來，凡為丞相者例皆封侯。315疾應　火速答應。316猶與無決　猶豫不決。與，此處同「豫」。317先事誅　先把你殺了再幹別的。318參語　三人聚語，蓋為幫著其夫說話。參，同「三」。319奉　接受；遵行。320癸巳　六月二十八。321御史　此指御史大夫。322會議　集會一道議論。323行昏亂　行動昏瞶悖謬。324驚鄂　通「驚愕」。325前　跨前一步，挺身而出。326羣下鼎沸　極言臣民對劉賀的不滿。鼎沸，像鍋裡的開水沸騰一樣。327漢之傳謚常為孝者　漢代皇帝的謚號前面常加一個「孝」字，如「孝惠」、「孝文」、「孝景」等等。328以長有天下　為的是讓我們的江山社稷能永遠傳下去。329令宗廟血食　讓我們的祖先能永遠享受祭祀。血食，享受牛、羊、豬的供品。330絕祀　斷絕祭祀，即指亡國。331不得旋踵　必須迅速做出決定。旋踵，指回身、退縮。332後應者　響應遲緩的人。333謝　表示歉意。334九卿責光是也　田延年對我霍光的批評指責是對的。335匈匈　同「洶洶」。騷擾不安的樣子。336光當受難　我應該承當所有臣民的責難。337唯大將軍令　我等皆唯大將軍之令是從。338具陳　逐條陳述。339車駕幸未央承明殿　是時皇太后居住在長樂宮，故須乘車至未央宮。未央承明殿，未央宮的承明殿，是皇帝會見群臣的場所。340諸禁門　此指未央宮的各個宮門。341毋內昌邑羣臣　不准放一個昌邑王的舊臣進來。內，通「納」。342王入朝太后還　昌邑王到長樂宮朝見太后回到未央宮。343溫室　未央宮中的溫室殿。344中黃門宦者在皇宮後院服務的太監，以其在黃門之內，故名。345各持門扇　都把守好了各道門。346何為　為什麼不讓他們進來。347徐之　可以慢慢來嘛。348何乃驚人如是　何必弄得這麼嚇人。349金馬門　未央宮裡的宦者署之門。《三輔黃圖》曰：漢武帝得大宛馬，乃鑄銅馬於宦者署之門，因稱此門曰「金馬門」。東方朔、主父偃、徐樂、嚴安等都曾在此處等候過武帝的召見。350羽林騎　皇帝的騎兵衛隊。351廷尉詔獄　廷尉掌管的專門關押皇帝欽定案犯的監獄。廷尉是九卿之一，全國最高的司法長官。352中臣　猶言「內臣」，在宮內服務的小臣。353侍守王　意即看管著昌邑王。354敕　告誡。355謹宿衛　認真地保護好。宿衛，守好夜、站好崗。356卒有物故自裁　萬一出個死亡或自殺。卒，意思同「猝」，突然。物故，謂死。自裁，自殺。357負天下　無法向天下人交代。負，對不起。358安得罪　都犯了什麼罪。359盡繫之　把他們全都逮捕起來。繫，拘捕。360頃之　過了不久。361我安得罪　我有什麼罪過。362被珠襦　身披珍珠裝飾的短襖。363盛服　身穿很嚴肅、很講究的衣服。364武帳　列有兵器和衛士的帷帳。365侍御　侍奉與護衛的人。366持兵　手執兵器。367期門武士　皇帝侍衛武士的一種，武帝時所建。368陛戟　執戟列於殿階兩側。369伏前　拜伏在太后面前。370奏王　上書彈劾昌邑王。371尚書令　為皇帝掌管文書檔案的長官。372讀奏　宣讀霍光等人所上的奏章。373丞相臣敞等　當時掌實權的是大將軍霍光，但名義上還是說丞相為百僚之首，所以這裡的群臣列名仍以大傀儡楊敞領頭。374昧死言　冒死上言，這是漢代臣民對皇帝上書所用的套話，漢代尊儒後特別時興這一套。375早棄天下　婉指早死。376典喪　主持喪禮。典，主管。377服斬衰　身穿兒子所穿的喪服。斬衰，用粗糙的生麻布製成的孝服，袖口與下襬不縫邊。這是喪服中最哀戚的一種。378略　掠奪。379內所居傳舍　讓人把搶來的女子送進他所住的客館中去。內，通「納」。傳舍，驛站上的客館。380謁見　指拜見皇太后。381私買雞豚以食　守喪期間私自吃肉，是違犯禮法的行為。豚，小豬，泛指豬。382受皇帝信璽行璽大行前　在昭帝靈前接過皇帝印璽的時候。信璽、行璽，都是皇帝的印。漢代皇帝有六璽，即：皇帝行璽、皇帝之璽、皇帝信璽、天子行璽、天子之璽、天子信璽。還有傳國璽，稱為七璽。天子之璽由皇帝隨身攜帶，其餘都保存於符節臺（掌管符節印璽的官署）。大行，指剛死的皇帝，這裡指昭帝。383就次　回到自己的所住之處。384發璽不封　打開看過之後就不再封緘起來。385持節　手執旌節，到處說是奉皇帝之命。節，這裡即指旌節，皇帝使者手持的信物。386引內　將……引進宮來。387騶宰　掌管馬廄的官。388官奴　在貴族府第與各政府衙門服役的奴隸。389居禁闥內　居住在深宮裡面。禁闥，宮門。390敖戲　遊戲。敖，通「遨」。遊蕩。391為書曰　給一個小臣寫信說。392皇帝問侍中君卿　皇帝問候侍中君卿。問，慰問。這是漢代吏民彼此寫信的常用格式，而皇帝給一個小臣寫信竟也如此，是有失身分。君卿是該侍中之名。393中御府令　給皇帝掌管衣服財寶的官員，上屬少府。394賜君卿取十妻　賜給你這些錢，讓你娶十個媳婦。取，通「娶」。395大

行在前殿　昭帝的靈柩尚停在未央宮前殿。(396)發樂府樂器　而昌邑王居然調用樂府機關的樂器。發，調用。樂府，掌管音樂的官署。(397)引內昌邑樂人　將一些昌邑王宮的藝人引進宮來。(398)作俳倡　表演各種滑稽節目。(399)召內泰壹宗廟樂人　把那些祭祀泰一神和祭祀宗廟的樂工叫進宮來。(400)駕法駕　乘坐著皇帝最隆重的車駕。法駕是皇帝祭祀天地、社稷等大典才使用的車駕。(401)北宮桂宮　都是漢代的宮殿名，都在未央宮之北。(402)弄彘鬬虎　戲弄野豬、觀虎相鬥。(403)召皇太后御小馬車　把皇太后乘坐的小馬車要來。御，乘；使用。(404)掖庭　深宮，嬪妃、宮女居住的地方。(405)宮人蒙　侍候過昭帝的後宮女子其名曰蒙。(406)詔掖庭令　並警告掖庭令說。掖庭令是主管宮廷內犯罪者的官。(407)要斬　攔腰斬斷。要，同「腰」。(408)止　命令讀奏章的人暫停。下面是她的插話。(409)當悖亂如是邪　難道能胡作非為到這種樣子嗎。(410)離席伏　離開坐席，拜伏於地。(411)復讀　又接著向下讀奏章。(412)綬　繫在印紐上的絲帶。(413)墨綬黃綬　據《續漢志》，諸侯王紅綬，列侯紫綬，二千石青綬，千石、六百石墨綬，四百石、三百石、二百石黃綬。(414)并佩昌邑郎官者免奴　把從各諸侯王、各列侯那裡奪來的綬帶給他們昌邑來的郎官與免罪的奴隸帶上。施丁曰：「『免奴』上『者』字，疑是『諸』字之訛。」免奴，奴隸被免為自由人者。(415)發御府　從皇家的倉庫調出。(416)采繒　彩色絲織品。(417)湛沔　沉湎；沉溺。(418)獨夜設九賓溫室　獨自一個夜間在溫室殿設九賓賓儀。九賓之禮究竟為何等禮儀，史無明文，只是極言其隆重而已。(419)延見　接見。(420)昌邑關內侯　昌邑國的關內侯。沒有封地，只有一定食邑的侯爵。(421)祖宗廟祠未舉　供奉祖先的太廟尚未祭祀。(422)為璽書　猶言下詔令。璽書，加蓋玉璽的詔書。(423)三太牢　牛、羊、豕各三頭。牛羊豕各一頭叫一太牢，羊豕各一頭叫一少牢。(424)祠　祭祀。(425)昌邑哀王園廟　劉賀之父劉髆陵園上的祭廟。劉髆死後諡曰哀。園廟，陵園上的祭廟。(426)稱嗣子皇帝　按古代禮法，劉賀既然已經繼承昭帝的皇位，就應放棄與劉髆的父子關係，而不應再自稱是劉髆的嗣子。(427)旁午　紛紛外出、縱橫交錯的樣子。(428)詔諸官署徵發　給諸官署下命令、討要東西。(429)不軌　不合法度。(430)五辟之屬二句　應該受到懲罰的罪名，沒有比不孝更嚴重的了。五辟，古稱髡刑、黥刑、刖刑、宮刑、大辟為五辟，也稱「五刑」，這裡即泛指刑法。(431)周襄王　姓姬名鄭，春秋時代的周朝帝王，西元前六五一—前六一九年在位。(432)不能事母　不能好好地侍奉其母。其實是其後母助其親生兒子奪位，將襄王逐出國外。(433)春秋曰天王出居于鄭　《春秋》僖公二十四年對此事寫作「周天子出逃到鄭國去住了」。《春秋》是魯國史官編寫的一部當代史書，據傳經過孔子改寫，加進了一定的義理，有褒貶善惡的意思。漢朝人尊儒，常引用以演說當代政事。天王，指周天子。(434)由不孝出之　由於「不孝」的原因被驅逐。(435)絕之於天下　這表明是周襄王自絕於全人類。按，漢儒想強調「孝」是可以的，但這裡說周襄王自絕於天下，則是顛倒黑白，應該受譴責的是其後母惠后。(436)宗廟重於君　意思即國家政權重於君主，為了國家利益可以犧牲君主。437陛下　指昌邑王。438承天序　列於歷代皇帝的順序之中。天序，上天安排的歷代皇帝的順序。439子萬姓　視萬姓為子民，即統治天下百姓。440有司　主管該項事務的官吏。441一太牢具　即一太牢，牛羊豕各一頭。具，指盛放牛羊豕的供具。442告祠高廟　到高祖廟去祭祀稟告廢昌邑王為帝的這件事。443天子有爭臣七人二句　二句引《孝經》中的孔子語，意思是，一個天子身邊應該有七個正直敢言的大臣，即使這個在位的天子無道，那麼他所統治的國家也不會滅亡。444皇太后詔廢　皇太后已把您的皇位廢掉了。445安得稱天子　您怎麼還能稱自己是天子。446解脫其璽組　把皇帝印從昌邑王身上解下來。璽組，即璽綬，繫印的絲條。447愚戇　笨拙。448不任漢事　當不了漢王朝的皇帝。449就乘輿副車　坐上了皇帝車駕中的副車。450寧負王　寧可對不起您。451長不復左右　今後將永遠不能再侍候您。452廢放　廢棄。453屏　斥逐。454不及以政　不再參與任何政事。455漢中房陵縣　漢中郡的房陵縣。漢中郡的郡治西城，在今陝西安康西北。房陵縣的縣治即今湖北房縣。房陵縣在秦漢時代是流放罪犯的場所。456歸賀昌邑　讓劉賀回歸昌邑國。457賜湯沐邑二千戶　意即讓這二千戶的租稅田賦供應昌邑王的生活開銷。湯沐邑，以其邑之所出以供應該領主之洗沐用度。458哀王女　昌邑哀王劉髆之女，劉賀之姐妹。459國除　昌邑國被撤銷。460為山陽郡　在原昌邑國的地盤上設立山陽郡，郡治昌邑，在今山東金鄉西北。461在國時　在昌邑國為劉賀的臣子時。462不舉奏　不向朝廷舉報。463輔道　輔導昌邑王改惡向善。道，通「導」。464中尉吉　王吉。465郎中令遂　龔遂。466數諫正　屢次給昌邑王提意見。467減死　免去死罪，從輕發落。468髡為城旦　剃去頭髮，發往邊疆修長城。髡，古代刑法之一，男子剃去頭髮。城旦，古代徒刑之一，白天築城，夜間打更巡邏。469師王式　昌邑王的老師名叫王式。470當死　判為死罪。471治事使者　處理該案件的朝廷使者。472無諫書　沒有規勸昌邑王的上書。473深陳　深入地講解、陳述。474以聞　將此上報朝廷。475亦得減死論　也得到了免除死罪的處理。476奏事東宮　向皇太后稟報政務。東宮，即長樂宮，是西漢歷代皇太后所居之處，這裡即指皇太后。477省政　過問政事。省，視；過問。478經術　儒家的經典學術。479白令　稟告後派遣。480尚書　儒家學派的經典之一，其實是一部遠古歷史資料的彙編，彙集了傳說中的堯舜以及夏、商、周時代的歷史文獻。481遷勝長信少府　將夏侯勝升任為長信少府。長信少府是掌管長信殿事務的官。長信，即長信殿，在長樂宮中。

【校　記】[1]嘆　原作「而嘆」。據章鈺校，甲十五行本、孔天胤本皆無「而」字，今據刪。按，《通鑑紀事本末》卷四、《通鑑綱目》卷五下皆無「而」字。[2]食　原作「酒」。據章鈺校，甲十五行本、乙十一行本、孔天胤本皆作「食」，今據改。按，《通鑑紀事本末》卷四、《漢書·循吏·龔遂傳》皆作「食」。[3]下人有　原作「有下人」。據章鈺校，乙十一行本作「下人有」，

《通鑑紀事本末》卷四、《通鑑綱目》卷五下亦作「下人有」，今據改。④自知　原誤作「自和」，今據嚴衍《通鑑補》改作「自知」。按，《漢書・霍光傳》卷四、《通鑑綱目》卷五皆作「自知」。

【語　譯】孝昭皇帝下

元平元年（丁未　西元前七四年）

春季，二月，漢昭帝下詔將人們每年向國家繳納的口賦稅減少十分之三。

夏季，四月十七日癸未，漢昭帝在未央宮駕崩，他沒有兒子繼承皇位。當時，漢武帝的兒子只有廣陵王劉胥在世，大將軍霍光與群臣商量立誰為皇帝，大臣們都主張立廣陵王劉胥。廣陵王劉胥因為品行不端，行為不正，所以武帝不立他為皇太子，霍光不知如何是好。有一位郎官給霍光寫信說：「周太王廢掉長子太伯而立小兒子季歷為接班人，周文王捨棄長子伯邑考而立姬發為接班人，只要合適，就是廢長立幼也是可以的。廣陵王劉胥不適合做皇位繼承人，主持對宗廟的祭祀。」郎官的意見正合霍光的心思。霍光就把這封書信拿給丞相楊敞等人觀看，並提拔這個郎官做了九江太守。當天，霍光秉承上官皇后的旨意，派遣以少府身分代行大鴻臚職務的樂成、身任宗正職務的劉德、擔任光祿大夫的丙吉以及中郎將利漢，前往昌邑迎接昌邑王劉賀回朝繼承皇位，昌邑王劉賀乘坐著七匹馬駕的傳車來到長安城中自己的府邸。霍光奏請上官皇后之後，調任右將軍張安世為車騎將軍。

昌邑王劉賀，是武帝的兒子昌邑哀王劉髆的兒子，他在自己的封國之內一向狂妄放縱，行為不遵守禮節。在為其祖父漢武帝守喪期間，劉賀照樣遊玩打獵，絲毫沒有悲痛的表示。他曾經到方與縣遊玩，在不到半天的時間裡就騎馬奔馳了二百里。在昌邑國擔任中尉的琅邪人王吉上書規勸他說：「大王不喜好讀書和鑽研儒家學術，卻貪圖安逸、喜歡奔馳遊獵，還經常親自駕車勒馬，到處馳騁，因為不停地大聲叱咤而導致口乾舌燥十分疲倦，因為緊勒韁繩、揮舞馬鞭而使得雙手疲乏無力，每天坐在車子上東奔西跑而使身體勞倦，不僅如此，早晨遭受大霧和露水的侵害，白晝則遭受風沙塵土的襲擊，夏天遭受炎熱太陽的炙烤，冬季則遭受著風寒的侵陵，大王以金枝玉葉般的柔弱身軀卻屢次承受惡劣的氣候和疲倦勞累的煎熬，這絕不是延年益壽的好辦法，也無益於促進美好道德的提高。您居住在明亮高大的殿堂裡，坐在柔軟細密的毛毯上，前面有高明的老師指導您學習，後邊有人侍奉、勸導您誦讀詩書文章，往上探討唐堯、虞舜時代為什麼昌盛，往下研究商湯、周文王、周武王時期興隆的原因，詳細考察仁人聖賢的風範，學習揣摩安邦治國的道理，心中充滿求知的愉悅而廢寢忘食地讀書，使自己的品德天天都有新的提高，其中的快樂哪裡是騎馬遊獵所能比擬的呢？休息的時候，就自由自在地想躺就躺、想站就站，彎彎腰、伸伸腿都有利於身體健康；或者是散散步，有時走快點，有時走慢點，可以鍛鍊下肢的筋骨而使步履矯健；吸入新鮮空氣，吐出胸中濁氣從而達到洗練肺腑的目的；排除一切雜念，蓄養精神，調節好自己的情緒，將此作為養生之道，難道能不長壽嗎？大王若能誠心誠意地這樣做，那麼就會心裡存有像堯、舜那樣治理好自己國家的志向，身體又能像王子喬、赤松子一樣健康長壽，修養自己的聲望，推廣自己的美德，這種情況一旦傳到皇帝那裡，那麼福祿就會一起到來而國家政權也因此而更加穩固。當今的皇帝仁愛聖明，至今依然對先皇思念不已，而對於觀賞皇宮館舍、園林池沼以及那些射鳥捕獸的娛樂，從來都沒有參與過，大王也應該日夜想著這些，按照皇上的樣子做。在所有的諸侯王當中，沒有人比大王和皇帝的血緣關係更親近的了，大王在與武帝的親屬關係上屬於兒子一輩，從地位職分來說您又是臣子，一身而負有兩種責任。由血緣關係決定的應有恩情與由君臣關係決定的應盡義務，使得您的一舉一動稍微有點不好的地方，上傳到皇帝的耳朵裡，都不是您這昌邑王的福分啊。」於是昌邑王劉賀下令說：「我的所作所為難免有怠惰、疏忽的地方，中尉王吉對我忠心耿耿，屢次輔助我改正過錯。」因此派擔任謁者職務的千秋賞賜中尉王吉五百斤牛肉，五石酒，五捆熟肉乾。但事過之後，昌邑王劉賀依然放縱如故。

擔任昌邑國郎中令的山陽人龔遂，為人忠厚剛毅，堅守節操，在王宮之內敢於當面直言規勸昌邑王劉賀，在王宮以外則嚴格要求昌邑王的師傅和丞相，他引經據典，為他們陳述利害關係，以至於痛哭流涕，他情真意切、說起話來就沒完沒了。他當面批評劉賀的過錯，使昌邑王感到很難為情，就雙手捂著耳朵跑開了，昌邑王對別人說：「郎中令專門愛給人下不了臺！」昌邑王劉賀曾經與趕車的奴僕以及廚師們在一塊兒遊戲吃喝，賞賜起這些人來毫無限度，龔遂知道後立即進宮面見昌邑王劉賀，他一邊哭泣，一邊膝行來到劉賀的面前，他的忠誠感動得在旁邊侍奉昌邑王的奴婢們都流下了眼淚。昌邑王劉賀問他：「郎中令你為什麼如此痛哭？」龔遂說：「我是為昌邑國面臨著即將覆滅的危險而傷心痛哭啊！希望陛下抽出一點時間，讓我把心裡話跟大王盡情地說一說。」昌邑王劉賀於是將身邊的侍奉人員支開，龔遂說：「大王知道膠西王劉卬為什麼被稱為『無道』而被滅亡的事情嗎？」劉賀說：「不知道。」龔遂說：「我聽說膠西王身邊有一個特別會阿諛諂媚的大臣叫做侯得，膠西王劉卬的所作所為就像夏桀、商紂一樣暴虐無道，而侯得卻稱讚膠西王劉卬是一個像堯、舜一樣賢明的君主。膠西王劉卬喜歡聽侯得的阿諛奉承，所以經常與侯得同床共寢，形影不離，對侯得的話言聽計從，最終導致國滅身亡。如今大王親近一幫小人，逐漸受到那些邪惡習慣的浸染，這可是生死存亡的關鍵，不能不引起大王的重視啊！請讓我給您挑選一些通曉經術、有道德修養的侍從與您一同生活，坐著的時候就朗誦儒家的經典《詩經》、《書經》，站立的時候就練習禮儀姿容，這樣對大王一定有好處。」劉賀答應了龔遂的請求。於是龔遂挑選郎中張安等十個人隨侍在劉賀的左右。但幾天之後，昌邑王劉賀就把張安等驅逐出宮了。

昌邑王劉賀曾經見到一隻大白犬，脖子以下像人形，頭上戴著山形的帽子，卻沒長尾巴。昌邑王劉賀就問龔遂，龔遂說：「這是老天爺在警示您，意思是說大王左右的近侍之臣都是戴著帽子的狗，如果將他們驅逐出去，國家就能生存，留他們在身邊，國家就要滅亡了。」後來昌邑王劉賀好像聽到有人喊「熊」，仔細一看，果然看到了一隻大熊，但身邊的人卻誰也沒有看見熊，昌邑王劉賀又去問龔遂。龔遂說：「熊，是山野中的野獸，現在進入了宮室，卻又只有大王能看見牠，這是上天在告誡大王，恐怕宮室將要空虛，這是國家即將滅亡的徵兆。」昌邑王劉賀仰天長歎，說：「不祥的徵兆為什麼總是接二連三地顯現出來呢？」龔遂磕頭說：「我不敢隱瞞忠心而不說，我屢次說到這種警告災難的話，使得大王心裡很不高興。國家的興衰存亡，難道在於我說嗎？希望大王能夠深刻地自我反省。大王讀了整本的《詩經》，這些詩對人際關係、人的行為準則等方面講得非常透徹，對有關治國平天下的道理也講得很完備。大王的行為，符合了《詩經》中的哪一篇呢？大王處在諸侯王的位置上，而大王的行為連一般人都比不上，用您的這種行為謀求生存是很困難的，而自尋滅亡卻很容易，所以請大王認真思考思考吧！」後來又不知哪裡來的一灘血弄髒了昌邑王劉賀的坐席，昌邑王又向龔遂詢問是什麼徵兆，龔遂驚得大叫一聲哭著說：「離人去樓空不遠了，所以不祥的徵兆才屢次出現。鮮血，是陰沉憂患的象徵啊，大王應該心懷畏懼、謹慎行事，要認真地自我反省才好啊！」但昌邑王劉賀始終不肯改變他的行為作派。

朝廷徵召昌邑王劉賀進京的文書送達昌邑國的時候，根據漏刻，離天亮還差一刻的時間，於是在王宮中點火照明，打開書信觀看。到第二天中午時分，昌邑王劉賀出發。下午三點多的時候，昌邑王到達定陶，已經走出了一百三十五里的路程，跟隨的人員、馬匹累死在路上的前後相望。王吉上書給昌邑王，告誡說：「我聽說殷王武丁繼任王位，在為上代君主守喪期間，三年不言不語。如今大王因為皇帝的喪事而被徵召入朝，應該日夜哭泣倍感悲哀才是，千萬謹慎小心，不要有任何舉動。大將軍霍光仁愛、果敢、睿智、忠信的品德，天下沒有人不知道，他輔佐孝武皇帝二十多年，從來沒有出過過錯。先帝在臨終時，把整個國家的事情託付給他代管，將年幼的小國君託付給他。大將軍抱持著尚在襁褓中的小皇帝，發布政令，施行教化，海內平安無事，即使是周公、伊尹的功勞也超不過他啊。如今昭帝駕崩，沒有子嗣，大將軍一心思考的是皇位繼承人的問題，根據宗室親緣關係而選擇大王來繼承皇位，他的仁慈寬厚難道有辦法衡量嗎？我希望大王能夠倚重他，尊敬他，一切國家大政方針都聽從他，大王只需垂衣拱手端坐在皇帝的寶座上就可以了。希望您留心，經常想著這些。」

昌邑王劉賀到達濟陽，下令尋求長鳴雞，又在路上購買積竹杖。經過弘農縣的時候，又派奴僕總管名叫善的人用一輛有帷帳的車子載著不知從哪裡弄來的美女同行。到達湖縣的時候，京師派來迎接昌邑王的使者發現了昌邑王劉賀的車子裡載有美女，就去責問昌邑王劉賀的國相安樂。安樂將此事告訴了龔遂，龔遂立即去追問昌邑王劉賀，劉賀抵賴說：「沒有這回事。」龔遂說：「如果真的沒有這回事，大王為什麼捨不得殺掉一個奴僕總管而讓他毀壞了您的名譽？請把善交給執法官員去處理，以洗刷大王的冤屈，還大王一個清白。」說完，立即伸手將奴僕總管善揪出來交給衛士長處決了。

昌邑王劉賀到達霸上，大鴻臚到郊外迎接，為皇帝主管車馬的官吏奉請昌邑王換乘皇帝所乘坐的車駕。昌邑王劉賀讓一個叫做壽成的奴僕為自己駕車，郎中令龔遂擔任陪乘。將到廣明苑、東都門的時候，龔遂提醒昌邑王劉賀說：「按照禮儀，奔喪的人一望見都城的門就要大聲號哭，現在已經到了長安東郭門了。」昌邑王劉賀說：「我的咽喉疼痛，不能哭。」等到達東都門的內城門時，龔遂又一次提醒昌邑王，昌邑王劉賀說：「長安城門與長安郭門是一樣的。」等到達未央宮的東門時，龔遂說：「昌邑王哭喪的帷帳設在宮門外御道的北邊，這裡距離大王的帳所，只隔著南北方向的一條通路，乘馬車走沒有幾步遠，大王應該下車走到帳所，然後面向西朝著未央宮東門，趴在地上痛哭，要極盡悲哀之後再起來。」昌邑王劉賀說：「好吧。」到達昌邑國弔喪的帷帳後，昌邑王劉賀按照禮儀規定進行了哭喪。六月初一日丙寅，昌邑王劉賀接受了皇帝的玉璽、綬帶，接續使用皇帝的尊號，尊上官皇后為皇太后。

六月初七日壬申，將漢孝昭皇帝安葬在平陵。

昌邑王劉賀做了皇帝之後，依然是荒淫、嬉戲沒有節制。他把昌邑國的大小官員都徵調到了長安，而且越級提升官職。他將昌邑國的國相安樂升任為長樂宮的衛尉。龔遂見到安樂，流著眼淚對他說：「大王被立為天子後，更加驕傲、自滿，對於我的規勸，他已經聽不進去。如今為昭帝服喪尚未期滿，大王卻每日跟他的左右親信在宮中飲食作樂，引虎鬥豹，還乘坐著用紅色皮革做篷頂的車子，車上插著用九條飄帶做裝飾的大旗，在宮中往來馳騁，他的所作所為完全違背了君臣之義和子姪之道。古代的制度寬舒，大臣可以辭官隱退，如今的規定卻不允許這樣做，我想假裝瘋癲以求辭官又怕被人發覺，長此以往，恐怕不僅自身難保，死了也會遭到世人的恥笑，這可如何是好？您，原來就是陛下的國相，應該竭盡全力地勸阻陛下才對。」

昌邑王劉賀夢見許多蒼蠅屎堆積在大殿西階的東側，有五六石之多，上面用建造房屋的大瓦覆蓋著，劉賀把夢中的情形向龔遂述說了一遍，詢問是什麼徵兆，龔遂說：「陛下讀過的《詩經》中不是有這樣的詩句嗎：『往來盤旋的青蠅，停落在籬笆上。平易近人的君子，不要聽信小人的讒言。』陛下身邊讒佞的小人太多了，他們就像蒼蠅屎一樣。陛下應該召集先帝大臣的子孫，親近他們，讓他們服侍在陛下的左右。如果捨不得昌邑國的那些舊臣，依然信任他們、聽信他們的讒言，必定會招致災禍。希望陛下轉禍為福，把那些讒佞小人全都攆出宮去，我就是首先應當被驅逐的一個。」昌邑王劉賀聽不進龔遂的勸告。

擔任太僕丞的河東人張敞上書對昌邑王進行規勸，他說：「孝昭皇帝過早駕崩，沒有子嗣，大臣們對此都很憂慮恐慌，一心要選擇賢能聖明的劉氏宗親來繼承皇位、主持宗廟的祭祀，在前往東方的昌邑國迎接陛下進京的時候，唯恐您的車駕行動遲緩。如今陛下以壯年初登大位，天下人沒有一個不在拭目以待、側耳傾聽，盼望看到新氣象、聽到新消息。而那些輔佐朝廷的有功大臣還沒有得到褒獎，而當年給昌邑王挽車的小臣卻首先得到升遷，這是很大的過錯啊。」劉賀把張敞的勸告當做耳邊風。

大將軍霍光對昌邑王劉賀的所作所為深感憂愁和煩悶，於是單獨向自己最親信的故吏大司農田延年徵求意見。田延年說：「將軍是國家的柱石，如果這個人確實不行，何不向太后奏報清楚、提出建議，再從皇室中另外選擇賢能的立為皇帝？」霍光說：「現在正想這麼做，古代有沒有這樣的先例？」田延年說：「伊尹在殷朝為相，因為太甲昏庸無道，伊尹將他安置到銅宮思過，為的是使宗廟得到保全、國家長治久安，後世都稱讚伊尹忠誠。將軍如果也能這樣辦，將軍就是漢朝的伊尹啊！」於是，霍光便將田延年調到宮中擔任侍奉皇帝的給事中，暗中又與車騎將軍張安世謀劃廢立的大事。

昌邑王劉賀出宮遊獵，擔任光祿大夫的魯國人夏侯勝擋在他的車駕前勸諫說：「天氣一直陰沉著而不下雨，預示著有臣下在陰謀算計皇上。陛下出遊，想往哪裡去？」劉賀聽了大怒，認為夏侯勝在妖言惑眾，就命人將夏侯勝綁縛起來交給法官進行處置。法官將此事報告了霍光，霍光沒有依法處置夏侯勝。霍光責備張安世，認為是張安世洩露了祕密。而張安世確實沒有走漏消息，霍光便把夏侯勝叫來詢問。夏侯勝回答說：「在《鴻範傳》中有記載說：『皇帝的行為倘若不端正，上天對他的懲罰就是久陰不雨，那時候就可能有臣民要造皇帝的反。』我不能說得太具體、太明白，所以就說『有臣下要謀算皇上』。」霍光、張安世聽了夏侯勝的回答都感到很吃驚，因此更加尊重精通儒家學術之士。劉賀的侍從官傅嘉也屢次對昌邑王劉賀進行勸諫，劉賀也把傅嘉關進了監獄。

霍光、張安世做出了廢立的決定，就派田延年先去告知丞相楊敞。楊敞非常驚惶恐懼，根本不知道該說什麼好，窘迫得汗流浹背，只會連聲稱是。田延年起身去廁所。楊敞的夫人急速地從東廂房走出來對楊敞說：「這可是關係國家存亡的大事，如今大將軍商議已定，特意派九卿來通知你，你不趕緊表態，答應與大將軍同心協力辦成此事，卻在此猶豫不決，他們會先把你殺掉再幹別的！」田延年從廁所返回，楊敞夫人陪同楊敞答覆田延年說：「一定遵從大將軍的命令！」

六月二十八日癸巳，霍光召集丞相、御史、將軍、列侯、中二千石、大夫、博士等在未央宮開會。霍光說：「昌邑王劉賀行為昏聵悖謬，恐怕要危及到社稷的安全，你們說應該怎麼辦？」群臣突然聽到這個問題，一個個大驚失色，沒有人敢發表意見，只是一連聲兒地稱是而已。田延年離開坐席走上前去，手按寶劍，大聲說：「先皇帝臨終把幼小的皇帝託付給大將軍，把執掌天下的大權交付給大將軍代管，就是因為大將軍忠誠賢能，能使劉姓建立起來的國家政權穩固。如今群臣對昌邑王非常不滿、議論紛紛，使劉氏政權面臨著即將崩潰的危險。而且漢朝皇帝的諡號前面總要加一個『孝』字，就是希望江山社稷千秋萬代永遠傳承下去，使供奉在宗廟中的祖先能夠永遠享受後代的祭祀。如果漢朝的祖先斷絕了祭祀，大將軍即使死了，又有何臉面見先帝於地下呢？今天討論的事情，沒有退縮的餘地，必須盡快做出決定，在座的群臣中有誰響應遲緩，我就用劍先殺了他！」霍光歉疚地說：「九卿田延年對我霍光的批評指責是對的！天下騷動不安，我難辭其咎，理應當受到所有臣民的責難。」於是參加會議的人全都磕頭說：「百姓的生命安危，都繫在將軍一人身上，我等唯大將軍命令是從！」

霍光隨即率領群臣進宮去見上官皇太后，把昌邑王劉賀繼位以來種種惡行逐條陳述給上官皇太后，認為他確實不適合做皇帝、主持宗廟的祭祀。上官皇太后立即坐著輦車來到未央宮的承明殿，下詔給各個宮門的守衛，不許放一個昌邑王劉賀的舊臣入宮。昌邑王劉賀到長樂宮朝見上官皇太后回到未央宮，乘坐著輦車準備去未央宮的溫室殿，在皇宮後院服務的宦官早已守住了各道宮門，等到昌邑王劉賀一進宮，宦官們立即關閉了宮門，昌邑王的隨行舊臣一個也無法進入。昌邑王劉賀驚愕地問：「為什麼不讓他們進來？」大將軍霍光跪下說：「有皇太后的詔書在此，不許從昌邑來的舊臣入宮。」昌邑王說：「你慢慢說，何必弄得這樣嚇人？」霍光派人把昌邑來的群臣全部驅趕出去，安置在金馬門外。車騎將軍張安世親自帶皇帝的騎兵衛隊將他們抓捕起來，一共是二百多人，全部送到廷尉管理的監獄中關押起來。又讓曾經在已故昭帝時擔任侍中的內臣負責看守昌邑王劉賀。霍光告誡他們說：「要認真地保護好！萬一發生突然事件使他死亡或是自殺身亡，我都無法向天下人交代，還會讓我背上個弒君的罵名。」昌邑王劉賀此時還不知道自己將被廢掉，他對左右的人說：「那些從昌邑就跟隨我的舊臣和隨從官員，他們都犯了什麼罪，而大將軍把他們全都拘捕起來呢？」

過了一會兒，上官皇太后下詔召見昌邑王劉賀。昌邑王劉賀聽到皇太后召見，心裡恐慌，竟然說：「我犯了什麼罪而皇太后要召見我？」上官皇太后身穿綴滿珍珠的短襖，盛裝坐在列有兵器和衛士的幃帳中，幾百名侍衛都手持兵器，為皇帝擔任侍衛的勇士執戟排列在殿階兩側，滿朝的文武百官依次上殿，然後召昌邑王劉賀跪在皇太后面前聽候宣詔。霍光與群臣聯名上奏彈劾昌邑王劉賀，尚書令宣讀彈劾的奏章說：「丞相楊敞等冒死上奏皇太后陛下：孝昭皇帝過早地拋棄了天下，因此朝廷派遣使臣徵召昌邑王劉賀前來主持喪禮，而昌邑王劉賀身穿孝子的喪服，卻沒有一點哀戚之意。他廢棄禮法，在來京的路上不僅不肯吃素食，還指示隨從的官員搶掠民間婦女藏在有帷帳的車子內，帶進他所居住的館舍中。他進宮拜見皇太后，就被立為皇太子，但他還是經常私自購買雞肉、豬肉以供自己食用。他在先帝的靈柩之前接受了皇帝信璽、皇帝行璽後回到自己的居住之所，打開璽匣看過璽印後就不再緘封起來。他的侍從官員手持旌節將他從昌邑來的隨從官員、在馬廄服務的人員以及奴僕總計二百多人領進宮中，昌邑王經常與這些人在深宮之內遊蕩嬉戲。他還給一個名叫君卿的小臣寫信說：『皇帝慰問侍中君卿：我已經命令負責掌管衣服財寶的中御府令高昌帶著一千斤黃金，賞賜給你，讓你娶十個妻子。』大行皇帝的靈柩還停放在未央宮的前殿，而昌邑王劉賀竟然調用樂府機關的樂器，將一些昌邑王宮的藝人引進宮來擊打樂器，吹奏歌唱，表演各種滑稽節目取樂，又將祭祀泰一神和宗廟的樂人招進宮中，聽他們彈奏各種音樂。他還駕馭著只有在舉行大典時皇帝才使用的最隆重的車駕在北宮、桂宮之中往來馳騁，又去戲弄野豬、引逗老虎。擅自動用皇太后乘坐的小馬車，讓那些奴僕乘坐，在後宮中遊戲取樂。他還與侍奉過孝昭皇帝的後宮女子蒙等淫亂，並警告掖庭令說：『你如果敢把消息洩露出去，我就將你腰斬！』……」上官皇太后聽到這裡，忍不住打斷尚書令說：「不要再往下說了！為人臣子，應當這樣胡作非為嗎？」昌邑王劉賀趕緊離開坐席，匍匐在地上。尚書令接著往下讀奏章：「……他又把諸侯王、列侯、二千石才能佩帶的綬帶和墨色綬帶、黃色綬帶一併賞賜給他從昌邑帶來的郎官以及免罪的奴僕們佩帶。他打開宮中的府庫，取出裡面的金錢、刀劍、玉器、各色絲織品，賞賜給那些參與遊戲的人。他與那些隨從的官員、奴僕整夜飲酒，日夜沉湎於酒色。他獨自一人在溫室宮設九賓賓儀，接見他的姐夫——昌邑關內侯。供奉祖先的太廟還沒有祭祀，他就動用璽書，派遣使者手持皇帝符節用豬、牛、羊各三頭的三太牢大禮到昌邑哀王劉髆的陵廟祭祀他的生父，自稱是『嗣子皇帝』。他接受皇帝璽印以來只有二十七日，派出的使者卻紛紛外出，僅派使者『持節』向各官署討要東西的就有一千一百二十七件。荒淫昏亂到如此程度，完全失去了帝王的禮儀，擾亂了漢朝的制度。臣楊敞等人雖然屢次進諫，昌邑王都毫不悔改，反而日甚一日，長此以往恐怕將要危及社稷，引起天下動盪。因此臣楊敞等與博士等商議，都說：『如今的陛下繼承了孝昭皇帝的皇位後，行為放縱邪惡，不合法度。「五種刑罰當中，為人不孝量刑最重」。周襄王姬鄭不孝敬他的後母，《春秋》說「周天子被逐出京師前往鄭國居住」。由於他不孝順，所以被逐出，表明他是自絕於天下。國家利益重於國君，現在的陛下不可以列於歷代皇帝的序列之中、奉守祖先宗廟、統治天下百姓，應當廢掉。』臣等請求派主管該項事務的官員用一太牢到高祖廟祭祀高祖，稟告廢掉昌邑王之事。」皇太后下詔說：「可以。」霍光讓昌邑王劉賀站起來，然後再跪下接受皇太后的詔命，昌邑王劉賀說：「我聽說『天子身邊應該有七位正直敢言的大臣，即使這個天子無道也不至於失掉天下。』」霍光說：「皇太后已經下詔將您廢掉，您怎麼還自稱天子？」於是拉住他的手，摘掉他身上所佩帶的皇帝璽印，捧著呈獻給上官皇太后，然後扶著昌邑王走下宮殿，出了金馬門，群臣跟隨在後面為昌邑王劉賀送行。昌邑王劉賀面向西跪拜說：「我愚蠢、笨拙，當不了漢朝皇帝。」說完站起身，坐上皇帝車駕中的副車，大將軍霍光一直送昌邑王劉賀回到昌邑王府邸。霍光向昌邑王謝罪說：「大王的行為自絕於天下，我寧可對不起大王，也不敢對不起國家。希望大王自愛，我將永遠不能再侍奉您。」霍光淚流滿面地離開了昌邑王的府邸。

群臣上奏章給上官皇太后說：「古代被廢黜的君王，都要被流放到遙遠的地方，使他們不再參與任何政事。請把昌邑王劉賀流放到漢中郡的房陵縣去。」上官皇太后下詔讓劉賀仍舊回到昌邑，賞賜給他二千戶作為湯沐邑，昌邑王原來的財物都歸還給他。昌邑哀王劉髆的四個女兒，也都各賜湯沐邑一千戶。撤銷了昌邑國，將其改為山陽郡。

昌邑國舊臣作為劉賀的臣子不向朝廷舉報昌邑王的罪過，使朝廷因為不瞭解昌邑王的情況而做出錯誤的選擇，又不能很好的輔佐昌邑王使他改惡從善，終於使昌邑王陷入罪惡的深淵，因此都被關入監獄，被誅殺的有二百多人。只有中尉王吉、郎中令龔遂因為忠誠正直，屢次規勸昌邑王劉賀，才免除死罪，從輕發落，但仍然被剃去頭髮，發往邊疆罰做四年築城的苦役。昌邑王劉賀的老師王式也被關進牢獄判處了死刑，負責審理該案件的使者責問他說：「你作為昌邑王劉賀的老師，為什麼沒有規勸他的上書？」王式回答說：「我將《詩經》中的三百零五篇從早到晚教授昌邑王，至於其中那些講述忠臣、孝子的詩篇，沒有一篇不是反覆為昌邑王朗誦。對於那些講述君主因荒淫無道而亡國的篇章，我每次都痛哭流涕地為昌邑王做深刻的講解和分析。我是用《詩經》中的三百零五篇作為規勸他的諫書，所以沒有另外上書。」使者將此上報朝廷，因此王式也得到減刑而免除死罪。

霍光率領群臣到東宮向上官皇太后奏報政務，太后要過問政事，就應該懂得經學儒術，經過奏請，派夏侯勝為上官皇太后講授《尚書》。升任夏侯勝為長信少府，賜爵為關內侯。

初，衛太子❶納魯國史良娣❷，生子進❸，號史皇孫。皇孫納涿郡王夫人❹，生子病已⑤，號皇曾孫。皇曾孫生數月，遭巫蠱事⑥，太子三男一女及諸妻、妾皆遇害，獨皇曾孫在⑦，亦坐收繫郡邸獄⑧。故廷尉監魯國丙吉⑨受詔治巫蠱獄⑩，吉心知太子無事實⑪，重哀⑫皇曾孫無辜，擇謹厚女徒⑬渭城胡組⑭、淮陽郭徵卿⑮，令乳養曾孫⑯，置閒燥處⑰。吉日再省視⑱。

巫蠱事連歲不決，武帝疾，往來[1]長楊、五柞宮⑲，望氣者⑳言長安獄中有天子氣，於是武帝遣使者分條中都官詔獄繫者㉑，無輕重㉒一切皆殺之。內謁者令㉓郭穰夜到郡邸獄㉔，吉閉門拒使者不納㉕，曰：「皇曾孫在。他人無辜死者猶不可，況親曾孫乎？」相守㉖至天明，不得入。穰還，以聞，因劾奏吉㉗。武帝亦寤㉘，曰：「天使之也㉙。」因赦天下。郡邸獄繫者，獨賴吉得生㉚。

既而吉謂守丞誰如㉛：「皇孫不當在官㉜。」使誰如移書京兆尹㉝，遣與胡組俱送㉞，京兆尹不受，復還㉟。及組日滿當去㊱，皇孫思慕㊲，吉以私錢雇組㊳令留，與郭徵卿並養㊴，數月，乃遣組去㊵。後少內嗇夫㊶白吉㊷曰：「食皇孫無詔令㊸。」時吉得食米肉㊹，月月以給皇曾孫。曾孫病，幾不全者數焉㊺，吉數敕㊻保養乳母加致㊼醫藥，視遇㊽甚有恩惠。吉聞史良娣有母貞君及兄恭㊾，乃載皇曾孫以付之㊿。貞君年老，見孫孤(51)，甚哀之，自養視(52)焉。

後有詔掖庭養視(53)，上屬籍宗正(54)。時掖庭令張賀(55)，嘗事(56)戾太子，思顧(57)舊恩，哀曾孫，奉養甚謹，以私錢供給，教書(58)。既壯(59)，賀欲以女孫妻之。是時昭帝始冠(60)，長八尺二寸(61)。賀弟安世為右將軍，輔政(62)，聞賀稱譽皇曾孫，欲妻以女，怒曰：「曾孫乃衛太子後也，幸得以庶人(63)衣食縣官(64)足矣(65)，勿復言予女事！」於是賀止。時暴室嗇夫(66)許廣漢(67)有女，賀乃置酒請廣漢，酒酣，為言：「曾孫體近(68)，下乃關內侯(69)，可妻(70)也。」廣漢許諾。明日，嫗(71)聞之，怒。廣漢重令人為介(72)，遂與曾孫(73)。賀以家財聘之(74)。曾孫因依倚廣漢兄弟及祖母家史氏，受詩(75)於東海澓中翁(76)，高材好學，然亦喜游俠，鬬雞走馬[2]，以是具知閭里姦邪(77)，吏治得失(78)。數上下諸陵(79)，周徧三輔(80)，嘗困(81)於蓮勺鹵中(82)。尤樂杜、鄠(83)之間，率常在下杜(84)。時會朝請(85)，舍長安尚冠里(86)。

及昌邑王廢，霍光與張安世諸大臣議所立(87)，未定。丙吉奏記光(88)曰：「將軍事孝武皇帝，受襁褓之屬(89)，任天下之寄(90)。孝昭皇帝早崩亡嗣，海內憂懼，欲亟聞嗣主(91)。發喪之日，以大誼立後(92)，所立非其人，復以大誼廢之(93)，天下莫不服焉。方今社稷、宗廟、羣生(94)之命在將軍之壹舉(95)。竊伏聽於眾庶(96)，察其所言諸侯、宗室在列位者(97)，未有所聞於民間也(98)。而遺詔所養(99)武帝曾孫名病已在掖庭、外家者[100]，吉前使居郡邸[101]時，見其幼少，至今十八九矣，通經術，有美材，行安而節和[102]。願將軍詳大義[103]，參以蓍龜[104]豈宜，褒顯先使入侍[105]，令天下昭然知之，然後決定大策[106]，天下幸甚！」杜延年亦知曾孫德美，勸光、安世立焉。

秋，七月，光坐庭中，會丞相以下議定[3]所立，遂復與丞相敞等上奏曰：「孝武皇帝曾孫病已，年十八，師受[107]詩、論語、孝經，躬行[108]節儉，慈仁愛人，可以嗣孝昭皇帝後，奉承祖宗廟，子萬姓。臣昧死以聞。」皇太后詔曰：「可。」光遣宗正德至曾孫家尚冠里，洗沐，賜御衣，太僕以軨獵車[109]迎曾孫，就齋[110]宗正府[111]。庚申[112]，入未央宮，見皇太后，封為陽武侯[113]。已而羣臣奏上璽綬，即皇帝位，謁高廟[114]，尊皇太后為太皇太后[115]。

侍御史[116]嚴延年劾奏[117]：「大將軍光擅廢立主[118]，無人臣禮，不道[119]。」奏雖寢[120]，然朝廷肅然敬憚[121]之。

八月己巳[122]，安平敬侯楊敞[123]薨。

九月，大赦天下。◯戊寅[124]，蔡義[125]為丞相。

初，許廣漢女適皇曾孫[126]，一歲，生子奭[127]。數月，曾孫立為帝，許氏為倢伃128。是時霍將軍有小女與皇太后親129，公卿議更立皇后，皆心擬130霍將軍女，亦未有言。上乃詔求131微時故劍132。大臣知指133，白134立許倢伃為皇后。

十一月壬子135，立皇后許氏。霍光以后父廣漢刑人136，不宜君國137，歲餘，乃封為昌成君138。

太皇太后歸長樂宮139。長樂宮初置屯衛140。

【章　旨】以上為第二段，寫昭帝元平元年（西元前七四年）七月至十二月半年間的全國大事，主要寫了劉病已幼年因祖父衛太子在巫蠱之亂中含冤而死、全家被滅，劉病已在廷尉監王吉的護持下得以全活，後養於掖庭與衛太子妃之母家，因而能瞭解民間與官場的種種得失利弊；以及在昌邑王被廢，宗廟承祀無人，劉病已遂被迎立為帝的過程。

【注　釋】❶衛太子　武帝的太子劉據，因係皇后衛子夫所生，故史稱衛太子。於征和二年因巫蠱之禍而起兵失敗自殺。事見本書武帝征和二年。❷魯國史良娣　魯國的女子史良娣。魯國是漢代的諸侯國之一，都城魯縣，即今山東曲阜。史良娣，史姓女子，入太子之宮後被封為良娣之號。太子的後宮有妃、良娣、孺子共三等。❸進　劉進，衛太子之子，武帝之孫。❹納涿郡王夫人　納涿郡的王姓女子為夫人。涿郡的郡治即今河北涿州。王夫人，王姓女子名翁須，為史皇孫劉進之夫人。❺生子病已　生了個兒子，取名劉病已。病已就是「病情痊癒」的意思。❻遭巫蠱事　正趕上衛太子被加以巫蠱的罪名受到迫害。❼獨皇曾孫在　只有皇曾孫劉病已被留了下來。❽坐收繫郡邸獄　被捉進關押在京城的郡邸獄裡。郡邸獄，關押各郡、國來京犯罪人員的監獄。❾故廷尉監魯國丙吉　當時任廷尉監的魯國人丙吉。廷尉監是廷尉的屬官，有左、右二監，時丙吉為右監。丙吉字少卿，事跡詳見《漢書》本傳。❿受詔治巫蠱獄　奉朝廷之命審訊被指控犯巫蠱罪的犯人。⓫無事實　沒有犯罪事實。⓬重哀　深深同情。⓭擇謹厚女徒　選擇了兩個謹慎厚道的女犯人。徒，囚犯。⓮渭城胡組　渭城人姓胡名組。渭城即秦朝的咸陽城。⑮淮陽郭徵卿　淮陽是漢郡名，郡治陳縣，即今河南淮陽。⑯令乳養曾孫　讓這兩個女子給劉病已餵奶。⑰閒燥處　安靜而又不潮溼的地方。⑱日再省視　每天探望兩次。省，也是「看視」的意思。⑲往來長楊五柞宮　在長楊、五柞兩宮間輪流居住。長楊宮在今陝西周至東南，五柞宮在今陝西周至。⑳望氣者　通過觀望雲氣以占測人世吉凶的迷信職業者。㉑分條中都官詔獄繫者　分別登記京城各官府監獄所關押的犯人。㉒無輕重　不論罪行輕重。㉓內謁者令　皇帝身邊諸謁者的頭目。謁者是給皇帝掌管收發、傳達以及贊禮的人員，上屬少府。㉔夜到郡邸獄　深夜到達郡邸獄進行登記，隨即殺掉諸人。㉕不納　不讓他進門。㉖相守　相持；互不讓步。㉗因劾奏吉　於是向皇帝彈劾丙吉。㉘寤　同「悟」。醒悟。㉙天使之也　這是老天爺讓丙吉這麼做的。㉚獨賴吉得生　史謂「郡邸獄繫者，獨賴吉得生」，則是其他一切監獄之所繫犯人均已按武帝命令「無輕重一切皆殺之」矣，武帝之暴戾慘刻如此！㉛守丞誰如　郡邸獄的守丞名誰如，史失其姓。㉜不當在官　不當關押在官方的監獄。㉝移書京兆尹　發文件給京兆尹。移書，轉發文件。京兆尹，都城長安的行政長官，相當於郡太守。㉞遣與胡組俱送　派人把皇曾孫病已與胡組一同送到京兆尹處，意思是讓京兆尹相機送病已給武帝。㉟復還　又回到了郡邸獄。㊱日滿當去　服刑期滿，當出獄回家。㊲皇孫思慕　意思是皇曾孫病已捨不得胡組、離不開胡組。皇孫，應作「皇曾孫」，下同。㊳雇組　給胡組發工資。㊴並養　共同撫養。㊵乃遣組去　才讓胡組離獄回家。㊶少內嗇夫　在宮廷倉庫任職的小吏，上屬掖庭令。㊷白吉　告訴丙吉。㊸食皇孫無詔令　意即供養皇曾孫的生活用度無處支取、無法報銷。食，餵養。無詔令，沒詔令許可。㊹得食米肉　意即得到可以購買食物的薪俸時。㊺幾不全者數焉　差點不能保全的緊急情況有好幾回。幾，幾乎；差點兒。不全，不能保全。㊻數敕　多次叮囑。敕，告。㊼加致　更多地求得。㊽視遇　看待；關照。㊾史良娣有母貞君及兄恭　史良娣的母親貞君與哥哥史恭還在世。㊿載皇曾孫以付之　就把皇曾孫送到了他們那裡。(51)孤　孤苦無依，一個無父母，又無祖父祖母的孩子。(52)自養視　親自撫養、照顧。(53)掖庭養視　由掖庭令負責撫養看管。(54)上屬籍宗正　將其名字登記到宗正所管的皇族家譜。宗正，九卿之一，掌管劉氏皇室事務。(55)張賀　張安世之兄，曾為衛太子屬下，巫蠱事發，張賀被牽連受宮刑，此時為掖庭令。(56)事　侍候；為……做事。(57)思顧　思念。(58)教書　教給他讀書寫字。(59)壯　長大成人。(60)始冠　開始加冠，年十八歲。(61)長八尺二寸　謂昭帝身高八尺二寸，差點兒不到一．九公尺。(62)輔政　是當時的輔政大臣之一。(63)以庶人　以平民的身分。(64)衣食縣官　由公家供應衣食用度。(65)足矣　對他已經夠可以了。(66)暴室嗇夫　掖庭令屬下的小吏，主管織染曝曬等事，管理宮中有罪的女子。(67)許廣漢　曾在昌邑王屬下為郎，因犯罪受宮刑，現為暴室嗇夫。(68)體近　與皇帝的血緣關係近。(69)下乃關內侯　將來最不濟也能封個關內侯。關內侯沒有封地，只在關中地區享有若干戶的采邑，比列侯低一等。(70)可妻　可以將女兒嫁給他。(71)嫗　許廣漢的妻子。(72)重令人為介　鄭重其事地請人做媒。(73)遂與曾孫　遂將自己之女嫁給了皇曾孫。(74)賀以家財聘之　張賀用自己家的錢財給皇曾孫作為聘禮。聘，聘金，舊時結婚男家送給女家的采禮。(75)受詩　學習《詩經》。(76)東海澓中翁　東海郡的儒生姓澓名中翁。東海郡的郡治郯縣，在今山東郯城西北。(77)閭里姦邪　民間壞人的活動。閭里，猶言民間。(78)吏治得失　官場利弊。(79)數上下諸陵　多次去過漢代歷朝皇帝的陵邑，如長陵、安陵、灞陵等等，這些都是當時權貴與富人居住的地方。因這些地方較其他地方地勢為高，故曰上下。(80)周徧三輔　走遍了長安城與其四郊的一切地方。三輔即京兆尹、左馮翊、右扶風，長安城與其郊區三個郡。(81)困　受困；遭受劫難。(82)蓮勺鹵中　蓮勺縣的鹽鹼地上。蓮勺縣的縣治在今陝西蒲城南。鹵中，鹽鹼地。(83)杜鄠　漢之二縣名，杜縣在今陝西長安西，鄠縣即今陝西戶縣。(84)率常在下杜　一般說來，常住在下杜。率，一般；大致。下杜，城邑名，在今陝西長安境。(85)時會朝請　這裡即指按規定進宮朝見皇帝。時會，指過年與四時隨從宗室朝見皇帝。朝請，指諸侯王進京朝見皇帝，春季進見曰朝，秋季進見曰請。(86)舍長安尚冠里　都是住在長安城內的尚冠里。舍，住宿。尚冠里，里巷名，在漢代長安的南城。(87)議所立　商量立誰為帝。(88)奏記光　給霍光上書。記，文體名，是漢代臣民給朝廷大官僚上書的名稱。(89)受襁褓之屬　接受了輔佐幼主的囑託。屬，通「囑」。託付。(90)任天下之寄　擔任著治理天下的寄託。(91)欲亟聞嗣主　急於想知道接班人是誰。亟，急。嗣主，繼位的君主。(92)以大誼立後　按道理選立了接班人劉賀。誼，同「義」。道理，指血緣關係的遠近。(93)復以大誼廢之　又按照國家利益大於君主個人利益的原則廢掉了劉賀。(94)羣生　全體黎民百姓。(95)在將軍之壹舉　意思是關鍵就在於選好下一個繼承人了。(96)竊伏聽於眾庶　我聽到社會上的人們議論。「竊」、「伏」二字都是謙詞。(97)察其所言諸侯宗室在列位者　我見他們所提到的那些在朝任職的宗室與列國諸侯。察，看；分析。(98)未有所聞於民間也　沒有聽到民間對他們有什麼反映。(99)遺詔所養　昭帝當年下詔所收養的。(100)在掖庭外家者　曾經在掖庭令關照下與宮外人家生活長大的。(101)前使居郡邸　前時奉使到郡邸處理案件。(102)行安而節和　行動安詳，氣度和順。節，氣度。(103)詳大義　審慎地考慮立誰更合適。義，宜。(104)參以著龜　再通過占卜看其吉凶。著龜，著草和龜甲，都是占卜用品。(105)先使入侍　先讓他進宮侍候太后。(106)決定大策　決定是否立病已為帝。(107)師受　跟著老師學習。(108)躬行　身體力行。(109)軨獵車　射獵使用的輕便小車。(110)齋　齋戒，指沐浴、更衣、素食等等。(111)宗正府　宗正的官署，宗正是管理劉氏皇族事務的官，為九卿之一。(112)庚申　七月二十五。(113)封為陽武侯　陽武是封地名。先封為侯，為下一步立為皇帝做鋪墊，不至於由平民一步為天子。(114)謁高廟　拜見高祖劉邦廟。(115)尊皇太后為太皇太后　因為劉病已是昭帝上官皇后的孫輩。(116)侍御史　御史大夫的屬官，主管舉劾糾彈。(117)劾奏　上書彈劾。(118)擅廢

立主　擅自廢主立主。119不道　大逆無道。120奏雖寢　奏章雖被壓下。121敬憚　敬畏。122八月己巳　八月初五。123安平敬侯楊敞　楊敞的封號是安平侯，安平是封地名，敬字是其死後的謚號。124戊寅　九月乙未朔，無戊寅日，此處記載有誤。125蔡義　昭帝時曾以明經在大將軍霍光屬下任職。事跡詳見《漢書》本傳。126適皇曾孫　嫁與劉病已為妻。適，嫁給。127奭　劉奭，即未來的漢元帝。128倢伃　妃嬪的稱號名，地位僅低於皇后。129與皇太后親　論輩分，此時的皇太后（即昭帝的上官皇后）應向此霍光之小女叫姨。130心擬　心裡盤算。131詔求　下詔書尋找。132微時故劍　身分卑微時所用的一把劍。133指　同「旨」。心思。134白　請示皇帝，向皇帝建言。135十一月壬子　十一月十九。136刑人　受過刑的人。137不宜君國　不適合為一國之君，在這裡即指不便封為列侯。漢時列侯所封也叫國。138昌成君　封君的稱號名，比侯爵低一等，也食有一定的采邑。139歸長樂宮　自昌邑王劉賀被廢後，太皇太后一直住在未央宮處理政事，今宣帝已立，故太皇太后歸長樂宮。140初置屯衛　開始駐兵防守，其軍事長官即長樂宮衛尉。

【校　記】1往來　原作「來往」。據章鈺校，甲十五行本、乙十一行本、孔天胤本二字皆互乙，今據改。按，《通鑑紀事本末》卷四、《漢書·宣帝紀》、《漢書·丙吉傳》皆作「往來」。2馬　原作「狗」。據章鈺校，甲十五行本、乙十一行本皆作「馬」，今據改。按，《通鑑紀事本末》卷四、《通鑑綱目》卷五下、《漢書·宣帝紀》皆作「馬」。3定　原無此字。據章鈺校，甲十五行本、乙十一行本、孔天胤本皆有此字，今據補。按，《通鑑紀事本末》卷四、《通鑑綱目》卷五下、《漢書·霍光傳》皆有此字。

【語　譯】當初，衛太子劉據納魯國史姓女子入宮，並封她為良娣，史良娣為衛太子劉據生下兒子劉進，劉進是漢武帝的孫子，所以被稱為史皇孫。史皇孫劉進納涿郡的王姓女子為夫人，王夫人為他生了兒子劉病已，劉病已是漢武帝的曾孫，所以被稱為皇曾孫。皇曾孫劉病已出生才幾個月，就遭遇了巫蠱之亂，衛太子劉據的三個兒子、一個女兒以及諸位妻、妾都在這場變故中遇害，只有皇曾孫劉病已還活著，也被拘押在郡邸的監獄中。當時擔任廷尉監的魯國人丙吉受了朝廷之命審訊被指控犯巫蠱罪的犯人，丙吉知道衛太子沒有犯罪事實，又非常同情皇曾孫劉病已無辜被關押，於是就精心選擇了兩位處事謹慎為人厚道的女犯人——渭城縣的胡組和淮陽縣的郭徵卿，讓她們餵養皇曾孫，他把皇曾孫劉病已安置在一個安靜而又乾燥的地方。丙吉每天都要前來探望兩次。

巫蠱事件一拖幾年，武帝病了以後，經常往來於長楊宮、五柞宮，通過觀望雲氣來占卜吉凶的方士對漢武帝說長安監獄中有天子氣象，於是武帝派遣使者逐個登記京城各官府監獄中所關押的犯人，無論罪行輕重，一律處以死刑。擔任內謁者令的郭穰奉命連夜來到郡邸獄執行武帝的命令，丙吉緊閉監獄大門，拒絕內謁者令郭穰進入，丙吉對郭穰說：「皇曾孫在此。其他人無辜而死尚且不可以，何況是皇帝的親曾孫呢？」雙方一直僵持到天亮，郭穰也沒能進入邸獄。郭穰回去後，將此事報告了漢武帝，並彈劾丙吉妨礙執行公務。武帝此時也有所醒悟，說：「是上天讓丙吉這樣做的。」於是下詔大赦天下。京師各官府監獄中關押的犯人，只有郡邸監獄的犯人，因為丙吉而得以保全性命。

過了一段時間，丙吉對郡邸獄的守丞誰如說：「皇曾孫不應該關押在官方的監獄。」便派誰如發文書給京兆尹，同時派人把皇曾孫與胡組一起送到京兆尹處，京兆尹不肯接受，他們只好又回到郡邸獄。等到胡組刑期已滿準備離去，皇曾孫捨不得離開胡組，丙吉就自己出錢雇傭胡組，讓胡組留下來與郭徵卿一起繼續撫養皇曾孫，過了幾個月，才讓胡組離去。後來在宮廷倉庫擔任少內嗇夫的小吏向丙吉報告說：「供養皇曾孫的生活費沒有地方支取、沒有詔令無法報銷。」丙吉就把自己每月得到的薪俸拿來買米買肉，按月供給皇曾孫。皇曾孫生病，有好幾次病得差一點死去，丙吉屢次叮嚀撫養皇曾孫的乳母為皇曾孫請醫餵藥，對皇曾孫非常有恩。後來丙吉打聽到史良娣還有母親貞君以及哥哥史恭在世，於是就用車將皇曾孫劉病已送到他們那裡撫養。貞君雖然已經很老，但看到自己的外孫孤苦無依，非常可憐他，就親自擔負起撫養照顧皇曾孫的責任。

後來皇帝頒布詔書，皇曾孫劉病已由掖庭負責撫養看管，這才將皇曾孫劉病已的名字登記到宗正所管的皇族家譜上。當時的掖庭令張賀曾經侍奉過衛太子劉據，他思念衛太子劉據的舊日恩德，又可憐皇曾孫的孤苦無依，因此對皇曾孫照顧得非常周到，他用自己的私錢供養他，教他讀書。等到皇曾孫長大成人之後，張賀就想把自己的孫女嫁給皇曾孫劉病已為妻。當時漢昭帝剛剛舉行過加冠禮，身高八尺二寸。張賀的弟弟張安世當時擔任右將軍，是輔佐朝政的大臣之一，他聽到張賀讚譽皇曾孫劉病已，還想把孫女嫁給他，就發怒說：「皇曾孫乃是衛太子劉據的後代，他僥倖以平民的身分得到皇家的衣食供養也就足夠了，你不要再提將孫女嫁給他的事情了！」於是，張賀不敢再有將孫女嫁給皇曾孫的念頭。當時擔任暴室嗇夫的許廣漢有一個女兒，張賀設宴邀請許廣漢飲酒，酒飲到最盡興的時候，張賀對許廣漢說：「皇曾孫和皇帝的血緣關係近，將來最不濟也能封個關內侯，你可以將女兒嫁給他為妻。」許廣漢當即答應了這門親事。第二天，許廣漢的妻子知道了此事，非常生氣。許廣漢鄭重其事地請人做媒，終於將女兒許配給皇曾孫。張賀用自己家的財物替皇曾孫作聘禮交給了許廣漢。皇曾孫於是依靠許廣漢兄弟以及外祖母史家，師從東海郡的儒生姓澓名中翁，跟他學習《詩經》，皇曾孫天賦很高，又勤奮好學，然而也喜歡游俠，鬥雞賽馬，因此更加瞭解民情、瞭解民間壞人的活動以及吏治的得失。他還多次去過漢朝皇帝的陵園，足跡踏遍了三輔大地，也曾在蓮勺縣的鹽鹼地中遭受劫難。他尤其喜歡杜縣、鄠縣一帶的風景，最經常去的地方是下杜城。逢年過節的時候也跟隨宗室去朝見皇帝，此時則住在長安城中的尚冠里。

等到昌邑王劉賀被廢之後，霍光與張安世等諸位大臣商議立誰為皇帝，一時還無法決定。丙吉便上書給霍光說：「將軍侍奉孝武皇帝，孝武皇帝臨終時將尚在襁褓中的孝昭皇帝託付給大將軍，從此大將軍擔負起了輔佐幼主治理天下的重任。不幸的是孝昭皇帝早崩，又沒有子嗣，舉國上下為此而心懷憂懼，都急切地想知道誰是皇位的繼承人。為孝昭皇帝發喪之日，大將軍根據血緣關係選立了當時的昌邑王劉賀為皇位繼承人，後來發現劉賀不適宜做皇帝，將軍立即將他廢掉，天下沒有人不敬服將軍。如今國家的興衰、宗廟社稷的存亡、黎民百姓的安危都決定於將軍所選擇的皇位繼承人了。我從百姓的議論中，聽到他們所提及的那些在朝廷任職的宗室與列國諸侯，在民間都沒有什麼聲望。而昭帝當年下詔收養的武帝曾孫劉病已，就是曾經在掖庭令的關照下以及由外戚史家撫養長大的那個人，我從前奉使到郡邸處理案件，那時他還很幼小，現在已經有十八九歲了，他精通經學儒術、有很好的品行和才能，舉止安詳，氣度和順。希望大將軍審慎地考慮考慮，再通過占卜預測一下吉凶，考察劉病已適合不適合，褒舉劉病已，先讓他入宮侍候皇太后，讓天下人都明確地知道這件事，然後再做出是否立劉病已為帝的決定，這是天下人最大的幸運！」杜延年也知道皇曾孫劉病已品德端好，因此也極力勸說霍光、張安世立皇曾孫為皇帝。

秋季，七月，霍光坐在議事廳中，召集丞相以下的官員商議決定是否立劉病已為帝，隨後又與丞相楊敞等上奏上官皇太后說：「孝武皇帝的曾孫劉病已，現年已經十八歲，跟隨老師學習了《詩經》、《論語》、《孝經》，他崇尚節儉並身體力行，為人仁慈、寬厚、關愛百姓，可以做孝昭皇帝的繼承人，擔當起奉祀祖先宗廟、治理好國家的重任。臣等冒死奏請皇太后。」上官皇太后下詔說：「可以。」霍光於是派遣宗正劉德到皇曾孫劉病已所居住的尚冠里，讓他沐浴之後，穿上皇太后賞賜給他的御用衣服，太僕用射獵用的輕便小車將他迎進宗正府進行齋戒。二十五日庚申，引皇曾孫劉病已進入未央宮，拜見上官皇太后。上官皇太后封他為陽武侯。之後，群臣奏請上官皇太后為皇曾孫劉病已佩戴上皇帝璽綬，於是皇曾孫劉病已即位為皇帝，就是漢宣帝，宣帝隨即拜謁漢高祖廟，尊上官皇太后為太皇太后。

侍御史嚴延年給上官太皇太后上奏章彈劾霍光，他說：「大將軍霍光擅自廢立皇帝，違背了做臣子的禮節，犯了大逆不道之罪。」奏章雖然被壓下，然而朝中的大臣卻由此而對他心懷敬畏。

八月初五日己巳，安平侯楊敞去世，謚號為「敬」。

九月，大赦天下。〇戊寅日，任命蔡義為丞相。

當初，許廣漢的女兒許平君嫁給皇曾孫，一年後，生下兒子劉奭。幾個月之後，皇曾孫就被立為皇帝，許平君被封為倢伃。當時霍光的小女兒霍成君與上官太皇太后關係親近，公卿們議論如果皇帝要立皇后，都猜測一定會立霍將軍的女兒霍成君，但誰都沒有明說。宣帝此時卻下詔讓大臣們為他尋求他地位卑微時所用過的一把劍。大臣們於是猜透了皇帝的心思，於是奏請宣帝立許倢伃為皇后。

十一月十九日壬子，立許氏為皇后。霍光認為許皇后的父親許廣漢是受過刑的人，不適合當一個封國的君主，一年後，漢宣帝封許廣漢為昌成君。

上官太皇太后回到長樂宮居住。長樂宮開始駐兵防守。

中宗孝宣皇帝❶上之上

本始元年（戊申　西元前七三年）

春，詔有司論定策安宗廟❷功。大將軍光益封萬七千戶❸，與故所食凡❹二萬戶。車騎將軍富平侯安世❺以下益封者十人❻，封侯者五人❼，賜爵關內侯者八人❽。

大將軍光稽首歸政❾，上❿謙讓不受，諸事皆先關白⓫光，然後奏御⓬。自昭帝時，光子禹⓭及兄孫雲⓮皆為中郎將⓯，雲弟山⓰奉車都尉、侍中⓱，領胡、越兵⓲，光兩女壻為東、西宮衛尉⓳，昆弟⓴、諸壻、外孫皆奉朝請㉑，為諸曹㉒、大夫㉓、騎都尉㉔、給事中㉕，黨親連體㉖，根據㉗於朝廷。及昌邑王廢，光權益重，每朝見，上虛己斂容㉘，禮下之已甚㉙。

夏，四月庚午㉚，地震。

五月，鳳皇集膠東、千乘㉛。赦天下，勿收田租賦。

六月，詔曰：「故皇太子㉜在湖㉝，未有號謚㉞，歲時祠㉟，其議謚，置園邑㊱。」

有司奏請：「禮，為人後者，為之子也㊲。故降其父母㊳，不得祭㊴，尊祖之義㊵也。陛下為孝昭帝後㊶，承祖宗之祀㊷。愚以為親謚宜曰悼㊸，母曰悼后，故皇太子諡曰戾(44)，史良娣曰戾夫人。」皆改葬焉。

秋，七月，詔立燕剌王太子建(45)為廣陽王(46)，立廣陵王胥(47)少子弘為高密王(48)。

初，上官桀與霍光爭權，光既誅桀，遂遵武帝法度，以刑罰痛繩(49)羣下，由是俗吏皆尚嚴酷(50)以為能，而河南太守丞(51)淮陽黃霸(52)獨用寬和為名。上在民間時，知百姓苦吏急(53)也，聞霸持法平(54)，乃召為廷尉正(55)，數決疑獄(56)，庭中(57)稱平。

二年（己酉　西元前七二年）

春，大司農田延年有罪自殺。昭帝之喪(58)，大司農僦民車(59)，延年詐增僦直(60)，盜取(61)錢三千萬，為怨家(62)所告。霍將軍召問延年，欲為道地(63)。延年抵(64)曰：「無有是事。」光曰：「即無事，當窮竟(65)。」御史大夫(66)田廣明謂太僕(67)杜延年曰：「春秋之義(68)，以功覆過(69)。當廢昌邑王時(70)，非田子賓之言(71)，大事不成(72)。今縣官出三千萬自乞之(73)，何哉(74)？願以愚言白大將軍。」延年言之大將軍，大將軍曰：「誠然，實勇士也！當發大議時(75)，震動朝廷。」光因舉手自撫[1]心(76)曰：「使我至今病悸(77)。謝田大夫(78)曉大司農(79)，通往就獄(80)，得公議之(81)。」田大夫使人語延年，延年曰：「幸縣官寬我耳(82)，何面目入牢獄，使眾人指笑我，卒徒(83)

唾吾背乎？」即閉閤[84]獨居齋舍[85]，偏袒[86]，持刀東西步[87]。數日，使者召延年詣廷尉[88]，聞鼓聲[89]，自刎死。

夏，五月，詔曰：「孝武皇帝躬仁誼[90]，厲威武[91]，功德茂盛，而廟樂未稱[92]，朕甚悼焉。其與列侯、二千石、博士議[93]。」於是羣臣大議庭中[94]，皆曰：「宜如詔書。」長信少府夏侯勝獨曰：「武帝雖有攘四夷[95]、廣土境之功，然多殺士眾[96]，竭民財力，奢泰[97]無度，天下虛耗，百姓流離，物故者半[98]，蝗蟲大起，赤地[99]數千里，或人民相食，畜積[100]至今未復[101]。無德澤於民，不宜為立廟樂[102]。」公卿共難勝[103]曰：「此詔書也[104]。」勝曰：「詔書不可用[105]也。人臣之誼[106]，宜直言正論，非苟阿意順指[107]。議已出口，雖死不悔！」於是丞相、御史[108]劾奏勝非議詔書[109]，毀先帝[110]，不道[111]。及丞相長史黃霸[112]阿縱勝[113]，不舉劾[114]，俱下獄。有司遂請尊孝武帝廟[115]為世宗[116]廟，奏盛德、文始五行之舞[117]。武帝巡狩所幸郡國[118]皆立廟[119]，如高祖、太宗[120]焉。夏侯勝、黃霸既久繫[121]，霸欲從勝受尚書[122]，勝辭以罪死[123]。霸曰：「朝聞道，夕死可矣[124]。」勝賢其言[125]，遂授之。繫再更冬[126]，講論不怠。

初，烏孫公主[127]死，漢復以楚王戊之孫解憂[128]為公主[129]，妻岑娶[130]。岑娶胡婦子泥靡[131]尚小，岑娶且死[132]，以國與季父大祿子翁歸靡[133]，曰：「泥靡大[134]，以國歸之[135]。」翁歸靡既立，號肥王，復尚楚主[136]，生三男、兩女。長男曰元貴靡，次曰萬年，次曰大樂。昭帝時，公主上書言：「匈奴與車師[137]共侵烏孫，唯[138]天子幸救之！」漢養士馬，議擊匈奴。會昭帝崩[139]，上遣光祿大夫[140]常惠[141]使烏孫。烏孫公主及昆彌[142]皆遣使上書，言：「匈奴復連發大兵，侵擊烏孫。使使謂烏孫：『趣持公主來[143]！』欲隔絕漢[144]。昆彌願發國精兵五萬騎，盡力擊匈奴，唯天子出兵以救公主、昆彌！」先是[145]匈奴數侵漢邊，漢亦欲討之。秋，大發兵，遣御史大夫田廣明為祁連將軍[146]，四萬餘騎，出西河[147]；度遼將軍范明友三萬餘騎，出張掖[148]；前將軍韓增三萬餘騎，出雲中[149]；後將軍趙充國為蒲類將軍[150]，三萬餘騎，出酒泉[151]；雲中太守田順為虎牙將軍，三萬餘騎，出五原[152]，期[153]以出塞各二千餘里。以常惠為校尉[154]，持節[155]護烏孫兵[156]共擊匈奴。

【章　旨】以上為第三段，寫宣帝本始元年（西元前七三年）、二年共兩年間的全國大事，主要寫了霍光的權勢之大與其家族親戚盤根錯節、壟斷朝廷的局勢；寫了漢宣帝為武帝議廟號、議廟樂，為其祖父衛太子、其父劉進等立園、議諡；寫了田延年因貪汙自殺；寫了漢王朝為援助烏孫而五道出兵伐匈奴等事。

【注　釋】①中宗孝宣皇帝　即漢宣帝劉詢，本名病已，後更名詢，武帝之曾孫，衛太子之孫，西元前七三—前四九年在位。中宗是其廟號。②定策安宗廟　指決策廢昌邑王，立宣帝事。③益封萬七千戶　在原有封地的基礎上再增加一萬七千戶人家的封地。④凡　總共。霍光於武帝始元二年以捕馬何羅功封博陸侯，食二千多戶，今益封一萬七千多戶，故凡二萬戶。⑤富平侯安世　張安世，始封富平侯。⑥益封者十人　此十人為安平侯楊敞、陽平侯蔡義、平陵侯范明友、龍頟侯韓增、建平侯杜延年、蒲侯蘇昌、宜春侯王譚、當塗侯魏聖、杜侯屠耆堂、關內侯夏侯勝。⑦封侯者五人　田廣明封為昌水侯、趙充國封為營平侯、田延年封為陽城侯、樂成封為爰氏侯、王遷封為平丘侯。⑧賜爵關內侯者八人　即周德、蘇武、李光、劉德、韋賢、宋畸、丙吉、趙廣漢。⑨稽首歸政　向皇帝行跪拜禮，請求將攝政權歸還皇帝自己。稽首，最虔敬的跪拜禮，先跪下，而後全身俯伏在地。⑩上　指漢宣帝。⑪關白　稟告。⑫奏御　報告皇帝。⑬光子禹　霍禹。⑭兄孫雲　霍光之姪孫霍雲。⑮中郎將　皇帝的衛隊長，統領眾中郎，上屬光祿勳。⑯雲弟山　霍光之姪霍山。⑰奉車都尉侍中　以奉車都尉之職，兼在宮中侍候皇帝。奉車都尉的職責是為皇帝掌管車馬，上屬光祿勳。⑱領胡越兵　統領由匈奴人和越族人編成的部隊。⑲東西宮衛尉　負責守衛東宮與西宮的軍事長官，即長樂宮衛尉與未央宮衛尉，皆為九卿之一。⑳昆弟　兄弟，指霍光本人的兄弟。㉑奉朝請　按一定的節令入朝拜見皇帝，這是朝廷給某些閒散官僚、貴族的一種榮譽。㉒諸曹　指尚書令所屬的各曹尚書。㉓大夫　朝廷各部門的下屬官員。㉔騎都尉　統領騎兵的軍官，級別同於校尉。㉕給事中　職務略同於「侍中」，在皇帝身邊，以備參謀顧問。㉖黨親連體　職務與親緣結成不可分割的關係網。㉗根據　盤根錯節。㉘虛己斂容　謙虛謹慎、不苟言笑。㉙禮下之已甚　對之恭敬得已有些過分。㉚四月庚午　四月初十。㉛鳳皇集膠東千乘　意即膠東、千乘二郡國出現了鳳凰。鳳皇，同「鳳凰」。集，眾鳥落於木。膠東，諸侯國名，都城即墨，在今山東平度東南。千乘，漢郡名，郡治在今山東高青東北。按，漢代儒生鼓吹天人感應，以為鳳凰出現是天降吉祥，故赦天下、免田租云云。㉜故皇太子　指衛太子，漢宣帝之祖父。㉝在湖　墳墓在湖縣，今河南靈寶西北。㉞未有號諡　沒有封號、諡號。諡，古人死後，後人依據其生前行為事跡給予的一種稱號。㉟歲時祠　應該在年關、四時進行祭祀。㊱置園邑　設置守護園陵的機構與食邑。㊲為人後者二句　給人家做繼承人，就要當人家的兒子。㊳降其父母　降低自己的親生父母。㊴不得祭　不能再祭祀他。㊵尊祖之義　這是為了明確系統、尊重祖先。㊶為孝昭帝後　您現在已經是漢昭帝的繼承人。㊷承祖宗之祀　已經擔當起祭祀歷代祖先的責任。㊸親諡宜曰悼　您的生父應該諡為「悼」，意思是死得令人同情。親，指生父劉進。㊹諡曰戾　「戾」的意思是悖謬，因衛太子殺了武帝所派的使者江充，又起兵與丞相作戰，故諡為「戾」。㊺燕刺王太子建　燕刺王劉旦的太子劉建。燕王劉旦於昭帝元鳳元年因謀反罪自殺，燕國撤銷，為廣陽郡；今重又建國，封劉建為王。(46)廣陽王　廣陽國的都城即今北京市。廣陽王劉建之墓即今北京市之大葆臺漢墓。(47)廣陵王胥　劉胥，武帝之子，元狩六年被封為廣陵王，都城即今江蘇揚州。(48)高密王　高密國的都城即今山東高密。高密國即原來的膠西國。(49)痛繩　嚴厲制裁。繩，約束；管制。(50)尚嚴酷　以嚴酷為能，越嚴越好。(51)河南太守丞　河南郡太守的副職。河南郡的郡治洛陽，在今河南洛陽城東北。(52)淮陽黃霸　淮陽是漢代諸侯國名，都城即今河南淮陽。黃霸是西漢著名的地方官。事跡詳見《漢書》本傳。(53)苦吏急　以官吏的嚴酷為苦。(54)持法平　執法公平。(55)廷尉正　廷尉的屬官，秩千石。廷尉是九卿之一，掌管全國司法。(56)數決疑獄　屢屢判斷有疑難的案件。(57)庭中　漢王朝的朝廷之中。(58)喪　指辦喪事。(59)僦民車　向百姓租賃車輛。僦，雇用。(60)詐增僦直　虛報雇車所花的錢。直，通「值」。錢數。(61)盜取　意即貪汙。(62)怨家　仇家。(63)欲為道地　想給他留些餘地，做些開脫。(64)抵　抵賴；不承認。(65)即無事二句　如果沒有問題，那就徹底查一查。即，如果。窮竟，徹底清查。(66)御史大夫　三公之一，職同副丞相，主管監察糾彈。(67)太僕　九卿之一，為皇帝趕車。(68)春秋之義　按《春秋》所講的道理。(69)以功覆過　可以用功勞抵補過失。(70)廢昌邑王時　指霍光召集群臣示意要廢除昌邑王，讓群臣表態時。(71)非田子賓之言　如果當時沒有田延年的激烈陳辭。見本書昭帝元平元年。田延年字子賓。(72)大事不成　廢除昌邑王的決議就通不過。(73)今縣官出三千萬自乞之　意思是我願意給國家出錢三千萬把他贖出來。有人認為「今」下應有「向」字。縣官，指國家、官府。自乞之，我請求把他贖出來。(74)何哉　你看如何。(75)發大議時　指當時田延年的激烈陳辭。(76)撫心　撫摸著自己的心口。(77)病悸　害怕得心跳。(78)田大夫　對御史大夫田廣明的敬稱。(79)曉大司農　請把咱們的意思告知田延年。(80)通往就獄　趕緊按規定自往監獄。通，按照通例。就，往。(81)得公議之　我們再共同議論一下該如何處置他。(82)幸縣官寬我耳　我是蒙皇帝開恩把我寬赦的。幸，獲幸。縣官，這裡指皇帝。(83)卒徒　獄卒與囚犯。徒，刑徒。(84)閉閤　閉門。閤，內門。(85)齋舍　齋戒的屋子，這裡即指僻靜的小屋。(86)偏袒　袒露一臂，這是古人發憤、發誓、表決心時所做的一種姿態。(87)持刀東西步　欲自殺但又下不了決心的樣子。(88)詣廷尉　到廷尉衙門接受審判。(89)聞鼓聲　田延年聽到大司農衙門迎接詔書的鼓聲。(90)躬仁誼　躬行仁義。躬，親身。誼，同「義」。(91)厲威武　發揚國威。厲，磨，這裡意即發揚。(92)廟樂未稱　祭祀宗廟時還沒有與他的功德相稱的音樂。(93)其與列侯二千石博士議　意即請大將軍、丞相等與列侯、二千石、博士等共同討論一下。(94)庭中　朝廷之上。(95)攘四夷　討伐國家四周對漢王朝不馴服的少數民族，如匈奴、南越、東越、西南夷、朝鮮等。攘，擊逐。(96)多殺士眾　使漢族士兵付出重大犧牲。(97)奢泰　驕奢淫逸。泰，淫逸。(98)物故者半　人口數量減半。物故，死亡。(99)赤地　土地上不長禾苗。(100)畜積　國庫和百姓私家的儲存。畜，此處通「蓄」。

101未復　未能恢復到武帝即位前。102立廟樂　專門制定一部祭祀武帝的音樂。103難勝　責問夏侯勝。難，責問；駁斥。104此詔書也　這是皇帝下詔書讓我們討論的。105不可用　不能採納；不能照辦。106人臣之誼　作為一個臣子的義務。誼，義；義務。107非苟阿意順指　不能只是順著皇帝的意思辦。阿意，曲從。指，同「旨」。108丞相御史　丞相蔡義。御史，指御史大夫，即田廣明。109非議詔書　誹謗皇帝的詔令。110毀先帝　詆毀武帝。111不道　大逆不道。112丞相長史黃霸　黃霸原任廷尉正，此時任丞相長史。長史是丞相的屬官，為丞相屬下的諸史之長，此時代丞相組織眾人討論。113阿縱勝　順著夏侯勝；放縱夏侯勝。114不舉劾　明知其有罪而不舉報、不彈劾。115孝武帝廟　指單獨建築的漢武帝廟與西漢王朝太廟裡所供奉的漢武帝的靈牌。116世宗　漢武帝的廟號，凡能使一個王朝的國力變強、以武功著稱的帝王通常尊為「世宗」。117盛德文始五行之舞　皆祭祀宗廟所用舞名。118武帝巡狩所幸郡國　武帝當年巡狩所到過的各郡、各諸侯國。幸，使……蒙幸，意即所到達之處。119皆立廟　皆立武帝廟。120高祖太宗　高祖是劉邦的廟號，太宗是文帝劉恆的廟號。121久繫　長期被關押在獄中。122從勝受尚書　跟著夏侯勝學習《尚書》。受，接受；學習。123辭以罪死　推辭以一個犯了死罪的人還學什麼《尚書》。124朝聞道二句　二句見《論語·里仁》。意思是早晨學到了大道理，晚上死了也值得。125賢其言　認為他說得好。126繫再更冬　在獄裡經過了兩個冬天。更，經歷。127烏孫公主　漢江都王劉建之女，名細君，於元封年間（西元前一一〇—前一〇五年）武帝以公主之名將其嫁與烏孫王，史稱「烏孫公主」。烏孫是西域國名，其地約當今我國新疆之西北部、塔吉克共和國的東南部，與吉爾吉斯共和國的東部地區，首都赤谷城，在今吉爾吉斯斯坦境內的伊塞克湖之東南，距我國的新疆邊界不遠。128楚王戊之孫解憂　楚王劉戊的孫女，名解憂。劉戊是楚元王劉交之孫，於景帝三年因謀反兵敗自殺。129為公主　以武帝公主的名義。130妻岑娶　嫁與烏孫王岑娶為妻。岑娶是老烏孫王之孫。131胡婦子泥靡　岑娶的妃子匈奴女人所生的兒子名叫泥靡。胡婦，匈奴女人。132且死　將死。133季父大祿子翁歸靡　岑娶的叔父大祿的兒子名叫翁歸靡。季父，小叔父。134泥靡大　等日後泥靡長大成人。135以國歸之　把統治烏孫國的權力交還給他。136復尚楚主　又接續以楚王劉戊的孫女解憂為妻。尚，高攀，這裡的意思即娶。當時許多少數民族都有子繼父位或弟繼兄位時，即接收其父或其兄之嬪妃為自己嬪妃的習俗。137車師　西域國名，分前後兩國，車師前國的國都交河城，在今新疆吐魯番城西；車師後國在吐魯番北的天山北側。138唯　表示祈請的發語詞。139會昭帝崩　事在元平元年（西元前七四年）。140光祿大夫　光祿勳的屬官，在皇帝身邊備參謀顧問。141常惠　曾隨蘇武出使匈奴，被匈奴拘留十九年。昭帝時還漢，任光祿大夫。142昆彌　烏孫王的稱號，即翁歸靡。143趣持公主來　火速將你們那裡的漢朝公主送到匈奴來。趣，同「促」。迅速。公主，指烏孫公主。144欲隔絕漢　想截斷烏孫與漢王朝的關係。145先是　在此以前。146祁

連將軍　以出兵要去的方向為將軍之號。祁連，即祁連山，在今甘肅走廊南側與青海相鄰處。147 西河　漢郡名，郡治平定，在今內蒙古東勝境內。148 張掖　漢郡名，郡治在今甘肅張掖西北。149 雲中　漢郡名，郡治在今內蒙古托克托東北。150 蒲類將軍　以出兵所向之地為將軍之號。蒲類是水澤名，也是小國名，在今新疆東部。151 酒泉　漢郡名，郡治祿福，即今甘肅酒泉。152 五原　漢郡名，郡治在今內蒙古包頭西。153 期　預計；預定計劃。154 以常惠為校尉　讓常惠以校尉的級別。155 持節　手執旄節，以皇帝特使的身分。節，皇帝派出使者所持的信物。156 護烏孫兵　監督烏孫國出擊匈奴的部隊。

【校記】1 撫　原作「憮」。據章鈺校，甲十五行本、乙十一行本、孔天胤本皆作「撫」，今據改。按，《漢書・酷吏・田延年傳》作「撫」。

【語譯】中宗孝宣皇帝上之上

本始元年（戊申　西元前七三年）

春天，漢宣帝下詔命令有關部門的官員評定出安定國家、穩固社稷的有功之臣。因此，大將軍霍光的封地在原有的基礎上又增加了一萬七千戶，總計封地有兩萬戶。車騎將軍富平侯張安世及以下有功之臣增加封地的有十個人，被封為侯爵的有五個人，被封為關內侯的有八個人。

大將軍霍光在朝廷上向漢宣帝行跪拜大禮，請求將攝政大權歸還給皇帝，漢宣帝再三謙讓不肯接受，此後諸事仍然先稟告霍光，然後再奏報漢宣帝。從漢昭帝執政的時候開始，霍光的兒子霍禹及霍光兄長霍去病之孫霍雲就都擔任了負責宮廷警衛任務的中郎將，霍雲的弟弟霍山以奉車都尉之職兼任在宮中侍奉皇帝的侍中，同時兼職負責統領由匈奴人和越族人組編成的軍隊，霍光的兩個女婿分別擔任著皇太后所居住的長樂宮衛尉和皇帝所居住的未央宮衛尉，霍光的其他兄弟、諸位女婿以及外孫等也都按照節令入朝拜見皇帝，分別擔任著諸曹、大夫、騎都尉、給事中等各種職務，職務與親緣結為一體，在朝廷中盤根錯節。等到昌邑王劉賀被廢之後，霍光建樹的功勞最大、權勢更重，他每次朝見漢宣帝，漢宣帝在他面前都非常謙虛謹慎、不苟言笑，不惜降低自己的皇帝身分，謙恭得有些過分。

夏季，四月初十日庚午，發生地震。

五月，有鳳凰飛到膠東國、千乘郡。宣帝下令大赦天下，免收百姓當年的田租賦稅。

六月，漢宣帝下詔說：「我的祖父、已故衛太子的墳墓在湖縣，至今既沒有封號、諡號，也沒有四時的祭祀，請為我的祖父議定諡號，設置守護園陵的機構與食邑。」有關部門的官員向漢宣帝奏請說：「按照禮儀，給人家做繼承人，就要做人家的兒子，就要降低自己的生身父母不能再祭祀，這是為了明確系統、尊重祖先。陛下做了孝昭皇帝的繼承人，已經擔當起祭祀歷代祖先的責任，我認為陛下的生父諡號應該用『悼』字，陛下生母就應該是『悼后』，陛下的祖父、已故衛太子劉據的諡號應該為『戾』，祖母史良娣應稱為『戾夫人』。」漢宣帝將自己的祖父母、生父、生母全都重新選址安葬。

秋季，七月，漢宣帝下詔封燕刺王劉旦的太子劉建為廣陽王，封廣陵王劉胥的小兒子劉弘為高密王。

當初，上官桀與霍光爭權，霍光誅殺了上官桀之後，立即恢復漢武帝時期所實行的法度，用嚴酷的刑法嚴厲制裁下級官吏和百姓，於是一般的官吏都以嚴酷為能，越嚴越好，而擔任河南郡太守丞的淮陽人黃霸卻獨以執法寬大平和聞名。宣帝在民間的時候，深知百姓深受酷吏執法之苦，聽說黃霸執法公正平和，就調任他到朝廷擔任廷尉正，黃霸屢次判決有疑難的案件，朝中大臣都認為他執法公正。

二年（己酉　西元前七二年）

春季，大司農田延年犯罪自殺。在為漢昭帝治喪期間，大司農田延年負責向民間租賃車輛，他在租賃價錢上弄虛作假，從中貪汙了三千萬錢，被怨恨他的人舉報。霍光親自詢問田延年，是想為他減輕罪責、留些餘地。而田延年卻抵賴說：「根本沒有這回事。」霍光說：「既然沒有這回事，那就徹底查一查。」御史大夫田廣明對太僕杜延年說：「按照《春秋》所講的道理，可以將功補過。在廢除昌邑王劉賀的時候，如果不是田延年拔劍挺身而出、激烈陳辭，廢掉昌邑王的決議就通不過。我願意向國家交納三千萬錢把他贖出來，你覺得怎麼樣？希望你把我的想法報告給霍光大將軍。」太僕杜延年將御史大夫田廣明的話報告給大將軍霍光，霍光說：「的確如此，田延年的表現確實是個勇士！當年他一番大義凜然的議論，震驚了整個朝廷。」霍光用手撫摸著自己的胸口說：「使我至今都會怕得心跳。感謝田廣明御史大夫把我們的意思告知田延年大司農，讓他先按規定到監獄去，請他相信一定能夠得到公正的裁決。」田廣明派人把霍光的意思告訴了大司農田延年，田延年說：「我承蒙皇帝開恩將我寬赦，但我有何臉面進入牢獄讓眾人指點譏笑我，讓那些獄卒犯人指點著我的脊樑唾罵呢？」於是閉門不出，獨自居住在齋戒的屋子裡，袒露著一隻臂膀，手裡拿著刀在室內徘徊。過了幾天，使者前來通知田延年到廷尉衙門接受審判，當田延年聽到大司農衙門迎接詔書的鼓聲，便揮刀自刎了。

夏季，五月，漢宣帝下詔說：「孝武皇帝躬行仁義，發揚威武，功德蓋世，然而在祭祀宗廟時還沒有與他功德相稱的音樂，對此我感到非常的哀痛。請大將軍、丞相等與列侯、二千石的高級官員以及博士共同商定這件事。」於是群臣便在朝廷中展開了議論，都說：「應該按照皇帝的旨意去辦。」只有長信少府夏侯勝表達了不同的意見，他說：「武帝雖有討伐國家四周不馴服的少數民族、開疆拓土的功績，然而卻由此導致許多的將士戰死沙場，使國家和民眾的財力物力損失殆盡，而且武帝生活鋪張奢侈，揮霍無度，耗盡了天下的財富，使百姓流離失所，人口數量減半，加上蝗災嚴重，致使上千里的土地寸草不生，百姓由於貧困不堪，竟然有人吃人的現象發生，國庫的儲備和百姓的私家積蓄直到現在也沒有得到完全的恢復。總體來說，他沒有給人民帶來恩德與幸福，不應該專門為他制定一部祭祀的音樂。」公卿大臣全都責難夏侯勝說：「這可是皇帝的旨意啊。」夏侯勝說：「雖然是皇帝的旨意也不能採納、不能照辦。做臣子的義務，就應該直言正論，而不能一味的阿諛奉承、只是順著皇帝的旨意辦。我的意見已經說出口，即使把我殺了我也不後悔！」於是，丞相、御史全都上奏章彈劾夏侯勝，說他誹謗皇帝的詔書，詆毀先帝，大逆不道。同時彈劾擔任丞相長史的黃霸，說他縱容夏侯勝，對夏侯勝的行為不檢舉不彈劾，於是二人都被逮捕入獄。有關官員於是奏請漢宣帝為孝武帝廟上尊號為世宗廟，祭祀時演奏〈盛德〉、〈文始五行之舞〉。凡是武帝在世時巡狩到過的郡、諸侯國都要為武帝單獨建廟祭祀，其規模要與高祖劉邦、太宗漢文帝的祭廟一樣。夏侯勝、黃霸被長期關押在監獄中，黃霸想跟夏侯勝學習《尚書》，夏侯勝以一個犯了死罪的人還學什麼《尚書》為由婉言拒絕。黃霸說：「早晨學到了大道理，就是晚上死了也值得。」夏侯勝很讚賞他的話，於是就在監獄中教授他學習《尚書》。他們在獄中度過了兩個漫長的冬天，然而學習講論卻毫不倦怠。

當初，嫁給烏孫王為妻的江都王劉建的女兒烏孫公主死後，漢朝又把楚王劉戊的孫女劉解憂封為公主嫁給烏孫國王岑娶為妻。岑娶所娶的另一位匈奴妻子所生的兒子泥靡當時年齡還小，岑娶在臨死的時候，就把王位傳給他叔父大祿的兒子翁歸靡，岑娶對翁歸靡說：「等我的兒子泥靡長大了，你一定要把王位歸還他。」翁歸靡繼承了王位，號稱肥王，肥王又將解憂公主娶去為妻，解憂公主為翁歸靡生育了三個兒子、兩個女兒。長子叫元貴靡，次子叫萬年，三子叫大樂。昭帝在位時，解憂公主曾經上書給昭帝說：「匈奴與車師兩國聯合起來侵略烏孫，希望天子能夠派兵援救烏孫國！」於是漢朝訓練士兵蓄養馬匹，商議發兵攻打匈奴。而此時漢昭帝卻突然駕崩，漢朝派遣光祿大夫常惠為使者出使烏孫。解憂公主以及昆彌都派出使者到漢朝給皇帝上書說：「匈奴又接連增派大軍前來侵略烏孫。他們派使者來對烏孫國王說：『快把解憂公主送來！』他們的目的就是要截斷烏孫與漢朝的聯繫。昆彌願意調動烏孫國內的五萬名精銳騎兵，竭盡全力攻打匈奴，只是希望漢天子趕緊發兵營救公主、昆彌！」先前，匈奴曾經屢次派兵侵略漢朝的邊境，漢朝本來就想討伐匈奴。所以秋季一到，漢朝立即調集大軍，派御史大夫田廣明為祁連將軍，率領四萬多名騎兵，從西河郡出塞；派度遼將軍范明友帶領三萬多名騎兵，從張掖出塞；命前將軍韓增帶領三萬多名騎兵，從雲中出發；命後將軍趙充國為蒲類將軍，帶領三萬多名騎兵，從酒泉出發；任命雲中太守田順為虎牙將軍，帶領三萬多名騎兵，從五原出發，約定各路軍馬必須深入匈奴境內兩千多里掃蕩匈奴。任命常惠為校尉，手持漢朝皇帝的符節監督烏孫國出擊匈奴的軍隊共同攻打匈奴。

三年（庚戌　西元前七一年）

春，正月癸亥❶，恭哀許皇后❷崩。時霍光夫人顯❸欲貴其小女成君❹，道無從❺。會許后當娠❻，病，女醫淳于衍❼者，霍氏所愛，嘗入宮侍皇后疾❽。衍夫賞❾為掖庭戶衛❿，謂衍：「可過辭霍夫人⓫，行為我求安池監⓬。」衍如言報顯，顯因生心⓭[1]，辟⓮左右，字謂衍⓯曰：「少夫幸⓰報我以事⓱，我亦欲報少夫⓲，可乎？」衍曰：「夫人所言，何等不可者⓳？」顯曰：「將軍素愛小女成君，欲奇貴之，願以累少夫⓴。」衍曰：「何謂邪㉑？」顯曰：「婦人免乳㉒，大故㉓，十死一生。今皇后當免身㉔，可因投毒藥去㉕也，成君即為皇后矣。如蒙力事成，富貴與少夫共之。」衍曰：「藥雜治㉖，當[2]先嘗，安可㉗？」顯曰：「在少夫為之耳㉘。將軍領天下㉙，誰敢言者？緩急相護㉚，但恐少夫無意㉛耳。」衍良久㉜曰：「願盡力！」即擣附子㉝，齎㉞入長定宮㉟。皇后免身後，衍取附子并合大醫大丸㊱以飲㊲皇后，有頃㊳，曰㊴：「我頭岑岑㊵也，藥中得無有毒㊶？」對曰：「無有。」遂加煩懣㊷，崩。衍出，過見顯，相勞問㊸，亦未敢重謝衍。後人有上書告諸醫侍疾無狀㊹者，皆收繫詔獄㊺，劾不道㊻。顯恐急㊼，即以狀具語光㊽，因曰：「既失計為之㊾，無令吏急衍㊿！」光大驚，欲自發舉(51)，不忍，猶與(52)。會奏上(53)，光署衍勿論(54)。顯因勸光內其女入宮(55)。

戊辰(56)，五將軍發長安(57)。匈奴聞漢兵大出，老弱奔走，敺畜產遠遁逃，是以五將少所得。夏，五月，軍罷。度遼將軍出塞千二百餘里，至蒲離候水[58]，斬首、捕虜七百餘級。前將軍出塞千二百餘里，至烏員[59]，斬首、捕虜百餘級。蒲類將軍出塞千八百餘里，西去[3]候山[60]，斬首捕虜，得單于使者蒲陰王以下三百餘級。聞虜已引去，皆不至期[61]還。天子薄其過[62]，寬而不罪。祁[4]連將軍出塞千六百里，至雞秩山[63]，斬首、捕虜十九級。逢漢使匈奴還者[64]冉弘等，言雞秩山西有虜眾，祁連[65]即戒弘[66]，使言無虜，欲還兵。御史屬公孫益壽[67]諫，以為不可。祁連不聽，遂引兵還。虎牙將軍出塞八百餘里，至丹餘吾水[68]上，即止兵不進，斬首捕虜千九百餘級，引兵還。上以虎牙將軍不至期，詐增鹵獲[69]，而祁連知虜在前，逗遛不進，皆下吏[70]，自殺。擢[71]公孫益壽為侍御史[72]。

烏孫昆彌[73]自將五萬騎與校尉常惠從西方入[74]，至右谷蠡王庭[75]，獲單于父行[76]及嫂、居次[77]、名王、犁汙都尉[78]、千長[79]、騎將以下四萬級[80]，馬、牛、羊、驢、橐佗[81]七十餘萬頭。烏孫皆自取所虜獲[82]。上以五將皆無功，獨惠奉使克獲[83]，封惠為長羅侯。然匈奴民眾傷而去者及畜產遠移死亡，不可勝數，於是匈奴遂衰耗[84]，怨烏孫。

上復遣常惠持金幣還賜烏孫貴人有功者。惠因奏請龜茲國[85]嘗殺校尉賴丹[86]，未伏誅[87]，請便道擊之。帝不許。大將軍霍光風惠[88]以便宜從事[89]。惠與吏士五百人俱至烏孫，還過[90]，發西國[91]兵二萬人，令副使發龜茲東國[92]二萬人，烏孫兵七千人，從三面攻龜茲。兵未合[93]，先遣人責其王[94]以前殺漢使狀。王謝[95]曰：「乃我先王時為貴人姑翼所誤[96]耳，我無罪。」惠曰：「即如此，縛姑翼來，吾置王[97]。」王執姑翼詣惠[98]，惠斬之而還。

大旱。

六月己丑[99]，陽平節侯蔡義[100]薨。○甲辰[101]，長信少府[102]韋賢[103]為丞相。○大司農魏相[104]為御史大夫。

冬，匈奴單于自將數萬騎擊烏孫，頗得老弱。欲還，會天大雨雪，一日深丈餘，人民、畜產凍死，還者不能什一[105]。於是丁令[106]乘弱[107]攻其北[108]，烏桓[109]入其東[110]，烏孫擊其西，凡三國所殺數萬級，馬數萬匹，牛羊甚眾。又重[111]以餓死，人民死者什三[112]，畜產什五。匈奴大虛弱，諸國羈屬者皆瓦解[113]，攻盜不能理[114]。其後漢出三千餘騎為三道，並入匈奴[115]，捕虜得數千人還。匈奴終不敢取當[116]，滋欲鄉和親[117]，而邊境少事矣。

是歲，潁川[118]太守趙廣漢為京兆尹[119]。潁川俗，豪桀[120]相朋黨[121]。廣漢為缿筩[122]，受吏民投書，使相告訐[123]，於是更相怨咎[124]，姦黨散落，盜賊不敢發。匈奴降者言匈奴中皆聞廣漢名，由是入為京兆尹。廣漢遇吏[125]，殷勤甚備。事推功善[126]，歸之於下[127]，行之發於至誠[128]，吏咸願為用[129]，僵仆無所避[130]。廣漢聰明，皆知其能之所宜，盡力與否。其或負者[131]，輒收捕之[132]，無所逃[133]，案之[134]，罪立具[135]，即時伏辜[136]。尤善為鉤距[137]以得事情[138]，閭里銖兩之姦[139]皆知之。長安少年數人會窮里空舍[140]，謀共劫人[141]，坐語未訖[142]，廣漢使吏捕治[143]，具服[144]。其發姦擿伏[145]如神，京兆政清[146]，吏民稱之不容口[147]。長老傳以為自漢興，治京兆者莫能及[148]。

四年（辛亥　西元前七〇年）

春，三月乙卯[149]，立霍光女[150]為皇后，赦天下。初，許后起微賤[151]，登至尊日淺[152]，從官車服[153]甚節儉。及霍后立，轝駕[154]侍從益盛，賞賜官屬以千萬計，與許后時縣絕[155]矣。

夏，四月壬寅[156]，郡國四十九[157]同日地震或山崩，壞城郭、室屋，殺[158]六千餘人。北海、琅邪[159]壞祖宗廟[160]。詔丞相、御史與列侯、中二千石博問[161]經學之士，有以應變[162]，毋有所諱[163]。令三輔[164]、太常[165]、內郡國[166]舉賢良方正[167]各一人。大赦天下。上素服[168]，避正殿[169]五日。釋夏侯勝、黃霸[170]，以勝為諫大夫[171]、給事中[172]，霸為揚州刺史[173]。

勝為人，質樸守正，簡易[174]無威儀[175]，或時謂上為君[176]，誤相字於前[177]，上亦以是[178]親信之。嘗見[179]，出道上語[180]，上聞而讓勝[181]，勝曰：「陛下所言善，臣故揚之[182]。堯言布於天下，至今見誦[183]。臣以為可傳，故傳耳。」朝廷每有大議[184]，上知勝素直，謂曰：「先生建正言[185]，無懲前事[186]！」勝復為長信少府，後遷太子太傅[187]，年九十卒。太后賜錢二百萬，為勝素服五日，以報師傅之恩[188]。儒者以為榮。

五月，鳳皇集北海安丘、淳于[189]。

廣川王去[190]坐殺其師及姬妾十餘人，或銷鉛錫[191]灌口中，或支解[192]，并毒藥煮之，令糜盡[193]，廢徙上庸[194]，自殺。

地節元年（壬子　西元前六九年）

春，正月，有星孛[195]于西方。

楚王延壽[196]以廣陵王胥[197]武帝子，天下有變[198]，必得立[199]，陰附助之[200]，為其後母弟趙何齊[201]取廣陵王女為妻，因使何齊奉書遺廣陵王曰：「願長耳目[202]，毋後人有天下[203]！」何齊父長年[204]上書告之，事下有司考驗[205]，辭服[206]。冬，十一月，延壽自殺。胥勿治[207]。

十二月癸亥晦[208]，日有食之。

是歲，于定國[209]為廷尉。定國決疑平法[210]，務在哀鰥寡[211]，罪疑從輕[212]，加審慎[213]之心。朝廷稱之曰：「張釋之[214]為廷尉，天下無冤民[215]。于定國為廷尉，民自以不冤[216]。」

二年（癸丑　西元前六八年）

春，霍光病篤[217]。車駕自臨問[218]，上為之涕泣。光上書謝恩，願分國邑[219]三千戶以封兄孫奉車都尉山[220]為列侯，奉兄去病祀[221]。即日，拜光子禹[222]為右將軍。三月庚午[223]，光薨。上及皇太后親臨光喪[224]，中二千石治冢[225]，賜梓宮[226]、葬具[227]皆如乘輿制度[228]，謚曰宣成侯[229]。發三河卒穿復土[230]，置園邑三百家[231]，長、丞奉守[232]。下詔復其後世[233]，疇其爵邑[234]，世世無有所與[235]。

御史大夫魏相上封事[236]曰：「國家新失大將軍，宜顯明功臣[237]以填藩國[238]，毋空大位，以塞爭權[239]。宜以車騎將軍安世[240]為大將軍，毋令領[241]光祿勳事。以其子延壽[242]為光祿勳。」上亦欲用之。夏，四月戊申[243]，以安世為大司馬[244]車騎將軍，領尚書事[245]。

鳳皇集魯[246]，羣鳥從之。大赦天下。

上思報大將軍德[247]，乃封光兄孫山[248]為樂平侯，使以奉車都尉領尚書事。魏相因[249]昌成君許廣漢奏封事，言「春秋譏世卿[250]，惡[251]宋三世為大夫[252]及魯季孫之專權[253]，皆危亂國家。自後元[254]以來，祿去王室[255]，政由冢宰[256]。今光死，子復為右將軍，兄子秉樞機[257]，昆弟[258]、諸壻據權勢，在兵官[259]，光夫人顯及諸女皆通籍長信宮[260]，或夜詔門出入[261]，驕奢放縱，恐寖不制[262]，宜有以損奪[263]其權，破散[264]陰謀，以固萬世之基[265]，全功臣之世[266]。」又故事[267]：諸上書者皆為二封[268]，署[269]其一曰副，領尚書者先發[270]副封，所言不善[271]，屏去不奏[272]。相復因許伯[273]白去副封[274]以防壅蔽[275]。帝善之，詔相給事中[276]，皆從其議。

帝興于閭閻[277]，知民事之艱難。霍光既薨，始親政事，厲精為治[278]，五日一聽事[279]。自丞相以下各奉職奏事[280]，敷奏其言[281]，考試功能[282]。侍中、尚書功勞當遷[283]及有異善[284]，厚加賞賜，至于子孫[285]，終不改易[286]。樞機周密[287]，品式備具[288]，上下相安，莫有苟且之意[289]。及拜[290]刺史、守、相，輒親見問[291]，觀其所由[292]，退而考察所行[293]以質其言[294]。有名實不相應[295]，必知其所以然[296]。常稱曰：「庶民所以安其田里[297]而亡歎息愁恨之心者，政平訟理[298]也。與我共此[299]者，其唯良二千石[300]

乎！」以為太守吏民之本[301]，數變易[302]則下不安[303]，民知其將久[304]，不可欺罔[305]，乃服從其教化。故二千石有治理效[306]，輒以璽書勉厲[307]，增秩[308]賜金，或爵至關內侯[309]。公卿缺[310]，則選諸所表[311]，以次用之[312]。是故[5]漢世良吏，於是為盛[313]，稱中興[314]焉。

匈奴壺衍鞮[315]單于死，弟左賢王立為虛閭權渠單于，以右大將[316]女為大閼氏[317]，而黜前單于所幸顓渠閼氏[318]。顓渠閼氏父左大且渠[319]怨望[320]。是時漢以匈奴不能為邊寇，罷塞外諸城[321]以休百姓[322]。單于聞之，喜，召貴人謀，欲與漢和親。左大且渠心害其事[323]，曰：「前漢使來，兵隨其後。今亦效漢發兵[324]，先使使者入[325]。」乃自請與呼盧訾王[326]各將萬騎，南旁塞獵[327]，相逢俱入[328]。行未到[329]，會三騎亡降漢[330]，言匈奴欲為寇。於是天子詔發邊騎[331]屯要害處，使大將軍軍監治眾[332]等四人將五千騎，分三隊，出塞各數百里，捕得虜各數十人而還。時匈奴亡其三騎，不敢入，即引去[333]。是歲，匈奴饑，人民、畜產死什六七[334]，又發[335]兩屯[336]各萬騎以備漢。其秋，匈奴前所得西嗕[337]居左地[338]者，其君長以下數千人皆驅畜產行[339]，與甌脫戰[340]，所殺傷[341]甚眾，遂南降漢。

【章　旨】以上為第四段，寫宣帝本始三年（西元前七一年）至地節二年（西元前六八年）共四年間的全國大事，主要寫了霍光妻為了讓其女兒當皇后而收買醫生毒死了漢宣帝的髮妻許皇后，而霍光為之掩蓋包庇；寫了霍女為皇后之後的驕奢排場；寫了霍光之死，張安世繼續秉政，魏相上書要求裁抑霍氏之權；寫了趙廣漢以峻法治京兆，百姓稱之，以為漢興以來無能及者；寫了于定國為廷尉，「哀鰥寡，罪疑從輕」，朝野稱之；寫了夏侯勝的平易敢言，受皇帝、太后尊敬，儒者以為榮；寫了漢軍五道伐匈奴，而三路無功，田廣明以知敵不進、田順以不至期皆獲罪自殺；獨常惠護烏孫兵多所克獲而封侯，又引西域多國兵攻龜茲，討其殺漢屯田校尉之罪而還；寫了匈奴屢屢受挫、勢力益弱而欲和親；寫了宣帝親政後的一些新舉措，如綜覈名實，加強法制，重視發揮郡國二千石的作用等等，史稱中興。

【注　釋】❶正月癸亥　正月十三。❷恭哀許皇后　宣帝的皇后，許廣漢之女，恭哀二字是諡。❸顯　霍光妻之名。❹欲貴其小女成君　意思就是想讓她的女兒成君當皇后。貴，使……尊貴。成君，霍光的小女之名。❺道無從　沒有達到目的的辦法。❻當娠　正在懷孕。❼淳于衍　姓淳于，名衍。❽侍皇后疾　意即為皇后治病。❾衍夫賞　淳于衍的丈夫，名賞。❿掖庭戶衛　守衛後宮門戶的衛士。⓫可過辭霍夫人　可前去對霍夫人說。過，往；前去。辭，說。⓬行為我求安池監　請她進宮去為我謀一個安池監的職務。行，入宮。安池監，管理未央宮裡的安池的小吏。安池是池水名。⓭生心　陰謀詭計湧上心頭。⓮辟　通「避」。令……離開。⓯字謂衍　對淳于衍說話而稱其字，即下文之所謂「少夫」。對人稱字，是表示尊敬。⓰幸　謙詞，言對方所說，使己蒙幸。⓱報我以事　向我轉告了名「賞」者對我的請求。⓲我亦欲報少夫　我也正有事情要對你講。⓳何等不可者　還有什麼不行的。⓴累少夫　給你添麻煩。累，添累贅；添麻煩。㉑何謂邪　你說的是什麼意思。㉒免乳　生孩子。免，通「娩」。分娩。㉓大故　大劫難；大關口。㉔免身　意即分娩。㉕去　除去；害死。㉖雜治　指眾醫會診下藥。㉗安可　如何能下毒藥。㉘在少夫為之耳　那就全看你的啦。㉙將軍領天下　大將軍掌管天下大權。㉚緩急相護　出了問題有人保護。緩急，偏義複詞，這裡即謂急。㉛但恐少夫無意　就是怕你不想幹。㉜良久　想了好久。㉝擣附子　將附子搗成碎末。附子，毒藥名。㉞齎　攜帶。㉟長定宮　許皇后生產的地方。㊱并合大醫大丸　與太醫所開的大丸合在一起。大醫，太醫，宮廷裡的醫官。大丸，大藥丸。㊲飲　使……喝。㊳有頃　過了一會兒。㊴曰　許皇后說。㊵岑岑　脹痛。㊶得

無有毒　莫非有毒。㊷遂加煩懣　於是越來越憋悶。㊸相勞問　互相安慰。㊹侍疾無狀　侍候病人不像樣子。㊺皆收繫詔獄　全部逮捕囚禁在朝廷欽犯的大獄裡。㊻劾不道　彈劾這些人都犯了大逆不道罪。㊼恐急　恐慌、著急。㊽以狀具語光　把實情一一地告訴了霍光。㊾既失計為之　既然已經做了這不該做的事。失計，失策。㊿無令吏急衍　不要讓主管官吏對淳于衍施加壓力。急，施壓，逼其交代實情。(51)自發舉　自己揭發檢舉。(52)猶與　同「猶豫」。(53)會奏上　正好有別的大臣上書啟奏這件事。(54)光署衍勿論　霍光簽署意見不要追究淳于衍。(55)內其女入宮　將自己的小女成君送進宮去，意即請皇帝立以為皇后。內，通「納」。(56)戊辰　正月十八。(57)發長安　由長安出發，去各自的部隊。(58)蒲離候水　河水名，地點不明，應在今甘肅張掖之大北方。(59)烏員　地名，具體方位不詳，應在今內蒙古包頭的大北方。(60)候山　山名，具體方位不詳，應在今甘肅酒泉之大北方。(61)不至期　沒有到達預先規定的地方。(62)薄其過　認為他們的過錯不大。(63)雞秩山　具體方位不詳。(64)漢使匈奴還者　出使匈奴回來的漢朝使者。(65)祁連　指祁連將軍田廣明。(66)戒弘　告誡使者冉弘。(67)御史屬公孫益壽　御史大夫的屬官姓公孫，名益壽。(68)丹餘吾水　河水名，具體方位不詳。(69)詐增鹵獲　虛報所擄獲的人丁與財物。鹵獲，同「擄獲」。(70)下吏　交付法吏處治。(71)擢　提升。(72)侍御史　仍是御史大夫的屬官，主管接受群臣奏事，舉報糾彈犯法。(73)烏孫昆彌　烏孫王翁歸靡。(74)從西方入　從西方攻入匈奴。(75)右谷蠡王庭　匈奴右谷蠡王的大本營。右谷蠡王是匈奴西部地區的大頭領，地位在右賢王之下。(76)單于父行　單于父輩的大貴族。行，輩分。(77)居次　匈奴王之女。(78)犂汙都尉　犂汙王的都尉。(79)千長　統領千人的長官。(80)四萬級　四萬個人頭。(81)橐佗　駱駝。(82)自取所虜獲　令其部下自行抄擄搶奪。(83)克獲　能有收穫。(84)衰耗　衰落、衰敗。(85)龜茲國　西域古國名，即今新疆庫車。(86)殺校尉賴丹　賴丹原是西域人，歸漢後受命以校尉屯田輪臺，被龜茲人所殺。事見本書昭帝元鳳四年。校尉，軍官名，在將軍之下。(87)未伏誅　尚未受到應有的討伐。(88)風惠　示意常惠。(89)以便宜從事　看情況相機行事。(90)還過　回來時的一路上。(91)西國　龜茲以西的國家。(92)龜茲東國　龜茲以東的國家。(93)未合　尚未開戰。(94)責其王　譴責龜茲王。(95)謝　賠禮；道歉。(96)所誤　所騙；上了他的當。(97)置王　放過龜茲王的過錯不問。置，放下；放過。(98)執姑翼詣惠　將姑翼抓起來送給常惠。執，逮捕。詣，到；送交。(99)六月己丑　六月十一。(100)陽平節侯蔡義　蔡義因任丞相被封陽平侯。節字是其死後的謚。(101)甲辰　六月二十六。(102)長信少府　掌管長信宮事務的官員。(103)韋賢　西漢後期的著名儒生。事跡詳見《漢書》本傳。(104)魏相　字弱翁。事跡詳見《漢書》本傳。(105)不能什一　不到十分之一。(106)丁令　也作「丁零」，古代少數民族名，活動在今俄國境內的貝加爾湖一帶。(107)乘弱　趁著匈奴衰落。(108)攻其北　從北側攻擊匈奴。(109)烏桓　也作「烏丸」，古代的少數民族名，因居於烏桓山（今內蒙古東部的西拉木倫河及歸喇里河一帶）而得名。(110)入其東　攻入匈奴的東部地區。(111)重　再加上。(112)什三　十分之三。(113)諸國羈屬者皆瓦解　過去聽匈奴招呼的那些小國都不再聽命。羈屬，鬆散地隸屬。(114)攻盜不能理　這些小國相互攻擊掠奪，匈奴也沒有力量制止。(115)並入匈奴　一齊攻入匈奴境內。(116)不敢取當　不敢向漢朝邊境進攻，以取得相應的利益。(117)滋欲鄉和親　越發地希望與漢王朝重結和親關係。滋，更；越發。鄉，嚮；嚮往。(118)潁川　漢郡名，郡治陽翟，即今河南禹州。(119)京兆尹　首都長安城的行政長官，級別同於郡守與諸侯相。(120)豪桀　民間、地方上的豪紳、游俠等人物。(121)相朋黨　互相勾結成為幫派。(122)缿筩　接收匿名信的信筒。(123)相告訐　相互揭發舉報。(124)相怨咎　相互埋怨、相互指責。(125)遇吏　對待自己的下屬。(126)事推功善　凡辦事成功或受到稱讚。(127)歸之於下　都把功勞歸之於下級。(128)行之發於至誠　一切都表現得誠誠懇懇。(129)咸願為用　都樂意聽趙廣漢的使喚。咸，都。(130)僵仆無所避　一切艱辛生死都在所不顧。僵，仰面倒下。仆，俯身倒下。(131)其或負者　一旦發現某人有背叛或欺詐行為。負，叛；欺。(132)輒收捕之　立刻將其逮捕。(133)無所逃　無法逃避。(134)案之　只要一查辦。(135)立具　罪證立刻齊備。(136)伏辜　伏法，指被論處。(137)鉤距　指追查線索。(138)事情　事實真象。情，實情。(139)閭里鉄兩之姦　隱藏民間的罪過很小的案犯。閭里，民間。鉄兩，極言分量之輕、價值之小。(140)會窮里空舍　聚會在一個窮巷空閒的房子裡。(141)謀共劫人　剛開始商量要去打劫某人。(142)坐語未訖　剛坐下幾句話還沒說完。訖，完畢。(143)使吏捕治　立刻被趙廣漢的爪牙逮捕而來。(144)具服　一一招認。(145)發姦擿伏　揭發奸邪，挖出潛藏的罪犯。(146)京兆政清　首都地區的治安一派清明。(147)稱之不容口　稱道得簡直沒法再好了。(148)治京兆者莫能及　治理首都的長官沒有一個比得上。(149)三月乙卯　三月十一。(150)霍光女　名成君。(151)起微賤　出身於一個受過宮刑的人家。(152)登至尊日淺　居於皇后地位日子不多。至尊，女人的最高位置。(153)從官車服　侍奉的官員與自己的車馬服飾。(154)轝駕　車輛。(155)縣絕　相差懸殊。縣，通「懸」。(156)四月壬寅　四月二十九。(157)郡國四十九　四十九個郡與諸侯國。(158)殺　因山崩、地震而死。(159)北海琅邪　漢之二郡名，北海郡治營陵，在今山東濰坊西南。琅邪郡治東武，在今山東諸城。(160)祖宗廟　在該郡、該國所建立的太祖高皇帝廟與太宗文皇帝廟。(161)博問　意即廣泛聽取。(162)有以應變　意即用什麼辦法來回應上天所降的這種災異。(163)毋有所諱　不要有什麼忌諱，不敢說。(164)三輔　指京兆尹、左馮翊、右扶風三個政區。(165)太常　也稱「奉常」，九卿之一，掌宗廟禮儀與選試人才。(166)內郡國　指內地的諸郡與各諸侯國。(167)賢良方正　漢代選拔官吏的科目之一，主要是選拔有「賢良方正」這種品德的儒生。(168)上素服　皇帝身穿白色衣服，以表示請罪、悔過。(169)避正殿　表示不敢處理政事。(170)釋夏侯勝黃霸　夏侯勝於二年前因反對為武帝立廟，黃霸因縱容夏侯勝發言而被同時下獄。(171)諫大夫　皇帝的侍從官名，在皇帝身邊以備拾遺補缺，上屬光祿勳。(172)給事中　在宮中侍候皇帝。(173)揚州刺史皇帝的特派官員，負責到揚州所轄的廬江、九江、會稽、丹陽、豫章五郡及六安國瞭解伺探該地區的官民動向，回來向皇帝報告。(174)簡易　不拘小節，平易近人。(175)無威儀　不擺架子。(176)謂上為君　稱皇帝叫「君」。這種稱呼自秦始皇稱皇帝以來絕對不可以。(177)誤相字於前　在皇帝面前稱某大臣不稱名而稱字。尊重了某大臣而違犯了在皇帝面前說話的規矩。(178)以是　因此。(179)嘗見　有一次見過皇帝後。(180)出道上語　出宮後就跟人說皇帝對我說了什麼。(181)讓勝　責備夏侯勝口無遮攔。(182)揚之　想讓更多的人都知道。(183)至今見誦　直到今天還被人們所傳誦。(184)大議　議論重大事情。(185)建正言　意即有重要的話該說就說。(186)無懲前事　不要因為前次下過獄，這次就不說了。懲，接受以往的教訓。前事，指兩年前因反對給武帝立廟被下獄事。(187)太子太傅　太子的輔導官，秩二千石。掌輔導太子。(188)師傅之恩　夏侯勝曾教昭帝上官皇后讀《尚書》，故昭帝皇后對夏侯勝之死分外盡禮。(189)北海安丘淳于　北海郡的安丘、淳于二縣。北海郡的郡治營陵，在今山東濰坊南偏西。安丘縣的縣治在今山東安丘西南。淳于縣的縣治在今山東安丘東北。(190)廣川王去　劉去，景帝子廣川惠王劉越之孫、繆王劉齊之子。廣川國的都城信都，即今河北冀州。(191)銷鉛錫　將鉛錫熔化成液體。(192)支解　將人體卸成若干塊。支，通「肢」。(193)令糜盡　將其全部煮爛。(194)廢徙上庸　廢去王位，強制其搬遷到上庸。上庸是漢縣名，縣治在今湖北竹山縣西南，是秦、漢時代發配犯人的地方。(195)孛　火光四射的樣子，指彗星。(196)楚王延壽　劉延壽，楚元王子劉禮的後代。楚國的國都彭城，即今江蘇徐州。(197)廣陵王胥　劉胥，武帝之子，元狩六年被封為廣陵王。廣陵國的都城即今江蘇揚州。(198)天下有變　指昭帝死後無子。(199)必得立　必定被立為皇帝，因為劉胥是武帝現存的最後一個兒子。(200)陰附助之　暗地裡靠近他、幫助他。(201)後母弟趙何齊　其後母的弟弟姓趙名何齊。(202)長耳目　伸長耳朵、睜大眼睛，意即緊密盯著朝廷的局勢。(203)毋後人有天下　在爭奪天下這件事上不要落在他人之後。(204)何齊父長年　趙何齊的父親名叫長年。(205)考驗　查辦。(206)辭服　承認；招供。(207)勿治　不追究；不查辦。(208)十二月癸亥晦　十二月的最後一天是癸亥日。晦，陰曆每個月的最後一天。(209)于定國　西漢後期著名的司法官。事跡詳見《漢書》本傳。(210)決疑平法　意即審理案件。決疑，審理疑案。平法，公平執法。(211)哀鰥寡　同情弱勢群體。鰥，喪妻或無妻者。寡，喪夫者。(212)罪疑從輕　犯罪者有可疑之處則從輕處理。(213)審慎　精確、謹慎。(214)張釋之　文帝時期的著名司法官。事跡詳見《史記・張釋之馮唐列傳》。(215)天下無冤民　因為張釋之用法公平。師古曰：「言決獄皆當。」(216)民自以不冤　師古曰：「言知其寬平，皆無冤枉之慮也。」(217)病篤　病情沉重。(218)車駕自臨問　宣帝親自前往看視。車駕，這裡即指皇帝。臨問，前往看視。(219)分國邑　分出自家博陸侯的領土。(220)兄孫奉車都尉山　哥哥的孫子，現任奉車都尉的霍山。兄孫，霍光兄霍去病的孫子。奉車都尉，為皇帝掌管車駕的武官，秩比二千石。(221)奉兄去病祀　為自己的哥哥霍去病主持祭祀。

222光子禹　霍禹。223三月庚午　三月初八。224親臨光喪　親自到霍光家弔唁。225中二千石治冢　九卿一級通通參加修建墳墓，九卿的官階都是中二千石。226賜梓宮　朝廷賜給棺材。梓宮，梓木做的棺材，也用以泛指棺材。227葬具　隨葬物品。228如乘輿制度　如同皇帝葬禮的規格。229謚曰宣成侯　霍光的封號是博陸侯，博陸是封地名，死後謚曰宣成。230發三河卒穿復土　調動河東、河內、河南三郡的士兵來給霍光的墳墓挖坑、堆土。三河，指河東、河內、河南三郡。穿復土，穿指挖坑，復指堆土。231置園邑三百家　此園邑相當於縣一級的行政單位，其所收賦稅即供經常的看守與修護墳墓之用。232長丞奉守　在霍光的園邑設立長、丞二職，亦如縣衙之有縣長、縣丞，負責看守墳墓。233復其後世　給他的後代子孫免除一切賦稅徭役。復，免除賦稅徭役。234疇其爵邑　使其子孫永遠享有同等的爵邑，不做變更。疇，等；同等。235世世無有所與　永世與租賦徭役無關。236封事　奏章。因其加以密封，不令人知故云。237顯明功臣　意即另指定一位大功臣以主持國事。238以填藩國　以鎮撫各諸侯王國，免得劉姓諸侯乘機滋事。填，通「鎮」。藩國，各諸侯王國。239塞爭權　堵塞爭權的縫隙。240車騎將軍安世　張安世。車騎將軍的位次僅低於大將軍。241毋令領　不要再讓他兼任。領，兼任。242其子延壽　張延壽。243四月戊申　四月十七。244大司馬　漢代用作加官之稱，一加此官便有了位壓群臣之勢。245領尚書事　同時兼管尚書省的有關事務。尚書是為皇帝管理文件、起草文件的部門。246集魯　聚集在魯國。魯是漢代諸侯國名，都城即今山東曲阜。247思報大將軍德　想報答霍光的恩情。248光兄孫山　霍光兄霍去病的孫子霍山。249因　通過。250春秋譏世卿　《春秋》對那種世卿專國政的現象是諷刺的。見《公羊傳》隱公四年。世卿，世代為卿，把持國政。251惡　討厭。252宋三世為大夫　宋是西周至戰國中期的諸侯國，都城即今河南商丘。三世，指宋襄公、宋成公、宋昭公三世。為大夫，應作「無大夫」。《公羊春秋》僖公二十五年：「宋三世無大夫，三世內娶也。」意即宋國諸侯三世娶其本國大夫之女，故諸侯與其大夫無等差之別也。253魯季孫之專權　魯是西周至戰國初期的諸侯國名，魯國的政權自僖公開始，一直被季孫氏所把持，國君等同虛設。254後元　此指漢武帝的最後一個年號，西元前八八—前八七年。255祿去王室　權力不再由皇帝自己掌握。祿，福，這裡即指權力。王室，皇帝家族，這裡即指皇帝。256政由冢宰　國家大權由首輔大臣一人把持。冢宰，頭號掌權人物，這裡即指霍光。257兄子秉樞機　指霍山領尚書事。兄子，應作「兄孫」。秉，執掌。樞機，機要部門。258昆弟　兄弟，霍光的兄弟。259在兵官　掌握兵權。在，應作「任」。260通籍長信宮　意即可以自由地出入於長樂宮。通籍，名載於可出入宮門的名籍。長信宮是長樂宮內的一座宮殿名，是皇太后居住的地方。261夜詔門出入　深夜讓太后下詔開門令其出入。262恐寖不制　恐怕發展下去日後難以管制。寖，漸；越來越……。263損奪　裁減；裁抑。264破散　粉碎。265萬世之基　指皇帝的權位。266全功臣之世　保全功臣的後代。世，後代。267故

事　先例。(268)二封　正副兩本。正本上呈天子，副本由領尚書者先看。領尚書者，兼職尚書的人。(269)署　注明；在封面上寫清。(270)發　拆看。(271)所言不善　指上書中有不妥的內容。(272)屏去不奏　遂將正本扔去，不讓皇帝看。(273)復因許伯　又通過許廣漢。許伯，即許廣漢。(274)白去副封　稟告皇帝取消奏章有「副封」的制度。(275)壅蔽　遮掩，意即對皇帝隱瞞事實、封鎖消息。(276)詔相給事中　給魏相加一個「給事中」的頭銜，即允許魏相可入宮見皇帝，預中朝之議。(277)閭閻　里巷，即指平民、民間。(278)厲精為治　盡一切精力於治理國家。厲，磨練。(279)聽事　聽取群臣彙報工作。(280)奉職奏事　按職務稟報工作。(281)敷奏其言　意即根據他所稟報的情況。敷，陳述。(282)考試功能　考察其工作的實際情況。(283)功勞當遷　有功勞應該提升者。(284)異善　特殊的優良表現。(285)至于子孫　以至賞及他們的子孫。(286)終不改易　謂前述聽事、考功、賞賜諸事，宣帝行之永不改易。(287)樞機周密　皇帝身邊的一些機要部門都能嚴守機密。(288)品式備具　各種規章制度都很齊備。(289)莫有苟且之意　意即都嚴肅認真，一絲不苟。苟且，馬馬虎虎；湊湊合合。(290)拜　任命。(291)輒親見問　總是親自召見、詢問有關情況。(292)觀其所由　瞭解一下他準備怎麼做。由，思路。(293)所行　實際上是怎麼做的。(294)以質其言　以印證他當初所說。質，印證；比照。(295)名實不相應　即名不副實。相應，相一致；相符合。(296)所以然　造成眼前這種樣子的原因。(297)安其田里　願意住在本鄉本土。(298)政平訟理　政治平和，司法公正。(299)共此　共同做到這一點。(300)良二千石　好的郡守與諸侯國相。(301)太守吏民之本　好的太守是治好一方吏民的根本。(302)數變易　更換得過於頻繁。(303)下不安　下面的吏民就不會安定，因為一換人就必定要改新章程。(304)將久　將要長期地幹下去，久於其任。(305)欺罔　欺騙；弄虛作假。(306)有治理效　有治理該郡、該諸侯國的實效。(307)輒以璽書勉厲　總要下詔書予以勉勵。輒，總是。璽書，加蓋皇帝印璽的文書。勉厲，同「勉勵」。(308)增秩　提高官階。秩，品級。(309)關內侯　封爵名，比列侯低一等，有封號而無封地。(310)公卿缺　三公九卿一旦出現空缺。(311)選諸所表　選擇那些受過表揚的郡國守相。(312)以次用之　按照他們功勞的大小先後依次任用。(313)於是為盛　在這個時候出現得最多。(314)稱中興　被稱為是西漢的「中興」時代。中興是指一度衰落之後又興旺起來。(315)壺衍鞮　狐鹿孤單于之子，西元前八五—前六八年為單于。(316)右大將　匈奴右賢王的屬下。(317)大閼氏　單于姬妾中的地位居上者。(318)顓渠閼氏　壺衍鞮單于的正妻。(319)左大且渠　匈奴官長的名號，匈奴左賢王的屬下。(320)怨望　怨恨。(321)罷塞外諸城　撤去了戍守長城以外諸城堡的守軍，如光祿塞、受降城、遮虜障等。(322)休百姓　使百姓得以休養。(323)心害其事　心裡不希望這件事情辦成，因為這將對他的女兒更不利。害，嫉恨。(324)效漢發兵　像漢朝那樣，在使者身後跟著進攻的軍隊。效，仿效。(325)入　進入漢境。(326)呼盧訾王　匈奴的王號，左賢王的屬下。(327)南旁塞獵　向南到漢王朝的邊境打獵。旁，通「傍」。靠近。(328)相逢俱入　兩支軍隊一會師便同時攻入漢境。(329)行未到還沒有到達會師的地方。330亡降漢　逃跑投降了漢朝。331詔發邊騎　下令調集邊境上的騎兵。332大將軍軍監治眾　大將軍屬下的軍監名叫治眾。軍監，在軍中主管監察的官。333引去　引兵撤走。334什六七　十分之六七。335發　派出。336兩屯　兩支人馬。337匈奴前所得西嗕　前些時候被匈奴人所俘獲的一支名叫西嗕的少數民族部落。338居左地　居住在匈奴的東部地區。339驅畜產行　趕著牲畜一道轉移。340與甌脫戰　與把守邊境的匈奴人開戰。甌脫，兩國邊境之間的隔離地帶。這裡即指邊境。341所殺傷　指殺傷匈奴人。

【校　記】[1]生心　原作「心生」。據章鈺校，甲十五行本、乙十一行本、孔天胤本二字皆互乙，張敦仁《通鑑刊本識誤》、張瑛《通鑑校勘記》同，今據改。[2]當　原作「常」。據章鈺校，乙十一行本、孔天胤本皆作「當」，今據改。按，《通鑑紀事本末》卷四、《漢書・外戚上・孝宣許皇后傳》皆作「當」。[3]去　原作「至」。據章鈺校，甲十五行本、乙十一行本、孔天胤本皆作「去」，今據改。按，《通鑑紀事本末》卷四、《漢書・匈奴傳上》皆作「去」。[4]祁　原作「祈」。據章鈺校，甲十五行本、乙十一行本、孔天胤本皆作「祁」，今據改。下三見均同。按，《通鑑紀事本末》卷四、《漢書・匈奴傳上》皆作「祁」。[5]故　原作「以」。據章鈺校，甲十五行本、乙十一行本皆作「故」，今據改。按，《漢書・循吏傳序》作「故」。

【語　譯】三年（庚戌　西元前七一年）

春季，正月十三日癸亥，恭哀許皇后去世。當時，霍光的夫人顯想讓自己的小女兒霍成君當皇后，卻又一時沒有辦法實現。機會湊巧，許皇后因為懷有身孕，身體不舒服，有一位女醫生名叫淳于衍的一向被霍家所喜愛，淳于衍曾經入宮為許皇后看過病。淳于衍的丈夫賞是守衛後宮門戶的衛士，他對淳于衍說：「你去跟霍夫人求求情，讓她進宮去為我謀一個安池監的職務。」淳于衍按照她丈夫的意思到霍光家裡請求夫人顯幫忙，夫人顯立即陰謀詭計湧上心頭，她支開身邊的人，很親熱地稱呼著淳于衍的字說：「少夫求我為你丈夫謀取安池監，我感到很榮幸，我也想求少夫幫我辦一件事，可以嗎？」淳于衍回答說：「夫人所說的，還有什麼不行的？」顯說：「霍將軍平素最疼愛小女霍成君，一心想讓她大富大貴，這件事可就得麻煩少夫你了。」淳于衍說：「您所指的是什麼？」顯說：「婦人生孩子，是一個大劫難，真是九死一生。如今許皇后將要分娩，可以趁機投毒把她毒死，這樣成君不就可以做皇后了嗎。如果承蒙出力，事情成功之後，我們霍家將與少夫共同分享榮華富貴。」淳于衍說：「為皇后看病，要經過多位醫生共同會診然後下藥，而且在皇后服藥之前還要有人先嘗一下藥，如何下得了毒呢？」顯說：「成與不成還不是全看你的了。霍將軍掌管天下大權，有誰敢言語一聲？即使出了問題也會有人保護你，就怕你不想幹。」淳于衍沉吟了很久說：「我願意盡力而為！」於是淳于衍事先將含有劇毒的附子搗成粉末，帶入許皇后居住的長定宮。許皇后分娩後，淳于衍取出附子，摻和到太醫搓合的大藥丸中讓許皇后服下，過了一會兒，許皇后說：「我的頭脹痛得厲害，是不是藥裡有毒？」淳于衍回答：「無毒。」許皇后憋悶、疼痛得更加劇烈，一會就駕崩了。淳于衍出宮後，到霍家去見霍夫人顯，霍夫人顯與淳于衍互相安慰，但霍夫人顯並沒敢重謝淳于衍。後來有人上書告發諸醫生侍候病中的許皇后不負責任，於是為許皇后診病的醫生包括淳于衍在內都被逮捕入獄，被彈劾犯了大逆不道罪。霍夫人顯覺得事態嚴重，這才恐慌、著急起來，她把實情詳細地告訴了霍光，並趁機說：「既然已經失策做下了這樣的蠢事，還是不要讓法官緊急逼供淳于衍！」霍光知道真相後大吃一驚，想自己站出來揭發檢舉，又心存不忍，霍光正在猶豫不決。恰巧負責審理此案的法官將審理意見奏報漢宣帝的同時，正好有別的大臣上書啟奏這件事，霍光就在奏章上簽署了對淳于衍不予追究的處理意見。霍夫人顯趁機勸說霍光將自己的小女兒霍成君送進宮去。

正月十八日戊辰，御史大夫田廣明等五位將軍從長安出發前往各自的部隊，準備率軍去攻打匈奴。匈奴聽說漢朝出動大軍大舉來攻的消息，不分老弱全都紛紛奔走逃命，他們驅趕著自己的牲畜攜帶著自己的家產向著更加遙遠的地方逃遁，所以五位將軍全都收穫很少。夏季，五月，漢朝罷兵。度遼將軍范明友從張掖出塞，深入匈奴境內一千二百多里，到達蒲離候水，斬首、俘獲了匈奴七百多人。前將軍韓增從雲中出塞深入匈奴一千二百多里，到達烏員，斬首、俘獲匈奴一百多人。蒲類將軍趙充國從酒泉出塞深入匈奴一千八百多里，向西到達候山，斬首、俘獲了包括匈奴單于的使者蒲陰王在內的三百多人。三位將軍聽到匈奴遠遁的消息後，都沒有到達預定的會合地點就撤軍了。漢宣帝認為他們的過錯並不嚴重，就對他們寬大處理而沒有判罪。祁連將軍田廣明從西河出塞深入匈奴境內一千六百里，到達雞秩山，只斬首、俘獲了匈奴十九人。他們遇見了漢朝派往匈奴的使者冉弘等從匈奴返回，冉弘告訴田廣明雞秩山以西有很多匈奴人，祁連將軍田廣明立即告誡冉弘，讓他不要說出看到西邊有敵人的事情，想要退兵回國。御史大夫的屬官公孫益壽極力勸阻田廣明，要他不要急於撤軍。祁連將軍田廣明拒不接受，於是率軍而回。虎牙將軍田順從五原出塞深入匈奴僅八百多里，到達丹餘吾水河邊就停止不前，他這支部隊斬首、俘獲了匈奴一千九百人，也率兵而回。宣帝認為虎牙將軍田順沒有到達約定的地點就撤兵，並虛報所擄獲的人丁與財物，而祁連將軍田廣明明知道敵人就在前邊，卻畏敵不前，於是將二人都交付司法官吏處治，二人全都自殺而死。提升公孫益壽為侍御史。

烏孫昆彌翁歸靡親自率領五萬名烏孫騎兵與漢朝校尉常惠一起從匈奴的西部進入匈奴境內，到達右谷蠡王的王庭，俘獲單于的叔父輩以及單于的嫂嫂、匈奴王的女兒、名王、犁汙都尉、千長、騎將以下四萬人，繳獲的馬、牛、羊、驢、駱駝總計七十多萬頭。烏孫王令其部下自行抄擄搶奪。宣帝認為五位將軍率軍出征都沒有建立戰功，唯獨常惠奉命出使烏孫有較大收穫，便封常惠為長羅侯。然而，匈奴的民眾傷亡逃散的以及牲畜因遠距離遷徙而死亡的數量，仍然多得不可勝數，匈奴從此更加衰落，並由此而怨恨烏孫人。

漢宣帝又派遣常惠攜帶著金幣返回烏孫賞賜烏孫貴人中的那些有功者。常惠趁機向宣帝奏報說，龜茲國曾經殺害了漢朝派往輪臺屯田的校尉賴丹，卻一直沒有受到應有的討伐，請求宣帝允許自己率軍順路攻打龜茲。漢宣帝沒有應允。大將軍霍光示意常惠可以根據實際情況相機行事。常惠與隨從的吏士總計五百人全部到達烏孫，完成使命後返回途中，經過龜茲以西各國，便沿途徵調了各國二萬人，又命令副使前往龜茲國以東的各國徵調了二萬人，再加上烏孫國的七千人，分別從三面圍攻龜茲。開戰之前，常惠先派人到龜茲譴責龜茲王以前殺害漢朝使者的罪行。龜茲王賠禮、道歉說：「那是我先王因為受到貴人姑翼的蠱惑誤殺了漢使，這不是我的罪過。」常惠說：「既然如此，那你就將姑翼綁縛起來交給我，我就放過龜茲王的過錯不聞。」龜茲王把姑翼抓起來交給常惠，常惠把姑翼斬殺後返回漢朝。

當年旱情嚴重。

六月十一日己丑，陽平節侯蔡義逝世。○二十六日甲辰，任命長信少府韋賢為丞相。○任命大司農魏相為御史大夫。

冬季，匈奴單于親自率領數萬名騎兵襲擊烏孫國，俘獲了不少烏孫的老弱。就在匈奴準備撤兵的時候，天降大雪，一天之內雪就下了有一丈多深，人民、牲畜被凍死，能夠回到匈奴的不到十分之一。於是丁令族趁匈奴兵力衰弱從北邊攻打匈奴，烏桓人從東邊攻打匈奴，烏孫國從西邊攻打匈奴，三國的軍隊總計殺死匈奴數萬人，殺死戰馬數萬匹，還有大量的牛羊。再加上餓死的，匈奴人損失了大約十分之三，畜產損失了大約有一半。匈奴因此更加衰弱，原來鬆散地隸屬於匈奴的那些小國也都不再聽命於匈奴，他們相互攻殺掠奪，匈奴再也沒有力量制止。後來漢朝又派出三千多名騎兵分成三路同時攻入匈奴境內，俘獲了幾千名匈奴人。匈奴始終不敢進行軍事報復，以取得相應的利益，反而越發地希望與漢朝重新結為和親關係，漢朝的邊境從此就很少有戰事發生了。

這一年，擔任潁川太守的趙廣漢被改任為京兆尹。潁川的風俗，民間、地方上的豪紳、游俠等互相勾結，形成幫派。趙廣漢就設置了一些接收匿名信的信筒，專門接收吏民的檢舉投訴，鼓勵他們相互揭發舉報，於是這些人士便互相埋怨、互相指責，有效地瓦解了幫派團夥，就連盜賊也不敢再為非作歹。從匈奴投降過來的人說，就連匈奴人都知道趙廣漢的大名，由於這個原因趙廣漢被調入京師擔任京兆尹。趙廣漢對待自己手下的屬吏，關懷備至。凡是辦事成功或受到稱讚，他就全都歸功於下屬，他在這樣做的時候，都表現得誠誠懇懇，所以官吏們都樂意聽他的使喚，即使是冒著生命危險，也在所不辭。趙廣漢聰明睿智，對屬下官吏的能力和特長，以及他們做事是否盡心盡力都瞭解得一清二楚。一旦發現某人有背叛行為或欺詐行為，就立即將其逮捕，沒有人能夠逃避，只要一查辦，罪證立刻齊備，就馬上定罪結案，依法懲處。他尤其擅長追查線索以弄清事實真相，就連隱藏在鄉里之間罪過很小的案犯他都能瞭如指掌。一次，長安城中幾個年輕人在一個偏僻無人的空屋子裡聚會，剛開始商量要去打劫某人，勒索錢財，他們剛坐下幾句話還沒有說完，趙廣漢的爪牙就已經聞訊趕到把他們逮捕了，經過訊問，幾個人全都承認了罪行。他發現奸邪、挖出潛藏的罪犯就像有神人相助一樣。趙廣漢所管轄的京兆地區政治清明，治安良好，無論官吏還是百姓對他全都是讚不絕口。

年歲大的人都說自漢朝建立以來，歷屆的京兆尹沒有人能比得上他。

四年（辛亥　西元前七〇年）

春季，三月十一日乙卯，漢宣帝冊立霍光的小女兒霍成君為皇后，大赦天下。當初，許皇后由於出身卑微，做皇后的時間又很短，服侍她的官員以及她自己所乘坐的車馬、所用的服飾都非常節儉。等到霍成君當上了皇后，所乘坐的肩輿、車輛、侍從的盛大威嚴，賞賜屬下動不動就以千萬計算，與許皇后的時候相比，真有天壤之別。

夏季，四月二十九日壬寅，有四十九個郡、諸侯國同一天發生地震，有的地方出現山崩，城郭被損毀、房屋倒塌，造成了六千多人死亡。北海、琅邪兩郡還震壞了太祖廟和太宗廟。漢宣帝命令丞相、御史以及列侯、中二千石的官員去廣泛地聽取精通儒家經學的知識分子的意見，尋求用什麼辦法來回應上天所降的這種災異，要他們暢所欲言，不要有什麼忌諱。又下令京兆尹、左馮翊、右扶風三個政區、太常以及內地的各郡、各諸侯國都要向朝廷推舉賢良方正各一人。大赦天下。漢宣帝身穿白色衣服，避開正殿五天。將夏侯勝、黃霸從監獄中釋放出來，任命夏侯勝為諫大夫、給事中，任命黃霸為揚州刺史。

夏侯勝為人質樸正派，不拘小節、平易近人、不擺架子，有時候竟然稱呼皇帝為「君」，在皇帝面前提到某大臣時竟然違犯在皇帝面前說話的規矩，稱其字而不稱其名，而漢宣帝卻由此更加親近他信任他。夏侯勝有一次見過宣帝，出宮後在路上就把皇帝對他說的話告訴了別人，宣帝知道後就責備他，夏侯勝解釋說：「陛下所說的都是對國家和百姓有利的好話，我是有意想讓更多的人知道。在古代，堯說過的話要布告天下，所以直到今天還在被人們傳誦。我認為陛下所說的話也應該這樣，所以就傳誦出去了。」朝廷每次議論重大事情，宣帝深知夏侯勝一向坦誠率直，就對他說：「先生有什麼重要的話該說就說，不要因為以前下過獄就不敢暢所欲言了！」夏侯勝再次被任命為長信少府，後來升任太子太傅，活到九十歲去世。上官太皇太后賞賜他二百萬錢辦喪事，還親自為夏侯勝穿了五天素服，以此來報答他教授自己學習《尚書》的恩德。儒家學者全都以此為榮。

五月，鳳凰飛到了北海郡的安丘縣、淳于縣。

廣川王劉去殺死了自己的師傅以及姬妾十多人，而且手段極其殘忍：他或是把熔化的鉛水錫水灌入被害者的口中，或是將屍體肢解，還把屍體放入毒藥水中烹煮，把屍體煮到稀爛為止，因此被廢去王位，流放到上庸，劉去自殺。

地節元年（壬子　西元前六九年）

春季，正月，在西方的夜空出現了光芒四射的彗星。

楚王劉延壽認為廣陵王劉胥是漢武帝的兒子，天下萬一有什麼變動，劉胥一定會被立為皇帝，所以就暗地裡依附、幫助劉胥，還為自己後母的弟弟趙何齊撮合，娶了廣陵王劉胥的女兒為妻，楚王劉延壽通過趙何齊帶書信給廣陵王劉胥說：「希望你伸長耳朵、睜大眼睛，密切關注朝廷局勢的變化，在爭奪天下這件事上可不要落在別人的後邊！」趙何齊的父親趙長年向漢宣帝寫信告發了此事，宣帝把此案交付給司法部門進行查辦審理，劉延壽供認不諱。冬季，十一月，劉延壽自殺。宣帝對廣陵王劉胥不予追究。

十二月最後一天癸亥日，發生日蝕。

這一年，于定國擔任廷尉。于定國判處疑難案件，公平執法，同情鰥寡孤獨的弱勢群體，凡是有犯罪嫌疑而又證據不足的就從輕處理，倍加審慎、力求精確，惟恐出現冤假錯案。朝廷稱讚他說：「張釋之擔任廷尉的時候，天下沒有冤獄。如今于定國擔任廷尉，連被判刑的人都認為自己不冤枉。」

二年（癸丑　西元前六八年）

春季，霍光病重。漢宣帝親自前往探視，他看到霍光病勢沉重，竟然忍不住痛哭流涕。霍光上書謝恩，希望宣帝能封自己哥哥霍去病的孫子、奉車都尉霍山為列侯，自己願意從自家博陸侯的封地中劃分出三千戶給霍山，用來為自己的哥哥霍去病主持祭祀。當天，漢宣帝就任命霍光的兒子霍禹為右將軍。三月初八日庚午，霍光去世。漢宣帝以及上官太皇太后親臨霍光的府邸進行弔唁，中二千石的官員都要參加為霍光修築墳墓的勞動，宣帝賞賜給霍光的梓木棺材、隨葬的物品等與皇帝葬禮的規格一樣，給他的諡號是宣成侯。徵調河東、河內、河南三郡的士兵來為霍光的墳墓挖坑、填土，又為他設置了三百戶的一個園邑，這個園邑設有園邑長、園邑丞，負責為霍光看守墳墓。漢宣帝又下詔給霍光的後代子孫免除一切賦稅徭役，使他的後代子孫永遠享有同等的封爵和食邑，世世代代不納租賦、不服徭役。

御史大夫魏相向宣帝呈交了一封加了密封的奏章，他在奏章中說：「朝廷剛剛失去大將軍，現在應該另外指定一位大功臣接任大將軍來主持國事、鎮撫各諸侯國，不要讓這個位子空著，以免引起權力之爭。應該任命車騎將軍張安世為大將軍，不要讓他再兼任光祿勳的職務。可以讓他的兒子張延壽擔任光祿勳。」漢宣帝也正想重用張安世。於是，於夏季的四月十七日戊申，任命張安世為大司馬、車騎將軍，同時兼管尚書省的有關事務。

鳳凰飛臨魯國，成群的鳥兒圍繞著鳳凰飛舞。大赦天下。

漢宣帝想要報答霍光的恩德，就封霍光的兄長霍去病的孫子霍山為樂平侯，讓他以奉車都尉的職位兼管尚書省的事務。魏相通過昌成君許廣漢向漢宣帝遞交了一封密摺，他在這封密摺中說：「《春秋》對那種世卿專國政的現象給予了諷刺，對宋國諸侯三世都娶大夫之女為妃，使得諸侯與大夫之間沒有了等級區別，以及魯國季孫氏的專權表示了極大的厭惡，因為這些現象都直接危害到朝廷的利益，給國家造成了混亂。漢朝自從漢武帝後元元年以來，權力已經不由皇帝掌握，國家大權一直掌握在宰相級的權臣手中。如今霍光去世了，他的兒子霍禹又當上了右將軍，霍光哥哥的兒子霍山擔任了尚書而執掌國家機要，霍光的兄弟、諸女婿全都身居要職，把握軍權，霍光的夫人顯以及她的女兒們都享有隨時自由出入長信宮的特權，甚至在深夜讓太后下詔打開宮門令其出入，霍家驕橫奢侈、放縱不羈，我擔心長此發展下去將無法管制，現在就應當逐漸裁減他們的權力，粉碎他們的陰謀，以鞏固漢朝的萬世基業，保全功臣的後代子孫。」按照先前的慣例，凡是上奏章給皇帝的都是一式兩份，將其中的一份署上「副」字，表示為副本，主管機要的尚書先拆開副本觀看，如果奏章中有不妥的內容，就將正本棄置一旁，不再奏呈皇帝。魏相又通過許廣漢奏請漢宣帝取消奏章的副本制度以防止君主遭受蒙蔽。漢宣帝認為這些建議很好，便下詔任命魏相擔任給事中，魏相的意見都被宣帝採納。

宣帝生長於民間，深知百姓生活的艱難。霍光死後，漢宣帝便開始親自處理國家大事，他竭盡一切精力用於治理國家，每五天聽取一次群臣工作彙報。從丞相以下各大臣都要根據自己所負的職責，向宣帝作出彙報，宣帝根據他們的彙報情況，考察他們工作的實際。侍中、尚書有功勞應當提升以及有特殊的表現的，宣帝對他們的賞賜特別優厚，甚至賞賜到他們的子孫，這種做法於宣帝執政期間始終沒有改變。朝廷的各種機要部門都能嚴守機密，各種規章制度也很健全，因此上下相安無事，大小官員都能盡職盡責，沒有人敢得過且過敷衍了事。至於任命刺史、郡守、諸侯國相，宣帝對候選人總要親自召見、詢問，瞭解他們的施政思路、詢問他們的志向，然後考察他們的行為是否和他們所說的相符合。如果有名不副實的，一定要弄清楚原因所在。他經常說：「百姓能夠安心地在本鄉本土自己的土地上耕種而不唉聲歎氣心懷怨恨，就在於政治清明、司法公正。能夠與我共同治理天下實現這一目標的，只有優秀的郡守與諸侯國相！」宣帝認為，太守是治理好一方吏民的根本，如果頻繁變更，下面的官吏、百姓就會感到不安定，如果百姓知道某位郡守將要長久地在某地幹下去，那麼百姓就會知道這位太守是不可欺騙的，就會服從他的教令。所以對於俸祿在二千石的郡守、諸侯國相來說，只要他治理地方有實效、政績明顯，漢宣帝總要下詔書予以勉勵，提高他們的品級，賞賜給他們金錢，有的甚至賜封為關內侯。三公九卿一旦有了空缺，就從那些受過表彰的郡國守相中按照他們功勞的大小依次提拔任用。所以漢朝的優秀官吏，在宣帝執政的時期出現得最多，被稱頌為西漢的中興時代。

匈奴壺衍鞮單于死後，他的弟弟左賢王即位為虛閭權渠單于。虛閭權渠單于封右大將的女兒為大閼氏，而把壺衍鞮單于所寵幸的正妻顓渠閼氏廢退。因此顓渠閼氏的父親左大且渠心生怨恨。當時漢朝因為匈奴勢力衰微已經沒有能力再侵擾漢朝邊境，便撤掉了長城以外的光祿塞、受降城、遮虜障等地的守軍，以使百姓得到休養。虛閭權渠單于知道這個消息後，非常高興，就召集匈奴的諸位貴人進行商議，想要與漢朝和親。左大且渠不想讓和親這件事成功，就說：「以前漢朝的使節前面來，攻打我們的漢朝大軍隨後也就到了。如今我們也效法漢朝，先派出使者出使漢朝，在使者的身後緊隨著進攻漢朝的軍隊。」於是自告奮勇請求與呼盧訾王各自率領一萬名騎兵，向南到漢朝的邊境打獵，兩支軍隊一會師，就同時攻入漢朝邊境。他們二人各自率領騎兵還沒有到達會師的地方，就有三個匈奴騎兵逃跑投降了漢朝，將匈奴的兩支軍隊以打獵為名準備入侵漢朝的事情告訴了漢朝。於是宣帝下詔調動守邊的騎兵守住軍事要塞，又派遣大將軍屬下的軍監名叫治眾的等四人率領五千名騎兵，分為三隊，分別出塞數百里迎擊匈奴，三隊人馬各俘獲了數十個匈奴人而回。當時匈奴發現逃跑了三個騎兵，所以沒敢侵入漢朝邊境就引兵撤走了。這一年，匈奴鬧饑荒，人民、牲畜各死亡了十分之六七，盧閭權渠單于怕漢朝進行報復，又徵調了兩支軍隊各一萬名騎兵防備漢軍。這一年秋天，前些時被匈奴所降服的一個叫做西嗕的少數民族部落，他們居住在匈奴的東部，有幾千人，在他們部族首領的率領下驅趕著牲畜轉移，在一個空曠的地方與把守邊境的匈奴人展開激戰，他們殺死了很多匈奴人之後，向南投降了漢朝。

【研　析】本卷寫了昭帝元平元年（西元前七四年）至宣帝地節二年（西元前六八年）共七年間的全國大事，其統治階級內部鬥爭之複雜激烈，可謂驚心動魄。其可以特別議論者主要有三：

其一是帝位爭奪的劇烈。昭帝的做皇帝本來就已經很不牢靠了，但由於是武帝自己所立，敢於公開反對的畢竟不多，所以燕王劉旦的奪位活動很容易被粉碎。待至昭帝早死，沒有子嗣，只好外找時，於是又面臨一次帝位的爭奪。這時武帝的兒子還有廣陵王劉胥，武帝的孫子只有昌邑王劉賀，可挑選的餘地很小。劉胥早在武帝時就不受喜歡，所以霍光選擇劉賀也實在是沒有辦法的事，不能怪他出爾反爾。但劉賀似乎並沒有對霍光心存感激，而一味荒唐任性，於是被霍光找藉口廢掉了。書中羅列了劉賀的許多罪名，但讓後人看來，可信的也似乎不多，尤其看不到在事關國家的大政方針上劉賀有什麼不可饒恕之處。在劉賀被皇太后下詔廢掉時，劉賀忽然來了一句「天子有爭臣七人，雖亡道不失天下」，看來劉賀還是讀過一些儒家之書的。歷史家讓劉賀在退出歷史舞臺前，吼出了這麼一句，倒也頗耐人尋味。劉賀被廢後，霍光從民間找來了衛太子的孫子劉病已，立為皇帝，即歷史上所稱的漢宣帝。不管霍光當時心裡是怎麼想的，但他能幫助宣帝上臺，這在客觀上是一件大好事。漢宣帝由於生長在民間，深知民間疾苦與官場利弊，因而在親政後進行了很多變革，歷史上稱之為「中興之君」。這件事情的警世意義不僅在漢代，也不僅在中國，可惜中國在漢代以後的兩千年裡似乎很少有哪一個統治者能自覺、主動地實踐這一條。清代何焯還說：「漢家氣象，至宣帝復一變漸已任法，不任人矣。」這也很重要，可惜中國兩千多年以來，實行的基本上還是人治，而不是法治。

其二是關於霍光專權的問題。歷史家寫霍光開始極力稱道他的忠誠、謹慎，這些開始時也許是真的，但隨著他的威望日高、權勢日大，其「忠誠、謹慎」的程度也就越來越少，乃至變得越來越專橫、越來越霸道了。尤其令人無法容忍的是居然縱容、包庇其妻害死了與宣帝患難之交的許皇后，而後又送其小女成君入宮，填補了皇后的空缺。當有人上書議及此事時，他又藉職務之便將奏書壓下，這些都可謂膽大包天，死有餘辜。而令人心驚的是，漢宣帝居然也對此只有默認，而沒敢提出任何問題。霍光的專橫霸道可以說是登峰造極。胡致堂說：「顯弒天下之母，而光不發覺，則是與聞乎弒矣，欲免於禍得乎哉？」史稱光『沉靜詳審』，乃至於此。富貴生不仁，可不戒哉！」陳仁子說：「宣帝之嘉霍光，畏之也，非愛之也。史言帝在民間，聞霍氏貴盛，心不能善，故光存則壓於參乘之威，光亡則礙於新后之立。內有畏之之心，外存愛之之禮。至魏相之計一售，而族無噍類矣，此蓋帝無愛光之素心然也。」漢宣帝真也是兩難，一方面他得感激霍光，是霍光將他捧上了皇帝的寶座，如果霍光當時不捧他，他自己也毫無辦法。另一方面，他也真是怕霍光，前面不是早有一個被廢的劉賀，在那裡放著給他做榜樣了嗎！當時的群臣上書皆為二封，「領尚書者先發副封，所言不善，屏去不奏」。事實上又豈止「屏去不奏」而已，這對打擊異己，形成一言堂是最方便不過的了。而霍光安於這種制度，直到他死後，漢宣帝才敢對之進行改變。霍光的家族不久就被滅門了，這是物極必反的一種結局；專權者深知這種結局的可怕，於是有人就乾脆篡位，王莽的表演很快就要開始了。

其三是兩位很優秀的司法大臣。一位是趙廣漢，用嚴厲的刑法治理都城，由於他能手段高強地任用屬下，使之相互檢舉告發，結果「京兆政清，吏民稱之不容口。長老傳以為自漢興，治京兆者莫能及」。趙廣漢的這種情況我們在《史記・酷吏列傳》見慣，不算特別新鮮。另一位是于定國，「定國決疑平法，務在哀鰥寡，罪疑從輕，加審慎之心。」於是朝廷稱之曰：「張釋之為廷尉，天下無冤民；于定國為廷尉，民自以不冤。」于定國的「哀鰥寡，罪疑從輕」，頗有現代法治的精神，這跟歷代殘暴統治者所推行的「寧可錯殺一千，不使一人漏網」完全是兩種境界。

卷第二十五

漢紀十七

起閼逢攝提格（甲寅 西元前六七年），盡屠維協洽（己未 西元前六二年），凡六年。

【題解】 本卷寫了宣帝地節三年（西元前六七年）至元康四年（西元前六二年）共六年間的全國大事，主要寫了霍光死後霍氏一門仍不知收斂，驕侈縱橫，即家奴亦仗勢橫行，陵侮御史大夫，而霍光妻更喪心病狂地又指使其女欲毒死太子劉奭，至權勢被削，更窮凶極惡地策劃殺戮大臣、廢掉宣帝，結果被誅滅的過程；寫了張敞、徐福上書，建議及早削減霍氏之權，企圖協調皇帝與霍氏的關係，以期達到君臣兩全，結果宣帝不用，因為他早已決心要誅滅霍氏家族；寫了當時有作為的幾位地方官，尹翁歸為右扶風得譽於朝廷，黃霸為潁川太守政績天下第一，尤其是龔遂治勃海郡解決農民暴動的具體方式都可為後世效法；寫了鄭吉、司馬憙經營西域的重大功效，寫了馮奉世出使西域，因便宜發諸國兵以討平與漢朝作對的莎車王，以及趙充國經營西羌的重要方略等等；寫了丙吉護持宣帝有大功而終不自言，寫了疏廣、疏受的雙雙引退，以及疏廣的教子令其自力更生等等，都很令人起敬。

中宗孝宣皇帝上之下

ㄓㄨㄥ ㄗㄨㄥ ㄒㄧㄠˋ ㄒㄩㄢ ㄏㄨㄤˊ ㄉㄧˋ ㄕㄤˋ ㄓ ㄒㄧㄚˋ

地節三年（甲寅　西元前六七年）

春，三月，詔曰：「蓋聞有功不賞，有罪不誅，雖唐、虞❶不能以[1]化天下❷。今膠東相王成❸，勞來不怠❹，流民自占❺八萬餘口，治❻有異等❼之效。其賜成爵關內侯❽，秩中二千石❾。」未及徵用❿，會病卒官⓫。後詔使丞相、御史⓬問郡、國上計長史、守丞⓭以政令得失⓮。或⓯對言：「前膠東相成偽自增加⓰以蒙顯賞⓱，是後俗吏多為虛名⓲」云⓳。

夏，四月戊申⓴，立子奭㉑為皇太子，以丙吉㉒為太傅㉓，太中大夫疏廣㉔為少傅㉕。封太子外祖父許廣漢為平恩侯㉖。又封霍光兄孫中郎將雲㉗為冠陽侯。

霍顯㉘聞立太子，怒恚㉙不食，歐血㉚，曰：「此乃民間時子，安得立㉛？即后有子㉜，反為王邪㉝？」復教皇后令毒太子㉞。皇后數㉟召太子賜食，保、阿㊱輒先嘗之，后挾毒㊲不得行。

五月甲申㊳，丞相賢㊴以老病乞骸骨㊵，賜黃金百斤、安車駟馬㊶，罷就第㊷。丞相致仕㊸自賢始。

六月壬辰㊹，以魏相為丞相。辛丑㊺，丙吉為御史大夫，疏廣為太子太傅，廣兄子受㊻為少傅。

太子外祖父平恩侯許伯(47)以為太子少，白使(48)其弟中郎將舜(49)監護(50)太子家。上以問廣，廣對曰：「太子，國儲副君(51)，師友必於(52)天下英俊，不宜獨親外家(53)許氏。且太子自有太傅、少傅，官屬已備，今復使舜護太子家，示陋(54)，非所以廣太子德(55)於天下也。」上善其言，以語魏相，相免冠謝曰：「此非臣等所能及。」廣由是見器重。

京師大雨雹，大行丞(56)東海蕭望之(57)上疏，言大臣任政，一姓專權之所致(58)。上素聞望之名，拜為謁者(59)。時上博延(60)賢俊，民多上書言便宜(61)，輒下望之問狀(62)。高者請丞相、御史(63)，次者中二千石試事(64)，滿歲以狀聞(65)，下者報聞，罷(66)。所白處奏皆可(67)。

冬，十月，詔曰：「乃者(68)九月壬申(69)地震，朕甚懼焉。有能箴朕過失(70)，及賢良方正直言極諫(71)之士，以匡朕之不逮(72)，毋諱有司(73)！朕既不德(74)，不能附遠(75)，是以邊境屯戍(76)未息。今復飭兵重屯(77)，久勞百姓，非所以綏天下(78)也。其罷(79)車騎將軍、右將軍(80)屯兵(81)！」又詔：「池籞未御幸(82)者，假與貧民(83)。郡國宮館(84)勿復修治。流民還歸者，假公田(85)，貸種食(86)，且勿筭事(87)。」

霍氏驕侈縱橫(88)，太夫人顯(89)，廣治第室(90)。作乘輿輦(91)，加畫，繡絪馮(92)，黃金塗[93]，韋絮薦輪[94]，侍婢以五采絲輓顯[95]游戲第中。與監奴馮子都亂[96]。而禹、山[97]亦並繕治[98]第宅，走馬馳逐平樂館[99]。雲當朝請[100]，數稱病私出[101]，多從[102]賓客，張圍[103]獵黃山苑[104]中，使倉頭奴[105]上朝謁[106]，莫敢譴者[107]。顯及諸女晝夜出入長信宮[108]殿中，亡期度[109]。

帝自在民間，聞知霍氏尊盛日久，內不能善[110]。既躬親[111]朝政，御史大夫魏相給事中[112]。顯謂禹、雲、山：「女曹[113]不務奉[114]大將軍餘業[115]，今大夫給事中[116]，他人壹間女[117]，能復自救邪[118]？」後兩家奴爭道[119]，霍氏奴入御史府[120]，欲蹋大夫門，御史為叩頭謝[121]，乃去。人以謂霍氏[122]，顯等始知憂。

會魏大夫為丞相，數燕見[123]言事。平恩侯[124]與侍中金安上[125]等徑出入省中[126]。時霍山領尚書[127]，上令吏民得奏封事[128]，不關尚書[129]，羣臣進見獨往來[130]，於是霍氏甚惡之。上頗聞霍氏毒殺許后而未察[131]，乃徙光女壻度遼將軍、未央衛尉、平陵侯范明友為光祿勳[132]，出[133]次壻[134]諸吏[135]、中郎將、羽林監[136]任勝為安定太守[137]。數月，復出光姊壻[138]給事中、光祿大夫[139]張朔為蜀郡[140]太守，羣孫壻[141]中郎將王漢為武威[142]太守。頃之，復徙光長女壻長樂衛尉[143]鄧廣漢為少府[144]。戊戌[145]，更以張安世為衛將軍[146]，兩宮衛尉[147]、城門[148]、北軍兵[149]屬焉。以霍禹為大司馬[150]，冠小冠，亡印綬[151]，罷其屯兵官屬[152]，特使禹官名與光俱大司馬者[153]。又收范明友度遼將軍印綬，但為光祿勳。及光中女壻趙平為散騎、騎都尉[2]、光祿大夫，將屯兵，又收平騎都尉印綬[154]。諸領胡、越騎、羽林及兩宮衛將屯兵[155]，悉易[156]以所親信許、史[157]子弟代之。

初，孝武之世，徵發煩數[158]，百姓貧耗[159]，窮民犯法，姦軌不勝[160]，於是使張湯、趙禹[161]之屬，條定[162]法令，作見知故縱[163]、監臨部主之法[164]，緩深、故之罪[165]，急縱、出之誅[166]。其後姦猾巧法[167]轉相比況[168]，禁罔寖密[169]，律令煩苛[170]，文書[171]盈於几閣[172]，典者[173]不能徧睹。是以郡國承用者駮[174]，或罪同而論異[175]，姦吏因緣為市[176]，所欲活[177]則傅生議[178]，所欲陷[179]則予死比[180]，議者咸冤傷之[181]。

廷尉史[182]鉅鹿路溫舒[183]上書曰：「臣聞齊[184]有無知之禍而桓公以興[185]，晉[186]有驪姬之難而文公用伯[187]。近世[188]趙王不終[189]，諸呂作亂[190]，而孝文為太宗[191]。繇是觀之，禍亂之作[192]，將以開聖人[193]也。夫繼變亂之後，必有異舊之恩[194]，此賢聖所以昭天命[195]也。往者昭帝即世無嗣[196]，昌邑淫亂，乃皇天所以開至聖[197]也。臣聞春秋正即位[198]，大一統[199]而慎始[200]也。陛下初登至尊[201]，與天合符[202]，宜改前世之失，正始受命之統[203]，滌煩文[204]，除民疾[205]，以應天意。臣聞秦有十失，其一尚存，治獄之吏是也[206]。夫獄[207]者，天下之大命[208]也，死者不可復生，絕者不可復屬[209]。書曰：『與其殺不辜，寧失不經[210]。』今治獄吏則不然，上下相敺[211]，以刻為明[212]，深[213]者獲公名[214]，平[215]者多後患[216]。故治獄之吏皆欲人死，非憎人也，自安之道在人之死[217]。是以死人之血，流離於市[218]，被刑之徒，比肩而立[219]，大辟[220]之計，歲以萬數[221]，此仁聖之所以傷也。太平之未洽[222]，凡以此[223]也。夫人情，安則樂生[224]，痛則思死[225]，棰楚[226]之下，何求而不得[227]？故囚人不勝痛[228]，則飾辭以示之[229]。吏治者[230]利其然[231]，則指導以明之[232]。上奏畏卻[233]，則鍛練而周內之[234]。蓋奏當[235]之成，雖皋陶[236]聽之，猶以為死有餘辜。何則？成練者眾[237]，文致之罪明[238]也。故俗語曰：『畫地為獄，議不入[239]。刻木為吏，期不對[240]。』此皆疾吏之風[241]，悲痛之辭[242]也。唯[243]陛下省法制[244]，寬刑罰，則太平之風可興於世。」上善其言。

十二月，詔曰：「間者[245]吏用法巧文寖深[246]，是朕之不德也。夫決獄[247]不當，使有罪興邪[248]，不辜蒙戮[249]，父子悲恨，朕甚傷之！今遣廷史[250]與郡鞠獄[251]，任輕祿薄[252]，其為置廷尉平[253]，秩六百石[254]，員四人[255]。其務平之[256]，以稱朕意[257]！」於是每季秋[258]後請讞[259]時，上常幸宣室[260]，齋居[261]而決事，獄刑[262]號為平矣。

涿郡[263]太守鄭昌上疏言：「今明主躬垂明聽[264]，雖不置廷平[265]，獄[266]將自正。

若開後嗣[267]，不若刪定[268]律令。律令一定，愚民知所避[269]，姦吏無所弄[270]矣。今不正其本[271]，而置廷平以理其末[272]，政衰聽怠[273]，則廷平將召權[274]而為亂首[275]矣。」

昭帝時，匈奴使四千騎田車師[276]。及五將軍擊匈奴[277]，車師田者驚去，車師復通於漢[278]。匈奴怒，召其太子軍宿[279]，欲以為質[280]。軍宿，焉耆外孫[281]，不欲質匈奴，亡走焉耆[282]，車師王更立子烏貴為太子。及烏貴立為王，與匈奴結婚姻，教匈奴遮漢道通烏孫者[283]。

是歲，侍郎[284]會稽鄭吉[285]與校尉司馬憙，將免刑罪人田渠犂[286]，積穀，發城郭諸國兵[287]萬餘人，與所將田士[288]千五百人共擊車師，破之，車師王請降。匈奴發兵攻車師，吉、憙引兵北[289]，逢之，匈奴不敢前。吉、憙即留一候[290]與卒二十人留守王[291]，吉等引兵歸渠犂。車師王恐匈奴兵復至而見殺[292]也，乃輕騎奔烏孫[293]。吉即迎其妻子，傳送長安[294]。匈奴更以車師王昆弟兜莫[295]為車師王，收其餘民東徙[296]，不敢居故地。而鄭吉始使吏卒三百人往田車師地以實之[297]。

上自初即位，數遣使者求外家[298]。久遠[299]，多似類而非是[300]。是歲，求得外祖母王媼[301]及媼男無故、武[302]。上賜無故、武爵關內侯。旬月[3]間[303]，賞賜以鉅萬[304]計。

【章　旨】以上為第一段，寫宣帝地節三年（西元前六七年）一年間的全國大事，主要寫了霍光死後霍氏一門仍不知收斂，驕侈縱橫，即家奴亦仗勢橫行，甚至連御史大夫也向其磕頭，而霍光妻更喪心病狂地指使其女欲毒死太子劉奭；寫了宣帝罷免霍氏子弟與其諸多親屬的兵權，與其在皇帝身邊的機要位置，盡以許、史子弟任之；寫了武帝時的酷吏政治至宣帝仍舊盛行，路溫舒上書暢論其弊，宣帝設廷尉平以治此事，鄭昌上書提出刪修律令以治根本；以及寫了鄭吉、司馬憙經營西域的大有功效等等。

【注　釋】❶唐虞　唐堯、虞舜，傳說中的遠古帝王。事跡詳見《史記・五帝本紀》。被後人稱為英明帝王的代表。❷化天下　使天下變好。化，改變。❸膠東相王成　膠東國的丞相王成。膠東國的都治即墨，在今山東平度東南。❹勞來不怠　為招募流浪在外的百姓歸來工作不息。勞，慰勞。來，使之來歸。怠，懈怠。❺自占　自報戶口。占，上戶口。❻治　為政治民。❼異等　出類拔萃。❽賜成爵關內侯　賜給王成關內侯的爵位。關內侯比列侯低一級，有侯爵而無封地。❾秩中二千石　官階為中二千石，月俸為一百八十斛。中二千石是九卿一級，而一般的郡太守與諸侯相只是二千石。❿徵用　調到朝廷任職。⓫卒官　死於任職期間，這裡即死在諸侯相的任上。⓬御史　此指御史大夫，三公之一，職同副丞相。⓭郡國上計長史守丞　各郡、各諸侯國派遣到朝廷報告錢糧以及各項政務的地方副長官。長史，這裡指諸侯國相的屬官。守丞，郡太守的屬官。《後漢書・郡國志》：「諸侯王相如太守，長史如郡丞。」⓮政令得失　朝廷的政令有何得失。⓯或　有人。⓰偽自增加　意即虛報。⓱蒙顯賞　受到了光榮的獎賞。⓲多為虛名　許多人為了名利而弄虛作假。⓳云　用於句尾表示不肯定，如今之所謂「據說如此」、「人們都這麼說」。⓴四月戊申　四月二十二。㉑子奭　宣帝的兒子劉奭，許皇后所生，即日後的漢元帝。㉒丙吉　漢宣帝當年蒙難時的大恩人。事跡已見於本書卷二十四。㉓太傅　皇太子的輔導官。㉔太中大夫疏廣　身任太中大夫之職的儒生姓疏名廣。太中大夫是皇帝的侍從官員，在皇帝身邊以備參謀顧問之用，上屬光祿勳。㉕少傅　也是皇太子的輔導官，地位在太傅之下。㉖平恩侯　許廣漢原來只封為昌成君。㉗中郎將雲　霍雲，霍去病之孫，霍山之弟。中郎將是皇帝的衛隊長，統領中郎，上屬光祿勳。㉘霍顯　霍光的夫人名顯，霍字乃其夫之姓。㉙怒恚　惱怒。㉚歐血　吐血。歐，通「嘔」。㉛安得立　怎能立為太子。㉜即后有子　如果皇后再有了兒子。此時的皇后即霍光之小女，名叫成君。㉝反為王邪　不就只能為王了嗎。漢代諸帝的兒子除太子為帝外，其他例皆封王。㉞令毒太子　讓皇后把太子劉奭毒死。㉟數　多次。㊱保阿　保母、阿母，即今所謂保姆。㊲后挾毒　皇后手裡拿著毒藥。挾，夾帶。㊳五月甲申　五月二十九。㊴丞相賢　韋賢，以讀儒書升任丞相的庸俗官僚，《三字經》有所謂「人遺子，金滿籯；我遺子，唯一經」，就是說的韋賢。事跡見《漢書》本傳。40乞骸骨　因年老請求退休的客氣說法。41安車駟馬　四匹馬拉的可以坐乘的車子。42罷就第　罷職回家休養。43致仕　退休。44六月壬辰　六月初七。45辛丑　六月十六。46廣兄子受　疏受，疏廣之姪，也是一個以讀儒書聞名的書生。47許伯　即許廣漢。稱「伯」以表示尊重。48白使　稟告皇帝派遣。49中郎將舜　中郎將許舜。50監護　關照、保護。51國儲副君　國之儲、君之副，都是未來君主的意思。52於　以；用。53外家　皇帝的外祖之家。54陋　淺陋；氣度小。55廣太子德　擴大太子的胸襟、氣量。56大行丞　大行治禮丞，大行令的屬官。大行令也叫「典客」，九卿之一，主管歸降的少數民族事務。57東海蕭望之　東海是漢郡名，郡治郯縣，在今山東郯城西北。蕭望之字長倩，一個以讀儒書出身的正直官吏。事跡詳見《漢書》本傳。58一姓專權之所致　意謂天上所以下這種大雹子，這是由於國家政權被某一個大臣的合族包攬之所致。59謁者　皇帝的侍從人員，上屬光祿勳，為皇帝掌管收發傳達及贊禮等。60博延　廣泛延請。61便宜　國家當前應該著手做的事。62輒下望之問狀　總是讓蕭望之先與之談話，瞭解情況。輒，總是。下，交付。問狀，瞭解情況。63高者請丞相御史　遇到水平高、建議好的就讓丞相、御史大夫給他分派工作加以試驗。64次者中二千石試事　遇到水平、建議略差一點的就請九卿給他分派工作加以試驗。中二千石，指九卿一級。65滿歲以狀聞　一年之後把試驗的情況報告皇帝。66下者報聞二句　對那些水平、建議差的報告皇帝，讓他們回家。67所白處奏皆可　蕭望之所稟報與實際所處理的一些人奏明皇帝後，皇帝都以為可以。68乃者　前者；前些時候。69九月壬申　本年的九月十九。70箴朕過失　提出我的過失。箴，勸誡。71賢良方正直言極諫　賢良方正中的敢於直言極諫者。賢良方正是漢代選拔官吏的科目之一，目標是品性端方的儒生。72匡朕之不逮　幫我糾正過失、彌補漏洞。匡，糾正。不逮，沒想到。73毋諱有司　涉及執政官員的問題也不要避諱。諱，避而不言。有司，主管各種事務的官吏。74不德　德行不高，皇帝的自謙之詞。75附遠　使遠方之人歸附。76屯戍　駐兵守邊。77飭兵重屯　訓練軍隊，駐紮在更多的地方。飭，整頓；訓練。78綏天下　使天下人得到平安。綏，平安。79罷　撤銷；解散。80車騎將軍右將軍　漢代將軍的名號，車騎將軍在大將軍、驃騎將軍之下，地位崇高；右將軍與左、前、後將軍為同一級，在雜號將軍之上。81屯兵　這裡即某某麾下之兵。82池籞未御幸　凡皇帝不去遊賞的園林池沼。池籞，意即禁苑。未御幸，沒去遊賞。83假與貧民　租給貧民去開發耕種。假，借；租賃。84郡國宮館　各郡、各諸侯國所修建的預備皇帝巡幸所住的宮殿館所。85假公田　將本地區的公田借給他們耕種。86貸種食　借給他們種子、糧食。87且勿筭事　暫時不要向他們徵收人頭稅。筭，同「算」。人頭稅。88縱橫　肆意橫行霸道。89太夫人顯　霍光的妻子名顯。90廣治第室　大造府第。第，高級住宅。91作乘輿輦　打造類似皇帝所乘的那種車子。乘輿，這裡即隱指皇帝。輦，皇帝乘坐的車子。92繡絪馮　用錦繡為坐墊並包裝車前的橫木。絪，坐墊。馮，通「憑」。車軾。93黃金塗　用黃金塗飾車廂、車輪等部位。94韋絮薦輪　用熟牛皮和絲絮將車輪包起來，以減少車子行走時的震動。95輓顯　給霍光妻拉著車子。96與監奴馮子都亂　與霍氏的管家馮子都私通。監奴，管家的奴僕。亂，私通。按，漢樂府〈羽林郎〉的歌辭中有所謂「昔有霍家奴，姓馮名子都。倚仗將軍勢，調笑酒家胡」云云，即謂此馮子都也。97禹山　霍禹、霍山。霍禹是霍光之子；霍山是霍去病之孫。98繕治　建造。99平樂館　皇家園林上林苑中的遊樂場所。100雲當朝請　霍雲每當輪到應進宮朝見皇帝的時候。101數稱病私出　屢屢推說有病而外出遊蕩。102多從　讓很多……跟著。103張圍　拉開包圍圈。104黃山苑　皇家的獵場名，故址在今陝西興平西南。105倉頭奴　頭上包著青巾的奴僕。倉，通「蒼」。106上朝謁　讓他代替自己去拜見皇帝。107莫敢譴者　沒有一個人敢說他不好。譴，責備。108長信宮　長樂宮中的宮殿名，當時為霍光外孫女上官太后的所住之處。109亡期度　沒有時間限制。亡，通「無」。110內不能善　心裡感到討厭。111躬親　親自管理。112給事中　在宮中侍候皇帝，時常在皇帝身邊。113女曹　爾等；你們這些人。女，通「汝」。114不務奉　不努力繼承。奉，奉行；繼承。115餘業　遺留下來的事業，指獨擅朝政。116今大夫給事中　如今竟讓御史大夫魏相當了給事中。117壹間女　一說你們的壞話。間，離間；挑撥。118能復自救邪　還能救得了你們自己嗎。119爭道　為讓誰先走而發生爭執。120入御史府　衝進了御史大夫魏相家裡。121御史為叩頭謝　御史大夫魏相向著霍氏的家奴磕頭賠禮。122人以謂霍氏　有人把這件事對霍光的妻子講。123燕見　閒暇時不講嚴格禮節的會見。124平恩侯　許廣漢，宣帝的岳父。125金安上　字子侯，金日磾之子。126徑出入省中　可以逕直地出入宮廷。徑，直接。省中，宮中。127領尚書　兼理尚書部門的事宜。128吏民得奏封事　意即任何人都可以給皇帝上書。封事，奏章的別稱。因其加有封函，故稱封事。129不關尚書　不再通過尚書部門的檢查。關，通過。130獨往來　可以單獨叩見皇帝，霍氏無法再監督。131未察　過去未能查清。132光祿勳　原稱「郎中令」，九卿之一，統領皇帝侍從，管理宮廷門戶。按，此句意即免去范明友度遼將軍、未央宮衛尉二職，而令其專任光祿勳。133出　調到外面。134次壻　霍光的二女婿。135諸吏　猶言某某官職，史失其名。136中郎將羽林監　都是霍光次婿任勝原任的官職。中郎將是皇帝的衛隊長，統領眾中郎；羽林監是皇帝禁衛軍中的司法官。137安定太守　安定是漢郡名，郡治高平，即今寧夏固原。138光姊壻　霍光之姐的女婿。139光祿大夫　光祿勳的屬官，在皇帝身邊以備參謀顧問之用。位雖不高，但近機密。140蜀郡　郡治即今成都。141羣孫壻　霍光孫女的丈夫。羣孫，眾多孫女中的一個。142武威　漢郡名，郡治在今甘肅民勤東北。143長樂衛尉　九卿之一，長樂宮的護衛長官。144少府　九卿之一，掌山海池澤收入及皇室手工業製造，為皇帝的私家理財。145戊戌　應是十一月戊戌，即十一月十六。(146)衛將軍　高級武官名，僅在大將軍、驃騎將軍之下。(147)兩宮衛尉　指未央宮衛尉、長樂宮衛尉。(148)城門　指長安城十二城門的守門之兵。(149)北軍兵　北軍之兵，北軍是駐紮在京城的一支重兵，先是由皇帝的心腹高官統領，至武帝時更由其自己統領，平時只派一個品級不高的親信作為「使者護軍」以作聯絡。(150)大司馬　加於將軍稱號前的一種官號。武帝為使霍光輔佐幼主，封以為大司馬大將軍，從此該職遂專擅朝政。今宣帝只任霍禹為大司馬，無將軍之實銜，遂只成了一種榮譽稱號。(151)冠小冠二句　原先的大司馬大將軍戴武弁大冠，佩金印，有實權；今之大司馬則無實權，戴小冠，無印綬。亡，通「無」。印綬，印章與綬帶，主要指印。(152)罷其屯兵官屬　解除他所固有兵權與他手下的一套官屬。霍禹原任右將軍，有兵權、有屬官，不久前宣帝以減輕百姓負擔為名解散了右將軍的部隊，是其「屯兵官屬」已被罷去。(153)特使禹官名與光俱大司馬者　只讓霍禹保留了一個與他父親一樣的大司馬的空名。特，只。(154)收平騎都尉印綬　霍光的另一個女婿趙平原任散騎、騎都尉、光祿大夫，是帶兵的，現在則免去他騎都尉的職務。(155)諸領胡越騎羽林及兩宮衛將屯兵　所有統領胡騎、越騎、羽林以及兩宮宮門守軍的將領。諸領，所有統領。胡、越騎，匈奴騎兵與南越騎兵。兩宮衛將屯兵，即統領兩宮宮門守軍的未央衛尉與長樂衛尉。(156)悉易　全部換成。(157)許史　宣帝的岳父許廣漢一族與宣帝祖母史良娣的娘家一族。(158)煩數　頻繁；一次挨一次。(159)貧耗　貧困枯竭。(160)姦軌不勝　為非作歹者多得數不過來。姦軌，通「奸宄」。這裡實指官逼民反者。(161)張湯趙禹　都是武帝時期著名的酷吏。事跡詳見《史記．酷吏列傳》。(162)條定　規定成條文。(163)見知故縱　兩種罪名。見知指分明看見或是知道他人犯法而不舉報；故縱指司法官吏故意放走犯人。(164)監臨部主之法　下層吏民犯罪，相應的上級部門要連帶吃官司的辦法。(165)緩深故之罪　放寬對司法人員處治犯人過嚴或故意陷人入於罪的制裁。緩，放寬。(166)急縱出之誅　加重對司法人員讓犯罪者逃脫或釋放在押人犯的懲處。急，加重。誅，制裁；討伐。(167)巧法　玩弄法令條文以進行舞弊。(168)轉相比況　相互仿效，惡性循環。(169)禁罔寖密　法網日益嚴密。(170)律令煩苛　條文繁瑣而酷苛。(171)文書　指各種案件、各種審判的資料、卷宗。(172)盈於几閣　堆滿桌子、裝滿屋子。几，桌子。閣，這裡即指屋子。(173)典者　主管這項工作的人。(174)承用者駮　接手工作的人對其前任的文件理解不一，各行其是。駮，雜亂。(175)論異　定罪不同。論，判罪。(176)因緣為市　趁機徇私枉法，進行交易。(177)所欲活　想讓誰活。(178)則傅生議　就極力給他向活處辦。傅，貼；尋找。(179)所欲陷　想把誰置於死地。(180)予死比　就極力把他往死罪上靠。(181)冤傷之　為之感到冤屈、傷心。(182)廷尉史　廷尉的屬官。(183)鉅鹿路溫舒　鉅鹿，也寫作「巨鹿」，漢郡名，郡治在今河北平鄉西南。路溫舒的事跡詳見《漢書》本傳。(184)齊　此指春秋時代的齊國，姜太公的後代，都城即今山東淄博的臨淄。(185)無知之禍而桓公以興　無知是齊國的貴族，弒其君襄公而自立，很快無知又被國人所殺。

也正是在這種齊國無君的情況下，公子小白趁機取得政權，即位後即歷史上所稱的齊桓公，後來成為有名的春秋五霸之一。過程詳見《左傳》或《史記·齊太公世家》。[186]晉　春秋時代的諸侯國名，都城絳，即今山西侯馬。[187]驪姬之難而文公用伯　驪姬是晉獻公的寵妃，讒殺了太子申生，驅逐了諸公子。獻公死後，驪姬生的兒子奚齊得立，但國人不服，於是奚齊被殺，國內動亂不安好多年，最後公子重耳在秦國的幫助下回國即位，即歷史上所稱的晉文公。從此晉國強大，晉文公成為春秋時代最大的霸主。過程詳見《左傳》或《史記·晉世家》。[188]近世　指西漢建國初期。[189]趙王不終　指劉邦死後，被封為趙王的劉邦的三個兒子劉如意、劉友、劉恢連續被呂后所殺。事情詳見《史記·呂太后本紀》。不終，不得善終，意即被害。[190]諸呂作亂　通常指被呂后封王的呂氏子弟呂產、呂祿等，乘呂后去世之機欲篡奪劉氏政權。但歷史上無此事實，乃周勃、陳平等強加罪名將呂氏誅滅。過程詳見《史記·呂太后本紀》。[191]孝文為太宗　周勃、陳平等誅滅呂氏集團後，迎來在代國為王的劉恆立以為帝，即歷史上所稱的漢文帝。漢文帝由於治國有方，被後人追稱為「太宗」。過程詳見《史記·孝文本紀》。[192]作發作；鬧起。[193]開聖人　為聖人的出世作先導。開，啟發；先導。按，以上所說的齊桓公、晉文公、漢文帝，如果在正常的情況下，是輪不到他們主持政權的。正是由於國內大亂，才給他們提供了上臺執政的機會，以比喻下文所說的漢宣帝情況也是如此。[194]異舊之恩　與過去歷代皇帝所不同的廣施恩惠。這種廣施恩惠既是上天的意願，也是新即位的聖人之所應為。[195]昭天命　顯示自己的一舉一動都是符合天意的。[196]即世無嗣　去世時沒有留下後代。嗣，子；接班人。[197]至聖　至高無上的聖人，指宣帝。[198]春秋正即位　《春秋》特別重視國君即位問題，也就是要名正言順。正常即位，稱正；繼弒君則不言即位。[199]大一統　強調全國政令的統一。[200]慎始　重視開頭，重視新君即位應該做好的事情。[201]初登至尊　剛開始登上最高的寶座。[202]與天合符　與上天的願望相一致。合符，相統一；相一致。[203]正始受命之統　要有一套新的符合天命的章程辦法。[204]滌煩文　去掉那些繁瑣的法律條文。滌，洗去。[205]除民疾　廢除那些給黎民百姓造成疾苦的政策規定。[206]治獄之吏是也　意即秦朝掌管刑獄的官吏還一直留存到今天，也就是說漢朝今天的司法制度還與秦朝沒有區別。[207]獄　刑獄，處治犯人。[208]大命　生死攸關的大問題。[209]絕者不可復屬　被斬斷了的就再也連接不上，如宮刑、刖刑等等。絕，斬斷。屬，連接。[210]與其殺不辜二句　意思是與其沒有把握地錯殺好人，不如犯執法不嚴的錯誤。也就是前文于定國所堅持的「疑罪從輕」的意思。二句見《尚書·虞書·大禹謨》。不辜，無罪。不經，不按常規。[211]相敺　相互競賽。[212]以刻為明　越酷苛越好。刻，深；苛。[213]深酷苛。[214]公名　大公無私之名。[215]平　用法持平，意即不追求酷苛。[216]多後患　就要給自己留下說不清的麻煩，如本書〈漢紀〉十五卷所載廷尉王平、少府徐仁皆以九卿被羅織成「縱反」被害事。[217]自安之道在人之死　法吏使自己太平無事的辦法，就是要把罪人整死。(218)流離於市　流滿了整個市場。流離，流淌。市，古代刑人於市，以示與市人共棄之。(219)比肩而立　多得一個挨一個。比肩，並肩。(220)大辟　死刑，殺頭或腰斬。(221)歲以萬數　每年都有好幾萬。歲，年。(222)太平之未洽　太平世界的有缺陷、不到家。洽，浸透；徹底。(223)凡以此　就是因為這一點。(224)樂生　樂於生存；有活著的樂趣。(225)思死　盼著快死。(226)棰楚　棍棒荊條，泛指刑具。(227)何求而不得　什麼樣的口供不能得到。(228)不勝痛　忍受不了痛苦。(229)飾辭以示之　就編一套假口供讓你看。飾辭，編假口供。(230)吏治者　審判犯人的官吏。治，審判。(231)利其然　喜歡這種取得口供的方式。(232)指導以明之　引導指使犯人如何招供。(233)上奏畏卻　上報審理結果怕犯人翻案被退回。(234)鍛練而周內之　譬如鐵匠錘鍊，以成所需要之形；又如木匠削枘就鑿，能使其嚴絲合縫。內，通「納」。(235)奏當　上報皇帝的審判結果。當，判罪。(236)皋陶　堯、舜時代的司法長官，這裡喻指最聖明的法官。(237)成練者眾　逼使其自己承認的罪行多。(238)文致之罪明　羅織編排的罪行明顯。(239)畫地為獄二句　在地上畫個牢獄，也絕對沒人願意進去。議，同「義」。意即絕對，其用法與「義不帝秦」、「義無反顧」之句式同。(240)刻木為吏二句　師古曰：「期，猶必也。」「議」與「期」對文，都用以修飾「必」字。(241)皆疾吏之風　都表明了一種痛恨司法官吏的風俗。(242)悲痛之辭　很悲傷、很痛苦的話。(243)唯　表示祈請的發語詞，猶言「希望」、「懇請」。(244)省法制　減輕律法。(245)間者　前者；前一段時間。(246)巧文寖深　舞文弄法，日益酷苛。(247)決獄　斷案。(248)有罪興邪　真正的犯罪分子更加囂張邪惡。(249)不辜蒙戮　沒有罪過的人反而遭受誅戮。(250)廷史　廷尉屬下的小吏。(251)與郡鞠獄　協助郡裡審訊犯人。鞠，審問。(252)任輕祿薄　職位太低而俸祿太少。(253)置廷尉平　增設廷尉平一職。廷尉平，專門覆審案件，清理疑獄，以保證審判公平的官員。(254)秩六百石　官階六百石，與縣令同級。(255)員四人　廷尉平一職共設四人。(256)其務平之　一定要達到決獄公平。(257)以稱朕意　以滿足我的願望。(258)季秋　指九月。(259)請讞　呈請皇帝最後審查。讞，覆查有疑問的案件。(260)宣室　未央宮裡的前殿名。(261)齋居　齋戒獨宿，以示虔敬。(262)獄刑　也稱「刑獄」，即案件的審理。(263)涿郡　漢郡名，郡治即今河北涿州。(264)躬垂明聽　親自過問。躬，親自。垂明聽，意即垂聽、過問。「明」字是謙詞。(265)廷平　即廷尉平。(266)獄　對案件的審判。(267)若開後嗣　如果想讓後人一直能夠審判公正。(268)刪定　刪改、修定。(269)知所避　知道什麼事不能幹。(270)無所弄　無處耍其奸猾，舞文弄法。(271)正其本　指刪定律令條文。律令條文是處理一切案件的依據。(272)理其末　處理枝節，指那些執行中的具體問題。(273)政衰聽怠　一旦政令無力，皇帝的過問鬆懈。(274)召權　召權納賄，徇私舞弊。(275)亂首　破壞法令、造成刑獄腐敗的罪魁禍首。(276)田車師　在車師一帶駐兵屯田。田，屯墾。車師，西域國名，分前後兩國，車師前國的國都交河城，在今新疆吐魯番城西；車師後國在吐魯番北的天山北側。由於匈奴在此屯兵，車師遂倒向匈奴。(277)五將軍擊匈奴　事見本書、卷二十四宣帝本始三年，所謂五將軍即祁連將軍田廣明、度遼將軍范明友、前將軍韓增、後將軍趙充國、虎牙將軍田順。❷❼❽復通於漢　又和漢王朝恢復關係。❷❼❾軍宿　車師國的太子。❷❽⓿欲以為質　令其到匈奴為人質。❷❽❶焉耆外孫　焉耆國王的外孫。焉耆是西域國名，在今新疆焉耆一帶。❷❽❷亡走焉耆　逃到了焉耆。❷❽❸遮漢道通烏孫者　攔截漢朝通烏孫的道路。遮，攔截。❷❽❹侍郎　皇帝的侍從人員，上屬光祿勳。❷❽❺會稽鄭吉　會稽是漢郡名，郡治即今江蘇蘇州。鄭吉是西漢後期經營西域有功的重要人物。事跡詳見《漢書》本傳。❷❽❻田渠犂　率軍在渠犂一帶屯田。渠犂是西域國名，在今新疆庫爾勒與尉犁一帶。❷❽❼發城郭諸國兵　調集周圍有城郭諸國的軍隊。城郭諸國，以區別於游牧諸國。❷❽❽田士　屯田的士兵。❷❽❾引兵北　引兵向北迎擊匈奴人。❷❾⓿候　軍官名，約當今之連長，上屬校尉。一個校尉統領若干曲，曲的長官即軍候。❷❾❶留守王　留下來看著車師王。❷❾❷見殺　被匈奴人所殺。❷❾❸烏孫　西域國名，其地約當今我國新疆之西北部、塔吉克共和國的東南部，與吉爾吉斯共和國的東部地區，首都赤谷城，在今吉爾吉斯斯坦境內的伊塞克湖之東南，距我國的新疆邊界不遠。❷❾❹傳送長安　用驛車將車師王的妻、子運送到長安。❷❾❺昆弟兜莫　車師王的兄弟名叫兜莫。❷❾❻東徙　向東部搬遷。❷❾❼以實之　以填補車師國的無人之地。❷❾❽求外家　尋找許姓、史姓的親屬。❷❾❾久遠　由於多年沒有聯繫。❸⓿⓿多似類而非是　大都似是而非，意即多是冒名而來。❸⓿❶外祖母王媼　宣帝父劉進的岳母王老太太。媼，對老年婦女的通稱。❸⓿❷媼男無故武　王媼的兒子王無故、王武，都是宣帝的舅舅。❸⓿❸旬月間　十來天到一個月的工夫。❸⓿❹鉅萬　萬萬，即今所謂「億」，單位是銅錢。

【校　記】①以　原無此字。據章鈺校，甲十五行本、乙十一行本、孔天胤本皆有此字，今據補。按，《漢書・宣帝紀》有此字。②散騎騎都尉　據章鈺校，甲十五行本、乙十一行本、孔天胤本皆作「散騎都尉」，《通鑑紀事本末》卷四亦作「散騎都尉」。按，西漢無「散騎都尉」，都尉為郡職，典郡兵；騎都尉為中央官，隸光祿勳，掌羽林騎。嚴衍《通鑑補》正作「散騎騎都尉」，注云：「以騎都尉而加散騎官也。」《漢書・霍光傳》亦作「散騎騎都尉」。③月　原作「日」。據章鈺校，甲十五行本、乙十一行本、孔天胤本皆作「月」，今據改。按，《漢書・外戚上・史皇孫王夫人傳》作「月」。

【語　譯】中宗孝宣皇帝上之下

地節三年（甲寅　西元前六七年）

春季，三月，漢宣帝下詔說：「我聽說，如果對有功的人不獎賞，對有罪的人不懲罰，即使是唐堯、虞舜那樣的聖明君主也不能使國家變好。如今膠東國的丞相王成，勤於政事，為招募流浪在外的百姓歸來而不知疲倦地工作，因此流民前去自報戶口的就有八萬多人，他為政治民出類拔萃、卓有功效。封王成為關內侯，官階為中二千石，月俸為一百八十斛。」但還沒有等到被徵調到朝廷任職，王成就病死在膠東國丞相的崗位上。後來，宣帝又下詔讓丞相、御史向各郡、諸侯國派遣到朝廷報告錢糧以及各項政務的長史、守丞等詢問朝廷的政令有何得失。有人回答說：「以前膠東國丞相王成誇大政績、虛報戶籍數目，竟然受到很高的獎賞，後來就有許多庸俗的官吏為了名利而效法王成弄虛作假、謊報政績」等等。

夏季，四月二十二日戊申，漢宣帝封許皇后所生的兒子劉奭為皇太子，任命丙吉為太子太傅，任命太中大夫疏廣為太子少傅。封太子劉奭的外祖父許廣漢為平恩侯。又封霍光的哥哥霍去病的孫子中郎將霍雲為冠陽侯。

霍光夫人顯聽說皇帝立了劉奭為太子，惱怒、忿恨得連飯也不肯吃，還大口地吐血，她說：「劉奭是皇帝在民間時生的兒子，怎麼能立他為太子？如果將來霍皇后生了兒子，反倒要做諸侯王嗎？」於是她又唆使自己的女兒霍皇后去毒死太子劉奭。霍皇后多次召太子劉奭到自己宮中，賞給他食物吃，而每次太子的保姆、奶娘都要自己先嘗過之後再讓太子吃，霍皇后雖然手裡拿著毒藥卻一直沒有下手的機會，因此想要毒死太子的陰謀才沒能得逞。

五月二十九日甲申，丞相韋賢因為年老多病請求辭職回家養老，漢宣帝賞賜給他黃金一百斤，還有四匹馬和一輛車，免去他的職務讓他回家休養。漢朝丞相的退休制度就從韋賢開始了。

六月初七日壬辰，漢宣帝任命魏相為丞相。十六日辛丑，任命丙吉為御史大夫，疏廣為太子太傅，疏廣哥哥的兒子疏受為太子少傅。

太子劉奭的外祖父平恩侯許廣漢認為太子年紀太小，於是稟報漢宣帝，請求派他的弟弟中郎將許舜負責關照、保護太子。漢宣帝就此事徵求疏廣的意見，疏廣回答說：「太子就是未來的皇帝，所以太子的師傅和朋友必須挑選天下的英俊之士充任，而不應該只是親近外祖父許氏一家。而且太子本來已經有太傅、少傅，僚屬已經齊備，如果再派許舜負責照顧太子，就顯得見識淺陋、氣度小，不利於擴大太子的胸襟、氣量。」

漢宣帝覺得疏廣說得有道理，就將這件事告訴了丞相魏相，魏相摘下帽子向漢宣帝謝罪說：「陛下的遠見卓識，我們這些臣子永遠也趕不上。」疏廣因此而更加受到宣帝的器重。

京師長安降了大雨和冰雹，擔任大行丞的東海人蕭望之上書給漢宣帝，說天降雹災，都是因為大臣專權，一姓之中掌權的人太多造成的。漢宣帝早就聽說過蕭望之的名字，於是任命他為掌管收發傳達以及贊禮等事務的謁者。當時漢宣帝大量招攬賢能英俊的人才，民間也有許多人上書給皇帝，提出各種國家當前應該著手做的事情，漢宣帝總是讓蕭望之先與之談話、瞭解情況。遇有特別高見的就讓丞相、御史大夫給他分派工作加以試驗，遇到水平、建議略微差一點的就交給中二千石的官員，由他們去分派工作進行試驗，一年之後，把試驗的結果奏報給皇帝，如果屬於才能低下，所提建議不可用的，就將其罷免。蕭望之所奏報的處理意見，漢宣帝都認為可行。

冬季，十月，漢宣帝下詔說：「本年九月十九日壬申所發生的地震，使我感到很恐懼。有誰能指摘我的過失，包括各地保舉的賢良方正和敢於直言勸諫的人，對我考慮欠周到的地方都可以進行糾正、彌補，涉及到各級執政官員的問題也不要避諱！我的道德不高，不能使遠方的人來歸附，所以在邊境上防守駐紮的軍隊還不能休息。現在再讓軍隊加緊訓練、加強防守，使百姓長久處於勞苦狀態而得不到休養，這些都不是安定天下的好辦法。因此撤銷車騎將軍、右將軍所率領的兩支屯田戍守的軍隊！」又下詔說：「凡是天子不去巡遊的陂池園囿，一律租給貧民去開發耕種。各郡、各諸侯國不要再修建預備皇帝巡幸時所住的宮殿館所。流亡在外的人如果回到故鄉，各地官府要將本地的公田借給他們耕種，要借給他們種子和糧食，而且暫時不要向他們徵收各種賦稅和徵調他們服勞役。」

霍光家族驕奢淫逸、蠻橫不法，太夫人顯雖然年事已高，仍然大興土木、建造高級住宅。打造類似於皇帝所乘坐的那種車子，車上繪著圖畫，用錦繡做車墊和包裝車前的橫木，車身、車輪等部位都塗著黃金，又用熟牛皮和絲絮將車輪包裹起來以減輕車子的震動，自己坐在車上，讓侍女們用五色絲綢拉著車子在宅院中遊戲。又與管家馮子都私通。霍光的兒子霍禹、姪孫霍山也同時擴建第宅，在皇家園林上林苑中的平樂館跑馬馳騁。霍雲還屢次在應該入朝朝見皇帝的時候稱病請假，私自外出遊蕩，讓許多的賓客跟隨在自己身邊，到黃山苑中拉開包圍圈進行圍獵，只打發一個頭上包著青巾的奴僕代替他入朝拜見皇帝，滿朝的文武大臣沒有人敢說他不好。霍光夫人顯以及他的幾個女兒不分白天黑夜，隨時進出上官太后的長信宮，不受任何時間限制。

漢宣帝從在民間的時候，就聽說霍氏家族尊貴的時間已經很久，心裡就感到很討厭。等到自己親理朝政，任命御史大夫魏相擔任給事中。霍光夫人顯對霍禹、霍雲、霍山說：「你們這些人不努力繼承大將軍遺留下來的事業，現在竟然讓御史大夫魏相擔任了給事中，他一旦從中說你們的壞話，你們還能救得了自己嗎？」後來霍家與魏家兩家的家奴在外出時為爭搶道路發生爭執，霍氏的家奴衝入御史府，想踢開御史大夫的家門，御史大夫魏相親自向霍氏家奴磕頭賠禮，霍氏家奴才離開御史府。有人將此事告訴了霍光夫人顯，霍光夫人顯等才開始感到擔憂起來。

不久，御史大夫魏相升為丞相，漢宣帝多次在閒暇的時候接見魏相。平恩侯許廣漢、侍中金安上等人也可以逕直出入宮廷。當時霍山兼管尚書部門的事宜，漢宣帝下令無論臣、民都可以給皇帝上奏章，而不必通過尚書部門的檢查、篩選，群臣可以單獨拜見皇帝，對此霍氏非常痛恨。漢宣帝對霍氏毒死許皇后的事情也頗有耳聞，只是還沒有查出確鑿證據，於是就把霍光的女婿度遼將軍、未央宮衛尉、平陵侯范明友調出，讓他擔任光祿勳，將霍光的二女婿諸吏、中郎將、羽林監任勝調出宮廷去擔任安定太守。過了幾個月，又將霍光姐夫、擔任給事中、光祿大夫的張朔調任為蜀郡太守，將霍光的孫女婿、擔任中郎將的王漢調任為武威太守。不久，又將霍光的大女婿、擔任長樂宮衛尉的鄧廣漢改任為少府。十一月十六日戊戌這天，任命張安世為衛將軍，未央宮、長樂宮兩宮的衛尉、長安城十二城門的衛隊以及北軍之兵都歸屬於他統領。任命霍禹為大司馬，但只允許他戴小帽，也沒有授予他大司馬的印綬，同時解除了他的固有兵權以及他手下的一幢官署，僅給他保留了一個與他父親相同的大司馬的空名而已。又收回了范明友的度遼將軍印綬，只讓他擔任光祿勳。霍光的另一個女婿趙平原本擔任散騎、騎都尉、光祿大夫，負責統領屯兵，現在收回了他的騎都尉印綬。所有統領由胡人組成的胡軍、由越人騎兵組成的越騎，以及羽林軍、長樂宮和未央宮兩宮的警衛以及屯兵的指揮官，全部換上了漢宣帝所親近、信任的岳父許廣漢一族和祖母史良娣的娘家史姓的子弟。

當初，在漢孝武皇帝時期，向百姓徵收賦稅一次接著一次，百姓因此而資財枯竭、生活陷入了極端貧困，為了生存，窮苦的人不惜觸犯法律，為非作歹的人多得數不清，於是武帝便派張湯、趙禹這樣的酷吏，將法律規定成具體條文：看見或知道他人犯法而不舉報、司法官吏故意放走犯人，下層吏民犯罪，相應的上級部門要連帶吃官司；放寬對司法人員處治犯人過嚴或故意陷人於罪的制裁，加重對司法人員讓犯罪者逃脫或釋放在押人犯的懲處。此後，那些奸猾之人就以玩弄法律條文進行營私舞弊，他們互相仿效，形成惡性循環，結果是法網日益嚴密，法令條文越來越繁瑣酷苛，各種案件、各種資料堆得滿屋滿桌都是，就連主管此項工作的人都沒有辦法全部瀏覽一遍。所以各郡、各諸侯國中接手工作的人對前任的文件理解不一，各行其是，有的罪狀相同而定罪卻不相同，奸猾的官吏趁機徇私枉法、進行權錢交易，想要讓某個罪犯活下來，就極力給他往活處辦，想要把誰置於死地，就極力引用使他非死不可的條文與案例，那些議論的人無不為之感到不平與傷心。

擔任廷尉史的鉅鹿人路溫舒上書給皇帝說：「我聽說春秋時期齊國發生過公孫無知弒君篡位的災禍，但齊桓公卻在此基礎上使齊國興盛起來，晉國發生了驪姬之難，但後來的晉文公仍然成了當時的霸主。近代，趙王如意不得善終，諸呂氏想要篡奪劉氏政權，而繼任的漢文帝由於治國有方，被後人尊奉為太宗。從這些史實當中可以得出這樣的結論：禍亂的發生，原本是為聖人的出世作先導。在變亂發生之後，必定會有與以往歷代皇帝完全不同的改革措施和廣泛地施恩惠於人民，聖明的君主正是借助於此來顯示自己的一舉一動都是符合天意的。過去，漢孝昭皇帝逝世之後，因為沒有後嗣，所以發生了昌邑王淫亂宮廷之事，這正是上天有意為至高無上的聖人開闢道路。我聽說《春秋》特別重視新君即位的問題，這是因為中國歷來強調全國政令的統一，重視新君即位應該做好的事情。陛下剛剛登上皇帝的寶座，與上天的意願相一致，所以陛下應該對前世的過失加以革除，要有一套新的符合天意的章程辦法，滌除舊有的那些煩雜苛刻的法律條文，廢除那些給人民造成疾苦的政策規定，以順應天意。我聽說秦朝犯有十大過失，其中的一條現在還依然存在，這就是治理刑事案件的官吏。審理案件、處治犯人，這是關係到人的生死存亡的大問題，人死了不能復生，被斬斷了就再也連接不上。《書經》上說：『與其沒有把握地錯殺了好人，不如犯執法不嚴的錯誤。』現在的司法官員卻不是如此，他們上下級之間互相競賽，誰最苛刻就認為誰最好，誰越是深文苛法，誰就越能博得公正的好名聲，誰要是執法公允持平，誰就會給自己招來說不清的麻煩。所以那些司法官吏都想將人整死，這並不是因為他們憎恨於人，而是只有將人置之死地才是保護自己的最好辦法。所以才出現法場上殺人的鮮血流滿街市的現象，被判處死刑的人多得一個挨著一個，估計每年被殺頭或腰斬的都有好幾萬人，這是使善良仁慈的人最感悲傷的事情。國家始終無法呈現出太平祥和的景象，也正是因為這個原因。按照人之常情，生活安全穩定，人們就願意生存，生活悲慘痛苦就盼望快點死亡，犯人在嚴刑拷打之下，獄吏想要得到什麼樣的口供不能呢？所以，每當囚犯熬刑不過的時候，就會編一套假口供給你。審判犯人的官吏喜歡這種取得口供的方式，就引導指使犯人如何招供。當把判決書往上申報的時候，這些官吏又擔心犯人翻案而遭到上級的批駁，於是就像工匠錘鍊器物一樣，反覆琢磨，將其鑄成一件結結實實的罪案。所以當將審判結果上報皇帝的時候，即使像傳說中最善於斷案的皋陶聽了也會認為死有餘辜。為什麼呢？因為在嚴刑逼供之下，犯人承認的罪行太多，給自己羅織編造的罪行太明顯。所以俗話說：『在地上畫個圓圈當做牢獄，也絕對沒有人願意進去。削個木頭當做獄吏，也必定沒有人願意去面對。』這都表明人們對酷吏執法作風的憎恨，是很悲傷、很痛苦的話。希望陛下減輕律法，放寬刑罰，天下就會呈現出太平的景象。」宣帝很贊成路溫舒的意見。

十二月，漢宣帝下詔說：「前一段時間，司法官吏舞文弄法，日益酷苛，這是我本人品德不好造成的。斷案不公，就會使真正的犯罪之人更加邪惡囂張，而使無罪的人蒙受恥辱遭受殺戮，父親為兒子悲傷，兒子為父親痛苦，我深深地為此而感到痛心！現在實行的是由朝廷派遣廷尉的屬員協助郡裡負責訴訟的官員審理案件，這些人地位低俸祿少，很難發揮作用，現在為各郡增設廷尉平，官階六百石，共設四名。其職責是務必使決獄公平，以滿足我的願望！」自此之後，每當秋季九月呈請皇帝最後審查的時候，漢宣帝經常到宣室殿，沐浴齋戒後獨自住在那裡審理案件，案件的審理被稱為公正平允。

涿郡太守鄭昌給漢宣帝上書說：「如今由聖明的陛下親自過問刑獄之事，即使不設置廷尉平，對案件的審判也會公正平允。如果想要讓後人一直能夠審判公正，不如對現有的律令進行刪改、修訂。只要律令確定下來，百姓們知道什麼事情屬於違法犯紀，是不能做的，那麼，最奸猾的官吏也無法玩弄法律、再做手腳了。現在不從刪改、修訂律令這一根本的地方入手，卻以設置廷尉平的辦法來處理執行中的一些具體問題，一旦政令無力或是陛下的過問稍有鬆懈，這些廷尉平很可能要獨攬訴訟大權、徇私舞弊，變成破壞法令、造成刑獄腐敗的罪魁禍首了。」

漢昭帝時，匈奴曾經派遣四千名騎兵到車師國屯墾。等到漢朝派五位將軍攻打匈奴的時候，在車師國墾田的匈奴騎兵驚慌失措地撤離了車師，車師國再次與漢朝恢復往來。匈奴對車師的行為十分惱怒，就想將車師國的太子軍宿招到匈奴充當人質。太子軍宿是焉耆國王的外孫，他不願意到匈奴去做人質，於是就逃到焉耆國去了，車師國王就另立烏貴為太子。等到車師王去世，烏貴做了車師國王之後，就與匈奴結成婚姻，並讓匈奴攔截漢朝通往烏孫的道路。

這一年，擔任侍郎的會稽人鄭吉和擔任校尉的司馬憙，率領著被免除罪行的囚犯到渠犂一帶開荒屯墾，積蓄糧秣，又徵調了周圍一些有城郭的小國的軍隊一萬多人，再加上自己所率領的屯墾士兵一千五百人共同攻打車師國，將車師打得大敗，車師王烏貴請求投降。匈奴一看車師王投降了漢朝，就發兵攻打車師，鄭吉、司馬憙率領所部兵馬向北迎擊匈奴，匈奴不敢上前接戰。於是鄭吉、司馬憙留下一個候官和二十個士卒負責看守車師王烏貴，鄭吉等則率軍回到渠犂。車師王烏貴擔心匈奴人再殺回來，自己性命難保，於是就率領著一小隊輕裝的騎兵投奔烏孫。鄭吉於是就用驛站的傳車將車師國王烏貴的妻、子送往長安。匈奴又從車師王烏貴的兄弟中挑選了一個叫做兜莫的立為車師王，兜莫組織起車師國的百姓向東方遷徙，而不敢在原來的地方居住。鄭吉便派了三百名吏卒到車師國開荒屯墾，充實車師國無人地區的人口。

漢宣帝自從即位做了皇帝以來，曾經多次派人四處尋找自己外婆家的人。因為已經多年失去聯繫，所以有好幾次以為找到了，而實際上卻又不是。這一年，終於找到了外祖母王媼，以及王媼的兩個兒子王無故和王武。漢宣帝封王無故和王武兩個人都為關內侯。僅三十天的時間，賞賜給他們的就有上億的錢物。

四年（乙卯　西元前六六年）

春，二月，賜外祖母號為博平君❶，封舅無故為平昌侯，武為樂昌侯。

夏，五月，山陽、濟陰❷雹如雞子，深二尺五寸，殺❸二十餘人，飛鳥皆死。

詔：「自今子有匿❹父母、妻匿夫、孫匿大父母❺，皆勿治❻。」

立廣川惠王孫文❼為廣川王❽。

霍顯❾及禹、山、雲❿自見日侵削⓫，數相對啼泣自怨。山曰：「今丞相用事⓬，縣官⓭信之，盡變易大將軍時⓮法令，發揚⓯大將軍過失。又，諸儒生多窶人子⓰，遠客⓱飢寒，喜妄說狂言，不避忌諱，大將軍常讎之⓲。今陛下好與諸儒生語，人人自書對事⓳，多言我家者。嘗有上書言我家昆弟驕恣，其言絕痛⓴，山屏不奏㉑。後上書者益黠㉒，盡奏封事㉓，輒使中書令出取之㉔，不關㉕尚書，益㉖不信人。又聞民間讙言㉗『霍氏毒殺許皇后』，寧有是邪㉘？」顯恐急，即具以實㉙告禹、山、雲。禹、山、雲驚曰：「如是㉚，何不早告禹等？縣官離散斥逐諸壻㉛，用是故也(32)。此大事，誅罰不小(33)，奈何？」於是始有邪謀矣。

雲舅李竟所善張赦，見雲家卒卒(34)，謂竟曰：「今丞相與平恩侯用事，可令太夫人言太后(35)，先誅此兩人。移徙(36)陛下，在太后耳(37)。」長安男子(38)張章告之(39)，事下廷尉(40)，執金吾(41)捕張赦等。後有詔，止勿捕。山等愈恐，相謂曰：「此縣官重太后(42)，故不竟(43)也。然惡端已見(44)，久之猶發(45)，發即族矣(46)，不如先(47)也。」遂令諸女各歸報其夫，皆曰：「安所相避(48)？」

會李竟坐與諸侯王交通(49)，辭語及霍氏(50)。有詔：「雲、山不宜宿衛(51)，免就第(52)。」山陽(53)太守張敞(54)上封事曰：「臣聞公子季友有功於魯(55)，趙衰有功於晉(56)，田完有功於齊(57)，皆疇其庸(58)，延及子孫。終後田氏篡齊(59)，趙氏分晉(60)，季氏顓魯(61)。故仲尼作春秋，迹盛衰(62)，譏世卿(63)最甚。乃者(64)大將軍決大計，安宗廟，定天下(65)，功亦不細矣。夫周公七年(66)耳，而大將軍二十歲(67)，海內之命(68)斷於掌握(69)。方其隆盛(70)時，感動天地(71)，侵迫陰陽(72)。朝臣宜有明言曰(73)：『陛下褒寵(74)故大將軍以報功德(75)足矣。間者(76)輔臣顓政(77)，貴戚(78)大[1]盛，君臣之分不明(79)，請罷霍氏三侯(80)皆就第，及衛將軍張安世，宜賜几杖(81)歸休(82)，時存問召見(83)，以列侯為天子師(84)。』明詔以恩不聽(85)，羣臣以義固爭而後許之(86)，天下必以陛下為不忘功德(87)而朝臣為知禮(88)，霍氏世世無所患苦(89)。今朝廷不聞直聲(90)，而令明詔自親其文(91)，非策之得者(92)也。今兩侯已出(93)，人情不相遠，以臣心度(94)之，大司馬(95)及其枝屬必有畏懼之心。夫近臣自危(96)，非完計(97)也。臣敞願於廣朝(98)白發其端(99)，直守遠郡(100)，其路無由(101)。唯陛下省察！」上甚善其計，然不召也(102)。

禹、山等家數有妖怪，舉家(103)憂愁。山曰：「丞相擅減宗廟羔、菟、鼃(104)，可以此罪(105)也！」謀令太后為博平君置酒(106)，召丞相、平恩侯以下(107)，使范明友、鄧廣漢(108)承太后制(109)引斬之，因廢天子而立禹。約定，未發(110)，雲拜為玄菟(111)太守，太中大夫任宣(112)為代郡(113)太守。會事發覺，秋，七月，雲、山、明友自殺。顯、禹、廣漢等捕得，禹要斬(114)，顯及諸女昆弟皆棄市(115)，與霍氏相連坐誅滅者數十家。太僕杜延年以霍氏舊人(116)，亦坐(117)免官。八月己酉(118)，皇后霍氏(119)廢，處昭臺宮(120)。乙丑(121)，詔封告霍氏反謀者男子張章(122)、期門董忠(123)、左曹楊惲(124)、侍中金安上(125)、史高(126)皆為列侯(127)。惲，丞相敞子。安上，車騎將軍日磾弟子。高，史良娣兄子也。

初，霍氏奢侈，茂陵徐生(128)曰：「霍氏必亡。夫奢則不遜，不遜必[2]侮上(129)。侮上者，逆道(130)也，在人之右(131)，眾必害(132)之。霍氏秉權日久，害之者多矣，天下害之，而又行以逆道，不亡何待[133]？」乃上疏言：「霍氏泰盛[134]，陛下即愛厚之[135]，宜以時抑制[136]，無使至亡[137]。」書三上，輒報聞[138]。其後霍氏誅滅，而告[139]霍氏者皆封。人為徐生上書曰：「臣聞客有過主人[140]者，見其竈直突[141]，傍有積薪[142]，客謂主人：『更為曲突[143]，遠徙其薪[144]，不者且[145]有火患。』主人嘿[146]然不應。俄而[147]家果失火，鄰里共救之，幸而得息[148]。於是殺牛置酒，謝其鄰人，灼爛者[149]在於上行[150]，餘各以功次坐[151]，而不錄[152]言曲突者。人謂主人曰：『鄉使[153]聽客之言，不費牛酒[154]，終亡火患[155]。今論功而請賓，曲突徙薪無恩澤[156]，焦頭爛額為上客邪[157]？』主人乃寤[158]而請之。今茂陵徐福，數上書言霍氏且有變，宜防絕之[159]。鄉使福說得行[160]，則國無裂土出爵[161]之費，臣無逆亂誅滅之敗[162]。往事既已[163]，而福獨不蒙其功，唯陛下察之，貴徙薪曲突之策[164]，使居焦髮灼爛之右[165]。」上乃賜福帛十匹，後以為郎[166]。

帝初立，謁見高廟[167]，大將軍光驂乘[168]，上內嚴憚之[169]，若有芒刺在背[170]。後車騎將軍張安世代光驂乘[171]，天子從容肆體[172]，甚安近焉[173]。及光身死而宗族竟誅，故俗傳霍氏之禍萌於驂乘[174]。後十二歲，霍后復徙雲林館[175]，乃自殺。

班固贊曰[176]：「霍光受襁褓之託[177]，任漢室之寄[178]，匡[179]國家，安社稷，擁昭立宣(180)，雖周公、阿衡何以加此(181)？然光不學亡術(182)，闇於大理(183)，陰妻邪謀(184)，立女為后(185)，湛溺盈溢之欲(186)，以增顛覆之禍(187)，死財(188)三年，宗族誅夷(189)，哀哉！」

臣光曰(190)：「霍光之輔漢室(191)，可謂忠矣。然卒不能庇其宗(192)，何也？夫威福(193)者，人君之器(194)也。人臣執之，久而不歸(195)，鮮不及(196)矣。以孝昭之明，十四而知上官桀之詐(197)，固可以親政(198)矣。況孝宣十九即位，聰明剛毅，知民疾苦，而光久專大柄，不知避去，多置親[3]黨，充塞朝廷，使人主蓄憤(199)於上，吏民積怨於下，切齒側目(200)，待時而發，其得免於身，幸矣(201)！況子孫以驕侈趣之(202)哉？雖然，嚮使(203)孝宣專以祿秩賞賜(204)富其子孫，使之食大縣(205)，奉朝請(206)，亦足以報盛德(207)矣。乃復任之以政，授之以兵(208)，及事叢釁積(209)，更加裁奪(210)，遂至怨懼以生邪謀(211)，豈徒霍氏之自禍(212)哉？亦孝宣醞釀以成之(213)也。昔鬬椒(214)作亂於楚，莊王滅其族而赦箴尹克黃(215)，以為子文無後，何以勸善(216)？夫以顯、禹、雲、山之罪，雖應夷滅，而光之忠勳(217)不可不祀(218)，遂使家無噍類(219)，孝宣亦少恩(220)哉！」

九月，詔滅天下鹽賈(221)。又今郡國歲上(222)繫囚(223)以掠笞若瘐死者(224)，所坐縣名爵里(225)，丞相、御史課殿最以聞(226)。

十二月，清河王年(227)坐內亂廢(228)，遷房陵(229)。

是歲，北海[230]太守廬江朱邑[231]以治行第一[232]入為大司農[233]，勃海[234]太守龔遂[235]入為水衡都尉[236]。先是，勃海左右郡歲饑[237]，盜賊並起，二千石[238]不能禽制[239]。上選能治者，丞相、御史舉故昌邑郎中令龔遂，上拜為勃海太守。召見，問：「何以治勃海，息[240]其盜賊？」對曰：「海瀕遐遠[241]，不霑聖化[242]，其民困於飢寒而吏不恤[243]，故使陛下赤子[244]盜弄陛下之兵於潢池中[245]耳。今欲使臣勝之[246]邪，將安之[247]也？」上曰：「選用賢良，固[248]欲安之也。」遂曰：「臣聞治亂民猶治亂繩，不可急也，唯緩之，然後可治。臣願丞相、御史且無拘臣以文法[249]，得一切便宜從事[250]。」上許焉，加賜黃金贈遣。乘傳[251]至勃海界，郡聞新太守至，發兵以迎。遂皆遣還[252]。移書敕屬縣[253]：「悉罷逐捕盜賊吏[254]，諸[255]持鉏、鉤[256]、田器者皆為良民，吏毋得問[257]，持兵[258]者乃為賊。」遂單車獨行至府[259]。盜賊聞遂教令[260]，即時解散，棄其兵弩而持鉤、鉏，於是悉平，民安土樂業[261]。遂乃開倉廩假貧民[262]，選用良吏尉安牧養[263]焉。遂見齊俗奢侈[264]，好末技[265]，不田作，乃躬率以儉約[266]，勸民務農桑[267]，各以口率種樹畜養[268]。民有帶持刀劍者，使賣劍買牛，賣刀買犢，曰：「何為帶牛佩犢[269]？」勞來循行[270]，郡中皆有畜積[271]，獄訟止息[272]。烏孫公主[273]女為龜茲王絳賓[274]夫人。絳賓上書言：「得尚漢外孫[275]，願與公主女俱入朝㉗⑥。」

【章旨】以上為第二段，寫宣帝地節四年（西元前六六年）一年間的全國大事，主要寫了張敞、徐福的上書，建議及早削減霍氏之權，企圖協調皇帝與霍氏的關係，以期達到君臣兩全，結果宣帝不用，因為他早已決心要誅滅霍氏家族；寫了霍氏集團因權勢被削，更窮凶極惡地策劃造反，結果因被告密而遭誅滅的過程；寫了班固批評霍光「不學亡術，闇於大理」；寫了司馬光批評霍光「久事大柄，不知避去」的自取滅亡；同時也批評宣帝前則養患，後又為之不以漸，以及責備宣帝少恩，不給勳臣留後等等；寫了當時有作為的幾位地方官，尤其寫龔遂治勃海郡的具體情實，如解決農民暴動的具體方式、躬率儉約、勸民農桑等等，均使人深受感動。

【注釋】❶博平君　封號名，以東郡的博平、蠡吾二縣為湯沐邑。❷山陽濟陰　漢之二郡名。山陽郡治昌邑，在今山東金鄉西北。濟陰郡治定陶，在今山東定陶西北。❸殺　被冰雹砸死。❹匿　窩藏；包庇其罪行。❺大父母　祖父祖母。❻勿治　不要懲處。❼廣川惠王孫文　廣川惠王劉越之孫、劉去之子劉文。劉越是景帝之子。❽為廣川王　劉去繼其父位為廣川王，本始四年以罪自殺，國除；今又立劉文為廣川王。❾霍顯　霍光之妻名顯。❿禹山雲　霍光之子霍禹，霍去病之孫霍山、霍雲。⓫日侵削　權力、職位逐日削減。⓬丞相用事　丞相執掌朝權。丞相指魏相。⓭縣官　有時指國家、公家，這裡指皇帝。⓮大將軍時　指霍光當年執政時。⓯發揚　揭發、暴露。⓰窶人子　貧窮人的子弟。⓱遠客　遠離家鄉來到京城。⓲讎之　敵視他們。⓳自書對事　自己上書回答皇帝所提的問題。⓴絕痛　對我們非常痛恨。㉑山屏不奏　我都把它扔到一邊，不交給皇帝。屏，扔開。按，霍山當時「領尚書」，故有權力這樣做。㉒益黠　變得狡猾起來。㉓盡奏封事　都改成了上密封的奏章。㉔輒使中書令出取之　皇帝總是自己派中書令出去取。中書令，為皇帝掌管機要文件。㉕不關　不通過。㉖益　越發。㉗讙言　紛紛傳說。㉘寧有是邪　哪裡有這樣的事呢。寧，難道；哪裡。㉙以實　把毒死許皇后的實際過程。㉚如是　既然如此。㉛縣官離散斥逐諸壻　皇帝所以要把我們家的那些姑爺們通通調開、趕走。㉜用是故也　看來就是由於這個原故。㉝誅罰不小　我們的罪惡可不小。誅罰，討伐，這裡即指該受討伐的罪惡。㉞卒卒　戚戚惶惶、恐懼不安的樣子。㉟令太夫人言

太后 讓老太太進宮對太后說一聲。太夫人，指霍光妻。太后，昭帝的皇后，霍光的外孫女。㊱移徙 挪挪窩兒，意即廢掉。㊲在太后耳 那就全憑太后一句話啦。㊳男子 指平民。㊴告之 告發了這件事。㊵廷尉 九卿之一，掌管全國刑獄。㊶執金吾 原稱中尉，是主管京師治安的長官。㊷縣官重太后 皇帝是不願牽連到太后。重，為難；不願。㊸不竟 不窮盡；不一查到底。㊹惡端已見 我們家犯罪的苗頭已被發現。見，通「現」。㊺久之猶發 日後還是要被查辦的。發，動手；查辦。㊻發即族矣 只要一被查辦，罪過就是滅族。㊼不如先 不如我們先動手造反。㊽安所相避 還有什麼可迴避的。㊾坐與諸侯王交通 因為犯了與諸侯王串通為非作歹的罪而被查辦。坐，因……而犯罪。交通，勾結往來。㊿辭語及霍氏 在口供中牽連到了霍氏。51不宜宿衛 不適合在宮中值勤護衛皇帝。在此以前霍山曾為侍中，又以奉車都尉領尚書事；霍雲曾為中郎將，皆有宿衛之職。52免就第 免去職務，以侯爵在家賦閒。53山陽 漢郡名，郡治昌邑，在今山東巨野城南。54張敞 西漢後期著名的地方官與京兆尹。事跡詳見《漢書》本傳。55公子季友有功於魯 季友是春秋初期魯桓公的少子，魯莊公之弟，名友，號成季，故稱「季友」或「公子友」。因平定慶父之亂擁立僖公有功，被魯國任為上卿。56趙衰有功於晉 趙衰是春秋前期的晉國名臣，因輔佐晉文公成就霸業，而被晉國任為上卿。57田完有功於齊 田完，即田敬仲，原是陳國人，後來逃到齊國，成為齊國的大臣，收買人心，逐漸把持齊國政權。58疇其庸 報謝他們的功勳。疇，意思同「酬」，答謝。庸，功勳。59田氏篡齊 田氏家族在齊國的權勢日大，至春秋末期，田和遂廢掉齊康公，篡奪了齊國政權，開始了戰國時代的田氏齊國。過程詳見《史記・田敬仲完世家》。60趙氏分晉 從趙衰開始，趙氏家族遂成為晉國政權的把持者之一，到趙簡子、趙襄子兩代遂實際與韓氏、魏氏三家瓜分晉國，建立趙、韓、魏三個諸侯國。過程詳見《史記・趙世家》。61季氏顓魯 從季友開始，季氏的後代世世為魯國上卿，專擅魯政，到戰國時期遂在費邑自立為君。事情詳見《史記・魯周公世家》。62迹盛衰 考察一個國家盛衰的變化過程。迹，這裡用如動詞，考察其變化軌跡。63譏世卿 批判權臣世襲把持政權的現象。譏，諷刺；批判。世卿，世世代代在一個國家為卿掌權。64乃者 前者；前些時候。65決大計三句 指霍光等決定廢掉昌邑王，擁立漢宣帝。66周公七年 周公輔成王七年，而後返政於王。67大將軍二十歲 霍光自武帝後元二年（西元前八七年）至宣帝地節二年（西元前六八年），前後共輔政二十年。68海內之命 國家的一切大事。69斷於掌握 都在他的掌握之中，都由他一個人說了算。70隆盛 興盛；權勢大、氣焰高。71感動天地 能撼天動地。感動，同「撼動」。撼，搖。72侵迫陰陽 能侵陵陰陽二氣，極言其權勢之大。73朝臣宜有明言曰 當時的朝廷大臣應該有人出來大聲疾呼。明言，公開地說；大聲地說。74褒寵 褒獎、尊崇。75以報功德 以報謝他對漢王朝宗廟社稷功勳與恩情。76間者 近一段時間。77輔臣顓政 指張安世、霍禹等把持政權。顓政，同「專政」。78貴戚 皇帝的外戚，主要指霍氏。79君臣之分不明 意即權臣、貴戚超越名分，無人臣之禮。80霍氏三侯 指博陸侯霍禹、樂平侯霍山、冠陽侯霍雲。81賜几杖 賜給几案和手杖，對老臣的一種尊敬。82歸休 回家養老。83時存問召見 時而派人慰問或召見詢問一些事情。84以列侯為天子師 免去衛將軍的職務，只以列侯的身分作為皇帝的顧問。張安世於昭帝元鳳六年（西元前七五年）被封為富平侯。天子師，榮譽職銜，以備顧問之用。85明詔以恩不聽 （當大臣提出以上建議時）皇帝公開下令不同意，以表示對功臣們的感激留戀。86羣臣以義固爭而後許之 提建議的大臣們堅持要求讓專權的輔臣退職，在這種情況下，皇帝再表示同意大臣們的建議。87陛下為不忘功德 稱頌您是不忘輔臣功德的皇帝。88朝臣為知禮 也必然以為被解職的輔臣是守禮的臣子。89無所患苦 沒有被抄家滅門的擔憂。90不聞直聲 沒有聽到任何一個朝臣提出過上述性質的忠直的建議。91令明詔自親其文 還得等著讓皇帝親自下這種將權臣免職的詔書。92非策之得者 這都不是成功的好做法。93兩侯已出 樂平侯霍山、冠陽侯霍雲已解職出朝回家。94度 猜想；揣測。95大司馬 指霍禹。96自危 自己感到形勢危險。97非完計 不是完善的安排。98願於廣朝 願到朝廷之上。99白發其端 前去提出倡議。100直守遠郡 遺憾的是我如今只是一個遠郡的太守。直，只。遠郡，指山陽郡。101其路無由 想做而沒有可能。按，張敞的上書，自然有其道理，但說來說去，最後落到了要求自己進朝為官上，與戰國時勸燕昭王養士的郭隗腔口相同，令人失笑。102然不召也 漢宣帝早已下定誅滅霍氏的決心，不勞張敞這麼兜圈子。103舉家 全家。104擅減宗廟羔菟鼃 擅自作主減去了祭祀宗廟供品中的羔、兔、蛙三種。105可以此罪 可以用此事加罪於他。106為博平君置酒 為宣帝的外祖母博平君王媼舉行酒會。107丞相平恩侯以下 魏相、許廣漢及其以下的滿朝官員。108范明友鄧廣漢 都是霍光的女婿。109承太后制 奉太后（霍光之外孫女）的命令。110未發 還沒有來得及動手。111玄菟 漢郡名，郡治高句驪，在今遼寧新賓西南。112太中大夫任宣 霍光有女婿任勝，前已出為安定太守，此任宣或與任勝為同一族。113代郡 漢郡名，郡治代縣，即今河北蔚縣東北之代王城。114要斬 攔腰斬斷。要，通「腰」。115棄市 處決於市場，以示與市人共棄之。116霍氏舊人 與霍光家族長期以來關係不錯。117坐 因；受牽連。118八月己酉 八月初一。119皇后霍氏 霍光的小女成君。120昭臺宮 在上林苑中。121乙丑 八月十七。122男子張章 首先告發霍氏謀反的長安男子張章。男子，多數情況指市井平民，但有時也指低級官吏。123期門董忠 期門郎董忠。期門是漢代禁軍的名目之一，上屬光祿勳。124左曹楊惲 左曹是皇帝身邊的機要官員，受理尚書之事。楊惲，前丞相楊敞之子，司馬遷的外孫。事跡附見《漢書・楊敞傳》。125金安上 金日磾之姪。事跡附見《漢書・金日磾傳》。126史高 宣帝之舅。127皆為列侯 張章為博成侯、董忠為高昌侯、楊惲為平通侯、金安上為都成侯、史高為樂陵侯。128茂陵徐生 茂陵邑的徐福先生。茂陵邑是武帝陵墓所在的行政區域名，其級別相當於縣，在今陝西興平東北。生，對學者的敬稱，猶「先生」。漢代對「先生」也可以單稱曰「先」。(129)侮上　陵辱上級或皇帝。(130)逆道　大逆不道的事情。(131)在人之右　猶言居人之上，即掌管吏民。關於「左」、「右」何者為上的問題，各個時期的習慣不同，西漢時期是以「右」為上。(132)害　嫉恨。(133)不亡何待　意謂霍氏既遭其君上之恨，又遭其群下之嫉，哪有不亡的道理。(134)泰盛　「泰」字同「太」。(135)即愛厚之　如果是真想寵愛他、厚待他。即，如果。(136)以時抑制　時常地對之加以抑制，不能讓他驕縱、放肆。時，時常。(137)無使至亡　不要讓他自取滅亡。(138)輒報聞　皇帝總是回答一聲「知道了」。報，回答。聞，聽到。(139)告　告發。(140)過主人　往見一所房子的主人。過，過訪；往見。(141)其竈直突　他家鍋灶的煙筒是直的。突，煙筒。(142)傍有積薪　鍋灶的旁邊又堆放著柴草。傍，意思同「旁」，旁邊。(143)更為曲突　將直煙筒改建為彎曲形。(144)遠徙其薪　將柴草搬到遠一點的地方去。(145)且　將。(146)嘿　同「默」。(147)俄而　不久。(148)息　同「熄」。熄滅。(149)灼爛者　被燒傷的人。(150)在於上行　坐在上座。(151)以功次坐　依功勞大小按次序就坐。(152)不錄　不收；不獎勵。(153)鄉使　當初如能。(154)不費牛酒　用不著今天殺牛備酒請客。(155)終亡火患　永遠也不會有失火的問題。亡，通「無」。(156)無恩澤　得不到任何賞賜。(157)焦頭爛額為上客邪　此句文字欠完整，意思應是這樣做合適嗎。(158)寤　通「悟」。醒悟。(159)宜防絕之　應事先預防，以斷絕其逆亂形成的機會。(160)福說得行　徐福的建議能被採納。(161)裂土出爵　指拿出土地爵號，封賞功臣。(162)臣無逆亂誅滅之敗　指霍氏家族也能獲得保全。(163)既已　已經過去。(164)貴徙薪曲突之策　意即諸事都要事先預防，未雨綢繆。貴，重視。(165)使居焦髮灼爛之右　讓有遠見能直言的人比那些事後的告密者受更高的獎賞。(166)郎　皇帝的低級侍從人員，上屬光祿勳。(167)謁見高廟　拜見高祖靈位，以告自己登基。(168)驂乘　陪乘，原指為皇帝做警衛，此則表現對大臣的尊崇。(169)內嚴憚之　內心對霍光充滿畏懼。(170)芒刺在背　彷彿背後有植物的芒刺在扎，以喻其惶恐不安之狀。(171)代光驂乘　指霍光死後，張安世任首輔，為宣帝作驂乘。(172)從容肆體　感到自己的一舉一動都自由自在、無拘無束。按，以上從宣帝的細微感受中，對比了霍光與張安世的個性、為人。(173)甚安近焉　很有安全感、親切感。(174)萌於驂乘　從霍光給宣帝驂乘的那一天起，霍氏家族被誅滅的命運就註定了。萌，動心；動念頭。(175)復徙雲林館　霍皇后成君被廢之後，開始被安置在上林苑中的昭臺宮，現又被轉移到雲林館。(176)班固贊曰　班固在《漢書・霍光傳》的「贊語」中說。(177)受襁褓之託　意即受遺詔以輔佐年幼的皇帝執政。襁是背負幼兒用的布帶，褓是包裹幼兒用的小被。襁褓以喻孩子之幼小，昭帝即位時年始八歲。(178)任漢室之寄　接受了維護大漢江山的囑託。(179)匡　扶持。(180)擁昭立宣　護持了昭帝，又選立了宣帝。(181)雖周公阿衡何以加此　即使周朝的姬旦、商朝的伊尹，又怎能超過霍光。周公，周武王之弟姬旦。武王死後，其子成王幼小，周公盡心竭力，輔佐成王，使周初成為盛世。阿衡，商湯的大臣伊尹。商湯死後，其孫太甲即位，因行為背謬，伊尹將其放逐到桐宮；三年後太甲改好，伊尹又將其迎回復位，被歷史傳為佳話。
(182)不學亡術　不能學習古代經驗，沒有良好的治國之術。亡，通「無」。
(183)闇於大理　意即不明大義。
(184)陰妻邪謀　掩蓋其妻殺害許皇后的邪惡行徑。陰，隱瞞；掩蓋。
(185)立女為后　又夥同其妻送女進宮為宣帝皇后。
(186)湛溺盈溢之欲　沉浸在一種無限膨脹的欲望之中。湛溺，同「沉溺」。
(187)增顛覆之禍　以加速霍氏家族的滅亡。
(188)財　通「才」。
(189)誅夷　殺光、滅族。
(190)臣光曰　這是《通鑑》作者司馬光對霍光家族被誅滅這一重大歷史事件所發的評論。
(191)輔漢室　輔佐漢王朝。
(192)卒不能庇其宗　結果竟連自己的家族都保不住。卒，結果；終於。庇，保護。宗，家族。
(193)威福　指作威作福，能置人生死、能給人禍福。
(194)人君之器　這是只有帝王才能運用的。
(195)久而不歸　長期地不還給皇帝。
(196)鮮不及　很少不因此遭罪的。鮮，少。
(197)十四而知上官桀之詐　事見本書〈漢紀〉卷十五昭帝元鳳元年。
(198)親政　親自處理政事，不用輔政大臣再越俎代庖。
(199)蓄憤　內心懷恨。
(200)切齒側目　懷怒含憤的樣子。
(201)其得免於身二句　其自身能免於懲處，這已經是很僥倖的了。免於身，自身獲免，指霍光病死。
(202)以驕侈趣之　繼續驕奢淫逸，以加速家族的滅亡。趣，加速。
(203)曏使　當初如果。曏，意思同「嚮」。
(204)專以祿秩賞賜　光給他們社會地位與物質賞賜。
(205)食大縣　意即增加其封地與食邑的戶數。
(206)奉朝請　按一定的節令進宮拜見皇帝。
(207)報盛德　報答霍光選立自己的大恩。
(208)乃復任之以政二句　指任用霍光之子、霍去病的孫子、霍光的女婿等多人為將軍、為內臣等等。
(209)事叢釁積　指霍氏的氣焰越來越盛、罪行越來越多。
(210)更加裁奪　這時才罷官削職。
(211)邪謀　造反、政變的陰謀。
(212)自禍　自己釀成災難。
(213)醞釀以成之　意即為其禍變的形成準備了條件。醞釀，添油加醋，助成禍亂。
(214)鬬椒　春秋時代楚國名臣令尹子文的姪子。
(215)莊王滅其族而赦箴尹克黃　鬬椒在楚國作亂，並欲攻殺楚莊王，罪孽深重。但楚莊王在平息鬬椒的叛亂，誅滅鬬椒家族時，留下了給鬬椒提過意見的箴尹、子文的孫子克黃。事見《左傳》宣公四年。楚莊王是春秋時代楚國最有作為的君主，為五霸之一。
(216)子文無後二句　像子文這樣的人如果其後代也被殺光，那還怎麼鼓勵人們學好人、做好事呢。
(217)忠動　忠心與功業。
(218)不可不祀　不能沒有人祭祀，意即應該留有後代。
(219)遂使家無噍類　像今天這樣霍氏家族被殺得一乾二淨。噍類，活人。
(220)少恩　缺乏恩德，換句話說，也就是「夠殘酷的啦」。
(221)鹽賈　鹽的價錢。賈，通「價」。
(222)歲上　每年上報。
(223)繫囚　監獄關押的囚犯。
(224)以掠笞若瘐死者　因受刑而死與因飢寒病痛而死於獄中的人數。掠笞，鞭打、拷問。瘐死，囚犯因飢寒病痛而死。
(225)所坐縣名爵里　這些死在獄中的人所屬何縣、姓名、爵位、所居邑里。
(226)課殿最以聞　統計出死人最少的與死人最多的上報朝廷。最好的稱「最」，最差的稱「殿」。
(227)清河王年　清河王劉義之孫劉年。清河國的都城清陽，在今河北清河縣東南。

228坐內亂廢 因在家族內部犯淫亂罪被廢。229遷房陵 被發配到房陵縣。房陵縣即今湖北房縣。230北海 漢郡名，郡治營陵，今山東安丘西北。231廬江朱邑 廬江是漢郡名，郡治舒縣，在今安徽廬江縣西南。朱邑是西漢後期的著名地方官。事跡詳見《漢書》本傳。232以治行第一 由於任北海太守時的政績居全國第一。233大司農 也稱「大農令」，九卿之一，掌管租稅錢穀及國家財政收入。234勃海 漢郡名，郡治浮陽，在今河北滄州東南。235龔遂 原曾為昌邑王任郎中令，後來成為著名的地方官，《漢書》有傳。236水衡都尉 掌管上林苑以及鑄錢等事。237歲饑 年成不好；鬧饑荒。238二千石 指各郡太守或諸侯國相。239禽制 捉拿、制服。禽，通「擒」。240息 平息。241海瀕遐遠 遙遠的濱海地區。「瀕」的含意與「濱」字同。242不霑聖化 感受不到朝廷的教化。243吏不恤 地方官吏又對之不體憐。恤，體恤；憐憫。244赤子 初生嬰兒，以比喻心地純潔善良的平民。245盜弄陛下之兵於潢池中 在您宮內的池塘上偷偷的擺弄您的兵器，暗喻農民武裝起義。潢池，本星名，引申為天子宮苑裡的池沼。246勝之 以武力將其打敗。247安之 教育、安撫，使其回家為民。248固 本來；當然。249無拘臣以文法 不要限制、規定我使用什麼辦法。拘，束縛；限制。文法，章程；辦法。250得一切便宜從事 讓我能夠隨機應變地採取靈活措施。251傳 驛車。252遣還 打發他們回去。253移書敕屬縣 下文件給勃海郡所屬各縣。移書，發布文告。敕，告誡。254悉罷逐捕盜賊吏 把那些派出去追捕盜賊的官吏一律撤回。悉，全部。罷，撤回。255諸 凡是。256鉏鉤 鉏，同「鋤」。鉤，鐮刀。257毋得問 不要再盤問、審查。258兵 武器。259府 太守的府衙。260教令 文體名，指官府長官所發的通告、告示等。261安土樂業 安於鄉土，以從事自己的耕桑諸業為樂。262假貧民 借貸給貧民。假，借。263尉安牧養 安慰之、管理之、養育之。尉，通「慰」。牧，這裡即指管理。264齊俗奢侈 齊地的風俗好奢侈。265好末技 喜歡從事手工業、商業。古時稱農業為本業，稱工商業為末業。266躬率以儉約 親自帶頭過儉樸生活。躬，親自。儉約，儉樸、節省。267務農桑 從事耕田織布。268以口率種樹畜養 按人口多少規定種植作物與畜養牲畜的最低限額。種樹，種植。據《漢書・龔遂傳》，龔遂命令百姓每個人種一棵榆樹、一百棵薤菜、五十棵大蔥、一畦韭菜；每家養兩頭母豬、五隻雞。269何為帶牛佩犢 為什麼要把大牛、小牛佩帶在身上。極言其白白地浪費應有價值。270勞來循行 慰勞之、招募之，到處視察勸導。271畜積 儲存。畜，通「蓄」。272獄訟止息 打官司、鬧糾紛的事情幾乎沒有了。273烏孫公主 此指第二次漢王朝所派往嫁烏孫王的女子，乃楚王劉戊之孫女，名叫解憂。274龜茲王絳賓 烏孫公主解憂之女的丈夫。龜茲是西域國名，都城即今新疆庫車。此時正依附漢王朝。275得尚漢外孫 意思是以能娶漢朝公主的女兒為榮。尚，高攀，謙指娶帝王家的女子為妻。276俱入朝 一道來漢朝拜見皇帝。

【校記】①大　原作「太」。據章鈺校，甲十五行本、乙十一行本、孔天胤本皆作「大」，今據改。按，《通鑑紀事本末》卷四作「大」。②必　原作「則」。據章鈺校，甲十五行本、乙十一行本皆作「必」，張敦仁《通鑑刊本識誤》同，今據改。按，《通鑑紀事本末》卷四、《通鑑綱目》卷五下、《漢書‧霍光傳》皆作「必」。③親　原作「私」。據章鈺校，甲十五行本、乙十一行本、孔天胤本皆作「親」，今據改。按，《通鑑紀事本末》卷四、《通鑑綱目》卷五下皆作「親」。

【語譯】四年（乙卯　西元前六六年）

春季，二月，漢宣帝封外祖母王媼為博平君，封舅父王無故為平昌侯，王武為樂昌侯。

夏季，五月，山陽郡、濟陰郡下了雞蛋大的冰雹，平地堆積的冰雹有二尺五寸厚，砸死了二十多人，就連空中的飛鳥都被砸死了。

漢宣帝下詔說：「從現在開始，如果是兒子窩藏父母、妻子窩藏丈夫、孫子窩藏祖父祖母，都不要進行懲處。」

立廣川惠王劉越的孫子劉文為廣川王。

霍光夫人顯及兒子霍禹、姪孫霍山、霍雲看見自己家的權力、職位逐漸被削減、剝奪，曾經幾次聚在一起相對哭泣，自怨自艾。霍山說：「現在的丞相魏相掌權，皇帝對他十分信任，他完全改變了大將軍執政時所修訂的法律，還大張旗鼓的宣揚大將軍的過失。還有，現在的那些儒生，大多是窮苦人家的子弟，他們遠離家鄉來到京城，雖然連自己的生活都沒有著落，卻喜歡吹牛皮說大話、胡言亂語，一點顧忌都沒有，大將軍在世的時候，十分痛恨這些人。而現在的皇帝卻很喜歡與這些儒生一起談論時政，而且允許他們每個人都可以上奏章回答皇帝所提出的問題，其中有許多內容都涉及到我們霍家。曾經有一個儒生在奏疏中指控我們霍家子弟驕橫恣肆，言辭當中可以看出對我們家非常痛恨，我把這封奏疏給扔到一邊，沒有交給皇帝。後來上奏章的人變得更加狡猾，竟然將奏章密封起來上奏，皇帝往往派中書令親自出來收取，不再通過尚書，看來皇帝對我是越來越不信任。我還聽民間傳言說『霍家毒死了許皇后』，難道會有這樣的事情嗎？」霍顯很恐懼著急，就把事情的真相原原本本地告訴了霍禹、霍山、霍雲。霍禹、霍山、霍雲全都驚恐地說：「既然是這樣，為什麼不早點告訴我們？皇帝將我們霍家的姑爺通通調離宮廷、貶逐到邊遠的外郡，原來都是因為這個緣故啊。這可是大事，我們的罪過可不小，怎麼辦？」於是開始萌生謀亂的邪念。

霍雲的舅父李竟的好友張赦，看見霍雲一家戚戚惶惶、恐懼不安的樣子，就對李竟說：「現在是丞相魏相和平恩侯許廣漢掌權，可以讓太夫人顯去對她的外孫女上官太后說，讓太后先殺掉魏相和許廣漢。至於皇帝是否要廢掉，權力還不是掌握在太后手裡。」長安城裡一個叫張章的男子告發了這件事，漢宣帝將此案交與廷尉，於是執金吾將張赦等人逮捕。隨後漢宣帝又下詔制止逮捕張赦等。而霍山等人就越加感到恐懼，他們互相商議說：「這是皇帝看在上官太后的情面上，所以暫時不予窮究。然而我們霍家犯罪的苗頭已經被發現，久後還是會被查辦的，一旦查出來就要被滅族了，不如我們採取先發制人。」於是就派自家的幾個女兒分別回到婆家把這個決定告訴她們的丈夫，霍家的幾個女婿都說：「我們就是想躲避也躲避不了了？」

正遇上霍雲的舅父李竟因為犯有與諸侯王勾結為非作歹之罪而被查辦，供詞中涉及到了霍家。漢宣帝於是下詔說：「霍雲、霍山不適合在宮中執勤護衛皇帝，免去他們宮廷侍衛的職務，回家去吧。」山陽太守張敞將奏章密封起來上奏給漢宣帝說：「我聽說，春秋時期魯國的公子季友有功於魯國，晉國的趙衰有功於晉國，齊國的田完有功於齊國，這幾個國家都對他們的功勳給予了酬勞，使他們的子孫盡享榮華富貴。然而，後來田氏篡奪了齊國的政權，趙氏參與了瓜分晉國，季氏在魯國把持朝政。所以孔子才著《春秋》，考察一個國家興盛衰亡的變化過程，對卿大夫世代相襲、把持政權的現象進行了最嚴厲的批判。過去，大將軍霍光等決定廢掉昌邑王、擁立陛下繼承皇位，在穩定國家、安定社稷方面，功勞確實不小。周公輔佐周成王執政七年，而後返政於成王，而大將軍霍光輔政前後達二十年之久，在這二十年中，國家的一切大事都在大將軍的掌握之中，都由他一個人說了算。在他權勢大、氣焰高的時候，能撼天動地、變換陰陽。當時的朝中大臣應該有人站出來明確地向陛下進言：『陛下褒獎、尊崇大將軍以報答他對漢王朝宗廟社稷的功勳與恩情已經足夠了。近來，輔政之臣過於專權，皇親國戚權勢太重，這些權臣、貴戚超越名分，無人臣之禮，請陛下罷免博陸侯霍禹、樂平侯霍山、冠陽侯霍雲三個人的職務，讓他們回家享福，至於衛將軍張安世，應該賞賜給他几杖，讓他回家養老，陛下時常召見詢問一些事情或派人前去慰問，讓他以列侯的身分作為皇帝的顧問。』陛下公開下詔表示不能採納，大臣們就據理力爭，然後陛下再應允，如此的話，天下人必定稱頌陛下不忘大臣的輔政之功與擁戴之恩，也必定認為被解職的輔臣是恭敬守禮的臣子，霍家將世代沒有被抄家滅門的憂患。現在朝廷之中聽不到這樣正直的言論，還得等著陛下親自下達這種將權臣免職的詔書，這都不是成功的好辦法。如今樂平侯霍山與冠陽侯霍雲已經被迫離開宮廷，人之性情相互之間差不了多少，據我估計，大司馬霍禹及其家屬此時必定心懷恐懼。使身邊的近臣感到岌岌可危，這可不是使他們得以保全的辦法。我張敞願意到朝堂之上率先提出倡議，遺憾的是我現在只是一個遠離京師的山陽郡太守，想這樣做卻沒有辦法做到。希望陛下能夠體察！」漢宣帝認為張敞的建議非常好，然而卻沒有將他召到長安。

霍禹家和霍山家近來屢次發生稀奇古怪的事情，全家人都為此而心懷憂慮。霍山說：「丞相魏相擅自做主減去了皇家宗廟祭祀用品中的羊羔、兔子和青蛙，可以藉此對他興師問罪！」密謀讓上官太后擺設酒宴宴請宣帝的外祖母博平君王媼，並以此為由召丞相魏相、平恩侯許廣漢及以下官員作陪，在酒席宴上，讓范明友、鄧廣漢奉上官太后的詔命，將魏相、許廣漢拉出去斬首，就勢廢掉漢朝皇帝而立霍禹為皇帝。密謀已定，還沒有等到時機動手，霍雲就被漢宣帝任命為玄菟郡太守，擔任太中大夫的任宣被任命為代郡太守。就在此時，霍山的陰謀敗露，秋季，七月，霍雲、霍山、范明友自殺。霍光夫人顯、霍禹、鄧廣漢等人遭到逮捕，霍禹被腰斬，霍光夫人顯和她的幾個女兒以及兄弟全都被綁縛鬧市斬首示眾，因霍氏受牽連而被滅族的有幾十家。擔任太僕的杜延年因為與霍家長期以來關係不錯，因此受到牽連被免了官。八月初一日己酉，霍成君皇后被廢，囚禁在昭臺宮。十七日乙丑，漢宣帝下詔，封告發霍氏謀反的男子張章為博成侯、擔任期門官的董忠為高昌侯、擔任左曹的楊惲為平通侯、侍中金安上為都成侯、史高為樂陵侯。楊惲，是丞相楊敞的兒子。金安上，是車騎將軍金日磾弟弟的兒子。史高，是宣帝祖母史良娣哥哥的兒子。

當初，霍氏家族生活奢侈，茂陵邑的徐福說：「霍氏家族必然滅亡。生活奢侈，就容易傲慢無禮，傲慢無禮就一定陵辱上級或皇帝。陵辱上級或皇帝，是大逆不道的事情，居人之上，必然遭到眾人的嫉恨。霍氏家族執掌政權的時間太久，所以怨恨他們的人一定很多，所有的人都怨恨他們，再加上所行大逆不道，不滅亡還等什麼呢？」於是徐福便上書給漢宣帝說：「霍家的權勢太盛，陛下如果厚愛霍家，就應該時常地對他們加以壓制，不能讓他們太放縱，不要使他們走向滅亡。」徐福連續上書三次，都被告知「皇帝已經知道了」。後來霍氏被滅族，那些告發霍氏的人都受到封賞。有人為徐福鳴不平，於是上書給漢宣帝說：「我聽說有一個人到一所房屋的主人家裡串門，他看見主人家裡鍋灶的煙囪是直的，旁邊還堆了許多柴草，這個人就對房屋的主人說：『應該把煙囪改成彎曲的，再把柴草挪到遠一點的地方去，不然的話就有發生火災的隱患。』主人沒有什麼反應。不久，主人家裡果然著火了，鄰里都趕來幫助滅火，火被滅掉，僥倖沒有造成太大的損失。於是主人殺牛擺酒，答謝鄰里，他將因為幫助救火而被燒傷的人安置在上首的座位上，其他的人按照功勞的大小依次就坐，卻沒有邀請那個建議他改造煙囪的人。有人就對主人說：『當初如果你能聽取客人的建議，即用不著破費牛酒請客，也永遠不會發生火災。現在你按照功勞宴請鄰里，而那個曾經建議你改造煙囪、挪開柴草的客人沒有得到你的獎賞，卻把因為救火被燒得焦頭爛額的人安排在上座，這合適嗎？』主人這才醒悟過來，趕緊將那個客人請來。如今茂陵邑的徐福，幾次上書給皇帝，說霍氏將有叛逆行為，應該早加預防，以斷絕他們謀逆的念頭。假如當初採納了徐福的建議，那麼國家就用不著拿出土地爵號去封賞功臣，霍氏家族也不會因此謀逆導致滅族。事情已經過去了，而唯獨徐福沒有受到獎賞，希望陛下明察，應該重視那些提出挪動柴草、改造煙囪建議的人，讓這樣的人坐在因救火而被燒得焦頭爛額的人的上位。」漢宣帝於是賞賜給徐福十匹帛，後來又任命他為郎官。

漢宣帝即位之初，親自到高祖廟中進行祭祀、拜見高祖靈位，大將軍霍光為宣帝作陪乘，宣帝對大將軍霍光心存畏懼，就如同有芒刺在背上扎著一樣。後來車騎將軍張安世接替大將軍霍光為宣帝作驂乘，宣帝感到自己的一舉一動都很自由自在、無拘無束，很有安全感、親切感。等到霍光死了之後，霍氏竟然被滅族，所以民間傳說：從霍光給漢宣帝驂乘的那一天起，霍氏家族被滅亡的命運就已經註定了。過了十二年，漢宣帝又將被廢的皇后霍成君遷移到雲林館，霍成君自殺。

班固評論說：「霍光在漢武帝臨終之時接受了武帝的託孤重任，從此擔負起維護漢室興亡的寄託，他扶持幼主，安定社稷，輔佐了漢昭帝，又選立了漢宣帝，即使是周朝的聖人周公、商朝的聖人伊尹又怎能超過他？但是霍光不能學習古代的經驗，沒有良好的治國之術，不明大義，掩蓋妻子謀殺許皇后的邪惡行徑，又夥同其妻將女兒送入宮中去當皇后，沉浸在無窮膨脹的欲望之中，從而加速了霍氏滅亡的災禍，死後才三年，宗族就被滅絕了，真是可悲呀！」

司馬光說：「霍光輔佐漢王朝，可說是忠心耿耿。然而最終卻連自己的家族都保護不住，這是什麼原因呢？作威作福，能置人於死地、能給人以禍福，這是君主才能享有的權力。而臣子將其掌握在自己手裡，且又長時間地不歸還給皇帝，很少有人能不因此而遭遇災禍的。就憑漢昭帝的精明，十四歲的時候就能分辨出上官桀的欺詐，本來就可以親理朝政，不需要輔政大臣越俎代庖了。更何況漢宣帝即位的時候就已經十九歲，為人聰明剛毅，深知民間疾苦，而霍光卻依然久久的把持著朝政大權，不知道退避，且又私自安插自己的親戚、黨羽，使自己的親信充滿朝廷，上使君主的不滿與憤怒與日俱增，下使官吏百姓的怨恨越來越重，上下都對霍光恨得咬牙切齒、畏懼得側目而視，都在等待時機尋求報復，霍光能夠自免於難，已經是僥倖的了！更何況他的子孫又都驕奢淫逸，以加速災禍的降臨呢？道理雖然如此，如果當初漢宣帝只給霍氏社會地位及物質賞賜，使霍氏子孫很富有，賞給他們家族一個大的封邑，讓他們按照一定的節令進宮拜見皇帝，以這樣的方式來報答霍光輔政的功勞也就足夠了。事實卻並非如此，漢宣帝又把朝政大權交給他們，把兵權也交給他們，等到霍氏的權勢越來越盛、違法事件越積越多，這時又急於削減他們的職務、剝奪他們的權力，終於引起霍氏家族的怨恨與恐懼而生出邪惡的陰謀，這難道只是霍氏家族自取滅亡嗎？也是漢宣帝為其禍變的形成準備了條件的結果。春秋時期，楚國的鬬椒謀亂，楚莊王滅掉了他的家族——若敖氏，卻赦免了給鬬椒提過意見的箴尹、子文的孫子克黃，他以為，像子文這樣的人如果其後代也被殺光，還怎麼鼓勵人們學好人、做好事呢？以霍光夫人顯、霍禹、霍雲、霍山所犯的罪行，雖然應該被滅族，然而憑霍光的功勞是不應該讓他斷絕了後代的祭祀的，但事實上他的家族竟然已經被殺得乾乾淨淨，連一個孩童也沒有留下，漢宣帝也真夠刻薄寡恩的了！」

九月，漢宣帝下詔降低全國鹽的價格。又下令各郡、各諸侯國每年將監獄中所關押的罪犯因嚴刑不過或因飢寒病痛所造成的死亡人數進行統計，要詳細注明這些死在獄中的罪犯所屬何縣、姓名、爵位、鄉里，由丞相、御史進行考核，統計出死人最少的與死人最多的上奏給朝廷。

十二月，清河王劉年因為在宗族內部犯有淫亂罪而被廢，被發配到房陵縣。

這一年，擔任北海太守的廬江人朱邑因為在政績考評中排名全國第一而被提升為掌管租稅錢糧以及國家財政收入的大司農，擔任勃海太守的龔遂也被調入京師，擔任掌管上林苑以及鑄錢等事務的水衡都尉。早先，勃海附近的郡縣鬧饑荒，飢民聚集在一起成為盜賊的此起彼伏，各郡太守、各諸侯國相對此簡直束手無策。皇帝挑選有才能、能夠平息飢民叛亂的人才，丞相和御史全都推舉曾經為以前的昌邑王劉賀擔任過郎中的龔遂，漢宣帝就任命龔遂擔任勃海太守。漢宣帝在召見龔遂的時候問他說：「你準備用什麼辦法治理勃海，平息那裡的盜賊呢？」龔遂回答說：「勃海距離京師路途遙遠，感受不到聖明君主的教化，那裡的百姓因為缺衣少食，而當地的政府官員又對他們不知道憐憫、撫恤，所以才導致陛下那些心地純潔善良的平民百姓在您宮中的池塘上偷偷地耍弄起您的兵器。現在陛下是想讓我用武力消滅他們呢，還是希望我去教育、安撫他們，讓他們放下武器回家為民呢？」宣帝說：「我選用賢能之人，本來就是讓他去安撫那裡的百姓啊。」龔遂說：「我聽說治理亂民，就好像是梳理一團亂繩一樣，不能操之過急，只有先將局面緩和下來，然後才能進行治理。我希望丞相、御史不要用嚴格的法律條文來限制、規定我使用什麼辦法，讓我有權靈活處理。」漢宣帝答應了龔遂的要求，並額外地賞賜給他一些黃金，派他赴任。龔遂乘坐驛站的車子到達勃海郡的邊界，勃海郡的官員聽說朝廷委派的新太守即將抵達，趕緊派軍隊前來迎接。龔遂將前來迎接的軍隊全都打發回去。然後下發文件給所屬各縣說：「把那些追捕盜賊的官吏全部撤回，凡是手拿鋤頭、鐮刀以及其他各種用於耕作的農具的都是善良的百姓，官吏不能將他們視為盜賊進行盤問、審查，只有手持兵器的才算盜賊。」龔遂獨自乘坐一輛單車來到太守的府衙。那些盜賊看到龔遂太守所下的通告，立即解散，他們拋棄了手中的兵器，重新拿起種田用的鐮刀與鋤頭，於是一場飢民暴亂就這樣平息了，百姓也都希望安居樂業。龔遂打開倉庫將糧食借貸給貧苦的百姓，又挑選品行優良的官吏到百姓中間去安慰他們、管理他們。龔遂發現齊地的風俗喜好奢侈，喜好從事手工業和經商而不樂於耕作，龔遂就帶頭過簡樸的生活，他鼓勵百姓從事農業生產、種桑養蠶織布，按照各家的人口多少，規定出種植作物與蓄養牲畜的數量。發現有隨身攜帶刀劍的，就勸他們賣掉劍買頭牛，賣掉刀買頭小牛犢，龔遂對他們說：「為什麼要把大牛、小牛佩戴在身上呢？」他到處巡視，往來慰問、勸導，郡中人逐漸都有了積蓄，治安好轉，打官司、鬧糾紛的事情很少發生了。

烏孫公主的女兒是龜茲國王絳賓的夫人。龜茲國王絳賓上書給漢朝皇帝說：「我娶了漢朝的外孫女為夫人，我希望與漢朝公主的女兒一起到長安拜見漢朝皇帝。」

元康元年（丙辰　西元前六五年）

春，正月，龜茲王及其夫人來朝，皆賜印綬，夫人號稱公主❶，賞賜甚厚。

初作杜陵❷。徙丞相、將軍、列侯、吏二千石、訾百萬者杜陵❸。

三月，詔以鳳皇集泰山、陳留❹，甘露降未央宮❺，赦天下❻。

有司復言悼園❼宜稱尊號曰皇考❽，夏，五月，立皇考廟。

冬，置建章衛尉❾。

趙廣漢❿好用世吏子孫⓫新進年少⓬者，專厲彊壯蠭氣⓭，見事風生⓮，無所回避⓯，率多果敢之計⓰，莫為持難⓱，終以此敗⓲。廣漢以私怨論殺男子榮畜⓳，人上書言之[20]，事下丞相、御史按驗[21]。廣漢疑丞相夫人[22]殺侍婢，欲以此脅丞相[23]，丞相按之愈急[24]。廣漢乃將吏卒入丞相府，召其夫人跪庭下受辭[25]，收奴婢十餘人去[26]。丞相上書自陳，事下廷尉治[27]，實丞相自以過譴笞傅婢[28]，出至外第乃死[29]，不如廣漢言[30]。帝惡之[31]，下廣漢廷尉獄。吏民守闕[32]號泣者數萬人，或言[1]：「臣生無益縣官[33]，願代趙京兆死，使牧養小民。」廣漢竟坐要斬。廣漢為京兆尹，廉明，威制豪彊[34]，小民得職[35]，百姓追思歌之[36]。

是歲，少府[37]宋疇坐議[38]「鳳皇下彭城[39]，未至京師，不足美[40]」，貶為泗水太傅[41]。

上選博士、諫大夫[42]通政事者補郡國守相[43]，以蕭望之[44]為平原[45]太守。望之上疏曰：「陛下哀愍[46]百姓，恐德之不究[47]，悉出諫官以補郡吏。朝無爭臣[48]，則不知過，所謂憂其末而忘其本者也。」上迺徵[49]望之入守少府[50]。

東海[51]太守河東尹翁歸[52]，以治郡高第[53]入為右扶風[54]。翁歸為人，公廉明察[55]，郡中吏民賢不肖[56]及姦邪罪名[57]盡知之。縣縣各有記籍[58]，自聽其政[59]。有急名則少緩之[60]。吏民小解[61]，輒披籍[62]。取人[63]必於秋冬課吏大會[64]中及出行縣[65]，不以無事時。其有所取也，以一警百。吏民皆服，恐懼，改行自新。其為扶風[66]，選用廉平疾姦吏[67]以為右職[68]，接待以②禮[69]，好惡與同之[70]。其負翁歸[71]，罰亦必行。然溫良謙退，不以行能驕人[72]，故尤得名譽於朝廷[73]。

初，烏孫公主少子萬年有寵於莎車王[74]。莎車王死而無子，時萬年在漢，莎車國人計欲自託於漢[75]，又欲得烏孫心[76]，上書請萬年為莎車王。漢許之，遣使者奚充國送萬年[77]。萬年初立，暴惡[78]，國人不說[79]。

上令羣臣舉可使西域者[80]，前將軍韓增[81]舉上黨馮奉世[82]以衛候[83]使持節[84]送大宛[85]諸國客至伊循城[86]。會故莎車王弟呼屠徵與旁國共殺其王萬年及漢使者奚充國，自立為王。時匈奴又發兵攻車師城[87]，不能下而去。莎車遣使揚言「北道諸國[88]已屬匈奴矣」，於是攻劫南道[89]，與歃盟畔漢[90]，從鄯善以西皆絕不通[91]。都護鄭吉、校尉司馬憙[92]皆在北道諸國間，奉世與其副嚴昌[93]計，以為不亟擊之[94]，則莎車日彊，其勢難制，必危西域[95]。遂以節[96]諭告諸國王，因發其兵，南北道合萬五千人，進擊莎車，攻拔其城。莎車王自殺，傳其首詣長安[97]，更立它昆弟子[98]為莎車王。諸國悉平，威振西域，奉世乃罷兵以聞[99]。帝召見韓增曰：「賀將軍所舉得其人。」

奉世遂西至大宛。大宛聞其斬莎車王，敬之異於它使，得其名馬象龍而還[100]。

上甚說，議封奉世[101]。丞相、將軍[102]皆以為可，獨少府蕭望之以為「奉世奉使有指[103]，而擅矯[3]制違命[104]發諸國兵，雖有功效，不可以為後法[105]。即封奉世[106]，開後奉使者利以奉世為比[107]，爭逐[108]發兵，要功[109]萬里之外，為國家生事[110]於夷狄，漸不可長[111]。奉世不宜受封。」上善望之議，以奉世為光祿大夫[112]。

二年（丁巳　西元前六四年）

春，正月，赦天下。

上欲立皇后，時館陶主[113]母華倢伃[114]及淮陽憲王[115]母張倢伃、楚孝王[116]母衛倢伃皆愛幸。上欲立張倢伃為后，久之，懲艾[117]霍氏欲害皇太子[118]，乃更選後宮無子而謹慎者，二月乙丑[119]，立長陵王倢伃[120]為皇后，令母養太子，封其父奉光為邛成侯[121]。后無寵，希得進見[122]。

五月，詔曰：「獄[123]者，萬民之命[124]。能使生者不怨[125]，死者不恨[126]，則可謂文吏[127]矣。今則不然。用法或持巧心[128]，析律貳端[129]，深淺不平[130]，奏不如實[131]，上亦亡由知[132]，四方黎民將何仰[133]哉？二千石[134]各察官屬[135]，勿用此人[136]。吏或擅興傜役[137]，飾廚傳[138]，稱過使客[139]，越職踰法[140]以取名譽，譬如踐薄冰以待白日，豈不殆[141]哉？今天下頗被[142]疾疫之災，朕甚愍[143]之，其令郡國被災甚者毋出今年租賦。」

又曰：「聞古天子之名，難知而易諱[144]也，其更諱詢[145]。」

匈奴大臣皆以為「車師地肥美，近匈奴，使漢得之，多田[146]積穀，必害人國[147]，不可不爭。」由是數遣兵擊車師田者[148]。鄭吉將渠犁田卒[149]七千餘人救之，為匈奴所圍。吉上言：「車師去[150]渠犁千餘里，漢兵在渠犁者少，勢不能相救，願益田卒[151]。」上與後將軍趙充國[152]等議，欲因匈奴衰弱，出兵擊其右地[153]，使不敢 [4] 復擾西域。

魏相上書諫曰：「臣聞之：救亂誅暴[154]，謂之義兵，兵義者王[155]。敵加於己[156]，不得已而起者，謂之應兵[157]，兵應者勝[158]。爭恨小故[159]，不忍憤怒者，謂之忿兵[160]，兵忿者敗[161]。利[162]人土地、貨寶者，謂之貪兵，兵貪者破。恃[163]國家之大，矜[164] [5] 民人之眾，欲見威於敵[165]者，謂之驕兵，兵驕者滅。此五者，非但人事[166]，乃天道也[167]。間者[168]匈奴嘗有善意[169]，所得漢民，輒奉歸之[170]，未有犯於邊境，雖爭屯田車師[171]，不足致意中[172]。今聞諸將軍欲興兵入其地，臣愚不知此兵何名[173]者也！今邊郡困乏，父子共犬羊之裘[174]，食草萊之實[175]，常恐不能自存[176]，難以動兵。『軍旅之後，必有凶年[177]』，言民以其愁苦之氣傷陰陽之和[178]也。出兵雖勝，猶有後憂，恐災害之變[179]因此以生。今郡國守相多不實選[180]，風俗尤薄，水旱不時。按今年計[6]，子弟殺父兄、妻殺夫者凡二百二十二人，臣愚以為此非小變[181]也。今左右[182]不憂此，乃欲發兵報纖介之忿[183]於遠夷[184]，殆孔子所謂[185]『吾恐季孫之憂不在顓臾，而在蕭牆之內也[186]』。」上從相言，止遣[187]長羅侯常惠[188]將張掖、酒泉騎[189]往車師，迎鄭吉及其吏士還渠犂。召故車師太子軍宿[190]在焉耆[191]者，立以為王，盡徙車師國民令居渠犂[192]，遂以車師故地[193]與匈奴。以鄭吉為衛司馬[194]，使護鄯善以西南道[195]。

魏相好觀漢故事[196]及便宜章奏[197]，數條[198]漢興已來國家便宜行事[199]及賢臣賈誼、鼂錯、董仲舒[200]等所言[201]，奏請施行之[202]。相敕掾史[203]按事郡國[204]及休告[205]從家還至府[206]，輒白四方異聞[207]。或有逆賊[208]、風雨災變，郡不上[209]，相輒奏言之[210]。與御史大夫丙吉[211]同心輔政，上皆重之。

丙吉為人深厚[212]，不伐善[213]。自曾孫遭遇[214]，吉[7]絕口不道前恩[215]，故朝廷[216]莫能明其功也。會掖庭宮婢則[217]令民夫[218]上書，自陳嘗有阿保之功[219]，章[220]下掖庭令[221]考問[222]，則辭引使者丙吉知狀[223]。掖庭令將則[224]詣御史府以視吉，吉識[225]，謂則曰：「汝嘗坐養皇曾孫不謹[226]，督笞汝[227]，汝安得有功？獨渭城胡組、淮陽郭徵卿有恩[228]耳。」分別奏組等共養[229]勞苦狀。詔吉求[230]組、徵卿，已死，有子孫，皆受厚賞。詔免則為庶人，賜錢十萬。上親見問，然後知吉有舊恩而終不言，上大賢之。

帝以蕭望之經明持重[231]，論議〔8〕有餘[232]，材任宰相，欲詳試其政事[233]，復以為左馮翊[234]。望之從少府出[235]為左遷[236]，恐有不合意[237]，即移病[238]。上聞之，使侍中[239]都成侯〔9〕金安上[240]諭意[241]曰：「所用[242]皆更治民以考功[243]，君前為平原太守日淺[244]，故復試之於三輔[245]，非有所聞[246]也。」望之即起視事[247]。

初，掖庭令張賀[248]數為弟車騎將軍安世稱皇曾孫之材美[249]及徵怪[250]，安世輒絕止[251]，以為少主在上[252]，不宜稱述[253]曾孫。及帝[254]即位而賀已死，上謂安世曰：「掖庭令[255]平生稱我[256]，將軍止之，是也[257]。」上追思賀恩[258]，欲封其家為恩德侯，置守家二百家[259]。賀有子蚤死，子安世小男彭祖[260]。彭祖又小與上同席研書指[261]，欲封之[262]，先賜爵關內侯[263]。安世深辭賀封[264]，又求損[265]守家戶數，稍減至三十戶。上曰：「吾自為掖庭令[266]，非為將軍也。」安世乃止，不敢復言。

上心忌故昌邑王賀[267]，賜山陽[268]太守張敞璽書[269]，令謹備盜賊，察往來過客，毋下所賜書[270]。敞於是條奏賀居處[271]，著其廢亡之效[272]曰：「故昌邑王為人[273]，青黑色[274]，小目，鼻末銳卑[275]，少須眉，身體長大，疾痿[276]，行步不便。臣敞嘗與之言，欲動觀其意[277]，即以惡鳥感之[278]曰：『昌邑多梟[279]。』故王應曰：『然。前賀西至長安，殊無梟[280]，復來[281]，東至濟陽[282]，乃復聞梟聲。』察故王衣服、言語、跪起，清狂不惠[283]。臣敞前言[284]：『哀王[285]歌舞者張脩等十人無子，留守哀王園[286]，請罷歸[287]。』故王聞之曰：『中人守園[288]，疾者當勿治[289]，相殺傷者當勿法[290]，欲令亟死[291]。太守奈何而欲罷之[292]？』其天資喜由亂亡[293]，終不見仁義如此。」上乃知賀不足忌也。

【章　旨】以上為第三段，寫宣帝元康元年（西元前六五年）、二年兩年間的全國大事，主要寫了趙廣漢為京兆尹摧折豪強，受平民擁護，最後竟尋事到丞相頭上，以過誤被腰斬；寫了尹翁歸為右扶風，因治郡有方而得譽於朝廷；寫了馮奉世出使西域，因便宜發諸國兵以討平與漢朝作對之莎車王，立有殊功；寫了蕭望之因反對加封馮奉世，並因其一再表現的「善議論」而獲宣帝重視，欲委大用；寫了丞相魏相的上書反對增兵屯田車師；寫了丙吉護持宣帝有大功而終不自言，最後因其他事情被宣帝發現，而大賢之；寫了張賀自為掖庭令而傾心宣帝，死後獲宣帝封賞等等。

【注　釋】❶夫人號稱公主　夫人乃烏孫公主解憂所生，是烏孫王的公主，今則賜以漢朝公主之名。❷初作杜陵　漢宣帝開始在杜縣為自己預修陵墓。杜縣在今陝西西安東南。❸徙丞相將軍列侯吏二千石訾百萬者杜陵　讓具備以上資格的人搬遷到杜陵縣居住，目的是讓杜陵縣迅速繁榮起來。訾百萬，家資百萬銅錢。訾，此處意思同「貲」，資產。❹以鳳皇集泰山陳留　因為有鳳凰落在泰山與陳留二郡。鳳皇，同「鳳凰」。集，鳥停於樹。泰山，此處指泰山郡，郡治奉高，在今山東泰安東。陳留郡的郡治陳留，在今河南開封東南。❺甘露降未央宮　甘甜的露水降落在未央宮。漢人迷信天人感應，認為鳳凰集、甘露降都是祥瑞，即所謂吉祥的徵兆，故史家書之於史。宣帝在位時似乎特別熱衷這套玩藝。❻赦天下　因有祥瑞，故赦天下。❼悼園　敬指宣帝的生父劉進。因為劉進前謚為「悼」，故稱之「悼園」，亦猶稱皇帝曰某陵、某廟。❽皇考　對生父的敬稱。因宣帝是以昭帝繼承人的名義臨朝為帝，也就是百姓熟稱的「受過繼」，故而此前一直未稱劉進為父。如今宣帝的統治地位鞏固，遂又稱其生父曰父。❾建章衛尉　護衛建章宮的軍事長官。在此之前朝廷設有未央衛尉、長樂衛尉，皆九卿一級；今又設建章衛尉，其秩祿應與前二衛尉相同。建章宮是武帝所修，在長安城的西城牆外，與城內的未央宮隔城牆相對，其宏偉壯麗又超未央、長樂而遠過之。❿趙廣漢　此時任京兆尹，以能幹聞名。⓫世吏子孫　世代官宦人家的子弟。⓬新進年少　剛進入仕途的年輕人。⓭專厲彊壯蠭氣　膽大敢為、有鋒芒、有氣勢。蠭，同「鋒」。鋒芒。⓮見事風生　遇到問題能迅速做出反應，如風起之快速。⓯無所回避　什麼人都敢得罪，從不繞著走。⓰率多果敢之計　一般說來都是敢作敢為。率，大致；一般。⓱莫為持難　從不猶豫不前。⓲終以此敗　就是由於這個原因而招致了悲慘的結局，過程即下文所說。⓳論殺男子榮畜　判刑處決了一個名叫榮畜的男子。⓴上書言之　給皇帝上書控告趙廣漢挾私怨殺人。㉑事下丞相御史按驗　把事情交給丞相、御史查證核實。㉒丞相夫人　丞相魏相的夫人。㉓脅丞相　要脅丞相不要查證榮畜有無冤屈的問題。㉔按之愈急　意謂魏相不受威脅，反而加緊力度地查辦榮畜被殺之案。按，也寫作「案」，查辦。㉕受辭　接受審問。㉖收奴婢十餘人去　將丞相夫人身邊的奴婢帶走了十多個，以審問口供。收，拘捕。㉗事下廷尉治　案子交由廷尉審理。廷尉是主管全國刑獄的長官，九卿之一。㉘實丞相自以過譴笞傅婢　事實是丞相因為他家的保姆犯錯而鞭打了她。傅婢，保姆。㉙出至外第乃死　這個保姆離開丞相府後自殺了。㉚不如廣漢言　不像趙廣漢所說的那種樣子。㉛惡之　討厭趙廣漢這種挾怨殺人，又粗暴犯上的樣子。㉜守闕　圍守在宮門外。㉝臣生無益縣官　我活著對國家沒有用處。縣官，這裡即指國家。按，《漢書・趙廣漢傳》「臣」上有「或言」二字，較此為優。㉞威制豪彊　嚴厲打擊那些有錢有勢、專橫霸道的人。㉟小民得職　一般平民都有了一個舒適的生活環境。得職，得其所。㊱追思歌之　懷念他、歌頌他。㊲少府　九卿之一，掌管山林湖海收入與皇家手工業製造，為皇帝私家理財。㊳坐議　因對……發議論而犯罪。㊴下彭城　降落在彭城，彭城即今江蘇徐州。㊵不足美　不值得稱讚。㊶泗水太傅　泗水王劉綜的太傅。泗水國的都城在今江蘇泗陽西北。太傅是帝王的輔導官。㊷博士諫大夫　都是皇帝身邊的侍從官員，前者以備參謀顧問；後者掌議論，以備拾遺補缺。㊸補郡國守相　當郡太守、諸侯王相有空缺時，即以此博士、諫大夫補充之。㊹蕭望之　原為大行丞，此時為謁者，為皇帝主管收發傳達以及贊禮等事。㊺平原　漢郡名，郡治在今山東平原縣南。㊻哀愍　同情、體恤。㊼恐德之不究　擔心自己的德音德政有傳達不到的地方。不究，不遍。㊽爭臣　能給皇帝提意見，能與皇帝的主張持不同態度的人。爭，通「諍」。㊾徵　召之使來。㊿入守少府　進朝代理少府的職務。51東海　漢郡名，郡治郯縣，在今山東郯城西北。52河東尹翁歸　河東是漢郡名，郡治安邑，在今山西夏縣西北。尹翁歸是西漢後期著名的地方官。事跡詳見《漢書》本傳。53治郡高第　任郡守的政績名列前茅。高第，上等。54入為右扶風　調進京城任右扶風。右扶風是長安西部郊區的行政長官，級別雖仍相當於郡太守，但因靠近朝廷，故比郡國守相的地位為高。55公廉明察　公正廉潔，明察秋毫。56賢不肖　哪個好，哪個不好。57姦邪罪名　哪些是壞人，他們的罪行是什麼。58縣縣各有記籍　每個縣都有一個存在問題的登記簿。59自聽其政　親自過問各縣的重要問題。60有急名則少緩之　對於那些辦事以嚴厲著稱的下屬，就對他們的要求略鬆一些。急名，有嚴厲的名聲。少緩，略鬆。61吏民小解　當哪個地方的吏民辦事懈怠。解，通「懈」。懈怠。62披籍　翻閱那個記錄案情的本子。意即查出他們的問題加以警告。63取人　逮捕人。64課吏大會　考核官吏的眾人集會之時。65出行縣　出郡巡視各縣。66為扶風　任右扶風。67疾姦吏　憎恨壞人的官吏。疾，通「嫉」。憎恨。68右職　高職。69接待以禮　對之以禮相待。70好惡與同之　在看待一些相關事物的感情上，也對他們有些隨和。好惡，喜歡什麼討厭什麼。71其負翁歸　如果他們違背了尹翁歸。72不以行能驕人　不因為自己的德行才能好而對人驕傲。73尤得名譽於朝廷　尤其受到朝廷的好評。74有寵於莎車王　受到莎車王的喜愛。莎車是西域國名，都城即今新疆莎車。75計欲自託於漢　想要依附漢朝。託，歸附。76又欲得烏孫心　又想討得烏孫國的喜歡。77送萬年　送萬年到莎車上任。78暴惡　粗暴兇惡。79不說　不喜歡。說，通「悅」。80舉可使西域者　推舉可以出使西域的人。81前將軍韓增　韓增是劉邦的開國功臣韓王信的後代，此時任前將軍之職，是受宣帝親信的人物。82上黨馮奉世　上黨人馮奉世。事跡詳見《漢書》本傳。上黨是漢郡名，郡治長子，在今山西長子西。83衛候　皇帝衛隊中的軍候，軍候的級別在校尉之下，上屬衛尉。84使持節　令其手執旌節。節是皇帝使者出行時所持的信物，「使持節」在持節的使者中身分最高，權力最大。85大宛　西域國名，其地在今新疆西部境外的哈薩克斯坦境內，首都貴山城（今卡賽散）。86伊循城　樓蘭國的一個城市。樓蘭國的都城在今新疆羅布泊的西北角。樓蘭後來改名鄯善，都城改在今新疆若羌東北。87車師城　此指車師前國之城，在今新疆吐魯番西北。88北道諸國　中國通往西域的道路，到玉門以西分為南、北兩條，其北路是出玉門關至車師前王庭（今吐魯番），傍天山南麓，經塔克拉馬干沙漠北側向西，其沿途的小國有危須、焉耆、尉犁、烏壘、龜茲（今新疆庫車）、姑墨、溫宿、尉頭、疏勒等，而後與南道相合。89南道　出陽關向西，經羅布泊至樓蘭，再依阿爾金山、昆侖山北麓向西，沿塔克拉馬干沙漠南側西行，其沿途小國有且末、精絕、扜彌、渠勒、于闐、莎車、疏勒等地，越過葱嶺再向西南至罽賓、身毒（今印度），或向西到大月氏、安息（今伊朗)、條支(今伊拉克)至於犁軒(今土耳其境內)。[90]與歃盟畔漢　意即與南路上的諸小國歃血定盟一同反叛漢王朝。畔，通「叛」。[91]皆絕不通　全部被斷絕，不能通行。[92]都護鄭吉校尉司馬憙　兩位西漢後期經營西域的功臣，其事跡已見於本書宣帝地節三年。[93]其副嚴昌　其副手嚴昌。[94]不亟擊之　若不迅速消滅莎車。亟，意思同「急」。[95]必危西域　必定要危害到漢王朝對西域諸國的主權。[96]以節　憑著手中所持的旌節。[97]傳其首詣長安　通過驛路將莎車王呼屠徵的人頭轉送到了長安。[98]它昆弟子　莎車王萬年的其他兄弟的兒子。[99]罷兵以聞　解除了軍事狀態，把詳情報告皇帝。[100]得其名馬象龍而還　從大宛取得了一匹名叫「象龍」的好馬帶回國來。[101]議封奉世　議論著想封馮奉世為列侯。[102]丞相將軍　丞相是魏相，將軍指衛將軍張安世。[103]奉使有指　有本來的目的，即送西域諸國之客回國。[104]擅矯制違命　假傳聖旨，擅自專斷地改變朝廷命令。[105]不可以為後法　不能給後世開這樣的先例。法，榜樣；先例。[106]即封奉世　如果就此封馮奉世為侯。即，如果。[107]利以奉世為比　容易以馮奉世為榜樣。利，容易。為比，為榜樣。[108]爭逐　競相。[109]要功　追求立功。要，通「邀」。[110]生事　製造矛盾；滋生事端。[111]漸不可長　這個頭不能開。漸，浸染。[112]光祿大夫　皇帝的侍從官員，以備參謀顧問，上屬光祿勳。[113]館陶主　館陶公主，宣帝之女。[114]華倢伃　姓華，史未記其名。倢伃是嬪妃的稱號，其地位次於皇后。[115]淮陽憲王　劉欽，宣帝之子，被封為淮陽王，憲字是其死後的諡。淮陽國的都城即今河南淮陽。[116]楚孝王　劉囂，宣帝之子，被封為楚王，孝字是其死後的諡。楚國的都城即今江蘇徐州。[117]懲艾　接受……的教訓。[118]霍氏欲害皇太子　霍光妻支使其女成君欲毒死太子劉奭。事見本書宣帝地節三年。[119]二月乙丑　二月二十六。[120]長陵王倢伃　長陵邑的王倢伃。長陵邑是劉邦陵墓所在的縣名，縣治在今陝西咸陽東北。[121]邛成侯　皇后父王奉光的封號，邛成是封地名。[122]希得進見　很少有機會見到皇帝。希，通「稀」。少。[123]獄　刑獄，這裡即指斷案。[124]萬民之命　是涉及到萬千人生死存亡的大問題。[125]生者不怨　活著的罪犯沒有埋怨，心悅誠服。[126]死者不恨　被處死的人沒有遺憾。[127]文吏　真正的好法官。[128]持巧心　意即玩弄手段。[129]析律貳端　用模稜兩可的話解釋法律條文。貳端，可以向輕、重兩個方向解釋。[130]深淺不平　同一種罪行而量刑輕重不同。深淺，指量刑輕重。[131]奏不如實　不按實情向朝廷奏報。[132]上亦亡由知　上頭也無法知道真實情況。亡，通「無」。[133]何仰　仰仗誰；指望誰。[134]二千石　這裡指郡守、諸侯相。[135]各察官屬　都要各自審察一遍自己的下屬。[136]勿用此人　不要任用這樣的人。[137]擅興傜役　擅自調發百姓服勞役。[138]飾廚傳　把驛站上的廚房、驛站都修飾得好好的。廚，調飲食。傳，傳舍；傳車。[139]稱過使客　盡量讓過往的使者賓客稱心滿意。稱，使……稱心滿意。目的是令其代為傳布美名。[140]越職踰法　超越職權範圍，超出條文規定。[141]殆　危險。[142]頗被　很是遭受。[143]愍　通「憫」。同情；體恤。[144]難知而易諱　其字難認而容易避諱不用。

145更諱詢　實即改名叫「詢」。宣帝原名「病已」，兩個字都是人們所常用，避諱就容易多了。146多田　更多地開墾種田。147必害人國　必定對我們匈奴國構成危害。148車師田者　漢王朝在車師駐紮屯田的士兵。149渠犂田卒　在渠犂屯田的漢朝士兵。渠犂是西域國名，在今新疆庫爾勒與尉犂一帶。150去　距離。151益田卒　增加屯田的士兵。152趙充國　西漢後期的著名將領，此時任後將軍之職。事跡詳見《漢書》本傳。153右地　指匈奴的西部地區，為其右賢王所管轄，大體相當於今甘肅以北與新疆東北一帶地區。154救亂誅暴　平息叛亂，討伐殘暴。救，止；息。155兵義者王　出兵正義就能勝利。王，稱王，這裡即指勝。156敵加於己　敵兵來打我們。加，意即侵犯。157應兵　應戰之兵。158兵應者勝　出兵是為了應敵，就一定能夠戰勝。159爭恨小故　為一些小事而產生怨憤。160忿兵　為憤怒而掀起戰爭。161兵忿者敗　帶著憤怒作戰的軍隊必定失敗。162利　以……為利，意即貪求。163恃　依仗。164矜　誇耀。165欲見威於敵　想向敵兵顯威風。見，通「現」。166非但人事　不光人世間的規律如此。167乃天道也　大自然的規律就是這樣的。168間者　前些時候。169嘗有善意　意即想與漢朝和親通好，指昭帝時事。170輒奉歸之　都把他們送回來，如蘇武、常惠等之回國即其一例。171爭屯田車師　雙方都爭想到車師屯田。172不足致意中　不值得放在心上。173此兵何名　這在前面所說的五種兵裡應該稱作什麼兵。174父子共犬羊之裘　父子二人合穿一件犬羊之皮的皮襖。175草萊之實　泛稱草籽。萊，野菜。176不能自存　無法養活自己。177軍旅之後二句　二句見老子《道經》，意謂一場戰爭之後，必然會有一場災荒。178傷陰陽之和　破壞了天地間陰陽二氣的平衡。179災害之變　如山崩、地震、水旱、蝗蟲之災等等。180多不實選　謂不得其人、不勝其任。181非小變　這不是小變故，意謂這是顛倒人倫的大問題。182左右　指天子身邊大臣與言官。183纖介之忿　細小的怨恨。184遠夷　遠方的少數民族，這裡是指匈奴。185殆孔子所謂　這差不多正是孔子所說過的……。186吾恐季孫之憂二句　我擔心季氏的麻煩不在顓臾小國，而是在魯國統治集團的內部。孔子此話見於《論語・季氏》。季孫即季孫氏，也稱「季氏」，春秋時代把持魯國政權的大貴族。顓臾是春秋時代魯國的附庸小國，在今山東費縣西北。蕭牆，室內迎門的屏風。當時季氏想出兵伐顓臾，孔子告訴他，你們的麻煩不在顓臾，而在你們內部。187止遣　只是派出。188長羅侯常惠　西漢後期的著名邊將，先曾隨蘇武被扣留匈奴十九年，回國後因經營西域有功，被封長羅侯。事跡詳見《漢書》本傳。189將張掖酒泉騎　帶領著張掖、酒泉二郡的騎兵。190故車師太子軍宿　車師國的原太子名叫軍宿。191在焉耆　現時正在焉耆。焉耆，今新疆焉耆回族自治縣。192盡徙車師國民令居渠犂　把全部車師國的人通通搬遷到渠犂居住。盡徙，讓……搬遷。193車師故地　已經是一片沒有人煙的空地。194鄭吉為衛司馬　鄭吉原為侍中，以平車師亂被任西域都護，現又任之為衛司馬。衛司馬與馮奉世原來所任的衛侯都是光祿勳的屬官，司馬在軍中主管司法。(195)護鄯善以西南道　守護鄯善以西的漢通西域的南線交通的安全。(196)漢故事　漢朝的往事，指事件原委與解決處理的辦法等。(197)便宜章奏　上書言政事利害與如何相機行事的章奏。(198)數條　多次整理歸納。條，使之有條理。(199)便宜行事　根據實際情況而對有關問題採取的措施。(200)賈誼鼂錯董仲舒　都是以上書言事著稱的西漢名臣。賈誼是文帝時人，鼂錯是景帝時人，董仲舒是武帝初期人。事跡皆見《漢書》本傳。(201)所言　所上的奏章，與當朝回答皇帝所問。(202)奏請施行之　奏請皇帝遇事照此先例執行。(203)敕掾史　告誡屬下官吏。掾史，主官屬下的群吏。(204)按事郡國　到各郡、各諸侯國調查處理問題。(205)休告　回家休假。(206)從家還至府　從家鄉所在的郡縣回到丞相府衙。(207)輒白四方異聞　總是要向丞相講講各地區的新鮮事。白，報告。異聞，不同尋常的事。(208)逆賊　叛亂分子與盜賊。(209)郡不上　所在郡的官吏沒有上報。(210)相輒奏言之　魏相總是能稟報給皇帝知道。(211)丙吉　宣帝蒙難時的大恩人。事跡詳見《漢書》本傳。(212)深厚　深沉厚道。(213)不伐善　不炫耀自己的長處。(214)曾孫遭遇　自從劉病已遭逢意外的機遇，即登上皇位。(215)不道前恩　不提自己以前對宣帝的恩情。(216)朝廷　指宣帝本人。(217)掖庭宮婢則　後宮中的婢女名「則」者。掖庭，嬪妃、宮女居住的地方。(218)民夫　在民間的舊夫。(219)阿保之功　乳養與保護宣帝的功勞。阿保，保姆，這裡用為動詞。(220)章　指民夫的上書。(221)掖庭令　掌管宮女事務的官，上屬光祿勳。(222)考問　考察、盤問。(223)辭引使者丙吉知狀　其供辭中提到當時的使者丙吉瞭解這個情況。(224)將則　帶著這個名「則」的婢女。(225)吉識　丙吉還記得她。(226)汝嘗坐養皇曾孫不謹　你曾因餵養皇曾孫做得不好。不謹，不好；不細心。(227)督笞汝　鞭打過你。(228)渭城胡組淮陽郭徵卿有恩　渭城的胡組與淮陽的郭徵卿的確對皇帝有恩。渭城即秦時的咸陽，漢代改稱渭城；淮陽是郡、國名，都城即今河南淮陽。胡組、郭徵卿撫養年幼的宣帝事，詳見本書〈漢紀〉昭帝元平元年。(229)共養　同「供養」。(230)求　尋訪；尋找。(231)經明持重　既精通儒家經典，又辦事穩重。(232)論議有餘　善於評論政事。(233)詳試其政事　再詳細地考驗一下他處理政事的本領。(234)左馮翊　長安城東部郊區的行政長官，相當於郡太守。(235)從少府出　從九卿之一的少府，出任左馮翊。(236)左遷　意即降職。少府是正九卿，秩中二千石；左馮翊相當於郡太守，秩二千石，低了一級。(237)恐有不合意　怕是自己的工作讓皇帝不滿意。(238)移病　上書稱病辭職。(239)侍中　加官名，職務即侍從天子，以備參謀顧問。(240)都成侯金安上　金安上是武帝時大臣金日磾之子，被封為都成侯。(241)諭意　向他說明皇帝的本意。(242)所用　凡是任用丞相。(243)皆更治民以考功　都要經過治理百姓這一層考驗。更，經歷。考功，考核成績優劣。(244)日淺　時間太短。(245)三輔　指京兆尹、左馮翊、右扶風，這裡即指左馮翊。(246)非有所聞　並不是聽到你有什麼過失。(247)起視事　起身就任，處理政事。(248)張賀　著名酷吏張湯之子，張安世之兄。(249)材美　身材美好。(250)徵怪　奇怪的徵兆。(251)絕止　阻止。(252)少主在上　指昭帝在位。(253)稱述　讚美；

讚揚。(254)帝　此指漢宣帝。(255)掖庭令　以稱張賀。(256)平生稱我　當時讚美我。平生，意即當時。(257)將軍止之二句　你當時制止他，是對的。按，當時過於讚美皇曾孫，一來是對在位的昭帝不敬；二來也是加重皇曾孫的危險。(258)追思賀恩　追懷張賀當時對自己的關照與保護。(259)置守冢二百家　令此二百家的所交租稅為守墓修墓之資。(260)子安世小男彭祖　過繼張安世的小兒子張彭祖為自己的兒子。子，以……為子。(261)彭祖又小與上同席研書指　張彭祖又從小與蒙難中的漢宣帝同席研討《尚書》的思想。(262)欲封之　想封之為列侯。(263)先賜爵關內侯　關內侯比列侯低一級，為下一步封侯做鋪墊。(264)深辭賀封　堅決推辭給張賀的封賞。(265)損　減少。(266)吾自為掖庭令　我封賞的是掖庭令張賀。(267)心忌故昌邑王賀　心忌，內心猜疑忌恨，因為昌邑王劉賀曾經做過皇帝，宣帝覺得對自己有一定威脅。(268)山陽　漢郡名，其地即原來的昌邑國，郡治在今山東金鄉西北。被廢後的昌邑王劉賀即以平民的資格居住於山陽郡，食邑二千戶。(269)璽書　加蓋天子印章的詔書。(270)毋下所賜書　不要把這封詔書轉發給下屬看。(271)條奏賀居處　上書詳細報告劉賀的生活起居狀況。(272)著其廢亡之效　寫清了他被廢以後的現實表現。(273)昌邑王為人　昌邑王的相貌。(274)青黑色　指皮膚青黑色。(275)鼻末銳卑　鼻端尖小。(276)疾痿　患癱瘓症。(277)動觀其意　探察一下他的思想。(278)感之　打動他，看他的反應。(279)昌邑多梟　昌邑地區貓頭鷹多。梟，俗名貓頭鷹。舊說梟食其母，故以喻惡人。(280)殊無梟　的確是沒有梟鳥。殊，特別；的確。(281)復來　回來的時候。(282)濟陽　漢縣名，縣治在今河南蘭考東北。(283)清狂不惠　清狂，猶今所謂白痴。不惠，即「不慧」，沒有智慧。(284)臣敞前言　我曾經對他說。(285)哀王　指昌邑哀王劉髆，劉賀之父。(286)留守哀王園　為哀王劉髆看守陵園。(287)請罷歸　請把她們撤回，讓她們各自回家。(288)中人守園　後宮裡的女子為先王看守陵園。(289)疾者當勿治　有病的不予醫治。(290)相殺傷者當勿法　有相互殺傷的也不必懲治。勿法，不以法論處。(291)令亟死　目的是讓她們都快點死。亟，通「急」。快速。(292)太守奈何而欲罷之　你為什麼要把她們撤回來。太守，指張敞。罷，撤銷。(293)喜由亂亡　喜歡看到別人的離亂滅亡。喜由，由……而喜。

【校　記】1或言　原無此二字。胡三省注曰：「《漢書》本傳『臣生』之上有『或言』二字。」據章鈺校，甲十五行本、乙十一行本、孔天胤本皆有此二字，張瑛《通鑑校勘記》同，今據補。2以　原作「有」。據章鈺校，甲十五行本、乙十一行本、孔天胤本皆作「以」，今據改。按，《通鑑綱目》卷五下作「以」。3矯　原無此字。據章鈺校，甲十五行本、乙十一行本、孔天胤本皆有此字，今據補。按，《漢書・馮奉世傳》有此字。4敢　原作「得」。據章鈺校，甲十五行本、乙十一行本、孔天胤本皆作「敢」，今據改。按，《通鑑紀事本末》卷四、《漢書・魏相傳》皆作「敢」。5矜　原作「務」。據章鈺校，甲十五行本、乙十一行本、孔天胤本皆作「矜」，熊羅宿《胡刻資治通鑑校字記》同，今據改。⑥計　原無此字。據章鈺校，甲十五行本、乙十一行本、孔天胤本皆有此字，今據補。按，《通鑑紀事本末》卷四、《通鑑綱目》卷五下、《漢書・魏相傳》皆有此字。⑦吉　原作「言」。據章鈺校，甲十五行本、乙十一行本、孔天胤本皆作「吉」，熊羅宿《胡刻資治通鑑校字記》同，今據改。⑧論議　原作「議論」。據章鈺校，甲十五行本、乙十一行本、孔天胤本二字皆互乙，今據改。按，《通鑑綱目》卷五下、《漢書・蕭望之傳》皆作「論議」。⑨都成侯　原作「成都侯」。胡三省注云：「〈功臣表〉及〈霍光傳〉皆作『都成侯』，此承望之本傳之誤。」嚴衍《通鑑補》改作「都成侯」，當是，今據以校正。

【語譯】元康元年（丙辰　西元前六五年）

春季，正月，龜茲王絳賓偕同夫人來到漢朝的京師長安拜見漢宣帝，漢宣帝將印綬賞賜給他們，又封絳賓夫人為漢朝公主，賞賜的錢物極其豐厚。

漢宣帝開始在杜縣為自己修建陵墓。將丞相、將軍、列侯、享受二千石俸祿的官員，以及資產超過百萬的全都遷移到杜陵縣。

三月，漢宣帝因為有鳳凰飛落在泰山、陳留二郡，又有甘甜的露水降落在未央宮，所以下詔大赦天下。有關部門的官員再次奏請漢宣帝應該尊稱生父劉進為皇考，夏季，五月，宣帝為自己的生父劉進修建皇考廟。

冬季，為守衛建章宮的軍隊設置衛尉。

當時正在擔任京兆尹的趙廣漢喜歡任用那些世代為官的子弟以及那些剛剛步入仕途的年輕人，專門利用他們那種膽大妄為、有鋒芒、有氣勢的特點，遇到事情能迅速作出反應，雷厲風行、無所畏懼、毫不退避，大致說來就是敢作敢為，從不猶豫不前，然而也正是因為這個緣故，終於招致了悲慘的結局。趙廣漢因為個人恩怨而處決了一個叫做榮畜的男子，有人上書給朝廷告發此事，宣帝將此案件交付給丞相魏相和御史大夫丙吉查證核實。趙廣漢懷疑丞相魏相的夫人曾經殺死了婢女，就以此來要挾丞相不要追查他處死榮畜的事情，而丞相魏相不僅不受威脅，反而加大力度查證榮畜被殺一案。趙廣漢就親自率領一些吏卒闖入丞相府，將丞相夫人叫出來，強迫她跪在庭院中接受審問，又將丞相夫人身邊奴婢帶走了十多個。丞相魏相上書給漢宣帝陳述原委，宣帝將此案交付給掌管刑獄的廷尉審理，經過調查取證，事實是丞相因為家中的保姆有過錯而用鞭子責打了她，這個保姆挨打之後離開丞相府就自殺了，並不像趙廣漢所說的那樣。漢宣帝因此事而對趙廣漢心生厭惡，便將他逮捕押入廷尉獄中。京畿的官吏和百姓聽到趙廣漢被逮捕下獄的消息後，圍守在宮門口嚎哭求情的有幾萬人，有人說：「我們這些人活著對國家也沒有什麼用處，願意替趙京兆尹去死，留下他來管理百姓。」然而趙廣漢仍然被處以腰斬之刑。趙廣漢擔任京兆尹，為人廉正明察，嚴厲打擊那些有錢有勢、專橫不法的地方豪強，使小民百姓有了一個適宜的生存環境，所以，趙廣漢死了之後，人民都懷念他、歌頌他。

這一年，擔任少府的宋疇對鳳凰飛落彭城一事發表議論說「鳳凰飛落彭城，卻沒有飛到京師，不值得稱頌」，因此犯罪被貶到泗水王劉綜那裡擔任太傅。

漢宣帝從諸博士、諫大夫當中挑選有行政能力的人去補充各郡太守和諸侯國丞相的空缺，任命蕭望之為平原郡太守。蕭望之上書給漢宣帝說：「陛下同情、體恤天下的百姓，惟恐自己的德音德政有傳達不到的地方，所以把在朝廷中擔任諫議職務的官員全部外放去補充各郡、各諸侯國官吏的空缺。但是，朝廷中如果缺少了拾遺補缺的諫諍之臣，就會有錯而不自知，這就是人們常說的因為擔憂那些枝節的、次要的而忘記了事情的根本。」於是漢宣帝徵召蕭望之回到朝廷代理少府的職務。

擔任東海太守的河東人尹翁歸，因為郡太守級的政績考核中名列前茅而被調回長安擔任右扶風。翁歸為人公正廉潔、明察秋毫，郡中的大小官吏以及平民百姓，哪個好哪個不好，以及哪些是壞人，他們的罪行是什麼等等，他全都瞭如指掌。所屬各縣都有一個存在問題的登記簿，並且親自過問各縣中的重要問題。對那些辦事以嚴厲著稱的下屬，就對他們的要求略鬆一些。如果哪個地方的吏民辦事懈怠，他就要親自翻閱案情記錄進行督察。逮捕罪犯，也必定是在秋冬季節對官吏進行考核的集會之時以及在巡視各縣之時，而不在其他的日子裡進行。他逮捕人，也是為了以一警百。官吏和百姓對他都很佩服、敬畏，因而有了過錯都能改過自新。尹翁歸擔任右扶風，總是選擇那些為人廉潔、執法公平、嫉惡如仇的官吏擔任要職，他對這些僚屬待之以禮，在對待一些相關事務的感情上，也對他們有些隨和。但如果這些人違背了他，他也必定要給以處罰。然而他性情溫良，待人謙和恭敬，從不以自己的德行才能好而對人驕傲，所以在朝廷中尤其受到好評。

當初，漢朝嫁給烏孫國王的公主劉解憂所生的小兒子萬年很受莎車國王的喜愛。莎車國王死了卻沒有繼承人，當時萬年正在漢朝，莎車國的臣僚想要依附漢朝，又想討烏孫國的喜歡，於是就上書給漢宣帝，請求立萬年為莎車王。漢朝答應了莎車國的請求，便派奚充國為使者護送萬年前往莎車。萬年剛做了莎車王，其兇惡粗暴的性格就表現出來了，莎車國人都不喜歡他。

漢宣帝下令讓群臣推舉可以出使西域的人，擔任前將軍的韓增舉薦上黨人馮奉世，於是馮奉世便以衛候的身分充任漢朝出使西域的使者，他手持旄節護送大宛等國的賓客回國。途中經過伊循城，正遇上已故莎車國王的弟弟呼屠徵勾結鄰國一起殺死了莎車國新國王萬年以及漢朝的使者奚充國，自立為莎車王。當時匈奴又發兵攻打車師城，因為不能取勝而退去。莎車派使者到處宣稱「漢朝通往西域的北部道路周邊各國已經全部歸附匈奴了」，並趁勢攻擊劫掠漢朝通往西域的南道，與南道周邊的各個小國歃血結盟一同背叛漢朝，於是從鄯善以西，漢朝通往西域的道路全部被斷絕，不能通行。漢朝都護鄭吉、校尉司馬憙當時都在北道諸國之間，馮奉世就與他的副手嚴昌商議，認為如果不趕緊對莎車採取軍事行動，莎車就會日益強大起來，到那時就很難對他進行控制，必定要危害到漢王朝對西域各國的主權。於是就用手中所持的符節詔告諸國王，向他們徵集軍隊，從南北兩道共徵集到一萬五千人軍隊，然後率領著攻打莎車，很快佔領了莎車的都城。莎車王呼屠徵自殺身亡，馮奉世將他的首級割下來派人通過驛路送往長安，又從原莎車王其他兄弟子姪中挑選了一個立為莎車王。西域各國的叛亂全部被平定，馮奉世的聲威震動了整個西域，於是馮奉世將調集的各國軍隊遣返回國，並將情況奏報朝廷。漢宣帝召見韓增，嘉勉他說：「恭賀將軍為出使西域推舉了合適的人選。」

馮奉世繼續向西抵達大宛。大宛國王聽說馮奉世斬殺了莎車王，對他敬畏的程度遠遠超過了對待其他的中國使節。馮奉世從大宛得到了一匹名叫「象龍」的寶馬帶回漢朝。漢宣帝非常高興，就議論著想封馮奉世為列侯。丞相魏相、衛將軍張安世都認為可以，只有擔任少府的蕭望之認為不可，他認為「馮奉世奉命出使的目的是護送西域諸國賓客回國，但他卻假傳聖旨，擅自改變朝廷的命令，徵調各國軍隊攻打莎車，雖然有功，但不能給後世開這樣的先例。如果就此封賞馮奉世為列侯，後世奉命出使的人就容易引他為榜樣，競相發兵，追求在萬里之外建功立業，將會在漢朝與周邊國家間不斷製造矛盾、引發事端，此風不可長。不應該封馮奉世為侯。」漢宣帝認為蕭望之說得有道理，便打消了封馮奉世為侯的念頭，只提升他為光祿大夫。

二年（丁巳 西元前六四年）

春季，正月，大赦天下。

漢宣帝想冊封皇后，當時館陶公主的母親華倢伃和淮陽憲王劉欽的母親張倢伃，以及楚孝王劉囂的母親衛倢伃都很受宣帝的寵愛。漢宣帝本意是想立張倢伃為皇后，但猶豫了很久，因為擔心再次出現像霍氏謀害皇太子那樣的事情，就從後宮的嬪妃當中挑選一位沒有兒子而且行為又謹慎的立為皇后，二月二十六日乙丑，立長陵邑的王倢伃為皇后，讓她像母親那樣撫養皇太子，同時封王皇后的父親王奉光為邛成侯。但王皇后並沒有因此而受到漢宣帝的寵愛，也很少有機會見到宣帝。

五月，漢宣帝下詔說：「斷案之事，是涉及到千萬人生死的大問題。如果能做到讓活著的罪犯沒有什麼埋怨，被判了死刑的人沒有什麼遺憾，那才算得上是公正廉明的司法官吏。而現在卻不是這樣。執法之人中有人舞文弄法，分析案情模稜兩可，同一種罪行而量刑或重或輕很不公平，又不如實向朝廷奏報，使上級無法瞭解到真實情況，如此的話，全國的黎民百姓還能指望誰呢？俸祿在兩千石的官員要對自己的屬下進行審察，對有上述行為的一律不要任用。如果有官吏擅自徵調百姓服勞役，裝修驛站的廚房、傳車，用高過標準的規格招待過往的使節賓客，使他們感到稱心滿意，超越職務權限、超出條文規定以博取好名聲，這就如同是站在薄冰之上等待烈日，難道不是太危險了嗎？如今天下人很是遭受疾疫的折磨，我非常同情他們，詔令各郡、諸侯國，那些受災嚴重的免交今年的租賦。」

漢宣帝又說：「我聽說古代天子的名字很難認，因而容易忌諱不用，我現在改名為劉詢。」

匈奴大臣都認為「車師國土地肥沃，水草豐美，又靠近匈奴，如果被漢朝佔有，就會大面積的開墾土地囤積糧食，必定對匈奴構成威脅，因此不能不爭奪過來。」於是多次派出軍隊對在車師進行屯田的漢朝軍隊進行攻擊。鄭吉率領著在渠犂屯田的七千多名士卒前往車師救援，又被匈奴的軍隊所圍困。鄭吉於是上書給朝廷說：「車師距離渠犂一千多里，漢朝在渠犂屯田的軍隊又很少，這種形勢決定了：匈奴如果進犯車師，渠犂的軍隊根本無法趕去救援，希望增加屯田的軍隊。」漢宣帝與後將軍趙充國等人商議，想趁著匈奴國內空虛，出兵攻打匈奴的西部地區，使它不敢再騷擾西域。

丞相魏相上書勸諫說：「我聽說：平定叛亂、討伐殘暴的軍隊被稱為『正義之師』，正義之師就能取得勝利。敵兵來攻打我們，迫不得已而發兵進行抵抗的叫做『應戰之兵』，出兵是為了應敵就一定能取得勝利。為一點小事而產生怨憤，因為無法控制怨憤而掀起戰爭的叫做『忿兵』，帶著憤怒作戰的軍隊必定失敗。為了得到別國的土地、財寶而發動戰爭的叫做『貪兵』，貪兵必定敗亡。依仗國勢強大、人口眾多，為了在敵軍面前顯示自己威風而發動戰爭的叫做『驕兵』，驕兵必敗。這五種軍事行動的成敗，不光取決於人的謀劃，而是一種自然規律。前些時，匈奴曾經向我們做出了善意的表示，對於劫掠去的漢民，他們都把他們送了回來，也沒有再侵犯漢朝的邊境，雖然雙方為爭奪車師屯田而發生了小規模的戰爭，但不值得放在心上。現在，我聽說諸位將軍想以此為藉口興兵深入匈奴腹地，我很愚鈍，不知道這種軍事行動屬於上述五種兵中的哪一種！如今邊塞各郡的百姓生活極度貧困，有的父子二人合穿一件用羊皮或是狗皮做的衣服，吃的是草籽，他們常常擔心無法養活自己，很難再發動他們去與匈奴作戰。俗話說『戰爭之後，必定會有一場災荒』，說的是人民對戰爭的愁苦怨恨情緒，破壞了天地之間陰陽二氣的平衡。發動戰爭，即使是取得了勝利，還要留下隱憂，我擔心災禍恐怕就要因此而引發了。現在各郡的太守和各諸侯國的丞相大多都不得其人，民情更是澆薄，加上水旱之災不時發生。就拿今年來說，兒子殺死父親、弟弟殺死兄長、妻子殺死丈夫的總共有二百二十二人，我認為，這絕對不是小的變態事件。現在您身邊的大臣不知道憂慮這些，竟然因為一點小的怨憤就要發動軍隊對遠方的民族實施報復，這大概就是孔子所說的『我擔心季孫氏的憂患不在顓臾小國，而在魯國統治集團的內部』。」漢宣帝聽從了魏相的建議，只派遣長羅侯常惠率領張掖、酒泉二郡的騎兵前往車師，迎接鄭吉以及在車師屯田的吏士返回渠犁。又將車師國的原太子、現在住在焉耆的軍宿接回車師，立為車師王，把車師國的百姓全部遷徙到渠犁定居，然後把已經空無人煙的車師故地放棄給了匈奴。任命鄭吉為衛司馬，讓他負責守護鄯善以西通往西域的南部通道。

丞相魏相喜歡閱覽漢朝的往事以及朝廷檔案中保存的前人上書談論政事利害與如何相機行事的奏章，並多次將漢朝建立以來朝廷根據實際情況而對有關問題所採取的措施，以及幾位賢能的臣子如賈誼、鼂錯、董仲舒等人所上的奏章及當朝回答皇帝所問等內容進行分門別類的整理，然後奏請漢宣帝遇事照此先例實行。魏相還命令丞相府的屬吏到全國各郡、國巡視考察、處理問題，即使有人回家休假，從家鄉所在的郡縣回到丞相府衙，總要將所見所聞的新鮮事向丞相講述。如果某些地方發生叛亂與盜賊、或是有風雨等自然災害發生，所在郡、國的官員沒有向朝廷報告，丞相魏相就會奏報給皇帝。他與御史大夫丙吉同心協力輔佐朝政，漢宣帝對他們二人都很倚重。

丙吉為人深沉厚道，從不炫耀自己的長處。自從保護的皇曾孫劉病已意外地當上皇帝之後，丙吉對任何人都不談自己以前對宣帝的恩情，所以就連漢宣帝也不清楚他的功勞。趕上掖庭的一個叫做則的宮女教唆她在民間的丈夫上書給漢宣帝，稱述自己曾經有乳養與保護宣帝的功勞，宣帝將民夫所上的奏章連同那個叫做則的宮女一齊交付掖庭令考察、審問，則在供詞中提到了當時擔任使者的丙吉瞭解實情。掖庭令就帶著則來到御史府讓丙吉辨認，丙吉認出了則，他對則說：「你曾經因為餵養皇曾孫不謹慎、小心，我用鞭子懲罰過你，你哪有什麼功勞？只有渭城縣的胡組、淮陽縣的郭徵卿有恩於皇帝。」於是便將胡組、郭徵卿共同供養皇曾孫的勞苦情狀分別奏報給漢宣帝。漢宣帝下詔讓丙吉尋找胡組、郭徵卿，二人此時已經去世，但都有子孫在世，她們的子孫都得到了皇帝的重賞。漢宣帝下詔貶則為平民，賞賜給她十萬錢。漢宣帝親自詢問此事之後，才知道丙吉曾經對自己有那麼大的恩德卻始終沒有透露，心裡對丙吉非常欽敬。

漢宣帝因為蕭望之既精通儒家經典、辦事穩重，又善於評論政事，其才能足以勝任宰相職務，就想再詳細地考察一下他處理政務的本領，於是又任命他去擔任左馮翊。蕭望之從九卿之一的少府被降職出任地方官，擔心自己的工作不符合皇帝的心意，就推說有病請求辭職。漢宣帝知道後，就派擔任侍中的都成侯金安上去向他講明皇帝的意圖，說：「凡是任用的丞相都要有治理百姓的經歷，並經過政績考核，先生以前擔任平原太守的時間很短，所以才又調任到三輔擔任左馮翊，並不是聽到你有什麼過失。」蕭望之立即起身就任，處理政事。

當初，掖庭令張賀屢次在其弟弟車騎將軍張安世面前稱頌皇曾孫劉病已，說他身材美好，又有很多奇異的徵兆，每次張安世都阻止他，認為年輕的漢昭帝在位，不應該讚美皇曾孫。等到皇曾孫即位為皇帝時，張賀已經去世，漢宣帝對張安世說：「掖庭令張賀當時讚美我，將軍阻止他是對的。」漢宣帝追念張賀的恩德，就想追封他為恩德侯，再安置二百戶人家為他守墓，讓這二百戶將應該向國家交納的租稅留作為他修墓的資金。張賀曾經有過兒子，但早已去世，張安世將自己的小兒子張彭祖過繼給他當兒子。張彭祖又從小就與蒙難中的漢宣帝一起同席研讀《尚書》，漢宣帝想封張彭祖為列侯，便先封他為關內侯。張安世堅決拒絕宣帝給張賀的封贈，又請求減少守護墳墓的戶數，一直爭取減少到三十戶。漢宣帝說：「我這樣做是為報答掖庭令張賀，而不是為將軍。」張安世這才不敢再堅持。

漢宣帝內心對已經被廢黜的昌邑王劉賀仍然心存疑忌，於是將加蓋了天子印章的詔書賜給山陽郡太守張敞，讓他嚴防盜賊，密切注視與劉賀往來的客人，並叮囑不許把這份詔書轉發給下屬看。張敞就將劉賀被廢後的起居行止詳細地奏報給漢宣帝，並奏明他被廢之後實際表現說：「被廢黜的昌邑王劉賀，其相貌是膚色青黑，眼睛很小，鼻端又尖又小，頭髮眉毛稀少，身材雖然長大，卻又筋肉萎縮，行動不便。我曾經與他交談，想要探察一下他的動向，就用令人厭惡的鳥來試探他，看他有什麼反應，我說：『昌邑地區的貓頭鷹很多。』故昌邑王劉賀回應說：『對。以前我前往西邊的長安時，這裡確實沒有貓頭鷹，等我回來的時候，向東剛走到濟陽，就又聽到貓頭鷹叫。』我仔細觀察故昌邑王劉賀所穿的衣服、說話的神態，以及跪下起立的姿勢，簡直就像一個白痴，一點也不聰慧。我上前提議說：『您的父親、已故哀王的歌女張脩等十人都沒有子女，現在她們一直為哀王守護墳墓，請求放她們回家。』故昌邑王劉賀聽了之後說：『後宮的女子為先王守護陵園，有病的不給她們治療，她們之間互相打架傷人也不必懲治，就是想讓她們早點死光了。太守你何必要放她們回家呢？』說明他天性之中就喜歡看到別人的離亂滅亡，始終就不知道什麼是仁，什麼是義。」漢宣帝這才知道劉賀根本就不值得憂慮。

三年（戊午　西元前六三年）

春，三月，詔封故昌邑王賀為海昏侯❶。

乙未❷，詔曰：「朕微眇❸時，御史大夫丙吉、中郎將史曾、史玄❹、長樂衛尉許舜❺、侍中、光祿大夫許延壽❻皆與朕有舊恩，及故掖庭令張賀，輔導朕躬❼，修文學經術❽，恩惠卓異，厥功茂焉❾。詩不云乎：『無德不報❿。』封賀所子弟子⓫侍中、中郎將⓬彭祖為陽都侯，追賜賀諡曰陽都哀侯⓭，吉為博陽侯，曾為將陵侯，玄為平臺侯，舜為博望侯，延壽為樂成侯。」賀有孤孫霸⓮，年七歲，拜為散騎、中郎將⓯，賜爵關內侯。故人下至郡邸獄復作⓰嘗有阿保之功⓱者，皆受官祿、田宅、財物，各以恩深淺報之⓲。

吉臨當封⓳，病。上憂其不起⓴，將使人就加印紼㉑而封之，及其生存㉒也。

太子太傅夏侯勝㉓曰：「此未死也㉔。臣聞有陰德㉕者必饗其樂㉖，以及子孫㉗。

今吉未獲報㉘而疾甚，非其死疾㉙也。」後病果愈㉚。

張安世自以父子封侯㉛，在位太盛，乃辭祿㉜，詔都內㉝別藏㉞張氏無名錢㉟以百萬數。安世謹慎周密，每定大政，已決，輒移病出㊱。聞有詔令，乃驚㊲，使吏之丞相府問㊳焉。自朝廷大臣，莫知其與議㊴也。嘗有所薦㊵，其人來謝，安世大恨，以為「舉賢達能㊶，豈有私謝㊷邪？」絕弗復為通㊸。有郎㊹功高不調，自言安世，安世應曰：「君之功高，明主所知，人臣執事㊺，何長短而自言乎㊻？」絕不許㊼。已而郎果遷㊽。安世自見父子尊顯，懷不自安㊾，為子延壽求出補吏㊿，上以為北地(51)太守。歲餘，上閔(52)安世年老，復徵(53)延壽為左曹、太僕(54)。

夏，四月丙子(55)，立皇子欽為淮陽王(56)。皇太子(57)年十二，通論語、孝經(58)。太傅疏廣(59)謂少傅受(60)曰：「吾聞『知足不辱，知止不殆(61)。』今仕宦(62)至二千石(63)，官成名立，如此不去(64)，懼有後悔。」即日，父子(65)俱移病(66)，上疏乞骸骨(67)。上皆許之，加賜黃金二十斤，皇太子贈以五十斤。公卿故人設祖道供張(68)東都門(69)外，送者車數百兩(70)。道路觀者皆曰：「賢哉二大夫！」或歎息為之下泣(71)。

廣、受歸鄉里(72)，日(73)令其家賣金共具(74)，請族人、故舊、賓客，與相娛樂。或勸廣以其金為子孫頗立產業(75)者，廣曰：「吾豈老誖(76)不念子孫哉？顧(77)自有舊田盧[78]，令子孫勤力其中，足以共衣食[79]，與凡人齊[80]。今復增益之[81]以為贏餘[82]，但教子孫怠墮耳[83]。賢而多財，則損其志[84]，愚而多財，則益其過[85]。且夫富者眾之怨[86]也，吾既無以教化[87]子孫，不欲益其過而生怨[88]。又此金者，聖主所以惠養老臣[89]也，故樂與鄉黨[90]、宗族共饗其賜[91]，以盡吾餘日[92]，不亦可乎？」於是族人悅服。

潁川[93]太守黃霸使郵亭、鄉官[94]皆畜雞、豚[95]，以贍鰥寡貧[1]窮者[96]。然後為條教[97]，置父老[98]、師帥[99]、伍長[100]，班行[101]之於民間，勸以為善防姦之意，及務耕桑、節用、殖財[102]、種樹[103]、畜養，去浮淫之費[104]。其治，米鹽靡密[105]，初若煩碎，然霸精力[106]能推行之。吏民見者，語次尋繹[107]，問它陰伏[108]以相參考，聰明識事[109]，吏民不知所出[110]，咸稱神明，豪釐不敢有所欺[111]。姦人去入[112]它郡，盜賊日少[113]。霸力行教化[114]而後誅罰，務在成就全安長吏[115]。許丞[116]老，病聾，督郵[117]白欲逐之[118]。霸曰：「許丞廉吏，雖老，尚能拜起送迎，正頗重聽何傷[119]？且善助之[120]，毋失賢者意[121]！」或問其故，霸曰：「數易[122]長吏，送故迎新[123]之費，及姦吏因緣[124]絕簿書[125]、盜財物，公私費耗甚多，皆當出於民。所易新吏又未必賢，或不如其故[126]，徒相益為亂[127]。凡治道[128]，去其泰甚[129]者耳。」霸以外寬內明[130]，得吏民心，戶口歲增，治[131]為天下第一，徵守京兆尹[132]。頃之，坐法連貶秩[133]，有詔復歸潁川為太守，以八百石居[134]。

四年（己未　西元前六二年）

春，正月，詔：「年八十以上，非誣告、殺傷人[135]，它皆勿坐[136]。」

右扶風尹翁歸卒，家無餘財。秋，八月，詔曰：「翁歸廉平鄉正[137]，治民異等[138]。其賜翁歸子黃金百斤，以奉祭祀。」

上令有司[139]求[140]高祖功臣子孫失侯[141]者，得槐里[142]公乘周廣漢[143]等百三十六人，皆賜黃金二十斤，復其家[144]，令奉祭祀[145]，世世勿絕。

丙寅[146]，富平敬侯張安世[147]薨。

初，扶陽節侯韋賢[148]薨，長子弘有罪繫獄[149]，家人矯賢令[150]，以次子大河都尉[151]玄成為後[152]。玄成深知其非賢雅意[153]，即陽為病狂[154]，臥便利[155]，妄笑語[156]，昏亂。既葬[157]，當襲爵[158]，以狂不應召[159]。大鴻臚奏狀[160]，章[161]下丞相、御史按驗[162]。按事丞相史[163]迺與玄成書曰：「古之辭讓[164]，必有文義可觀[165]，故能垂榮於後[166]。今子獨壞容貌[167]，蒙恥辱為狂癡[168]，光曜晻而不宣[169]，微哉子之所託名也[170]！僕素[171]愚陋，過為丞相執事[172]，願少聞風聲[173]，不然，恐子傷高[174]而僕為小人[175]也。」玄成友人侍郎章[176]亦上疏言：「聖王貴以禮讓為國，宜優養[177]玄成，勿枉[178]其志，使得自安衡門之下[179]。」而丞相、御史[180]遂以玄成實不病，劾奏[181]之。有詔勿劾，引拜[182]。玄成不得已，受爵。帝高其節[183]，以玄成為河南[184]太守。

車師王烏貴之走烏孫[185]也，烏孫留不遣[186]。漢遣使責烏孫[187]，烏孫送烏貴詣闕[188]。

初，武帝開河西四郡[189]，隔絕羌[190]與匈奴相通之路，斥逐[191]諸羌，不使居湟中[192]地。及帝即位[193]，光祿大夫義渠安國[194]使行諸羌[195]，先零豪[196]言：「願時度湟水北[197]，逐民所不田處畜牧[198]。」安國以聞[199]。後將軍趙充國[200]劾安國奉使不敬[201]。是後羌人旁緣前言[202]，抵冒[203]渡湟水，郡縣不能禁。

既而先零與諸羌種豪[204]二百餘人解仇、交質、盟詛[205]。上聞之，以問趙充國，對曰：「羌人所以易制[206]者，以其種自有豪[207]，數相攻擊，勢不壹[208]也。往三十餘歲[209]西羌反時，亦先解仇合約攻令居[210]，與漢相距[211]，五六年乃定[212]。匈奴數誘羌人，欲與之共擊張掖、酒泉地，使羌居之。間者[213]匈奴困於西方[214]，疑其更遣使[215]至羌中與相結[216]。臣恐羌變未止此[217]，且復結聯他種[218]，宜及未然[219]為之備。」後月餘，羌侯狼何[220]果遣使至匈奴藉兵，欲擊鄯善[221]、燉煌以絕漢道[222]。充國以為：

「狼何勢不能獨造此計，疑匈奴使已至羌中，先零、罕、幵乃解仇作約223。到秋馬肥，變必起224矣。宜遣使者行邊兵225，豫為備226，敕視227諸羌，毋令解仇228，以發覺其謀。」於是兩府229復白遣義渠安國行視諸羌230，分別善惡。

是時，比年豐稔231，穀石五錢232。

【章　旨】以上為第四段，寫宣帝元康三年（西元前六三年）、四年兩年間的全國大事，主要寫了張安世死，與張安世任首輔的極力謙退；寫了韋玄成裝瘋，不欲繼其父韋賢之侯爵；寫了疏廣、疏受的雙雙引退，見好就收，以及疏廣的教子之道，令其自力更生；寫了黃霸為潁川太守的治郡有方，政績天下第一，以及趙充國治理西羌的方略等等。

【注　釋】❶海昏侯　封地海昏縣，即今江西建昌。❷乙未　三月初二。❸微眇　身分低微。❹史曾史玄　宣帝祖母史良娣的親屬。❺許舜　宣帝故許皇后的親屬。❻許延壽　宣帝故許皇后的親屬。❼朕躬　我本身；我本人。❽文學經術　即指儒學義理。❾厥功茂焉　其功甚偉。厥，其。茂，偉大；美好。❿無德不報　有恩惠就要報答。詩句見《詩經・抑》。⓫所子弟子　所認作兒子的那個其弟張安世的兒子，即張彭祖。⓬侍中中郎將　中郎將是實際職務，侍中是加官。⓭陽都哀侯　追封張賀為陽都侯，哀字是謚。⓮孤孫霸　早年失去父親的孫子張霸。⓯散騎中郎將　散騎是加官，中郎將是實職，但由於其年紀幼小，故而中郎將也就成了虛名。⓰郡邸獄復作　在郡邸獄服勞役的犯人。郡邸獄，關押各郡、國來京犯罪人員的監獄。復作，苦役犯。⓱阿保之功　曾對宣帝有過生活方面的關照、保護的功勞。⓲以恩深淺報之　按著所蒙受其恩情的多少大小予以報答。⓳吉臨當封　丙吉就要受封了。⓴不起　指就此死去。㉑就加印紱　把印綬送到他家裡繫在他身上。紱，意思同「綬」，繫印的絲帶。㉒及其生存　趁他還活著。㉓太子太傅夏侯勝　太子太傅是太子的輔導官。夏侯勝是當時著名的儒生，先曾以《尚書》教昭帝皇后，《漢書》有傳。㉔此未死也　丙吉是死不了的。㉕陰德　暗中為人做好事。㉖饗其樂　必然要享受到幸福快樂。饗，通「享」。㉗以及子孫　而且要把這種幸福快樂傳給他的子孫。㉘未獲報　還沒有受到報答。㉙非其

死疾　不是要命的病。㉚愈　痊癒。㉛父子封侯　張安世封富平侯，其少子彭祖封陽都侯。㉜辭祿　辭去俸祿不領。㉝都內　大司農的屬官，掌守國庫錢財。㉞別藏　另放在一個地方。㉟張氏無名錢　張家沒有領走的錢。名，佔有，使之屬己。㊱輒移病出　總是上書請病假離開宮廷，好像這次新政令的制定與他沒有關係一樣。移病，上書請病假。出，離開宮廷。以他為首的「內朝」在宮內。㊲乃驚　裝作自己根本不知道的樣子。㊳之丞相府問　到丞相府詢問。㊴與議　參與了商量、制定。㊵有所薦　推薦了某個人。㊶達能　任能，使能者到任。㊷豈有私謝　哪有私人感情，哪用私下感謝。㊸絕弗復為通　與之斷絕，不再與之來往。㊹郎　皇帝身邊的低級侍從人員，有郎中、中郎、侍郎等名目，上屬光祿勳。㊺人臣執事　當臣子的都是為朝廷做事。㊻何長短而自言乎　有什麼優點缺點值得自己來講呢。㊼絕不許　回絕了他，不答應他的請求。㊽已而郎果遷　不久這個郎官就得到了提升。㊾懷不自安　內心總感到不踏實。㊿求出補吏　請求出京到地方上任職。51北地　漢郡名，郡治馬領，在今甘肅慶陽西北。52閔　通「憫」。憐惜。53徵　召之進京。54左曹太僕　太僕是實職，九卿之一，為皇帝趕車；左曹是加官名，掌尚書事。55四月丙子　四月十四。56淮陽王　淮陽國的都城即今河南淮陽。57皇太子　劉奭，已故的許皇后所生，即日後的漢元帝。58論語孝經　都是儒家的經典名，後來都被列入《十三經》。《論語》是孔子弟子及其後學所編，是一部記錄孔子思想言行的書。《孝經》是宣揚孝道和以孝治國的書，大約出自西漢人之手。59疏廣　西漢後期的著名儒生。事跡詳見《漢書》本傳。60少傅受　疏受，疏廣之姪。61知足不辱二句　二句見《老子》。不辱，不會受辱。不殆，不會有危險。62仕宦　居官任職。63二千石　官階名，朝官中的太子太傅、太子少傅、典屬國、詹事與地方官中的郡守、諸侯相等皆為二千石。64如此不去　已經達到了這一步如果還不趕緊辭職。65父子　即指叔姪。66移病　上書稱說有病。67乞骸骨　謙稱請求退職、離休。68設祖道供張　意即舉辦宴會送行。祖道，出行前祭祀路神。供張，搭起帳篷，排設酒筵。69東都門　長安城一個東門的名字。70數百兩　好幾百輛。兩，通「輛」。71下泣　落淚。72歸鄉里　回到老家。二疏是東海郡的蘭陵縣（即今山東棗莊東南）人。73日　每天；天天。74賣金共具　將黃金變換成銅錢，給鄉親們大擺酒席。共具，也寫作「供具」，即擺酒席。75頗立產業　置辦一些家產。頗，一些。76老誖　老糊塗。誖，通「悖」。反常。77顧　猶如今之所謂「問題是」、「關鍵是」。78舊田廬　舊日的田地房產。79共衣食　解決衣食之需，指維持日常生活。80與凡人齊　意即做一個普通人。81今復增益之　如果再給他們額外增添。82以為贏餘　讓他們生活得更加富裕。83但教子孫怠墮耳　那就只有讓兒孫們越來越懶。但，只有。怠墮，懶惰。墮，通「惰」。84損其志　消磨他們的上進心。85益其過　助長他們犯更多的錯誤。86富者眾之怨　富貴人是遭眾人怨恨的。87無以教化　沒有什麼辦法教育感化。88不欲益其過而生怨　不想再助長他們犯錯誤以招人恨。89惠養老臣　意即這是給我養老用的。90鄉黨　鄉親。鄉、黨都是古代的基層編制名，意思同於「鄉里」。91共饗其賜　共同享受這朝廷的賞賜。饗，通「享」。享受。92以盡吾餘日　以度我的晚年時光。93潁川　漢郡名，郡治陽翟，即今河南禹縣。94郵亭鄉官　古代基層的行政單位。縣以下設鄉，鄉以下設亭，都有掌管教化與緝捕盜賊的小吏。古時設在驛路沿途以供應過往官員食宿的旅舍也叫亭。有時一亭具有兩種功能。95畜雞豚　養雞養豬。96贍鰥寡貧窮者　贍養鰥寡、貧窮的人。古時無妻稱鰥，無夫稱寡。97條教　有關教育的規章條文。98父老　即「三老」，掌教化的鄉官。99師帥　當教師、當表率的人。帥，通「率」。100伍長　古代以五家為伍，設伍長一人。101班行　頒布實行。班，同「頒」。102殖財　生財；增產。103種樹　種植。104去浮淫之費　禁止沒有實際用途的開銷。浮淫，猶今所謂花俚忽哨。105米鹽靡密　瑣碎繁雜。106精力　用心用力。107語次尋繹　說話之間注意分析思考。108問它陰伏　詢問其他隱藏的情況。109識事　善於記憶。識，通「誌」。記。110不知所出　不知道他的判斷是怎麼得出來的。111欺　騙；說假話。112去入　逃到。113盜賊日少　指潁川郡的盜賊日少。114力行教化　首先強調思想教育。115成就全安長吏　使自己的下屬獲得成功獲得安全。116許丞　許縣的縣丞。許縣的縣治在今河南許昌東；縣丞是縣令的助手。117督郵　郡太守的屬吏，主管巡視督察各屬縣。118白欲逐之　稟告黃霸建議令其離職。119正頗重聽何傷　即使耳聾有何關係。頗，有些。重聽，耳聾。120善助之　好好幫助他。121毋失賢者意　別叫善良的人傷心。毋，通「勿」。122數易　頻繁地更換。123送故迎新　故吏離職、新吏上任。124因緣　趁此交接班的機會。125絕簿書　銷毀簿冊檔案。126或不如其故　有的還不如原來的。或，有的。127徒相益為亂　只有增加混亂。徒，只。益，增加。128治道　辦事的原則。129去其泰甚　去泰、去甚，以求中庸、平穩。意思出自《論語》。泰、甚，都是過分的意思。泰，通「太」。130外寬內明　表面寬和，心明如鏡。131治　政績。132徵守京兆尹　調進京城代理京兆尹職務。京兆尹是長安城及其部分郊區的行政長官。133坐法連貶秩　因為犯法一連降級。134以八百石居　以八百石的官階任太守之職。按，郡國守相通常官秩為二千石，黃霸連續貶級，已貶到了八百石，比一個縣令略高一點，不知具體因為何事。135非誣告殺傷人　只要不是誣告別人或是有殺死、殺傷別人的罪過。136它皆勿坐　犯有其他罪過的人都可以不論罪。坐，治罪。137鄉正　意即公正。鄉，通「嚮」。138治民異等　治民的政績出類拔萃。139有司　主管此事的官吏。140求　尋找；尋訪。141子孫失侯　由於其子孫的種種原因，其祖先被封的世襲侯爵被廢除。142槐里　漢縣名，縣治在今陝西興平東南。143公乘周廣漢　現有「公乘」之爵位的周勃的後代子孫名周廣漢。「公乘」是秦漢時代二十級爵位的第八級。這種爵位可以通過戰場立功取得，也可以向國家交納糧食或錢財買得。有此爵的人可以享受不同等級的特權，七級以上可以免除徭役、兵役。144復其家　給其家免除賦稅徭役。145奉祭祀奉行對其祖先周勃的祭祀。(146)丙寅　八月十一。(147)富平敬侯張安世　張安世被封為富平侯，敬字是其死後的諡。(148)扶陽節侯韋賢　韋賢是西漢後期的著名儒生，從宣帝本始三年（西元前七一年）繼蔡義為丞相，封扶陽侯；地節三年（西元前六七年）以老病辭職。死後諡為「節」。事跡詳見《漢書》本傳。(149)有罪繫獄　韋弘時為奉常，因宗廟事繫獄。(150)矯賢令　假稱韋賢生前的遺命。(151)大河都尉　大河郡的都尉。大河郡的郡治無鹽，在今山東東平東；都尉是掌管郡中軍事的武官。(152)為後　為繼承人，繼承其扶陽侯的爵位。(153)非賢雅意　不是韋賢固有的意思。(154)陽為病狂　假裝瘋癲。陽，通「佯」。假裝。(155)臥便利　在床上大小便。(156)妄笑語　無法控制的說笑。(157)既葬　韋賢下葬後。(158)當襲爵　韋玄成當起來繼承其父的侯爵。(159)以狂不應召　以顛狂為由不應皇帝的詔命。(160)大鴻臚奏狀　大鴻臚把韋玄成的情況奏明皇帝。大鴻臚原稱「典客」，主管少數民族事務，並在朝廷襄贊禮儀等等。(161)章　指大鴻臚的上奏。(162)按驗　核查韋玄成的情況。(163)按事丞相史　前來進行核查工作的丞相的屬吏。丞相史，丞相屬下的文祕人員。(164)辭讓　指推辭做官。(165)必有文義可觀　必然要有一篇有正當理由、有華麗文采的可供流傳的文章。(166)垂榮於後　讓你的光榮事跡流傳於後世。(167)壞容貌　讓自己的形容齷齪。(168)蒙耻辱為狂癡　裝瘋賣傻做出一種不嫌丟人的樣子。(169)光曜晻而不宣　把你固有的那種美好容儀都掩藏了起來。(170)微哉子之所託名也　你所找的這個推辭繼承侯爵的藉口可真不怎麼樣啊。微，少。託名，藉口。(171)素　平素；向來。(172)過為丞相執事　勉強地在丞相手下做點工作。過，謙詞，猶「謬」。(173)少聞風聲　稍微聽聽外頭對你這種表現的反應，意思是趕緊打住。(174)恐子傷高　我怕你的高風要受到損害，意即被揭穿。(175)僕為小人　而我也只好秉公而辦，不得不在你這個問題上當一回小人了。(176)侍郎章　皇帝的侍從人員名章，史失其姓。(177)優養　優待。(178)枉　委屈；歪曲。(179)自安衡門之下　安心地在家中當個隱士。衡門，橫木為門，指貧窮者或隱士居住的房舍。(180)丞相御史　指魏相與丙吉。(181)劾奏　彈劾、舉報。(182)引拜　喚其入朝，授以官爵。(183)高其節　以其品節為高。(184)河南　漢郡名，郡治在今河南洛陽東北。(185)烏貴之走烏孫　事見本書宣帝地節三年。(186)留不遣　將其扣留，不放其回國。(187)責烏孫　此時的烏孫王名翁歸靡，其妻即漢之烏孫公主名解憂。(188)詣闕　送交朝廷，由朝廷處置。闕，宮門。(189)河西四郡　指河西走廊上的武威、張掖、酒泉、敦煌四郡。(190)羌　古代少數民族名，漢時分居住在今青海和與之鄰近的甘肅、四川一帶地區。(191)斥逐　驅趕。(192)湟中　指今青海內的湟水流域，是青海最富饒的地方。湟水源於今青海海晏之包呼圖山，流經西寧，東流至甘肅蘭州西入黃河。(193)及帝即位　此帝指宣帝，宣帝於西元前七三年即皇帝位。(194)義渠安國　姓義渠名安國，義渠原是戰國時代的少數民族名，後遂演化為姓。(195)使行諸羌　出使到羌族的各個部落中去。(196)先零豪　先零部落的酋長。先零是羌族的一個部落名，當時約居住在今青海東南部一帶地區。(197)時度湟水北　時而渡過湟水，到湟水以北。(198)逐

民所不田處畜牧　到那些沒有人種田的地方放牧。逐，到；追求。田，農耕。按，從先零人的角度說，這是回到他們原來的地方；從漢王朝的角度說，這是想破壞武帝當年的計畫。199安國以聞　義渠安國把先零人的請求報告皇帝。200趙充國　西漢後期的名將，此時任後將軍。201奉使不敬　故意違背先朝的規定，不對先零人的要求當即駁回。202旁緣前言　按照他們以前所說的樣子。旁，通「傍」。沿著。203抵冒　硬是；不顧一切地。204諸羌種豪　各個羌族部落的頭領。205解仇交質盟詛　消除以往仇恨，相互派遣人質，共同宣誓結盟。206易制　容易被我所制。207自有豪　各部落都有各自的頭領，互不相下。208勢不壹　勢力不能統一。209往三十餘歲　三十多年前。210令居　漢縣名，縣治在今甘肅永登西北。211相距　相對抗。距，通「拒」。212五六年乃定　胡三省曰：「武帝元鼎五年西羌反，攻故安、枹罕，次年即平，至是五十一年。」213間者　前些時候。214匈奴困於西方　指宣帝本始三年（西元前七一年），匈奴為烏孫所破。215更遣使　又派遣使臣。216與相結　與羌人聯合。217羌變未止此　羌族人的變亂不會到此為止，指僅僅渡過湟水。218且復結聯他種　他們一定要聯合其他部落。他種，別的部族。219宜及未然　應趁他們還未及廣泛聯合。220羌侯狼何　羌族頭領名叫狼何。221鄯善　西域古國名，原稱樓蘭，都城在今新疆羅布泊之西北角；後來改稱鄯善，都城即今新疆若羌。222絕漢道　斷絕漢與西域諸國間的往來通道。223先零罕幵乃解仇作約　一定是先零人、罕人、幵人都已化解仇恨，聯合起來。罕、幵都是羌族的部落名，當時居住在今甘肅蘭州以南地區。224變必起　必然要發動對漢王朝的叛亂。225行邊兵　巡察邊防部隊，令其提高戰備意識。226豫為備　早做準備。豫，通「預」。227敕視　告誡。視，通「示」。228毋令解仇　不讓他們化解怨仇。229兩府　指丞相府、御史大夫府。230行視諸羌　到羌族的各部落中巡行視察。231比年豐稔　連年豐收。232穀石五錢　每石穀價值五個銅錢。漢時的一斗約當今之五升。

【校記】1貧　原無此字。據章鈺校，甲十五行本、乙十一行本、孔天胤本皆有此字，今據補。按，《通鑑綱目》卷五下有此字。

【語譯】三年（戊午　西元前六三年）

春季，三月，漢宣帝下詔封故昌邑王劉賀為海昏侯。

三月初二日乙未，漢宣帝下詔說：「我身分低微時，御史大夫丙吉、中郎將史曾、史玄、長樂衛尉許舜、侍中、光祿大夫許延壽都對我有舊恩，還有已故的掖庭令張賀，親自教導我學習儒家經典，他對我的恩德，最為深厚，他輔佐我的功勞最為卓著。《詩經》上不是有這樣的話嗎：『有恩惠就要報答。』因此封已故掖庭令張賀從其弟弟張安世的兒子中過繼的兒子，現任侍中、中郎將的張彭祖為陽都哀侯，封御史大夫丙吉為博陽侯，封中郎將史曾為將陵侯，中郎將史玄為平臺侯，封長樂衛尉許舜為博望侯，侍中、光祿大夫許延壽為樂成侯。」張賀還有一個早年失去父親的孫子張霸，年僅七歲，漢宣帝任命張霸為散騎、中郎將，同時封為關內侯。在過去的老關係中，即使是那些在郡邸獄服勞役的犯人，只要是對皇曾孫有過關照之恩、保護之功的，都有封賞：或升官加祿，或賞賜田畝、住宅、財物，都是根據當時盡心盡力的程度、恩德的深淺給以報答。

就在漢宣帝要報答丙吉的舊恩對他進行封賞的時候，丙吉卻病勢沉重。漢宣帝擔心他的病好不了，就想趁他還活著的時候派人把印綬送到他的病榻之前。太子太傅夏侯勝勸阻說：「丙吉死不了。我聽說，暗中做好事積了陰德的人必然要享受到幸福快樂，而且會把這種幸福快樂留傳給他的子孫。如今，丙吉還沒有受到報答卻病勢沉重，肯定不是致死的病。」後來，丙吉果然痊癒。

張安世因為自己父子二人全都被封為侯爵，官位太高、權勢太重，於是請求辭去俸祿，漢宣帝於是下令由大司農的屬官都內將張家沒有領走的錢另外放在一個地方，後來竟然累積到一百萬錢左右。張安世行為謹慎、思考周密，每當參與皇帝制定大政方針，一旦決定下來，總是推說有病請假離開宮廷回到私宅，就好像這次新政令的修訂與他沒有關係似的。等到皇帝頒布詔令時，才裝作很吃驚的樣子，趕緊派屬吏到丞相府去詢問。所以朝廷大臣，誰也不知道張安世曾經參與議論大政。他曾經向朝廷舉薦某人，當那個被舉薦的人上門來表示感謝的時候，張安世就非常生氣，因為他覺得「自己是為國家舉薦人才，讓有才能的人到任，怎麼能看作是私人感情，哪裡需要私下裡登門表示感謝呢？」於是與其斷絕關係，不再與他往來。有一位郎官，功勞很大，卻一直沒有升遷，就自己向張安世請求，張安世答覆他說：「先生功勞大，賢明的皇帝是知道的，我們做臣子的都是為朝廷辦事，怎麼可以評長論短，自己提出要求呢？」當面拒絕幫忙。但過了不久，那個郎官就得到提升。張安世自從父子二人同時獲得高官顯爵，內心就很不安，於是請求皇帝讓自己的兒子張延壽離開京師到地方上去做官，漢宣帝於是任命張延壽為北地郡太守。過了一年多，漢宣帝憐憫張安世年紀太大，就又把張延壽調回長安，讓他擔任左曹、太僕。

夏季，四月十四日丙子，封皇子劉欽為淮陽王。皇太子劉奭雖然只有十二歲，卻已經精通《論語》、《孝經》，太傅疏廣對少傅疏受說：「我聽說『知足的人不會受辱，懂得進退的人不會有危險』。如今我們居官任職已經做到了俸祿為二千石的高官，聲譽也已經確立，如果還不肯離去，恐怕將來要後悔的。」當天，叔姪二人全都稱說有病，上書給漢宣帝請求辭職、退休。漢宣帝全都批准，又額外賞賜給他們每人黃金二十斤，皇太子也贈送他們每人五十斤黃金。離開京城的時候，滿朝的公卿大夫以及親朋故友全都到東都門外舉辦宴會為他們送行，送行的車輛有好幾百輛。沿途觀看的人都說：「這兩位大臣太賢明了！」有人甚至感動得流下淚來。

疏廣和疏受回到故里，每天都讓家人變賣黃金、擺設酒宴，宴請族人、親朋故友以及賓客，與大家共享歡樂。有人勸說疏廣，讓他用黃金為自己的子孫置辦一些家產，疏廣說：「我難道是老糊塗了不知道顧念子孫嗎？關鍵是家裡原本有田畝房舍，只要子孫們勤奮勞作，完全可以做到衣食無憂，像普通人那樣生活。如果現在為他們增置田產，讓他們生活得更富裕，那就只能讓兒孫們越來越懈怠懶惰。如果兒孫賢能，但因為財產很多，就會磨損他們的上進心，如果子孫生性愚蠢，太多的財產將會助長他們犯更多的錯誤。再說，有錢人很容易招致眾人的怨恨，我既然沒有良好的辦法對子孫進行教育感化，就更不能用增加財產來助長他們犯錯誤以招致怨恨。而且，這些金子是聖明的皇帝恩賜給我養老用的，所以我很樂意用這些金錢與鄉親、朋友、族人共同分享這份恩典，以此打發我晚年的時光，這不是很好嗎？」族人聽了都心悅誠服。

潁川太守黃霸要求自己管轄之下的郵亭和下級官吏都要畜養雞、豬，用來贍養那些鰥寡、貧窮之人。然後制定出有關教育的規章條文，設置掌管教化的父老、當老師、作表率的師帥、五家設置一個伍長等，在民間頒布實行，勸導人民做好事善事、去除邪惡，以及督促人民耕田種桑、節約用度、增殖財貨、種植樹木、蓄養家畜家禽，禁止沒有實際用途的開銷。黃霸治理潁川，就連柴米油鹽這樣瑣碎繁雜的事情都要過問，開始時好像很繁瑣雜亂，但黃霸盡心竭力，堅持把它推行到底。當他與下屬官吏和平民百姓接觸的時候，說話之間注意分析思考，總是能發現問題，就連一些極其隱祕的事情也能被他詢問出來作為參考，由於他處世精明、善於記憶，那些官吏和百姓根本不知道他的判斷是怎麼得出來的，都認為他有神明相助，因此對他不敢有絲毫的欺瞞。那些奸邪之人也都跑到別的郡縣，因此潁川的盜賊日益減少。黃霸首先努力推行教化，然後才對罪犯進行懲罰，目的是為了使下屬獲得成功獲得安全。許縣的一個縣丞年紀很大了，耳朵又聾，許縣的督郵向黃霸稟報想將他辭退。黃霸說：「許縣丞是一個廉潔的官吏，雖然年紀大了，但還能夠跪拜起立，送往迎來，即使耳朵有點聾，於公務又有什麼妨害呢？還是好好的幫助他吧，不要使善良的人感到傷心！」有人問他為什麼要這樣做，黃霸說：「頻繁地更換地方官吏，肯定免不了要送舊迎新，這是一筆不小的開支，而那些奸猾的官吏往往要利用交接班的機會，銷毀簿冊檔案，盜取國家財物，國家和私人都會耗費很多，而這些消費還不是都出在百姓的身上。何況所更換的新官吏又未必賢能，有的甚至還不如原來的，這樣一來反而增加了混亂。治理的方法，只不過是把太過分的人去掉罷了。」黃霸外表待人寬厚，而心如明鏡，很受官吏和百姓的擁護，潁川的戶口每年都有增加，考核成績在全國中總是排名第一，因此被皇帝徵召到長安，任命他為京兆尹。但過了沒多久，就因為犯法，官階被一降再降，俸祿一減再減，後來漢宣帝下詔，讓黃霸仍舊回到潁川擔任潁川太守，是以八百石的官階擔任這一職務。

四年（己未　西元前六二年）

春季，正月，漢宣帝下詔說：「凡是年滿八十歲以上，只要不是犯了誣告罪或是殺死、殺傷別人的罪過，所犯其他罪過都不予追究。」

擔任右扶風的尹翁歸去世，他的家裡沒有一點多餘的財產。秋季，八月，漢宣帝下詔說：「尹翁歸為官一向清正廉潔、公平正派，治民的政績出類拔萃。賞賜翁歸的兒子黃金一百斤，作為祭祀翁歸的費用。」

漢宣帝下令，讓有關部門的官員訪求漢高祖劉邦時期的功臣子孫中由於種種原因而失去了祖先被封的世襲侯爵的人，於是找到了槐里縣具有公乘爵位的周廣漢等一共一百三十六人，漢宣帝賞賜給他們每人黃金二十斤，並免除了他們全家的賦稅和徭役，讓他們對其祖先進行祭祀，世世代代不要斷絕。

八月十一日丙寅，富平敬侯張安世去世。

當初，扶陽節侯韋賢去世，他的長子韋弘恰巧因犯罪被關押在監獄中，韋賢的家人就偽造韋賢的遺囑，讓二兒子、當時擔任大河都尉的韋玄成為繼承人，承襲其扶陽侯的爵位。韋玄成知道這不是父親韋賢的本意，於是立即假裝瘋癲，躺臥在汙穢的糞便之中，嘴裡還無法控制地說笑，搞得一片昏亂。等到韋賢的喪事完畢，韋玄成應該起來繼承父親爵位的時候，他又裝作瘋癲而不接受皇帝的詔命。大鴻臚將韋玄成的情況向漢宣帝奏報之後，漢宣帝將大鴻臚的奏章交付給丞相和御史，讓他們對韋玄成的情況進行查驗。前來進行核查工作的丞相屬吏——丞相史就給韋玄成寫了一封信，他在信中說：「古代推辭做官的人，必定要有一篇有正當理由、有華麗文采的可供流傳的文章，所以才能將其光榮的事跡流傳於後世。而先生你卻讓自己的形容齷齪、裝瘋賣傻做出一副不嫌丟人的樣子，把你固有的那種美好容儀都掩藏起來，你為了推辭繼承父親的侯爵所找的這個藉口實在是不怎麼樣！我這個人向來愚蠢、孤陋寡聞，勉強地在丞相手下做點事情，希望你能稍微瞭解一下外面對你這種表現的反應，否則的話，我擔心你的這種清高會受到損害，而我也會因為秉公辦事、向朝廷檢舉你而被人罵為小人了。」玄成的朋友、擔任侍郎的名字叫做章的也上書給漢宣帝說：「聖明的君主一向推崇以禮讓治國，所以對於韋玄成應當給予優待，不要強迫他改變自己的志向，使他能夠安心地在家中過他的隱居生活。」而丞相和御史則因為韋玄成沒病裝病，上書對他進行舉報和彈劾。漢宣帝下詔制止大臣們的彈劾，並將韋玄成喚入朝中，授予他官爵。韋玄成迫不得已，只好接受。漢宣帝認為韋玄成的品節高尚，就任命他為河南太守。

車師國王烏貴逃到烏孫國，烏孫國王將他扣留，不放他回國。漢朝派遣使者到烏孫就此事責備烏孫王，烏孫王派人將車師國王烏貴送交朝廷，由朝廷進行處置。

當初，漢武帝開闢了河西走廊的四個郡，截斷了羌人與匈奴往來的通道，並將那些羌人驅逐，不讓他們在湟中地居住。等到漢宣帝繼位做了皇帝，光祿大夫義渠安國以漢朝使者的身分到那些羌人聚居的地方巡視，先零部落的酋長向他請求說：「希望能夠不時地渡過湟水，到北邊那些無人耕種、卻又水草茂盛的地方去放牧牛羊。」義渠安國把先零羌人的要求奏報給漢宣帝。擔任後將軍的趙充國彈劾義渠安國故意違背先朝的規定，沒有當即駁回先零人的要求。隨後，先零羌人就按照他們以前向義渠安國請求時所說的樣子，硬是不顧漢朝的禁令，向北渡過湟水放牧，當地郡縣無法禁止。

不久，先零羌與其他的羌人部落首領二百多人化解了仇恨，並互送人質，結成聯盟。漢宣帝得知消息後，就向趙充國徵詢意見，趙充國回答說：「過去羌人所以容易被我們控制，是因為羌人每個部落有每個部落的首領，部落之間又經常的互相攻打，勢力不能統一。三十多年以前西羌叛亂時，各部落之間也是先化解了仇怨、訂立和約，然後共同攻打令居，與漢朝相對抗，經過了五六年的時間才將其平定。匈奴多次地引誘羌人，想要與羌人聯合起來攻取張掖、酒泉，讓羌人定居在那裡。不久前，匈奴人在西方受到重創，我懷疑目前羌人的動向是匈奴派使者到羌人居住的地方進行活動的結果。我擔心羌人的變亂不會到此為止，恐怕會再次的與其他部落聯合，應該趁他們沒有採取行動之前趕緊做好應變的準備。」過了一個多月，羌侯狼何果然派使者到匈奴去借兵，準備攻打鄯善、燉煌，以截斷漢朝通往西域的道路。趙充國認為：「僅憑狼何的勢力，絕對想不出這樣的辦法，懷疑匈奴的使者已經到了羌人中間進行活動，因此，先零、罕、幵等部落才拋開仇怨訂立盟約。到秋高馬肥之時，變亂必定要發生。應該派遣使者到邊防部隊去視察，讓他們預先做好應敵的準備，同時告誡羌人，不要讓他們化解仇怨、聯合起來，要在羌人中揭露匈奴的陰謀。」於是，丞相府和御史府再次向漢宣帝奏請派義渠安國到羌人聚居地去巡行視察，區分各羌人部落的好壞。

當時，已經是連年糧食豐收，每石穀子的價錢只有五個銅錢。

【研　析】本卷寫了宣帝地節三年（西元前六七年）至元康四年（西元前六二年）共六年間的全國大事，其中可議論的問題有以下四方面：

一、關於霍氏家族被誅滅的問題。霍氏家族除霍光一人尚未見有原發性的大罪外，其他如其妻、其子、其女，都可謂是窮凶極惡。霍光妻毒死了許皇后，又送其女霍成君入宮當了皇后，霍光對前者開始不知道，知道後不舉發，是謂包庇；接著又與其妻一同送女入宮，用心不良，霍光可以說是同謀。霍光死後，其妻不思悔改，又指使其女毒殺許皇后所生的皇太子，其女竟毫不反對，只是由於太子左右的防範嚴密，霍成君無法下手而已，霍成君分明是同謀要犯。接著霍光妻又指使其外孫女，即昭帝上官皇后，以「皇太后」的名義召皇帝、丞相等人入長信宮，由霍禹等殺死丞相等人，而由「皇太后」下令廢掉漢宣帝，改立霍光的兒子霍禹為皇帝。在此，霍光的外孫女，也就是當時所謂的「皇太后」公然也成了霍氏集團的骨幹同謀。至此，霍氏一門的窮凶極惡可謂到了登峰造極的程度，都死有餘辜。而司馬光發表評論，還指責漢宣帝未能及早裁抑，到時候又不給霍光留下一些後代，說漢宣帝這是「亦少恩哉」，這些評論分明是對霍光過於寬容了。不錯，漢宣帝對霍光早就懷恨於心了，要誅滅霍氏家族也是漢宣帝早已想好的事情。但說漢宣帝對霍氏加官進爵是「醞釀以成」之，則是未能考慮宣帝當時之處境。宣帝是霍光召立的，朝裡朝外，孤立一人，霍光妻竟敢公然毒死許皇后，宣帝都沒敢過問，你說他當時還敢「裁抑」霍家的一根毫毛？幸虧霍光死了，宣帝迅即應大臣之請，任命張安世為輔政大臣，到這時宣帝個人的安全才開始有了一些保障。霍氏家族勢力與其關係網的形成，霍光是無法擺脫其干係的。宮裡有一個皇后，一個皇太后；宮外有一個兒子、兩個姪孫，再加上一個姐婿、四五個女婿、群孫婿等等；其妻則更肆無忌憚地出入宮廷，穿針引線，坐鎮指揮。這群黑暗勢力如不徹底掃清，哪有漢宣帝的存身之處？因此班固說霍光「不學亡術，闇於大理，陰妻邪謀，立女為后，湛溺盈溢之欲，以增顛覆之禍」。錢時說霍光妻「既殺許后而立其女，又教其女殺太子，為外孫他日之地，覆宗絕嗣，豈足怪哉？」說霍光「雖竭節於國而不能正其家，有蓋世之功而不能免赤族之禍，可為萬世戒矣」。

二、關於宣帝消滅霍氏集團後，起用許、史、王氏一干新外戚與昔日之故人。史文在寫到宣帝剝奪了霍氏諸人的權柄後，說：「諸領胡、越騎、羽林及兩宮衛將屯兵，悉易以所親信許、史子弟代之」；隨後又說：「是歲，求得外祖母王媼及媼男無故、武。上賜無故、武爵關內侯。旬月間，賞賜以鉅萬計」。宣帝對於早年受過關照的故人感情深厚，對於丙吉、史曾、史玄、許延壽、張賀等都封之為侯，「賀有孤孫霸，年七歲，拜為散騎、中郎將，賜爵關內侯。故人下至郡邸獄復作嘗有阿保之功者，皆受官祿、田宅、財物，各以恩深淺報之。」宣帝幼年深遭艱難兇險，對故人抱有感激之情是可以理解的，多有賞賜亦理所當然。王吉曾上書議及此曰：「外家及故人可厚以財，不宜居位。」錢時說霍光：「但知遍置親戚，植黨與以自固，而不悟國之名器，非我一家之私物也。宣帝黜削其權，大明公道，選天下忠賢而用之，夫誰曰不可？奈何奪之霍氏，而復易以所親信許、史之子弟乎？」武帝以前，外戚控制朝權的現象應該說是沒有的，呂氏有過曇花一現，但旋即被滅，而且其形成過程與其專權形式也與昭帝以後的外戚專權大不相同。自從昭帝有霍氏，宣帝有許、史、王氏，元帝以後有王氏，這以後的外戚遂不僅位壓群僚，且把皇帝看同傀儡，直到王莽篡漢而後已。因此，昭帝、宣帝時代的外戚掌權是特別應該總結、研究的。

三、由於宣帝自幼生長於民間，故而「知民事之艱難」；又「具知閭里姦邪，吏治得失」，這對於一個皇帝的成長應該說是一種非常重要的經歷。宣帝常說：「庶民所以安其田里而亡歎息愁恨之心者，政平訟理也。與我共此者，其唯良二千石乎！」因此他很注意考核地方官的政績，因而漢代地方官的故事也特別流傳於民間。本卷講到了東海太守尹翁歸、潁川太守黃霸，其中北海太守龔遂的事跡分外令人心曠神怡。北海郡由於災荒而民變蜂起，宣帝派龔遂前往治理。龔遂提出：「治亂民猶治亂繩，不可急也，唯緩之，然後可治。臣願丞相、御史且無拘臣以文法，得一切便宜從事。」龔遂乘傳車到達勃海後，移書敕屬縣：「悉罷逐捕盜賊吏，諸持鉏、鉤、田器者皆為良民，吏毋得問，持兵者乃為賊。」結果是「盜賊聞遂教令，即時解散，棄其兵弩而持鉤、鉏，於是悉平」。而後遂賑濟貧民，發展生產，使一方百姓安土樂業。這樣的地方官豈不令人敬佩？

四、本卷寫了丙吉、疏廣兩個人物的為人行事，值得稱道。丙吉在宣帝幼年遭難時有救護之大功，但宣帝即位後而丙吉從未自言。直到後來在一個偶然的事件中被連帶引出時，宣帝才明白了其中的真相。「然後知吉有舊恩而終不言，上大賢之。」疏廣與其姪疏受同以儒生為太子的師傅，後自動請求解職回家，帶著較高的俸祿過起閒散生活。當有人勸他為子孫購置產業時，疏廣說：「吾豈老誖不念子孫哉？顧自有舊田廬，令子孫勤力其中，足以共衣食，與凡人齊。今復增益之以為贏餘，但教子孫怠墮耳。賢而多財，則損其志，愚而多財，則益其過。且夫富者眾之怨也，吾既無以教化子孫，不欲益其過而生怨。又此金者，聖主所以惠養老臣也，故樂與鄉黨、宗族共饗其賜，以盡吾餘日，不亦可乎？」於是族人悅服。這種培養、教育子孫的方法，這種為人處世的態度，都值得後人學習，尤其可為那些張口閉口說是為子女謀取錢財的貪官汙吏們予以當頭棒喝。

卷第二十六

漢紀十八

起上章涒灘（庚申　西元前六一年），盡玄黓閹茂（壬戌　西元前五九年），凡三年。

【題解】本卷寫了宣帝神爵元年（西元前六一年）至神爵三年共三年間的全國大事，主要寫了宣帝迷信鬼神、求仙之事，王褒上〈聖主得賢臣頌〉以諷，張敞亦上書勸諫，宣帝悉罷之；寫了宣帝好奢侈鋪張，寵用許、史、王氏外戚，王吉上書勸諫，並提出宣帝時的若干弊政，宣帝不從，王吉謝歸；寫了義渠安國的愚蠢盲動，起禍西羌，以及趙充國有智謀、有策略地分化瓦解，孤立少數，最終順利平息羌亂的過程。寫了鄭吉因經營西域與迎降匈奴日逐王有功獲封侯，並首任西域都護；寫了丙吉任丞相，時人稱其有大體；詳細地寫了韓延壽任潁川太守與任左馮翊的「尚禮義，好古教化」，從而取得良好政績；寫了匈奴握衍朐鞮單于自私、殘暴，匈奴內部逐漸分裂的情形。

中宗孝宣皇帝中

神爵元年（庚申　西元前六一年）

春，正月，上始行幸甘泉❶，郊泰畤❷。三月，行幸河東❸，祠后土❹。上頗脩武帝故事❺，謹齋祀之禮❻，以方士❼言增置神祠❽。聞益州❾有金馬、碧雞之神，可醮祭而致❿，於是遣諫大夫⓫蜀郡王褒⓬使持節⓭而求之。

初，上聞褒有俊才，召見，使為聖主得賢臣頌⓮。其辭曰：「夫賢者，國家之器用⓯也。所任賢⓰，則趨舍省⓱而功施普⓲；器用利⓳，則用力少而就效眾⓴。故工人之用鈍器㉑也，勞筋苦骨㉒，終日矻矻㉓；及至巧冶鑄干將㉔，使離婁督繩㉕，公輸削墨㉖，雖崇臺五層㉗、延袤百丈㉘而不溷㉙者，工用相得㉚也。庸人之御駑馬㉛，亦傷吻敝策㉜而不進於行；及至駕齧膝㉝、驂乘旦㉞，王良執靶㉟，韓哀附輿㊱，周流八極㊲，萬里一息㊳，何其遼哉㊴？人馬相得㊵也。故服絺綌之涼㊶者，不苦㊷盛暑之鬱燠㊸；襲貂狐之煖㊹者，不憂至寒之悽愴㊺。何則？有其具㊻者易其備㊼。賢人君子，亦聖王之所以易海內㊽也。昔周公躬㊾吐捉㊿之勞，故有圄空之隆(51)；齊桓(52)設庭燎之禮(53)，故有匡合之功(54)。由此觀之，君人者勤於求賢而逸於得人(55)，人臣亦然。昔賢者之未遭遇(56)也，圖事揆策(57)，則君不用其謀；陳見悃誠(58)，則上不然其信(59)；進仕(60)不得施效(61)，斥逐又非其愆(62)。是故伊尹勤於鼎俎(63)，太公困於鼓刀(64)，百里自鬻(65)，甯子飯牛(66)，離此患也(67)。及其遇明君、遭聖主也，運籌[68]合上意，諫諍[69]即見聽，進退得關其忠[70]，任職得行其術[71]，剖符錫壤[72]而光祖考[73]。故世必有聖知[74]之君，而後有賢明之臣。故虎嘯而風冽[75]，龍興而致雲[76]，蟋蟀俟秋唫[77]，蜉蝣[78]出以陰[79]。易曰：『飛龍在天，利見大人[80]。』詩曰：『思皇多士，生此王國[81]。』故世平主聖[82]，俊艾[83]將自至。明明[84]在朝，穆穆[85]布列，聚精會神，相得益章[86]，雖伯牙操遞鍾[87]，逢門子彎烏號[88]，猶未足以喻[89]其意也。故聖主必待賢臣而弘功業[90]，俊士亦俟[91]明主以顯其德[92]。上下俱欲[93]，驩然交欣[94]，千載壹合[95]，論說無疑[96]，翼乎[97]如鴻毛遇順風[98]，沛乎[99]如巨魚縱大壑[100]。其得意若此，則胡禁不止[101]，曷令不行[102]？化溢四表[103]，橫被無窮[104]。是以聖王[1]不偏窺望[105]而視已明[106]，不殫傾耳[107]而聽已聰[108]。太平之責塞[109]，優游之望得[110]，休徵[111]自至，壽考[112]無疆，何必偃仰屈伸若彭祖[113]，呴噓呼吸如僑、松[114]，眇然[115]絕俗離世[116]哉？」是時上頗好神仙，故褒對及之[117]。

京兆尹張敞亦上疏諫曰：「願明主時忘[118]車馬之好[119]，斥遠[120]方士之虛語[121]，游心帝王之術[122]，太平庶幾[123]可興也。」上由是悉罷尚方待詔[124]。初，趙廣漢死後[125]，為京兆尹者皆不稱職，唯敞能繼其迹[126]。其方略、耳目[127]不及廣漢，然頗以經術儒雅文之[128]。

上頗脩飾[129]，宮室、車服盛於昭帝時。外戚許、史、王氏貴寵[130]。諫大夫王吉[131]上疏曰：「陛下躬聖質[132]，總萬方[133]，惟思世務[134]，將興太平，詔書每下，民欣然若更生[135]。臣伏而思之，可謂至恩[136]，未可謂本務[137]也。欲治之主不世出[138]，公卿幸得遭遇其時[139]，言聽諫從，然未有建萬世之長策[140]，舉明主於三代之隆[141]也。其務[142]在於期會[143]、簿書[144]、斷獄、聽訟[145]而已，此非太平之基[146]也。臣聞民者，弱而不可勝[147]，愚而不可欺[148]也。聖主獨行[149]於深宮，得[150]則天下稱誦之，失[151]則天下咸言之[152]。故宜謹選左右[153]，審擇所使[154]。左右所以正身[155]，所使所以宣德[156]，此其本也[157]。孔子曰：『安上治民，莫善於禮[158]。』非空言也。王者未制禮之時，引先王禮[159]宜於今者而用之。臣願陛下承天心[160]，發大業[161]，與公卿大臣延[162]及儒生，述舊禮[163]，明王制[164]，敺一世之民[165]躋之仁壽之域[166]，則俗[167]何以不若成、康[168]，壽何以不若高宗[169]？竊見當世趨務[170]不合於道者，謹條奏[171]，唯[172]陛下財擇[173]焉。」

吉意以為：「世俗聘妻、送女無節[174]，則貧人不及[175]，故不舉子[176]。又，漢家列侯尚公主[177]，諸侯則國人承翁主[178]，使男事女[179]，夫屈於婦[180]，逆陰陽之位[181]，故多女亂。古者衣服、車馬，貴賤有章[182]，今上下僭差[183]，人人自制[184]，是以貪財誅利[185]，不畏死亡。周[186]之所以能致治[187]，刑措而不用[188]者，以其禁邪於冥冥[189]，絕惡於未萌[190]

也。」又言：「舜、湯不用三公九卿之世[191]，而舉皐陶、伊尹[192]，不仁者遠[193]。今使俗吏得任子弟[194]，率多驕驁[195]，不通古今，無益於民，宜明選求賢[196]，除任子之令[197]。外家及故人[198]，可厚以財，不宜居位[199]。去角抵[200]，減樂府[201]，省尚方[202]，明示天下以儉。古者工不造琱瑑[203]，商不通侈靡[204]，非工商之獨賢，政教[205]使之然也。」上以其言為迂闊[206]，不甚寵異[207]也。吉遂謝病歸。

義渠安國至羌中，召先零諸豪[208]三十餘人，以尤桀黠[209]者皆斬之。縱兵擊其種人，斬首千餘級。於是諸降羌[210]及歸義羌侯楊玉[211]等怨怒，無所信鄉[212]，遂劫略小種[213]，背畔犯塞[214]，攻城邑，殺長吏。安國以騎都尉[215]將騎三[2]千屯備羌，至浩亹[216]，為虜所擊，失亡車重[217]、兵器甚眾。安國引還[218]，至令居[219]，以聞[220]。

時趙充國年七十餘，上老之[221]，使丙吉問誰可將[222]者。充國對曰：「無踰於老臣者[223]矣！」上遣問[224]焉，曰：「將軍度[225]羌虜何如[226]？當用幾人[227]？」充國曰：「百聞不如一見。兵難隃[3]度[228]，臣願馳至金城[229]，圖上方略[230]。羌戎小夷，逆天背畔，滅亡不久[231]，願陛下以屬老臣[232]，勿以為憂！」上笑曰：「諾。」乃大發兵詣金城。

夏，四月，遣充國將之以擊西羌。

【章　旨】以上為第一段，寫宣帝神爵元年（西元前六一年）前四個月的全國大事，主要寫了宣帝迷信鬼神、求仙之事，王褒上〈聖主得賢臣頌〉以諷之，張敞亦上書勸諫，宣帝悉罷之；寫了宣帝好奢侈鋪張，寵用許、史、王氏外戚，王吉上書勸諫，提出宣帝時的若干弊政，宣帝不從，王吉謝歸；寫了義渠安國的愚蠢盲動，起禍西羌，以及趙充國七十受命，西下經營羌亂事。

【注　釋】❶甘泉　漢代的離宮名，在今陝西淳化西北。❷郊泰畤　祭祀泰畤壇。郊，原指皇帝在南郊祭天，這裡即指祭祀。泰畤，祭祀泰一（天神）的神壇，此壇在今陝西雲縣境，離甘泉宮不遠。❸河東　漢郡名，郡治安邑，在今山西夏縣西北。❹祠后土　祭祀地神。祭祀后土的神壇在今山西萬榮西南的黃河邊上，當時的汾陰縣城西。❺頗脩武帝故事　很喜歡幹武帝當年所幹的事情，這裡主要指迷信鬼神，希求長生不死等等。脩，繼續做。❻謹齋祀之禮　對齋戒祭祀一類的禮節很是虔敬。謹，謹慎；虔誠。❼方士　此處指以鼓吹求仙吃藥、長生不死為業的騙子。❽增置神祠　多蓋了許多神廟。❾益州　漢代的十三個刺史部之一，統有蜀郡、巴郡、漢中郡、廣漢郡、犍為郡等等，約當今之四川、雲南等西南地區。❿可醮祭而致　可以通過祭祀得到。醮，祭祀。致，求得。⓫諫大夫　皇帝身邊的侍從官員，以備拾遺補缺之用，上屬光祿勳。⓬王褒　字子淵，西漢後期的文學家，以辭賦著稱。事跡見《漢書》本傳。⓭使持節　令其手執旌節。節是皇帝使者出行時所持的信物。⓮聖主得賢臣頌　王褒的代表作品之一，既是一篇歌功頌德，也是一篇希求垂青見憐的文字，而在篇章最後曲終奏雅，對宣帝之追求長生亦微致諷諫之意。⓯器用　工具與運用工具的才幹。⓰所任賢　所任用的如果真的是賢才。⓱趨舍省　意思是省勁兒、省工夫。趨舍，幹什麼或不幹什麼。趨，採取行動。舍，停止活動。⓲功施普　指效率高、成就大。⓳器用利　工具好而且技術高。⓴就效眾　取得的成效大。㉑鈍器　不鋒利、不好的工具。㉒勞筋苦骨　指費盡力氣。㉓砣砣　用功用力的樣子。㉔巧冶鑄干將　靈巧的鐵匠鑄寶劍，干將是古代最好的寶劍名。這裡即指一個精明的巧匠製造器物。巧匠以比喻指揮群臣的帝王。㉕使離婁督繩　讓眼力最好的人調整墨線。離婁傳說是黃帝時眼睛最明亮的人。督，端詳。繩，木工用的準繩。㉖公輸削墨　讓最巧的工匠按著墨線用刀用鋸。公輸即公輸班，也稱「魯般」，我國古代著名的工匠。削墨，按著墨線進行切割。㉗雖崇臺五層　即使你要蓋一座五層高的樓臺。崇臺，高臺。㉘延袤百丈　即使這座樓臺長寬各達一百丈。延袤，長度與寬度。㉙不溷　不混亂；不出差錯。㉚工用相得　意即工具好，使用工具的人也好。㉛庸人之御駑馬　讓一個平庸的人騎一匹劣等的馬。御，駕馭。駑馬，劣馬。㉜傷吻敝策　勒傷了馬嘴，打壞了鞭子。傷吻，或應解釋作為趕馬而吆喝得口乾舌燥。㉝齧膝　良馬名，一低頭就能咬到膝蓋，故名齧膝。㉞驂乘旦　也是駕馭良馬的意思。驂，原指拉邊套，這裡即指讓馬拉車。乘旦，良馬名。㉟王良執靶　意即讓王良拉著韁繩。王良是古代善於駕馭馬的人。靶，韁繩。㊱韓哀附輿　讓韓哀調整好車子。韓哀是古代善於造車的工匠。㊲周流八極　指跑遍四面八方。㊳萬里一息　跑萬里只是喘口氣的工夫。㊴何其遼哉　走得又是多麼遠、多麼快呀。遼，遙遠。㊵人馬相得　人與馬配成了好搭檔。相得，相互適應。㊶服絺綌之涼　穿著涼爽的絺綌。服，穿。絺，細葛布。綌，粗葛布。都是夏天的涼爽布料。㊷不苦　不以……為苦。㊸鬱燠　悶熱。㊹襲貂狐之煗　穿著溫暖的貂裘狐裘。襲，穿。貂、狐，指貂裘、狐裘。㊺悽愴　指由寒冷造成的痛苦。㊻有其具　有解決那種問題的物質條件。具，物品。㊼易其備　不難採取措施、容易解決問題。㊽易海內　不難治好天下。㊾躬　親身奉行。㊿吐捉　吐哺、握髮。相傳周公為了不慢待天下之賢才，一飯三吐哺，一沐三握髮。51圄空之隆　監獄裡沒有罪犯的太平盛世。圄，監獄。52齊桓　指春秋時代的霸主齊桓公。53設庭燎之禮　相傳有人求見齊桓公，齊桓公開始不見，後來醒悟後設庭燎之禮以迎接之，從此賢士大集，齊國的名臣隰朋即由此而至。庭燎之禮是打開庭院中的所有路燈。54匡合之功　即指齊桓公「九合諸侯，一匡天下」的霸業。九合諸侯指多次召集各國諸侯會盟；一匡天下指穩定了周天子的統治地位。55勤於求賢而逸於得人　意思是工到自然成，求賢的工作做好了，賢人自然也就來了。勤，用心用力。逸，省勁。56未遭遇　指未遇到明主。57圖事揆策　考慮國事、謀劃對策。58陳見悃誠　陳述自己誠懇的意見。悃誠，忠誠的想法。59不然其信　不肯定他的忠誠見解。60進仕　進入官場為官。61不得施效　不能施展才能取得功效。62斥逐又非其愆　一旦遭到貶斥，又不是由於他的罪過。愆，過錯。63伊尹勤於鼎俎　伊尹是商湯的開國功臣，在沒有遇到商湯前曾背著鍋與板子給人做飯。勤，辛苦；辛勞。64太公困於鼓刀　太公即呂尚、姜尚，周朝的開國功臣。相傳太公在沒有遇到周文王前，曾在殷都朝歌鼓刀屠牛。65百里自鬻　百里指春秋時代秦國名臣百里奚，在沒有遇到秦穆公之前，曾把自己賣給別人當奴隸。關於百里奚的出身，說法各不相同。此處之所謂「自鬻」，也與《左傳》所敘不同。66甯子飯牛　甯子指甯戚，春秋時齊國的大臣。據說甯戚在沒有遇到齊桓公前，曾給人家餵牛。67離此患也　他們都遭受到如此的苦難。離，遭受。68運籌　幫助當權者謀劃軍國大事。籌，古代用於計算的籌碼。69諫諍　勸阻當權者做某事。70進退得關其忠　幹什麼還是不幹什麼，都是發於自己的本心。關，通過。71行其術　按著自己的心思辦事。72剖符錫壤　剖符指帝王與有功之臣剖符為信，錫壤指帝王劃出土地封功臣為侯。73光祖考　給自己的祖先增光。祖指祖父，考指父親。祖考即泛指祖先。74聖知　既聖潔又有智慧。知，通「智」。75風洌　意即風起、風生。洌，寒冷。76龍興而致雲　龍只要一動，就有雲彩圍上來。致，招來。按，以上虎、龍二句喻聖君。77竢秋唫　等待秋天鳴叫。(78)蜉蝤　生長於陰暗之處的一種小蟲。(79)出以陰　在陰溼之處出現。按，以上蟋蟀、蜉蝤二句喻賢臣。(80)飛龍在天二句　二句引自《易經・乾卦》。意思是當龍飛在天的時候，就是賢才們出來投奔做事的時候了。(81)思皇多士二句　二句見《詩經・文王》。意思是說眾多美好的賢士，都來到這文王的國家。(82)世平主聖　世道太平，君主聖明。(83)俊艾　英俊的人才。艾，通「乂」。(84)明明　無比的英明，指聖主。(85)穆穆　端莊肅穆的樣子，指賢臣。(86)相得益章　指聖主與賢臣相互配合，功業顯著。(87)伯牙操遞鍾　即指伯牙彈琴。伯牙相傳是春秋時人，以精於彈琴聞名。遞鍾，有說當作「號鍾」，是一種古琴的名字。(88)逢門子彎烏號　即指逢蒙射箭。逢門子即逢蒙，古代傳說中的善射者。彎，拉弓。烏號，古代的良弓名。以上伯牙鼓琴與逢蒙射箭以比喻聖主與賢臣相互配合的絕妙境界。(89)未足以喻　還未能充分地比喻。(90)弘功業　使功業發揚光大。(91)俟　等待；依靠。(92)顯其德　表現其才幹。德，性，這裡主要指性能、才幹。(93)俱欲　彼此相互需要。(94)交欣　相互喜歡。(95)千載壹合　時隔千年才有一次這樣的君臣遇合。(96)論說無疑　彼此之間說什麼話都坦坦蕩蕩，沒有猜疑。(97)翼乎　飄飄然，自由自在的樣子。(98)鴻毛遇順風　鴻雁飛行遇到了順風。鴻毛，鴻雁的翅膀，這裡即指鴻雁。(99)沛乎　有氣勢、有力量的樣子。(100)巨魚縱大壑　大魚鑽進深潭。縱，投入。以上鴻雁順風、巨魚入水，乃極力比喻君臣相得之狀。(101)胡禁不止　還有什麼該禁止而禁止不了的。胡，何。(102)曷令不行　還有什麼該做而做不到的。(103)化溢四表　教化的實施遍及全國。四表，四方的邊境之內。(104)橫被無窮　並擴展到周圍的無限遙遠之地。(105)不徧窺望　用不著自己到處張望。(106)視已明　該看的已經全部看到了。(107)不殫傾耳　用不著自己側耳諦聽。(108)聽已聰　該聽的已經全部聽到了。(109)太平之責塞　建立太平世界的責任已經完成。塞，完滿。(110)優游之望得　優哉游哉無為而治的願望已經實現。(111)休徵　美好的徵兆，如鳳凰、神雀、甘露等等。(112)壽考　年命。(113)偃仰屈伸若彭祖　像彭祖那樣為追求長壽而偃仰屈伸。彭祖是傳說中的神仙，據說壽命長達七百多歲。偃仰屈伸，為增進健康而做的各種氣功動作。偃仰，猶俯仰。(114)呴噓呼吸如僑松　像王子僑、赤松子那樣為追求長壽而呴噓呼吸。王子僑、赤松子都是傳說中的仙人。呴噓呼吸，古代有所謂導引之術，據說學習龜、鶴、猿猴、青蛙等動物之呼吸，可以令人長壽。(115)眇然　高遠的樣子。(116)絕俗離世　離開人類社會，出家去當神仙。最後幾句是說，像宣帝這種聖君與賢臣相得，既創造了政治偉業，又使自己快然自足的境界，任何神仙也無法相比。(117)故褒對及之　所以王褒在作品的最後說到「神仙不如」這個問題上來。(118)時忘　有時忘掉、有時丟開，這裡是婉轉的說法。(119)車馬之好　指打獵。(120)斥遠　斥逐、趕走。(121)虛語　騙人的鬼話。(122)游心帝王之術　把心思用在研究治國平天下的辦法上。(123)庶幾　差不多可以，也是一種比較婉轉的說法。(124)悉罷尚方待詔　把在宮廷主管醫藥部門候旨聽宣的方士們通通打發掉了。悉罷，全部取消。尚方待詔，在醫藥部門聽候傳呼。(125)趙廣漢死後　趙廣漢為京兆尹因衝擊丞相魏相府被腰斬事，見本書宣帝元康元年。(126)繼其迹　步其後塵。(127)方略耳目　辦法、眼線。(128)以經術儒雅文之　辦事說理總愛引用儒家經典的辭句以修飾之。(129)脩飾　指講究排場。(130)貴寵　富貴受寵，前文已講到賞賜無度的問題。(131)王吉　西漢後期的著名儒生，字子陽。事跡詳見《漢書》本傳。(132)躬聖質　具有聖人的素質。(133)總萬方　猶言「理萬機」。(134)惟思世務　思考治理國家的問題。惟、思二字同義，都是「思考」的意思。(135)更生　死而復生。(136)可謂至恩　可以說是對黎民百姓的恩情無比深厚。(137)未可謂本務　但不能說是已經抓到了根本問題。本務，政務之本。(138)欲治之主不世出　想治理好國家的君主並不是經常都有的。不世出，不常有。(139)遭遇其時　意謂今天的三公九卿們可是遇上了一位難得的想治理好國家的皇帝。(140)未有建萬世之長策　但不見一位大臣給皇帝提出有關國家長治久安的方針大計。(141)舉明主於三代之隆　把我們的皇帝推奉到夏、商、周開國帝王的高度。(142)其務　他們所追求的。(143)期會　指規定時間，限期交納賦稅，以及兵役、徭役的報到等等。(144)簿書　指對上傳下達的公文簿冊嚴厲要求規範。(145)斷獄聽訟　指審判案件、聽取訴訟。(146)非太平之基　不是實現太平盛世的根本問題。(147)弱而不可勝　看似軟弱，實則不可戰勝。(148)愚而不可欺　看似愚昧，實則不可欺騙。(149)獨行　獨斷專行。(150)得　事情處理得好。(151)失　事情處理得不好，有失誤。(152)咸言之　都會有議論。(153)謹選左右　謹慎地選擇安插親近之臣，如侍中、議郎、光祿大夫、諫大夫等職。(154)審擇所使　認真選擇派出的使者。(155)左右所以正身　皇帝身邊的人其任務就是拾遺補缺，幫著皇帝修正錯誤。(156)所使所以宣德　派出去的使者都是傳達皇帝的命令，以顯示皇帝恩德的。(157)此其本也　這都是涉及根本的大問題。(158)安上治民二句　二句引自《孝經》。(159)先王禮　古代先王之禮，指儒家經典之所記載。(160)承天心　順著上天的意願。(161)發大業　意即建大業，即制定禮儀。發，創建。(162)延　請。(163)述舊禮　在先王舊禮的基礎上加以闡發。(164)明王制　建立一套今王的禮制。(165)毆一世之民　意即讓全國吏民。(166)躋之仁壽之域　跨進王道樂土的領域。躋，登；跨進。仁壽之域，實行仁政的時和人壽的國度。(167)俗　我們現代的風俗。(168)何以不若成康　怎麼就趕不上西周的「成康盛世」。西周的成王、康王時代被歷史家稱為「成康之治」。(169)壽何以不若高宗　為什麼說我們聖明皇帝的壽命就一定趕不上殷朝的武丁。高宗，指殷王武丁，舊時傳說他享國百年，據《夏商周斷代工程》之年表，武丁在位的年代為西元前一二五〇—前一一九二年，共在位五十八年。(170)當世趨務　當今執政者的追求。(171)謹條奏　我都把它逐條地記下來呈報給皇帝。(172)唯　表示祈請的發語詞。(173)財擇　裁奪選擇。財，通「裁」。(174)無節　沒有節制，意即無限度地揮霍浪費。(175)貧人不及　窮人辦不到，於是沒法結婚。(176)故不舉子　因此也就不能生兒育女。(177)列侯尚公主　有列侯爵位的男人才能娶皇帝的女兒為妻。「尚公主」即娶公主為妻，「尚」字表示謙敬。(178)諸侯則國人承翁主　諸侯王的翁主則招沒有侯爵的男人為婿。承翁主，即娶諸侯王之女為妻。翁主，指諸侯王之女。[179]使男事女　讓男人侍候女人，因為女人的身分比男人高。[180]夫屈於婦　丈夫屈服於妻子。[181]逆陰陽之位　顛倒了陰陽固有的位置。陰陽五行學派向來說什麼陽上陰下、陽強陰弱等等。[182]有章　有章程規定。[183]上下僭差　各級別的人都超過應有的等級。僭，越分。[184]自制　按自己的想法行事。[185]誅利　求利。誅，求。[186]周　指西周的成王、康王時代。[187]致治　獲得天下太平。[188]刑措而不用　由於無人犯罪，故使刑罰閒置而不用。措，閒置；擱起來。[189]禁邪於冥冥　禁止邪惡於其尚未出現之前。冥冥，指尚無苗頭，一切都看不出的樣子。[190]絕惡於未萌　斷絕犯罪於其尚未出手之前。以上兩句的意思都指這是由於周朝實行了禮制的建設，使吏民人人自律，故無人犯罪。賈誼〈陳政事疏〉有所謂「禮禁未然之前，法施已然之後；法之所為用者易見，而禮之所為禁者難知」云云，即此王吉之所本。[191]不用三公九卿之世　不用大臣的子弟世代為官，即不行世卿世祿的制度。世，繼承人。[192]皋陶伊尹　二人皆非朝廷重臣之子弟，而是以賢見用。伊尹更是出身於微賤，見前王褒文。[193]不仁者遠　使不仁的人遠離朝廷。[194]俗吏得任子弟　漢代不僅名公巨卿可以保任子弟為官，連小官吏也有保任子弟的資格。按，此處雖明言「俗吏」，實指權臣外戚。[195]率多驕驁　多數都驕傲不馴。率，大致。驁，不馴服。[196]明選求賢　公開選拔，以求賢者。[197]除任子之令　廢除保任子弟為官的制度。[198]外家及故人　外家即外戚，故人指老相識，宣帝即位後起用不少這種人。[199]不宜居位　不應該讓他們當官。[200]角抵　秦漢時代的一種雜技，類似現在的相撲。[201]樂府　主管音樂的官署。[202]尚方　掌管為宮廷製造器物的官署，上屬少府。[203]不造琱瑑　不製造用工多而沒有實用價值的東西。琱瑑，將玉石雕刻成藝術品。[204]不通侈靡　不販賣專供擺闊氣、鋪張浪費所用的東西。[205]政教　政府的教化。[206]迂闊　學究氣、大而無當。[207]不甚寵異　不喜歡、不重視。[208]先零諸豪　先零部落各個頭領。[209]尤桀黠　特別兇悍狡猾。[210]諸降羌　原已歸降漢朝的羌人。[211]歸義羌侯楊玉　已經歸順漢朝的羌侯楊玉。歸義，指歸順漢朝。羌侯，羌族頭領之勢大稱侯者。[212]無所信鄉　沒有了可信任、可依靠的人。鄉，同「嚮」。[213]劫略小種　劫持、抄掠羌族一些小部落。[214]背畔犯塞　背叛漢朝，進攻漢朝邊境。畔，通「叛」。塞，邊境上的防禦工事。[215]騎都尉　騎兵統領，其級別相當於校尉或郡尉。[216]浩亹　漢縣名，縣治在今青海樂都東。[217]車重　即輜重，指儲備待用的生活物資與作戰物資。[218]引還　引兵向東方撤退。[219]令居　漢縣名，縣治在今甘肅永登西北。[220]以聞　將情況報告朝廷。[221]老之　嫌他的年齡太大。[222]使丙吉問誰可將　讓丙吉向趙充國問詢誰可為討伐西羌之將。按，此時丙吉為御史大夫。[223]無踰於老臣者　沒有人比我更合適的了。踰，通「逾」。超過。老臣，趙充國自指。[224]遣問　更派主管這方面事務的人來進一步詢問。[225]度　估計。[226]羌虜何如　羌人的形勢怎麼樣。[227]當用幾人　應調動多少人馬。[228]隃度　在遠距離外估計。隃，通「遙」。遙遠。[229]金城　漢郡名，郡治允吾，在今甘肅永靖西北。230圖上方略　將攻討方略繪製成圖上報朝廷。231滅亡不久　不久即當消滅之。232以屬老臣　您就把它交給我吧。屬，交給。

【校　記】1王　原作「主」。據章鈺校，甲十五行本、乙十一行本、孔天胤本皆作「王」，今據改。按，《漢書・王褒傳》作「王」。2三　原作「二」。據章鈺校，乙十一行本、孔天胤本皆作「三」，張敦仁《通鑑刊本識誤》同，今據改。按，《通鑑紀事本末》卷四作「三」。3隃　原作「遙」。據章鈺校，乙十一行本、孔天胤本皆作「隃」，今據改。按，《通鑑綱目》卷六、《漢書・趙充國傳》皆作「隃」。

【語　譯】中宗孝宣皇帝中

神爵元年（庚申　西元前六一年）

春季，正月，漢宣帝第一次到甘泉宮巡遊，在祭祀太一的神壇——泰畤舉行了祭祀活動。三月，漢宣帝又到河東郡巡視，又在那裡舉行了祭祀后土的活動。漢宣帝特別喜歡幹漢武帝所幹過的事情，對待齋戒祭祀之類表現得非常虔誠，按照那些方士的建議修建了許多祭祀的廟宇和神壇。他聽說益州郡有金馬、碧雞這樣的寶物，可以通過祭祀將牠們招引來，於是派遣擔任諫大夫的蜀郡人王褒手持符節前往蜀郡祭祀、招引寶物。

當初，漢宣帝聽說王褒很有文才，就召見他，讓他撰寫一篇〈聖主得賢臣頌〉。王褒在這篇頌中寫道：「賢能的臣子，是治理朝廷的工具和運用工具的人才。君主任用的如果是真正賢能的人，那麼或進或退、或取或捨都會毫不費力而功效高、成就大；工具很好、利用工具的人技術又很高，那麼花費的力氣雖然很少而取得的成效卻很大。所以做工的人如果使用的工具很鈍，即使累斷了筋骨，整天都勤奮不懈地工作，成效也不會顯著；等到靈巧的工匠打造出了像『干將』那樣的寶劍，再讓眼力好得像離婁那樣的人來調整準繩，讓像魯般那樣的能工巧匠按照繩墨來砍削木料，即使你要建造五層高的樓臺，也會有條不紊、不出任何差錯，就是因為工具好、使用工具的人也好。如果讓一個平庸的人駕馭一匹劣等的馬，就是勒破了馬嘴，抽壞了馬鞭也很難使馬在大道上奔馳；如果是用齧膝這樣的良馬駕轅，用乘旦這樣的好馬拉邊套，再派一個像王良一樣善於趕車的人拉著馬的韁繩充當馭手，讓像韓哀一樣技藝高超的造車能工巧匠跟隨著負責維修車輛，然後周遊天下，即使遠行萬里也只不過是喘口氣的工夫，行的路程是多麼的遠、走的是多麼的快呀？這是因為所用的馭手和使用的馬都很適當才有的效果。所以說，身穿涼爽的薄紗衣，就不會感到盛夏期間的酷熱難耐；身穿溫暖的貂狐皮衣的人，就不擔憂會遭受嚴寒的痛苦。為什麼呢？因為他們擁有解決那種問題的條件，所以不把這些當做什麼難以解決的大事。那些賢能之人、品行高尚之士，聖明的君主利用他們就不難治理好天下。周朝時周公姬旦吃一頓飯往往要停下三次，洗一回頭也往往要握住頭髮跑出去三次，為的是接待天下的賢才，正因為有周公如此的辛勞，才出現了監獄中沒有一個犯罪之人的太平盛世；春秋時期的齊桓公在庭院中設置照明燈以招待前來求見的賓客，所以才成就了他一匡天下、九合諸侯的霸業。由此看來，治理人的人只要肯花力氣去做招納賢才的工作，賢能的人自然就會聚集到他的身邊來，作為臣子也同樣如此。過去，聖賢之人在沒有遭遇到聖明君主的時候，即使他為了國家的利益整日殫精竭慮，出謀劃策，而君主就是不採納；誠懇地向國君提出自己忠誠的建議，而國君卻對他的忠誠一點也不肯定；進身仕途不能施展自己的才能以報效國家，遭受貶黜又不是因為自己有了什麼過錯。所以賢能的伊尹在沒有遭遇商湯的時候曾經背負鍋和案板給人做飯，姜太公呂尚在沒有遇到周文王時在商朝的都城屠牛賣肉，百里奚在沒有遇到秦穆公時曾經被賣給別人當奴隸，甯戚在沒有遇到齊桓公之前曾經為人養牛，這些人都曾經遭受過苦難。等到他們遇見了聖明的君主之後，他們籌謀軍國大事完全合乎君主的心意，他們規勸的言辭立即被君主採納，無論他們幹什麼還是不幹什麼都是發自他們自己的本心，擔任官職也能夠施展才能，國君對這些有功之臣剖符為信、劃分土地對他們進行封賞，使他們光耀祖宗。所以，世間只有在出現了聖潔而又智慧的君主之後，才會有賢明的臣子出現。所以猛虎一咆哮，凜冽的狂風就會颳起，神龍只要一動，雲彩就會圍湧在牠的身邊，蟋蟀只有到了秋天才會鳴叫，只有在陰暗潮溼的地方才會有蜉蝣出現。《易經》上說：『當龍飛上天的時候，就是賢才出來投奔做事的時候了。』《詩經》上說：『如此眾多的賢士，都來到這美好的國度裡。』所以說天下太平、君主聖明，英俊的人士自然會前來投奔。無比聰明睿智的聖主主持朝政，賢臣端莊肅穆地排成行列，他們聚精會神地工作，聖主與賢臣相互配合、功業顯著，即使是以善於彈琴而聞名的伯牙彈奏他的遞鍾琴，以善於射箭而聞名的逢門子拉他的烏號弓，都不足以用來比喻聖主與賢臣之間互相配合的絕妙境界。所以說，聖明的君主必須有賢明的大臣輔佐才能使他的功業發揚光大，英俊之士也必須等待遇到明主，他的才能才能夠得以展現。君主與賢臣之間彼此互相需要、互相喜歡，是千載難逢的際遇，彼此之間說什麼話都坦坦蕩蕩、沒有猜疑，飄飄然就像鴻雁飛行遇到了順風，就像是巨大的鯨魚遨遊於大海。他們心滿意足到如此的程度，還有什麼該禁止的不能禁止，有什麼該推行的不能推行呢？教化的實施必然會遍及全國，並傳播到周圍極其遙遠的地方。所以，聖明的君王用不著自己親自到各處去探察就能把任何事情看得很清楚，用不著自己費力地去側耳諦聽而已經聽得很明白，使天下太平的責任已經完成，優哉游哉無為而治的願望已經實現，美好的徵兆已經不求而自至，壽命自然長久，哪裡還用得著像彭祖那樣俯仰屈伸以求長生，像王子喬、赤松子那樣呼吸修煉以尋求與世隔絕的神仙境界呢？」當時漢宣帝特別喜好修煉神仙之術，所以王褒在文章中提及此事。

擔任京兆尹的張敞也上書勸諫漢宣帝說：「希望聖明的陛下能夠經常忘掉對打獵的嗜好，斥逐那些方士，不要聽信他們的虛妄之言，把心思用於研究治國平天下的工作當中去，天下太平差不多就可以實現了。」於是漢宣帝把那些在宮廷主管醫藥部門隨時等待詔命的方士全部打發走。當初，趙廣漢死後，繼任的京兆尹全都不稱職，只有張敞能夠步其後塵。但張敞在謀略方面以及視聽的能力上卻趕不上趙廣漢，但他辦事說理總愛用儒家經典上的辭句進行修飾。

漢宣帝很講究排場，所居住的宮室、所乘坐的車馬、所穿戴的服飾，其奢華程度都超過了漢昭帝。而那些外戚如許姓、史姓、王姓全都富貴受寵。擔任諫大夫的王吉上書給漢宣帝說：「陛下親勞聖體，總理萬方事物，一心思考的是如何將國家治理好，以實現天下太平，每次陛下頒布詔書，天下的百姓都歡欣鼓舞，就像是又獲得一次新生。我伏案沉思，覺得陛下對黎民百姓的恩德真是無比深厚的了，但卻不能說是抓住了政務的根本。能夠使國家成為太平盛世的皇帝並不常見，而現在的公卿大臣有幸遇上了一位難得的想治理好國家的聖明君主，言聽諫從，然而他們卻沒有一位能給陛下提出有關國家長治久安的方針大計，把陛下推上可以與夏、商、周三代開國帝王相媲美的高度。他們把全部精力都放在定期繳納賦稅，以及兵役、徭役、處理公文簿冊、審理案件和聽取訴訟上，這些都不是實現太平盛世的根本問題。我聽說老百姓，雖然他們看似很柔弱，實際上卻是不可能戰勝的，雖然他們看似很愚昧，實際上卻是不可欺騙的。聖明的君主獨斷專行於深宮之中，事情處理得好，天下的人都會齊聲稱頌陛下，如果出現了失誤，天下人就都會紛紛議論表示不滿。所以陛下應該謹慎地挑選左右的親近之臣，認真地挑選派出的使者。皇帝身邊近臣的職責就是要拾遺補缺，幫助皇帝修正錯誤，派出去的使者都是為傳達皇帝的命令，以彰顯皇帝恩德的，這都是涉及根本的大問題。孔子說：『使君主平安、使百姓得到治理，最好的辦法就是以禮治國。』這話並不是毫無根據的。在聖明的君主還沒有制定出新的禮儀之時，往往引用先王所制定的、而且是適合於當代的禮儀暫且用之。我希望陛下順承上天的意願，建立宏大的事業——制定禮儀，讓公卿大臣與專門聘請的那些研究儒家學說的學者們一起，在先王舊禮的基礎上加以闡發，建立起一套今王的禮制，讓全國的吏民都跨進王道樂土的領域，那麼社會習俗怎麼會比不上西周的成康盛世，皇帝的壽命怎麼會比不上商王朝的武丁呢？我私下裡把當今之世施政方面不合於正道的現象，逐條地開列出來呈報給陛下，希望陛下加以裁奪選擇。」王吉以為：「世俗在男婚女嫁方面毫無節制地揮霍浪費，貧窮人家因為沒有負擔能力所以就結不了婚，也就不能生兒育女。還有，漢朝的制度是有列侯爵位的男子才能娶皇帝的女兒為妻，其他諸侯王的女兒則招沒有侯爵的男子為婿，這就使得男人必須侍奉女人，丈夫必須屈從於妻子，因為女人比男人的身分高貴，顛倒了陰陽的位置，所以造成許多女人亂政的事件發生。在古代，人們所穿的衣服、乘坐的車馬，高貴的和低賤的都有章程規定，而現在各級別的人都超越應有的等級，自己想怎麼樣就怎麼樣，所以貪圖錢財、追求利祿的人不擇手段、不畏懼死亡。西周的成王與康王時代所以能夠使天下太平，致使刑法、監獄都閒置不用，就是因為那時能夠禁止邪惡的念頭於沒有產生之前，斷絕犯罪的行動於沒有出現之前。」王吉又說：「古代的聖王虞舜、商湯不從三公、九卿的子弟中選拔人才，卻挑選了出身微賤但卻賢能的皋陶、伊尹來擔任重要職務，使不仁的人遠離朝廷。而現在，哪怕是一個平庸的小官吏，也有資格保舉自己的子弟為官，而這些子弟大多生性驕傲、桀驁不馴，在學識上既不瞭解古代，又不懂得現代，讓這樣的人擔任官職，對百姓沒有一點好處。應該大張旗鼓地選拔賢能而廢除保任子弟為官的制度。皇親國戚以及過去跟隨過陛下或有恩於陛下的人，可以多賞賜給他們錢財，而不應當讓他們當官。還應該廢除『角抵』遊戲，削減樂府的數量，減少為宮廷製造器物的官署，向天下表明陛下崇尚節儉。在古代，工匠們不去製造那些用工多而沒有實際價值的東西，商賈們也不販賣那些專供擺闊氣、講排場所用的奢侈品，這不是說古代做工的匠人和商賈們比現在的人賢明，而是當時的政治教化使他們如此。」漢宣帝認為王吉的話太迂腐、不切實際，所以不喜歡、不重視王吉。王吉於是聲稱自己有病而辭職回家了。

義渠安國到達羌中之後，就將先零部落的各個首領召集起來，總計有三十多人，把其中最兇悍狡猾而不馴服的當場殺掉。然後發兵攻擊他們的族群，殺死了一千多人。於是那些原本已經投降漢朝的羌人和被封為歸義侯的楊玉等人都心懷怨恨，覺得沒有了可以信任、可以依靠的人，於是便脅持那些小部落，然後背叛漢朝，進侵邊塞，攻打城邑，殺死官吏。義渠安國又以騎都尉的身分率領三千名騎兵前往屯兵防備羌人，他們抵達浩亹的時候，遭到羌人的伏擊，損失了很多的輜重、武器。義渠安國急忙撤軍，回到令居的時候，才將失敗的消息報告給朝廷。

當時趙充國已經七十多歲了，漢宣帝認為他年紀已老，本沒想讓他率兵出征，只是派丙吉去向他諮詢誰可以出任討伐西羌的將領。趙充國回答說：「沒有人比我再合適的了！」漢宣帝又派人去問他：「將軍估計羌人的動向如何？討伐羌人需要多少人馬？」趙充國說：「百聞不如一見。軍事行動，很難在遙遠的地方憑空預測，我願意親自前往金城，為陛下觀察地形，制定征討方略。羌人只是一個很小的種族，他們違背天意背叛漢朝，我看是離滅亡不遠了，希望陛下將這個任務交給我，不要因為這件事而擔憂！」漢宣帝笑著說：「行。」於是徵調大批軍隊前往金城。

夏季，四月，任命趙充國擔任統帥，前去征討西羌。

六月，有星孛❶于東方。

趙充國至金城，須❷兵滿萬騎，欲度河❸，恐為虜所遮❹，即夜遣三校❺銜枚❻先度，度輒營陳❼，會明畢❽。遂以次盡度❾。虜數十百騎❿來，出入軍傍⓫，充國曰：「吾士馬新倦⓬，不可馳逐⓭，此皆驍騎⓮難制，又恐其為誘兵也。擊虜以殄滅為期⓯，小利不足貪。」令軍勿擊。遣騎候⓰四望陿⓱中無虜，夜引兵上至落都⓲，召諸校司馬⓳謂曰：「吾知羌虜不能為兵⓴矣！使虜發㉑數千人守杜㉒四望陿中，兵豈得入哉㉓？」

充國常以遠斥候㉔為務，行必為戰備㉕，止㉖必堅營壁㉗，尤能持重㉘，愛士卒，先計而後戰。遂西至西部都尉府㉙，日饗㉚軍士，士皆欲為用。虜數挑戰，充國堅守。捕得生口㉛，言羌豪相數責㉜曰：「語汝無反㉝，今天子遣趙將軍來，年八九十矣，善為兵。今請欲壹鬬而死㉞，可得邪㉟？」初，罕、幵豪靡當兒㊱使弟雕庫來告都尉㊲曰：「先零欲反。」後數日，果反。雕庫種人㊳頗在先零中㊴，都尉即留雕庫為質㊵。充國以為無罪，乃遣歸告種豪：「大兵誅有罪者，明白自別㊶，毋取并滅㊷。天子告諸羌人：犯法者能相捕斬㊸，除罪㊹，仍以功大小賜錢有差㊺。又以其所捕妻子、財物盡與之㊻。」

充國計欲以威信招降罕、幵及劫略

者[47]，解散[48]虜謀，徼其疲劇[49]，乃擊之。

時上已發內郡兵[50]屯邊者合六萬人矣。酒泉[51]太守辛武賢[52]奏言：「郡兵[53]皆屯備南山[54]，北邊空虛，勢不可久[55]。若至秋冬乃進兵，此虜在境外之冊[56]。今虜朝夕為寇，土地寒苦，漢馬不耐冬[57]，不如以七月上旬齎[58]三十日糧，分兵出張掖[59]、酒泉，合擊罕、幵在鮮水上[60]者。雖不能盡誅，但奪其畜產，虜其妻子，復引兵還，冬復擊之。大兵仍出[61]，虜必震壞[62]。」天子下其書充國[63]，令議之。充國以為：「一馬自負三十日食，為米二斛四斗[64]，麥八斛，又有衣裝、兵器，難以追逐。虜必商軍進退[65]，稍引去[66]，逐水草[67]，入山林。隨而深入[68]，虜即據前險[69]、守後阸[70]，以絕糧道，必有傷危之憂，為夷狄笑，千載不可復[71]。而武賢以為可奪其畜產、虜其妻子，此殆[72]空言，非至計[73]也。先零首為畔逆，它種劫略[74]，故臣愚冊[75]，欲捐[76]罕、幵闇昧之過[77]，隱而勿章[78]，先行先零之誅[79]以震動之[80]，宜悔過反善，因赦其罪，選擇良吏知其俗者，拊循和輯[81]。此全師保勝安邊[82]之冊。」

天子下其書[83]，公卿議者咸以為「先零兵盛而負罕、幵之助[84]，不先破罕、幵，則先零未可圖[85]也。」上乃拜侍中許延壽[86]為彊弩將軍，即拜[87]酒泉太守武賢為破羌將軍，賜璽書嘉納其冊[88]。以書敕讓充國[89]曰：「今轉輸並起[90]，百姓煩擾[91]，將軍將萬餘之眾，不早及秋共水草之利[92]，爭其畜食[93]，欲至冬，虜皆當畜食[94]，多臧匿山中，依險阻[95]。將軍士寒，手足皸瘃[96]，寧有利哉[97]？將軍不念中國之費[98]，欲以歲數[99]而勝敵，將軍誰不樂此者[100]？今詔破羌將軍武賢等將兵以七月擊罕羌。將軍其[101]引兵並進，勿復有疑！」

充國上書曰：「陛下前幸賜書，欲使人諭罕以大軍當至，漢不誅罕，以解其謀[102]。臣故遣开豪雕庫宣天子至德，罕、开之屬皆聞知明詔。今先零羌楊玉阻石山木[103]，候便為寇[104]，罕羌未有所犯，乃置先零[105]，先擊罕，釋有罪，誅無辜。起壹難[106]，就兩害[107]，誠非陛下本計[108]也！臣聞兵法：『攻不足者守有餘[109]。』又曰：『善戰者致人，不致於人[110]。』今罕羌欲為敦煌、酒泉寇[111]，宜飭[112]兵馬、練[113]戰士，以須其至[114]。坐得致敵之術[115]，以逸擊勞，取勝之道也。今恐二郡兵少，不足以守，而發之行攻[116]，釋[117]致虜之術而從[118]為虜所致之道，臣愚以為不便。先零羌虜欲為背畔，故與罕、开解仇結約，然其私心不能無恐[119]漢兵至而罕、开背之[120]也。臣愚以為其計常欲先赴罕、开之急[121]以堅其約[122]。先擊罕羌，先零必助之。今虜馬肥，糧食方饒，擊之恐不能傷害，適使[123]先零得施德於罕羌[124]，堅其約[125]、合其黨[126]。虜交堅黨[127]，合精兵二萬餘人，迫脅諸小種，附著者稍眾[128]，莫須之屬[129]不輕得離[130]也。如是，虜兵寖多[131]，誅之用力數倍[132]。臣恐國家憂累[133]，由十年數[134]，不二三歲而已。於臣之計，先誅先零已[135]，則罕、幵之屬不煩兵而服[136]矣。先零已誅而罕、幵不服[137]，涉正月擊之[138]，得計之理[139]，又其時也[140]。以今進兵，誠不見其利！」戊申[141]，充國上奏。秋，七月甲寅[142]，璽書報[143]，從充國計焉。

充國乃引兵至先零在所[144]。虜久屯聚，解弛，望見大軍，棄車重，欲度湟水[145]，道阸陿[146]，充國徐行驅之[147]。或曰：「逐利行遲[148]。」充國曰：「此窮寇，不可迫[149]也。緩之則走不顧[150]，急之則還致死[151]。」諸校[152]皆曰善。虜赴水[153]溺死者數百，降及斬首五百餘人。虜馬、牛、羊十萬餘頭，車四千餘兩[154]。兵至罕地[155]，令軍毋燔聚落[156]、芻牧田中[157]。罕羌聞之，喜曰：「漢果不擊我矣！」豪靡忘[158]使人來言：「願得還復故地[159]。」充國以聞，未報[160]，靡忘來自歸[161]。充國賜飲食，遣還諭種人[162]。護軍[163]以下皆爭[164]之曰：「此反虜，不可擅遣[165]！」充國曰：「諸君但欲便文自營[166]，非為公家忠計也。」語未卒，璽書報，令靡忘以贖論[167]。後罕竟不煩兵而下[168]。

上詔破羌、彊弩將軍[169]詣屯所[170]，以十二月與充國合，進擊先零。時羌降者萬餘人矣，充國度其必壞[171]，欲罷騎兵[172]，屯田[173]以待其敝[174]。作奏未上[175]，會得進兵璽書[176]，充國子中郎將卬[177]懼，使客諫充國曰：「誠令兵出破軍殺將[178]，以傾國家[179]，將軍守之可也[180]。即利與病[181]，又何足爭[182]？一旦不合上意，遣繡衣[183]來責將軍，將軍之身不能自保，何國家之安[184]？」充國歎曰：「是何言之不忠也！本用吾言[185]，羌虜得至是邪[186]？往者舉可先行羌[187]者，吾舉辛武賢，丞相、御史復白[188]遣義渠安國，竟沮敗羌[189]。金城、湟中[190]穀斛八錢，吾謂耿中丞[191]：『糴[192]三百萬斛穀，羌人不敢動[193]矣！』耿中丞請糴百萬斛，乃得四十萬斛[194]耳。義渠再使[195]，且費其半。失此二冊[196]，羌人致敢為逆[197]。失之豪氂，差以千里，是既然矣[198]。今兵久不決，四夷卒有動搖[199]，相因而起，雖有知者不能善其後[200]，羌獨足憂邪[201]？吾固以死守之[202]，明主可為忠言[203]。」

遂上屯田奏[204]曰：「臣所將吏士、馬牛食所用糧穀、茭藁[205]，調度甚廣[206]，難久不解[207]，傜役不息，恐生他變，為明主憂[208]，誠非素定廟勝之冊[209]。且羌易以計破，難用兵碎也，故臣愚心以為擊之不便。計度[210]臨羌[211]東至浩亹[212]，羌虜故田及公田[213]民所未墾，可二千頃以上，其間郵亭[214]多壞敗者。臣前部士入山[215]，伐林木六萬餘枚，在水次[216]。臣願罷騎兵，留步兵萬二百八十一人，分屯要害處，冰解漕下[217]，繕鄉亭[218]，浚溝渠[219]，治[220]湟陿[221]以西道橋七十所，令可至鮮水左右[222]。田事出[223]，賦人二[1]十晦[224]。至四月草生，發郡騎[225]及屬國胡騎[226]各千，就草[227]為田者遊兵[228]，以充入金城郡[229]，益積畜[230]，省大費[231]。今大司農所轉穀至者[232]，足支[233]萬人一歲食。謹上田處及器用簿[234]。」

上報曰：「即如[235]將軍之計，虜當何時伏誅？兵當何時得決[236]？孰計其便復奏[237]。」

充國上狀[238]曰：「臣聞帝王之兵，以全取勝[239]，是以貴謀而賤戰[240]。『百戰而百勝，非善之善者也，故先為不可勝[241]以待敵之可勝[242]。』蠻夷習俗雖殊[243]於禮義之國[244]，然其欲避害就利[245]，愛親戚，畏死亡，一也[246]。今虜亡其美地薦草[247]，愁於寄託遠遯[248]，骨肉心離[249]，人有畔志[250]。而明主班師罷兵[251]，萬人留田[252]，順天時，因地利，以待可勝之虜[253]。雖未即伏辜[254]，兵決[255]可期月而望[256]。羌虜瓦解，前後降者萬七百餘人，及受言去者凡七十輩[257]，此坐[258]支解羌虜之具[259]也。臣謹條不出兵留田便宜十二事[260]：步兵九校、吏士萬人留屯，以為武備[261]，因田致穀[262]，威德並行，一也。又因排折[263]羌虜，令不得歸肥饒之地，貧破其眾[264]，以成羌虜相畔之漸[265]，二也。居民得並田作[266]，不失農業[267]，三也。軍馬一月之食，度支田士一歲[268]，罷騎兵以省大費，四也。至春，省甲士卒[269]，循河、湟漕穀至臨羌[270]以示羌虜[271]，揚威武，傳世折衝之具[272]，五也。以閒暇時，下先所伐材[273]，繕治郵亭，充入金城[274]，六也。兵出，乘危徼幸[275]；不出[276]，令反畔之虜竄於風寒之地，離霜露、疾疫、瘃墮之患[277]，坐得必勝之道，七也。無經阻[278]、遠追、死傷之害，八也。內不損威武之重，外不令虜得乘間[279]之勢，九也。又亡驚動河南大开[280]使生它變之憂，十也。治湟陿[281]中道橋，令可至鮮水以制西域[282]，伸威千里，從枕席上過師[283]，十一也。大費既省，繇役豫息[284]，以戒不虞[285]，十二也。留屯田得十二便，出兵失十二利，唯[286]明詔采擇！」

上復賜報[287]曰：「兵決可期月而望者，謂今冬邪，謂何時也？將軍獨不計虜聞兵頗罷[288]，且丁壯相聚[289]，攻擾田者及道上屯兵，復殺略人民，將何以止之？將軍孰計[290]復奏。」

充國奏[2]曰：「臣聞兵以計[291]為本，故多筭勝少筭[292]。先零羌精兵，今餘不過七八千人，失地遠客分散[293]，飢凍畔還[294]者不絕。臣愚以為虜破壞可日月冀[295]，遠在來春，故曰兵決可期月而望。竊見北邊[296]自敦煌至遼東[297]萬一千五百餘里，乘塞列地[298]有吏卒數千人，虜數以大眾攻之[299]而不能害。今騎兵雖罷，虜見屯田之士精兵萬人，從今盡三月[300]，虜馬羸瘦[301]，必不敢捐其妻子於他種中[302]，遠涉河山而來為寇，亦不敢將其累重[303]，還歸故地。是臣之愚計所以度虜[304]且必瓦解其處[305]，不戰而自破之冊也。至於虜小寇盜，時殺人民，其原未可卒禁[306]。臣聞戰不必勝，不苟接刃[307]，攻不必取，不苟勞眾[308]。誠令兵出[309]雖不能滅先零，但能令虜絕不為小寇，則出兵可也。即今同是[310]，而釋坐勝之道，從乘危之勢[311]，往終不見利[312]，空內自罷敝[313]，貶重[314]以自損，非所以示蠻夷[315]也。又大兵一出，還不可復留[316]，湟中亦未可空[317]，如是，徭役復更發[318]也。臣愚以為不便。臣竊自惟念[319]：奉詔出塞，引軍遠擊，窮[320]天子之精兵，散車甲[321]於山野，雖亡[322]尺寸之功，媮得避嫌之便[323]，而亡後咎餘責[324]，此人臣不忠之利，非明主社稷之福也。」

充國奏每上，輒下公卿議臣[325]。初是[326]充國計者什三[327]，中什五，最後什八。有詔詰[328]前言不便者，皆頓首服[329]。魏相曰：「臣愚不習兵事利害，後將軍數畫軍冊[330]，其言常是，臣任[331]其計可必[3]用也。」上於是報充國，嘉納之[332]。亦以破羌、彊弩將軍數言當擊，以是兩從其計[333]，詔兩將軍與中郎將卬出擊。彊弩出，降四千餘人，破羌斬首二千級，中郎將卬斬首降者[334]亦二千餘級，而充國所降復得五千餘人。詔罷兵，獨充國留屯田。

大司農朱邑卒。上以其循吏[335]，閔惜[336]之，詔賜其子黃金百斤，以奉其祭祀。

是歲，前將軍、龍頟侯韓增為大司馬、車騎將軍。

丁令[337]比三歲[338]鈔盜匈奴[339]，殺略數千人。匈奴遣萬餘騎往擊之，無所得。

【章旨】以上為第二段，寫宣帝神爵元年（西元前六一年）六月至十二月共七個月間的全國大事，主要寫了趙充國有智謀、有策略地分化瓦解、孤立少數，最終順利平息羌亂的過程。文章詳細載錄了趙充國的屢次上奏，表現了趙充國穩妥持重、努力以不戰屈人的軍事思想；記載了趙充國屯田備戰、寓兵於民的國防思想，至今有鮮活的現實意義。

【注釋】❶孛　火光四射的樣子，這裡是指流星。❷須　等待。❸欲度河　欲渡黃河西進，當地的黃河是從今青海流來，經甘肅東部，北流入寧夏。❹恐為虜所遮　恐怕遭到羌人的伏擊。遮，截擊；伏擊。❺三校　三個校尉各領本部人馬。❻銜枚　枚的形狀像是筷子，士兵銜在口中以防喧譁。❼度輒營陳　過河後立刻安營列陣，做好戰鬥準備。陳，通「陣」。❽會明畢　等到天亮，這三校士兵已經全部渡河並安營列陣完畢。❾遂以次盡度　就照這種樣子按次序全部渡過了黃河。❿數十百騎　八九十騎、上百騎。⓫出入軍傍　在漢軍營陣的附近出沒。傍，同「旁」。⓬新倦　剛剛到達，奔走疲倦。⓭馳逐　奔馳、追趕。⓮驍騎　剽悍的騎兵。⓯以殄滅為期　以徹底消滅敵人為目的。殄，滅。期，預定目標。⓰遣騎候　派騎兵偵察得知。候，偵察。⓱四望陿　峽谷名，在今青海樂都境內。⓲落都　即今青海之樂都。⓳諸校司馬　各校尉屬下司馬官。司馬在校尉屬下主管軍中司法。⓴不能為兵　意即不會用兵。㉑發　派出。㉒杜　堵住；把守住。㉓兵豈得入哉　我們的軍隊又怎麼能進得來呢。㉔遠斥候　遠遠地派出偵察兵。㉕行必為戰備　行軍的時候總是做好戰鬥準備。㉖止　駐紮。㉗堅營壁　把兵營四周的防禦工事修得牢牢地。㉘持重　穩紮穩打，不輕易出戰。㉙西部都尉府　西部都尉的行營所在地，在今青海樂都西，當時屬金城郡。西部都尉是漢王朝派駐此地的軍事長官。㉚日饗　每天都犒賞。饗，通「享」。以酒肉招待士兵。㉛生口　也稱「活口」、「舌頭」，這裡即指俘虜。㉜相數責　相互埋怨責備。㉝語汝無反　早就對你說不要反叛。㉞今請欲壹鬭

而死　即使想要痛快地打一仗落得個戰死。今，即使。㉟可得邪　辨得到嗎。㊱罕幵豪靡當兒　罕、幵部落的頭領名叫靡當兒。㊲都尉　即上文所謂西部都尉。㊳雕庫種人　雕庫那個種姓的人。種，血統。㊴頗在先零中　有一些雜居在先零族的部落裡。頗，有一些，表示數量之少。㊵為質　作為人質。㊶明白自別　自己要明顯地與叛亂分子表現出區別。㊷毋取并滅　不要自取與他們共同滅亡。㊸能相捕斬　如能捕斬了其他的叛亂者。㊹除罪　免除其罪。㊺以功大小賜錢有差　根據其功勞大小，賞賜給數量不等的錢財。差，等級。當時規定，能斬大豪有罪者一人，賜錢四十萬；中豪十五萬；小豪二萬；女子及老弱千錢。㊻盡與之　全都賞給他。㊼劫略者　被先零羌所劫持、裹挾的人。㊽解散　即今所謂「瓦解」。㊾徼其疲劇　看準他疲倦到頂點的時候。徼，看準；抓準。㊿內郡兵　內地諸郡的兵勇，此與沿邊諸郡相對而言。(51)酒泉　漢郡名，郡治祿福，即今甘肅酒泉。(52)辛武賢　西漢後期的著名將領。事跡詳見《漢書》本傳。(53)郡兵　酒泉郡的兵勇。(54)南山　酒泉郡南側的大山，即今甘肅、青海兩省邊界上的祁連山。(55)勢不可久　指要防備匈奴人的入侵。(56)此虜在境外之冊　意思是如果羌人遠在境外，那我們採取等秋冬進攻的辦法是正確的。冊，通「策」。計策。(57)不耐冬　不能忍受冬季的嚴寒。(58)齎　攜帶。(59)張掖　漢郡名，郡治在今甘肅張掖西北。(60)鮮水上　指鮮水北側。鮮水，即今之青海湖。(61)仍出　頻繁出擊。(62)震壞　恐懼、崩潰。(63)下其書充國　把辛武賢的上書轉發給趙充國。(64)二斛四斗　即二石四斗。一斛等於一石，一石為十斗。漢時的一斗約當今之五升。(65)商軍進退　意即根據我們的情況來考慮他們的進攻與退守。商，考慮。(66)稍引去　意即慢慢引兵後退。稍，逐漸。(67)逐水草　沿著有水草生長的地方。(68)隨而深入　如果我軍追著他們進入山林。(69)據前險　佔據前面的險要地勢。(70)守後阨　再控制住我們後退路上的險要之點。(71)千載不可復　這樣的失敗恥辱，是一千年也洗刷不掉的。復，報復；洗刷。(72)殆　差不多，「是」字的委婉說法。(73)至計　最好的設計。(74)它種劫略　其他部落只是被劫持裹挾。略，此處意思通「掠」。(75)愚冊　愚計，謙詞。(76)捐　棄；饒過。(77)闇昧之過　由於糊塗所犯的過錯。(78)隱而勿章　對其隱忍而不公開。隱，隱忍。(79)先行先零之誅　先進行對先零人的討伐。誅，討伐。(80)以震動之　以恫嚇、警告罕、幵部落。(81)拊循和輯　安撫他們，使之平安和睦。(82)全師保勝安邊　既使軍隊完好無損，又能保證勝利，又能安定邊陲。(83)下其書　把趙充國的上書發給群臣討論。(84)負罕幵之助　又倚仗著有罕、幵部落的援助。負，仗恃。(85)未可圖　沒法打它的主意，即無法打敗它。(86)許延壽　宣帝岳父許廣漢之子。(87)即拜　到其人所在之地予以加委。(88)賜璽書嘉納其冊　皇帝下詔書表彰並接受他所陳述的意見。璽書，加蓋皇帝玉璽的詔書。(89)以書敕讓充國　皇帝又下詔書申斥責備趙充國。敕讓，申斥、責備。敕，此處通「飭」。(90)轉輸並起　各地都在為討伐西羌而運送糧草物資。(91)百姓煩擾　全國都不得安寧。煩擾，心煩而又不得休息。(92)不早及秋共水草之利不趕早趁著秋天水草繁茂的有利時機。93爭其畜食　爭其牲畜，奪其糧食。94虜皆當畜食　讓敵人都已儲存了充足的糧食。畜，通「蓄」。積聚。95依險阻　佔據了險要地形。96皸瘃　因寒冷而皮膚龜裂。97寧有利哉　到那時，我們還能說有什麼優勢可言嗎。寧，豈；難道。98中國之費　中國內地的嚴重耗費。99以歲數　靠耗費時間。100將軍誰不樂此者　當武將的誰不願意靠這個戰勝敵人。101其　表示希冀、祈請的發語詞。102以解其謀　以瓦解先零人加強與罕、幵聯合之謀。103阻石山木　憑藉著山石樹木的有利地形。阻，憑藉。104候便為寇　尋有利時機對我發動進攻。105置先零　放下先零不打。置，放下。106起壹難　攻擊一個敵人。107就兩害　造成兩種害處。其一是罕、幵本非堅敵，而使之成為堅敵；其二是罕、幵本非先零的忠實盟友，今使之成了先零的忠實盟友，從而使先零的勢力增強。108陛下本計　宣帝本來的意圖也是想招降罕、幵。109攻不足者守有餘　語見《孫子兵法・形》。意思是如果敵方的力量比我們小，我們就主動對敵進攻；如果我們的力量比敵方弱，我們就採取防守。110善戰者致人二句　語見《孫子兵法・虛實》。意思是善戰者要能牽著敵人的鼻子走，而不被敵人牽著鼻子走。致，牽引。111欲為敦煌酒泉寇　意即要進攻敦煌、酒泉。112飭　整頓好。113練　訓練好。114以須其至　以等待他們的到來，即今所謂「嚴陣以待」。須，待。115坐得致敵之術　白白撿得一個誘敵上鉤的機會。116而發之行攻　反而要讓他們去進攻敵人。117釋　放掉。118從　採取。119不能無恐　不能不擔心。120背之　背叛他。121先赴罕幵之急　先解救一次罕、幵部落的危急。122以堅其約　以加固他們之間的聯盟。123適使　恰好讓。124得施德於罕羌　有了一個能施恩於罕、幵部落的機會。125堅其約　讓他們的聯盟鞏固起來。126合其黨　讓他們的奸黨更加鐵板一塊。127虜交堅黨　羌虜結交成死黨。128附著者稍眾　向他們靠攏的人就會越來越多。附著，貼近。稍，漸漸。129莫須之屬　類似莫須那樣的小部落。莫須，羌族的一個部落名。130不輕得離　不會輕易地離開先零羌。131虜兵寖多　敵人的隊伍就會越來越大。寖，逐漸。132誅之用力數倍　再想消滅他們就得多花出幾倍的力量。133憂累　累贅、麻煩。134由十年數　由十年向上計算。135先誅先零已　首先誅滅先零之後。已，完畢。136不煩兵而服　用不著再出兵就自動歸服了。137而罕幵不服　如果罕、幵還不降服。而，如。138涉正月擊之　過了正月再去打它。139得計之理　這是最合理的計畫。140又其時也　也是最理想的時機。141戊申　六月二十八。142七月甲寅　七月初五。143璽書報　皇帝的詔書作出批覆。144先零在所　先零人所駐紮的地方。145欲度湟水　欲渡湟水南逃。146道阸陿　道路狹窄難行。147徐行驅之　緩緩進兵驅趕。148逐利行遲　目的是求得勝利，追擊的速度太慢了。149不可迫　不能逼得太急。古兵法有所謂「窮寇勿追」、「窮寇勿遏」等語。150走不顧　急急逃走而不回頭。151還致死　回過身來拼命。致死，拼命。152諸校　各個校尉。古代一位將軍統領若干部，部的長官即校尉。153赴水　撲入湟水。154兩　通「輛」。155罕地　罕羌所居之地。156毋燔聚落不要焚燒罕羌人所居住的村落、居民點。聚，居民點。(157)芻牧田中　在田間放牧。芻牧，割草、放牧。(158)豪靡忘　罕羌的首領名叫靡忘。(159)還復故地　回到叛亂前的地方居住。(160)未報　皇帝的批覆還未來到。(161)來自歸　自己前來歸案，聽候處治。(162)遣還諭種人　打發他回去向自己的部落說明情況。諭，說明情況。(163)護軍　意同「監軍」、「督軍」，地位僅低於將軍。(164)爭　勸阻。(165)擅遣　擅自做主放他回去。(166)便文自營　不惹法律的麻煩，以圖自全。(167)以贖論　按將功折罪處置。(168)不煩兵而下　不用動武就全部歸順了。(169)破羌彊弩將軍　指辛武賢、許延壽。(170)詣屯所　到趙充國駐兵的地方。(171)度其必壞　估計他們必定自行崩潰。壞，崩潰。(172)罷騎兵　撤走騎兵。(173)屯田　留下步兵屯墾駐守。(174)以待其敝　以靜候先零人的自行垮臺。(175)作奏未上　寫好奏章尚未發出。(176)會得進兵璽書　這時收到了皇帝命令進兵的詔書。會，正；恰。(177)中郎將卬　趙卬，趙充國之子，此時以中郎將的身分隨軍出征。中郎將是皇帝的衛隊長。(178)誡令兵出破軍殺將　如果真是一旦出兵就會招致兵敗將死。(179)以傾國家　使國家遭受危難。(180)將軍守之可也　您堅持反對出兵的意見是可以的。守，堅持。(181)即利與病　如果只是哪個好點、哪個差點。即，如果。(182)又何足爭　又何必非要堅持自己的意見。(183)繡衣　身穿繡衣的使者。漢代有所謂「繡衣直指」，是奉皇帝命令外出查辦案件的使者。(184)何國家之安　您又怎能維護國家的安全。(185)本用吾言　如果當初聽我的話。(186)羌虜得至是邪　羌人能鬧到今天這種樣子嗎。至是，到這個地步。(187)先行羌　先到羌中視察。(188)復白　又建議皇帝。(189)竟沮敗羌　最終破壞了羌人與漢朝的關係，促成了羌人的叛亂。(190)金城湟中　金城郡相當今甘肅蘭州一帶地區，湟中指今青海東部的湟水流域。(191)耿中丞　指耿壽昌，此時任大農丞，是大司農的屬官。(192)糴　買進。(193)羌人不敢動　因其知漢朝政府早有準備。(194)乃得四十萬斛　實際上他只買了四十萬斛，還不到我建議的七分之一。(195)義渠再使　義渠安國的第二次出使。(196)失此二冊　由於這兩項失策。一指錯派義渠安國出使西羌，激起羌變；一指不大量糴穀，對羌人沒有構成威脅。(197)羌人致敢為逆　故而導致了羌人的造反。(198)是既然矣　這都是以往的事情啦。(199)四夷卒有動搖　其他方面的少數民族如果再突然有個風吹草動。卒，通「猝」。突然。(200)雖有知者不能善其後　即使有再高明的人，也難以處理好下一步的事情。知，通「智」。(201)羌獨足憂邪　難道只是這一些羌人讓我們憂慮嗎。(202)吾固以死守之　我之所以敢於冒死地堅持己見。固，通「故」。(203)明主可為忠言　是因為我相信英明的皇帝可以聽取我的忠言。(204)屯田奏　有關屯田方略的奏章。(205)茭稾　餵牲口的乾草。稾，禾稈。(206)調度甚廣　要從其他廣大地區調來。(207)難久不解　意指如果與羌人的戰爭常年不能解決。(208)為明主憂　為皇帝造成麻煩，增添憂愁。(209)素定廟勝之冊　事先早已確定了的，不用出兵作戰，在朝堂上運用智謀就能挫敗敵人的策略。素定，預定。素，通「夙」。廟勝，戰勝敵人於宗廟、朝廷之上。(210)計度　估算。(211)臨羌　漢縣名，縣治在今青海湟源東南，是羌人居住的西部地區。(212)浩

亹　漢縣名，縣治在今青海樂都東，是羌人居住的東部地區。(213)公田　漢朝當地政府所有的土地。(214)郵亭　驛站，為官方傳達信件與為過往官員提供食宿的館舍。(215)部士入山　帶領士兵進山。部，率領。(216)在水次　在溪水邊上放著。次，旁。(217)冰解漕下　到春天解凍後可順水將木材放排而下。(218)繕鄉亭　把那些破敗的鄉公所、驛站都加以修繕。(219)浚溝渠　把那些澆灌田地的溝渠都加以疏通。(220)治　修建；架設。(221)湟陿　湟水上的峽谷名，在今青海西寧東。(222)令可至鮮水左右　意即一直通到青海湖邊。(223)田事出　到可以開始種地的時候。(224)賦人二十畮　分配給每個士兵二十畝地。(225)發郡騎　徵調各郡的騎兵。(226)屬國胡騎　匈奴屬國的騎兵。漢代沿邊諸郡將歸附漢朝的少數民族分別劃地集中居住，這種集中劃區居住的少數民族稱為「屬國」，設都尉予以管理。(227)就草　就著地面有草。(228)為田者遊兵　給屯田的步兵巡邏放哨。(229)以充入金城郡　收穫的糧食上交給金城郡。(230)益積畜　增加金城郡的糧食儲備。畜，通「蓄」。(231)省大費　可以節省國家的大量開支。(232)令大司農所轉穀至者　要讓大司農運送到金城前線的糧食。《通鑑》「令」字原作「今」，文意不順，據上下文意改。(233)足支　足夠供應。(234)謹上田處及器用簿　謹報上屯田的地點與屯田所需工具、物品的貨單。(235)即如　如果按照。(236)兵當何時得決　戰事須待何時結束。(237)孰計其便復奏　仔細考慮好實施方案重新上報。孰，同「熟」。(238)上狀　呈上敘述該項事務的奏章。狀，文體名，敘述具體實施方案的文章。(239)以全取勝　以自己不受損失而能戰勝敵人為上。(240)貴謀而賤戰　重視謀略而把戰場取勝放在第二位。(241)先為不可勝　先將自己擺在不可戰勝的位置。(242)以待敵之可勝　然後再尋找時機以求戰勝敵人。按，以上三句取意於《孫子兵法・謀攻》之「是故百戰百勝，非善之善者也，不戰而屈人之兵，善之善者也」；與〈形〉之「昔之善戰者，先為不可勝以待敵之可勝」。(243)殊　有別於。(244)禮義之國　指漢王朝。(245)避害就利　躲開危害，獲得利益。(246)一也　是一樣的。(247)亡其美地薦草　丟失了肥沃的土地、豐茂的草原。薦草，豐茂的青草。(248)愁於寄託遠遯　整天生活在漂泊遠逃的痛苦之中。(249)骨肉心離　即使那些叛亂頭子的骨肉至親也對他們離心離德。(250)人有畔志　所有的人都不想跟著他們的頭子再幹下去。畔，同「叛」。(251)罷兵　撤軍。(252)留田　留下屯田。(253)以待可勝之虜　以等待最後戰勝羌虜的時機。(254)雖未即伏辜　雖然還沒有立刻認罪伏誅。伏辜，伏罪；伏法。(255)兵決　戰事結束。(256)可期月而望　也就在這幾個月之間。期月，一整月。(257)受言去者凡七十輩　已經答應要脫離叛亂集團而去的共有七十多夥。(258)此坐　這都是我們坐看、坐等。(259)支解羌虜之具　使羌虜分崩離析的苗頭。(260)不出兵留田便宜十二事　不出兵攻擊而留下部分軍隊屯田的十二條好處。(261)武備　戰備。(262)因田致穀　通過屯田而獲得糧食。(263)排折　排擠、摧折。(264)貧破其眾　使其部下貧困破敗。(265)相畔之漸　相互叛離的趨勢。漸，逐漸；趨勢。(266)居民得並田作　當地居民可以和屯田部隊同時耕作。(267)不失農業　百姓們可以不失農時。(268)度支田士一歲　差不多夠屯田士兵一年的開支。度，估計；差不多。269省甲士卒　檢閱一下披甲的士兵。270循河湟漕穀至臨羌　沿著黃河、湟水把糧食用船運送到西部的臨羌縣。漕穀，水運糧食。271以示羌虜　以做給羌人看。272傳世折衝之具　這是一種可以流傳後世的折服敵人的手段。折衝，制服敵人的進攻。273下先所伐材　把先前在山上砍伐的木材順水放下來。274充入金城　把屯田收穫的糧食補充給金城郡。275兵出二句　如果出兵攻敵，那是一種冒危險、靠僥倖的事。乘危，冒險。徼幸，即僥倖。276不出　不出兵攻擊。277離霜露疾疫瘃墮之患　意即讓他們吃盡嚴寒、疾病等一切苦頭。離，遭受。瘃墮，因嚴寒而凍掉指頭。278經阻　翻越險厄之地。279乘間　利用間隙。280亡驚動河南大幵　不驚動黃河以南的另一支幵羌勢力。亡，通「無」。不。河南，這裡指今蘭州以西的黃河以南地區。281湟陿　即湟峽。282以制西域　以控制通往西域的交通。283從枕席上過師　意思是說修橋成功，則行軍安全方便，如從枕席上經過。284繇役豫息　徭役停息。繇，通「徭」。285以戒不虞　留出力量預防其他的意外事故。不虞，意外。286唯　表示祈請的發語詞。287報　批覆。288聞兵頗罷　聽到我軍有些撤回的消息。289且丁壯相聚　他們的青壯年將再次集合起來。丁壯，成丁者與壯年人。古稱十八歲的男人為成丁。290孰計　仔細考慮。孰，通「熟」。291計　智謀。292多筭勝少筭　謀劃精確的打敗謀劃粗疏的。《孫子兵法．計》有所謂「多算勝，少算不勝。」筭，同「算」。293失地遠客分散　丟掉了原來的地盤而遠居異地，且又住得分散。294畔還　離開其頭目而各自回家。295可日月冀　意即指日指月可待。冀，希望。296北邊　北部邊境。297遼東　漢郡名，郡治襄平，即今遼寧遼陽。298乘塞列地　登上城堡的與排列在地面的。299數以大眾攻之　多次用大部隊對之發動攻擊。300從今盡三月　從現在開始到明年三月底。301羸瘦　瘦弱、病瘦。因無草挨餓而致。302捐其妻子於他種中　把他的老婆孩子丟在其他部落。捐，拋棄。他種，別的部落。303將其累重　帶著他們的全部輜重。累重，輜重，指各種後勤物資。304是臣之愚計所以度虜　我之所以估計敵人……就是根據這一點。305且必瓦解其處　必將在其所處之地自行瓦解。306其原未可卒禁　這本來就是不可能一下子禁絕的。卒，通「猝」。307戰不必勝二句　沒有必勝把握的仗，就絕不能輕易地打。不苟，不隨便。接刃，意即開戰。308攻不必取二句　沒有把握攻克的城，就絕不興師動眾地攻。勞眾，使眾人疲勞。309誠令兵出　如果這次出兵真能達到。310即今同是　如果打過一仗情況還和原來一樣，即不能根絕小股入侵。311從乘危之勢　採取冒險的做法。從，從事；採取。312往終不見利　打一仗也得不到什麼好處。313空內自罷敝　白白把自己弄得很疲乏。罷敝，意即勞民傷財。314貶重　降低漢王朝的身分、威嚴。315非所以示蠻夷　這不是應該向蠻夷展示的大國形象。316還不可復留　打完仗以後就得換防，不可能再讓這些士兵屯田備羌。317亦未可空　還得調兵防守。318徭役復更發　向百姓徵兵的事情就又來了。319自惟念　自己思考。惟，也是「思」的意思。320窮　盡；消耗。321車甲　車輛、甲冑，這裡即指士兵。㉜亡 通「無」。㉝媮得避嫌之便 但卻落一個沒有過錯的好處。媮，苟；馬馬虎虎地。避嫌，免得落一個「抗旨」的罪名。㉞後咎餘責 日後生出的責任與麻煩。㉟輒下公卿議臣 總是要下發給公卿議臣們討論。㊱初是 最初贊成。㊲什三 十分之三。㊳詰問。㊴頓首服 磕頭自認不如。㊵數畫軍冊 屢次謀劃軍事大計。㊶任 相信。㊷嘉納之 稱讚他的謀略高並予以採納。㊸兩從其計 對兩種計畫都予以採納。㊹斬首降者 斬敵之首與接受投降者。㊺循吏 守法循理之吏，這裡即指良吏。㊻閔惜 憐惜。閔，通「憫」。㊼丁令 也寫作「丁零」，游牧在匈奴以北，今俄國貝加爾湖一帶的少數民族名。㊽比三歲 一連三年。㊾鈔盜匈奴 從北側對匈奴進行攻擊掠奪。

【校 記】[1]二 原作「三」。據章鈺校，甲十五行本、乙十一行本、孔天胤本皆作「二」，張敦仁《通鑑刊本識誤》同，今據改。[2]奏 原作「復奏」。據章鈺校，甲十五行本、乙十一行本、孔天胤本皆無「復」字，今據刪。按，《通鑑紀事本末》卷四、《通鑑綱目》卷六、《漢書・趙充國傳》皆無「復」字。[3]可必 原作「必可」。據章鈺校，甲十五行本、乙十一行本、孔天胤本二字皆互乙，今據改。按，《通鑑紀事本末》卷四、《通鑑綱目》卷六、《漢書・趙充國傳》皆作「可必」。

【語 譯】六月，有一顆光芒四射的流星劃過東方的夜空。

趙充國到達金城，等到騎兵到達了有一萬人的時候，就想渡過黃河西進，因為擔心遭到羌人的伏擊，於是就先派三個校尉各自率領本部人馬在夜間悄悄地渡過黃河，為了防止喧譁，每個人口中都銜著一支形狀類似筷子的枚，到了對岸之後就立即安營布陣，等到天亮時，這三支隊伍已經全部渡河並安營布陣完畢。就按照這種樣子依次全部渡過了黃河。羌人有數十人、或上百人左右的軍隊出現在漢軍營寨附近，趙充國說：「我們的軍隊剛剛到達，都很疲倦，沒有力氣馳騁、追擊他們，再說這些都是羌軍中最驍勇、剽悍的騎兵，很難將他們制服，又恐怕是前來誘敵的。我們此次是以將他們全部徹底消滅為目的，而不在於獲取一點小的利益。」於是下令不許追擊。趙充國派遣偵察騎兵到四望峽谷中偵察，發現沒有羌人的埋伏，於是在夜幕的掩護下率領軍隊抵達落都，然後召集起諸校司馬說：「我已經看出羌人是不會治軍的了！如果羌人派遣幾千人把守住四望峽谷口，我們的軍隊怎麼能夠到達這裡呢？」

趙充國用兵，總是把偵察敵情作為首要工作，行進時，總是保持隨時做好戰鬥準備的戒備狀態，安營紮寨的時候，一定要把兵營四周的防禦工事修得牢牢的，更為可貴的是老成持重，愛惜士卒，總是先計劃好攻守謀略，然後才採取軍事行動。於是向西來到西部都尉的行營所在地，每天都用酒肉犒賞軍隊，所以士卒都願意為他效勞。羌人的軍隊多次前來挑戰，趙充國都下令堅守。抓獲的俘虜供認說，羌人的部落首領全都互相指責說：「告訴你們不要謀反，你們不聽，現在漢朝天子派趙充國老將軍前來征討，趙將軍已經八九十歲了，很善於用兵打仗。現在就是請求與漢軍拼個死活，辦得到嗎？」當初，罕部落、幵部落的首領名叫靡當兒，他派他的弟弟雕庫來向漢朝的都尉義渠安國告發說：「先零人要謀反。」過了幾天，先零人果然謀反了。雕庫所屬的那個種姓的人中有不少人混雜在先零族的部落中，都尉義渠安國就將雕庫扣留下來充當人質。而趙充國認為雕庫本人沒有過錯，就把他遣送回去，並讓他告訴本族的首領說：「漢朝的大軍只誅殺有罪的人，你們要明確的表示出與發動叛亂的先零人是有區別的，不要與先零人一起自取滅亡。漢朝皇帝告訴羌人：犯法的人如果能夠斬殺其他犯法的人，不僅免除他的罪行，還按照他功勞的大小賞賜給數量不等的錢財。並將他所捕獲的其他羌人的妻子、兒女以及財物全部賞給他。」趙充國的用意是以威信招降罕部落、幵部落以及那些被先零羌所劫持、裹挾而參與謀亂的人，達到瓦解羌人的部落聯盟，等到他們極度疲倦的時候，再出兵攻打他們。

此時，漢宣帝從內地所徵調的軍隊加上屯邊的軍隊已經有六萬人了。擔任酒泉太守的辛武賢上書給漢宣帝說：「酒泉郡的兵力全都屯駐在南面的大山中，而北部邊防空虛，這種局勢不能起到長久，還要防備匈奴的入侵。如果非要等到秋冬季節才對羌人展開進攻，這是對付遠在邊境之外的敵人的計策。現在是羌人在不斷地進犯，而這裡的冬季極其寒冷，漢朝的戰馬不能忍受冬季的嚴寒，不如在七月上旬，讓士兵帶夠三十天的糧食，分別從酒泉、張掖出兵，合力攻打在鮮水北側的罕部落和幵部落。雖然不能把他們全部消滅，但可以奪得他們的牲畜財產、俘虜他們的妻、子，然後撤兵，等到冬季，我們再出兵攻打，大部隊頻繁出擊，必定能將羌人嚇壞。」漢宣帝將辛武賢的奏章轉發給趙充國，讓他發表意見。趙充國認為：「一匹馬馱著三十天的糧食，就是二斛四斗米，八斛麥，再加上衣服、兵器，如此沉重的負擔，很難在戰場上奔馳追擊敵人。

而羌人也一定會根據軍情變化決定進退，他們會慢慢引軍後退，沿著有水草的地方進入山林。如果我們尾追其後也進入山林，羌人肯定會佔據前面的險要地勢，再控制住我們後退路上的險要之地，斷絕我軍的運糧通道，到那時我軍必定面臨著慘重傷亡的危險，而遭到羌人的恥笑，這種恥辱即使是經過一千年也是洗刷不掉的。而辛武賢卻認為可以奪取羌人的牲畜、財產、妻子，這只不過是一句空話、大話，而不是最好的計策。先零人首先發動叛亂，其他部落只是被脅迫才參與叛亂，所以我的策略是，想對罕部落和幵部落由於糊塗所犯的過錯睜一隻眼閉一隻眼，隱忍而不公開，先對先零羌進行討伐，而給罕部落和幵部落以恫嚇和警告，他們應該為自己的行為感到後悔而改變立場，到那時再赦免他們的罪過，然後選擇優秀、賢能而又瞭解當地風俗的官吏去安撫他們，使他們平安和睦。這才是既能使軍隊完好無損，又能確保軍事上的勝利，從而達到安定邊陲的最好策略。」

漢宣帝將趙充國的奏疏交給朝中大臣討論，公卿大臣都認為「先零羌的軍隊勢力強盛，又仰仗罕部落和幵部落的援助，如果不首先打敗罕部落和幵部落，就無法戰勝先零羌。」於是漢宣帝就任命擔任侍中的許延壽為強弩將軍，又派人到酒泉郡任命酒泉太守辛武賢為破羌將軍，並下發詔書表彰並接受辛武賢所陳述的意見。漢宣帝又下詔書中斥趙充國說：「現在全國各地都在為討伐西羌而運輸糧草物資，百姓的正常生活因此而受到擾亂不得安寧，將軍統帥著一萬多人的軍隊，不能趁著秋季水草繁茂的有利時機，爭奪羌人的牲畜和糧草，反而要等到冬季，到那時，羌人已經準備了足夠的糧草，他們躲入山中，佔據了險要地形。而將軍的將士們則暴露在嚴寒之中，手腳都被凍裂，難道還有什麼優勢可言嗎？將軍不考慮朝廷的龐大軍事費用，竟然想耗費數年的時間然後再戰勝敵人，帶兵的將軍，誰不樂意這樣呢？如今已經任命破羌將軍辛武賢等人率軍於七月間攻打罕羌。希望將軍到時率軍同時進兵，不要再有什麼疑義！」

趙充國再次上書給漢宣帝說：「陛下此前曾經賜書給我，希望我派人去告訴罕部落，說漢朝大軍就要前來征討先零人，但漢軍不會攻打罕部落，以瓦解先零羌人加強與罕部落、幵部落聯合的陰謀。所以我才釋放了幵部落的首領雕庫，讓他回到自己的部落去傳達陛下的恩德，現在罕部落和幵部落都已經聽到了陛下的詔命。如今先零羌的首領楊玉憑藉著山石樹木的有利地形，等待有利時機對我們漢軍發動進攻，而罕部落和幵部落並沒有任何違法行動，現在卻想把先零羌放在一邊，先去攻打罕羌，這是釋放了有罪之人，而征討無辜之人。這就等於是一次發難，而為自己成就了兩種害處，我想這一定不是陛下本來的意圖！我聽說兵法上有這樣的話：『如果用來攻擊敵人而力量顯得不足的話，那麼就採取防守。』兵法上還說：『善於作戰的人能夠掌握戰場的主動權，牽著敵人的鼻子走，而不是被敵人牽著鼻子走。』假設罕羌想要進犯敦煌、酒泉，我們就應該早做準備，整頓好兵馬，訓練好士卒，等待他們的到來。坐在那裡就能白白撿到一個誘敵上鉤的機會，在戰術上叫做以逸待勞，這是奪取勝利的重要策略。現在由於擔心酒泉、敦煌兩郡的兵力太少，防守的力量不足，就要讓他們首先對敵人發起進攻，這就等於拋棄了戰場上的主動權而被敵方牽著鼻子走，我雖然很愚昧，卻認為這樣做是不合適的。先零羌因為想要背叛漢朝，發動叛亂，所以才與罕部落和幵部落化解了仇怨而締結和約，但他們的心裡未嘗不擔心漢朝大軍一到而罕部落和幵部落會背叛。因此，我以為先零人非常希望能先解救一次罕部落和幵部落的危急，以使他們之間的聯盟更為堅固。如果我們先去攻打罕羌，先零羌一定會趕來救援。如今正是羌人戰馬肥壯、糧草富足的時候，攻打他們恐怕也不能給他們造成重大傷害，反而給先零羌施恩德於罕羌提供了機會，使他們之間的聯合更加堅固，使他們的奸黨更加鐵板一塊。一旦羌人各部落之間結成死黨，將精兵聯合起來就有二萬多人，然後脅迫那些小部落，向他們靠攏的人就會越來越多，類似莫須這樣的小部落也就不敢輕易地離開先零羌了。如此的話，羌人的勢力就會越來越大，再想要消滅他，就得多花費出數倍的力量。我擔心朝廷的憂患、麻煩如果沒有十幾年的工夫是不能解決的，那可就不只是二三年的問題了。按照我的意見，只要先誅滅先零，那麼對待罕羌、幵羌，用不著出兵他們就會主動歸服。如果先零羌已經被誅滅，而罕、幵仍然不服，等過了正月再去攻打他們，這是最合理的計畫，也是最理想的時機。而現在進兵，確實看不出有什麼好處！」六月二十八日戊申，趙充國將此奏章上奏漢宣帝。秋季，七月初五日甲寅，蓋有皇帝璽印的詔書對趙充國的意見作出了答覆，漢宣帝聽取了趙充國的意見。

趙充國率領軍隊逼近先零軍隊駐紮的地方。這些先零人由於在此地已經屯駐了很久，戒備已經鬆懈，他們突然看見漢朝大軍到來，馬上丟棄了車輛輜重，想渡過湟水向南逃跑，卻由於道路狹窄難行而擠做一團，趙充國率領軍隊緩緩地向他們進逼。有人建議說：「我們的目的是追求勝利，現在的速度太慢了。」趙充國回答說：「這是陷入窮途末路的賊寇，不可逼得太急。慢慢地逼近，他們會爭先逃走，連回頭也顧不上，如果逼得太急，他們就要回過頭來與你拚命。」諸將領都認為趙充國說得有道理。先零人掉入水中淹死的有數百人，向漢軍投降的以及被殺死的也有五百多人。繳獲的馬、牛、羊十萬多頭，車子四千多輛。趙充國率領大軍來到罕羌所居之地，下令軍中不許燒毀罕人的村落、房屋，不許在罕人的田間放牧。罕羌人聽說以後，都高興地說：「漢軍果然不攻打我們！」罕人的首領靡忘派人來對漢軍說：「希望回到叛亂前居住的地方。」趙充國將這個情況派人奏報朝廷，沒有得到答覆，靡忘就親自來到趙充國的軍中歸案，聽候處治。趙充國備好飲食招待他，打發他回去向自己的部落說明情況。趙充國手下的監軍全都抗議說：「這是一個參與謀反的羌人，不能擅自作主將他放回去！」趙充國說：「諸位都是為了不惹法律的麻煩以求自我保全，而不是出於忠心為國家的利益考慮。」話還沒有說完，宣帝的詔書就到了，令將靡忘按照將功折罪處置。後來罕、幵部落果然不用動武就全部歸順了。

漢宣帝下詔命令破羌將軍辛武賢和強弩將軍許延壽率領所部前往趙充國屯駐的地方，限期於十二月與趙充國的軍隊會合，向先零叛軍發動攻擊。當時羌人向漢軍投降的已經有一萬多人了，趙充國估計他們必定自行崩潰，就準備將騎兵撤走，只留下步兵就地屯田，以等待先零人自行垮臺的時機。奏章已經寫好但還沒有發往京師，就接到皇帝要求進兵的詔書，趙充國的兒子、擔任中郎將的趙卬心裡感到害怕，就派了一個幕僚來勸諫趙充國說：「如果命令軍隊出擊，就招致軍敗將亡，朝廷因此而面臨傾覆的嚴重後果，將軍堅持自己的立場是可以的。而現在不過是有利與有弊的問題，哪裡用得著如此的固執己見呢？一旦違背了皇帝的旨意，皇帝派下一位身穿繡衣的直指使者前來責備將軍，將軍自己的身家性命都難以保全，哪裡還談得上維護國家的安全呢？」趙充國聽了之後歎了口氣說：「這些話聽起來對皇上是多麼的不忠啊！如果當初就採納我的意見，羌人怎麼會鬧到今天的這個樣子呢？當初推舉可以先到羌中視察的人選時，我舉薦辛武賢，而丞相、御史又向皇帝建議派遣義渠安國，結果竟然破壞了羌人與漢朝的關係，促成了羌人的叛亂。金城、湟中的穀子每斛八錢，我對耿中丞說：『我們只要收購三百萬斛穀米儲備起來作為軍糧，羌人就不敢輕舉妄動了！』耿中丞卻請求收購一百萬斛，而最後只收購了四十萬斛。義渠安國兩次出使就耗費了其中的一半。由於這兩項失策，才導致羌人敢於謀反。一毫釐的失誤，就導致了一千里的偏差，這都是以往的事情了。而現在軍事行動拖延日久、問題得不到解決，國家四周的其他少數民族如果突然有個風吹草動，就可能由此而引發一連串的變故，到那時，即使再高明的人，也難以處理好下一步的事情，難道只有這些羌人值得我們憂慮嗎？我之所以要冒死堅持自己的主張，是因為我相信聖明的君主必定會採納我的忠言。」

於是趙充國給漢宣帝上了一道關於屯田的奏章，說：「我所率領的全軍將士以及馬牛所食用的糧食和草料，要從其他廣大地區調來，與羌人的戰爭很難堅持長久而不能解決，由此而加重了百姓的徭役負擔，恐怕會引發變故而給聖明的君主增添憂愁，這不符合事先早已確定好的，不用出兵作戰、在朝廷之上運用智謀就能挫敗敵人的策略。而且羌人很容易用計謀將其戰勝，而難於用軍事力量將其征服，所以我認為對羌人採取軍事行動沒有什麼好處。我估計，從臨羌縣向東到浩亹縣一帶，原本是羌人的故地以及屬於漢朝當地政府所有的土地，從未經過農民開墾，估計有二千頃以上，其間的驛站大多都已經損壞。我前些時率領軍隊入山，砍伐林木六萬多株，放置在溪水邊上。我請求撤回騎兵，只留下步兵一萬二百八十一個人，分別屯駐在險要之處，等到河水解凍之後，將木材放排而下，用它修繕驛站，疏通溝渠水道，把湟峽以西的七十多座橋樑修好，使河水可以一直通到青海湖邊。等到可以開始耕作的時候，分配給每個士兵二十畝地。到四月分青草發芽的時候，就徵調各郡的騎兵以及各屬國的騎兵各一千人，就著地面的水草一邊放牧，一邊給屯田的步兵巡邏放哨，糧食收穫之後上交給金城郡，以增加金城郡的糧食儲備，這樣可以為國家省下很大的一筆費用。如今大司農派人轉運來的糧食，足夠支持一萬人一年以上的用度。現在僅呈上屯田的地點以及屯田所需要的農具、物品的貨單。」

漢宣帝回覆說：「假如按照將軍的計畫，叛逆的羌人什麼時候能夠平定？戰事什麼時候能夠結束？認真考慮好制服羌人的方案重新奏報。」

趙充國呈上敘述該項事務的奏章，他說：「我聽說帝王的軍隊，以自己不受損失而能戰勝敵人為上，所以特別注重戰勝敵人的謀略而把戰場取勝放在第二位。『百戰而能百勝，並不是高手中的高手，所以應該先將自己擺在不可戰勝的地位，而後尋找可以戰勝敵人的機會。』蠻夷的風俗習慣雖然和我們這個禮儀之邦的漢朝不同，然而在躲避災害追求利益、愛護親戚、懼怕死亡方面和我們是一樣的。如今他們失掉了肥美的土地和茂盛的牧草，整天生活在漂泊遠遁的痛苦之中，即使是那些叛亂分子的至親骨肉也會與他們離心離德，人人都有背叛他們的願望。而在此時，聖明的陛下下令罷兵休戰，留下一萬人屯墾，既是順應天時，也是適應地利，以此等待可以最後戰勝羌虜的機會。他們雖然還沒有立即認罪伏誅，但戰事結束也就在這幾個月之內。目前羌人已經在迅速瓦解之中，前後向我們投降的已經有一萬七百多人，以及答應我們要脫離叛亂集團而去的也有七十多夥，這些都是我們坐等使羌虜分崩離析的苗頭。我現在就將不出兵攻打羌人而將步兵留下來屯墾的十二項好處逐條地奏報給陛下：留下一萬名步兵屯田，將其分作九支隊伍，分別由九個校官指揮，以為戰備，開墾農田而獲得糧食，將漢朝的威勢與恩德同時向羌人展現，這是其一。又用這種屯田的形式將羌虜排擠出去，他們不能回到肥美富饒的土地上，其部下貧窮困苦，他們之間的團結就會遭到破壞，目前羌虜內部分崩離析的趨勢已經顯現，這是其二。當地居民因為沒有羌人騷擾，可以和屯田部隊同時耕作，百姓可以不失農時，這是其三。軍馬一個月所需的糧食，估計可以夠屯田士兵一人一年的用度，撤回騎兵可以節省很大的費用，這是其四。到了春季，可以檢閱披甲的士兵，讓他們沿著黃河、湟水，把屯墾收穫的糧食運送到臨羌縣，做給羌人看，向羌人耀武揚威，這是一種可以流傳後世的折服敵人的手段，這是其五。部隊在閒暇的時候，將先前砍伐下來的木材順水放下來，用來修繕驛站，將屯田收穫的糧食補充給金城郡，這是其六。如果我們冒險出兵攻打羌虜，只能憑藉僥倖取得勝利；如果不出兵攻打，反而能迫使反叛的羌虜逃竄到苦寒貧瘠的地方去遭受霜露、疾病、凍瘡這樣的災患，而我們卻能坐等勝利，這是其七。採取屯墾的方式，我們還可以免受翻越險阻、遠途追擊、死傷相繼的損失，這是其八。對內絲毫不會損傷朝廷的威望，對外又使羌虜沒有可乘之機，這是其九。又沒有驚動黃河以南另一支大的幵羌勢力，避免了其他變故發生，這是其十。修治湟峽山谷中的道路和橋樑，使其可以直接通往青海湖，以控制通往西域的交通，使漢朝的國威延伸千里，又使軍隊行軍安全方便，就像是在自家的枕席上通過一樣，這是其十一。大的費用已經節省下來，人民的徭役負擔也就可以免除，就可以留出力量預防其他的意外事故，這是其十二。留下步兵屯田可以獲得十二個方面的好處，而出兵就要失掉這十二個方面的好處，是屯田還是出兵，請求聖明的陛下選擇！」

漢宣帝批覆說：「你在奏章上所說的解決這次戰爭可以在數月之內實現，指的是今年冬季呢，還是別的什麼時間呢？將軍難道就沒有考慮到一旦羌虜聽到漢軍騎兵撤回的消息後，他們將會把軍隊中的青壯年重新集結起來，攻擊騷擾屯田的士兵以及在道路上擔任巡邏守衛的士兵，再次攻殺搶掠我國的邊民，如果出現這種情況，將採取什麼措施進行阻止呢？希望將軍仔細考慮之後奏報上來。」

趙充國上書給漢宣帝說：「我聽說在軍事上以智謀為根本，所以謀劃精確的必定戰勝謀劃粗疏的。先零羌軍隊中的精銳，現在剩下的不超過七八千人，他們已經失去了自己原來的土地而四處分散、客居他鄉，因為忍飢受凍而背叛他們的頭領返還故鄉的人絡繹不絕。所以我認為，最終打敗羌虜應該是指日指月可待，再久遠一點也不超過來年春季，所以說軍事的解決可以在數月之內實現。我私下裡觀察，看見北部邊境從敦煌郡到遼東郡全長達一萬一千五百多里，在如此長的邊境線上，登上城堡的與排列在地面擔任守衛的官兵只有幾千人，而胡虜多次派大部隊對他們發動進攻，都無法傷害他們。現在騎兵雖然撤回，羌虜所看到的我們屯田的精壯部隊仍然有一萬人之多，從現在開始到明年三月底，正是羌虜戰馬羸瘦的時期，他們必定不敢將自己的妻子兒女丟在其他部落中，而從遙遠的地方跋山涉水前來騷擾，也不敢帶著他們的全部輜重、妻子兒女返回到已經被我們佔領的故地。這就是我所謀劃的羌虜必定會在他們現在的棲身之處自行瓦解，不必動用武力，就會不攻而自破計策的依據。至於小股羌虜在很小的範圍之內偶爾殺傷漢民，這本來就是不可能一下子禁絕的。我聽說如果作戰沒有必勝的把握，就不要輕率地與敵人交戰，如果沒有把握攻克的城，就不能輕率地興師動眾去硬攻。假如下令出兵，即使不能將先零羌徹底消滅，但也能使羌人絕對不敢再來侵擾，哪怕是小股的羌虜，那麼出兵是可以的。如果打過一仗之後，情況還和原來一樣，就連小股羌人的侵擾也無法杜絕，卻要放棄坐等就能獲取的勝利，採取冒險的做法，打一仗也得不到什麼好處，白白地把自己軍隊弄得很疲乏，貶低、損傷漢朝的威嚴，這不是應該向羌虜展示的大國形象。再說，只要大軍一出動，不管是勝是敗，打完仗之後就得換防，不可能再讓這些士兵留下來屯田備羌，而湟中之地又不能沒有人防守，勢必導致再度向百姓徵兵的事情發生。我認為那樣對國家沒有好處。我經常私下裡考慮：如果接受皇帝的詔命遠出塞外去征討叛羌，率領軍隊深入蠻荒去攻打敵人，最後將所率領的精兵強將損失殆盡，將車馬甲冑丟棄在荒山曠野之間，雖然沒有建立尺寸大小的功勞，卻可以避免抗旨的罪名，落得個沒有過錯的好處，也無須承擔日後生出的責任與麻煩，但那樣做對不忠誠於國家的個人有利，卻不是聖明的君主與國家的福分。」

趙充國每次的奏章，漢宣帝都要將其交付給公卿大臣、議臣們討論評議。最初贊成趙充國意見的人只有十分之三左右，後來就有一半的人贊成趙充國的意見，到最後，竟然是十分之八的人贊成。漢宣帝下詔責備最初反對趙充國意見的人，這些人都磕頭認錯。魏相說：「我很愚鈍，不懂得軍事上的利害關係。後來趙充國將軍屢次謀劃策略軍事大計，他的話絕大多數都是正確的，我相信他的計策必定可行。」漢宣帝決定採納趙充國的意見，並在批覆的詔書中對趙充國給以嘉獎。又因為破羌將軍辛武賢、強弩將軍許延壽屢次建議應該對羌人採取行動，因此對兩種計畫都予以採納，漢宣帝下詔令破羌將軍辛武賢、強弩將軍許延壽與中郎將趙卬出兵攻打羌虜。強弩將軍許延壽率軍出戰，俘獲的羌虜有四千多人，破羌將軍辛武賢的軍隊斬殺羌虜二千多人，中郎將趙卬斬殺和俘虜的加起來也有二千多人，而趙充國的軍隊所俘獲的又有五千多人。漢宣帝下詔撤兵，只留下趙充國率領步兵屯田。

擔任大司農的朱邑去世。漢宣帝因為他是一個循理守法的官吏，對他的死感到很惋惜，於是下詔賞賜給他的兒子黃金一百斤，作為祭祀朱邑的費用。

這一年，任命前將軍、龍頟侯韓增為大司馬、車騎將軍。

匈奴北部的丁零人連續三年南下對匈奴進行攻擊搶掠，殺死劫掠了數千人。匈奴派遣了一萬多名騎兵前去攻打，卻一無所獲。

二年（辛酉　西元前六〇年）

春，正月，以鳳皇、甘露降集京師❶，赦天下。

夏，五月，趙充國奏言：「羌本可❷五萬人軍，凡斬首七千六百級，降者三萬一千二百人，溺河湟❸、饑[1]餓死者五六千人，定計❹遺脫❺與煎鞏、黃羝俱亡者❻不過四千人。羌靡忘❼等自詭必得❽，請罷屯兵❾。」奏可。充國振旅而還❿。

所善浩星賜⓫迎說充國曰：「眾人皆以破羌、彊弩⓬出擊，多斬首生降，虜以破壞⓭。然有識者以為虜勢窮困，兵雖不出，必[2]自服矣⓮。將軍即見⓯，宜歸功於二將軍出擊，非愚臣所及⓰。如此，將軍計未失⓱也。」充國曰：「吾年老矣，爵位已極⓲，豈嫌伐一時事⓳以欺明主⓴哉？兵勢，國之大事，當為後法㉑。老臣不以餘命㉒壹為陛下明言兵之利害㉓，卒死㉔，誰當復言之者？」卒以其意對㉕。上然其計㉖，罷遣辛武賢歸酒泉太守㉗，官充國復為後將軍㉘。

秋，羌若零、離留、且種、兒庫㉙共斬先零大豪猶非、楊玉㉚首，及諸豪弟澤、陽雕、良兒、靡忘㉛皆帥煎鞏、黃羝之屬四千餘人降。漢封若零、弟澤二人為帥眾王㉜，餘皆為侯、為君㉝。初置金城屬國㉞以處降羌。

詔舉可㉟護羌校尉㊱者。時充國病，四府㊲舉辛武賢小弟湯㊳。充國遽起㊴，奏：「湯使酒㊵，不可典蠻夷㊶。不如湯兄臨眾㊷。」時湯已拜受節㊸，有詔更用臨眾㊹。後臨眾病免，五府㊺復舉湯。湯數醉酗㊻羌人，羌人反畔，卒如充國之言。辛武賢深恨充國，上書告中郎將[3]卬㊼泄省中語㊽，下吏㊾，自殺。

司隸校尉㊿魏郡蓋寬饒(51)，剛直公清，數干犯(52)上意。時上方用刑法，任中書官(53)，寬饒奏封事(54)曰：「方今聖道(55)寖微(56)，儒術不行，以刑餘為周、召(57)，以法律為詩、書(58)。」又引易傳(59)言：「五帝官天下(60)，三王家天下(61)。家以傳子孫，官以傳賢聖。」書奏，上以為寬饒怨謗(62)，下其書中二千石(63)。時執金吾(64)議，以為「寬饒旨意欲求禪(65)，大逆不道！」諫大夫(66)鄭昌愍傷(67)寬饒忠直憂國，以言事不當意(68)而為文吏所詆挫(69)，上書訟(70)寬饒曰：「臣聞山有猛獸，藜藿為之不采(71)。國有忠臣，姦邪為之不起。司隸校尉寬饒，居不求安，食不求飽(72)。進有憂國之心，退有死節(73)之義。上無許、史之屬(74)，下無金、張之託(75)。職在司察(76)，直道而行，多仇少與(77)。上書陳國事，有司劾以大辟(78)。臣幸得從大夫之後(79)，官以諫為名，不敢不言。」上不聽。九月，下寬饒吏。寬饒引佩刀自剄北闕(80)下，眾莫不憐之。

匈奴虛閭權渠單于[81]將十餘萬騎旁塞獵[82]，欲入邊為寇。未至，會[83]其民題除渠堂亡降漢[84]言狀，漢以為言兵鹿奚[4]盧侯[85]，而遣後將軍趙充國將兵四萬餘騎屯緣邊九郡[86]備虜。月餘，單于病歐血[87]，因不敢入，還去，即罷兵[88]。乃使題王都犂胡次[89]等入漢請和親，未報[90]，會單于死。虛閭權渠單于始立，而黜顓渠閼氏[91]。顓渠閼氏即與右賢王屠耆堂[92]私通，右賢王會龍城[93]而去。顓渠閼氏語以單于病甚，且勿遠。後數日，單于死，用事貴人郝宿王刑未央[94]使人召諸王[95]，未至，顓渠閼氏與其弟左大[5]且渠都隆奇[96]謀，立右賢王為握衍朐鞮單于[97]。握衍朐鞮單于者，烏維單于[98]耳孫[99]也。

握衍朐鞮單于立，凶惡，殺刑未央等而任用都隆奇，又盡免虛閭權渠子弟近親而自以其子弟代之。虛閭權渠單于子稽侯狦既不得立，亡歸妻父烏禪幕。烏禪幕者，本烏孫、康居[100][6]間小國，數見侵暴，率其眾數千人降匈奴，狐鹿姑單于[101]以其弟子日逐王姊妻之，使長其眾，居右地[102]。日逐王先賢撣，其父左賢王當為單于，讓狐鹿姑單于，狐鹿姑單于許立之[103]。國人以故頗言日逐王當為單于。日逐王素與握衍朐鞮單于有隙，即率[7]其眾欲降漢，使人至渠犂[104]，與騎都尉鄭吉[105]

相聞[106]。吉發渠犂、龜茲[107]諸國五萬人迎日逐王口萬二千人、小王將[108]十二人，隨吉至河曲[109]，頗有亡者[110]，吉追斬之，遂將詣京師[111]。漢封日逐王為歸德侯。

吉既破車師[112]，降日逐[113]，威震西域，遂并護[114]車師以西北道[115]，故號都護[116]。都護之置，自吉始焉。上封吉為安遠侯。吉於是中西域[117]而立莫府[118]，治烏壘城[119]，去陽關[120]二千七百餘里。匈奴益弱，不敢爭西域，僮僕都尉[121]由此罷[122]。都護督察烏孫、康居等三十六國動靜，有變以聞[123]。可安輯[124]，安輯之；不可者誅伐之。漢之號令班西域[125]矣。

握衍朐鞮單于更立其從兄[126]薄胥堂為日逐王。

烏孫昆彌翁歸靡[127]因[128]長羅侯常惠[129]上書：「願以漢外孫元貴靡[130]為嗣[131]，得令復尚漢公主[132]，結婚重親，畔絕匈奴[133]。」詔下公卿議。大鴻臚蕭望之[134]以為：「烏孫絕域[135]，變故難保，不可許。」上美烏孫新立大功[136]，又重絕故業[137]，乃以烏孫主解憂弟相夫[138]為公主[139]，盛為資送[140]而遣之，使常惠送之至敦煌[141]。未出塞，聞翁歸靡死，烏孫貴人共從本約[142]立岑娶子泥靡[143]為昆彌，號狂王。常惠上書：「願留少主[144]敦煌。」惠馳至烏孫，責讓[145]不立元貴靡為昆彌，還迎少主[146]。事下公卿[147]，望之復以為[8]「烏孫持兩端[148]，難約結[149]。今少主以元貴靡不立而還，信無負於夷狄(150)，中國之福也。少主不止(151)，繇役將興(152)。」天子從之，徵還少主(153)。

【章　旨】以上為第三段，寫宣帝神爵二年（西元前六〇年）一年間的全國大事，主要寫了趙充國勝利回師，向宣帝報告平羌實情；寫了羌人歸附漢王朝，漢王朝設立金城屬國以安置羌人；寫了辛武賢因屢與趙充國意見不合，又屢屢失敗而生忌恨，害趙充國之子趙卬於死；寫了蓋寬饒因上書言事被宣帝所殺；寫匈奴因爭權內亂，日逐王率眾降漢；寫鄭吉因經營西域與迎降日逐王有功獲封侯，並首任西域都護等等。

【注　釋】❶降集京師　謂甘露降於京師，鳳凰集於京師。❷本可　原本大約。❸溺河湟　落入黃河、湟水淹死的人。❹定計　滿打滿算，充其量。❺遺脫　指自己開小差逃走的。❻與煎鞏黃羝俱亡者　跟著煎鞏、黃羝兩個頭目一道逃走的。❼靡忘　羌人的頭領，前已歸降趙充國，趙充國令其回羌中以宣諭朝廷意旨，安撫自己部落者。❽自詭必得　自己保證一定能夠擒獲那些逃跑的叛亂分子頭目。自詭，自己料定。❾請罷屯兵　請將討伐叛羌的漢朝大軍全部撤回。❿振旅而還　意即班師而還。振旅，整軍；列隊。⓫浩星賜　姓浩星，名賜，趙充國的朋友。⓬破羌彊弩　破羌將軍辛武賢，強弩將軍許延壽。⓭虜以破壞　羌虜是因為辛武賢、許延壽的出擊才崩潰垮臺的。以，因。⓮必自服矣　必定自己屈服了。⓯即見　如果見到皇帝；如被皇帝問起。⓰非愚臣所及　（就說皇帝命令二將出擊的決策）不是我所比得上的。⓱如此二句　這麼說，你原來的計畫也不算錯。⓲爵位已極　爵位已經到達頂點，指被封為營平侯。這裡的意思是自己已經不想再往上升，不想再顧及什麼。⓳豈嫌伐一時事　怎麼還能迴避暫時落一個自我誇耀的嫌疑。伐，自誇。⓴以欺明主　用假話哄騙皇上，指分明不是辛武賢、許延壽的功勞，而為了避免自誇，故意說是他們的功勞。㉑當為後法　應該為後人留下可供學習的法則。㉒不以餘命　不在有生之年。㉓壹為陛下明言兵之利害　一定要給皇上把什麼情況下該出兵、什麼情況下不該出兵的利害關係說清楚。㉔卒死　突然死了。卒，同「猝」。突然。㉕卒以其意對　最後還是按著自己的想法把實際情況對皇帝說了。㉖然其計　同意他的計策。㉗歸酒泉太守　仍回任酒泉太守，未獲得任何升遷。㉘復為後將軍　趙充國仍任後將軍，亦似無升遷，但後將軍與大司馬車騎將軍韓增等同居內朝，管理國政，故辛武賢對趙充國記恨於心。㉙若零離留且種兒庫　都是羌族各部落的頭領之名。㉚猶

非楊玉　率領羌人作亂的主要人物。㉛弟澤陽雕良兒靡忘　都是已經歸順漢王朝的羌族部落頭領之名。㉜帥眾王　統率羌族大眾之王。㉝餘皆為侯為君　據《漢書》，離留、且種二人為侯；兒庫為君；陽雕為言兵侯；良兒為君；靡忘為獻牛君。「君」的爵位比「侯」低一級。㉞金城屬國　在金城郡沿邊地帶所設立的政區名，以安置歸附漢朝的羌族人集中居住。㉟可　可以擔任。㊱護羌校尉　設立在羌人地區，以監管守護羌族事務的武官，地位相當於郡尉。㊲四府　指丞相、御史大夫、車騎將軍、前將軍等內、外朝的主要官府。㊳小弟湯　辛武賢的小弟辛湯。㊴遽起　趕緊從床上爬起來。遽，急速。㊵使酒　好酗酒生事。㊶典蠻夷　主管少數民族事務。典，主管。㊷湯兄臨眾　辛湯之兄辛臨眾，也是辛武賢之弟。㊸已拜受節　已經任命官職並授予符節。㊹更用臨眾　改任辛臨眾。㊺五府　前已述之四府，再加上趙充國的後將軍府。㊻醉酗　醉酒後辱罵人。㊼中郎將卬　即趙卬，趙充國之子。㊽泄省中語　據《漢書》，趙卬與辛武賢在軍中閒談時，說起過宣帝曾對張安世不滿，欲誅之。多虧了趙充國從中化解，張安世才得保全。辛武賢即據此告發趙卬有罪。省中，即指宮中。㊾下吏　交由法吏審理。㊿司隸校尉　武帝時新置的官名，掌糾察朝廷百官及京城附近各郡，相當於州刺史。司隸原來是管理京城的徒奴，故以名官。(51)魏郡蓋寬饒　魏郡的郡治鄴城，在今河北臨漳西南。蓋寬饒字次公，西漢後期的名臣。事跡詳見《漢書》本傳。(52)干犯　沖犯；冒犯。(53)任中書官　寵任中書部門的官吏。中書是在宮中為皇帝掌管文書檔案的單位，這些人員的品級看似不高，但受寵信，握有實權。又因為這個機關是在宮內，故又常用宦官為之。(54)奏封事　意即上表章。因給皇帝的表章須嚴密封緘，故稱「封事」。(55)聖道　孔子之道，即儒家思想。(56)浸微　逐漸衰微；越來越不受重視。(57)以刑餘為周召　讓太監充任朝廷的肱股大臣。刑餘，指宦官。周、召，周公姬旦，召公姬奭，二人皆周初的輔政大臣。(58)以法律為詩書　謂以刑罰統治代替王道教化。《詩》、《書》是儒家的經典，儒家鼓吹王道，用《詩》、《書》作為教化工具。(59)易傳　這裡是指漢代韓嬰所著的《易傳》。(60)五帝官天下　五帝時代以天下為公，不看作是一家之私有，故實行禪讓制，傳賢不傳子。五帝指黃帝、顓頊、帝嚳、堯、舜。(61)三王家天下　從三王開始把天下看作私家之物，故傳子不再傳賢。三王，指夏禹、商湯、周文王與周武王。(62)怨謗　怨恨、誹謗當朝皇帝。(63)下其書中二千石　將蓋寬饒的上書下發給九卿一級的官員討論。中二千石是官階名，指漢代朝廷的九卿一級。(64)執金吾　官名，原稱「中尉」，是掌管首都治安的長官。據《漢書·百官公卿表》，當時任執金吾的人名賢，史失其姓。按，執金吾在當時並非中二千石，是二千石，但其地位列於九卿。(65)旨意欲求禪　想讓皇帝把位子傳給他。(66)諫大夫　主管為皇帝拾遺補缺，隨時提出修正意見的人。(67)愍傷　憐憫；同情。(68)不當意　不合皇帝的心意。(69)而為文吏所詆挫　被司法官吏抓住辮子大做文章。文吏，法官。詆挫，詆毀、打壓。(70)訟　辯護；申冤。(71)藜藿為之不采　即使野菜也無人敢去採摘，其他有價值的東西更不用說了。藜藿，野菜。72居不求安二句　二句見《論語》，原文作「君子食無求飽，居無求安，就有道而正焉。」73死節　為堅持真理、堅守操節而死。74許史之屬　許廣漢、史高那樣的親戚。許廣漢是宣帝的岳父，史高是宣帝祖母史良娣的娘家人。現在都位居列侯，在朝秉政。75金張之託　金安上、張安世那樣的依靠。託，寄託；依靠。張安世與金安上之父金日磾都是武帝臨死前的顧命大臣，宣帝時張安世、金安上都位居列侯，在朝秉政。76司察　主管監察。77多仇少與　仇人多、朋友少。與，交好；友好。78劾以大辟　將之彈劾議定成了死罪。大辟，古代的死刑。79從大夫之後　意即也算一個「大夫」官。從，跟隨。80北闕　未央宮的北門。81虛閭權渠單于　壺衍鞮單于之弟，自西元前六八年繼其兄位為單于。82旁塞獵　沿著漢王朝的邊塞打獵。旁，通「傍」。沿著。83會　恰好有。84亡降漢　逃跑投降了漢王朝。85言兵鹿奚盧侯　題除渠堂所封列侯的名號。86緣邊九郡　指五原、朔方、雲中、代郡、雁門、定襄、右北平、上谷、漁陽九郡。87歐血　同「嘔血」。88即罷兵　指匈奴人即撤兵而去。89題王都犂胡次　「題王」是匈奴的王號，其名叫「都犂胡次」。90未報　漢王朝還未來得及回覆。91黜顓渠閼氏　事在宣帝地節二年（西元前六八年）。92右賢王屠耆堂　右賢王是匈奴西部地區的最高統治者，與左賢王分掌匈奴的東部與西部地區，是匈奴單于的左膀右臂，通常由單于的兒子或兄弟充任。老單于去世，新單于往往就從這些人裡選出。屠耆堂是右賢王之名。93會龍城　匈奴每年五月在龍城大會各部首領，祭祀祖先及天地、鬼神。龍城，也寫作「蘢城」，在今蒙古國烏蘭巴托西南之鄂爾渾河西側的和碩柴達木湖附近。崔浩曰：「西方胡皆事龍神，故名大會處為『龍城』。」94郝宿王刑未央　郝宿王是匈奴的王號，名叫「刑未央」。95召諸王　召諸王至共議立單于事。96左大且渠都隆奇　左大且渠名都隆奇。左大且渠是左賢王的部下，地位不很高。97握衍朐鞮單于　「握衍朐鞮」是該匈奴單于的名號，其人名叫「屠耆堂」。自宣帝神爵二年（西元前六〇年）為單于。98烏維單于　伊稚斜單于之子，西元前一一四—前一〇五年在位。99耳孫　遠代之孫，有說是八世孫。100烏孫康居　皆西域國名，烏孫約當今我國新疆之西北部、塔吉克共和國的東南部，與吉爾吉斯共和國的東部地區，首都赤谷城，在今吉爾吉斯斯坦境內的伊塞克湖之東南，距我國的新疆邊界不遠。康居約當今哈薩克斯坦的南部，國都卑闐（或說即今塔什干）。101狐鹿姑單于　且鞮侯單于之子，西元前九七—前八五年在單于位。102右地　匈奴的西部地區，為右賢王所統轄。103許立之　許於自己死後立先賢撣為單于。事見本書武帝太初元年。104渠犂　西域小國名，在今新疆庫爾勒和尉犁一帶。105騎都尉鄭吉　西漢後期經營西域的名臣。事跡見本書宣帝地節三年。此時鄭吉為西域都護，駐兵渠犂。106相聞　互通信息。107龜茲　西域國名，都城在今新疆庫車。108小王將　以小王的身分帶兵為部將。109河曲　黃河拐彎的地方，大約指今甘肅蘭州黃河以西地區。110頗有亡者　有些人要逃跑。

亡，逃跑。(111)將詣京師　率領著這些人來到了長安城。詣，到。(112)吉既破車師　鄭吉破車師事見本書卷二十五宣帝地節三年。(113)降日逐　現又招降了日逐王。(114)并護　全部監護。(115)車師以西北道　車師以西的整個通西域的北線交通。此道自敦煌向西出玉門關至車師前王庭（今吐魯番），傍天山南麓，經塔克拉馬干沙漠北側向西，經危須、焉耆、尉犁、烏壘、龜茲（今新疆庫車）、姑墨、溫宿、尉頭、疏勒等，與南道相合。(116)都護　漢王朝設在西域地區的最高長官。都護是全部監護該地區的所有小國。(117)中西域　在西域諸國的中央地區。(118)莫府　即幕府，將軍辦公的處所，後遂稱「都護府」。(119)治烏壘城　以烏壘城為都護的駐兵與辦公之地。烏壘城在今新疆輪臺東北。(120)去陽關　東距陽關。陽關在今甘肅敦煌西南。(121)僮僕都尉　匈奴監管西域各國的軍事長官，隸屬於匈奴日逐王。所謂「僮僕」，是把西域當奴僕對待。(122)由此罷　從此撤銷。(123)有變以聞　一旦出現變亂，立刻報告朝廷。(124)安輯　安撫。(125)班西域　頒行於西域。(126)從兄　堂兄。(127)烏孫昆彌翁歸靡　烏孫昆彌猶言「烏孫王」，其名字叫「翁歸靡」，「昆彌」是烏孫王的稱號。翁歸靡是第二位烏孫公主劉解憂的第二個丈夫。其即烏孫王位的過程見本書宣帝本始二年。(128)因　通過；借助。(129)常惠　西漢中期的名將，曾隨蘇武使於匈奴被拘留十九年，後率烏孫破匈奴有功，被封為長羅侯。事見《漢書》本傳。(130)漢外孫元貴靡　翁歸靡與解憂公主所生的長子，故稱「漢外孫」。(131)為嗣　作為王位繼承人。(132)得令復尚漢公主　希望能夠讓他再娶漢朝的公主為妻。尚，高攀，娶帝王之女的敬稱。(133)畔絕匈奴　永遠與匈奴斷絕關係。畔，同「叛」。(134)大鴻臚蕭望之　大鴻臚原稱「典客」，九卿之一，主管少數民族事務，後漸變為襄贊禮儀之官。蕭望之是西漢後期的著名儒生。事跡詳見《漢書》本傳。(135)絕域　人跡罕至，極言山高路遠的地方。(136)新立大功　指受常惠統領大破匈奴事。詳見本書宣帝本始二年。(137)又重絕故業　又怕因為不答應而斷絕了過去與烏孫的友好關係。重，看重。故業，與烏孫的友好關係。(138)烏孫主解憂弟相夫　前烏孫公主解憂的妹妹名叫「相夫」。(139)為公主　冒做皇帝的公主。按，前出嫁烏孫的解憂，本是楚王劉戊的孫女，也是以皇帝女兒的名義出嫁烏孫的。(140)盛為資送　拿出了好多東西做陪嫁。(141)敦煌　漢縣名，縣治在今甘肅敦煌西。(142)本約　當年前烏孫王岑娶臨死立翁歸靡時的約定。見本書宣帝本始二年。(143)岑娶子泥靡　岑娶與匈奴女子所生的兒子名叫「泥靡」。(144)少主　小公主，指相夫。(145)責讓　責備；指責。「讓」也是「責」的意思。(146)還迎少主　還繼續向漢王朝請求迎公主為妻。(147)事下公卿　宣帝將此事交給公卿討論。(148)持兩端　指向漢王朝、向匈奴兩方面討好。(149)難約結　難以通過和親結約。(150)信無負於夷狄　確實是沒有什麼對不起夷狄的地方。(151)少主不止　如果讓少主繼續嫁給烏孫人。(152)繇役將興　意即今後的麻煩將會更大。因為既要維護公主的身分、權益，又要對付匈奴人干涉等等。繇，通「徭」。(153)徵還少主　把少主相夫接回京城。

【校　記】1饑　原無此字。據章鈺校，甲十五行本、乙十一行本、孔天胤本皆有此字，今據補。按，《通鑑紀事本末》卷四、《漢書．趙充國傳》皆有此字。2必　原作「即」。據章鈺校，甲十五行本、乙十一行本、孔天胤本皆作「必」，張敦仁《通鑑刊本識誤》同，今據改。3將　原無此字。據章鈺校，甲十五行本、乙十一行本、孔天胤本皆有此字，今據補。4奚　「奚」下原有「鹿」字。據章鈺校，甲十五行本、乙十一行本皆無「鹿」字，張瑛《通鑑校勘記》同，今據刪。按，《通鑑紀事本末》卷四無後「鹿」字。5大　「大」下原有「將」字。據章鈺校，甲十五行本、乙十一行本皆無「將」字，今據刪。按，《通鑑紀事本末》卷四無「將」字。6烏孫康居　原作「康居烏孫」。據章鈺校，乙十一行本、孔天胤本二詞皆互乙，今據改。按，《漢書．匈奴傳上》作「烏孫康居」。7率　原作「帥」。據章鈺校，甲十五行本、乙十一行本、孔天胤本皆作「率」，今據改。按，《通鑑紀事本末》卷四、《漢書．匈奴傳上》皆作「率」。8為　原無此字。據章鈺校，甲十五行本、乙十一行本、孔天胤本皆有此字，今據補。按，《通鑑紀事本末》卷三、《通鑑綱目》卷六皆有此字。

【語　譯】二年（辛酉　西元前六〇年）

春季，正月，因為鳳凰飛落京師，甘露降於京師，因此大赦天下。

夏季，五月，趙充國上書給漢宣帝說：「先零羌人的軍隊原來大約有五萬人，被我軍斬首了有七千六百多人，投降過來的有三萬一千二百人，落入黃河、湟水淹死的以及餓死的有五六千人，滿打滿算，自己開小差逃走的，加上跟隨煎鞏、黃羝兩個頭目一道逃走的不會超過四千人。罕羌首領靡忘等人自己保證一定能將這些逃亡的先零羌叛亂分子頭目擒獲，請求結束屯田。」漢宣帝批准撤軍。趙充國整頓軍隊班師而回。

趙充國的好友浩星賜在趙充國班師途中迎住趙充國，他對趙充國說：「大家都認為破羌將軍辛武賢、強弩將軍許延壽率軍出擊先零羌，斬殺和俘虜了很多先零羌人，先零羌是因為辛武賢、許延壽的出擊才崩潰垮臺的。然而有識見的人都認為先零人已經是走投無路窮困不堪，即使不出兵，先零人肯定自己就屈服了。將軍如果見到皇帝，應該將打敗先零羌的功勞歸於破羌將軍辛武賢、強弩將軍許延壽二位將軍的主動出擊，皇帝命令二位將軍出擊的決策是英明的，自己是無論如何也比不上的。這樣的話，將軍原來的計畫也不算錯。」趙充國說：「我已經年老了，爵位已經達到了頂點，怎麼能為了避免嫌疑，懼怕別人議論我在用兵這件事情上自誇功勞，就去用假話哄騙皇帝呢？軍事策略，是國家的大事，應當為後世留下可供學習的法則。老臣如果不能在有生之年為皇帝講清楚在什麼情況下應該出兵、在什麼情況下不應該出兵的利害關係，如果我哪一天突然死了，還有誰肯再去對皇帝講清楚呢？」趙充國最後還是按照自己的想法把實際情況對漢宣帝實話實說了。漢宣帝同意他的意見，因而免去了辛武賢破羌將軍的職務，讓他仍舊回到酒泉擔任酒泉太守，趙充國也仍然擔任他原來的後將軍。

秋季，諸羌人部落的首領若零、離留、且種、兒庫共同將先零部落中率領羌人作亂的首領猶非、楊玉斬首，其他的羌人首領弟澤、陽雕、良兒、靡忘等也都率領煎鞏、黃羝手下的四千多名羌人向漢朝投降。漢朝封若零、弟澤二人為統帥羌族大眾之王，其他的有人被封為侯，有人被封為君。開始在金城郡沿邊地帶設置屬國，用來安置歸附漢朝的羌人集中居住。

漢宣帝下詔舉薦可以擔任設立在羌人地區、以監管守護羌族事務為職責的護羌校尉的人選。當時趙充國正在病中，丞相府、御史府、車騎將軍府、前將軍府四府全都舉薦辛武賢的小弟辛湯。趙充國聽到消息後，立即從病床上爬起來，他向漢宣帝奏報說：「辛湯酗酒任性，不適合擔任護羌校尉掌管羌族事務。讓他擔任還不如讓他的哥哥辛臨眾擔任。」而此時辛湯已經被任命並接受了符節，漢宣帝又下詔改任辛臨眾。後來辛臨眾因為有病被免職，五個官府再次舉薦辛湯。辛湯上任以後，多次在酗酒之後辱罵羌人，羌人因此再次反叛，正如趙充國所預料的那樣。辛武賢因此將趙充國恨入骨髓，於是上書告發趙充國的兒子、擔任中郎將的趙卬洩露了宮中談話的祕密，趙卬因此被捕入獄，後來在獄中自殺。

擔任司隸校尉的魏郡人蓋寬饒，為人剛毅正直、公正清廉，曾經多次冒犯皇帝。當時漢宣帝正把精力貫注在刑法上，而且寵任中書部門的官吏，蓋寬饒就給漢宣帝寫了一封嚴密封緘的奏章，他在奏章中說：「現在孔子的治國之道逐漸衰微，儒家思想也被廢棄不用，卻把宦官當做周公、召公一樣的聖人，讓他們掌握大權，用法律代替《詩》、《書》教化世人。」還引用《易傳》上的話說：「五帝時代以天下為公，不把天下看做是一家之私有，從三王開始把天下看做是自家的私有財產。把天下看做私有財產的就將天下傳給自己的子孫，視天下為公有財產的則將天下禪讓給聖賢。」漢宣帝看了蓋寬饒的密奏之後，認為是在誹謗自己，就將他的奏章交付給俸祿在中二千石的官員進行討論。當時執金吾認為「蓋寬饒想讓皇帝把皇位禪讓給他，犯了大逆不道之罪！」擔任諫議大夫的鄭昌很同情蓋寬饒，認為他忠誠正直、過分憂慮國家前途，因為上疏談論國事不合皇帝的心意而被司法官吏抓住辮子大做文章，於是給皇帝上書替蓋寬饒辯護說：「我聽說山上如果有兇猛的野獸出沒，就連生長在山上的野菜也沒有人敢去採摘。國家有了忠直敢諫的大臣，邪惡奸佞之輩就無法抬頭。司隸校尉蓋寬饒，居處不貪圖安逸，吃飯不追求美味。出來做官，有憂國憂民之心，退隱歸田，也有為堅持真理而死的節操。在他上面沒有像許伯、史高這樣的外戚作為庇護，下面沒有金日磾、張安世這樣的世家給予支持。他的職責就是主管監察，按照國家的有關規定辦事，所以他樹敵多而黨羽少。他上疏給皇帝談論國家大事，有關部門卻彈劾他犯了大逆不道罪，想將他置於死地。我有幸位在大夫之列，而我的官名又是『諫大夫』，所以我不敢不把自己的想法說出來。」漢宣帝沒有接受鄭昌的勸諫。九月，將蓋寬饒交付給司法官吏處置。蓋寬饒在未央宮的北門之下拔出身上的佩刀自刎而死，人們對他的慘死無不感到痛惜。

匈奴單于虛閭權渠率領十多萬名騎兵沿著中國邊境打獵，想趁機侵入邊境擄掠。還沒有到達目的地，恰好有一個匈奴人叫做題除渠堂的逃跑歸降了漢朝，向漢朝透露了這次虛閭權渠單于行動的目的，漢朝封題除渠堂為言兵鹿奚盧侯，然後派遣後將軍趙充國率領四萬多名騎兵沿著邊境九郡防備匈奴入侵。過了一個多月，匈奴虛閭權渠單于生了重病，口吐鮮血，因而沒敢侵入漢朝邊境就撤軍而去，漢朝也隨後罷兵。匈奴虛閭權渠單于派遣題王都犂胡次等人到漢朝請求和親，漢朝還沒有來得及給予答覆，匈奴虛閭權渠單于就死了。當初虛閭權渠單于剛即位的時候，因不喜歡顓渠閼氏而將其廢黜。顓渠閼氏於是與右賢王屠耆堂私通，右賢王前往龍城參加匈奴各部首領祭祀祖先及天地、鬼神大會。顓渠閼氏將虛閭權渠單于病危的消息告訴他，並囑咐他不要遠去。過了幾天，虛閭權渠單于果然病逝，當權貴族郝宿王刑未央派人召集匈奴諸王共同商議後事，各王還沒有到達，顓渠閼氏已經與他的弟弟左大且渠都隆奇謀劃好，擁立右賢王屠耆堂為握衍朐鞮單于。握衍朐鞮單于是烏維單于的遠代子孫。

握衍朐鞮單于即位之後，兇相畢露，他殺死了郝宿王刑未央等人，而重用顓渠閼氏的弟弟左大且渠都隆奇，又將虛閭權渠單于的子弟以及近親全部免除職務，而讓自己的子弟接替。虛閭權渠單于的兒子稽侯狦既然不能繼承父親為匈奴單于，就逃亡投奔了岳父家烏禪幕國。烏禪幕原本是西域烏孫、康居國之間的一個小國，因為屢次遭受侵犯，所以才率領本國的幾千人投降了匈奴，當時的匈奴狐鹿姑單于將自己弟弟的兒子日逐王的姐姐嫁給烏禪幕為妻，讓烏禪幕仍然為國人的首領，居住在匈奴的西部。日逐王叫先賢撣，先賢撣的父親左賢王本來應該為匈奴單于，但他將單于之位讓給了狐鹿姑單于，狐鹿姑單于曾經許諾在自己死後立日逐王先賢撣為單于。所以匈奴人都說日逐王先賢撣應當為單于。日逐王先賢撣一向與握衍朐鞮單于有矛盾，所以就想率領他的部眾投降漢朝，他派人到渠犂，與駐紮在那裡的騎都尉鄭吉取得了聯繫。鄭吉立即徵調了渠犂、龜茲等屬國的五萬多人迎接日逐王先賢撣及其所率領的一萬二千人和小王將十二人，先賢撣等跟隨鄭吉到達河曲，一路之上，有些人要逃跑，都被鄭吉派人追上殺死了，於是鄭吉率領著這些人來到京師長安。漢宣帝封日逐王先賢撣為歸德侯。

鄭吉已經打敗了車師國，如今又招降了日逐王先賢撣，因此他的威名震動了西域，於是朝廷命他全部監護車師以西的整個通西域的北線交通，所以人們都稱鄭吉為「都護」。在西域設置都護，就是從鄭吉開始的。漢宣帝封鄭吉為安遠侯。鄭吉在西域的中部地區設立幕府，治所設置在烏壘城，烏壘城東距陽關二千七百多里。匈奴的勢力更加衰弱，不敢與漢朝爭奪西域，並從此撤銷了負責監管西域各國事務的僮僕都尉。漢朝的都護負責監察包括烏孫、康居在內的三十六個西域國家的動靜，一旦發生變亂，就立即向朝廷奏報。能安撫的就進行安撫；如果安撫無效，就動用軍隊進行討伐。漢朝的號令當時已經頒行於西域。

握衍朐鞮單于另立他的堂兄薄胥堂為日逐王。

烏孫國王翁歸靡通過長羅侯常惠給漢宣帝上書說：「希望立漢朝的外孫元貴靡為烏孫國的合法繼承人，希望能夠讓他再娶漢朝的公主為妻，這樣親上加親，永遠與匈奴斷絕關係。」漢宣帝下詔將此事交付公卿大臣商議。擔任大鴻臚的蕭望之說：「烏孫國地處人跡罕至、距離漢朝又極其遙遠的地方，一旦發生變故，很難進行保護，所以不應該答應他的和親請求。」漢宣帝一方面很讚賞烏孫國在常惠統領下打敗匈奴、建立功勞的行為，又擔心如果不答應烏孫的請求會中斷與烏孫的友好關係，於是封解憂公主的妹妹劉相夫為公主，又拿出好多東西做陪嫁就打發上路了，派常惠護送到敦煌。還沒有走出邊塞，就聽到了烏孫國昆彌王翁歸靡去世的消息，烏孫貴族共同遵守當年烏孫王岑娶臨死時立翁歸靡的約定，立岑娶的兒子泥靡為昆彌王，號稱狂王。常惠趕緊上書給漢宣帝說：「希望暫時將少公主留在敦煌。」常惠騎馬趕往烏孫，指責他們不立元貴靡為昆彌，還繼續向漢朝請求迎公主為妻。漢宣帝把常惠的奏章交給朝中大臣討論，蕭望之仍然認為「烏孫國在漢朝與匈奴之間首鼠兩端，很難用婚姻關係進行約束。現在少公主因為烏孫不立元貴靡而中途返回，不能說是我們對烏孫不守信用，而應看作是中國的福分。如果讓少公主繼續嫁給烏孫人，將來難免會有更大的麻煩。」漢宣帝這次採納了蕭望之的意見，召回少公主。

三年（壬戌　西元前五九年）

春，三月丙辰❶，高平憲侯魏相❷薨。

夏，四月戊辰❸，丙吉為丞相。吉上寬大❹，好禮讓，不親小事❺，時人以為知大體。

秋，七月甲子❻，大鴻臚蕭望之為御史大夫。

八月，詔曰：「吏不廉平，則治道衰。今小吏皆勤事而俸祿薄❼，欲無侵漁❽百姓，難矣！其益吏百石已下❾俸十五❿。」

是歲，東郡⑪太守韓延壽為左馮翊⑫。始，延壽為潁川⑬太守，潁川承趙廣漢⑭搆會吏民⑮之後，俗多怨讎。延壽改更，教以禮讓。召故老⑯，與議定嫁娶、喪祭儀品⑰，略依古禮，不得過法⑱。百姓遵用其教。賣偶車馬⑲、下里偽物⑳者，棄之市道㉑。黃霸㉒代延壽居潁川，霸因其迹㉓而大治㉔。延壽為吏，上禮義㉕，好古教化㉖，所至必聘其賢士，以禮待用㉗，廣謀議㉘，納諫爭㉙。表孝弟有行㉚，修治學官㉛，春秋鄉射㉜，陳鍾鼓管弦，盛升降揖讓㉝。及都試講武㉞，設斧鉞旌旗，習射御㉟之事。治城郭，收賦租，先明布告其日㊱，以期會㊲為大事。吏民敬畏，趨鄉之㊳。又置正、五長㊴，相率以孝弟㊵。不得舍姦人㊶，閭里阡陌㊷有非常㊸，吏輒聞知㊹，姦人莫[1]敢入界。其始若煩，後吏無追捕之苦，民無箠楚之憂㊺，皆便安之。接待下吏㊻，恩施甚厚而約誓明。或欺負之㊼者，延壽痛自刻責㊽：「豈其負之？何以至此㊾？」吏聞者自傷悔，其縣尉㊿至自刺死。及門下掾(51)自剄，人救不殊(52)。延壽涕泣，遣吏醫治視(53)，厚復其家(54)。在東郡三歲，令行禁止(55)，斷獄(56)大減，由是入為馮翊(57)。

延壽出行縣(58)至高陵(59)，民有昆弟相與訟田(60)，自言(61)。延壽大傷之(62)，曰：「幸得備位(63)，為郡表率(64)，不能宣明(65)教化，至今民有骨肉爭訟(66)，既傷風化，重使賢長吏、嗇夫、三老、孝弟(67)受其恥，咎在馮翊(68)，當先退(69)。」是日(70)，移病不聽事(71)，因入臥傳舍(72)，閉閤(73)思過。一縣莫知所為，令、丞(74)、嗇夫、三老亦皆自繫待罪(75)。於是訟者(76)宗族傳相責讓(77)，此兩昆弟深自悔，皆自髡肉袒謝(78)，願以田相移(79)，終死不敢復爭。郡中歙然(80)，莫不傳相敕厲(81)，不敢犯。延壽恩信(82)周徧二十四縣(83)，莫敢以辭訟自言(84)者。推其至誠(85)，吏民不忍欺紿(86)。

匈奴單于(87)又殺先賢撣(88)兩弟，烏禪幕(89)請之(90)，不聽，心恚(91)。其後左奧鞬王(92)死，單于自立其小子為奧鞬王，留庭(93)。奧鞬貴人(94)共立故奧鞬王子為王，與俱東徙(95)。單于右丞相(96)將萬騎往擊之。失亡數千人，不勝。

【章旨】以上為第四段，寫宣帝神爵三年（西元前五九年）一年間的全國大事，主要寫了丙吉任丞相，時人稱其有大體；詳細地寫了韓延壽任潁川太守與任左馮翊的「尚禮義，好古教化」，從而取得良好政績；寫了匈奴握衍朐鞮單于自私、殘暴，匈奴內部逐漸分裂的情形。

【注釋】❶三月丙辰　三月十六。❷高平憲侯魏相　魏相因任丞相被封為高平侯，憲字是死後的諡。事跡詳見《漢書》本傳。❸四月戊辰　四月庚午朔，無戊辰日，此處記事有誤。❹上寬大　以寬和、重大體為處世做人準則。上，通「尚」。崇尚。❺不親小事　不過問小事。親，關心；過問。❻七月甲子　七月二十六。❼俸祿薄　工資少。❽侵漁　侵奪；勒索。❾百石已下　百石以下的小吏。約當鄉長、亭長等等。已，通「以」。❿俸十五　俸祿的十分之五。例如原俸一石，則增加五斗，共一石五斗。⓫東郡　漢郡名，郡治濮陽，在今河南濮陽西南。⓬左馮翊　西漢都城長安東部郊區的行政長官，相當於郡太守。⓭潁川　漢郡名，郡治陽翟，即今河南禹縣。⓮趙廣漢　前於宣帝本始三年（西元前七〇年）曾任潁川太守，以嚴酷善管著名。後轉為京兆尹，因誤衝撞丞相魏相，被殺。事見本書宣帝元康元年。⑮搆會吏民　讓吏民相互揭發檢舉，使其不敢為非。事見本書宣帝本始三年。⑯故老　熟悉佚文舊事的老年人。⑰嫁娶喪祭儀品　料理紅白喜事的大體規矩章法。儀品，儀式、章法。⑱不得過法　不能超過他們議定的「儀品」，不准揮霍排場。⑲偶車馬　用土、木仿製的車馬等殉葬品。⑳下里偽物　用於「陰間」的各種殉葬用品。下里，即指陰間。㉑棄之市道　因為無人買而只好拋棄於市場的道路。㉒黃霸　西漢後期的著名地方官，先曾於宣帝元康年間為穎川太守，有能名，調任京兆尹，坐法貶秩，又回到穎川任太守。事見本書宣帝元康三年。㉓因其迹　按著韓延壽的路子走。㉔大治　在治理穎川的工作中取得了巨大成功。㉕上禮義　崇尚禮義。上，通「尚」。崇尚。㉖好古教化　喜歡採取古代的教化辦法。㉗以禮待用　以禮相待，以禮任用。㉘廣謀議　廣泛徵求意見，充分商量。㉙納諫爭　聽取不同意見、反對意見。㉚表孝弟有行　表彰那些孝順父母、敬愛兄長等品性好的人。孝弟，孝順父母、敬重兄長。㉛修治學官　修整各地的學校校舍。學官，這裡即指校舍。㉜春秋鄉射　春秋兩季召集士子們舉行射箭之禮。鄉射，古代由地方長官召集士子舉行的一種射箭之禮，於春、秋舉行。㉝盛升降揖讓　充分講究不同輩分、不同年齡之間的上堂下堂、叩拜行禮。升降，指上殿下殿、上堂下堂。揖讓，指行禮與推辭。㉞都試講武　指地方官於農閒舉行的演習操練。都試，總學習；大檢閱。㉟射御　射箭、駕車。㊱先明布告其日　預先出布告說清楚在哪一天修築城牆、交納賦稅。㊲期會　按時間到達聚會。意即該修城的修城，該交稅的交稅。㊳趨鄉之　意即都按著他的規定做。趨鄉，同「趨向」。奔走；圍攏。㊴置正五長　設立層層管理的小頭目、小官吏。正，最基層的鄉官，如鄉正、里正。五長，最小的居民編制單位，五人為「伍」，設五長一人。㊵相率以孝弟　彼此監督、相互學習，看哪一家的「孝弟」做得好。㊶舍姦人　收容壞人留住。㊷閭里阡陌　閭里指居民之間、鄰里之間。阡陌指田間小道、田間地頭。㊸非常　指突發事變。㊹吏輒聞知　政府官員馬上就知道了。輒，就。㊺無箠楚之憂　不致因為犯罪而受懲罰。箠楚，木棍與荊杖，這裡用如動詞。㊻接待下吏　指韓延壽接待下屬官吏。㊼或欺負之　如果有人欺騙了他、對不起他。㊽痛自刻責　嚴厲地責備自己。㊾豈其負之二句　莫非是我虧待了他，不然，他怎麼會幹這種事。㊿縣尉　縣令的僚屬，掌管該縣軍事。(51)門下掾　郡守門下的屬吏。(52)人救不殊　被人救下，得以不死。不殊，將死而未死之狀。(53)遣吏醫治視　遣醫往治其傷，遣吏前往探視。(54)厚復其家　優厚地安撫他的家屬。按，「復」指免除賦稅徭役，是為國家做了貢獻的人才能享受；這種犯錯誤自致死傷者恐怕無此資格。故此處的「復」字似應作「撫」。(55)令行禁止　令之則行，禁之則止，言沒有違犯規定的人。(56)斷獄　審理和判決案件，這裡指發生案件。(57)入為馮翊　調進京城，任左馮翊。(58)行縣　視察左馮翊所屬各縣。(59)高陵　漢縣名，縣治即今陝西高陵，當時上屬左馮翊。(60)昆弟相與訟田　兄弟兩個為爭田產而對簿公堂。61自言　各執一辭，各有各的說法。62大傷之　對之大為傷心。63備位　意即充數，舊時任職者的自謙之詞。64為郡表率　身為一郡之長，自應作全郡的表率。65宣明　通過自己的宣教使人明白。66骨肉爭訟　骨肉之間打起官司。骨肉，指關係最近的親屬。67賢長吏嗇夫三老孝弟　指該訴訟者所在的縣鄉地方官。賢長吏，指高陵的縣令及其僚屬。嗇夫、三老、孝弟，都是鄉一級的官吏。嗇夫主管訴訟、賦稅、治安等事；三老掌管教化；孝弟主管道德風化方面的事情。68咎在馮翊　罪責首先在一郡之長，即左馮翊本人。69當先退　應該首先引咎辭職。70是日　當天。71移病不聽事　向各方面發出文告，稱說自己有病，不能處理政務了。移，發出文告。聽事，處理政務。72入臥傳舍　離開自己的府衙，搬到招待所裡居住。傳舍，意同「驛站」，旅舍。73閉閤　意同「閉門」。閤，門。74令丞　縣令、縣丞。縣丞是縣令的助手。75自繫待罪　自己進入監獄，聽候處理。76訟者　指為爭田產而對簿公堂的兄弟二人。77傳相責讓　相互批評、相互責備。78自髡肉袒謝　自行剃去頭髮、脫去上衣，表示認罪受罰。髡，古代最輕的一種刑罰，即剃去頭髮。肉袒，脫去上衣，古人請罪常用這種姿態。79願以田相移　甘願把田讓給對方。相移，相讓。80歙然　和睦融洽的樣子。81傳相敕厲　輾轉地彼此約束、勉勵。敕，約束；告誡。厲，同「勵」。82恩信　恩情、信義。83二十四縣　指左馮翊所管轄的高陵、櫟陽、夏陽、臨晉等二十四縣。84莫敢以辭訟自言　沒有人敢再挑頭打官司。辭訟，訴訟。85推其至誠　即以赤誠之心待人。86不忍欺紿　不忍心再做違背韓延壽教導的事。欺紿，瞞騙。87匈奴單于　即握衍朐鞮單于，名叫「屠耆堂」。自宣帝神爵二年（西元前六〇年）為單于。88先賢撣　即上年率眾降漢之日逐王。89烏禪幕　日逐王先賢撣的姐夫，前任匈奴單于虛閭權渠單于的兒子稽侯狦的岳父。90請之　為日逐王的兩弟求情。91恚　怨恨。92左奧鞬王　匈奴左賢王的部下，在匈奴所轄的東部地區。93留庭　留在單于庭。94奧鞬貴人　奧鞬王部落的上層分子。95與俱東徙　調整個奧鞬部落一起向東遷徙，離匈奴單于越來越遠。96單于右丞相　單于庭的右丞相。據此可知匈奴單于身邊此時已設有左、右丞相，此制度為武帝以前之匈奴所未有。

【校　記】1莫　原作「不」。據章鈺校，甲十五行本、乙十一行本、孔天胤本皆作「莫」，今據改。按，《通鑑綱目》卷六作「莫」。

【語　譯】三年（壬戌　西元前五九年）

春季，三月十六日丙辰，高平憲侯魏相去世。

夏季，四月戊辰日，任命丙吉為丞相。丙吉以寬和、重大體作為自己為人處事的準則，謙虛禮讓，不過問細小的事情，當時的人都評價丙吉為識大體。

秋季，七月二十六日甲子，任命大鴻臚蕭望之為御史大夫。

八月，漢宣帝下詔說：「下級官吏如果不能做到廉潔公平，國家就治理不好。現在的下級官吏都能夠勤勞公事而薪俸卻很少，要想使他們不侵奪、勒索百姓，是很難做到的！為俸祿在一百石以下的官吏按照十分之五的比例增加俸祿。」

這一年，東郡太守韓延壽被調到京師擔任左馮翊。起初，韓延壽擔任潁川太守，潁川郡自從趙廣漢任太守時，倡導吏民互相揭發檢舉之後，民情澆薄，相互間結下層層仇怨。韓延壽改弦更張，大力提倡禮儀謙讓。又將地方上熟悉佚文舊事的老年人召集起來，讓他們參與制定嫁女娶妻、喪葬祭祀等的大體規矩章法，基本上參照古代的禮法，規定吏民辦事時不能超過他們議定的儀品，不准揮霍排場。百姓都能遵循他的教化。用土、木仿製的假車假馬、用於陰間的各種陪葬物品，因為無人買而只好拋棄在市場的道路上。黃霸接替韓延壽任潁川太守，按照韓延壽的治郡辦法治理潁川，政績斐然。韓延壽為官，崇尚禮義，喜歡採用古代的教化辦法，每到一地，一定要聘請當地的賢能之士，以禮相待，以禮任用，遇事廣泛徵求意見，充分商量，認真聽取不同意見、反對意見。大力表彰那些孝敬父母、敬愛兄長等品行好的人和事，整修各地的學校校舍，在春、秋兩季召集士子們舉行射箭之禮，設置鐘、鼓、管絃等樂器，特別講究不同輩分、不同年齡之間在上堂下堂、叩拜行禮等方面的禮節。等到農閒時就在郡中集會比試武藝，講武場上也擺設著斧鉞旌旗，演練射箭、駕車等項技藝。整修城郭，徵收賦稅，都事先出布告說清楚哪一天是修築城牆、哪一天是繳納賦稅，把最後期限當做一件大事。由於人們都對韓延壽心存敬畏，所以一旦日期公布，人們都爭先恐後按照規定去做。又在鄉里設立里正、五長小頭目，彼此監督，互相學習，看哪一家孝敬父母、敬愛兄長做得好。規定不准收留奸邪之人，無論是在鄰里之間還是田間地頭，一旦有突發事件，政府官員馬上就能知道，所以奸邪之人都不敢進入潁川境內。開始施行時好像很煩瑣，但到後來，官吏沒有了追捕盜賊的艱辛，百姓也免除了遭受刑杖的痛苦，所以上下全都擁護這項新舉措。韓延壽對待下屬雖然恩遇有加，但同時也約束嚴明。如果有人欺騙了他、做了對不起他的事，韓延壽就嚴厲地責備自己說：「怎麼會是這個樣子？難道是我虧待了他？不然的話，他怎麼會這樣做？」那些做了錯事的部下聽到後都會自我傷感和悔恨，有一個縣尉竟因此而自殺身死。郡守門下的一個掾吏也是因此類事情自殺，被人及時救下得以不死。韓延壽為此痛哭流涕，不僅派屬吏前往探視、請醫生治療，還優厚地安撫了他的家屬。他在東郡任職三年，郡中有令即行、有禁即止，不論是民事案件還是刑事案件都大為減少，因此才被調到京師擔任左馮翊。

韓延壽到所屬各縣巡行視察來到高陵縣，遇到兄弟二人為爭奪田產而對簿公堂，他們各執一詞，各有各的說法。韓延壽對此事感到非常痛心，他說：「我有幸被派到這個郡中任職，身為一郡之長就要為全郡作出表率，但由於我沒能通過自己的宣教使人明白，致使骨肉之間為爭奪田產而打起官司，這不僅損害了當地的風俗禮教，也使賢明的縣令及其僚屬嗇夫、三老和孝弟等蒙受了恥辱，責任都出在我這個左馮翊身上，我應當引咎辭職。」當天，他就對外發布文告稱說自己有病不能處理政務，他離開府衙回到自己下榻的傳舍，開始閉門思過。一縣的人都不知該怎麼辦，於是縣令、縣丞、嗇夫以及三老等都讓人將自己捆綁起來，聽候處理。於是那兩個對簿公堂的族人全都來責備他們兄弟二人，這兄弟二人也為自己的行為感到深深的悔恨，就自行剃去自己的頭髮，脫去上衣，袒露著胳膊向韓延壽請罪，都表示願意把田產讓給對方，一直到死也不敢再為此相爭。郡中的人聽說了這件事之後，都感到很欣慰，無不相互轉告，彼此勉勵，骨肉之間再也不敢為田產之事發生爭執。韓延壽以恩義和誠信使自己的威望傳遍了轄區的二十四縣，沒有人敢再挑頭打官司。因為韓延壽以赤誠之心待人，不論是官吏還是百姓都不忍心再做違背韓延壽教導的事情。

匈奴握衍朐鞮單于因為痛恨日逐王先賢撣投降了漢朝，於是又將先賢撣的兩個弟弟殺死，烏禪幕為他們求情，但遭到匈奴單于的拒絕，因此烏禪幕對握衍朐鞮單于心懷怨望。後來左奧鞬王去世，匈奴握衍朐鞮單于就立自己的小兒子為奧鞬王，並讓他留在單于庭。奧鞬部落的貴族共同擁立已故奧鞬王的兒子為王，並舉族向東遷徙。單于右丞相率領一萬名騎兵隨後追擊，白白損失了一千多人，而沒有取勝。

【研　析】本卷寫了宣帝神爵元年（西元前六一年）至神爵三年共三年間的全國大事，其中值得議論的有如下幾點：

其一是詳細寫了西漢後期名將趙充國的軍事理論與其忠心耿耿、公而忘私的光輝人格。作品以耿壽昌、義渠安國、辛武賢等為反面對比，表明這次羌人叛亂如果按趙充國的對策本來可以不發生；而所以釀成這次叛亂是由於耿壽昌不預先積糧，與義渠安國的錯誤處置造成的。即使是叛羌頭目楊玉也不是預謀反漢，而是由於後來的形勢所促成。羌人叛亂後，如果依照趙充國的對策本來可以有征無戰；而所以導致最後還是出兵征打，這是由於辛武賢等人的一再橫生枝節，最後有人慫恿宣帝下令出擊的，其實完全是多此一舉。這次平定羌亂的整個過程都在趙充國的預料之內。趙充國先使自己居於不可勝之地，而後極大限度地分化瓦解敵人，爭取一切可以爭取的力量，當敵兵倉皇逃走時，趙充國「徐行趨之」，自己不受任何損失，而使敵人損失慘重。他的每一步驟都生動地體現著《孫子兵法》的原則。其屯田備戰、寓兵於民的國防思想，至今仍有鮮活的現實意義。

趙充國不僅是傑出的軍事家，而且忠心耿耿，公而忘私，知無不言，言無不盡。當第一次皇帝下令出兵攻擊時，他的兒子勸他不要再抗命上書，他堅持上書，使皇帝收回了成命；至勝利回京，浩星賜又勸他將此次取勝的原因歸於最後的出擊，不要再講其中的實情。趙充國說：「吾年老矣，爵位已極，豈嫌伐一時事以欺明主哉？」又說：「老臣不以餘命壹為陛下明言兵之利害，卒死，誰當復言之者？」這種無私的精神是可歌可泣的，但辛武賢卻不是廉頗，他對趙充國懷恨在心，直到將趙充國的兒子害死而後已。司馬光為了突出趙充國的人格，不惜篇幅將他的屢次上書都載入《通鑑》，作者的良苦用心，也是讀者應該認真體會的。

其二，漢武帝當年好神仙，好鬼神之祀，成為歷史上的大笑柄。宣帝不改弦更張，又想繼續搞這一套。王襃為此寫了〈聖主得賢臣頌〉，文章的辭采華美，說理透徹。最後說只要君臣一心，就能達到「太平之責塞，優游之望得，休徵自至，壽考無疆，何必偃仰屈伸若彭祖，呴噓呼吸如僑、松，眇然絕俗離世哉？」接著張敞又上書論及此事，於是宣帝「悉罷尚方待詔」。這裡表現漢宣帝的確舉動不凡，有人君之度。但對於王吉上書所論及的「宮室、車服盛於昭帝時」，以及「外戚許、史、王氏貴寵」等等，宣帝便「以其言為迂闊」，充耳不聞；待至蓋寬饒上書，論及宣帝的「方用刑法，任中書官」時，宣帝便不僅不聽，反而將其處死了。蓋寬饒的言論有其不切現實的過於天真之處，但竟然將其處死，未免太令人心寒了。王吉與蓋寬饒的上書都涉及到了宣帝任用酷法與過分寵用外戚的問題，歷史證明，這都是非常中肯的言論。

其三，本卷大篇幅地寫了韓延壽任潁川太守與任左馮翊兩屆地方官時的卓越情景。韓延壽「上禮義，好古教化」；他「聘其賢士，以禮待用，廣謀議，納諫爭」；他不僅有古代儒家色彩的「循吏」之風，而且還有些現代官吏「集思廣益」的民主色彩。可惜就是這樣一個令百姓喜愛的地方官，到下卷竟由於與蕭望之的矛盾而被下令處死了。韓延壽的被殺，與宣帝元康元年趙廣漢的被殺情形略似，一個是因為與丞相發生衝突，一個是因為與御史大夫發生衝突；兩個都是深受百姓喜愛的地方官吏，而死在了宣帝時代的嚴刑酷法之下，真令千載之下的讀者為之感慨不已。

卷第二十七

漢紀十九

起昭陽大淵獻（癸亥 西元前五八年），盡玄黓涒灘（壬申 西元前四九年），凡十年。

【題解】本卷寫了宣帝神爵四年（西元前五八年）至黃龍元年（西元前四九年）共十年間的全國大事。主要寫了匈奴握衍朐鞮單于因殘暴好殺，兵敗身死，導致匈奴分裂為五單于，稍後形成了呼韓邪單于與郅支單于兩軍對立，呼韓邪單于因作戰失敗而歸附漢朝，並到長安朝拜漢宣帝，從此被稱為「南匈奴」，而郅支單于則率部西移，改都堅昆，影響到西域諸國與漢王朝的關係，為日後陳湯經營西域做鋪墊；寫了嚴延年、韓延壽、楊惲被朝廷所殺的一系列用刑不當；寫了丞相黃霸為討好宣帝，欲上書言祥瑞，被張敞所劾奏；又欲舉史高為太尉，遭宣帝之痛斥，既見黃霸之媚俗，亦見當時丞相之難為。寫了太子劉奭因好儒而被宣帝所責備，寫了王政君入太子宮而受寵生子，為日後王氏外戚專權做鋪墊；寫了漢宣帝圖中興功臣十一人於麒麟閣的盛事；寫了宣帝死，與班固對宣帝的高度評價。

中宗孝宣皇帝下

神爵四年（癸亥　西元前五八年）

春，二月，以鳳皇、甘露降集❶京師，赦天下。潁川❷太守黃霸在郡前後八年❸，政事愈治❹。是時鳳皇、神爵❺數集郡國，潁川尤多。夏，四月，詔曰：「潁川太守霸，宣布[1]詔令❻，百姓鄉化❼，孝子弟弟❽、貞婦順孫日以眾多，田者讓畔❾，道不拾遺，養視鰥寡❿，贍助⓫貧窮，獄或八年⓬無重罪囚。其賜爵關內侯⓭，黃金百斤，秩中二千石⓮。」而潁川孝弟有行義民⓯、三老、力田⓰皆以差賜爵及帛⓱。後數月，徵霸為太子太傅⓲。

五月，匈奴單于⓳遣弟呼留若王勝之⓴來朝㉑。

冬，十月，鳳皇十一集杜陵㉒。

河南㉓太守東海[2]嚴延年㉔為治陰鷙酷烈㉕。眾人所謂當死者一朝出之㉖，所謂當生者詭殺之㉗，吏民莫能測其意深淺㉘，戰栗不敢犯禁。冬月，傳屬縣囚會論府上㉙，流血數里，河南號曰「屠伯㉚」。延年素輕黃霸為人，及比郡為守㉛，褒賞反在己前，心內不服。河南界中又有蝗蟲，府丞義㉜出行蝗㉝，還，見延年。延年曰：「此蝗豈鳳皇食邪㉞？」義年老，頗悖㉟，素畏延年，恐見中傷㊱。延年本嘗與義俱為丞相史㊲，實親厚之，饋遺㊳之甚厚，義愈益恐。自筮，得死卦㊴，忽忽不樂。取告[40]至長安，上書言延年罪名十事。已拜奏[41]，因飲藥自殺，以明不欺[42]。事下御史丞[43]按驗[44]，得其語言怨望[45]、誹謗政治[46]數事。十一月，延年坐不道[47]，棄市。

初，延年母從東海[48]來，欲從延年臘[49]。到洛陽，適見報囚[50]。母大驚，便〔3〕止都亭[51]，不肯入府[52]。延年出至都亭謁母[53]，母閉閤[54]不見。延年免冠[55]頓首閤下[56]，良久，母乃見之。因數責[57]延年：「幸得備郡守[58]，專治千里，不聞仁愛教化，有以全安[59]愚民，顧乘刑罰[60]，多刑殺人，欲以立威，豈為民父母意哉？」延年服罪，重頓首謝，因自〔4〕為母御[61]歸府舍。母畢正臘[62]，謂延年〔5〕：「天道神明[63]，人不可獨殺[64]，我不意[65]當老見壯子被刑戮[66]也。行矣[67]，去汝東歸[68]，掃除墓地[69]耳！」遂去，歸郡，見昆弟宗人[70]，復為言之[71]。後歲餘，果敗[72]，東海莫不賢智其母[73]。

匈奴握衍朐鞮單于暴虐，好殺伐，國中不附[74]。及太子、左賢王[75]數讒左地貴人[76]，左地貴人皆怨。會烏桓[77]擊匈奴東邊姑夕王[78]，頗得人民[79]，單于怒。姑夕王恐，即與烏禪幕[80]及左地貴人共立稽侯狦[81]為呼韓邪單于[82]，發左地兵四五萬人，西擊握衍朐鞮單于。至姑且水[83]北，未戰，握衍朐鞮單于兵敗走，使人報其弟右賢王[84]曰：「匈奴共攻我，若[85]肯發兵助我乎？」右賢王曰：「若不愛人，殺昆弟、諸貴人。各自死若處[86]，無來汙我！」握衍朐鞮單于恚[87]，自殺。左大且渠都隆奇[88]亡之右賢王所，其民眾[6]盡降呼韓邪單于。呼韓邪[7]單于歸庭[89]，數月，罷兵，使各歸故地。乃收其兄呼屠吾斯在民間者，立為左谷蠡王[90]。使人告右賢貴人[91]，欲令殺右賢王。其冬，都隆奇與右賢王共立日逐王薄胥堂[92]為屠耆單于，發兵數萬人東襲呼韓邪單于，呼韓邪單于兵敗走。屠耆單于還，以其長子都塗吾西為左谷蠡王，少子姑瞀樓頭為右谷蠡王，留居單于庭。

五鳳元年（甲子　西元前五七年）

春，正月，上幸甘泉[93]，郊泰畤[94]。○皇太子冠[95]。

秋[8]，匈奴屠耆單于使先賢撣[96]兄右奧鞬王[97]與烏藉[9]都尉各二萬騎屯東方，以備呼韓邪單于。是時西方呼揭王[98]來與唯犂當戶[99]謀，共讒[100]右賢王，言欲自立為單于。屠耆單于殺右賢王父子，後知其冤，復殺唯犂當戶。於是呼揭王恐，遂畔去，自立為呼揭單于。右奧鞬王聞之，即自立為車犂單于。烏藉都尉亦自立為烏藉單于，凡五單于[101]。屠耆單于自將兵東擊車犂單于，使都隆奇擊烏藉。烏藉、車犂皆敗，西北走，與呼揭單于兵合為四萬人。烏藉、呼揭皆去單于號，共并力尊輔車犂單于。屠耆單于聞之，使左大將、都尉將四萬騎分屯東方，以備呼韓邪單于，自將四萬騎西擊車犂單于。車犂單于敗，西北走。屠耆單于即引兵西南，留闟敦[102]地。

漢議者多曰：「匈奴為害日久，可因其壞亂，舉兵滅之。」詔問御史大夫蕭望之，對曰：「春秋，晉士匄帥師侵齊[103]，聞齊侯[104]卒，引師而還[105]，君子大其不伐喪[106]，以為恩足以服孝子[107]，誼[108]足以動諸侯[109]。前單于[110]慕化鄉善[111]，稱弟[112]，遣使請求和親，海內欣然[113]，夷狄莫不聞。未終奉約[114]，不幸為賊臣所殺。今而伐之，是乘亂而幸災也，彼必奔走遠遁。不以義動[115]，兵恐勞而無功。宜遣使者弔問[116]，輔其微弱，救其災患。四夷聞之，咸貴[117]中國之仁義。如遂蒙恩得復其位[118]，必稱臣服從，此德之盛也。」上從其議。

冬，十有二月乙酉朔[119]，日有食之。

韓延壽代蕭望之為左馮翊[120]。望之聞延壽在東郡時[121]放散官錢[122]千餘萬，使御史案之[123]。延壽聞知，即部吏[124]案校[125]望之在馮翊時廩犧官錢[126]放散百餘萬。望之自奏：「職在總領天下[127]，聞事[128]不敢不問，而為延壽所拘持[129]。」上由是不直延壽[130]，各令窮竟所考[131]。望之卒無事實。而望之遣御史案東郡者，得其試騎士[132]日，車服、侍衛[10]奢僭踰制[133]。又取官銅物，候月食鑄刀劍[134]，效尚方事[135]。及取官錢帛[11]私假徭使吏[136]及治飾車甲三百萬以上。延壽竟坐狡猾不道，棄市。吏民數千人送至渭城[137]，老小扶持車轂[138]，爭奏酒炙[139]。延壽不忍距逆[140]，人人為飲，計飲酒石餘。使掾、史[141]分謝送者：「遠苦吏民，延壽死無所恨[142]！」百姓莫不流涕。

【章旨】以上為第一段，寫宣帝神爵四年（西元前五八年）、五鳳元年（西元前五七年）共兩年間的全國大事，主要寫了嚴延年為河南太守，嚴酷治郡，最後亦被朝廷所殺；寫了匈奴握衍朐鞮單于因殘暴好殺，兵敗身死，導致匈奴分裂，五單于同時並立，以及前單于虛閭權渠之子被擁立為呼韓邪單于後與漢朝交好，勢力漸強，逐漸成為匈奴之希望；寫了韓延壽因治左馮翊有能名而引起蕭望之的忌恨，最後被羅織罪名殺害的情形。

【注釋】❶降集　降指甘露降，集指鳳凰集。集，鳥落於木。❷潁川　漢郡名，郡治陽翟，即今河南禹州。❸在郡前後八年　黃霸於宣帝地節四年（西元前六六年）任潁川太守，因政績突出調任京兆尹。但在京兆尹時期政績極差，貶秩數級，又返回潁川任太守，政績又好起來，直到本年，前後共八年。❹政事愈治　政績越來越好。❺神爵　同「神雀」。❻宣布詔令　宣傳推廣朝廷的規章制度。❼鄉化　擁護朝廷的章程辦法。鄉，通「向」。倒向。❽弟弟　尊敬兄長的弟弟。❾田者讓畔　種田的人在處理與相鄰地塊界限的時候彼此謙讓。畔，田界。❿養視鰥寡　關心照顧孤獨的老人。古稱無妻的人曰鰥，稱無夫的人曰寡。⓫贍助　救助。贍，以財物供應人。⓬獄或八年　有的監獄竟至一連八年……。⓭關內侯　有侯爵而無封地，只在關中地區享有一份采邑。比列侯低一等。⓮秩中二千石　享受中二千石的待遇。當時的郡太守官秩為二千石，中二千石是正九卿的官階。黃霸在任京兆尹的時候最低曾被貶到八百石，比縣令略高一點。⓯孝弟有行義民　有孝悌等良好品行的百姓。⓰三老力田　三老是掌管教化工作的鄉官，力田是獲得這種稱號的鄉紳。⓱以差賜爵及帛　按等級賜給他們爵位和絹帛。差，等級。⓲太子太傅　皇太子的輔導官。⓳匈奴單于　握衍朐鞮單于，自宣帝神爵二年（西元前六〇年）繼虛閭權渠之後為單于。⑳呼留若王勝之　「呼留若」是匈奴的王號名，其人名叫「勝之」。㉑來朝　來漢朝拜見皇帝。按，匈奴遣使專程來漢拜見皇帝，表示歸服，這是破天荒的第一次，武帝終生未獲此榮。㉒杜陵　漢宣帝為自己預修之陵墓所在的縣名，縣治在今陝西西安東南。㉓河南　漢郡名，郡治洛陽，在今河南洛陽東北。㉔嚴延年　西漢後期的著名酷吏。事跡詳見《漢書》本傳。其臨朝斥責霍光擅行廢立事，見本書昭帝元平元年。㉕陰鷙酷烈　陰險殘忍。㉖當死者一朝出之　原應該判死刑的犯人，他可以在某一天把他放出來。㉗當生者詭殺之　原應該活著放出的犯人，他可以變著法地將其弄死。㉘其意深淺　其心裡想的是什麼。㉙傳屬縣囚會論府上　把河南郡所屬各縣的死刑犯全部集合到太守門前集中處決。會論，集中處決。論，判罪處決。府上，郡太守的官衙前。㉚屠伯　猶言「屠夫」。㉛比郡為守　在相互鄰近的兩個郡裡當太守。河南郡與潁川郡兩郡相鄰。㉜府丞義　河南郡的郡丞名義，史失其姓。㉝出行蝗　到下屬各縣視察蝗災。㉞此蝗豈鳳皇食邪　這些蝗蟲難道不正是鳳凰的食物嗎。意思是鳳凰很快也要到我們郡裡來了，言外有嘲諷潁川鳳凰屢次出現之意。㉟頗悖　有些糊塗。㊱恐見中傷　擔心被嚴延年所傷害。㊲俱為丞相史　一同在丞相府當過文書。㊳饋遺　贈送財物。㊴自筮二句　自己占卜吉凶，得到的是死卦。㊵取告　請假。㊶已拜奏　奏章上呈皇帝後。㊷以明不欺　以證明他的話不是假的。㊸御史丞　即御史中丞，御史大夫的屬官。㊹按驗　核察嚴延年是否果有其事。㊺怨望　怨恨朝廷。望，也是「怨恨」的意思。㊻誹謗政治　即嘲弄各地虛報鳳凰事。㊼坐不道　以大逆不道之罪。誹謗朝廷即是「大逆不道」。㊽東海　漢郡名，郡治郯縣，在今山東郯城西北。嚴延年是東海郡人。㊾從延年臘　到其子嚴延年處過臘月。臘是古代十二月中的一個合祭眾神的節日，故稱十二月為臘月。㊿適見報囚　正好見到嚴延年處決犯人。(51)便止都亭　便在一個驛館裡住下來。便，《通鑑》原文本作「使」，據《漢書》改。都亭，驛館；旅店。(52)入府　進入嚴延年的郡太守府衙。(53)謁母　拜見母親。謁，見。(54)閉閤　閉門。閤，這裡即指門。(55)免冠　脫下帽子，這是古人表示請罪的一種姿態。(56)閤下　意即門前。(57)數責　責備。(58)備郡守　即任郡守之職。備，充數，自己說是謙詞，別人說是斥責之詞。(59)全安　保護；保全。(60)顧乘刑罰　反而利用刑法。顧，反；反而。乘，利用；憑藉。(61)自為母御　親自為母親趕車。御，趕車。(62)畢正臘　過完了臘月的祭神節。(63)天道神明　意即天道神明在上。(64)不可獨殺　不能總是讓你殺別人，意即你日後也將被別人所殺。(65)不意　意想不到。(66)當老見壯子被刑戮　當年老時看到自己正當盛年的兒子被殺，即通常所說的「白髮人送黑髮人」。(67)行矣　我走了。(68)去汝東歸　離開你回到老家去。(69)掃除墓地　準備好墓地，意即靜候你喪車的到來。(70)昆弟宗人　兄弟與同族之人。(71)復為言之　又對他們說了一遍嚴延年的事情。(72)果敗　指嚴延年果然被殺。(73)賢智其母　稱讚其母賢而且智。(74)不附　不親附；不擁護。(75)太子左賢王　握衍朐鞮單于的太子，被封為左賢王，但仍留在單于身邊。[76]左地貴人　指左賢王部下的各位高級頭領，如左谷蠡王、左大將乃至左大當戶等。[77]烏桓　當時居住在今遼寧西北部以及吉林境內的少數民族名，前已見於本書昭帝元鳳三年。[78]姑夕王　匈奴東部地區的王號名，約活動在今內蒙古東部地區。[79]頗得人民　俘獲了一些姑夕王部下的人。[80]烏禪幕　降漢日逐王先賢撣的姐夫。[81]稽侯狦　前匈奴單于虛閭權渠之子，烏禪幕的女婿。[82]呼韓邪單于　匈奴分裂後出現的單于之一，西元前五八─前三一年在位。與漢王朝關係親近，歷史上稱之曰「南匈奴」。[83]姑且水　在今蒙古國杭愛山脈東南麓。[84]右賢王　匈奴西部地區的最高統領。[85]若　你。[86]各自死若處　你就死在你自己的那塊地方吧。[87]恚　惱怒。[88]都隆奇　顓渠閼氏之弟，此時任左大且渠。[89]歸庭　回到匈奴單于所居之大本營。[90]左谷蠡王　左賢王部下的最高統領。[91]右賢貴人　右賢王部下的高級統領。[92]日逐王薄胥堂　握衍朐鞮單于的堂兄，名薄胥堂。[93]甘泉　漢代的離宮名，在今陝西淳化西北。[94]郊泰畤　祭祀供奉泰一神的神壇。泰一，也寫作「太一」，是方士們所說的天上的最高神。此神壇就在甘泉宮附近，是漢武帝所建。[95]冠　行加冠，表示已到成年。[96]先賢撣　原在匈奴為日逐王，於宣帝神爵二年率眾降漢，被封為歸德侯。[97]右奧鞬王　右賢王部下的高級統領，本居於匈奴西部地區。[98]呼揭王　右賢王部下的王號名。[99]唯犁當戶　屠耆單于部下的當戶，名叫唯犁。當戶是匈奴的中級官號名。[100]共讒　共同說……的壞話。[101]凡五單于　匈奴一共出了五個單于，即呼韓邪單于、屠耆單于、呼揭單于、車犁單于、烏藉單于。凡，總共。[102]引兵西南二句　領兵西南行，駐紮在闟敦。闟敦的具體方位不詳。[103]晉士匄帥師侵齊　事見《公羊春秋》襄公十九年。士匄，晉國之卿。齊是春秋時的諸侯國名，都城即今山東淄博之臨淄。[104]齊侯　齊靈公，名環，西元前五八一─前五五四年在位。[105]引師而還　士匄引兵伐齊，到了谷城，聽到齊侯病死的消息，隨引兵而回。[106]大其不伐喪　稱讚士匄這種不因人之喪而對之用兵的行為。大，稱讚其行為正大。《公羊傳》對此評論說：「還者何？善辭也。大其不伐喪也。」[107]服孝子　使死者的繼承人心服。[108]誼　通「義」。[109]動諸侯　使別國諸侯感動。[110]前單于　指虛閭權渠單于，其派使請和親事，見本書宣帝神爵二年。[111]慕化鄉善　意即喜歡漢朝的國情，願與漢朝友好。[112]稱弟　對漢朝以弟自稱。[113]海內欣然　漢王朝舉國上下都很高興。[114]未終奉約　沒有來得及締結和親之約。[115]不以義動　如果漢乘匈奴內亂而伐之，則是出師不以義。[116]弔問　弔唁、慰問。[117]咸貴　都看重；都珍視。[118]如遂蒙恩得復其位　指幫助呼韓邪單于穩定在匈奴中的地位。[119]十有二月乙酉朔　十二月初一是乙酉日，陰曆每月第一天稱「朔」。[120]代蕭望之為左馮翊　事在宣帝神爵三年（西元前五九年）。[121]在東郡時　韓延壽在任左馮翊之前任東郡太守。東郡的郡治濮陽，在今河南濮陽西南。[122]放散官錢　將公家的錢放貸給百姓，以牟取利息。[123]使御史案之　派其屬下前往調查。顏師古曰：「望之以延壽代己為馮翊，而有能名出己之上，故忌害之，欲陷以罪法。」(124)部吏　布署自己的屬下。(125)案校　查究、核算。(126)廩犧官錢　廩犧令所儲備的用於祭祀宗廟鬼神的錢財。廩，指儲藏穀物。犧，指圈養牲畜。均供祭祀之用。(127)職在總領天下　指其現任御史大夫之職。(128)聞事　聽到有人舉發。(129)而為延壽所拘持　而今天竟被韓延壽所要挾。拘持，要挾。(130)不直延壽　不支持韓延壽一方。(131)各令窮竟所考　對兩個人的問題都徹底追查。(132)試騎士　騎兵的考核比武。(133)奢僭踰制　鋪張排場，超過制度的規定。(134)候月食鑄刀劍　等候月蝕的時候熔化這些銅器製造刀劍。(135)效尚方事　學習朝廷尚方署製造刀劍的樣子。尚方署上屬少府，是為皇家製造刀劍器物的部門。(136)私假徭使吏　私自借給組織徭役的官吏使用。假，借。徭使，組織徭役。(137)渭城　即秦朝的都城咸陽，漢代改稱渭城。(138)車轂　指韓延壽囚車的車轂。轂，指車輪中心以穿車軸的部位。扶持車轂即護擁在車子的兩旁。(139)爭奏酒炙　爭獻酒肉。炙，烤肉。(140)距逆　拒絕。距，通「拒」。(141)掾史　指韓延壽屬下吏員。(142)死無所恨　死而無憾。恨，憾。

【校　記】①布　原作「明」。據章鈺校，甲十五行本、乙十一行本、孔天胤本皆作「布」，今據改。按，《漢書・循吏・黃霸傳》作「布」。②東海　原無此二字。據章鈺校，甲十五行本、乙十一行本、孔天胤本皆有此二字，張敦仁《通鑑刊本識誤》同，今據補。③便　原作「使」。據章鈺校，甲十五行本、乙十一行本、孔天胤本皆作「便」，今據改。按，《漢書・酷吏・嚴延年傳》作「便」。④自　原無此字。據章鈺校，甲十五行本、乙十一行本、孔天胤本皆有此字，今據補。按，《漢書・酷吏・嚴延年傳》有此字。⑤延年　原作「延年曰」。據章鈺校，甲十五行本、乙十一行本皆無「曰」字，今據刪。按，《漢書・酷吏・嚴延年傳》無「曰」字。⑥眾　原無此字。據章鈺校，甲十五行本、乙十一行本、孔天胤本皆有此字，今據補。按，《通鑑紀事本末》卷四、《通鑑綱目》卷六皆有此字。⑦邪　原無此字。據章鈺校，甲十五行本、乙十一行本、孔天胤本皆有此字，今據補。⑧秋　原作「秋七月」。據章鈺校，甲十五行本、乙十一行本皆無「七月」二字，今據刪。按，《通鑑紀事本末》卷四無「七月」二字。⑨藉　原作「籍」。據章鈺校，甲十五行本、乙十一行本、孔天胤本皆作「藉」，今據改。下均同。按，《通鑑紀事本末》卷四作「藉」。⑩車服侍衛　原無此四字。據章鈺校，甲十五行本、乙十一行本、孔天胤本皆有此四字，張瑛《通鑑校勘記》同，今據補。⑪帛　原無此字。據章鈺校，甲十五行本、乙十一行本、孔天胤本皆有此字，張敦仁《通鑑刊本識誤》同，今據補。

【語　譯】中宗孝宣皇帝下

神爵四年（癸亥　西元前五八年）

春季，二月，因為鳳凰飛臨京師，甘美的露水降落長安，漢宣帝下詔大赦天下。

潁川太守黃霸在潁川郡任太守前後有八年之久，潁川郡被治理得越來越好。在這期間，鳳凰、神雀多次飛落全國各郡、各諸侯國，但屬飛落潁川的次數最多。夏季，四月，漢宣帝下詔說：「潁川太守黃霸，宣傳和推廣朝廷的各項規章制度，百姓因此而擁護朝廷的章程辦法，郡中的孝子、尊敬兄長的弟弟、堅守忠貞節操的婦女、孝敬老人的兒孫越來越多，種田的人在處理與相鄰地塊界線的時候彼此謙讓，丟失在道路上的東西也沒有人拾取佔為己有，人們主動照顧、贍養孤寡老人，幫扶、救助貧窮弱小，八年之中郡中有的監獄竟然沒有重刑囚犯。特此封黃霸為關內侯，賞賜黃金一百斤，享受中二千石俸祿的待遇。」對潁川中那些具有孝悌等良好品行的百姓、主管教化工作的三老和獲得「力田」稱號的鄉紳，根據不同的等級，有的賞賜爵位，有的賞賜布帛。幾個月之後，漢宣帝將黃霸徵調到京師擔任太子太傅。

五月，匈奴握衍朐鞮單于屠耆堂派遣自己的弟弟呼留若王勝之到漢朝來朝拜皇帝。

冬季，十月，有十一隻鳳凰飛落在杜陵縣。

河南郡太守東海人嚴延年治理河南郡，手段陰險暴烈。眾人都認為應當判處死罪的，他卻在某一天就將其判為無罪而釋放，眾人都認為其罪不當死的，他卻變著法地強加以各種罪名將其處死，治下的官吏和百姓沒有人能夠猜透他的意圖，因此人人驚慌唯恐冒犯了他。冬季，嚴延年傳令把河南郡所屬各縣的死囚犯全部押解到太守衙門前進行集中處決，由於斬殺的人太多，鮮紅的血水流出去好幾里遠，河南人送給他一個綽號叫做「屠伯」。嚴延年一向瞧不起黃霸的為人，等到兩人在相鄰的兩個郡裡當太守之後，每次皇帝褒揚和獎賞的時候，黃霸反而都在自己之前，因此心裡很不服氣。河南郡中又發生了蝗災，一個叫做義的府丞到各縣視察災情，回來以後進見郡守嚴延年。嚴延年問他說：「這些蝗蟲難道不正是鳳凰的食物嗎？」義上了年紀，又有些糊塗，一向懼怕嚴延年，聽了此話之後，不明就裡，深怕受到嚴延年的傷害。嚴延年本來曾經與義一同在丞相府擔任過屬吏，內心對義很是親近和信任，所以贈送給義的財物也很豐厚。這反而使義感到更加的恐懼，義給自己算了一卦，卦象顯示出死亡的徵兆，義因此而悶悶不樂，於是就向嚴延年告了假來到京師長安，上了一道奏章給漢宣帝，他在奏章中列舉了嚴延年的十大罪狀。奏章呈上去之後，義就喝毒藥自殺了，他想以此表明自己反映的情況都是真實無欺的。漢宣帝將此事交付給御史丞去調查核實，結果查出嚴延年好幾件怨恨朝廷、誹謗朝政的事實。十一月，嚴延年被判以大逆不道的罪名在鬧市中處死。

當初，嚴延年的母親從老家東海郡來到河南郡探望兒子，原本打算與嚴延年一起度過臘月。她到洛陽的時候，正好碰上嚴延年在處決犯人。他母親感到非常吃驚，便在一個驛館裡住下來，不肯進入嚴延年的郡太守府衙。嚴延年親自來到驛館拜見母親，他母親閉門不肯見他。嚴延年摘掉帽子在驛館門前磕頭請罪，過了很久，他的母親才與他相見。責備他說：「你僥倖當上一名郡守，獨自管轄著方圓一千里的地面，卻沒有聽到你用仁愛之心推行朝廷的規章制度，安定、保全百姓的政績，反而一味地利用刑法，殺人如麻，想藉此樹立自己的威信，這難道就是你做百姓父母官的本意嗎？」嚴延年向母親承認自己的罪過，再次磕頭認罪，又親自為母親趕車，這才將母親接到郡太守府衙。他母親在郡中過完臘月的祭神節之後，非常傷心地對嚴延年說：「冥冥之中有神靈在上，不能總是讓你濫殺別人，日後恐怕你也會被別人所殺，我沒有料到自己到了老年卻要看到正當壯年的兒子被殺戮。我要走了，離開你回到東海郡老家去，為你準備好墓地，等你的靈柩運回去安葬吧！」於是離開河南郡返回東海老家，她遇見兄弟和同族之人，就將嚴延年的所作所為向他們述說一遍。過了一年多，嚴延年果然因罪被殺，東海郡的人無不稱讚其母親有遠見、為人賢明。

匈奴握衍朐鞮單于屠耆堂生性殘暴狂虐，喜好征戰殺伐，因此在匈奴國內，人們都不擁護他。等到握衍朐鞮單于的太子、左賢王屢次在握衍朐鞮單于面前讒毀居住在匈奴東部的左谷蠡王及其屬下大小首領的時候，左谷蠡王及其屬下大小首領全都對握衍朐鞮單于心懷怨恨。恰巧遇上烏桓攻打匈奴東部的姑夕王，掠走了姑夕王手下不少的匈奴人，握衍朐鞮單于非常生氣。姑夕王因為懼怕，就聯合了烏禪幕以及東部的左谷蠡王及其屬下大小首領共同擁立稽侯狦為呼韓邪單于，發動東部軍隊四五萬人，準備向西攻打握衍朐鞮單于。他們抵達姑且水北岸，雙方還沒有交戰，握衍朐鞮單于的軍隊就潰不成軍四散而逃，握衍朐鞮單于趕緊派人向他的弟弟右賢王求救說：「匈奴人全都聯合起來攻打我，你能不能派兵來援救我呢？」右賢王答覆說：「你不愛護百姓，殺戮自己的兄弟以及諸多貴族。你就死在你的那塊地方吧，不要來侮辱我！」握衍朐鞮單于雖然惱怒到極點，還是無奈地自殺了。在他手下擔任左大且渠的都隆奇逃亡到右賢王那裡，而其他的民眾全都歸降了呼韓邪單于。呼韓邪單于稽侯狦率領眾人回到匈奴王庭，幾個月之後，下令罷兵，使各方全都回到自己的領地。派人在民間將自己的兄長呼屠吾斯找來，封為左谷蠡王。又派人到右賢王的領地煽動那裡的貴族，想讓他們殺死右賢王。這年冬天，都隆奇與右賢王一同擁立日逐王薄胥堂為屠耆單于，然後發兵數萬人向東攻打呼韓邪單于，呼韓邪單于兵敗逃走。屠耆單于薄胥堂回到王庭，封自己的長子都塗吾西為左谷蠡王，封小兒子姑瞀樓頭為右谷蠡王，留他們住在單于庭。

五鳳元年（甲子　西元前五七年）

春季，正月，漢宣帝前往甘泉宮，在供奉泰一神的神壇祭祀泰一神。○為皇太子舉行了加冠典禮。

秋季，匈奴屠耆單于薄胥堂派先賢撣的哥哥右奧鞬王與烏藉都尉分別率領二萬名騎兵駐紮在匈奴的東部，防備呼韓邪單于稽侯狦。當時，位於西部的呼揭王來與屠耆單于部下的唯犁當戶合謀，共同在屠耆單于面前詆毀右賢王，說右賢王要自立為單于。於是屠耆單于薄胥堂立即將右賢王父子殺死，後來，屠耆單于發現右賢王是被冤枉的，就又把唯犁當戶殺死。呼揭王感到很害怕，索性率領部下叛變，自立為呼揭單于。右奧鞬王聽到消息後，立即自立為車犁單于。烏藉都尉也自立為烏藉單于，當時匈奴共出現了五個單于。屠耆單于薄胥堂親自率領軍隊向東攻打車犁單于，派都隆奇率軍攻打烏藉單于。烏藉單于和車犁單于全都被打敗，他們率領殘部向西北方向逃走，與呼揭單于合兵一處，總計有四萬人。烏藉單于和呼揭單于由於勢力衰弱，便主動取消了單于稱號，齊心合力尊奉和輔佐車犁單于。屠耆單于得到消息後，立即派左大將、都尉率領四萬名騎兵分別屯駐在匈奴東部，以防備東部的呼韓邪單于，而自己則親自率領四萬名騎兵向西攻打車犁單于。車犁單于被打敗之後，繼續向西北方向逃走。屠耆單于則率領他的軍隊前往西南方向的闟敦駐紮。

漢朝許多人都議論說：「匈奴侵害中國已經很久了，現在可以趁著匈奴內亂，出動大軍一舉將他們消滅。」漢宣帝下詔徵求御史大夫蕭望之的意見，蕭望之回答說：「《春秋》上記載：晉國的士匄率領晉國的軍隊去攻打齊國，當聽到齊國國君去世的消息後，便率軍而回，品德高尚的人對士匄不因敵國之喪而對敵進攻的行為都給予高度的評價，認為這種施恩惠於對方的行為，完全可以使死者的繼承人心服，這種義舉完全可以感動其他諸侯。匈奴前單于虛閭權渠單于嚮慕漢朝的國情，願意與漢朝友好，對漢朝自稱為弟，還派遣他的弟弟呼留若王為使者來到漢朝請求和親，漢朝舉國上下全都為此而感到高興，其他少數民族也全都知道了此事。不幸的是還沒來得及締結和親之約，虛閭權渠單于就被賊臣殺死了。如果現在發兵攻打匈奴，是趁人之危而幸災樂禍，匈奴人必定逃向更為遙遠的地方。此時乘匈奴內亂出兵討伐則是出師不義，恐怕會勞而無功。應該派使者前去弔唁、慰問，在他們衰弱的時候幫助他們，在他們遇到災害的時候去救助他們。四周各少數民族知道以後，都會對中國的仁義之舉表示尊重。如果再幫助呼韓邪單于穩定在匈奴的地位，他們一定會向漢朝臣服，這是最高的德政。」漢宣帝聽從了蕭望之的建議。

冬季，十二月初一日乙酉，發生日蝕。

韓延壽接替蕭望之擔任了左馮翊。蕭望之聽說韓延壽在東郡擔任太守的時候，曾經挪用官府的庫銀一千多萬向百姓放高利貸牟取私利，便派御史負責調查此事。韓延壽聽到這個消息，也部署自己的屬吏調查取證蕭望之在擔任左馮翊時動用廩犧中儲備的用於祭祀宗廟鬼神的錢財一百多萬放貸給百姓牟利的事實。蕭望之於是搶先向漢宣帝奏報說：「我現在擔任御史大夫，職責就是督察天下各個郡、國，發現問題不敢不追查，現在卻受到韓延壽的要挾。」漢宣帝因此事而不支持韓延壽，於是下令將雙方的問題都要徹底追查清楚。追查的結果是：蕭望之動用廩犧公款一百多萬放貸的事情查無實據。而蕭望之所派御史卻查出：韓延壽在東郡舉行騎士會試比武的時候，車駕、服裝、侍衛等大肆鋪張，排場超過制度規定。又用官府的銅器，趁月蝕的時候熔化這些銅器打造刀劍，全部仿效尚方署製造刀劍的樣子。還把官府的錢帛私自借給組織徭役的官員使用，以及動用三百萬以上的公款修治車輛、甲冑。韓延壽竟然被判處犯下「狡猾不道」之罪，被綁赴鬧市斬首示眾。在押往刑場的途中，有數千名官吏和百姓為他送行，送行的男女老幼護擁在囚車的兩旁，爭先向他進奉酒肉。韓延壽不忍心拒絕，凡是敬他的，他都一飲而盡，估計喝下的酒有一石多。他讓屬下的官吏分別向送行的人們致謝說：「有勞各位長途相送，我韓延壽雖死也沒有什麼遺憾了！」送行的人無不為之痛哭流涕。

二年（乙丑 西元前五六年）

春，正月，上行[1]幸甘泉，郊泰畤。

車騎將軍韓增❶薨。五月，將軍許延壽❷為大司馬、車騎大將軍。

丞相丙吉年老，上重之。蕭望之意常輕吉，上由是不悅。丞相司直❸奏望之遇丞相禮節倨慢❹，又使吏買賣❺，私所附益❻凡十萬三千，請逮捕繫治❼。秋，八月壬午❽，詔左遷❾望之為太子太傅，以太子太傅黃霸為御史大夫。

匈奴呼韓邪單于遣其弟右谷蠡王等西襲屠耆單于屯兵，殺略❿萬餘人。屠耆單于聞之，即自將六萬騎擊呼韓邪單于。屠耆單于兵敗，自殺。都隆奇⓫乃與屠耆少子右谷蠡王姑瞀樓頭亡歸漢。車犂[2]單于⓬東降呼韓邪單于。冬，十一月，呼韓邪單于左大將烏厲屈與父呼遬累烏厲溫敦⓭皆見匈奴亂，率其眾數萬人降漢。封烏厲屈為新城侯⓮，烏厲溫敦為義陽侯⓯。是時李陵子⓰復立烏藉都尉為單于，呼韓邪單于捕斬之，遂復都單于庭，然眾裁數萬人⓱。屠耆單于從弟休旬王自立為閏振單于，在西邊。呼韓邪單于兄左賢王呼屠吾斯亦自立為郅支骨都侯單于[18]，在東邊。

光祿勳平通侯楊惲[19]，廉潔無私，然伐其行能[20]，又性刻害[21]，好發人陰伏[22]，由是多怨於朝廷。與太僕[23]戴長樂相失[24]，人有上書告長樂罪，長樂疑惲教人告之，亦上書告惲罪曰：「惲上書訟韓延壽[25]，郎中[26]丘常謂惲曰：『聞君侯訟韓馮翊，當得活乎[27]？』惲曰：『事何容易？脛脛者[28]未必全[29]也！我不能自保[30]，真人所謂[31]「鼠不容穴，銜窶數[32]」者也。』又語長樂[33]曰：『正月以來，天陰不雨，此春秋所記，夏侯君所言[34]。』」事下廷尉[35]。廷尉定國[36]奏惲怨望，為訞惡言[37]，大逆不道。上不忍加誅，有詔皆免惲、長樂為庶人。

三年（丙寅　西元前五五年）

春，正月癸卯[38]，博陽定侯丙吉[39]薨。

班固贊[40]曰：「古之制名[41]，必由象類[42]，遠取諸物，近取諸身[43]。故經謂君為元首，臣為股肱[44]，明其一體[45]相待而成[46]也。是故君臣相配，古今常道[47]，自然之勢[48]也。近觀漢相，高祖開基，蕭、曹為冠[49]；孝宣中興[50]，丙、魏有聲[51]。是時黜陟有序[52]，眾職修理[53]，公卿多稱其位[54]，海內興於禮讓。覽其行事，豈虛虖哉[55]？」

二月壬辰[56]，黃霸為丞相。霸材長於治民，及為丞相，功名損於治郡[57]。時京兆尹張敞[58]舍鶡雀[59]飛集丞相府，霸以為神雀，議欲以聞[60]。敞奏霸[61]曰：「竊見丞相請與中二千石、博士[62]雜問[63]郡、國上計長史、守丞[64]為民興利除害，成大化[65]，條其對[66]。有耕者讓畔[67]，男女異路，道不拾遺，及舉孝子貞婦[68]者為一輩[69]，先上殿[70]；舉而不知其人數[71]者次之[72]；不為條教[73]者在後[74]，叩頭謝[75]。丞相雖口[3]不言，而心欲其為之[76]也。長史、守丞對時，臣敞舍有鶡雀飛止丞相府屋上，丞相以下見者數百人。邊吏多知鶡雀[77]者，問之，皆陽不知[78]。丞相圖議上奏曰[79]：『臣問上計長史、守丞以興化條[80]，皇天報下神雀[81][4]。』後知從臣敞舍來，乃止。郡國吏竊笑丞相仁厚有知略[82]，微信奇怪[83]也。臣敞非敢毀[84]丞相也，誠恐羣臣莫白[85]，而長史、守丞畏丞相指[86]，歸舍法令[87]，各為私教[88]，務相增加，澆淳散樸[89]，並行偽貌[90]，有名亡實，傾搖解怠[91]，甚者為妖[92]。假令京師先行讓畔、異路、道不拾遺，其實亡益廉貪、貞淫[93]之行。而以偽先天下[94]，固未可也。即諸侯先行之，偽聲軼於京師[95]，非細事也。漢家承敝通變[96]，造起律令，所以勸善禁姦，條貫詳備，不可復加。宜令貴臣明飭[97]長史、守丞，歸告二千石[98]，舉三老[99]、孝弟、力田、孝廉[100]、廉吏，務得其人，郡事[101]皆以法令[5]檢式[102]，毋得擅為條教[103]。敢挾詐偽[104]以奸名譽[105]者，必先受戮，以正明好惡[106]。」天子嘉納敞言，召上計吏，使侍中[107]臨飭[108]，如敞指意。霸甚慚。

又，樂陵侯史高[109]以外屬舊恩[110]侍中，貴重，霸薦高可太尉[111]。天子使尚書[112]召問霸：「太尉官罷久[113]矣。夫宣明教化，通達幽隱[114]，使獄無冤刑，邑無盜賊，君之職也。將相之官[115]，朕之任焉。侍中、樂陵侯高，帷幄近臣[116]，朕之所自親[117]，君何越職而舉之[118]？」尚書令[119]受丞相對[120]，霸免冠謝罪，數日，乃決[121]，自是後不敢復有所請[122]。然自漢興，言治民吏[123]，以霸為首[124]。

三月，上行[6]幸河東[125]，祠后土[126]。減天下口錢[127]，赦[7]殊死以下[128]。

六月辛酉[129]，以西河[130]太守杜延年[131]為御史大夫。○置西河、北地屬國[132]以處[133]匈奴降者。

廣陵厲王胥[134]使巫李女須祝詛上[135]，求為天子。事覺，藥殺巫及宮人二十餘人以絕口[136]。公卿請誅胥。

四年（丁卯　西元前五四年）

春，胥自殺。

匈奴單于稱臣[137]，遣弟[8]谷蠡王入侍[138]。以邊塞亡寇[139]，減戍卒什二[140]。

大司農中丞[141]耿壽昌奏言：「歲數豐穰[142]，穀賤，農人少利[143]。故事[144]：歲漕[145]關東穀[146]四百萬斛[147]以給京師[148]，用卒六萬人。宜糴三輔[149]、弘農[150]、河東、上黨[151]、太原郡[152]穀，足供京師，可以省關東漕卒過半。」上從其計。壽昌又白：「令邊郡皆築倉，以穀賤增其賈而糴[153]以利農[9]，穀貴時減賈而糶[154]，名曰常平倉。」民便之。上乃下詔賜壽昌爵關內侯[155]。

夏，四月辛丑朔[156]，日有食之。

楊惲既失爵位，家居治產業[157]，以財自娛[158]。其友人安定[159]太守西河孫會宗與惲書，諫戒[160]之，為言「大臣廢退，當闔門[161]惶懼，為可憐之意[162]，不當治產業，通賓客，有稱譽[163]。」惲，宰相子[164]，有材能，少顯朝廷，一朝[165]以晻昧語言見廢[166]，內懷不服，報[167]會宗書曰：「竊自思念，過已大矣，行已虧矣[168]，常為農夫以沒世矣，是故身率妻子，戮力[169]耕桑，不意當復用此為譏議[170]也！夫人情所不能止者[171]，聖人弗禁。故君父至尊親[172]，送其終[173]也，有時而既[174]。臣之得罪，已三年矣[175]，田家作苦[176]，歲時伏臘[177]，亨羊炰羔[178]，斗酒自勞，酒後耳熱，仰天拊缶[179]而呼烏烏[180]。其詩曰：『田[181]彼南山，蕪穢不治[182]。種一頃豆，落而為萁[183]。人生行樂耳，須富貴何時[184]？』誠[185]淫荒[10]無度，不知其不可[186]也。」又惲兄子安平侯譚[187]謂惲曰：「侯罪薄[188]，又有功[189]，且復用[190]。」惲曰：「有功何益？縣官[191]不足為盡力[192]。」譚曰：「縣官實然[193]。蓋司隸、韓馮翊[194]皆盡力吏[195]也，俱坐事誅[196]。」會有日食之變[197]，騶馬猥佐成[198]上書告「惲驕奢，不悔過。日食之咎，此人所致。」章下廷尉，按驗[199]，得所予會宗書，帝見而惡之。廷尉當[200]惲大逆無道，要斬，妻子徙酒泉郡[201]。譚坐免為庶人，諸在位[202]與惲厚善者，未央衛尉韋玄成[203]及孫會宗等，皆免官。

臣光曰[204]：「以孝宣[205]之明，魏相、丙吉為丞相，于定國為廷尉，而趙、蓋、韓、楊[206]之死皆不厭眾心[207]，惜哉[11]！其為善政之累[208]大矣。周官司寇之法[209]，有議賢、議能[210]，若廣漢、延壽之治民，可不謂能乎？寬饒、惲之剛直，可不謂賢乎？然則雖有死罪，猶將宥之[211]，況罪不足以死乎？揚子[212]以韓馮翊之愬蕭[213]為臣之自失[214]。夫所以使延壽犯上者，望之激之[215]也。上不之察[216]，而延壽獨蒙其辜[217]，不亦甚哉？」

匈奴閏振單于[218]率其眾東擊郅支單于。郅支與戰，殺之，并其兵，遂進攻呼韓邪。呼韓邪兵敗走，郅支都單于庭。

【章　旨】以上為第二段，寫宣帝五鳳二年（西元前五六年）至五鳳四年共三年間的全國大事，主要寫了匈奴繼續內亂，屠耆單于兵敗自殺，數部頭領率眾歸漢，且有單于入漢稱臣者，匈奴主要由郅支單于與呼韓邪單于兩部分別控制；寫了平通侯楊惲因恃才傲物，被謝長樂所告廢為庶人，後居家不謹，牢騷怨望，又被人所誣告腰斬，司馬光評宣帝「善政之累」；寫了黃霸為丞相，為討好宣帝，欲上書言祥瑞，被張敞所劾奏；又欲舉史高為太尉，遭宣帝痛斥，既見黃霸之媚俗，亦見當時丞相之難為。

【注　釋】❶韓增　劉邦開國功臣韓王信的後代，昭帝死後與霍光等共立宣帝，張安世死後為朝廷之首輔大臣。❷許延壽　許廣漢之子，宣帝許皇后的兄弟。❸丞相司直　指繁延壽。丞相司直是丞相屬下的大吏，主管司法、監察方面的事務。❹倨慢　傲慢。❺買賣　指經商。❻私所附益　自己獲得收益。❼繫治　下獄治罪。❽八月壬午　八月初二。❾左遷　降職。❿殺略　殺虜。略，意思同「掠」、「虜」。⓫都隆奇　顓渠閼氏之弟，屠耆單于的擁立者。⓬車犁單于　原為右奧鞬王，稱單于後被屠耆單于打敗，逃向西北。⓭呼遬累烏厲溫敦　「呼遬累」是官號，「烏厲溫敦」是他的名字。⓮新城侯　其食邑在汝南之細陽。⓯義陽侯　其食邑在南陽之平氏。⓰李陵子　李陵的兒子，史失其名。李陵是武帝時名將李廣之孫，在伐匈奴過程中兵敗後投降匈奴，被匈奴人封為王。⓱裁數萬人　僅有幾萬人。裁，通「才」。⓲郅支骨都侯單于　即通常所說的「郅支單于」，名呼屠吾斯，虛閭權渠單于之子，呼韓邪單于之兄。⓳光祿勳平通侯楊惲　光祿勳原稱「郎中令」，九卿之一，掌管宮廷門戶，統領皇帝侍從。楊惲是宣帝時丞相楊敞之子，司馬遷的外孫，因告發霍氏謀反被封為平通侯。⓴伐其行能　誇耀其品行才能。㉑性刻害　性情刻薄，好忌恨人。㉒發人陰伏　揭發別人隱私。㉓太僕　九卿之一，主管為皇帝趕車。㉔相失　不和；合不來。㉕訟韓延壽　為韓延壽辯冤。㉖郎中　皇帝的低級侍從人員，上屬光祿勳。㉗當得活乎　能夠救他一死嗎。㉘脛脛者　直正而有個性。脛脛，堅硬的樣子。㉙未必全　未必能保全自己。㉚我不能自保　我連自己都不能自保。㉛真人所謂　正如人們所說。㉜鼠不容穴二句　老鼠之所以不能進洞，就因為牠嘴裡銜著一個草圈。銜窶數，以比喻說話得罪人。窶數，用草結成的圓圈，可以放在頭上作為頂東西的墊子。㉝又語長樂　謂丘常轉身又去挑動謝長樂。㉞春秋所記二句　《春秋》上記載過不雨的事情，夏侯勝因久陰不雨曾上書昌邑王稱「天久陰不雨，臣下必有謀上者」。事見本書昭帝元平元年。此則丘常因天陰不雨而指定是楊惲「謀上」。㉟事下廷尉　事情交給廷尉查辦。廷尉是九卿之一，主管全國刑獄。㊱廷尉定國　于定國，西漢後期以寬仁著稱的司法官員，自宣帝地節元年（西元前六九年）即為廷尉，至此已在官十四年。㊲為訞惡言　說楊惲「怨望」，的確不假；但說楊惲「為訞惡言，大逆不道」，似近乎羅織。于定國是否能算是公正寬仁？㊳正月癸卯　正月二十六。㊴博陽定侯丙吉　丙吉被封為博陽侯，定字是謚。㊵班固贊　班固所寫的《漢書・魏相丙吉傳》的論贊。㊶制名　確定某種事物的名義。㊷必由象類　一定要依據那種事物的性質形狀。㊸遠取諸物二句　《周易・繫辭傳》曰：「古者伏羲氏之王天下也，仰則觀象於天，俯則觀法於地，觀鳥獸之文與地之宜，近取諸身，遠取諸物，於是始作八卦，以通神明之德。」㊹君為元首二句　君主如同人的頭，大臣如同君主的大腿胳膊。《尚書・虞書・益稷》有所謂「元首明哉，股肱良哉」之語。股肱，大腿、胳膊。㊺明其一體　君主、大臣都像人體上的一部分。㊻相待而成　彼此相互依賴，缺了哪個部分也不行。㊼古今常道　古往今來都是如此。㊽自然之勢　大自然的飛禽、走獸、水族，以至天上的日月星辰，都無不如此。㊾蕭曹為冠　蕭何、曹參是劉邦股肱大臣的代表。蕭何、曹參是劉邦建漢後的第一、第二兩任丞相。冠，首位，這裡意即代表、楷模。㊿孝宣中興　一個王朝在衰落、動亂之後又穩定、興旺起來，稱為「中興」。武帝在位期間由於四方動武、大興土木、嚴刑酷法、殘暴搜刮，致使晚年國內動盪；再加昭帝在位年幼，又有昌邑王被廢之舉，直到宣帝即位國家政局始告安定，故稱宣帝為「中興之君」。(51)丙魏有聲　丙吉、魏相是聲望最高的丞相。(52)黜陟有序　誰該降級，誰該提升，都有嚴格的次序，意即賞罰公平。(53)眾職修理　各種官職都兢兢業業、奉公守法。(54)稱其位　意即各稱其職，都能很好地完成任務。(55)覽其行事二句　看看他們君臣之間的實際行動，哪裡是虛傳的。(56)二月壬辰　二月戊申朔，無壬辰日，此處記載有誤。(57)損於治郡　不如任郡太守的時候。(58)張敞　當時聞名的地方官，以任京兆尹著稱於世。(59)鶡雀　也叫「鴿雀」。(60)議欲以聞　商量著想奏報皇上。張敞家裡的鶡雀飛到黃霸家，黃霸不認識，以為是神雀，說明其無知識；見到「神雀」就想奏報皇上，以投宣帝之所好，此更見黃霸之俗氣，無宰相氣度。(61)奏霸　上書彈劾黃霸。(62)博士　此指皇帝的侍從官員，以知識廣博備顧問之用。(63)雜問　叫到一起問詢。(64)郡國上計長史守丞　各郡、各諸侯國按規定時間帶著本郡、本國的各種簿記到朝廷彙報工作，叫做「上計」。諸侯國往往派長史、各郡往往派郡丞以辦理此事。長史是諸侯相屬下的大吏，為其諸史之長。郡丞也稱「守丞」，是太守的助手。(65)為民興利除害二句　意即問這些上計吏你們郡國在興利除弊、形成良好社會風氣方面都做了哪些事。(66)條其對　將你們郡國的做法與其效果逐條回答。(67)耕者讓畔　地塊相鄰的兩家互讓地界。畔，地界。(68)舉孝子貞婦　表彰過孝子貞婦。舉，表彰；上報。(69)為一輩　算是第一等。(70)先上殿　先進入丞相府衙，受到接見。上殿，此處猶言登堂。(71)舉而不知其人數　也說表彰過某些人，但說不出具體人數。(72)次之　算是第二等。(73)不為條教　列不出本郡國在這些方面所取得具體成效者。(74)在後　列為下等。(75)謝　請罪、道歉。(76)心欲其為之　希望這些郡國也按著那些列為一等郡國的樣子辦。(77)多知鶡雀　許多人都認識這種鳥。(78)皆陽不知　都假裝不認得。陽，通「佯」。假裝。(79)圖議上奏曰　計劃著把這件事情啟奏為……。(80)臣問上計長史守丞以興化條　當我向上計長史、守丞問詢如何興起教化的時候。(81)皇天報下神雀　上天登時就派神雀降臨到了我的府衙。(82)仁厚有知略　為人厚道，有辦理大事的謀略。知，通「智」。(83)微信奇怪　美中不足的是稍微有些迷信奇談怪論。(84)毀　誹謗；說人壞話。(85)羣臣莫白　在朝的大臣們沒有人願意公開說。(86)畏丞相指　害怕丞相，不敢違背丞相的意旨。指，同「旨」。(87)歸舍法令　回到郡國後，都拋開朝廷的法令不管。(88)各為私教　都各自又搞一套本郡國的章程規定。(89)澆淳散樸　使本來清淳樸實的社會風氣變得花裡忽哨。(90)並行偽貌　都來追求一種表面的、虛偽的東西。(91)傾搖解怠　脫離正軌，偷懶耍滑。解，通「懈」。(92)甚者為妖　甚而弄出一些牛鬼蛇神、聳人聽聞的花樣來。(93)亡益廉貪貞淫　對於倡廉肅貪，彰貞戒淫並無實際好處。(94)以偽先天下　用虛假的東西號召天下實行。(95)軼於京師　傳到京城。軼，漏；流傳。(96)承敝通變　言在秦朝破敗的基礎上順應時代除舊布新。(97)明飭　明白無誤地告誡。(98)歸告二千石　回去告訴各郡國的行政長官，即各郡太守與各諸侯相。(99)三老　各地區所選拔的可作為楷模的老人。與縣、鄉吏員中的主管教化工作的「三老」不是一回事。(100)孝弟力田孝廉　都是漢代選拔人才的科目名。(101)郡事　處理郡國的各項事務。(102)以法令檢式　以朝廷法令為準則。檢式，準則；模式。(103)擅為條教　擅自制定地方性法規。(104)挾詐偽　弄虛作假。(105)奸名譽　沽名釣譽。奸，求。(106)正明好惡　以清楚地表明朝廷提倡什麼、反對什麼。(107)侍中　皇帝的內廷侍從。(108)臨飭　出面告誡。(109)史高　宣帝祖母史良娣之兄史恭的長子，因揭發霍光妻的謀反有功，封樂陵侯。(110)外屬舊恩　既是外戚又有當年撫養宣帝的恩情。(111)可太尉　可任太尉之職。太尉是西漢初期的武官名，掌管全國軍事，為三公之一。(112)尚書　皇帝的內廷官員，為皇帝掌管文書檔案，品級雖不高，但職位顯要。(113)太尉官罷久　漢武帝初年，田蚡為太尉；田蚡死後，此職遂不再設。(114)通達幽隱　尋訪山林隱者的意見。(115)將相之官　至於任誰為相、任誰為將這種人事大權。(116)帷幄近臣　意即身邊近臣。帷幄，指皇帝的內室。(117)朕之所自親　這是我自己所明白的。(118)君何越職而舉之　越職，超越職權範圍。胡三省曰：「丞相職總百官，進賢退不肖，霸薦史高，以為所薦非其人可也；以為越職則非也。蓋自武帝以來，丞相之失其職也久矣。」(119)尚書令　尚書機構的長官，上屬少府。(120)受丞相對　聽取丞相黃霸的回答，意即責問其越職建議的理由。(121)乃決　才宣告事情過去，不再追究。(122)不敢復有所請　黃霸自以丞相之尊，請求皇帝任命史高為太尉，本來是諂媚討好之舉，沒想到惹了這麼大麻煩。讀史者為之三歎。(123)言治民吏　要說優秀的治民官吏。(124)以霸為首　以黃霸為第一。(125)河東　漢郡名，郡治安邑，在今山西夏縣西北。(126)祠后土　祭祀地神的神壇。后土祠在當時的汾陰縣城西。汾陰縣上屬河東郡。(127)口錢　未成年男子的人頭稅。漢時七至十四歲的男童出人頭稅每人二十三文。

成年男子是一百二十文。128殊死以下　指死刑犯以外的其他犯人。129六月辛酉　六月十六。130西河　漢郡名，郡治平定，在今內蒙古準噶爾旗西南。131杜延年　武帝時的著名酷吏杜周之子，因揭發燕王劉旦、上官桀父子謀逆，被封為建平侯；後隨霍光擁立宣帝，遷任太僕；又因是霍氏舊人，受霍氏謀反牽累，被降職外任。132置西河北地屬國　在西河、北地二郡內設置屬國，以安置歸降的少數民族。北地郡的郡治馬領，在今甘肅慶陽西北。屬國是政區名，集中安置歸附於當王朝的少數民族部落，其級別相當於縣。133處　安置；使之居住。134廣陵厲王胥　劉胥，武帝之子，自元狩六年被封為廣陵王，都城即今江蘇揚州，是漢武帝最長壽的兒子。厲字是其死後的諡。135祝詛上　詛咒宣帝。136絕口　滅口。137匈奴單于稱臣　司馬光《通鑑考異》曰：「按〈匈奴傳〉，『呼韓邪稱臣，即遣銖屢堂入侍』，事在明年。時匈奴有三單于，不知此單于為誰也。」138入侍　入朝侍奉皇帝，意思是來做人質。139亡寇　各方邊境均無寇盜。亡，通「無」。140減戍卒什二　減少守邊部隊的十分之二。141大司農中丞　大司農的屬官。142豐穰　豐收。143農人少利　即俗所謂「穀賤傷農」。144故事　以往的先例。145歲漕　每年通過河道運輸。146關東穀　函谷關以東廣大地區的穀物。147四百萬斛　即四百萬石。一斛等於一石。但漢時的一石等於現在的五斗。148以給京師　以供應首都長安的食用。149三輔　指京兆尹、左馮翊、右扶風。150弘農　漢郡名，郡治在今河南三門峽市西南。151上黨　漢郡名，郡治長子，在今山西長子西南。152太原郡　郡治晉陽，在今山西太原西南。153增其賈而糴　用略高一些的價錢買入。賈，通「價」。154減賈而糶　用低於市價的價錢賣出。155關內侯　爵位名，比列侯低一等，沒有封地，只在關中地區有少量食邑，故稱關內侯。156四月辛丑朔　四月初一是辛丑日。朔，陰曆每個月的第一天。157治產業　購置土地房產。158以財自娛　以肆意消費為樂。159安定　漢郡名，郡治高平，即今寧夏固原。160諫戒　勸阻，望其收斂。161闔門　閉門不出。162為可憐之意　做出一種可憐的樣子。163有稱譽　讓人傳頌、說好。164宰相子　昌邑王與宣帝初期的丞相楊敞的兒子。165一朝　突然在一天之間。166以晻昧語言見廢　因為一種模稜兩可、似是而非的說話而被罷去爵職。晻昧，不清楚。167報回覆；寫回信。168行已虧矣　品行已有欠缺啦。169戮力　努力。170不意當復用此為譏議　想不到今天又因為這一條受到人們的譏諷。用此，由此；因此。171人情所不能止者　凡是不能用理性控制的感情變化。172君父至尊親　君主是最尊貴的了，父親是最親密的了。173送其終　給他們的服喪禮和對他們的哀悼之情。174有時而既　也是到一定的期限就過去了。既，盡。指三年之後除去喪服。175已三年矣　謝長樂告發楊惲致楊惲免為庶人，在宣帝五鳳二年（西元前五六年），至此已是第三個年頭。176作苦　勞動辛苦。177歲時伏臘　意即到了過年過節的時候。歲，指年節。時，指立春、立夏、立秋、立冬所進行的祭祀。伏，指夏至之後第三個庚日所進行的伏祭。臘，指冬至後的第三個戌日所進行的臘祭，故十二月也稱臘月。178炰羔　烤小羊。

179 掛缶　擊缶。缶，一種瓦質的打擊樂器。180 而呼烏烏　古時秦地民間歌唱的樣子。李斯〈諫逐客書〉有所謂「擊甕叩缶、彈箏搏髀而歌呼烏烏快耳目者，真秦聲也」，可供參考。181 田　用如動詞，意即耕田、種田。182 蕪穢不治　種得不好，長滿了荒草。183 落而為萁　留下的只是豆梗。萁，豆梗。184 須富貴何時　等候富貴，富貴什麼時候能來。須，等候。185 誠　即使真是。186 不知其不可　不認為有何不可。187 安平侯譚　楊譚，楊惲之兄楊忠之子，襲其祖父楊敞之爵為安平侯。188 侯罪薄　你的罪過不大。侯，敬稱楊惲原來之爵，楊惲原為平通侯。189 有功　有揭發霍氏謀反之功。190 且復用　很快就要被重新起用。且，將。191 縣官　皇帝，也指國家。192 不足為盡力　不值得為他盡力。193 縣官實然　當今這皇帝確實如此。194 蓋司隸韓馮翊　指司隸校尉蓋寬饒、左馮翊韓延壽。195 皆盡力吏　都是為國家盡心盡力的官員。196 俱坐事誅　都因事被殺了。197 日食之變　即指出現日蝕。漢人迷信天人感應，以為出現日蝕是極其凶險的徵兆，往往找藉口殺大臣以消災。198 騶馬猥佐成　餵養騶馬的小吏，其名叫「成」。騶馬，儀仗隊使用的馬。猥，此處意思同「餵」。佐，小吏的副職。199 按驗　查證核實。200 當　判處。201 徙酒泉郡　發配到酒泉郡。酒泉郡的郡治祿福，即今甘肅酒泉。202 諸在位　凡是現在任職的官員。203 未央衛尉韋玄成　未央衛尉是九卿之一，主管未央宮的護衛工作。韋玄成是前丞相韋賢之子。204 臣光曰　以下文字是《通鑑》作者司馬光對楊惲被殺以及與此有關諸事所發的評論。205 孝宣　即指漢宣帝。漢代每個皇帝謚號的前面都加一個「孝」字，是想表示漢代皇帝都崇尚孝道。206 趙蓋韓楊　趙廣漢、蓋寬饒、韓延壽、楊惲。207 不厭眾心　讓人覺得不滿意。不厭，不滿。厭，通「饜」。滿足。208 其為善政之累　這作為美好政治中的一種缺憾。累，瑕疵。209 周官司寇之法　《周官》中曾寫到司法官員的執法。《周官》即指儒家經典中的《周禮》，是一部記錄周代官制的書。司寇，周代官名，主管刑獄。210 有議賢議能　《周官》在寫到小司寇之職責時有所謂「議賢之辟」與「議能之辟」，意思是對於那些有德行、有才幹的人，即使犯了罪，也要從寬議處。211 雖有死罪二句　即使真的犯了死罪，還應該受到寬恕。宥，寬免。212 揚子　揚雄，西漢後期的著名學者，著有《太玄》、《法言》。213 愬蕭　控告蕭望之。214 臣之自失　作為臣子的自己造成的失誤。揚雄《法言》有所謂：「請問臣自失。曰：李貳師之執貳，田祁連之濫帥，韓馮翊之愬蕭，趙京兆之犯魏。」215 望之激之　是由蕭望之激起來的，指蕭望之為忌妒韓延壽之政績，而派人往察其治東郡時的毛病。216 上不之察　宣帝不察其細情。217 延壽獨蒙其辜　讓韓延壽一個人蒙受罪責。辜，罪。218 閏振單于　屠耆單于的堂弟，原為休旬王，居住在匈奴的西部地區。

【校　記】1 行　原無此字。據章鈺校，甲十五行本、乙十一行本、孔天胤本皆有此字，今據補。2 犂　原作「黎」。據章鈺校，甲十五行本、乙十一行本、孔天胤本皆作「犂」，今據改。③雖口　原作「口雖」。據章鈺校，甲十五行本、乙十一行本、孔天胤本二字皆互乙，今據改。按，《通鑑綱目》卷六作「雖口」。④雀　原作「爵」。據章鈺校，甲十五行本、乙十一行本、孔天胤本皆作「雀」，今據改。按，《通鑑綱目》卷六、《漢書・循吏・黃霸傳》皆作「雀」。⑤令　「令」下原有「為」字。據章鈺校，甲十五行本、乙十一行本、孔天胤本皆無「為」字，今據刪。按，《通鑑綱目》卷六、《漢書・循吏・黃霸傳》皆無「為」字。⑥行　原無此字。據章鈺校，甲十五行本、乙十一行本、孔天胤本皆有此字，張敦仁《通鑑刊本識誤》同，今據補。⑦赦　原作「赦天下」。據章鈺校，甲十五行本、乙十一行本、孔天胤本皆無「天下」二字，今據刪。按，《漢書・宣帝紀》無「天下」二字。⑧弟　「弟」下原有「右」字。據章鈺校，甲十五行本、乙十一行本、孔天胤本皆無「右」字，今據刪。按，《通鑑紀事本末》卷四、《漢書・宣帝紀》皆無「右」字。⑨以利農　原無此三字。據章鈺校，甲十五行本、乙十一行本、孔天胤本皆有此三字，張敦仁《通鑑刊本識誤》、張瑛《通鑑校勘記》同，今據補。⑩淫荒　原作「荒淫」。據章鈺校，甲十五行本、乙十一行本、孔天胤本二字皆互乙，今據改。按，《漢書・楊敞傳附楊惲傳》作「淫荒」。⑪惜哉　原無此二字。據章鈺校，甲十五行本、乙十一行本、孔天胤本皆有此二字，張敦仁《通鑑刊本識誤》、張瑛《通鑑校勘記》同，今據補。

【語　譯】二年（乙丑　西元前五六年）

春天，正月，漢宣帝前往甘泉宮，在供奉泰一神的祭壇祭祀泰一神。

車騎將軍韓增去世。五月，任命將軍許延壽為大司馬、車騎大將軍。

丞相丙吉雖然年老，但漢宣帝依然很敬重他。蕭望之卻經常流露出輕視丙吉的意思，漢宣帝因此心中不快。擔任丞相司直的繁延壽彈劾蕭望之對丞相丙吉傲慢無禮，又派他屬下的官吏經商，自己從中獲利總計十萬三千錢，請求將蕭望之下獄處治。秋季，八月初二日壬午，漢宣帝下詔將蕭望之降職為太子太傅，同時任命太子太傅黃霸為御史大夫。

匈奴呼韓邪單于稽侯狦派遣他的弟弟右谷蠡王等率軍向西攻打屠耆單于薄胥堂的駐軍，殺死、擄掠了一萬多人。屠耆單于薄胥堂聽到消息，立即親自率領六萬名騎兵趕來攻打呼韓邪單于。屠耆單于薄胥堂兵敗自殺。都隆奇於是與屠耆單于薄胥堂的小兒子右谷蠡王姑瞀樓頭投降了漢朝。車犂單于則向東投降了呼韓邪單于稽侯狦。冬季，十一月，呼韓邪單于稽侯狦的左大將烏厲屈與他的父親呼遬累烏厲溫敦看見匈奴內亂不止，就率領他們的部屬幾萬人也投降了漢朝。漢朝封烏厲屈為新城侯，封烏厲溫敦為義陽侯。當時李陵的兒子又擁立烏藉都尉為匈奴單于，烏藉都尉被呼韓邪單于稽侯狦擒獲後處死。呼韓邪單于稽侯狦再次回到匈奴王庭，但兵力只有幾萬人。屠耆單于薄胥堂的堂弟休旬王自立為閏振單于，佔據著匈奴西部。呼韓邪單于稽侯狦的哥哥左賢王呼屠吾斯也自立為郅支骨都侯單于，佔據著匈奴的東部。

擔任光祿勳的平通侯楊惲，為人廉潔，大公無私，然而喜歡誇耀自己的品行才能，又生性刻薄、愛忌恨人，專好揭發別人的隱私，於是在朝廷中結下很多仇怨。他與擔任太僕的戴長樂合不來，恰好有人上書告發戴長樂有不法行為，戴長樂懷疑是楊惲指使人幹的，於是也上書告發楊惲說：「楊惲上書為韓延壽辯冤，擔任郎中的丘常對楊惲說：『聽說你正在為左馮翊韓延壽辯冤，你能救活他一命嗎？』楊惲說：『這事談何容易？正直而有個性的人未必能夠保全自己！我連自己都未必能夠保全，正如人們所說的那樣「老鼠所以不能進入洞中，是因為牠嘴裡叼著一個大草圈」的原故。』丘常對長樂說：『從正月以來，天氣只陰不雨，這正是《春秋》上所記載過的事情，夏侯勝因為久陰不雨曾經上書給昌邑王說：天久陰不雨，臣下必有謀上者。』」漢宣帝將此案交付給廷尉于定國處治。廷尉于定國向宣帝奏報楊惲心懷怨望，妖言惑眾，屬於大逆不道。漢宣帝不忍誅殺楊惲，便下詔將楊惲和戴長樂兩人全都貶為平民。

三年（丙寅　西元前五五年）

春季，正月二十六日癸卯，博陽定侯丙吉去世。

班固評論說：「古代確定某種事物的名義，必定要根據那種事物的性質、形狀，遠的取材於各種物品，近的則取材於人類本身。所以《經》書上把國君稱為元首，把臣比喻為胳膊和大腿，就是為了說明君主與大臣都像人體上的一部分，彼此互相依賴，缺少哪個部分也不成。所以國君與臣屬互相配合，才是古往今來正確的道理，是自然的形勢要求。觀察近代漢朝的丞相，漢高祖開創大漢的基業，蕭何、曹參是高祖劉邦股肱大臣的代表；漢宣帝使漢朝中興，丙吉、魏相是聲望最高的丞相。在那個時期，無論是罷黜還是升遷都有一定的標準和次序，各種政府職能齊備而有條理，朝廷大臣也都各稱其職，國內禮讓之風盛行。考察他們君臣之間的為人處事，難道是虛傳的？」

二月壬辰日這一天，黃霸被任命為丞相。黃霸的才能以治理人民擅長，等到他做了丞相以後，功勞和聲望都遠遠不如做太守的時候。當時，京兆尹張敞家裡養的鶡雀飛落在丞相府，黃霸以為是一種神鳥，就商議著要把牠當做祥瑞奏報給漢宣帝。張敞上書彈劾黃霸說：「我私下裡看見丞相將中二千石的官員、博士叫到一起詢問那些從各郡、各諸侯國來到京師呈送各種計簿、向朝廷彙報工作的長史和守丞，詢問他們在為百姓興利除弊、形成良好社會風氣方面都做了哪些事情，讓他們逐條回答。凡是回答說在自己的轄區內，地塊相鄰的兩家農夫互相謙讓地界，男女不同路，將東西遺失在道路上也沒有人拾取，以及表彰過轄區內的孝子、貞婦的就評為一等，就先讓他們進入丞相府衙，受到接見；也說表彰過某些孝子節婦，但不能準確地說出人數的，就評為二等；列舉不出本郡、本國在哪些方面取得具體成效的，就列為末等，被評為末等的一個勁地向丞相磕頭謝罪。丞相雖然嘴裡沒有說什麼，但心裡卻希望他們也能按照評為一等的樣子辦。在這些長史、守丞回答丞相的問話時，我家裡養的鶡雀飛落在丞相府的屋頂上，丞相以及屬下的人看見的有幾百人。從邊疆來的人都知道這是鶡雀，丞相問他們的時候卻都裝作不認識。丞相就準備把此鳥當做祥瑞啟奏給陛下說：『當我向各郡國來的長史、守丞詢問各地教化、要他們逐條回答的時候，上天登時就派神雀降臨到了我的府衙。』後來知道鳥是從我家飛出來的以後，這才作罷。從郡國來的這些官吏全都私下裡譏笑丞相，認為他雖然為人忠厚、有辦理大事的謀略，美中不足的是稍微有些迷信奇談怪論。我並不敢詆毀丞相，確實是擔心朝中大臣沒有人敢公開向陛下報告實情，而那些長史、守丞懼怕丞相，不敢違背丞相的旨意，回到郡國以後，有可能捨棄國家的法令法規，各自又搞一套本郡、本國的章程規定，一意追求增加有利於突出地方政績的數字，使原本淳厚樸實的社會風氣變得花裡胡哨，導致大家全都去做表面文章，其實是有名無實，脫離正軌，偷懶耍滑，甚至弄出一些牛鬼蛇神、聳人聽聞的花樣來。假如讓京師宣布率先實現了地塊相鄰的兩家互相謙讓地界、男女不同路、道路不拾遺的良好社會風尚，對倡廉肅貪、表彰貞潔、懲戒淫亂並無絲毫的好處。而以虛假的東西號召天下實行，這是絕對不可以的。如今卻引導諸侯先那樣去做，使諸侯國的虛假聲望流傳到了京師，這可不是件小事情。漢朝是在秦朝破敗的基礎上建立起來的國家，順應時代的要求除舊布新，制定出了各種法律法令，目的就是為了勸勉人民一心向善，禁止作奸犯科，法律詳盡而周密，簡直到了無以復加的程度。應該命令朝中大臣明明白白地告訴那些長史、守丞，讓他們回去轉告給享受二千石俸祿的地方行政長官，讓他們在選拔可以作為楷模的老人、孝悌、力田，以及孝廉、廉吏時，務必實事求是，得到合適的人選，處理郡國中的各項事務必須以朝廷的法令為準則，不能擅自對法律條款進行修改或另立標準。膽敢以弄虛作假來沽名釣譽的人，必定首先受到刑戮，以清楚地表明朝廷提倡什麼、反對什麼。」漢宣帝非常讚賞張敞的見解，並採納了他的意見，將那些呈送計簿、彙報工作的長史、守丞召集起來，派侍中出面給他們傳達宣帝的旨意，內容完全按照張敞的建議。黃霸對此心裡感到非常慚愧。

還有，樂陵侯史高因為既是外戚又有當年撫養宣帝之恩而位至侍中，官高位顯，黃霸向宣帝推薦史高擔任太尉。漢宣帝派尚書代表自己召見並責問黃霸說：「太尉一職已經廢止很久了。推行教化，反映民間隱情，使天下不再有冤假錯案，地方不再有盜賊，這是丞相的職責。而將相官員的任免，這是皇帝的權力。侍中、樂陵侯史高，是皇帝身邊的親近之臣，皇帝心裡非常清楚，你為什麼超越自己的職權範圍而舉薦他呢？」由尚書令來聽取黃霸的回答，黃霸無言以對，只得摘帽請罪，過了幾天之後，漢宣帝才下令對黃霸的事情不予追究，從此以後，黃霸不敢再向宣帝提出什麼請求。然而自從漢朝建立以來，要說優秀的治民官吏，仍然數黃霸第一。

三月，漢宣帝巡視河東郡，在后土祠祭祀地神。削減天下未成年男子的人頭稅，赦免除死刑犯以外的其他罪犯。

六月十六日辛酉，任命西河太守杜延年為御史大夫。〇在西河郡、北地郡中設置屬國，集中安置歸附於漢朝的匈奴人。

廣陵厲王劉胥讓女巫李女須詛咒漢宣帝早死，好讓自己當上皇帝。事情被發覺後，劉胥就用毒藥毒死了女巫以及王宮中的宮女二十多人以滅口。公卿大臣請求宣帝誅殺劉胥。

四年（丁卯　西元前五四年）

春天，廣陵厲王劉胥畏罪自殺。

匈奴呼韓邪單于稽侯狦向漢朝稱臣，並派遣自己的弟弟谷蠡王到漢朝侍奉皇帝充當人質。因為邊塞沒有了敵寇的侵擾，所以漢朝將守邊的士卒減少了十分之二。

擔任大司農中丞的耿壽昌上書給宣帝建議說：「連年五穀豐登，糧價便宜，農民沒有什麼收益。按照以往的慣例：每年通過河道把函谷關以東地區的四百萬斛糧食運送到京師，需要用六萬人才能夠完成。如果是從三輔、弘農、河東、上黨、太原等郡收購糧食，足夠供應京師食用，卻可以節省關東半數以上的漕運人員。」宣帝採納了他的建議。耿壽昌又建議說：「命令邊郡都修建糧倉，當糧價便宜的時候就適當加價收購糧食儲存起來，當糧價太高的時候就以低於市場的價格將糧食賣出，以使農民獲利用來平抑糧價，這就叫做常平倉。」這辦法實施以後給人民帶來了很大的利益。宣帝於是下詔賜耿壽昌為關內侯。

夏季，四月初一日辛丑，發生日蝕。

楊惲失去爵位以後，在家中購置土地房產，以肆意消費錢財自娛自樂。他的朋友、擔任安定太守的西河郡人孫會宗給楊惲寫信，對他的行為進行勸阻，並告誡他說「大臣被辭退以後，應當感到誠惶誠恐、閉門不出，做出一副可憐的樣子，而不應當購置產業，交通賓客，讓人傳誦、說好。」楊惲，是曾經擔任過宰相的楊敞的兒子，很有才能，在他很小的時候就已經顯揚於朝廷，卻突然在一天之內因為說了幾句模稜兩可、似是而非的話就被廢黜，內心很不服氣，於是在回覆孫會宗的信中說：「我自己私下裡尋思，我的過失已經非常大了，品行也有欠缺，恐怕要做一輩子農夫以了此一生了，所以才親自率領妻子，努力耕田種桑，想不到又會因為這個原因而受到譏諷和議論！凡是不能用理性控制的感情變化，即使是聖人也不能禁止。所以君王雖然是最尊貴的，父親雖然是最親近的，在他們去世以後，臣子和兒子為他們服喪禮、對他們的哀悼之情，也是到一定的期限就過去了。我獲罪受到處罰，已經三年了，我像一個農民一樣春種、夏鋤、秋收、冬藏，飽嘗了耕作的辛苦，到了逢年過節，以及舉行伏祭臘祭的時候，烹一隻羊、烤一隻小羊羔，飲上一斗酒自己慰勞一下自己，酒酣耳熱之後，免不了要敲擊著缶隨著節拍仰天唱上幾句。吟唱的詩句是：『在南山上耕種的那塊地啊，野草鋤也鋤不盡。種了一頃豆子啊，豆葉全都落光只剩下豆梗。人生應該及時行樂啊，等待富貴什麼時候才能到來？』如果這種生活就算是荒淫無度，我認為這也沒有什麼不可以的。」另外，楊惲哥哥的兒子安平侯楊譚對楊惲說：「你的罪很輕，又有功勞，以後皇帝還會起用你的。」楊惲說：「有功勞又管什麼用？當今的皇帝不值得我為他效力。」楊譚說：「當今皇帝確實如此。司隸校尉蓋寬饒、左馮翊韓延壽都是為皇帝盡心竭力的官員，還不都是因為犯了點罪就被誅殺了。」恰好遇上日蝕這樣的天象變化，負責餵養騶馬的小官吏成藉機上書告發「楊惲驕縱奢侈，不思悔過自新。日蝕的警告，恐怕就是他所招致的。」漢宣帝將成的奏章交給廷尉處治，在查證核實過程中，搜到了楊惲寫給孫會宗的信件，宣帝看了之後對楊惲非常厭惡。廷尉判處楊惲犯了大逆不道之罪，將其腰斬於市，楊惲的妻、子被流放到酒泉郡。楊譚受牽連被罷免為庶人，那些在職的與楊惲關係密切的官員，如未央宮的衛尉韋玄成以及孫會宗等人，都被免官。

司馬光說：「以漢宣帝的聰明睿智，任命魏相、丙吉為宰相，于定國為廷尉，然而趙廣漢、蓋寬饒、韓延壽、楊惲的先後被殺都讓人覺得不滿意，實在是太可惜了！這作為美好政治中的一種缺憾也是很大的了。《周官》這部記載周代官制的書在記載司法官員執法，認為對於那些有德行、有才能的人，即使犯了罪，在量刑時也要從寬議處，像趙廣漢、韓延壽在治理人民方面難道不可以稱之為能臣嗎？像蓋寬饒、楊惲的剛直不阿，能說他們不賢良嗎？即使他們真的犯了死罪，還應該寬宥他們，何況他們的罪過還不至於死呢？揚雄認為韓延壽控告蕭望之是做臣子的自己造成的失誤。造成韓延壽冒犯上級的原因，是由蕭望之激起來的。宣帝不瞭解實情，而讓韓延壽一個人蒙受罪責，不是也太過分了嗎？」

匈奴閏振單于率領其部眾進攻東邊的郅支單于。郅支單于奮起應戰，殺死了閏振單于，兼併了他的軍隊，於是乘勝進攻呼韓邪單于。呼韓邪單于兵敗逃走，郅支單于入居單于庭。

甘露元年（戊辰　西元前五三年）

春，正月，行幸甘泉，郊泰畤。

楊惲之誅也，公卿奏京兆尹張敞，惲之黨友，不宜處位。上惜敞材，獨寢其奏❶，不下❷。敞使掾絮舜❸有所案驗❹，舜私歸其家曰：「五日京兆耳❺，安能復案事❻？」敞聞舜語，即部吏❼收舜繫獄❽，晝夜驗治❾，竟致其死事❿。舜當出死⓫，敞使主簿⓬持教⓭告舜曰：「五日京兆竟何如？冬月已盡⓮，延命乎⓯？」乃棄舜市⓰。會立春⓱，行冤獄使者⓲出，舜家載尸并編敞教，自言使者⓳。使者奏敞賊殺不辜⓴。上欲令敞得自便㉑，即先下敞前坐楊惲奏㉒，免為庶人。敞詣闕上印綬㉓，便從闕下亡命㉔。數月，京師吏民解弛㉕，枹鼓數起㉖，而冀州部㉗中有大賊，天子思敞功效㉘，使使者即家在所召敞㉙。敞身被重劾㉚，及使者至，妻子家室皆泣，惶懼[1]，而敞獨笑曰：「吾身亡命為民，郡吏當就捕㉛。今使者來，此天子欲用我也。」裝㉜隨使者，詣公車㉝上書曰：「臣前幸得備位列卿，待罪京兆㉞，坐殺掾絮舜㉟。舜本臣敞素所厚吏，數蒙恩貸㊱。以臣有章劾當免，受記考事㊲，便歸臥家，謂臣『五日京兆』。背恩忘義，傷薄俗化㊳。臣竊以舜無狀㊴，枉法㊵以誅之。臣敞賊殺無[2]辜，鞫獄㊶故不直㊷，雖伏明法㊸，死無所恨。」天子引見敞，拜為冀州刺史[44]。敞到部[45]，盜賊屏迹[46]。

皇太子[47]柔仁好儒，見上所用多文法吏[48]，以刑繩下[49]，嘗〔3〕侍燕從容言[50]：「陛下持刑太深，宜用儒生。」帝作色[51]曰：「漢家自有制度，本以霸王道雜之[52]，柰何純任德教，用周政[53]乎？且俗儒不達時宜[54]，好是古非今，使人眩於名實[55]，不知所守[56]，何足委任？」乃歎曰：「亂我家[57]者太子也！」

臣光曰：「王霸無異道[58]。昔三代之隆[59]，禮樂、征伐自天子出[60]，則謂之王[61]。天子微弱不能治諸侯，諸侯有能率其與國[62]，同討不庭[63]以尊王室者，則謂之霸[64]。其所以行之也，皆本仁祖義[65]，任賢使能，賞善罰惡，禁暴誅亂。顧名位有尊卑[66]，德澤[67]有深淺，功業有鉅細，政令有廣狹[68]耳，非若白黑、甘苦之相反[69]也。漢之所以不能復三代之治者，由人主之不為[70]，非先王之道不可復行於後世也。夫儒有君子，有小人。彼俗儒者，誠不足與為治[71]也，獨[72]不可求真儒[73]而用之乎？稷、契、皋陶、伯益[74]、伊尹[75]、周公[76]、孔子[77]，皆大儒也，使漢得而用之，功烈[78]豈若是而止[79]邪？孝宣謂太子懦而不立，闇於治體[80]，必亂我家，則可矣，乃曰王道不可行，儒者不可用，豈不過甚矣〔4〕哉[81]？殆〔5〕非所以訓示子孫[82]，垂法將來[83]者也。」

淮陽憲王[84]好法律，聰達有材，王母張倢伃[85]尤幸。上由是疏太子而愛淮陽憲王，數嗟歎[86]憲王曰：「真我子也！」常[87]有意欲立憲王，然用[88]太子起於微細[89]，上少依倚許氏[90]，及即位而許后以殺死[91]，故弗忍[92]也。久之，上拜韋玄成為淮陽中尉[93]，以玄成嘗讓爵於兄[94]，欲以感諭[95]憲王，由是太子遂安。

匈奴呼韓邪單于之敗[96]也，左伊秩訾王[97]為呼韓邪計，勸令稱臣入朝事漢，從漢求助，如此，匈奴乃定。呼韓邪問諸大臣，皆曰：「不可。匈奴之俗，本上氣力[98]而下服役[99]，以馬上戰鬬為國，故有威名於百蠻。戰死，壯士所有[100]也。今兄弟爭國[101]，不在兄則在弟，雖死猶有威名，子孫常長諸國[102]。漢雖彊，猶不能兼并匈奴，柰何亂先古之制，臣事於漢，卑辱先單于[103]，為諸國所笑？雖如是而安，何以復長百蠻[104]？」左伊秩訾曰：「不然，彊弱有時。今漢方盛，烏孫城郭諸國[105]皆為臣妾[106]。自且鞮侯單于[107]以來，匈奴日削，不能取復[108]，雖屈彊於此[109]，未嘗一日安也。今事漢則安存，不事則危亡，計何以過此[110]？」諸大人相難[111]久之，呼韓邪從其計，引眾南近塞[112]，遣子右賢王銖婁渠堂入侍。郅支單于亦遣子右大將駒于利受入侍。

二月丁巳[113]，樂成敬侯許延壽[114]薨。

夏，四月，黃龍見新豐[115]。

丙申[116]，太上皇廟火[117]。甲辰[118]，孝文廟[119]火，上素服[120]五日。

烏孫狂王[121]復尚楚主解憂[122]，生一男鴟靡，不與主和[123]。又暴惡失眾。漢使衛司馬[124]魏和意、副候[125]任昌至烏孫。公主言：「狂王為烏孫所患苦，易誅也。」遂謀置酒，使士拔劍擊之。劍旁下[126]，狂王傷，上馬馳去。其子細沈瘦[127]會兵[128]圍和意、昌及公主於赤谷城[129]，數月，都護鄭吉[130]發諸國兵救之，乃解去。漢遣中郎將[131]張遵持醫藥治狂王，賜金帛，因收和意、昌係瑣[132]，從尉犂[133]檻車至長安[134]，斬之。

初，肥王翁歸靡胡婦子烏就屠[135]，狂王傷時，驚，與諸翖侯[136]俱去，居北山[137]中，揚言母家匈奴兵來，故眾歸之。後遂襲殺狂王，自立為昆彌[138]。是歲，漢遣破羌將軍辛武賢[139]將兵萬五千人至敦煌[140]，通渠積穀，欲以討之。

初，楚主[141]侍者馮嫽，能史書[142]，習事[143]，嘗持漢節[144]為公主使[145]，城郭諸國敬信之[146]，號曰「馮夫人」，為烏孫右大將妻。右大將與烏就屠相愛，都護鄭吉使馮夫人說烏就屠以漢兵方出，必見滅，不如降。烏就屠恐，曰：「願得小號以自處[147]。」帝徵[148]馮夫人，自問狀[149]。遣謁者[150]竺次、期門[151]甘延壽為副[152]，送馮夫人(153)。馮夫人錦車(154)持節(155)，詔烏就屠詣長羅侯赤谷城(156)，立元貴靡(157)為大昆彌(158)，烏就屠為小昆彌(159)，皆賜印綬。破羌將軍不出塞(160)，還(161)。後烏就屠不盡歸(162)諸[6]翖侯人眾，漢復遣長羅侯惠[7]將三校屯赤谷(163)，因為分別(164)其[8]人民地界，大昆彌戶六萬餘，小昆彌戶四萬餘。然眾心皆附小昆彌。

二年（己巳　西元前五二年）

春，正月，立皇子囂(165)為定陶王(166)。

詔赦天下，減民筭三十(167)。

珠厓郡(168)反。夏，四月，遣護軍都尉(169)張祿將兵擊之。

杜延年(170)以老病免。五月己丑(171)，廷尉于定國為御史大夫。

秋，九[9]月，立皇子宇為東平王(172)。

冬，十二月，上行幸萯陽宮(173)、屬玉觀(174)。

是歲，營平壯武侯(175)趙充國薨。先是，充國以老乞骸骨(176)，賜安車駟馬(177)黃金，罷就弟(178)。朝廷每有四夷大議(179)，常與參兵謀(180)、問籌策(181)焉。

匈奴呼韓邪單于款五原塞(182)，願奉國珍(183)，朝三年正月(184)。詔有司議其儀(185)。丞相、御史(186)曰：「聖王之制，先京師而後諸夏(187)，先諸夏而後夷狄(188)。匈奴單于朝賀，其禮儀宜如諸侯王[189]，位次在下[190]。」太子太傅蕭望之以為：「單于非正朔所加[191]，故稱敵國[192]，宜待以不臣[193]之禮，位在諸侯王上。外夷稽首稱藩[194]，中國讓而不臣，此則羈縻之誼[195]，謙亨[196]之福也。書曰：『戎狄荒服[197]。』言其來服荒忽亡常[198]。如使匈奴後嗣卒有鳥竄鼠伏[199]，闕於朝享[200]，不為畔臣[201]，萬世之長策也。」天子采之，下詔曰：「匈奴單于稱北藩[202]，朝正朔[203]。朕之不德[204]，不能弘覆[205]，其[206]以客禮待之，令單于位在諸侯王上，贊謁[207]稱臣而不名[208]。」

荀悅論[209]曰：「春秋之義[210]，王者無外[211]，欲一于天下[212]也。戎狄道里遼遠，人迹介絕[213]，故正朔不及[214]，禮教不加[215]，非尊之[216]也，其勢然[217]也。詩云：『自彼氐、羌，莫敢不來王[218]。』故要、荒之君[219]必奉王貢[220]，若不供職[221]，則有辭讓號令[222]加焉，非敵國之謂也。望之欲待以不臣之禮，加之王公之上，僭度失序[223]，以亂天常[224]，非禮也。若以權時之宜[225]，則異論[226]矣。」

詔遣車騎都尉[227]韓昌迎單于，發所過七郡[228]二千騎為陳道上[229]。

【章　旨】以上為第三段，寫宣帝甘露元年（西元前五三年）、二年兩年間的全國大事，主要寫了張敞因楊惲被誅而受牽累的一些世態炎涼與其重新被起用的故事；寫了太子劉奭因好儒而被宣帝所責備的史實；寫了匈奴呼韓邪單于因與郅支單于作戰失敗而醞釀歸附於漢朝，與漢王朝準備迎接呼韓邪單于來朝的情景；寫了鄭吉與馮夫人安輯烏孫的過程。

【注　釋】❶寢其奏　將彈劾張敞的奏章壓下。寢，壓下；擱起來。❷不下　不交給群臣討論。❸掾絮舜　張敞手下的佐吏，名叫絮舜。掾，屬吏的通稱。❹有所案驗　派他出去調查某事。❺五日京兆耳　意即張敞這個京兆尹頂多當不了五天了。❻安能復案事　哪裡還能查辦別人的事情。案，查辦。❼部吏　派遣屬吏。❽收舜繫獄　逮捕絮舜投入監獄。❾晝夜驗治　連夜地突擊審訊查證。❿竟致其死事　最後竟把絮舜整成了死罪。⓫舜當出死　當絮舜被提出監獄押往刑場的時候。⓬主簿　掌管文書檔案的官，猶今所謂祕書長。⓭持教　手持張敞的文告。教，文體名，通常指高級長官下達與屬下吏民的文告。⓮冬月已盡　漢代在冬天處決死囚，至臘月底告一段落。這裡的意思是現在已到臘月底，而你也正好被處決。⓯延命乎　你還能再延長壽命嗎。⓰棄舜市　將絮舜處決於鬧市。古代稱處決犯人於市場曰「棄市」，以示與市人共棄之。⓱會立春　也就是在立春那一天。⓲行冤獄使者　朝廷派遣到各地巡行複查冤獄的使臣。⓳自言使者　自己到行冤獄使者那裡告狀。⓴賊殺不辜　殺害無罪之人。賊，也是「殺害」的意思。㉑得自便　意思是將其免官，令其自選出路。㉒下敞前坐楊惲奏　先發布了群臣前次彈劾張敞與楊惲有牽連的奏章。㉓詣闕上印綬　到宮門前上交了自己為京兆尹的印章與綬帶。㉔亡命　悄悄隱去。㉕吏民解弛　出現了無政府狀態。解，通「懈」。㉖枹鼓數起　為有盜賊鬧事而頻繁擊鼓聚眾討伐。枹鼓，這裡即指擊鼓。枹，鼓槌。㉗冀州部　漢代的十三刺史部之一，包括魏郡、常山、鉅鹿、清河四郡及趙、廣平、真定、中山、河間、信都六諸侯國。㉘功効　治理京兆尹的政績。㉙即家在所召敞　到張敞家庭所在的地方找張敞。㉚身被重劾　身上還背著一個「賊殺不辜」的罪名。㉛郡吏當就捕　意思是如果朝廷要捉拿我，就讓當地的官吏來辦就行了。㉜裝　收拾行裝。㉝詣公車　到公車門。公車門是接待臣民上書和臣民求見皇帝的地方。㉞備位列卿二句　二句意思相同，即謙言自己曾任京兆尹。「備位」、「待罪」都是謙詞，「備位」猶言「充數」；「待罪」猶言「等著挨處治」。漢代朝官有九個職位是正九卿，如光祿勳、少府、宗正、大司農等，都是中二千石；此外還有幾個職位如太子太傅、中尉、主爵都尉、京兆尹等都是二千石，被稱作「列於九卿」，簡稱「列卿」，都比一般的二千石地位高。㉟坐殺掾絮舜　句子欠完整，意思是由於殺了小吏絮舜而受到彈劾。㊱數蒙恩貸　多次受到我的恩賞與寬恕。貸，寬饒；原諒。㊲受記考事　接受命令出去調查事務。記，文體的一種，意思即長官的命令、囑託。㊳傷薄俗化　傷俗薄化，喪失了一個小吏對待長官的起碼規矩。㊴無狀　不像話；不成體統。㊵枉法　歪曲法律，不是死罪而硬判了死刑。㊶鞠獄　審理案件。鞠，同「鞫」。㊷故不直　故意判得不公平。㊸雖伏明法　即使接受朝廷的法律，判處死刑。「明」字是頌美朝廷之詞。㊹冀州刺史　到冀州各郡國督辦盜賊的官員，秩六百石。品級雖不高，但因是奉旨行事，權力甚大。㊺到部　意即到任。當時十三刺史的辦事機構叫「部」。㊻屏迹　銷聲匿跡。㊼皇太子　名奭，即日後的漢元帝。㊽文法吏　掌握法律條文的官吏。㊾以刑繩下　以刑法管制臣民。繩，整治；鉗制。㊿嘗侍燕從容言　有一回在陪著宣帝吃飯的時候像是漫不經心地說起。嘗，曾經。燕，通「宴」。從容，自然地；像是漫不經心地。(51)作色　扳起面孔，嚴肅起來。(52)霸王道雜之　霸道和王道摻雜使用，亦即儒法並用。(53)周政　周朝的治國方略，指儒家所鼓吹的仁政。(54)不達時宜　不識時務，死守教條，不知變通。(55)眩於名實　好在「名」與「實」的問題上作文章，如孔子就大講「正名」。眩，使人眼花繚亂。(56)不知所守　不知所從。守，堅持。(57)亂我家　讓我們漢王朝改變政治路線。(58)王霸無異道　王道與霸道沒有根本差別。按，這是司馬光的看法，是繼承荀子的觀點。孔子、孟子的說法並不如此。如孟子說「五霸者，三王之罪人也」，是一樣麼？(59)三代之隆　夏、商、周三朝的鼎盛時期。(60)禮樂征伐自天子出　一切定邦、戡亂的事情都由天子說了算。(61)則謂之王　這樣的政治局面就叫作「王道」。(62)率其與國　率領著他的同盟國。與國，同盟國。(63)同討不庭　共同討伐那些不來朝見天子者。不庭，不來朝拜，也就是不聽招呼、不服管轄。(64)則謂之霸　這樣的政治局面就叫做「霸道」。(65)本仁祖義　意即以仁義為出發點。(66)顧名位有尊卑　只不過前者是由天子做的，後者是由諸侯做的。(67)德澤　原指帝王對百姓的恩澤，這裡實指百姓對「王者」、「霸者」所感戴、所擁護的程度。(68)政令有廣狹　能發號施令的區域有大小不同。王者是「溥天之下，莫非王土」；霸者只能在他所管轄的區域之內。(69)非若白黑甘苦之相反　這也只是司馬光的解釋而已，其實霸主們的想法做法才不像司馬光所說，晉文公能把周天子喊到諸侯結盟的大會去為他加封；楚莊王問鼎輕重，意自想要取而代之。能說都是「本仁祖義」嗎？(70)由人主之不為　是由於漢朝的歷代皇帝都不想推行先王之道。(71)不足與為治　不可能和他們一起治理好天下。(72)獨　難道。(73)真儒　不知司馬光所說的「真儒」是何人，是申培、韓嬰，還是董仲舒？(74)稷契皋陶伯益　都是堯、舜時代的大臣。稷，后稷，以發展種植聞名，是後來周朝的先祖。契，以推行教化工作聞名，是後來商朝的先祖。皋陶，以掌握刑法公正聞名。伯益，幫助大禹治水有功，是秦王朝的先祖。(75)伊尹　商湯的開國名臣。(76)周公　名旦，武王之弟，輔佐武王滅殷建周。(77)孔子　名丘，字仲尼，儒家學派的開創者。按，司馬光稱「稷、契、皋陶、伯益、伊尹、周公」皆大儒也，也未必能讓人贊同，他只是根據儒家稱這些人為「聖賢」而已。(78)功烈　功業。(79)豈若是而止　豈止僅僅搞成了漢朝的這種樣子而已。(80)闇於治體　不明白治理國家的根本訣竅。(81)豈不過甚矣哉　難道不說得太過分了嗎。(82)訓示子孫　教育後代。(83)垂法將來　為後代做榜樣。法，準則；榜樣。(84)淮陽憲王　劉欽，宣帝之次子。元康三年（西元前六三年）被封為淮陽王。淮陽國的都城即今河南淮陽。憲字是其死後的諡。(85)使伃　嬪妃的封號，其地位僅低於皇后。(86)嗟歎　讚歎；歎賞。(87)常　通「嘗」。曾經。(88)用　因。(89)起於微細　出生於宣帝微賤之時。宣帝在娶太子之母與太子降生時，自身才是一個剛被免罪的庶人。(90)依倚許氏　依靠岳父許廣漢家。(91)許后以殺死　宣帝即位後，太子之母被立為皇后，但不久被霍光之妻毒死。事見本書宣帝本始三年。(92)弗忍　不忍心廢掉太子。(93)淮陽中尉　在淮陽國主管軍事的官員，秩二千石。(94)嘗讓爵於兄　韋玄成是原丞相韋賢之子，韋賢因任丞相被封為扶陽侯。韋賢死後，其長子因犯罪在獄，族人推韋玄成襲其父爵，韋玄成死活不幹，願空位以待其兄之出，直到裝瘋。事見本書宣帝元康四年。(95)感諭　感化、曉諭。(96)呼韓邪單于之敗　被郅支單于打敗，離開單于庭。(97)左伊秩訾王　左賢王的部下。(98)上氣力　讚美那種有血性、敢拼敢打的人。(99)下服役　看不起低三下四，服從別人。(100)壯士所有　是壯士的本分，人皆有死。(101)兄弟爭國　指郅支單于與呼韓邪單于本來都是兄弟輩分。(102)常長諸國　常為諸國、諸部落之長。(103)卑辱先單于　使祖輩的單于蒙受恥辱。(104)復長百蠻　再為眾蠻夷的首領。(105)城郭諸國　有城郭的國家，與游牧民族相對而言。(106)皆為臣妾　皆對漢降服，男為臣，女為妾。臣妾，意即奴僕。(107)且鞮侯單于　呼韓邪單于的曾祖，西元前一〇〇—前九七年在位。(108)取復　收復；恢復。(109)屈彊於此　躲在這個地方自己逞強。屈彊，同「倔強」。不服輸的樣子。(110)計何以過此　還有什麼別的辦法能比歸附漢王朝更好。(111)相難　提出反對意見。(112)南近塞　南行靠近漢朝邊境。(113)二月丁巳　二月二十一日。(114)樂成敬侯許延壽　許延壽是宣帝岳父許廣漢之子，封樂成侯，敬字是諡。(115)見新豐　出現在新豐縣。新豐縣在今陝西臨潼東北。(116)丙申　四月初一。(117)太上皇廟火　宣帝父劉進之廟被焚毀。(118)甲辰　四月初九。(119)孝文廟　漢文帝劉恆的廟。(120)素服　穿著白色衣服，表示戒懼、反省。因為兩次宗廟被焚燒，是老天爺在顯示懲罰。(121)烏孫狂王　老烏孫王岑娶之子，匈奴女人所生，名叫泥靡。(122)復尚楚主解憂　楚主解憂是楚王劉戊的孫女，以「公主」的名義出嫁烏孫王。剛入烏孫時，即為岑娶之妻；岑娶死後，又為翁歸靡之妻；翁歸靡死後，又為狂王泥靡之妻。(123)不與主和　與公主解憂感情不和。(124)衛司馬　皇帝衛隊中的司馬官，司馬在軍中主管司法。(125)副侯　魏和意的副手原在皇帝衛隊中充當偵察人員。(126)劍旁下　劍沒有正面刺中。(127)其子細沈瘦　狂王的兒子名叫細沈瘦。(128)會兵　集合士兵。(129)赤谷城　當時烏孫的都城，在今吉爾吉斯斯坦境內的伊塞克湖之東南，距我國的新疆邊界不遠。(130)都護鄭吉　鄭吉是西漢後期經營西域的大功臣，被首任為西域都護，駐兵於烏壘城，在今新疆輪臺東北。(131)中郎將　皇帝的衛隊長，統領諸中郎，上屬光祿勳。(132)收和意昌係瑣　將魏和意、任昌逮捕捆綁。收，逮捕。係瑣，捆綁起來戴上枷鎖。(133)尉犂　西域小國名，在今新疆庫爾勒和尉犂一帶，鄭吉原先駐兵之地。(134)檻車至長安　將魏和意、任昌裝入囚車，從驛路解往長安。(135)烏就屠　肥王翁歸靡之子，狂王泥靡之堂兄弟，亦匈奴女人之所生。(136)諸翎侯　各位翎侯。翎侯是烏孫的官號。(137)北山　烏孫北部的山。(138)昆彌　烏孫王的稱號，猶言「烏孫王」。(139)辛武賢　時為酒泉太守，曾任破羌將軍。(140)敦煌　漢郡名，郡治在今甘肅敦煌西。當時敦煌是漢王朝的西部邊陲，再往西就進入西域地區了。(141)楚主　即解憂公主，因她是楚王劉戊的孫女，故稱「楚主」。(142)能史書　熟悉歷史，能寫文章。(143)習事　既熟悉漢朝之事，又熟悉西域諸國之事。(144)持漢節　手持漢王朝的旌節。節是朝廷使者外出辦事時所持的信物。(145)為公主使　作為公主派出的使者。(146)敬信之　尊敬而信任之。(147)願得小號以自處　希望漢王朝能給一個小封號，以保證日後的太平無事。(148)徵　召之進京。(149)自問狀　親自向馮夫人詢問西域的情況。(150)謁者　皇帝身邊的侍從人員，主管傳達與贊禮等等，上屬光祿勳。(151)期門　即期門郎，皇帝的侍衛人員。(152)為副　為馮夫人作副使。(153)送馮夫人　這裡實際是跟從馮夫人。(154)錦車　以錦繡為蒙飾的車子。(155)持節　手持皇帝賦予的旌節。(156)詣長羅侯赤谷城　意即到赤谷城見長羅侯常惠。(157)元貴靡　肥王翁歸靡與解憂公主所生的兒子。(158)大昆彌　烏孫國的大王。(159)小昆彌　烏孫國的小王。(160)不出塞　未出玉門關。(161)還　回到酒泉郡。(162)不盡歸　不全數歸還。意即將諸翎侯的部分人眾掠歸己有。(163)將三校屯赤谷　率領三個校尉的人馬駐紮在赤谷城。古代一位將軍統率若干部，部的首長即校尉。(164)分別　劃分；分配。(165)皇子囂　劉囂，宣帝之子。(166)定陶王　都城在今山東定陶西北。(167)減民筭三十　將百姓的人頭稅降低三十文。筭，同「算」。人頭稅。漢的人頭稅是一百二十文。(168)珠厓郡　漢郡名，郡治即今海南海口。(169)護軍都尉　在大將兵營負責監督、協調各部校尉的軍事長官。(170)杜延年　西漢著名酷吏杜周之子，此時任御史大夫。(171)五月己丑　五月初一。(172)東平王　封地即原大河郡，都城無鹽，即今山東東平。(173)萯陽宮　漢代的行宮名，在今陝西戶縣西南。(174)屬玉觀　宮館名。屬玉是一種水鳥，因以名觀。(175)營平壯武侯　趙充國以軍功封營平侯，壯武是其死後的謚。(176)乞骸骨　請求辭官退職的謙恭說法。(177)安車駟馬　安車是一種可以坐乘的車子，用以表示尊賢敬老；駟馬，用四馬拉車，表示乘坐者的地位崇高。(178)罷就弟　辭職歸家。弟，通「第」。宅院。(179)四夷大議　有關周邊少數民族問題的重大討論。(180)與參兵謀　參與軍事問題的謀劃。與參，即今「參與」。(181)問籌策　朝廷向其徵求意見。(182)款五原塞　意即通過五原塞的守將向朝廷提出要求。款，敲門。五原塞，五原郡的城關。五原郡的郡治在今內蒙古包頭西北。(183)奉國珍　獻上他們國家的珍寶。(184)朝三年正月　在甘露三年（西元前五一年）的正月元旦，來長安朝拜皇帝。(185)議其儀　商量有關朝拜的具體儀式。(186)丞相御史　時黃霸為丞相，于定國為御史大夫。(187)諸夏　指中國內部的各地區。(188)夷狄　指周邊的各少數民族。(189)諸侯王　國內的各封國諸侯。(190)位次在下　位次在諸侯王之下。(191)非正朔所加　不是使用漢朝曆法的地方，意即不歸漢朝統治。正朔，正月初一，這裡即指曆法。在漢王朝的封疆之內必須使用朝廷頒布的曆法。(192)敵國　地位相等之國。(193)不臣　不把對方看作臣民，意即看作賓客。(194)稽首稱藩　蠻夷之君對中國皇帝叩拜，自稱是附屬國。稽首，最虔誠的叩拜禮，頭要碰到地上。藩，藩籬；屏障。古稱四周的屬國。(195)羈縻之誼　意即加以籠絡，取得其大體的承認就行了。誼，同「義」。道理；意思。(196)謙亨　《周易・謙卦》有所謂：「謙，亨，天道下濟而光明，地道卑而上行，言謙之為德，無所不通也。」(197)戎狄荒服　中國天子對周邊的戎狄之族，只要取得他們大體的承認就行。此語見於《國語・周語》，今《尚書》無此文。「荒服」的意思即荒忽無常，有個口頭承認就行。(198)荒忽亡常　意即時來時去，難以常規管理。亡，通「無」。(199)卒有鳥竄鼠伏　忽然有一天不知鑽到什麼地方去了。卒，通「猝」。突然。(200)闕於朝享　意思是又不來朝拜稱臣了。朝享，朝拜進貢。(201)不為畔臣　我們也不必就把他們當做叛臣去加以討伐。(202)北蕃　北方的藩臣。(203)朝正朔　來京朝賀正月的元旦。(204)不德　猶言「無德」，皇帝的自謙之詞。(205)不能弘覆　自己的道德不能遠蓋到那裡，實際是說自己的統治力達不到那些地方。(206)其　發語詞，表示「將要」、「準備」的意思。(207)贊謁　行拜見之禮時的唱名。(208)稱臣而不名　只稱「臣」，而不再自報姓名。(209)荀悅論　荀悅《後漢紀》對這段史實的議論。(210)春秋之義　《春秋》所講的道理、原則。(211)無外　不把任何一塊地方看作不是自己的地盤。《詩經》有所謂「溥天之下，莫非王土」，即此之意。(212)欲一于天下　想統一天下。(213)介絕　斷絕；隔絕。(214)正朔不及　漢王朝的曆法不能為其所使用。(215)禮教不加　漢王朝的禮樂、教化也影響不到那裡。(216)非尊之　並不是為了尊敬他們。(217)其勢然　是由形勢決定的，意思是自己的力量達不到。(218)自彼氐羌二句　二句見《詩經・殷武》。氐、羌，都是古代西部地區的少數民族名。來王，來朝見中原地區之王。(219)要荒之君　要服、荒服地區的君主。古代將王者京畿以外的地區由內向外分成五個圈，第一圈稱甸服，第二圈稱侯服，第三圈稱綏服，第四圈稱要服，第五圈稱荒服。(220)必奉王貢　必須向中央王朝的帝王進貢。(221)若不供職　如果不給中央王朝進貢。職，也是「貢」的意思。(222)辭讓號令　以文告責備，以威令訓斥。(223)僭度失序　超越制度，錯了位次。(224)亂天常　搞亂了正常的次序。(225)權時之宜　臨時性的處治方式。(226)異論　另當別論，意即作為一種臨時制宜的處理方式是可以的。(227)車騎都尉　統領車兵騎兵的軍官，級別略同於校尉。(228)所過七郡　從邊境到京城所經過的七個郡，即五原、朔方、西河、上郡、北地、左馮翊、京兆尹。(229)陳道上　每個郡都要調集兩千名騎兵排列於所過的道路，以示歡迎與為之作警衛。

【校　記】[1]惶懼　原無此二字。據章鈺校，甲十五行本、乙十一行本、孔天胤本皆有此二字，張敦仁《通鑑刊本識誤》、張瑛《通鑑校勘記》同，今據補。[2]無　原作「不」。據章鈺校，乙十一行本、孔天胤本皆作「無」，今據改。按，《漢書・張敞傳》作「無」。③嘗　原作「常」。據章鈺校，甲十五行本、乙十一行本皆作「嘗」，今據改。按，《通鑑綱目》卷六、《漢書・元帝紀》皆作「嘗」。④甚矣　原無此二字。據章鈺校，甲十五行本、乙十一行本、孔天胤本皆有此二字，今據補。⑤殆　原無此字。據章鈺校，甲十五行本、乙十一行本、孔天胤本皆有此字，今據補。按，《通鑑綱目》卷六有此字。⑥諸　原無此字。據章鈺校，甲十五行本、乙十一行本、孔天胤本皆有此字，今據補。按，《通鑑紀事本末》卷三、《漢書・西域下・烏孫國傳》皆有此字。⑦惠　原無此字。據章鈺校，甲十五行本、乙十一行本、孔天胤本皆有此字，張敦仁《通鑑刊本識誤》、張瑛《通鑑校勘記》同，今據補。⑧其　原無此字。據章鈺校，甲十五行本、乙十一行本、孔天胤本皆有此字，今據補。按，《通鑑紀事本末》卷三、《漢書・西域下・烏孫國傳》皆有此字。⑨九　原作「七」。據章鈺校，甲十五行本、乙十一行本、孔天胤本皆作「九」，張瑛《通鑑校勘記》同，今據改。按，《漢書・宣帝紀》作「九」。

【語　譯】甘露元年（戊辰　西元前五三年）

春季，正月，漢宣帝巡視甘泉，在供奉有泰一神的泰畤祭祀泰一。

楊惲被誅殺之後，公卿大臣彈劾京兆尹張敞，說張敞是楊惲的親密朋友，不應該再任京兆尹。宣帝愛惜張敞的才能，就將彈劾張敞的奏摺擱置起來，沒有交給群臣討論。張敞派遣屬下佐吏名叫絮舜的去調查某個案件，絮舜竟然私自回了家，還說：「張敞這個京兆尹當不了五天了，哪裡還能再查辦別人的案件？」絮舜的話傳到了張敞的耳朵裡，他立即派遣屬吏將絮舜逮捕入獄，連夜突擊審問，最後竟把絮舜整成了死罪。當絮舜被拉出監獄押往刑場的時候，張敞又派遣主簿拿著自己親筆寫的文告對絮舜說：「只能當五天京兆尹的人怎麼樣？處決犯人的冬季快要結束了，你還想延長壽命嗎？」竟將絮舜處決於鬧市。在立春那一天，朝廷派遣到各地巡行覆查冤獄的使臣前來巡視，絮舜的家屬用車拉著絮舜的屍體並且帶著張敞寫給絮舜的文告，親自到行冤使者面前控告張敞。行冤使者奏報張敞濫殺無辜。宣帝想將張敞免官，讓他自選出路，就先將公卿大臣此前因楊惲之事彈劾張敞的奏章發下來，將張敞免職，貶為平民。張敞到皇宮門前交上了自己為京兆尹的印章與綬帶後，便從宮門悄悄地隱去了。幾個月之後，由於京師官員的懈怠，出現了無政府狀態，因為連續發生多起盜賊案件而導致頻繁擊鼓聚眾討伐，而冀州部更是出現了一夥大盜，漢宣帝想起了張敞治理京師的政績，便派遣使者到張敞家庭所在的地方去尋找張敞。張敞因為受到多種彈劾又背負著濫殺無辜的罪名，看到使者到來，他的妻子及家人都哭泣起來，惶恐不安，只有張敞笑著說：「我只不過是一個削職為民逃亡在外的罪人，如果朝廷要捉拿我，讓郡中的官吏來就行了。現在卻是派使者來，這是天子要起用我啊。」於是整理行裝跟隨使者來到京師，他到公車門給宣帝上書說：「我以前僥倖備位列卿，擔任京兆尹之職，卻因濫殺佐史絮舜而受到彈劾。絮舜本來是我一向所厚待的官吏，數次蒙受我的恩惠和寬恕。因為我受到彈劾，將被免去京兆尹的職務，此時我派他出去調查事務，他便拒絕執行擅自回家睡覺，還譏諷我是只能當五天的京兆尹。這是一個忘恩負義、傷風敗俗之輩。我認為絮舜太不成體統，便歪曲法律，不是死罪也硬將他判成死罪殺了他。我濫殺無辜，審理案件故意判得不公正，即使接受朝廷的法律判處我死刑，我也沒有什麼怨恨。」宣帝召見了張敞，任命他為冀州刺史。張敞到達冀州任上之後，盜賊很快就銷聲匿跡了。

皇太子劉奭性情敦厚仁慈，喜好儒家學說，他看到漢宣帝所重用的官吏都是些掌握法律條文的人，他們以嚴刑酷法來管制臣民，有一次就藉著陪同皇帝吃飯的機會裝作漫不經心似的說：「陛下使用刑法太重，應該多重用儒生。」宣帝聽了馬上扳起面孔，嚴肅地說：「漢家自有漢家的制度，漢家從來都是霸道和王道摻雜使用，為什麼要單用儒家的禮教，難道還要用周朝的以仁政治國嗎？況且那些迂腐的儒生根本就不識時務，死守教條而不知變通，又好厚古非今，愛在『名』與『實』的問題上做文章，搞得人眼花繚亂，不知所從，他們哪裡值得任用呢？」於是歎息著說：「讓我們漢王朝改變政治路線的人一定是太子呀！」

司馬光說：「王道與霸道沒有什麼本質性的差異。過去夏、商、周三代的鼎盛時期，一切定邦、戡亂的事情全都由天子說了算，這樣的政治局面被後人稱之為王道。後來天子權力削弱不能再控制諸侯，諸侯中有能率領他的同盟國共同討伐那些不到來朝見天子、並率領諸侯尊崇天子的，這樣的政治局面後人就稱之為霸道。他們所以要這樣做，都是以仁義為出發點，任用賢明有才能的人，獎勵善行懲罰邪惡，禁暴誅亂。只不過前者是由天子做的，後者是由諸侯做的，他們的恩澤有深有淺，所建立的功業有大有小，能發號施令的區域有大有小罷了，並不像白與黑、甘與苦那樣絕對對立。漢朝所以沒能恢復夏、商、周三代的以仁義治國的政治，是由於漢朝皇帝都不想推行先王之道，而不是先王之道不可以在後世實行啊。儒家學派中有君子，也有小人。那些迂腐的儒者，確實不能依靠他們治理天下，難道不可以尋求真正的儒者而使用他們嗎？稷、契、皋陶、伯益、伊尹、周公、孔子，都是大儒者，假使漢朝能夠得到像他們那樣的人並且任用他們治理國家，功業難道僅達到現在的這種樣子就完了嗎？漢宣帝認為太子懦弱、不能自立，不明白治理國家的根本訣竅，必然改變漢家的政治路線，他那樣說是可以的，然而由此卻說王道不可行，儒者不可用，豈不是太過分了嗎？這大概不是用來教育子孫後代，為後世留下榜樣的好做法。」

淮陽憲王劉欽喜好研究法律，又聰明豁達、很有才能，劉欽的母親張倢伃尤其受到宣帝的寵愛。宣帝因此疏遠了太子劉奭而偏愛淮陽憲王劉欽，多次讚歎劉欽說：「劉欽才真是我的兒子呀！」曾經想廢掉太子劉奭而立憲王劉欽為太子，但又因為太子出生於自己微賤之時，自己是依靠岳父許廣漢家的幫助才得以生存，等到自己即位後，太子的母親許皇后又被毒死，所以不忍心廢掉太子。過了很久，漢宣帝任命韋玄成為淮陽中尉，因為韋玄成曾經把爵位讓給他的哥哥，宣帝想以此感化曉諭憲王劉欽，從此以後劉奭的太子地位才穩固下來。

匈奴呼韓邪單于稽侯狦被打敗之後，左伊秩訾王為他出謀劃策，勸說他向漢朝稱臣，以求得漢朝的援助，認為只有這樣，才能安定匈奴。呼韓邪單于稽侯狦徵求各大臣的意見，大臣們都說：「不可以。匈奴的風俗習慣，向來是尊崇那種有血性、敢拼敢打的人，而看不起那些低三下四、服從別人的人，以能在馬背上戰鬥為立國之本，所以才使得我們匈奴的威名遠播到各個民族。為作戰而死是英雄的本分。如今是兄弟之間爭奪王位，王位不是被兄長奪取就是被弟弟奪取，即使戰死了也有威名存在，子孫們也會永遠為諸國、諸部落之長。漢朝雖然強大，也不可能兼併匈奴，為什麼要亂了祖先的制度，臣服於漢朝，使我們祖輩的單于蒙受恥辱、被各國所恥笑？雖然臣服於漢朝能得到平安，但還怎麼再為眾蠻夷的首領呢？」左伊秩訾王說：「你們說得不對，強盛和衰弱隨著時代的不同，是不一樣的。如今漢朝正是鼎盛時期，烏孫等有城郭的國家都已經臣服於漢朝。我們匈奴自從且鞮侯單于以來，勢力一天一天被削弱，再也無力恢復，雖然躲在這個地方逞強，但沒有過過一天安穩的日子。如果歸順漢朝，我們就能獲得平安、得以保存，不歸順漢朝則匈奴就面臨著滅亡的危險，還有什麼別的辦法比歸順漢朝更好的嗎？」諸大臣互相爭論了很久，呼韓邪單于還是採納了左伊秩訾王的建議，帶領屬下的民眾向南來到靠近漢朝邊塞的地方，然後派遣自己的兒子右賢王銖婁渠堂到漢朝侍奉漢朝天子充當人質。郅支單于也派遣自己的兒子、右大將駒于利受到漢朝侍奉漢天子充當人質。

二月二十一日丁巳，樂成敬侯許延壽去世。

夏季，四月，黃龍出現在新豐縣。

四月初一日丙申，宣帝的父親、太上皇劉進的祭廟失火。初九日甲辰，孝文帝的祭廟也遭受火災，為此漢宣帝穿了五天的白色衣服，表示戒懼、反省。

烏孫狂王泥靡娶解憂公主為妻，解憂公主為狂王生了一個男孩名叫鴟靡，烏孫狂王泥靡與解憂公主感情不和。又因為他性情兇暴，失去了民心。漢朝派遣衛司馬魏和意、原在皇帝衛隊中擔任偵察員的任昌為副使出使烏孫國。他們到了烏孫國之後，解憂公主對他們說：「烏孫國的百姓恨透了狂王泥靡，要除掉他是很容易的事情。」經過一番謀劃，於是擺設酒席宴請狂王，讓武士尋機用劍擊殺他。不料劍沒有正面擊中狂王，狂王負傷後飛身上馬逃走了。狂王的兒子細沈瘦集合士兵把魏和意、任昌以及解憂公主圍困在赤谷城，圍困了幾個月，一直到西域都護鄭吉徵調附近各國的軍隊前來解救，細沈瘦的軍隊才解圍而去。漢朝派遣中郎將張遵帶著醫藥去給狂王療傷，並賞賜給狂王許多金銀綢緞，同時將魏和意、任昌逮捕起來，戴上枷鎖，用囚車把他們從尉犁城押解回長安，處死。

當初，烏孫肥王翁歸靡所娶的匈奴妻子生的兒子烏就屠，在狂王受傷的時候，受到驚嚇，便與諸位翎侯一同逃跑，躲藏到烏孫北部的山中，並且揚言說母親的娘家匈奴會派兵來救援，所以很多烏孫人都來投奔他。後來烏就屠率人襲殺了狂王，自立為昆彌王。這一年，漢朝派遣破羌將軍辛武賢率兵一萬五千人來到敦煌郡，他們疏通河道，耕種田地，積蓄糧食，準備向西討伐烏就屠。

當初，解憂公主的侍女馮嫽，因為熟悉歷史，能撰寫文章，既熟悉漢朝之事、又熟悉西域各國的風俗習慣，曾經手持漢朝符節作為解憂公主的使者出使各國，西域那些有城郭的國家都很尊敬她信任她，稱她為「馮夫人」，馮夫人嫁給烏孫右大將為妻。右大將與烏就屠關係親密，都護鄭吉就讓馮夫人去勸說烏就屠，讓他認識到漢朝的軍隊一旦出擊，烏孫必然被消滅，不如趁早投降漢朝。烏就屠感到很恐慌，說：「我希望漢朝能給我一個小封號，使我有個安身立命的地方。」宣帝徵召馮夫人到長安，親自向她詢問烏孫國的情況。然後派遣謁者竺次、期門甘延壽為副使護送馮夫人回烏孫國。馮夫人端坐在錦車裡，手持漢朝符節，傳達漢朝皇帝的詔令：讓烏就屠前往赤谷城去見長羅侯常惠，冊封元貴靡為大昆彌，烏就屠為小昆彌，都賜給印綬。破羌將軍辛武賢沒有出玉門關，就率軍回到酒泉郡。後來烏就屠不肯把各翎侯的人眾全數歸還翎侯，於是漢朝又派遣長羅侯常惠率領三個校尉的人馬駐紮在赤谷城，並為他們劃分出人員、地界，大昆彌元貴靡管轄之下有六萬多戶，小昆彌烏就屠管轄之下有四萬多戶。然而民心卻都向著小昆彌烏就屠。

二年（己巳　西元前五二年）

春季，正月，漢宣帝封皇子劉囂為定陶王。

漢宣帝下詔大赦天下，將百姓的人頭稅減少三十文。

珠厓郡發生叛亂。夏季，四月，朝廷派遣護軍都尉張祿率兵前往珠厓平定叛亂。

杜延年因為年老多病被免去職務。五月初一日己丑，提升廷尉于定國為御史大夫。

秋季，九月，宣帝封皇子劉宇為東平王。

冬季，十二月，宣帝前往萯陽宮、屬玉觀巡視。

這一年，營平壯武侯趙充國去世。先前，趙充國因為自己年老而向宣帝請求辭官退休，宣帝答應了他的請求，並賞賜給他安車、駟馬、黃金，讓他辭職回家安享晚年。但每當朝廷遇到有關周邊少數民族問題的重大討論，都要請他參與軍事問題的謀劃、或是去徵求他的意見。

匈奴呼韓邪單于通過五原郡的守將向朝廷提出請求，願意向漢朝獻上他們國家的珍寶，希望能在甘露三年的正月到長安朝見漢朝皇帝。宣帝下詔讓有關部門商議匈奴呼韓邪單于前來朝見的具體儀式。丞相黃霸、御史大夫于定國都說：「按照古代聖王的制度，在朝見皇帝的順序上，應該是京師排在第一位，而後才是中原的各個封國，最後才是四周各族。匈奴呼韓邪單于前來朝賀，其禮儀應該等同於諸侯王，只是其位置要安排在諸侯王之後。」太子太傅蕭望之發表意見說：「單于不是使用漢朝曆法的地方，不屬於漢朝統治，所以稱其為地位相等之國，應該按照對待賓客的禮儀對待他們，接待的規格應該在諸侯王之上。蠻夷之君向漢朝皇帝行叩拜之禮，自稱是藩屬之臣，中國應該謙讓，表示不以臣屬對待他們，這樣既可以籠絡他們，又可以享受到謙讓所帶來的福分。《尚書》中說：『中國天子對周邊的戎狄之族，只要取得他們大體的承認就行。』說的是他們即使臣服也是反覆無常的。假如匈奴的後代子孫突然之間像鳥獸一樣不知鑽到什麼地方去了，他們不再向漢朝納貢稱臣，我們也不必把他們當做叛臣去加以討伐，這才是萬世長遠的策略啊。」宣帝採納了他們的建議，下詔說：「匈奴單于自稱是漢朝北方的藩臣，願意來京朝賀正月的元旦。我的品行還不夠高尚，不能將恩德普遍地施與天下的百姓，準備以接待賓客之禮接待匈奴單于，將單于的地位安置在諸侯王之上，在他行拜見之禮時，只稱臣而不要自報姓名。」

荀悅評論說：「《春秋》所講的原則是，聖明的君主不把任何一塊地方看作是不屬於自己的地盤，就是想要一統天下。戎狄由於相距非常遙遠，人事隔絕，所以中國的曆法無法推行到那裡，中國的禮樂、教化也影響不到那裡，這並不是特別的尊重他們，而是受形勢所限不得不如此罷了。《詩經》上說：『不論是氐人還是羌人，沒有誰敢不來朝見中原地區之王。』所以不論是遠在要服、還是遠在荒服的國君必須向中央王朝的君主貢獻方物，如果不承擔朝貢的義務，那就將用文告責備、以威令訓斥，這是不把他們看作地位平等的國家。蕭望之想把匈奴呼韓邪單于當做賓客對待，讓他位居諸侯王和三公之上，這是超越了制度，搞錯了位次，搞亂了正常的次序，不符合禮儀的規定。假如只是作為臨時的權宜之計，那就另當別論了。」

漢宣帝下詔派遣車騎都尉韓昌前往匈奴迎接呼韓邪單于，從邊境到京城要經過七個郡，從每個郡徵調二千名騎兵排列在道路兩旁，以示歡迎和擔負警戒。

三年（庚午　西元前五一年）

春，正月，上行幸甘泉，郊泰畤。

匈奴呼韓邪單于來朝，贊謁稱藩臣而不名。賜以冠帶、衣裳，黃金璽、盭綬❶，玉具劍❷、佩刀，弓一張，矢四發，棨戟❸十，安車一乘，鞍勒一具❹，馬十五匹，黃金二十斤，錢二十萬，衣被七十七襲❺，錦繡、綺縠❻、雜帛八千匹，絮❼六千斤。禮畢，使使者道單于❽先行宿長平❾。上自甘泉宿池陽宮❿。上登長平阪⓫，詔單于毋謁⓬，其左右當戶⓭羣臣[1]皆得列觀⓮，及諸蠻夷⓯君長、王、侯數萬，咸迎於渭橋下⓰，夾道陳⓱。上登渭橋，咸稱萬歲。單于就邸長安⓲。置酒建章宮⓳，饗賜⓴單于，觀以珍寶㉑。二月，遣單于歸國。單于自請「願留居幕南光祿塞㉒下，有急，保漢受降城㉓。」漢遣長樂衛尉㉔高昌侯董忠、車騎都尉韓昌將騎萬六千，又發邊郡士馬以千數，送單于出朔方雞鹿塞㉕。詔忠等留衛單于，助誅不服，又轉㉖邊穀米糒㉗，前後三萬四千斛㉘，給贍㉙其食。先是，自烏孫以西至安息㉚諸國近匈奴者，皆畏匈奴而輕漢，及呼韓邪單于[2]朝漢後，咸尊漢矣。

上以戎狄賓服㉛，思股肱㉜之美，乃圖畫其人於麒麟閣㉝，法其容貌㉞，署㉟其官爵姓名。唯霍光不名㊱，曰「大司馬大將軍博陸侯，姓霍氏」，其次張安世㊲、韓增(38)、趙充國(39)、魏相、丙吉(40)、杜延年(41)、劉德(42)、梁丘賀(43)、蕭望之(44)、蘇武(45)，凡十一人，皆有功德，知名當世，是以表而揚之，明著中興輔佐，列於方叔、召虎、仲山甫(46)焉。

鳳皇集新蔡(47)。

三月己巳(48)，建成安侯(49)黃霸薨。五月甲午(50)，于定國(51)為丞相，封西平侯。太僕(52)沛郡陳萬年(53)為御史大夫。

詔諸儒講五經同異(54)，蕭望之等平奏其議(55)，上親稱制臨決(56)焉。乃立梁丘易(57)、大、小夏侯尚書(58)、穀梁春秋(59)博士(60)。

烏孫大昆彌元貴靡(61)及鴟靡(62)皆病死。公主上書言：「年老土思(63)，願得歸骸骨(64)，葬漢地。」天子閔(65)而迎之。冬，至京師，待之一如公主之制(66)。後二歲卒。元貴靡子星靡代為大昆彌，弱。馮夫人(67)上書：「願使(68)烏孫，鎮撫星靡(69)。」漢遣之。都護韓宣[3]奏(70)烏孫大吏大祿、大監(71)皆可賜以金印紫綬(72)，以尊輔大昆彌(73)。漢許之。其後段會宗(74)為都護，乃招還亡叛(75)，安定之(76)。星靡死，子雌栗靡代立。

皇太子所幸司馬良娣(77)病，且死，謂太子曰：「妾死非天命，乃諸娣妾、良人78更祝詛殺我79。」太子以為然。及死，太子悲恚80發病，忽忽不樂。帝乃令皇后擇後宮家人子81可以娛侍太子82者，得元城83王政君84，送太子宮。政君，故繡衣御史賀85之孫女也，見於丙殿86，壹幸，有身87。是歲，生成帝於甲館畫堂88，為世適皇孫89。帝愛之，自名曰「驁」90，字「大孫」，常置左右。

四年（辛未　西元前五〇年）

夏，廣川王海陽91坐禽獸行92、賊殺不辜93廢，徙房陵94。

冬，十月丁卯95 4，未央宮宣室閣96火。

是歲，徙定陶王囂97為楚王98。

匈奴呼韓邪、郅支兩單于俱遣使朝獻，漢待呼韓邪使有加99焉。

黃龍元年（壬申　西元前四九年）

春，正月，上行幸甘泉，郊泰畤。

匈奴呼韓邪單于來朝，二月歸國。始，郅支單于以為呼韓邪兵弱，降漢，不能復自還，即引其眾西，欲攻定右地100。又屠耆單于小弟本侍呼韓邪，亦亡之右地101，收兩兄102餘兵，得數千人，自立為伊利目單于。道逢郅支，合戰，郅支殺之，并其兵五萬餘人。郅支聞漢出兵穀助呼韓邪，即遂留居右地。自度力不能定匈奴，乃益西(103)，近烏孫，欲與[5]并力(104)，遣使見小昆彌烏就屠。烏就屠殺其使，發八千騎迎郅支。郅支覺其謀，勒兵逢擊(105)烏孫，破之。因北擊烏揭、堅昆、丁令(106)，并三國。數遣兵擊烏孫，常勝之。堅昆東去(107)單于庭七千里，南去[6]車師(108)五千里，郅支留都之(109)。

三月，有星孛于王良、閣道(110)，入紫微宮(111)[7]。

帝寢疾(112)，選大臣可屬(113)者，引外屬(114)侍中樂陵侯史高(115)、太子太傅蕭望之、少傅周堪至禁中(116)，拜高為大司馬車騎將軍，望之為前將軍、光祿勳，堪為光祿大夫(117)，皆受遺詔輔政(118)，領尚書事(119)。冬，十二月甲戌(120)，帝崩于未央宮(121)。

班固贊(122)曰：「孝宣之治，信賞必罰(123)，綜核名實(124)。政事、文學、法理之士，咸精其能(125)。至於技巧、工匠、器械(126)，自元、成間鮮能及之(127)。亦足以知吏稱其職、民安其業也。遭值匈奴乖亂(128)，推亡固存(129)，信威北夷(130)，單于慕義，稽首稱藩。功光祖宗(131)，業垂後嗣(132)，可謂中興，侔德殷宗、周宣(133)矣！」

癸巳(134)，太子即皇帝位(135)，謁高廟，尊皇太后(136)曰太皇太后，皇后(137)曰皇太后。

【章旨】以上為第四段，寫宣帝甘露三年（西元前五一年）至黃龍元年（西元前四九年）共三年間的全國大事，寫了匈奴呼韓邪單于來長安朝拜漢宣帝，與漢宣帝圖中興功臣十一人於麒麟閣的情景；寫王政君入太子宮受寵生子，為日後王氏外戚專權做鋪墊；寫郅支單于率部西移，影響到西域諸國與漢關係，為陳湯日後經營西域做鋪墊；寫宣帝死，與班固對宣帝的高度評價。

【注釋】❶盭綬　綠色的綬帶。漢代諸侯王的綬帶是綠色。❷玉具劍　劍柄的各個部分都用玉做裝飾。❸棨戟　作為高官儀仗之用的用紅漆漆過的木戟。❹鞍勒一具　鞍，指馬鞍。勒，指馬的轡頭。一具，一套。❺衣被七十七襲　衣被，即指長衣。襲，猶今所謂「一身」、「一件」。❻錦繡綺縠　錦繡指彩色刺繡品，綺縠指有圖案有皺紋的絲織品。❼絮　絲絮；絲綿。❽道單于　導引單于。道，通「導」。導引。❾先行宿長平　先期往住在長平阪。長平阪在今陝西涇陽南，離長安城五十里。❿自甘泉宿池陽宮　從甘泉宮出發東南行，住宿在池陽宮。池陽宮是漢代的離宮名，在漢代的池陽縣(今陝西涇陽西北)。⓫長平阪　涇水南岸的高地名，當時屬池陽縣。⓬毋謁　不必叩拜進見。謁，進見。⓭左右當戶　單于屬下的中級官長，其高級官長自不待言。⓮皆得列觀　都可以列隊觀看。⓯諸蠻夷　其他各少數民族的頭領。⓰渭橋下　渭橋的橋頭。渭橋在漢代長安城北的渭水上，是從渭北進入長安的必經之道。⓱夾道陳　排列在道路的兩旁。⓲就邸長安　前行進住到長安官邸。邸，為單于在長安修建的官邸。⓳建章宮　武帝修建的宮殿，在當時長安西城外的南側，與城裡的未央宮隔城相對，是西漢最巍峨、最豪華的宮殿。⓴饗賜　宴請並賞賜。㉑觀以珍寶　把倉庫裡的珍寶給單于看，向其炫耀。觀，顯示；顯白。㉒幕南光祿塞　大沙漠以南的光祿塞。幕，通「漠」。光祿塞，武帝時期由光祿勳徐自為所築的城堡，在今內蒙古包頭西北。㉓有急二句　遇有緊急情況，可以依托漢代的受降城作為屏障。受降城是武帝時期公孫敖所築之城，在今內蒙古烏拉特中後聯合旗東。㉔長樂衛尉　九卿之一，主管長樂宮的警衛。㉕朔方雞鹿塞　朔方郡的雞鹿塞。朔方郡的郡治在今內蒙古烏拉特前旗東南，雞鹿塞在漢代的窳渾縣西北，今內蒙古磴口西北。㉖轉　用車輛運送。㉗米糒　米與乾糧。糒，乾糧。㉘三萬四千斛　即三萬四千石。漢代的一石相當於今之五斗。㉙給贍　供給、滿足。㉚安息　古西域國名，即世界史上所說的「帕提亞王朝」，在今伊朗境內，國都番兜城(今德黑蘭東部之達姆甘)。㉛賓服　意即降服、歸服。㉜股肱　大腿和胳膊，以喻佐命的骨幹大臣。㉝麒麟閣　殿閣名，在未央宮中。㉞法其容貌　意即畫出他們的肖像。法，模仿。㉟署　書寫；列出。㊱不名　不稱呼其名字，以示格外敬重。㊲張安世　武帝時著名酷吏張湯之子，曾任大司馬車騎將軍、衛將軍等職，繼霍光輔佐宣帝。㊳韓增　劉邦功臣韓王信的後代，襲其父爵為龍頟侯，曾為大司馬車騎將軍，領尚書事。㊴趙充國　曾任後將軍，以經營西羌事被封為營平侯。㊵魏相丙吉　宣帝時期的兩任很有作為的丞相。㊶杜延年　武帝時著名酷吏杜周之子，宣帝時曾任御史大夫。㊷劉

德 楚元王劉交的後代，昭帝時曾任宗正之職，因參與立宣帝，後封陽成侯。㊸梁丘賀 西漢後期的著名儒生，以學《易》聞名，官至少府。㊹蕭望之 西漢後期的著名儒生，屢上書言事，受宣帝重視，曾任御史大夫，又降為太子太傅。㊺蘇武 武帝時以出使匈奴被匈奴扣押十九年而堅貞不屈，回國後任典屬國。㊻列於方叔召虎仲山甫 意即以上十一人的德行功業可以和周朝的方叔、召虎、仲山甫三人相比。方叔、召虎、仲山甫都是西周宣王時代的大臣，曾外伐玁狁、內佐朝政，促成了宣王時代的「中興」局面。事跡詳見《詩經》中的〈六月〉、〈出車〉等篇。㊼新蔡 漢縣名，縣治即今河南新蔡。㊽三月己巳 三月甲申朔，無己巳日，此處記事有誤。㊾建成安侯 黃霸因任丞相被封為建成侯，安字是其死後的諡。㊿五月甲午 五月十二。(51)于定國 西漢著名的司法官，此前為御史大夫。(52)太僕 九卿之一，為皇帝趕車。(53)陳萬年 西漢後期的庸俗官僚，一生諂事權貴。事跡詳見《漢書》本傳。(54)講五經同異 討論對《五經》中有關問題的不同理解。《五經》指《詩》、《書》、《易》、《禮》、《春秋》。(55)平奏其議 對大家的評論進行歸納裁定上報皇帝。(56)稱制臨決 以皇帝的身分出面裁決。(57)梁丘易 梁丘賀編寫的《易經》講義。(58)大小夏侯尚書 夏侯勝與夏侯建編寫的《尚書》講義。夏侯建是夏侯勝之姪，故人稱其叔姪曰「大小夏侯」。(59)穀梁春秋 穀梁赤編寫的《春秋》講義。(60)博士 太學裡的教官。「立……博士」即在太學裡設立此教官，開設這門課程。(61)元貴靡 解憂公主與肥王翁歸靡之所生。(62)鴟靡 解憂公主與狂王之所生。(63)土思 思念故土。(64)歸骸骨 讓自己的屍骨回歸漢朝，這是請求返回故國故鄉的一種客氣說法。(65)閔 通「憫」。(66)一如公主之制 解憂原是楚王劉戊的孫女，劉戊是「七國之亂」的發動者之一，是劉氏宗室裡的大罪人，故而令其孫女以「公主」之名遠嫁烏孫。解憂在烏孫功勞、苦勞都不少，故而回國後遂令其享受了真正的「公主」待遇。(67)馮夫人 即馮嫽，解憂公主的侍者，嫁與烏孫國的右大將為妻，此時也隨公主一同回國。(68)使 出使。(69)鎮撫星靡 去幫著星靡維持秩序。(70)都護韓宣奏 西域都護韓宣向朝廷提出建議。(71)大祿大監 烏孫國高官的名稱。(72)金印紫綬 相當於漢代列侯的爵級。(73)以尊輔大昆彌 目的是讓他們尊敬輔佐元貴靡。(74)段會宗 西漢後期經營西域的名臣，與鄭吉、陳湯等並稱。事跡詳見後文與《漢書》本傳。(75)招還亡叛 把那些叛逃者又招了回來。(76)安定之 使星靡在烏孫的統治穩定下來。(77)司馬良娣 姓司馬，良娣是太子姬妾的封號名。太子的正妻稱太子妃，其他則有良娣、孺人、良人等。(78)諸娣妾良人 統指太子的其他姬妾。良人，女官名，秩八百石。(79)更祝詛殺我 輪番交替地祝詛我，以致使我死去。祝詛，祈禱鬼神降災於人。(80)悲恚 悲傷氣憤。(81)後宮家人子 後宮裡的從民間選來的女子。家人，平民。(82)娛侍太子 能把太子侍候得高興。(83)元城 漢縣名，縣治在今河北大名東。(84)王政君 即後來漢元帝的王皇后。事跡詳見《漢書》本傳。(85)繡衣御史賀 王賀，曾為繡衣御史之職。繡衣御史是武帝時受朝廷派遣到各郡、國查辦案件、緝捕盜賊的官員。(86)丙殿　殿名，以甲、乙、丙、丁為命名。(87)有身　懷了孕。(88)甲館畫堂　甲館內的有圖畫之堂。甲館，也稱「甲觀」，在當時的太子宮中。(89)世適皇孫　宣帝長子所生的長孫。(90)自名曰驁　宣帝親自給他取了個名字曰「驁」。(91)廣川王海陽　劉海陽，景帝子劉越的曾孫。廣川國的都城即今河北冀州。(92)禽獸行　在家族內部淫亂。(93)賊殺不辜　殺害無罪的人。賊，也是「殺」的意思。據《漢書》，劉海陽與人共同殺害一家三口。(94)房陵　漢縣名，即今湖北房縣，秦漢時代這裡是流放罪人的地區。(95)十月丁卯　十月乙亥朔，無丁卯。疑記載有誤。(96)宣室閣　殿閣名，《史記索隱》引《三輔故事》曰：「在未央殿北。」蓋即未央宮中之某室。(97)定陶王囂　劉囂，宣帝之子，初封定陶王，都城即今山東定陶。(98)楚王　楚國的都城即今江蘇徐州。(99)有加　更好一些。(100)右地　原右賢王所轄的地區，指匈奴的西部一帶。(101)亡之右地　潛逃到了西部地區。(102)兩兄　指屠耆單于、閏振單于。(103)益西　進一步向西方移動。(104)欲與并力　想與烏孫聯合起來。(105)逢擊　迎面發起攻擊。(106)烏揭堅昆丁令　西域地區的三個小國名，烏揭分布於今阿爾泰山一帶；堅昆活動在今葉尼塞河和鄂畢河上游地區；丁令開始在今貝加爾湖一帶，後移到阿爾泰山一帶。(107)東去　東距。(108)車師　西域國名，分前後兩國，前國的都城交河，在今新疆吐魯番西；後國的都城在今新疆奇臺西北。(109)留都之　意即在堅昆一帶留住下來。(110)有星孛于王良閣道　有流星劃過王良、閣道兩星座。孛，火光四射的樣子。王良，星官名，屬奎宿，共五星。閣道，星官名，屬奎宿，共六星。(111)紫微宮　星官名，位於北斗星東北，古人用以對應皇帝居住的地方。(112)寢疾　猶言臥病。(113)可屬　可託付後事。屬，通「囑」。託付。(114)外屬　猶言外戚。(115)史高　宣帝祖母史良娣的姪子。(116)禁中　宮中。(117)光祿大夫　皇帝的侍從官員，上屬光祿勳。(118)輔政　輔佐新皇帝執政。(119)領尚書事　兼任尚書部門的事務。領，意即兼任。尚書是為皇帝掌管文件檔案的部門，級別雖然不高，但事涉機要，權力甚大。故凡受遺詔輔政者皆領尚書事，至東漢稱錄尚書事。(120)十二月甲戌　十二月初七。(121)帝崩于未央宮　宣帝十八歲即位，在位二十五年，死時四十三歲。(122)班固贊　班固《漢書・宣帝紀》的贊語。(123)信賞必罰　有功必賞，有罪必罰。信，確實。(124)綜核名實　檢查考核名與實是否相副。(125)咸精其能　都能很好地發揮其聰明才幹。(126)技巧工匠器械　泛指各種手工業製造。(127)元成間鮮能及之　元帝、成帝時的各種製造都趕不上宣帝時期之精良。(128)匈奴乖亂　匈奴內部相互攻殺，戰亂不止。(129)推亡固存　語出《尚書・仲虺之誥》，意思是對無道者推而滅之，對有道者扶而固之。(130)信威北夷　使漢王朝的國威遠布於匈奴。信，通「申」。(131)功光祖宗　建立了為列祖列宗增光的功勳。(132)業垂後嗣　開創了為子孫後代留做榜樣的偉業。(133)侔德殷宗周宣　意謂漢宣帝的功業可以和殷高宗、周宣王相比美。侔德，比德；相等。(134)癸巳　十二月二十六。(135)太子即皇帝位　即歷史上的漢元帝。(136)皇太后　指漢昭帝的上官皇后。(137)皇后　宣帝的王皇后。

【校　記】①羣臣　原無此二字。據章鈺校，甲十五行本、乙十一行本、孔天胤本皆有此二字，今據補。按，《通鑑紀事本末》卷四、《漢書・匈奴傳下》皆有此二字。②單于　原無此二字。據章鈺校，甲十五行本、乙十一行本、孔天胤本皆有此二字，今據補。按，《通鑑紀事本末》卷四有此二字。③韓宣　原無此二字。據章鈺校，甲十五行本、乙十一行本、孔天胤本皆有此二字，張敦仁《通鑑刊本識誤》、張瑛《通鑑校勘記》同，今據補。④丁卯　原無此二字。據章鈺校，甲十五行本、乙十一行本、孔天胤本皆有此二字，張敦仁《通鑑刊本識誤》同，今據補。按，《漢書・宣帝紀》有此二字。⑤與　原作「其」。據章鈺校，甲十五行本、乙十一行本皆作「與」，張敦仁《通鑑刊本識誤》同，今據改。按，《通鑑紀事本末》卷四、《漢書・匈奴傳下》皆作「與」。⑥去　原作「至」。據章鈺校，甲十五行本、乙十一行本、孔天胤本皆作「去」，今據改。按，《通鑑紀事本末》卷四、《漢書・匈奴傳下》皆作「去」。⑦宮　原為空格。據章鈺校，甲十五行本、乙十一行本、孔天胤本皆作「宮」，今據改。按，《通鑑綱目》卷六作「宮」。

【語　譯】三年（庚午　西元前五一年）

春季，正月，漢宣帝前往甘泉巡視，在泰畤祭祀泰一神。

匈奴呼韓邪單于來到長安朝見漢朝皇帝，拜見宣帝的時候自稱藩臣而不自報名字。宣帝賜給呼韓邪單于漢朝的官帽、衣裳、黃金璽印、綠色綬帶，還有劍柄用玉石做裝飾的寶劍、佩刀，以及一張弓、四支箭、十桿用作儀仗的木戟、一乘車、一套馬鞍馬轡頭、十五匹馬、二十斤黃金、二十萬錢、七十七件漢朝的長衣服，還有錦繡、綢緞、各種各樣的帛總共八千匹，棉絮六千斤。朝見儀式結束以後，漢宣帝派使者引導呼韓邪單于先行住進修建在長平阪上的長平觀。宣帝從甘泉宮移居池陽宮。宣帝登上長平阪與呼韓邪單于相會，詔告呼韓邪單于不用行叩拜禮，呼韓邪單于隨行的當戶群臣都可以列隊觀看，還有其他各少數民族的君長、王、侯總計有數萬人，都來到渭水橋頭，排列在道路兩旁迎接漢宣帝。漢宣帝登上渭水橋，眾人全都高呼萬歲。呼韓邪單于進入長安住進專門為他修建的官邸。宣帝在建章宮擺設酒宴，宴請並賞賜呼韓邪單于，讓他觀看中國的珍寶。二月，遣送呼韓邪單于回匈奴。呼韓邪單于向漢宣帝請求「願意居住在沙漠以南的光祿塞旁邊，一旦有緊急情況，可以依托漢朝的受降城作為屏障以自保。」漢宣帝於是派遣長樂衛尉、高昌侯董忠、車騎都尉韓昌率領騎兵一萬六千人，又從邊郡徵調了幾千名騎兵，護送呼韓邪單于出朔方郡雞鹿塞。宣帝又下詔讓董忠等留下護衛呼韓邪單于，幫助呼韓邪單于誅殺那些不肯服從的人，又將邊郡儲藏的糧米、乾糧運送給呼韓邪單于，前後送去的糧米、乾糧總計有三萬四千斛，供其食用。先前，從烏孫以西一直到安息各國凡是靠近匈奴的，全都畏懼匈奴而輕視漢朝，等到呼韓邪單于朝拜漢朝皇帝之後，便都轉而尊重漢朝了。

宣帝看到四周的少數民族已經全都降服漢朝，便開始追念起左右輔佐大臣的功勞，於是派人把他們描畫在麒麟閣上，畫出他們的肖像，列出他們的官爵、姓名。只有霍光的肖像沒有署名，只寫上「大司馬大將軍博陸侯，姓霍氏」，其次是張安世、韓增、趙充國、魏相、丙吉、杜延年、劉德、梁丘賀、蕭望之、蘇武，共計十一人，這些人都對國家做出了重大貢獻，德高望重，名揚當世，所以特別表揚他們，明確地向天下人昭示：他們是中興的有功之臣，可以和古代的方叔、召虎、仲山甫三位賢臣相媲美。

鳳凰飛落在新蔡縣。

三月己巳日，建成安侯黃霸去世。五月十二日甲午，任命于定國為丞相，封為西平侯。任命太僕、沛郡的陳萬年為御史大夫。

宣帝下詔，召集諸多儒生針對《五經》中有關問題的不同看法展開辯論，由蕭望之等負責對大家的評論進行歸納裁定後奏報皇帝，由皇帝親自做出裁決。於是決定以梁丘賀編寫的《易》講義、夏侯勝與夏侯建編寫的《尚書》講義、穀梁赤編寫的《春秋》講義作為經書的標準讀本，並在太學裡設置博士官。

烏孫大昆彌元貴靡以及鴟靡都先後病死。解憂公主給宣帝寫信說：「我年紀已老思念家鄉，希望能夠回歸故里，死後能夠將屍骨埋葬在漢朝的土地上。」宣帝很憐憫解憂公主，於是派人將解憂公主接回漢朝。冬季，解憂公主回到京師長安，宣帝仍然讓她享受真正的公主待遇。兩年後解憂公主去世。

烏孫大昆彌元貴靡的兒子星靡繼任為烏孫大昆彌，但當時年齡很小。馮夫人上書給漢宣帝說：「我願意出使烏孫國，幫助星靡維持秩序。」宣帝同意她再次前往烏孫國。西域都護韓宣向朝廷提出建議，認為烏孫的大吏大祿、大監都應該賜予金印紫綬，以顯明他們的尊貴，使他們更好地輔佐大昆彌星靡。朝廷同意了他的請求。後來段會宗擔任西域都護，召回了那些叛逃的烏孫人，使星靡在烏孫國的統治逐漸穩定下來。星靡死後，他的兒子雌栗靡繼任為烏孫大昆彌。

皇太子劉奭所寵幸的司馬良娣患了重病，臨死的時候對太子說：「我的死不是上天安排的，而是後宮中那些良娣、良人因為妒嫉而輪番詛咒我，以致使我早死。」太子劉奭認為司馬良娣說得很對。司馬良娣死後，太子由於過度悲傷氣憤也病倒了，他整日精神恍惚、悶悶不樂。宣帝就命皇后從後宮裡挑選那些來自民間的、能把太子侍候得高興起來的女子，結果選中了來自元城的王政君，送到太子宮中。王政君是曾經擔任過繡衣御史的王賀的孫女，太子在太子宮的丙殿召見了她，只一次寵幸，她就懷了身孕。當年，王政君在太子宮的甲館畫堂生下了漢成帝劉驁，劉驁是宣帝的嫡長孫。宣帝對他特別疼愛，親自為他起名「驁」，字「大孫」，經常把他帶在身邊。

四年（辛未　西元前五〇年）

夏季，廣川王劉海陽因為在家族內部有淫亂行為以及殺害無辜罪被廢黜，並流放到房陵縣。

冬季，十月丁卯日，未央宮的宣室閣發生火災。

這一年，改封定陶王劉囂為楚王。

匈奴呼韓邪單于、郅支單于分別派遣使者入朝拜見漢朝皇帝、貢獻物品，漢朝對待呼韓邪單于的使者更加優待。

黃龍元年（壬申　西元前四九年）

春季，正月，漢宣帝前往甘泉巡視，在泰畤祭祀泰一神。

匈奴呼韓邪單于來長安朝拜皇帝，二月返回匈奴。當初，郅支單于以為呼韓邪單于因為兵力弱小才投降漢朝，漢朝一定不會放他回匈奴，於是就帶領自己的人馬西進，想攻佔匈奴的西部地區。再加上屠耆單于的小弟弟本侍呼韓邪，也逃亡到了匈奴的西部，他在途中召集屠耆單于、閏振單于兩位兄長的潰散士兵，一共集結起幾千人，便自立為伊利目單于。路上猝然遇到了向西進發的郅支單于，雙方展開激戰，結果伊利目單于被郅支單于殺死，他剛剛召集起來的軍隊也被郅支單于兼併，此時郅支單于的兵力已經發展到五萬多人。郅支單于聽說漢朝派軍隊、運送糧食護送呼韓邪單于返回匈奴，於是就逗留在西部地區。郅支單于估計自己沒有力量統一匈奴，於是繼續向西遷移，當靠近烏孫的時候，就想與烏孫國聯合起來，於是派遣使者去見烏孫小昆彌烏就屠。烏就屠殺死了郅支單于派來的使者，然後調集八千名騎兵前來迎接郅支單于。郅支單于識破了烏就屠的陰謀，於是組織軍隊對烏孫發起迎面攻擊，把烏孫的軍隊打得大敗。又乘勝向北攻打烏揭、堅昆、丁令，吞併了這三個小國。此後郅支單于多次派兵攻擊烏孫國，而且屢屢得勝。堅昆國東部距離匈奴的單于庭七千里，南部距離車師國五千里，郅支單于於是便在堅昆留住下來，並把堅昆作為都城。

三月，有流星在王良星、閣道星兩星座旁邊劃過，而後進入紫微宮。

漢宣帝病重，選擇可以託付後事的大臣，於是將外戚中擔任侍中的樂陵侯史高、太子太傅蕭望之、少傅周堪叫到寢宮的病榻前，任命史高為大司馬車騎將軍，任命蕭望之為前將軍、光祿勳，任命周堪為光祿大夫，他們都接受了漢宣帝的遺詔為輔政大臣，兼任尚書部門的事務。冬季，十二月初七日甲戌，漢宣帝在未央宮駕崩。

班固在《漢書．宣帝紀》評論說：「漢宣帝治理國家，確實做到了有功必賞，有罪必罰，全面考核官員是否名實相符。所任用的管理政事、文學、法理的人士，都能很好地發揮其聰明才智。至於技巧、工匠、器械所達到的水平，直到漢元帝、漢成帝時期都很少有人能趕得上。這就足以說明當時任用的官吏稱職，人民安居樂業。又正好遇到匈奴內部相互攻殺、戰亂不止，漢朝對待無道者就推而滅之，對待有道者就幫扶他使他地位穩固，使漢朝的聲威遠播於北部的匈奴，因此呼韓邪單于才仰慕漢朝的威儀，甘願俯首稱臣。宣帝建立了為列祖列宗增光的偉大功勳，開創了可以作為後世子孫榜樣的偉業，可以稱得上是中興之主，他的功業和美德可以和殷高宗、周宣王相比美！」

十二月二十六日癸巳，太子劉奭即皇帝位，是為漢元帝，拜謁漢高祖廟，尊上官皇太后為太皇太后，尊王皇后為皇太后。

【研　析】本卷寫了宣帝神爵四年（西元前五八年）至黃龍元年（西元前四九年）共十年間的全國大事，可議論的問題有以下幾點：

其一，關於呼韓邪單于稱臣朝漢的問題。這是漢武帝一生追求而未能實現的夢想，不料被漢宣帝碰上了。漢武帝用了十幾年的工夫伐匈奴，衛青、霍去病多次出擊，立下了豐功偉績，但也只是收復了秦朝時的一些失地，取得了河西走廊，打開了西域交通；而真正對匈奴人本身則不過是深入其地，給予了一些沉重的打擊而已，並沒有使匈奴從此停止對漢王朝的騷擾攻擊。到了武帝後期又對匈奴發動過一些進攻，結果則是以趙破奴、李廣利的兩次全軍覆沒而告終。所以總結漢武帝的勝利實際只是挫敗了匈奴的囂張氣焰，改變了對匈奴的進貢求和，使漢王朝北部與西北部邊防大為加強而已，從雙方的損耗而言，可謂兩敗俱傷。到宣帝時，漢朝的北部邊防並無任何加強，也沒有對匈奴從正面發動過大規模的戰爭，關鍵性的問題是匈奴內部發生一連串的內鬨，從一個分裂成五個，又歸成三個，最後形成了呼韓邪與郅支兩人的爭奪對立。在呼韓邪又被郅支打敗的情況下，呼韓邪向漢朝求和稱臣。漢宣帝完全是撿了一個大便宜，所謂「鷸蚌相爭，漁人得利」者也。漢宣帝接受呼韓邪朝賀的那份排場，是漢武帝夢寐以求而未能得到的。真是人算不如天算，「踏破鐵鞋無覓處，得來全不費工夫」。它給後人的教訓是：「堡壘是不容易從外部攻破的」，內部的私鬥分裂，才是一個民族衰敗的根苗。

其二，關於西漢後期的丞相其職。從劉邦建國一直到武帝前期，丞相的地位都是一人之下、萬萬人之上，但自從漢武帝伐匈奴，任衛青為大將軍以後，從此大將軍雖然名義上是在丞相之下，但實際權力卻在丞相之上，而且從此也公開形成以大將軍為首的「內朝」，從此以後丞相遂徒有其名、若有若無了。試想，誰還記得起武帝後期的丞相如李蔡、莊青翟、趙周、石慶等在丞相任上做過一些什麼事情呢？到昭帝時代，大將軍霍光掌權，當時的丞相先後是田千秋、王訢、楊敞、蔡義；到宣帝初期仍是霍光掌權，當時的丞相是韋賢，誰又能說出這些丞相都做過什麼事呢？比較特殊的是霍光死，霍氏謀反被誅滅後，魏相為丞相，接著是丙吉為丞相，只有這兩任，比較有作為，即使仍有內朝存在，但掩蓋不住這兩任相權的光輝。班固還特別為這兩任寫過評論，稱之曰「孝宣中興，丙、魏有聲。是時黜陟有序，眾職修理，公卿多稱其位」云云。但好景不常，當丙吉一死，黃霸繼任丞相，情況便一下子又回到武帝後期與昭帝時期的樣子去了。黃霸是最優秀的地方官，歷任諸郡太守時，政績天下第一。但一調任丞相，立刻就玩不轉了。宣帝迷信鬼神、崇尚祥瑞一類的玩藝兒，黃霸為討好宣帝，也想上書舉報一條，結果被張敞所彈劾，使其大傷面子；接著又欲舉薦宣帝的舅舅史高為太尉，以充「中朝」之首，這本來是宣帝心中所想的事情，結果宣帝嫌他多嘴，被認為是「越職而舉」，狠狠地痛斥了一頓，還不依不饒地要對之加以懲治。胡三省對此說：「丞相職總百官，進賢退不肖，霸薦史高，以為所薦非其人可也；以為越職則非也。蓋自武帝以來丞相之失職久矣。」待至宣帝臨死任命「輔政大臣」，所任命的人員是史高、蕭望之、周堪等，地位最高的是太子太傅，官秩二千石。別說「三公」，連「九卿」也沒有一個。這就形成了一種有職者無權，有權者不須有職。黃霸的媚俗姑且不講，但漢代後期的丞相也太難當了，所以點檢起來多數都是軟體動物。

于定國是名傳青史的優秀司法官，曾有過一些好的政績。但當楊惲為名太守韓延壽訟冤不成而發過一些牢騷被人告發時，身為廷尉的于定國竟為之定罪為「為訞惡言，大逆不道」，這能否算是公平寬仁的表現？

西漢後期經營西域的常惠、鄭吉等屢建奇功，這在前幾卷中已有表現。鄭吉在上卷中又因迎降匈奴日逐王有功獲封侯，並首任西域都護，這在歷史上都是很光輝的事情。本卷則以精彩的筆注寫了出嫁烏孫王的解憂公主的使女，被人稱作「馮夫人」的馮嫽。她「能史書，習事，嘗持漢節為公主使，城郭諸國敬信之」。她曾與都護鄭吉合謀欲勸說烏就屠親漢，為此獲得宣帝召見，宣帝派馮夫人為使者，「錦車持節」，終於辦成了此事。後來烏孫王死，小王星靡荏弱，馮夫人又上書：「願使烏孫，鎮撫星靡。」又終於完成此事。文字不多，但人物精彩生動，可編為電視劇敷演。

◎新譯史記

張大可、韓兆琦等／注譯

《史記》不僅是一部體大思精的歷史鉅著，也是一部偉大的文學著作，在中國史學與文學上的影響巨大而深遠。本書全套八大冊，為最新的全注全譯本，擁有多項特色：正文參考了多種《史記》版本與校勘著作，凡舊本有誤的地方，皆作了更正；注釋吸收參考瀧川資言《史記會注考證》與前人舊注的長處，並作了大量的增補，相關考訂與評論能萃取前人研究成果之精華；語譯則力求通俗流利，期能提供讀者閱讀與研究《史記》最大、最佳的幫助。

◎新譯漢書

吳榮曾、劉華祝等／注譯

班固所撰的《漢書》是二十四史中的第一部斷代史，全書包括十二帝紀、八表、十志、七十傳，載述從西漢開國迄王莽新朝止，二百二十九年間的歷史與人物，是繼《史記》之後，中國史書中的不朽之作。它的體例雖仿自《史記》，但結構和內容要比《史記》完善和豐富，為後世斷代史的編撰奠定了基礎。《漢書》在文學上也有很高的成就，被譽為「文章雄跨百代」。本書全套共十冊，由北京大學著名歷史學者吳榮曾先生主持，三十餘位教授學者共同參與注譯，提供今人閱讀《漢書》最佳的幫助。

◎新譯後漢書

魏連科等／注譯

《後漢書》系統記述了東漢一百九十四年的歷史，是後人研究東漢史事的主要依據。它與《史記》、《漢書》、《三國志》合稱「前四史」。范曄參考諸多當時有關東漢歷史的著作，以敏銳的史鑑和深厚的修史功力，取長補短，去偽存真，在舊有體例上有所新創，並提出「正一代得失」的著史主張，而成其一家之書。本書由十數位學識俱富的歷史學者共同注譯，以南宋紹興年間刻本為底本，以明汲古閣本、清武英殿本和王先謙《集解》本等為校本，參考近人研究成果，詳為校勘注譯，提供今人閱讀與研究《後漢書》最佳之讀本。

◎新譯三國志

梁滿倉、吳樹平等／注譯

三國時代，群雄逐鹿，人才輩出，政治、軍事、外交上的風雲變幻，高潮迭起，陳壽以其優異的修史才能，善於掌握材料，剪裁有序，敘事出色，文筆簡鍊，精彩記錄此一風雲時代的真實面貌，《三國志》也成為中國史學發展史上的一部傑作。本書由中國社科院等十數位歷史學者共同注譯，以集校注大成的清盧弼所撰《三國志集解》為底本，校以其他善本，注釋汲取裴松之《三國志》注的菁華，輔以深入淺出的導讀、研析等，提供今人閱讀與研究《三國志》最佳之佐助。

三民網路書店

百萬種中文書、原文書、簡體書

任您悠游書海

領 200元折價券

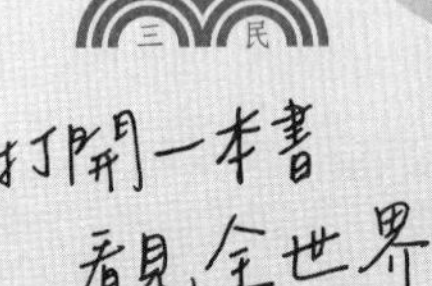

打開一本書

看見全世界

sanmin.com.tw